KB104703

동아시아 근현대통사

東アジア 近現代通史

HIGASHI AJIA KINGENDAI TSUSHI, 2 vols.

by Haruki Wada, Ken'ichi Goto, Yoichi Kibata, Shinichi Yamamuro,
Kyeungdal Cho, Satoshi Nakano, Shin Kawashima

First published 2014 by Iwanami Shoten, Publishers, Tokyo.
This Korean edition published 2017 by Cum Libro, Seoul
by arrangement with the proprietor c/o Iwanami Shoten, Publishers, Tokyo
through Shinwon Agency, Seoul.

동아시아 근현대통사

東アジア 近現代通史

와다 하루키 외 지음 | 한철호·이규태·심재욱 옮김

책과함께

일러두기

- 이 책은《岩波講座 東アジア 近現代通史》(별권 포함 전11권, 2010~2011, 岩波書店)를 축약한《東アジア 近現代通史》(전2권, 2014, 岩波書店)를 완역한 책이다.
- 우리나라 호칭은 1945년 해방 전까지는 '조선'으로, 이후는 '한국'으로 대체로 통일하여 표기하였다. 그러나 대한제국 시기의 공식 문서에 대한제국을 줄인 '한국'이 쓰인 경우 등 예외적으로 혼용한 경우도 있다.
- 단행본, 잡지, 신문은《 》로, 논문, 칼럼은 〈 〉로 표시했다.

《이와나미 강좌 동아시아 근현대통사》는 2010년 10월부터 출간되기 시작하여 2011년 8월에 제10권이 출간됨으로써 본편이 완결되었다. 편집위원은 와다 하루키和田春樹, 고토 겐이치後藤乾一, 기바타 요이치木畑洋一, 야마무로 신이치山室信一, 조경달趙景達, 나카노 사토시中野聰, 가와시마 신川島眞 등 7명이다. 제1권부터 제9권까지 각 권의 머리말에는 전담 편집위원이 그 권에 해당하는 시기의 통사를 실었다. 제10권에는 1991년 이후 20년의 상황에 대한 편집위원들의 대담을 실었다. 제1권~제9권의 통사와 제10권의 대담을 선별하여 편집한 것이 바로 이 책이다.

일본과 그 주변국으로 구성된 지역을 좁게는 동북아시아라고 부른다. 2003년부터 시작된 북한의 핵개발 문제를 논의하기 위한 6자회담은 스스로를 동북아시아 협의체라고 인식하고 있다. 6자는 남한과 북한, 중국, 일본, 러시아, 미국을 일컫는다. 일본이 속한 지역세계를 넓게는 동아시아라고 할 수 있다. 당연하게도 동아시아의 중핵은 한국, 중국(타이완 포함), 일본이라는 의식이 강하다. 1997년에 ASEAN(동남아시아국가연합, 이하 아세안으로 표기) 국가들은 한국, 중국, 일본을 초청하여 처음 아세안+3 정상회담을 열었다. 2001년 회의에서는 동아시아 공동체를 목표로 삼자는 움직임이 나타났다. 동남아시아와 동북아시아가 하나가 되어 동아시아를 만들자는 것이다.

역사 속에서 형성된 동아시아, 즉 동북아시아와 동남아시아의 지역세계는 지금 위기를 맞고 있다. 1990년대부터 시작된 북한 문제와 더불어 역사수정주의의 반동이 국가의 정치·외교를 혼미하게 만들며 대외적으로 강경해지고 있는 일본의 문제, 그리고 점차 거대한 힘으로 떠오르면서 미국과의 공동 지배를 목표로 삼는 한편 이웃나라와 충돌하고 내정에서도 많은 문제점을 안고 있는 중국의 문제, 동아시아에서 정치적·군사적 존재감을 유지하고 자신들이 원하는 경제질서를 확대하려는 미국의 문제, 미·중·일 3국이 갈등을 빚고 있고 미군기지와 주민의 대립이 점점 심각해지고 있는 오키나와 문제, 이러한 문제들의 접점에 위치하면서 민주주의 혁명을 이룬 국민이 기대하는 헤게모니를 발휘하지 못한 채 고민하고 있는 한국의 문제, 이 모두가 흔들리고 꼬이며 위기의 양상을 보이고 있다. 그중에서 영토 문제는 언제라도 동중국해와 남중국해에서 군사 충돌을 일으킬 수 있는 상황이다.

이것은 대체 어떠한 상황인가? 이 현실은 어떤 역사 흐름의 결과로 만들어진 것인가? 여기에서 어떻게 진행해나갈 것인가? 선택지는 무엇이고 어떤 선택이 바람직한가? 이러한 점들을 생각할 때, 역사를 직시하지 않으면 안 된다. 좋은 역사의 방향성을 가지려면 동아시아의 역사상을 가지는 것, 스스로 자신의 역사상을 형성하는 것이 반드시 요구된다.

18세기 동아시아는 번영과 평화를 누리고 있었다. 그러나 19세기 들어 영국을 선두로 서양 국가들이 진출해오는 가운데 큰 사회 변화를 겪었고, 그 와중에 동남아시아는 식민지로 전락했다. 그리고 이 커다란 변화의 정점에서 청일전쟁이 일어났다. 동북아시아에 자리 잡은 일본이 제국주의 국가로 등장했다. 청일전쟁이 일본, 청, 조선의 관계를 결정적으로 바꾸면서 새로운 동아시아 근현대사가 시작되었다. 이어서 10년 후에는 조선과 만주를 둘러싼 러일전쟁이 일어났다. 쓰시마 앞바다에서 일본 해군은 러시아 해군에 압도적인 승리를 거두었다. 일본 제국주의의 힘은 억제하기 힘들었고, 일본은 대한제국을 병탄하여 자국의 식민지로 만들었다. 그 직후 유럽에서 발발한 1차 세계대전은 세계사를 바꾸어놓은 거대한 사건이었지만, 그 전화戰火에서 멀리 떨어져 있던 동아시아는 세계대전의 영향을 거의 받지 않았다. 그러나 1차 세계대전 중에 일어난 러시아의 사회주의 혁명은 시베리아로 파급되었고, 미국과 일본은 '시베리아 전쟁'으로 러시아혁명과 대결했다.

러시아혁명으로 탄생한 소련은 세계혁명 운동기관인 코민테른을 만들어 중국에 온 힘을 쏟았고, 거듭 일본, 조선, 인도차이나 등으로 방향을 돌렸다. 중국의 국민혁명은 코민테른의 영향을 받아 중국 공산당과 합작했다. 그 결과 일본과 혁명중국이 대치하게 되었다. 일본은 시베리아에서 철군한 지 거의 10년 뒤에 이번에는 만주를 침공하여 만주국을 세웠다. 그리고 10년도 채 안 되는 사이에 중국 본토에서 전쟁을 개시했다. 조선과 타이완의 국민은 황국의 신민이 되어 1억 명이 전쟁터에 투입되었다. 하지만 일본은 중국인의 저항을 꺾을 수 없었다. 중일전쟁이 일어난 지 4년 뒤에 일본은 전쟁을 동남아시아의 서구 식민지로 확대했고 대동아전쟁을 일으켰다. 미국, 영국, 네덜란드, 오스트레일리아 등과 전쟁을 벌였던 것이다. 일본은 '대동아공영권 건설'을 슬로건으로 내걸었지만, 동남아시아 민중의 격렬한 저항에 부딪혔다. 이 아시아태평양전쟁은 결국 대일본제국의 패배, 대동아공영권의 파산으로 끝났다.

청일전쟁부터 1945년 8월 15일까지 50년의 역사는 일본이 일으킨 전쟁이 동아시아 사람들의 삶에 심각한 영향을 끼친 역사였다. 일본의 전쟁과 이에 대한 저항 또는 대항이 주축을 이루었고, 그 속에서 각국과 각 지역은 경제적·문화적으로 발전했으며, 사람의 이동과 왕래가 이루어졌다.

동아시아에서 전쟁의 주체였던 일본은 패전 후 '평화국가'를 선언하고 전쟁을 포기하며 전력을 보유하지 않는다는 새로운 헌법을 만들면서 새 출발을 다짐했다. 전후戰後 시대가 시작되었지만, 이 지역에는 평화가 찾아오지 않았다. 유럽에서 시작된 미국과 소련 사이의 체제 대립, 즉 냉전이 이어진 것이다. 해방된 동아시아 국가들에서 누가 국가를 만들 것인가를 둘러싸고 공산주의적 민족주의자와 반공주의적 민족주의자가 경쟁했으며, 거기에 서구 국가들이 개입하여 새로운 전쟁이 시작되었다. '아시아 전쟁의 시대'가 시작된 것이다. 중국 내전과 인도차이나전쟁이 벌어졌고, 중국 내전이 공산당 군대의 승리로 끝나자 한국전쟁이 일어났다. 미국과 혁명중국이 개입하면서 이 전쟁은 미·중전쟁이 되었다. 미군의 점령 아래 있던 일본은 미국을 도왔지만, 헌법 제9조에 따라 참전하지는 않고 단지 전쟁에서 경제적 이익을 좇았다. 그 시대의 마지막 전쟁은 베트남전쟁이었다. 베트남에서 공산주의적 민족주의자들의 승리를 용납할 수 없었던 미국은 '잔혹한 전쟁'을 개시했다. 한국군도 참전했다. 하지만 전 세계에서 반전의 외침이 들끓는 가운데 1975년 미국은 패배했다.

'아시아 전쟁의 시대'에도 동아시아의 각국에서는 경제·문화 발전이 이루어졌고, 사람의 이동과 왕래가 이어졌다. 하지만 일본이 일으킨 50년간의 전쟁 시대에 이어 '아시아 전쟁의 시대'가 30년 동안 이어지면서, 80년간 전쟁에 시달린 동아시아에서는 수많은 사망자와 파괴된 삶의 기억, 손해와 상흔의 고통, 깊은 원한과 증오가 쌓였다. 그렇지만 베트남에서 미국이 패배했을 때, 사람들은 희망과 불안 속에서 미래를 보았다. 이번 전쟁을 끝으로 흔들림 없는 평화가 찾아들 것인가? 일본에 이어서 미국도 거듭날 것인가? 80년 동안이나 이어진 전쟁의 시대를 되돌아보고, 모든 침략과 지배와 범죄에 대해 사죄하며, 반성해야 할 모든 문제를 이야기하고, 용서를 구하고 배상해야 하며, 용서해주지 않으면 안 된다. 그리고 화해에 기반을 둔 평화적인 지역 협력의 구조를 만들어야만 할 것이다.

그러나 베트남전쟁이 끝난 뒤에도 그러한 행복한 전후는 찾아오지 않았다. 베트남전쟁이 끝난 지 15년이 되던 해에 미소 냉전이 끝나고 소련의 국가사회주의 체제가 붕괴하는 등 커다란 변화가 일어났다. 동아시아에서는 한국과 필리핀이 민주혁명을 이루었고, 일본은 고노河野 담화와 무라야마村山 담화를 통해 과거사를 반성했으며, 한반도에서는 남북정상회담이 이뤄지는 등의 진전이 있었다. 중국과 베트남은 공산당 국가체제를 지렛대로 삼아 자본주의 발전의 길로 들어섰고 경제 성장에 성공했다. 아세안은 힘을 모아 주도권을 발휘하고 있다. 그렇지만 지금 전쟁의 역사는 선택적으로 망각되고, 대항적 민족주의 담론이 횡행하고 있다. 정치의 부패와 개발의 왜곡이 모든 국가를 뒤덮고 있다. 그리고 동아시아의 중핵인 중국·한국과 일본이 심각하게 대립하고 있다. 역사가 만든 평화와 화해를 위한 귀중한 기회를 이 지역의 국민들은 살리지 못했다. 이에 따라 현재 동아시아는 위기의 한가운데 있다고 말하지 않을 수 없다.

이러한 사태를 극복하기 위해서라도, 이 책의 저자들이 서술한 동아시아의 근현대사와 문답을 나누고, 여기에서 자신의 동아시아 역사상을 끄집어내길 바란다. 그리고 이 역사상을 자신을 이끌어주는 끈으로 삼아 잃어버린 세월을 향해 돌파하기 바란다. 그럴 때 화해와 평화의 새로운 동아시아를 창출할 수 있을 것이다.

저자들을 대표하여 와다 하루키

| 차례 |

3장 | 1차 세계대전과 개조: 1910년대

4장 | 사회주의와 내셔널리즘: 1920년대

5장 | 새로운 질서의 모색: 1930년대

6장 | 아시아태평양전쟁과 '대동아공영권': 1935~1945년

7장 | 아시아 전쟁의 시대: 1945~1960년

8장 | 베트남전쟁의 시대: 1960~1975년

9장 | 경제발전과 민주혁명: 1975~1990년

10장 | 공동 토론-화해와 협력의 미래로: 1990년 이후

1장

동아시아의 근대
: 19세기

가와시마 신川島眞

동아시아의 19세기는 근세에서 근대로 넘어가는 시기에 해당한다. 18세기에는 토지가 적고 인구는 많아 자본이 적게 드는 노동집약적인 발전 형태를 가진 동북아시아에 많은 은이 유입되면서 번영기를 맞았다. 인구가 적고 사회 유동성이 높았던 대륙의 동남아시아에서는 18세기 후반부터 19세기에 걸쳐 새로운 국가가 형성된 동북아시아와 마찬가지로 오늘날의 여러 국가의 토대가 마련되었다.

19세기에 접어들면서 예컨대 청에서 아편이 유행했던 것처럼, 동아시아에서는 사회 변화가 두드러지게 나타났다. 또 서양의 대표적인 공업국가였던 영국은 중국 시장을 목표로 삼으면서 해협식민지 등 동남아시아에 거점을 만들어나갔고, 1840년대 초에 청과 아편전쟁을 벌여 승리했다. 그리고 영국이 세계에 제공하고 있던 교통과 통신, 무역 관리, 역병 관리, 결제기능 등의 국제 공공재가 동아시아에도 제공되었다.

19세기 중반 이후, 특히 동남아시아에서는 서양 국가들이 식민지를 구축하여 영역을 지배하기 시작했다. 19세기 후반에는 일본과 시암(지금의 태국)이 서양식 근대국가를 건설하기 시작했다. 특히 일본은 군사력을 강화하여 동아시아에서 최초의 식민지 보유국이 되었으며, 근대 모델을 동아시아에 제공하기도 했다. 그러나 종교적인 요소를 비롯한 가치관과 세계관을 지닌 기층사회의 자장磁場과, 국경을 넘는 사람들의 이동 등으로 인해 동아시아의 공통체험으로서 근대는 각각의 기층사회에 스며들게 되었다.

머리말

'상업시대'의 종언과 동아시아 사회·경제의 변화

15세기부터 시작된 대교역大交易시대에는 서양 상인들이 동아시아의 교역권에 참여하면서 마카오와 말라카 등에 거점을 만들었다. 그들은 후추나 도자기 등 동아시아산 물품을 사기 위해 엄청난 양의 아메리카 은과 일본 은을 가지고 중국을 비롯한 아시아 교역권에 들어왔다. 동아시아는 '상업시대'를 맞이했던 것이다(Reid 1988, 1993). 하지만 17세기에 중국에서 명과 청이 교체되었고, 일본과 조선 등지에서 엄격한 무역통제가 이루어졌으며, 일본의 은 생산이 감소로 돌아선 데다 후추 가격이 폭락하는 바람에 상업시대는 17세기 말부터 18세기 초에 막을 내렸다. 또 대륙 지역으로 눈을 돌리면 종래 중국으로 흡수되던 은이 북방의 변경 지역으로 옮겨가고 있었다. 17세기 중반 명·청의 교체로 은의 수요가 감소한 것도 상업시대의 종식을 앞당겼다(岸本 1998a).

대교역시대가 끝나면서 동아시아는 새로운 시대를 맞이했다. 우선 동북아시아에서는 인구가 늘면서 소농경제화가 진전되었고, 이러한 농업경제에 의존해오던 왕조 및 왕권의 힘이 커졌다. 일본에서는 17세기에 증가하던 인구가 18세기에 대략 3000만 명으로 안정되면서, (대량의 가축과 대형 농기구를 이용하여 생산성을 높이고 농업인구를 줄이면서 발전했던 영국과 달리) 가축의 역할을 사람의 힘으로 보완하여 노동비율을 올리고 높은 생산성과 1인당 생산성을 향상시켜 생활수준을 높였다. 이것이 이른바 '근면혁명勤勉革命'이다(速水 2003). 이러한 소농경제를 떠받쳐준 것은 세대주世帶主의 경영능력과 가족 간의 협력, 부업의 종사 등이었다. 조선에서도 소농경제화가 진행되어 상품작물이 활발하게 재배되었고, 각지에 정기적으로 시장이 열려 보부상이라고 불리는 행상인이 전국을 돌아다녔다.

이러한 자본절약적이고 노동집약적인 발전 형태는 토지가 적고 인구가 많은 동북아시아에서 공통적으로 나타난 현상이다(杉原 2004). 확실히 중국에서도 18세기에는 인구가 (적어도) 3억 명으로 증가했지만 '쇠퇴involution'로 특징되듯이(Huang 1990), 인구 밀도가 증가하고 토지 개발이 이루어지면서 1인당 경작 면적이 극도로 감소했다. 그럼에도 중국 경제의 선진 지역이었던 강남 지역의 생활수준은 서양이나 일본과 비슷했다(Pomeranz 2000).

동북아시아에 비해 인구가 매우 적고 유동성이 높은 동남아시아의 농촌 지역에서는 동북아시아와 달리 주어진 환경을 이용하여 화전과 저지대의 논 경작 등이 나타났다. 각 세대의 구성원은 농작부터 수렵과 채집, 직물 혹은 플랜테이션에서 취급할 만한 커피, 고무 등의 다양한 생업에 종사했다. 지도자들은 필요에 따라 상급자와 왕권으로부터 신뢰와 승인을 얻었다. 또 이 지역에서는 생산력이 향상되고 인구가 늘어나면 인구가 적은 지역으로 이동하는 것이 동북아시아 지역보다 쉽게 이루어졌다.

한편 교역을 독점하여 막대한 이익을 얻고 있던 네덜란드 동인도회사 등은 상업시대가 끝나면서 수요가 늘어난 사탕, 커피, 담배 등의 생산지를 영역지배하는 방식을 채택했다. 동인도회사는 18세기 중반경 인도네시아 자바섬의 대부분을 정복하여 회사 직할령으로 삼고, 의무공출제도를 도입하여 농민에게 사탕수수를 낮은 가격으로 사들였다. 그 후 동인도회사의 영토 경영 방식을 계승한 네덜란드 정부는 의무공출제도를 더욱 강화한 강제재배제도를 19세기 전반기에 도입하여 농민들에게 사탕수수 외에도 커피와 인디고 등을 재배하게 했다. 19세기 초반 유럽에서 나폴레옹전쟁이 벌어지던 시기에 자바의 지배자는 네덜란드에서 영국, 그리고 다시 네덜란드로 교체되었다. 1825년부터 1830년까지 자바 왕족이 네덜란드 측에 저항한 자바전쟁이 일어났다. 이 전쟁이 끝난 뒤 네덜란드는 강제재배제도 등으로 지배를 강화했다.

동북아시아의 번영과 평화

중국사에서는 종종 상업시대가 끝난 뒤 18세기 건륭제乾隆帝 시대가 가장 번성했던 시기라고 한다. 앞에서 말했듯이, 18세기 중국 인구는 3억 명까지 늘어났다(岸本 1998b). 근래에는 적어도 18세기 중반까지는 아시아가 유럽보다 경제적으로 발전하고 있었으며, 서양이 그 후에 발전한 이유도 자립적인 것이라기보다는 아시아 경제가 위축된 상황을 이용한 결과였고, 현재는 세계 경제의 중심이 다시 아시아로 회귀하고 있다는 지적도 나온다(프랑크 2000). 영국 사절 매카트니George Macartney 등이 청에 와서 무역의 확대를 요구했을 때, 청이 보여준 '무례한' 태도에는 충분한 근거가 있었는지도 모른다. 또 그러한 번영을 무너뜨리고 있던 것이 바로 아편이었다는 점도 유의할 필요가 있을 것이다(川島·服部編 2007).

18세기 동북아시아를 쇄국시대로 규정하는 경향도 있지만, 청에 국한해서 볼 경우 그것은 정확하지 않다. 청은 확실히 엄격하게 해금海禁을 실시해서 자유로운 교역을 금지하고 조공에 따른 교역만을 인정하고 있었지만, 이는 1683년에 타이완을 편입하기 이전의 일이다. 그 후에는 호시

互市라는 상업에 기반을 둔 교역이 내륙이나 연안지역에서도 이루어지고 있었다. 청이 대외무역에 소극적이었던 것도 아니다. 예를 들어 1757년에 서양 국가들과의 교역을 광저우廣州에 한정했던 것처럼, 교역을 관리하려고 했던 것이다. 교역 전체에서 보면, 호시는 조공보다 양적으로 많고, 내륙보다는 연안지역의 범선 교역과 서양 간의 교역이 중심이었던 것으로 추정되지만 확실하진 않다. 또 18세기 후반에는 차 등을 팔면서 서양과의 교역량이 크게 늘어났지만, 서양에 대한 청의 수출이 수입을 압도적으로 초과하면서 서양에서 많은 은이 청으로 유입되었다. 활발한 대외교역이 건륭기의 번영을 뒷받침한 것이다.

청 이외의 국가들, 예컨대 동북아시아의 일본, 조선, 류큐琉球 등은 강력한 해금정책을 채용해 대외무역을 독점했다. 이는 청과 크게 달랐던 점이다. 한편 동남아시아로 눈을 돌려보면, 청의 호시처럼 일정한 규칙과 세금만을 부과하는 대신 교역을 인정한 왕권도 있었을 것이다. 동중국해와 남중국해 해역에서는 중국인을 중심으로 상인들이 일정한 상관습에 따라 은으로 교역을 하고 있었다. 은은 무게를 재는 칭량稱量 화폐였는데, 함유량이 안정적인 8레알 은화 등 멕시코 은이 선호되었다. 처음에는 은을 주조해서 이용했지만, 중국의 연안지역에서는 차츰 가격을 표시한 멕시코 은이 그대로 계수計數 화폐로 유통되었다. 원형의 은화에 부여된 신용은 지금도 동북아시아에서 엔円, 위안元, 원圓 등의 단위가 사용되는 배경이 되었다(岸本 1998a).

또한 18세기는 군비 축소에 따른 평화로운 시대이기도 했다. 물론 중국 내륙을 침공하는 일도 있었지만, 17세기에 비하면 대체로 전투가 줄었다고 볼 수 있다. 또 연안에 해적이 출몰했으나, 무역이 자유롭게 이루어졌으므로 이른바 '왜구' 같은 강력한 무장집단으로 성장하지는 못했고, 청에서도 적극적으로 단속하지 않았다(村上 2009). 그리고 동북아시아에서는 무기가 계속 생산되었지만, 기술혁신은 느리고 무디었으며 생산량도 증가하지 않았다. 화기火器의 사용도 억제되어 기마騎馬와 활, 화살, 칼이 중시되었다. 물론 상무尙武의 기풍이 있었다 하더라도, 이는 실용적인 군사력이라기보다는 정신적 혹은 의례적 성격이 강했다.

1. 19세기 전반의 질서 변화

청의 연안 지배 동요

스페인이 나폴레옹의 침략에 대항해 독립전쟁을 벌이고 근대헌법을 제정하는 과정에서, 독립운동의 기운이 중남미 지역에도 번져 1821년에 멕시코가 스페인으로부터 독립했다. 이 때문에 은화의 디자인이 매[鷹]와 사보텐(선인장)으로 바뀌었다. 이 새로운 은화는 청에서도 응양鷹洋이라고 불리며 통용되었다. 하지만 세계적으로 보면, 19세기 초에는 라틴아메리카의 은 생산이 줄어드는 추세였고 은 공급도 부족해졌다.

18세기 중반부터 광저우에서 영국의 차 교역 규모는 급격하게 늘어났다. 참가자도 다양해져서 동인도회사만이 아니라 민간업자도 가세했다. 청 측에서도 세금 징수를 대행하고 있던 일부 상인뿐 아니라 각지의 상인들이 교역에 종사하게 되었다. 청은 18세기 중반 이후 서양 국가들과의 교역 장소를 광저우로 제한하고 있었다. 영국은 조지 매카트니와 윌리엄 피트 앰허스트를 청에 파견하여 무역항의 확대와 감세 등을 요구했다. 청은 (적어도 청 측에서 보면) 신하의 예를 갖춘 책봉-조공 관계를 주변국과 맺고 있었지만, 대외교역에서는 조공을 필요로 하지 않는 호시라는 교역을 행하고 있었다. 따라서 영국 등의 서양 국가들은 조공에 반발한 것이 아니라 호시를 광저우에 한정하는 데 반발했던 셈이다.

한편 청은 18세기 인구 증가와 함께 변두리 지역 등을 개발하고 있었지만 경제 성장은 더뎠다. 이로 말미암아 18세기 말에는 그러한 개발구역과 연해 지역에 문제가 생기면서 사회질서와 치안이 불안해졌다. 이른바 성장의 한계선에 도달했다고 할 수 있을 것이다. 무역을 둘러싼 정세의 변화와 청의 통치력 저하로 인해 19세기 전반 연안의 상황은 크게 달라졌다(村上 2009).

이런 상황에서 등장한 것이 아편이었다. 영국은 은이 부족해지자 인도에서 아편을 재배하여 중국에 팔았는데, 각지의 중국 상인들이 이 교역에 응했다. 이로써 엄청난 아편이 중국으로 흘러들어갔고, 중국에서는 많은 은이 밖으로 흘러나갔다. 이 은은 인도에 들어갔다가 영국으로 빠져나갔으며, 영국의 면직물이 인도로 수출되었다. 이것을 영국, 인도, 중국의 삼각무역이라고 부른다. 경제 불황에 빠진 청은 연안 교역을 둘러싼 질서를 재편하여 아편을 통제하려고 했다. 하지만 아편은 처음부터 교역 금지품목이었고, 세금 징수를 대행하는 중국 측 상인을 통해 통제하기도 어려워서 결국은 외국 상인의 책임으로 돌렸다. 이는 아편전쟁의 원인이 되었다. 요컨대 1840년의 아편전쟁은 중국과 서양의 전쟁, 중국에서 서양의 이권 획득을 둘러싼 전쟁이라는 측면도 있지만, 실제로는 18세기 말부터 전개되고 있던 중국 연안의 교역을 둘러싼 질서 변화의 귀결이라는 측면도 있는 것이다(村上 2009).

아편전쟁이 끝난 뒤에도 중국 연해의 질서는 회복되지 않았으며, 외국 상인의 진출로 말미암아 해적이 된 사람들이 많아졌다. 이러한 혼란은 태평천국太平天國의 난과도 맞물리면서 1850년대에 가장 극심했다. 중국의 권위는 크게 흔들렸으며, 일본 등 주변 국가들에서도 '시대의 변화'를 감지하는 경향이 강해졌고, 태국은 청과의 책봉-조공관계를 중단했다.

동남아시아 대륙의 국가 형성

동남아시아 대륙에는 18세기 후반부터 19세기에 걸쳐 오늘날의 태국, 베트남, 미얀마의 토대가 되는 국가가 형성되었다.

18세기 중반 버마에서는 내륙의 버마인이 남하하여 꼰바웅 왕조(알라웅빠야 왕)가 들어서고, 지금의 미얀마와 대부분 겹치는 영역을 통치했다. 이 왕조는 신뷰신의 치세 아래에서 태국으로 공격해 들어가 아유타야 왕국을 멸망시켰을 뿐만 아니라 보다우파야의 치세에서는 인도의 아삼 지방까지 세력을 떨쳤다. 그러나 이러한 팽창은 인도에 거점을 만들어가고 있던 영국과 충돌하게 되었다. 영국은 1824년 버마에 선전포고를 했고, 그 후 19세기를 거치면서 세 번에 걸쳐 전쟁을 일으켰다.

베트남은 18세기 말 농민반란을 거쳐 중부에서 세력을 펼치고 있던 응우옌 가문의 응우옌 푹아인이 베트남을 통일해 가륭제嘉隆帝로 불리며 후에를 수도로 삼아 베트남을 건국했다. 응우옌은 자신이 세운 나라를 남월南越로 부르는 것을 인정해달라고 청에 요청했지만, 청은 남월이 양광兩廣(광둥廣東·광시廣西)을 아우르는 지역의 이름이라는 이유로 인정해주지 않고 월남越南이라고 부르게 했다. 2대 명명제明命帝는 중앙집권 정책을 추진하여 베트남 북부와 중부만이 아니라 남부까지 통치 영역으로 삼아 지배체제를 확립하고, '남쪽의 중화中華'로서 '대남국大南國'이라고 스스로 불렀다. 한편 기독교 포교를 엄격히 금지하여 프랑스에게 간섭의 구실이 되기도 했는데, 명명제가 죽은 후에는 프랑스의 진출이 두드러졌다.

태국에서는 대외교역으로 번영하던 아유타야 왕조가 꼰바웅 왕조에 의해 멸망했다. 그 후 톤부리 왕조의 탁신에게 지배를 받다가 1782년에 방콕을 수도로 삼은 라따나꼬신 왕조가 들어서면서 오늘날의 태국에 해당하는 영역을 지배했다. 이곳에서는 18세기 이래 청과 남중국해 교역이 활발했는데, 이 왕조도 1830년대 초까지 청과 교역하는 것을 특히 중시했다.

이처럼 동남아시아에서는 18세기 후반부터 19세기 초반에 지리적으로 거의 현재 국가의 원형이 되는 국가가 형성되었다. 동북아시아에서도 17세기 이후 근세국가가 여러 가지 문제에 직면하면서도 20세기 초까지 존속했다. 동남아시아의 섬 지역을 제외하고 동아시아에서는 19세기 초까지 형성된 국가들이 대부분 근대국가 또는 지금의 국가의 원형이 되었다는 특징을 가진다.

영국과 러시아

18세기 영국에서 일어난 기술혁신으로 생산의 중심이 농업에서 공업으로 이동했다. 이러한 공업화는 영국에 이어 프랑스와 벨기에 그리고 미국과 독일, 일본 등으로 확대되었으며, 그들 사회를 변모시켰다. 또 일부 지역에서 공업화가 진행되면서 아시아 등 많은 지역이 원료와 식량의 공급지 또는 시장으로 전락했다. 영국인들은 중국 차에 카리브해 설탕을 넣어 마시고, 아르헨티나산 밀로 만든 빵을 먹게 되었다(水島 2010).

경공업의 대표적인 제품인 면직물 시장에서는 아메리카 대륙에서 사들인 면화로 면제품을 만들어 아프리카에 팔았다. 아프리카와 아메리카 사이에는 노예를 사고파는 대서양 삼각무역이 이루어졌다. 그리고 런던에서 발행된 어음이 아메리카와 중국의 차 무역에서도 사용되었다. 이것은 앞에서 언급한 영국, 인도, 중국의 삼각무역에 의해 중국에서 인도를 거쳐 다시 런던으로 흘러들어갔다. 두 개의 삼각무역은 서로 겹치는 지점이 생겼는데, 이는 런던이라는 도시의 존재감을 높여준 계기가 되었다(川

島·服部編 2007).

중공업에서는 철강업과 증기기관에 의해 교통수단의 변화가 일어났다. 이는 영국의 상선을 세계 각지로 보내는 것과 함께 강력한 군사력의 배경이 되었다. 18세기를 거치면서 전쟁을 치르고 또 19세기 초에 나폴레옹전쟁을 체험했던 유럽의 군사기술은 평화로운 18세기를 보낸 동아시아의 군사기술을 압도했다. 아편전쟁이 일어날 즈음 영국 해군은 증기선을 보유하고 있었고, 그 증기선이 이끄는 작은 배에 배치된 포의 사거리와 정확도 역시 우세했다. 일본을 방문했던 페리 함대의 함선도 절반이 증기선이었다. 증기선은 19세기 후반에 더 널리 보급되었다.

영국을 비롯한 서양 국가들은 군사력을 바탕으로 무역 규칙과 조약 등 주권국가의 외교기법을 사용하여 비기독교 세계와 새로운 관계를 만들어나갔다. 당시 번영하며 자립적인 교역권을 키워온 동아시아 역시 '주변'으로서 서구 중심의 근대세계에 포섭되어갔다. 영국은 중국 시장을 목표로 삼으면서 동남아시아에 거점 건설을 모색했으며, 네덜란드와 말라카 방면에서 항쟁을 벌인 끝에 1819년에 싱가포르를 차지하고 그곳에 근대적 항구도시를 건설했다. 1824년에는 영국·네덜란드조약을 맺어 말라카 해협을 경계로 하는 세력권을 만들었다. 이로써 영국의 말라카 영유가 확정되고, 1832년에는 싱가포르, 말라카, 페낭 등의 해협을 중심으로 하는 해협식민지가 형성되었다. 특히 싱가포르는 아편전쟁 결과 영국이 차지한 홍콩과 함께 동아시아에서 중요한 거점이 되었다. 그 후 영국은 말레이 반도에서는 영역 지배를 추진했고, 주석광산 등을 개발했다. 하지만 영국은 동북아시아에서 식민지를 확대하기보다는 현지 정권에 영향력을 행사하면서 통상 이익을 극대화하는 데 힘썼다.

영국은 서구 공업화의 대표적인 존재였으며, 교통과 통신, 무역 관리,

역병 관리, 도시 결제 수단 등의 국제 공공재를 제공하면서 그야말로 세계제국이 되었다. 그러나 동아시아에서는 영국 외에 프랑스, 네덜란드, 미국, 포르투갈, 스페인 등도 강력한 군사력을 바탕으로 원료 공급지와 시장을 찾는 '열강'이었다.

한편 러시아는 육로와 해로 두 방향으로 동아시아에 진출하여 17세기 말에 청과 네르친스크조약을 맺었고, 18세기에는 캬흐타조약을 체결하여 국경을 확정하고 교역 규칙을 정했다. 러시아는 18세기 후반 예카테리나 2세 통치기에 베링 해협을 넘어 알래스카로 진출했다. 일본에도 애덤 랙스만Adam Laxman을 사절로 파견했다. 또 19세기 중반에는 흑룡강에서 연해주로 진출했고, 중앙아시아에서는 우즈베크계의 부하라, 히바, 코칸트, 세 한국汗國을 지배했다. 타슈켄트에 두고 있던 투르키스탄 총독부를 통해 러시아인의 식민을 추진했고, 동서 투르키스탄으로 침투하려 했다(小松 編 2000). 러시아의 아시아 진출은 동북아시아 국가들에게 영토 위기를 환기시키는 계기가 되었다. 이때부터 만주 문제라는 국제정치의 초점이 생겨났을 뿐 아니라 영국이 러시아의 남하에 대항하는 국제정치 구도가 점차 만들어졌다. 이러한 러시아라는 요소의 유무는 동북아시아와 동남아시아의 커다란 차이점이다.

2. 불평등조약의 동시대적 의미

호시와 통상

청과 주변 국가들의 책봉-조공과 호시의 관계는 앞에서 서술한 바와 같다. 하지만 18세기 후반에 영국은 대청무역이 증가하면서 수출이 수입보다 많아지게 되자, 무역항을 광저우 이외로 확대하고 교역에 관한 규제들을 철폐할 것 등을 요구했다. 이는 바꾸어 말하면, 청의 '호시'를 둘러싼 영국과 청 사이의 문제였으며, 적어도 이 단계에서는 책봉-조공관계를 둘러싼 서양과 아시아의 국제질서 간의 충돌이라고 말하기 어렵다. 아편전쟁 후 체결된 난징南京조약과 일련의 협정은 훗날 불평등조약으로 열강 침략의 상징이 되었지만, 과연 당시 사람들도 불평등하다고 생각했을까? 이들 조약과 협정은 어디까지나 광저우에서 이루어진 교역과 호시를 둘러싼 문제에서 발생한 것이었다. 그러므로 이들 조약에서 영국이 요구한 것은 통상과 그와 관련된 권리가 핵심이었다.

난징조약에 따라 청이 개항장을 다섯 곳으로 확대하고 홍콩을 영국에 할양한 것은, 그동안 포르투갈령인 마카오에 거주하며 광저우까지 가서 교역을 해야 했던 영국 상인들에게는 커다란 성과였다. 새로 개항한 곳은 닝보寧波, 푸저우福州, 샤먼廈門, 상하이上海, 마카오였다. 이 중 마카오는 광저우 무역에 종사하는 외국인 거주지였고, 닝보와 샤먼은 (서양인에게는 인정해주지 않았던) 호시의 교역항이었다.

치외법권은, 청에서 외국인의 법적 문제를 속인주의에 의거해 처리한다는 점에서 당시 통례에 따른 것이었다. 또 아편전쟁 전에 영국인을 청의 법률로 다스렸던 일이 문제가 된 경우도 있었기 때문에, 치외법권이 강조된 면도 있었을 것이다. 한편 청은 자국민의 해외 도항을 인정하지 않았으므로 영국과 그 식민지에서 중국인의 법적 지위는 고려할 필요가 없었다. 이 때문에 당시 청은 치외법권의 불평등성을 크게 느끼지 않았던 것이다.

협정관세에 대해서도 당시 가격의 5퍼센트 정도를 기준으로 액수가 정해졌고, 이것을 고정한 뒤 기본적으로 양에 따라 징수하게 되었다. 그리고 청은 단독으로 관세율을 변경할 수 없고 영국과 협의해야 했다. 하지만 원래 아편전쟁 이전의 광저우 무역에서도 관세(선초船鈔·화세貨稅)는 2~4퍼센트였으며, 이 외에 부가세와 수수료가 부과되었다. 이 부가세와 수수료를 고려하면 5퍼센트는 낮은 세율이었지만, 관세만으로 비교하면 결코 낮은 것은 아니었다(坂野 1973). 물론 세율을 마음대로 바꿀 수 없다는 점은 관세 조정의 자유가 없는 것이었다.

최혜국 대우에 대해서는 황제가 부여한 은혜를 오랑캐[夷狄]들이 균점한다고 생각하면, 왕조의 논리로 따져보아도 모순은 아니었다. 청 이외의 나라들에서도 수법과 사고방식에는 차이가 있었지만, 각각 기존의 질서관과 대외무역의 상황에 맞게 서양 국가들과 조약을 체결했다고 평가한 면이 있을 것이다.

중국과 조선에 있던 조계租界는 치외법권을 가진 외국인을 현지인 사회와 격리하기 위해 설치한 거주지로 볼 수도 있다. 요코하마 거류지가 나가사키 데지마出島와 형태가 유사한 것처럼, 외국인 거주 지역을 만든 것도 조약 체결 당시에는 근세 이래의 대외관계에서 그 전례를 찾아볼 수 있다. 또 조계에는 현지 국가의 사법권이 원칙적으로 미치지 않았다. 상하이와 톈진天津의 조계는 서양 근대의 발신지로 알려져 있지만, 사실 조계 내에서 발전·번영한 것은 그다지 많지 않고 방치된 채로 폐지되었던 것도 적지 않다. 상하이 등 번영했던 조계는 서양이 건설한 인프라와 서양과 관련을 맺으면서 현지인들이 그곳에 거주하고 그 토지를 둘러싼 차지권借地權을 담보로 자금을 조달하여 경제활동을 영위한 점, 그리고 현지 국가의 사법권에서 벗어나기 위해 수많은 중국의 인재가 모여든 점도 성장의 요인이었다.

이처럼 아편전쟁으로 맺어진 조약과 협정들은 광저우 무역에 변화를 가져왔지만, 새로운 교역 규칙들은 기존 규칙의 연장선으로 이해될 수도 있다. 또 아편전쟁에서 청의 패배는 일본을 포함하여 주변 나라들에게 큰 충격을 주는 등 청의 위신을 크게 떨어뜨린 것이 확실하지만, 영국과 문제가 되었던 것은 어디까지나 호시 제도였으므로 기존의 책봉-조공 관계가 당장 무너진 것은 아니었다. 이러한 점에서 아편전쟁 이래 일련의 사건을 근대 조약 체제와 전통적인 조공 체제의 충돌 및 마찰이라고 보는 관점은 수정이 요구된다고 하겠다.

불평등조약

영국을 비롯한 열강은 비기독교 세계와 왕래·교섭·전쟁하는 과정에서 주권국가 사이의 평등원칙을 따르지 않고 일정한 형식에 따른 조약을 맺었다. 이들 조약은 전쟁에서 승패뿐만 아니라 (서양형) 문명국가와 비문명국가 사이에 성립할 수 있는 것으로 정당화되었다. 구체적으로는 치외법권(영사재판권), 협정관세, 최혜국 대우를 일방적이고 편파적으로 서양 측에 부여하는 것이었다. 이러한 조약의 틀은, 그 이유가 전쟁이나 교섭에 의한 것인지 상관없이, 서아시아 국가들뿐만이 아니라 태국, 청, 일본, 조선 등에 공통으로 적용되었다. 치외법권은 아시아 국가들의 사법제도에 대한 불신과 제도적 차이를 보완하는 것이었고, 협정관세는 통상에서 자국의 권리를 유지·확대하기 위해 설정되었으며, 최혜국 대우는 서양 국가들 간에 제도적인 특권을 고르게 하여 충돌을 피함과 동시에 조약 개정을 어렵게 만드는 것이었다.

이러한 불평등조약을 개정해야 한다는 인식의 과정은 나라마다 달랐다. 청과 같이 책봉-조공과 호시로 나뉜 곳에서는 조약 체결이 대외관계에 영향을 주지 않았다. 의례적인 책봉-조공이라는 관계와, 호시의 연장선에서 상정된 조약에 근거한 서양과의 관계라는 이중적인 기준이 공존할 수 있었던 것이다. 하지만 일본과 같이 비교적 엄격하게 해금을 실시하던 나라에서는 서양 국가들과 조약을 체결하는 것이 곧바로 대외관계 전체에 변화를 불러왔다. 그만큼 조약을 바탕으로 한 관계가 대외관계 전체의 중심을 차지하게 되면서 조약 개정이 필수 과제로 인식되었을 가능성도 있다.

개정 방법에 대해서는, 큰 틀에서 보면 서양 측의 논리에 대응하여 문명국화하는 것, 또는 전쟁에서 승리할 수 있는 강대국이 되는 것 등이 상정되었다. 또 혁명이 일어나 앞선 정권이 체결한 조약들을 파기하는 방법도 있었다. 조약 개정을 목표로 삼은 국가들은 각각의 방법으로 조약 개정을 실현했다. 일본과 태국의 경우는 문명국화와 강대국화였고, 중국은 혁명을 지향하면서 강대국화와 문명국화에 의해 조약 개정을 실현하게 되었다. 또 교섭에는 조약 자체를 사법권의 관점에서 수정하려는 사법권 회수와, 조약을 근거로 성립되어 있던 관습을 포함한 특권들을 회수하려는 행정권 회수라는 측면이 있었다. 한편 동아시아에서는 서양 국가들과 일본의 식민지가 됨으로써 자동적으로 불평등조약이 파기된 곳도 있었다. 그 식민지 사람들이 외국에 나간 경우, 식민지 신민臣民으로서 서양 국민과 동등한 특권을 (중국 등에서) 누릴 수 있었다(川島·服部編 2007).

더욱이 19세기에 체결된 서양 국가와 동아시아 국가의 조약에는 유럽어로 된 조약과 현지어로 번역되어 국내용으로 알려진 약정約定의 내용이 서로 다른 경우가 종종 있었다. 서양의 '외교'사史로서의 이해와, 현지 사회의 이해와 인식 혹은 기억의 형성에는 괴리가 있었을 것이다(早瀨 2003). 그러나 근대국가 건설을 추진해나가거나 식민지 통치하에서 독립운동이 발생하면, 이러한 조약은 서양 중심적인 이해에 입각하여 개정하거나 또는 극복해야 할 대상이 되었다. 이러한 의미에서 불평등조약의 개정과 독립운동은 서양에 대한 저항이면서, 이 저항 또한 서양의 가치관과 논리를 따라야 하는, '근대'를 수용하는 하나의 몸짓이었다고 볼 수 있다.

포함砲艦 외교

영국을 비롯한 유럽 열강은 동아시아 국가들에게 조약을 지키도록 강요했다. 이를 위해 상대국의 대외교섭 권리가 분산되어 있는 상황을 비판적으로 보면서 중앙이 일원적인 외교권을 갖도록 요구했다. 또 포함砲艦을 이용하여 개항장에 주재하는 영사들이 지방 관헌에게 위압적으로 조약을 이행하도록 압박했다. 예컨대 영국은 1846년에 청의 개항장마다 한 척의 포함을 배치할 권리를 획득했다. 그 후 1848년에 상하이 외곽의 칭푸현青浦縣에서 3명의 선교사가 일터를 잃은 어민들에게 습격당하는 사건이 일어나자, 영국은 무장함대를 이용한 외교로 사태를 처리했다. 영국의 상하이 영사는 일본에도 주재했던 올코크Rutherford Alcock였다. 이처럼 개항장에서 영사가 개별적으로 포함을 이용하여 문제를 해결할 수밖에 없었던 것은 교통·통신수단이 발달하지 않았기 때문이다. 당시에는 전선이 개통되지 않아 상하이에서 홍콩으로 전보를 보내는 데 6일이 걸렸다. 홍콩에서 런던까지는 편도로 2개월 정도가 걸렸다. 그래서 상사와 본국의 의향을 묻거나 군함의 파견을 의뢰할 여유가 없었다. 또 다른 이유는 영국 측의 군사력이 압도적으로 우세했고, 이 사실을 증명해서 보여주었던 아편전쟁 등의 기억이 청나라 사람들에게 새겨져 있었다는 점이다. 따라서 (최소한의) 군사력인 포함 한 척으로도 위압하는 효과를 얻을 수 있었다. 좀 더 넓은 의미로 보면, 미국의 페리 제독이 군함을 앞세워 조약 체결을 압박했던 것도 포함외교의 예라고 볼 수 있다(坂野 1973).

그러나 영국의 무장함대를 둘러싼 환경을 단순히 영사가 위압적으로 활용했다고만 파악할 수는 없다. 청의 지방 관헌은 포함의 위압을 받으면서도 다른 한편으로 그 포함을 이용하여 해적을 토벌했기 때문이다. 19세기 중반 연안 지방에서는 푸젠福建·광둥廣東계뿐만 아니라 홍콩 개항 후 교역 거점의 지위를 상실한 마카오의 포르투갈 상인들이 해적질을 하면서 연안 무역, 특히 개항장 무역의 질서를 어지럽히고 있었다. 이 때문에 청 측도 개항장에 정박해 있던 영국의 무장함대에 해적 진압을 요구했다. 그리고 정크선을 운행하고 있던 푸젠과 광둥의 상인들이 무장한 서양인에게 호송을 의뢰하는 경우도 있었다. 포함의 존재를 단순히 '침략'이라고만 바라보는 시각은 단편적일 것이다. 당시 '바다의 안전'을 위해 군사력을 극동까지 파견한 나라는 영국이었고, 그 영국이 제공한 군사력이라는 국제 공공재를 청이 '무상'으로 조달받았다고 볼 수도 있다. 물론 청나라도 점차 해군력을 강화하여 스스로 바다의 안전을 확보하려 했지만, 교통·통신 등을 비롯하여 영국이 제공한 여러 가지 국제 공공재를 이용하는 측면이 있었다.

선교사

19세기에 들어서면서 기독교 선교사들이 동아시아에서 포교활동을 벌였다. 그들은 조약으로 포교권을 획득하기 전부터 포교활동을 펼쳤고, 개항장에서 포교권을 얻은 뒤에는 오히려 현지인처럼 옷을 입고 현지어를 쓰면서 내지에 들어가 포교하려고 했다. "선교사는 제국주의의 첨병"이 된 적도 있었는데, 그들이 영국과 프랑스 영사들에게 현지의 국가와 지역의 정보들을 제공해주었기 때문이다. 때로 선교사는 전쟁 구실을 만들어준 긍정적인 존재이자, 동시에 말썽을 일으켜 일을 만들었을 뿐만 아니라 현지 사회로부터 배외운동을 불러일으켜 통상을 방해한 부정적인 존재이기도 했다.

기독교 포교 과정에서 선교사들은 현지 사회와 여러 가지 갈등을 일으켰다. 청에서는 이를 교안教案이라고 불렀다. 이러한 문제의 원인을 단순히 반제국주의 또는 반서양이라고 규정하기는 어려웠다(左藤 2010). 예를 들어 현지 사회에서는 그 비호에 들어가는 것으로 불평등조약의 특권을 향유할 수 있다고 여겨진 적이 있다. 이 경우 농촌 등의 기층사회는 교회 측에 속하려는 사람과, 기존의 신앙과 질서를 지키려는 사람으로 갈라진다. 교회를 파괴하거나 선교사를 습격하는 행위에는 해당 지역 사회의 질서 재편 문제가 깔려 있었다. 그리고 기독교 포교를 둘러싼 갈등을 의아하게 생각하고 있던 독일과 미국은 강경외교를 펼쳐 현지국을 굴복시킨 적도 있다. 이는 단순히 현지국의 위신을 떨어뜨릴 뿐만 아니라 기층사회에도 커다란 스트레스를 주었다. 청에서 일어난 의화단義和團 사건은 선교사의 활동을 보호하려는 독일의 강경외교에 청이 적절하게 대응하지 못하면서 쌓인 현지 사회의 스트레스가 분출된 것이라고 할 수 있다.

한편 선교사들은 사전을 만들거나 번역하는 등의 활동을 벌였고, 미션스쿨을 설립하는 등의 문화활동을 펼쳤다. 서양의 지식이 번역되어 동아시아에 유입되는 과정에서도, 그리고 아시아의 다양한 정보가 서양의 언어로 서양으로 전달되는 과정에서도 선교사는 큰 역할을 했다. 이들 선교사들은 본국으로 돌아가서 집필활동을 하거나 대학의 연구자가 되어 19세기 서양의 아시아학을 뒷받침했다.

3. 개항장 네트워크의 형성

동아시아 국가들 사이의 관계 변화

동아시아 국가들이 서양과 조약을 체결하자 동아시아 국가들 사이의 관계와 동아시아 지역 내의 교역 질서에도 변화가 나타났다. 아편전쟁에서 청나라가 패배하자 동아시아 각국은 서양보다 군사기술이 뒤처져 있음을 인식하게 되었고, 일본은 서양의 대포 제작기술을 도입하기로 결정했다. 또 세계 인식을 넓혀야 한다는 웨이위안魏源의 《해국도지海國圖志》 등의 지리서가 각국의 지식인들에게 퍼져나갔다.

19세기 중반에는 청과 조공국 사이의 관계가 크게 변하지 않았다. 태국은 청에 조공사절을 파견하는 것을 중단했지만, 류큐는 1866년에 쇼타이尙泰를 책봉하는 책봉사가 타고 온 관선冠船을 나하那覇에서 맞이했으며, 조선도 청과의 관계를 단절하지 않았다. 그러나 일본과 청 사이의 교역을 살펴보면, 일본이 서양과 조약을 체결한 뒤 종래의 대외관계가 크게 변화하자, 청 상인은 발 빠르게 나가사키를 비롯해 고베와 요코하마에 거점을 만들었고, 해산물을 구하기 위해 하코다테에도 거점을 만들었다. 당시 '개항'은, 조약을 체결한 서양 국가들에 대한 개항뿐만이 아니라 동아시아 지역 내의 국가들 및 조약을 체결하지 않은 국가들에 대한 개항을 의미하기도 했다. 일본도 1860년대에 접어들면서 나가사키 봉행奉行과 하코다테 봉행이 상하이에 사절을 보내 일본 측이 서양이나 청의 상인을 통하지 않고, 치토세마루와 겐준마루 등을 보내 일본에서 상하이로 직접 물건을 가져가는 방법을 모색하고 있었다. 이 역시 개항장이 설치됨에 따라 동아시아 지역 내의 교역을 재편하는 과정의 하나였다(川島 2004).

한편 서양 국가들이 아시아와 불평등조약을 체결한다고 교역이 순조롭게 늘어나는 것은 아니었다. 마르크스의 중국관에 큰 영향을 주었다고 알려진 1852년의 미첼Mitchell보고서(1859년에 공표)가 지적했듯이, 4억 명이 있는 시장으로 기대되는 중국도 결코 간단하게 영국산 면직물의 시장이 되지는 않았다. 영국의 푸저우 주재 영사였던 싱클레어는 1850년 본국에 보낸 보고서에서 중국 시장의 판로가 기대 이하로 주춤거리고 있다는 점을 전제로 한 다음, 류큐의 조공선에 주목하면서 류큐가 조공하는 기회를 이용해서 함께 무역을 확대하고 영국 상인이 류큐 상인에게 물건을 판매한다면 판로가 확대될 것이라는 의견을 제시했다(岡本 2008a). 이는 영국 상품의 판매가 순조롭지 못했다는 점을 보여준다. 그리고 의례에 따른 책봉-조공관계와 조약에 바탕을 둔 통상관계가 서로 별개로 존재하는 것이 아니라 접점을 가지고 뒤섞이거나 엇갈리면서 국제관계가 발달했음을 보여준다.

일본은 메이지유신을 단행한 후, 1871년에 청과 청일수호조규清日修好條規를 맺었다. 이는 두 나라가 최초로 체결한 평등조약이다. 그러나 교섭 과정은 청이 주도했고, 그 후의 왕래와 교섭 등도 원칙적으로 한어로 이루어졌다(岡本·川島編 2009). 1876년에 일본은 조선과 불평등조약인 조일수호조규를 체결하고, 청도 1882년에 조선과 (실질적으로) 불평등조약인 조청상민수륙무역장정朝清商民水陸貿易章程을 체결했다(책봉관계는 유지·지속). 이로써 동북아시아 국가들의 관계는 조약만이 아니라 '조규'와 '장정'에 의해 재편되었다.

개항장 네트워크

싱가포르·홍콩 등 동남아시아의 서양 무역거점과 광저우·상하이·요코하마·고베 등 동북아시아의 개항장 사이에 경제활동을 중심으로 하는 네트워크가 형성되었다. 이들 개항장은 기존의 교역망과 겹치기도 했지만, 수심이 얕은 바다에 알맞은 정크선이 이용하는 항만과 달리, 점차 보급되기 시작한 증기선을 위한 수심이 깊은 항만이 많았다. 이 때문에 교역거점이 바뀐 지역도 있었다. 이러한 개항장에서는 증기선 등으로 물류를 보호했을 뿐만 아니라 영국의 해군력이 안전을 지켜주었으며, 주재 영사들이 현지국과의 교섭 창구 역할을 했다. 19세기 후반에 나가사키와 상하이 사이에 전선이 부설됨에 따라 우편과 전선망이 개항장 사이의 통신을 떠받치게 되었다. 이러한 통신망에 의해 서양과 동아시아 사이에 정보가 신속하게 전달되었으며, 신문·잡지 등의 개항장 미디어가 생겨났다. 개항장들에서 언론은 서양 국가들의 동아시아 정책에 영향을 미치기도 했다. 일본과 청은 이곳의 언론을 자국에게 유리하게 이끌기 위해 여러 가지 선전활동을 펼쳤다.

또 이러한 개항장의 거래는 런던의 결제망과 연결되었다. 2개의 삼각무역과 런던의 어음 유통에 대해서는 앞에서 언급한 바와 같다. 영국을 비롯한 서양의 상인들은 동남아시아에서는 식민지의 무역거점에서, 동북아시아에서는 조계 등의 거류지에서 치외법권을 얻는 등 통상하는 데 유리한 조건을 확보했다. 또 '청결'한 환경을 유지하고 안정적으로 통상하기 위해 위생관리에도 철저했다. 그중에서도 세관은 무역 관리에 큰 역할을 맡았으며, 세관 징수와 위생·방역 관리뿐만 아니라 해도海圖 제작과 기상 정보, 우편·통신 등의 폭넓은 분야에서 무역을 둘러싼 질서유지 기능을 담당했다.

개항장 지식인과 번역

각각의 개항장에는 일정한 배후지가 있었고, 이미 부설된 철도 교통망에 의해 물자와 더불어 현지인들도 개항장과 관련을 맺게 되었다. 동아시아 전체에서도 점차 근대국가의 수도와 식민지 정부 사이에 공식적인 '외교'가 이루어졌다. 그렇지만 경제·사회 면에서는 정보 전달과 새로운 시대의 인재 양성은 개항장을 통해 이루어진 면이 있다.

우선 개항장은 현지 사회와 서양 사회 그리고 동아시아 지역 내 정보 전달의 창구가 되었다. 예컨대 여기에는 일본 측이 중국에 대한 정보를 한문과 구문歐文(서양어) 두 가지로 파악한 데 비해, 중국 측은 일본에 대한 정보를 구문으로만 얻거나 얻을 수밖에 없는 '격차'가 존재했다. 그렇지만 종래보다 훨씬 많은 지적 정보가 동아시아 지역 내에 '유통'되었다. 특히 중국에서 한역된 세계지리서 등의 외국 정보는 18세기부터 이미 번역되어 있던 지리서 등과 함께 한자문화권 지식인들의 세계 인식에 큰 영향을 주었다. 또 선교사가 설립한 미션스쿨과 서양 유학을 통해 언어와 지식을 습득한 동아시아 지식인들은 서양의 서적을 번역하기 시작했다. 동북아시아에서는 메이지유신 후의 일본이 기존의 사회통념과 이념을 토대로 하면서(어떤 의미에서는 오해도 포함하면서) 대량의 서양 서적을 번역했다. 이때의 개념 규정과 번역어는 현재까지 한자문화권에 영향을 주고 있다.

청에서는 개항장의 지식인들이 전문 지식을 활용하며 활동했다. 그들은 군사개혁, 교육개혁, 실업진흥과 함께 정치개혁을 부르짖었지만, '천조天朝의 정제定制'를 유지하려는 세력도 관계官界에서는 여전히 강했기 때문에 결국 군사와 공업의 변혁이 우선 실행되었다. 이는 후세에 양무洋務운동으로 불린다. 19세기 말의 변법變法운동도 이러한 지식인과 일부 관료에 의해 이미 제창되고 있던 정치개혁론이 어느 정도 합의를 이루면서 정책화되는 과정으로 보는 것이 타당하다.

이렇게 해서 공통의 지적 공간을 공유하는 지식인이 한자문화권에 나타나고, 신문과 잡지에서 공간을 초월하여 논쟁을 벌이게 되었다. 또 식민지가 된 지역에서는 종주국의 지적知的 제도 아래에서 번역 등이 이뤄지고, 종주국에 유학한 지식인이 그 시선으로 자신의 출신 사회를 돌아보거나 혹은 그곳에서 전통을 재발견하는 등 다양한 반응을 일으켰다. 이처럼 서양을 접한 동아시아의 지식인에게 내재하는 오리엔탈리즘적 사고는 동아시아 근대에서 공통적으로 나타난 현상이었다.

4. 동남아시아 국가들의 식민지화

대륙부의 식민지화

19세기 중반부터 서양 국가들은 무역거점만이 아니라 식민지를 만들어 지배하기 시작했다. 이는 군사력을 가진 서양 국가들이 청을 비롯한 현지국과 교섭하여 조약을 체결하면서 추진되었다. 이들 조약은 대부분 구문을 정식문서로 삼았지만, 한문과 현지어의 표현이 반드시 서구의 문서와 일치하는 것은 아니었다. 그럼에도 식민지화는 진행되었으며, 기존에 그어진 국가의 경계를 어느 정도 지키면서도 새로운 경계가 만들어지고, 플랜테이션을 시작으로 종주국의 경제구조에 편입되어갔다. 또 정치적으로 자립하려면 (근대)국가로 독립하지 않으면 안 되었다. 동남아시아 국가들 역시 식민지적 근대를 체험하게 되었다.

버마는 1차 영국·버마전쟁에 패배하여 아라칸테나세림을 영국에 내주었다. 1850년대 초 랑군의 영국인이 살인을 저질러 버마 정부에 체포된 사건을 빌미로 인도 총독 댈하우지 백작이 버마에 원정군을 파견하여 연안지역을 점령했다. 그리고 페구 지방의 병합을 선언하고 아라칸 등과 함께 영국령 버마로 삼았다. 이로써 영국은 인도에서 해협식민지에 이르는 해안선을 차지하고 벵골 만을 내해內海로 삼게 되었다. 연안지역을 상실한 꼰바웅 왕조는 민돈 왕이 개혁을 실시하여 윈난雲南을 거쳐 청과 무역하는 것을 승인하는 등 내륙국가의 존속을 지향했다. 하지만 그 뒤를 이은 티보 왕은 윈난 침략을 겨냥한 프랑스와 손잡고 영국에 대항하려 했다. 이를 탐탁지 않게 여긴 영국은 1885년에 3차 전쟁을 일으켜 꼰바웅 왕조를 멸망시키고 버마를 병합하여 인도제국의 한 주州로 삼았다. 그 후 10년에 걸쳐 여러 집단이 영국의 지배에 저항했지만, 결국 평정되고 말았다.

베트남에서는 명명제明命帝가 죽은 뒤, 프랑스의 압력이 강해졌다. 특히 나폴레옹 3세 시대가 되자 프랑스는 메콩 강 하류 지역을 점령하고, 두 번에 걸친 사이공조약으로 코친차이나 전 지역을 프랑스의 직할 식민지로 삼았다. 1880년대가 되면서 프랑스는 사이공에서 캄보디아, 라오스로 진출하여 보호국으로 만들었고, 두 번에 걸쳐 후에 조약을 맺으며 베트남도 보호국화하려고 했다. 베트남이 청에게 구원을 요청하자, 청은 군대를 파견했다. 이 전쟁 자체는 랑손에서 프랑스가 패배했기 때문에 프랑스의 압승이라고 말할 수는 없지만, 전쟁 후 텐진조약으로 베트남의 보호국화가 결정되었다. 프랑스는 보호국화했던 캄보디아를 합쳐 프랑스령 인도차이나연방을 만들고, 1899년에 라오스까지 편입시켰다. 이에 대해 베트남의 지식인들은 저항운동을 벌였지만, 19세기 말까지 거의 진압되었다.

태국의 차크리 개혁

영국과 프랑스가 대륙부 동남아시아를 식민지화하는 동안, 두 나라의 세력권 중간에 위치한 태국은 식민화되지 않았다. 또 몽꿋 왕(라마 4세)은 보링조약 등 1850년대에 영국, 프랑스 등과 불평등조약인 수호통상조약을 체결했다. 또 아편전쟁으로 위신이 떨어진 청과도 책봉-조공관계를 중단했다. 그전에도 태국은 한문 사료에 나타나듯이 스스로 청에 신하의 예를 갖추고 있다고 인식하지 않았던 것 같다.

식민지화의 위기 앞에서 쭐라롱꼰 왕(라마 5세)은 외국인 고문을 적극적으로 등용하여 군사·행정·재정·사법 등의 방면에서 개혁(차크리 개혁)을 실시함으로써 문명국이자 근대 주권국가가 되어 독립을 유지하고자 했다. 이 노선은 메이지 일본과 유사한 면이 있다. 실제로 일본과 태국은 비교적 좋은 관계를 유지했지만, 태국은 1932년 입헌혁명을 통해 비로소 입헌군주제를 채택했다. 더욱이 19세기 후반에 미국의 남북전쟁의 영향으로 쌀값이 폭등하자, 차오프라야 강과 메콩 강 등의 하류 지역에서는 논 개발이 진행되면서 미작米作 플랜테이션이 이루어져 태국은 세계적인 쌀 생산국이 되었다. 쌀의 유통과 무역에는 중국계(화교) 상인이 많이 종사했다. 남부의 주석광산에서도 중국계 기업가가 활약했다. 태국은 조공 중단 후 중국과 국교를 수립하지 않고, 국내의 중국계 주민을 태국 국민으로 동화·통합하는 데 성공했다. 태국과 중국은 2차 세계대전이 끝난 후에 국교를 맺었다.

도서島嶼 지역의 식민지화

네덜란드령 인도에서는 강제재배제도가 실시되는 등 일찍이 지배가 확립되어 있었는데, 그 영역이 자바부터 차츰 확대되었다. 그 과정에서 식민지로부터 경제적 이익만을 얻는 것이 아니라, 기독교 윤리를 중시하여 교육과 위생에서도 '윤리적인' 식민지 정책이 펼쳐졌다. 서양교육을 받은 자바 여성인 카르티니Raden Adjeng Kartini가 주목받은 것도 이 시기였다(齋藤照子 2008). 그러나 강제재배제도를 비롯하여 경제정책은 크게 바뀌지 않았다. 또한 네덜란드의 지배가 공간적으로 확대되는 가운데, 말라카 해협에서 영국과 네덜란드의 지배를 꺼려한 상인들이 거점으로 삼았던 수마트라 북단의 아체가 쟁점이 되었다. 영국과 네덜란드는 1872년에 수마트라 조약을 맺어 아체를 네덜란드령으로 삼았지만, 아체는 이에 반발했다. 네덜란드는 1873년에 아체 왕국에 선전포고를 하고, 그다음 해에는 수도 반다아체를 점령했다. 하지만 그 후에도 무슬림의 저항운동인 지하드(성전聖戰)가 계속되었고, 네덜란드의 지배는 20세기 초에야 최종적으로 확립되었다.

영국은 말레이 반도에서 벵골만과 남중국해를 접점으로 하는 해협식민지를 만들었지만, 말레이 반도의 말레이인의 여러 정권에 대해서는 불간섭주의를 취했다. 반면 1874년 빵꼬르조약으로 페라크의 말레이인 지도자 8명은 영국이 파견한 행정관을 받아들였다. 이는 이 지역이 영국의 보호령이 되었음을 인정한 것이었다. 그 후 말레이 반도의 영토 식민지 지배가 진행되었다. 영국이 불간섭주의로 전환한 것은 말레이 반도에서 주석 등 광산의 생산량이 늘어나면서 인구가 적은 이 지역에 많은 중국계 노동자가 유입되자 현지의 사회질서가 동요하기 시작했기 때문이다. 그러나 영국인 행정관의 파견은 말레이인 사회에서 반발을 샀다. 특히 징세권을 둘러싸고 말레이인 지도자들이 영국인 행정관을 살해하는 사건이 일어나자, 영국은 기존의 술탄을 정점으로 하는 말레이인의 질서를 유지하면서 통치하는 방침으로 바꾸었다. 말레이 반도의 식민지는 기존의 질서를 유지하면서 소위 간접통치의 형태를 취했던 것이다.

필리핀은 16세기 이후 스페인의 식민 지배를 받았다. 19세기 후반에는 필리핀의 지식인들 사이에서 프로파간다 운동이라고 불리는 식민지 체제에 대한 평화적인 개혁·계몽운동이 일어났다. 호세 리살José Rizal은 마드

리드 중앙대학에서 공부하면서 유학생, 망명자들과 교류하며 점차 프로파간다 운동의 지도자로 성장했다. 리살은 스페인의 식민지 정책 및 가톨릭교회를 규탄했다. 그 후 필리핀 혁명이 일어나자 리살은 1896년에 주동자로 체포되어 처형되었다. 필리핀 혁명은 미국의 개입으로 좌절되었지만, 카티푸난 등의 운동이 계속되었다. 1898년 미국과 스페인 전쟁에서 스페인이 패배하면서, 필리핀의 지배권은 미국으로 넘어갔다. 미국은 저항운동을 진압하고 남부 무슬림의 거주 지역으로 통치를 확대했으며, 1899년에는 스루섬의 주권까지 확보했다(早瀨 2009).

청의 종주권 문제

동남아시아 국가들이 서양 국가들의 식민지가 되는 과정에서 청의 책봉-조공관계는 변화를 거듭했다. 이는 조공하는 (혹은 청이 그렇다고 생각하는) 나라가 줄었기 때문만은 아니다. 서양 국가들은 동남아시아 국가를 식민지화할 때 그 종주국인 청을 교섭 상대로 간주했다. 이 때문에 그 전에는 내정불간섭을 원칙으로 삼아, 조공국들의 외교에 그다지 간섭하지 않았던 상태에 변화가 생겼다. 즉 책봉-조공관계를 국제법적 보호국과 속국의 논리로 재정립 혹은 강화하는 계기가 여기서 생긴 것이다.

청은 이미 책봉과 조공 등 종래의 의례에 바탕을 둔 관계와, 조약에 기초해 서양 국가들과 맺은 관계라는 두 가지 기준을 근거로 대외관계를 구축하고 있었지만, 그 두 가지는 완전히 별개로 존재했던 것이 아니다. 청은 책봉-조공관계를 강화하기 위해 만국공법의 논리를 채용하기도 했다. 1880년대가 되자 청에 조공하던 나라가 더욱 줄어들었고, 최종적으로는 조선만 남게 되었다. 청은 조선에 대해 청의 조공국 지위를 유지한 채 서양 국가들과 조약을 체결하도록 권했고, 조선은 실제로 미국과 조약을 맺었다. 그리고 1882년에는 조청상민수륙무역장정을 체결하여 조공무역과 국경지대의 호시에 한정되어 있던 교역을 자유화했다. 하지만 청의 상무위원商務委員에게 영사재판권이 부여되는 등 사실상 청에게 유리한 불평등조약이었다. 또 청은 조선에 3개의 전관조계專管租界를 갖게 되었다. 이 외에 조선에 병사를 주둔시키는 것뿐만 아니라 위안스카이袁世凱를 총리교섭통상사의總理交涉通商事宜로 파견하여 정치와 외교 전반에 걸쳐 영향력을 강화했다. 위안스카이는 자신의 지위를 영어로 공사Minister와 같은 외교관이 아니라, '주차관Resident'이라고 지칭했다. 이는 인도제국에서 인도총독이 번藩왕국에 파견하던 관리의 명칭이었다(岡本 2008b).

1895년 시모노세키조약에서 청은 조선과의 책봉관계를 폐지하기로 결정했다. 그 후 청은 조약에 근거하여 대외관계를 일원화해갔다. 조선은 청일전쟁 이전부터 중립화를 목표로 삼고 다양한 개혁을 실시했지만, 청·러·일의 침략을 받는 와중에서 중립화를 실현할 수 없었다.

5. 19세기의 사회 변화: 이민, 종교, 군사화

이민 시대

18세기에 중국의 인구는 두 배 가까이 늘어났고 주변부가 개발되었다. 19세기 전반기에도 인구 증가율은 감소했지만 인구 압력은 여전히 높았다. 19세기 후반부터 세계적으로 노예무역과 노예제도가 잇달아 폐지되면서 동남아시아와 중남미의 플랜테이션과 세계 각지의 광산에서 흑인 노예를 대신할 노동력이 필요해졌다. 여기에 응한 것이 중국인과 인도인이었다.

중국에서는 화남에서 동남아시아로 가는 이민이 더욱 활발해졌다. 그렇지만 19세기에 나타난 특징은 서양 상인이 홍콩과 마카오, 또는 개항장에서 노동자를 모집해서 하와이를 거쳐 아메리카 대륙으로 보냈다는 것이다. 태평양 항로가 열린 것은 19세기 동아시아에서는 큰 변화였을 것이다. 동아시아를 횡단한 중국인 노동자들은 '쿨리苦力'라고 불렸다. 그런데 이 쿨리무역에서는 모집 조건과 현실적인 차별 대우를 둘러싼 마찰 및 열악한 이송 조건 등이 중국의 개항장과 홍콩에서 점차 문제로 떠올랐다. 그중 하나가 1870년대 초의 마리아루스호 사건이다. 마리아루스호가 마카오에서 페루로 가던 도중에 수리를 위해 요코하마에 머물렀다. 이 배에는 200명이 넘는 쿨리가 타고 있었는데, 영국의 요청에 따라 일본 정부가 인도적 차원에서 그들을 해방시킨 것이다. 그러나 1874년에는 최후의 거점이던 마카오에서도 쿨리무역이 '제도적으로는' 금지되었다.

그 후 1880년대에 접어들면서 하층 백인과의 대립 등으로 말미암아 미국에서 중국인의 이민을 금지하는 법률이 제정되자, 동남아시아가 이민처의 중심이 되었다. 청은 원래 외국 이민을 금지하고 있었지만, 1860년에 베이징조약에서 이를 인정하고, 1890년대 전반에는 국내법적으로도 이를 용인했다. 이 과정에서 청은 1870년대 중반부터 동남아시아 등에서 자국민을 보호하기 위해 영사관 설치를 검토하기 시작했다. 이는 근대국가에서 국민을 보호한다는 측면도 있지만, 이와 동시에 황제의 덕위德威를 널리 알리려는 측면도 있었다. 이민에서도 서양의 근대적인 논리가 기존의 논리에 접합되는 형태로 수용되었던 것이다(岡本·川島編 2009).

동남아시아 등으로 이민한 중국인들은 노동에 종사하면서 번 돈을 본국으로 송금했다(교회僑滙). 이는 화남 지역의 경제를 지탱할 정도의 액수였다. 그 외에도 동남아시아의 식민지 근대의 산물인 건축 양식과 식생활 등의 생활관습이 중국의 연안지역에 유입되었다. 이 때문에 중국의 연안지역에는 상하이 등 서양에 의한 근대와, 중국의 중앙정부와 지방정부가 추진한 근대 건설과는 다른 식민지적인 '근대'의 풍경이 펼쳐지게 되었다.

이민자들은 당초 돈벌이를 위한 단기 거주자였지만, 정착하여 사는 사람들이 늘었다. 그들은 곧 동향·동성조직을 만들어 이민을 알선하게 되었다. 동남아시아는 인구가 매우 적은 지역이었지만, 이주자가 급격하게 늘어나면서 사회질서가 재조정되었다. 여기에는 중국인을 배척하는 움직임도 있었고 포섭하려는 움직임도 있었다. 한편 동남아시아 각지에 화교사회가 형성되면서, 중국 본국의 정치 상황이 동남아시아에 파급된 측면도 있고, 싱가포르에서 플랜테이션으로 성공한 화교 천자경陳嘉庚처럼 본국의 혁명을 지원하는 사람들도 있었다. 또 동남아시아 화교 중에는 현지 식민지 신민의 자격을 얻거나 등록민이 되어 본국으로 귀국하여 불평등조약의 조약 특권을 향유하는 사람도 생겨났다. 그들의 존재는, 치외법권을 외국에 부여하면서도 외국인을 조계 등에 거주시켜 자유로운 이동을 금지한 청의 외국인 관리체제에 대한 커다란 위협이 되었다.

더욱이 한족의 이민이 태평양 방면과 동남아시아에 한정된 것은 아니었다. 19세기에는 내몽골 등으로 이주했을 뿐만 아니라 산둥山東 등의 화북에서 만주, 조선, 시베리아로 이민하는 사람도 늘었다.

종교와 신앙

19세기 동아시아사를 살펴볼 때, 종교와 민간신앙을 빼놓을 수 없다. 현재는 '미신'으로 여겨지는 것들이 널리 퍼졌고, 그것이 사람들을 충동질하기도 했다. 종교와 신앙이라는 서양 근대의 용어를 번역해 사용하면서 설명하는 것이 합당한지는 모르겠지만, 중국과 이슬람권에서 이러한 경향이 나타났다. 기독교의 침투 역시, 그러한 사회적 풍조를 배경으로 기존의 종교와 연관되면서 이뤄졌던 것이라고 생각된다.

자바 중부에서는 1880년대부터 사민주의Saminism라는 운동이 일어났다. 문맹의 농부였던 사민Surontiko Samin은 고행의 경험을 쌓아 아담교를 창시하여 "거짓말을 하지 마라"는 등 일상적인 생활규범을 설파했다. 그러나 그는 납세와 노역을 거부하자고 주장했다는 점에서 식민 지배에 비폭력적으로 저항한 운동가이기도 했다. 이 때문에 식민지 정부도 그를 주목하여 단속했다(歷史學研究會編 2008).

중국에서는 19세기 후반에 세계가 파멸로 향하고 있다는 종말론이

유행했다. 개인이 선행을 쌓으면 재앙을 피할 수 있다는 주장과 더불어 구세주가 강림해 위기에서 구해줄 것이라는 기대감도 존재했다. 중추절에 종말이 도래하며 그날 구세주가 강림한다고 생각하는 사람들도 있었다. 이로 말미암아 혁명운동을 일으키려는 세력은 중추절에 행동을 개시했고, 관헌들도 중추절 전후에 특히 경계를 강화했다(飯島·久保·村田編 2009).

조선에서도 18세기 말에 조공사절로 청나라에 갔던 이승훈이 베이징에서 천주교 세례를 받았다. 그가 귀국한 뒤 남인 시파時派를 중심으로 천주교가 퍼져나갔다. 조선 왕조는 이에 대해 강경하게 대응할지 유연하게 대응할지 태도가 정해져 있지 않았다. 하지만 최종적으로는 위정척사파의 주장대로 천주교는 주자학에 어울리지 않는 것으로 여겨졌다. 이에 따라 이승훈은 말할 것도 없고 중국인 신부 주문모周文謨도 처형되었다. 이러한 '이단'은 기독교뿐만 아니라 19세기 중반 최제우가 창시한 동학도 마찬가지였다. 하지만 동학 역시 '개화'와 '서학'에 의한 사회질서의 동요에 대해 일상생활의 규범을 새롭게 설파하면서, 남부 지방의 농민들 사이에 급속히 퍼져나갔다(歷史學硏究會編 2008).

기층사회의 무장화와 반란

동아시아에서는 19세기를 거치며 통치가 느슨해졌고, 기독교 포교의 영향 등으로 각지에서 반란이 일어났다. 이로 말미암아 청에서는 치안유지를 위해 기층사회에서 무장화武裝化가 나타났고, 왕조 역시 그러한 기층사회의 군사력을 통솔하는 지도자에게 반란 진압을 맡기게 되었다. 군사력은 지도자가 되는 필요조건이 되었다. 이러한 지역의 군사세력은 19세기 후반에 근대적인 군대가 육성되는 과정에서 일부는 정규군으로 편입되었지만, 기층사회의 무장화 경향은 바뀌지 않았다. 청말에 이르러 중앙정부가 이러한 지역사회에 대한 위탁방식으로부터 강력한 중앙집권 정책으로 전환하자, 오히려 무장한 집단이 중앙정부에 반발하게 되었다. 이는 신해혁명에 이르는 하나의 흐름이 되었다.

한편 타이완과 같은 이민사회에서 무장화는 두드러졌고, 무기를 갖고 싸우는 '계투械鬪'라는 다양한 사회 분쟁이 일어났다. 타이완에서는 1874년에 일본군이 남부에 상륙하여 현지의 파이완족과 교전한 끝에 간신히 승리를 거두었지만, 이후 청 내부에서 해방론이 제기되자 청은 적극적으로 타이완 경영에 나섰다. 1880년대에는 리우밍촨劉銘傳이 철도 부설 등 적극적인 개발을 추진했고, 타이완에도 성省이 설치되었다. 그리고 청일전쟁의 결과로 타이완은 일본에 할양되었지만, 일본군은 타이완에 상륙한 지 약 반년이 지나서야 겨우 남부의 평야 지역을 평정했다. 일본의 통치를 피하기 위해 장즈둥張之洞 등의 주장에 따라 청에서 파견되었던 관료가 타이완 사회의 실력자를 끌어들여 세운 타이완민주국이 일본에 반발하기도 했지만, 타이완의 지역사회 내부에서 무기를 들고 일본의 통치 개시에 저항하려는 움직임도 있었다. 실제로 일본이 타이완을 점령하면서 청에서 타이완으로 많은 무기가 보내진 것이 아니라, 타이완 사회 내부에서 원래 일본군에게 저항을 시도할 만큼 무기가 있었다고 볼 수 있다. 1895년에 통치를 시작한 일본군은 타이완의 무장을 해제시켰지만, 산간 지방까지 '평정'하는 데에는 약 10년의 시간이 더 필요했던 것이다.

19세기 조선에서도 안동 김씨의 세도정치 아래 삼정三政, 즉 전정田政, 군정軍政, 환정還政의 부담에 반발한 사람들이 수많은 봉기를 일으켰다.

청에서는 백련교도白蓮教徒의 반란과 태평천국의 난이 일어났고, 이에 대한 자위책으로 기층사회의 무장화가 나타났다. 그렇지만 의화단 사건 후 '정의'를 위한 폭력은 긍정되었으며, 암살 등의 테러도 늘어났다. 다른 한편에서는 무기를 사용하지 않는 '문명적인' 운동이 모색되었고, 보이콧 운동 등이 나타나게 되었다.

6. 내륙 아시아의 변화

러시아와 청의 투르키스탄 분할

동·서투르키스탄을 비롯한 내륙 아시아는 19세기 초까지 다양한 인적 집단이 종교와 사회규범을 만들어가며 정주定住 농경과 유목 혹은 상업 활동에 종사했다. 그곳은 언어와 문화가 다양한 공간이었을 것이다. 청은 18세기에 건륭제가 준가르 원정에 나서서 신장新疆을 개척했지만, 이곳에 성省을 설치하지 않고 현지의 무슬림과 몽골인 그리고 티베트인의 유력자에게 통치를 맡겼다. 그 덕분에 이 지역은 다양성을 유지할 수 있었다.

그렇지만 러시아가 점차 동쪽으로 내려오고, 영국이 인도 지배를 확고히 함으로써 러시아의 남하를 경계하고, 청의 통치가 느슨해지자 내륙 아시아는 국제정치의 중심 무대가 되었다. 1862년 산시성陝西省에서 회민回民(한족 무슬림)의 반란이 일어났는데, 이는 신장의 투르크계 무슬림으로도 확대되었다. 일한국一汗國의 실력자인 야쿠브 베그는 여기에 편승해서 카슈가르 지방으로 공격해 들어가 이리伊犁를 제외한 신장 전 지역을 대부분 지배했다. 이로써 동투르키스탄에서 무슬림의 통치가 회복되었다. 이 정권은 러시아·영국과 외교관계를 수립했는데, 청은 태평천국의 난을 포함해 내정에 많은 문제를 안고 있었기 때문에 즉각 대응할 수 없었다. 그 후 내정이 어느 정도 안정되자, 1874년 일본의 타이완 출병에 대응하여 해방海防을 공고히 하자는 의견이 나타났다. 그렇지만 쭤종탕左宗

棠이 러시아의 위협을 이유로 이를 반대하며 새방론塞防論을 제창했고, 그의 주도 아래 청은 대군을 동투르키스탄으로 파병했다. 1877년 야쿠브 베그는 사망했다. 재정난에 직면해 있던 청은 러시아의 위협에 대응하면서 현지의 수입을 바탕으로 통치하기 위해 1884년에 신장성을 설치했다. 줘종탕 등은 한족 농민의 이민을 장려하여 재정 기반으로 삼으려 했으나 성공하지 못했다(歷史學硏究會編 2008).

서투르키스탄에서는 1876년 일한국이 멸망하여 페르가나가 러시아령으로 편입되었다. 러시아는 서투르키스탄 전역을 지배했는데, 이 지역의 무슬림을 통치하는 것이 과제였다. 러시아의 지배에 저항하는 운동도 적지 않게 나타났다. 크리미아 타타르 출신의 가스프린스키Ismail Gasprinski는 무슬림 지식인으로서 교육개혁을 제창하고 투르크계의 무슬림 공용어인 크리미아 타타르어로 만든 신문을 발간하여 개혁운동을 추진했다(자디드 운동). 이 운동은 러시아인과 무슬림의 공존을 꾀하려는 목적도 있었지만, 러시아 통치하에서 무슬림 민족운동의 토대가 되기도 했다(歷史學硏究會編 2008).

또한 1881년 이리조약으로 동·서투르키스탄의 경계가 러시아와 청 사이에 확정되었다. 러시아의 동투르키스탄 침략은 일단 좌절되었지만, 러시아는 동투르키스탄에서 면세특권을 얻었다. 이에 따라 서투르키스탄의 무슬림들이 동투르키스탄을 방문하게 되고, 동투르키스탄의 무슬림도 서투르키스탄의 거주민 자격을 얻어 특권을 누리려고 했다. 이러한 교류를 통해 자디드 운동은 동투르키스탄으로 전해졌다.

몽골·티베트와 청

내륙 아시아에서는 서쪽은 무슬림이, 동쪽은 티베트 불교가 우세했다. 청은 17세기 형성기에 대칸大汗 직계의 몽골 차하르부察哈爾部를 종속시켰기 때문에, 청 황제가 몽골의 대칸 지위를 계승했다. 파미르 고원의 동쪽에 널리 퍼져 있는 티베트 불교의 지도자인 달라이 라마의 종교 권위에 대해서도 청은 17세기 후반에 준가르와 다투기보다 최대의 비호자가 되었으며, 18세기에는 라싸에 군대를 파견했다. 하지만 청의 통치는 비교적 느슨했다. 특히 몽골인은 팔기제八旗制에도 편입되었고, 여러 가지 우대를 받았다. 하지만 한족과 몽골인이 통혼하거나 한족이 몽골 지역에 들어가서 사는 것은 금지되었다.

19세기가 되자 몽골과 티베트는 각각 러시아와 영국의 침략에 직면했다. 또한 18세기에 인구가 급격하게 늘어난 청은 각 성의 주변부와 내몽골 등의 번부藩部를 실질적으로 개간했다. 청은 20세기 초에 이민정책을 장려했으며, 광서제光緒帝의 신정新政을 몽골에도 적용하여 실질적인 내지화를 꾀했다. 앞서 청이 단행한 신장성 설치를 비롯하여 이러한 번부에 대한 직접통치의 전개는 주권국가 형성이라는 관점에서 보면 긍정적인 부분도 있지만, 현지의 입장에서 보면 기존의 느슨한 통치와 현지의 사회 및 문화에 대한 관용이 점차 사라져 (비록 만주족의 왕조라고 하더라도) 한족의 논리가 몽골과 티베트에 그대로 적용되는 측면도 있었다. 약육강식의 사회진화론이 중국의 위기감을 부채질했지만, 한족 지식인과 관료는 중국의 판도 내에서는 스스로를 '우등한 사람', 몽골과 티베트 등지의 사람들을 '열등한 사람'으로 간주하고 있던 측면도 있었을 것이다. 이러한 움직임이 티베트와 몽골의 '변경'화를 촉진하고, 그들을 '소수민족'으로 규정했던 것이다.

7. 근대국가와 만국공법

국경 획정과 근대국가

동북아시아와 동남아시아 대륙부에서 현재 국가들의 윤곽이 근세에 형성되었다고는 하지만, 명확한 국경선은 19세기에 서양과 교섭하는 과정에서 그어졌다. 원래 동아시아의 각 국가 사이에는 군사 경계선과 도로 관리, 징세 대상 등을 확정하기 위해 필요에 따라 필요한 곳에 국경선이 그어졌다. 그렇지만 서양과 교섭하는 과정에서 국경은 하나의 선으로 그어지게 되었다. 일본은 에도江戶 시대에 막부의 통치 영역을 확대하면서 오호츠크해 방면(가라후토樺太, 사할린·치시마千島)과 류큐, 오가사와라제도小笠原諸島까지 국경선 내에 포함시키려고 했다. 그러나 청나라는 러시아에게 연해주를 빼앗기면서 종래의 판도보다 축소된 형태로 국경선을 획정하게 되었다. 동남아시아의 태국은 조약 개정 과정에서 국경선이 축소되었다. 식민지로 전락한 지역에서는 식민 통치 이전의 국가 영역을 기초로 삼고 있었는데, 통치의 필요성에 따라 경계선이 다시 그어졌다. 이 경계로 둘러싸인 지역은 독립운동의 단위가 되었으며, 또 이 경계로 인해 거주공간이 잘려 분단된 민족은 이러한 경계 자체를 부정하는 운동을 일으키게 되었다.

국경선 안에 거주하는 사람들은 근대국가가 건설되면서 국민으로 인식되었다. 물론 '사람'의 이동이 활발했을 때에는 국민의 확정이 곤란했다. 또 불평등조약 때문에 동아시아에서 태어난 사람들이 유리한 입지를 차지하기 위해 다중 국적과 등록 등을 통해 새로운 신분을 획득하는 식으로 지위를 구입하는 경우도 드물지 않았다. 내셔널리즘은 국가에 대한 충성심을 강조함으로써 이러한 상황에 어느 정도 제동을 걸려는 움직임이었으며, 19세기 말부터 20세기 초에는 국민의 확정과 자국민 보호를 위해 국적법을 제정한 국가도 있었다. 하지만 일본의 식민 지배로 타이완인과 조선인이 일본국의 신민臣民이 되자, 타이완에 적을 둔 사람과 만주 한인들의 국적 문제가 발생하면서 정세는 더욱 유동적이 되었다.

동남아시아의 식민지에서 신민이 된 사람들은 종주국 본국의 국민과 다른 지위에 놓이면서도 중국 등에서는 조약의 특권을 누릴 수 있었고, 또 같은 종주국을 가진 식민지 간의 이동과 종주국으로의 유학 등 지역을 넘어서 새로운 관계가 만들어지는 기회를 얻은 면도 있었다.

전통에서 근대로?

이처럼 국경과 국민이 확정되면서 각국은 그때까지 '느슨한' 통치가 이뤄지고 있던 주변 지역에 대한 통치를 강화하여 직할지로 삼았다. 일본도 오키나와현과 홋카이도를 설치하고 오가사와라제도를 도쿄도東京都에 편입했다. 또한 쓰시마, 나가사키, 가고시마 등의 대외교섭권을 빼앗아 중앙정부로 일원화했다. 중국도 신장과 타이완에 성을 설치하여 기존 통치의 다양성을 없애고 획일적인 제도를 도입하는, 그야말로 영토를 동등하게 통치하는 주권국가의 원칙이 적용된 것 같았다. 또 근대적인 학교에서 국어교육을 실시하여 국민을 양성했고, 징병제를 시행하는 등 국민의 일체감을 함양하거나 혹은 외국의 자국민을 보호하는 자세는 정말로 근세

국가에서 근대국가로 전환하는 것으로 비쳤다.

하지만 예컨대 청이 주변부에 성을 건설한 것은 황제의 덕위를 영토의 구석구석까지 미치게 한다는 해석도 가능하며, 중국인의 이민 확대와 그 보호도 마찬가지였다. 즉 앞에서 언급한 바와 같이 책봉-조공관계가 만국공법의 논리를 빌려 보강되었듯이, 기존의 질서관 아래에서 이러한 현상도 설명될 수 있는 것이었다. 일본도 외교 현장에서 천황에게 황제 칭호를 사용하려고 했듯이 근세의 한자문화권 논리를 끌어다 쓴 측면도 있었지만, 기본적으로 스스로가 만국공법을 이해하고 끌어다 쓸 수 있는 근대적인 문명국가라는 점을 강조하려고 했다. 아울러 1870년대의 타이완 출병에 스음한 설명이나 청일전쟁 후 무쓰 무네미쓰陸奥宗光의 《겐겐로쿠蹇蹇錄》처럼 청을 식견이 좁고 고루한 전통왕조로 비판한 것도 볼 수 있다. 물론 청이 만국공법을 이해하지 못했던 것은 아니지만, 청의 입장에서는 그것을 서양 등과 교섭하거나 혹은 자국의 주장에 근거를 제공하기 위한 논리로 활용했을 뿐이었다. 일본은 청일전쟁을 앞두고 청과 조선 사이의 책봉-조공관계를 비판하며 조선이 독립국임을 주장했다. 이에 따라 시모노세키조약 제1조는 조선이 완전무결한 독립국가임을 청이 인정한다는 내용이었다. 일본은 스스로를 근대, 청을 전통이라고 자리매김함으로써 자기정당화를 꾀했던 것이다. 시모노세키조약(1895) 후인 1897년에 조선은 국호를 대한제국으로 고치고 왕을 황제로 칭했다. 한자문화권에서 제국은 바로 청과 대등하다는 것을 보여주는 용어였다. 1899년 청과 조선은 조약을 체결하여 기본적으로 평등한 관계가 되었지만, 조선에서 청의 조계 등은 유지되었다.

더욱이 주변 지역에 대한 통치 강화나 국민 보호도 주변 사회의 측면에서 보면, 국가 혹은 중앙정부의 간섭이 강화됨에 따라 재량이 약화되는 면이 있었다. 근대국가 건설이나 덕위의 강화에서도 그것은 새로운 반발을 불러올 수 있었다. 동아시아의 '근대'는 이와 같이 복잡한 양상을 띠었다.

8. 일본의 대두와 동아시아

메이지유신

19세기에 러시아를 비롯한 서양 국가들로부터 '개방' 압력을 받고 있던 일본은 1853년에 미국의 페리 함대가 에도 만에 나타나자 조약 체결로 방향을 바꾸었고, 1850년대에 체결한 조약들에 의해 나가사키, 고베, 요코하마 등 5개 항구를 개항했다. 이러한 대외관계의 전환은 국내 정치에서 에도 막부의 쇠퇴와 맞물려 정권 교체를 재촉했고, 1868년에 천황을 받드는 신정권이 수립되었다(메이지유신明治維新).

메이지 정부는 1870년대 초 류큐에 류큐번을 설치하고 류큐의 청에 대한 조공관계를 단절했다. 1879년에는 오키나와현을 설치하여 국토로 편입했다. 또 1875년에 쿠릴열도와 사할린을 교환하는 조약을 러시아와 체결하여 북쪽의 국경선을 획정했다. 국내에서는 부국강병과 식산흥업殖産興業을 내걸고 학제와 징병제를 시행하여 근대적인 통일국가를 수립하려고 했다. 청과 조선도 이미 서술한 바와 같이 조약을 체결하여 관계를 재정립했다. 1889년 일본은 대일본제국헌법을 반포하고, 그 후에 의회를 개설했다. 의회 개설은 조약상의 특권을 누리고 있던 서양 국가들에게 압력으로 작용했으며, 1894년에는 치외법권이 철폐되었다.

메이지유신은 훗날 아시아의 성공 사례로 평가받게 되지만, 이는 일본이 청일전쟁과 러일전쟁에서 승리해 세계의 대국이 되었기 때문이다. 그러므로 1880년대의 시점에서는 과연 일본처럼 서양적인 국가 건설이 올바른가에 대해 아직 결말이 나지 않은 상태였다. 특히 1870년대 후반의 세이난西南전쟁 등 국내에서 일어난 반발과 이를 진압하기 위한 전비 지출로 재정이 어려워지자, 청과 조선에서도 메이지유신에 대한 의구심이 들 수밖에 없었다. 그러나 일본이 청일전쟁에서 승리하자, 청의 젊은 관료들 사이에서는 일본 모델인 입헌군주제를 채용하자는 주장이 나타났다. 이윽고 아시아로부터 많은 유학생과 시찰단이 일본을 방문했다. 하지만 그들이 배우려고 했던 것은 '일본' 그 자체라기보다는 일본이 수용한 '서양 근대'였다. 또 청에서는 황제 체제를 유지하면서 강국화하기 위해 천황이 있는 일본의 입헌군주제를 참고하고자 했다. 그렇더라도 일본이 '아시아의 근대'에 하나의 모델을 제공한 것은 틀림없는 사실이다.

'아시아'의 윤곽

19세기 후반 수에즈 운하가 개통(1869)되고 시베리아 철도 건설이 시작(1891)되었다. 이처럼 동아시아는 급속하고도 강하게 세계와 연결되고 있었다. 원래 동아시아 국가들이 아시아라는 지역 틀을 인식하고 있던 것은 아니었다. 이는 어디까지나 서양에서 부여한 이름으로, 19세기 지리서 등에서 '아세아', '아주亞洲' 등으로 소개되었다.

그러나 19세기 후반에는 동아시아 내부에서도 '아세아亞細亞'를 논하는 움직임이 나타났다. 1881년 하와이의 칼라카우아 국왕은 세계일주 여행 도중에 중국과 일본을 방문했다. 국왕은 리훙장 등에게 1879년 오키나와현 설치로 악화되고 있던 청일관계의 회복을 요청했고, 하와이를 포함한 아시아 국가들의 단결을 주장했다. 하와이 동쪽에 위치한 미국의 압력이 강해지는 가운데 서쪽의 청과 일본에 기대려는 의도였겠지만, 아시아인의 연대를 주장한 점에서 일종의 아시아주의라고 볼 수도 있다(歷史學硏究會編 2008).

일본에서도 19세기 후반에 다양한 아시아 연대론이 나타났다. 이러한 사례로는 흥아회興亞會, 현양사玄洋社의 활동과 다루이 도키치樽井藤吉의《대동합방론大東合邦論》(1893), 1898년에 발족한 동아동문회東亞同文會의 활동 등을 꼽을 수 있다. 서양의 압박이 커지는 상황에서 류큐를 둘러싼 청·일 간의 대립을 해소하려는 시도 등에서 시작된 초기 아시아주의는 훗날의 아시아주의에 비하면 조선, 청, 일본사이의 관계를 비교적 대등하게 보려고 한 점이 특징이다. 하지만 그 아시아의 범위에 대해서는 조선, 청, 일본의 경우와 좀 더 넓은 지역을 상정하는 경우도 있으므로 일정하지 않았다.

청에서도 사회진화론, 백인종과 황인종의 대결론과, 황화론을 배경으로 일본과의 연대론 등이 나타났다. 예컨대 장빙린章炳麟은 러시아의 위협을 느끼자 흥아회의 활동을 언급하면서 일본과의 연대를 주장했다.

9. 청일전쟁과 동아시아

청일전쟁의 의의

청일전쟁(1894~1895)은 동아시아의 소국이 청이라는 대국과 싸워 승리했다는 점에서 청의 위신에 큰 영향을 끼쳤다. 청의 내부에서는 '구국救國' 의식이 고양되었고, 무술변법戊戌變法과 광서신정光緒新政으로 이어지는 입헌군주제의 도입이 모색되기 시작했다. 캉유웨이康有爲도 패배에 충격을 받아 정치개혁을 위한 의견서를 제출했다. 대외관계에서도 열강의 조차지 획득과 세력 범위 설정 등으로 이른바 '분할'이 진행되었다. 이는 사회진화론과도 맞물려 청의 관료와 지식인 들은 '영토 분할의 위기', 존망의 위기를 강하게 느끼게 되었다. 청과 조선 사이의 책봉-조공관계도 시모노세키조약으로 사실상 폐지되었으며, 청의 대외관계는 조약에 바탕을 둔 관계로 일원화되었다. 그 후 청은 조약 개정 등에 몰두했다. 비록 일본은 삼국간섭에 의해 랴오둥遼東반도를 반환했지만 시모노세키조약으로 청에서 열강과 같은 특권을 누리게 되었고, 조선·청·일본 삼국 사이에 성립된 조규와 장정에 근거한 관계가 끝나버린 것은 동아시아 국제관계사에서 커다란 변화였다. 1897년 대한제국이 된 조선과 청도 1899년에 통상조약을 체결했던 것이다.

이러한 결과를 초래한 것은 청의 패배였다. 그러나 앞에서 서술한 무쓰의 《겐겐로쿠》에서처럼, 단순히 근대적인 일본이 전통적인 중국에 "당연한 귀결로" 승리했다는 생각에는 신중해야 할 것이다. 확실히 일본은 청과 조선의 주종관계에 반대하고 조선의 독립을 요구했지만, 정세는 그렇게 단순하지 않았다. 1880년대 이래 조선을 둘러싼 청과 일본의 대립 과정을 살펴보면, 중립을 추구한 조선의 의향을 무시한 채 청은 앞에서 서술했듯이 조청상민수륙무역장정을 체결하고 또 총리교섭통상사의를 파견하는 등 조선의 내정과 외교에 영향력을 행사하고 있었다. 군사 면에서도 청은 1870~1880년대에 육·해군을 증강하고 동양 제일의 북양北洋 함대를 보유하기에 이르렀다. 1886년 나가사키에서 벌어진 청나라 수병 사건에서 볼 수 있듯이, 군사적으로 일본은 청보다 우세하지 않았다. 일본이 군비를 증강하기 위해 대규모 예산을 투입한 것은 1890년대에 들어서부터다.

그러나 베이징 주재 미국공사 덴비Charles Denby가 말한 것처럼, 청일전쟁은 동시대인도 반드시 일어날 일로 생각하지 않았다(歷史學硏究會編 2008). 실제로 1894년 조선에서 발생했던 '동학당의 난'(동학농민전쟁)을 빌미로 삼아 두 나라가 출병한 것을 계기로 전쟁이 일어났지만, 양국 군대가 조선에 도착했을 때는 이미 '난'이 수습되었고 조선은 철병을 요구하고 있었다. 그 후 일본은 조선 정부에 내정개혁을 요구했으며 이를 조선 정부가 거부하자, 군사력으로 조선 정부를 압박하여 청과 맺은 수륙무역장정을 파기하도록 했으며, 동시에 풍도 앞바다에서 청과 전쟁 상태에 돌입했던 것이다. 이는 청도 예기치 못한 전쟁이었을지 모른다.

식민지 제국 일본

시모노세키조약으로 타이완을 점유한 일본은 동아시아에서 최초의 식민지를 가진 식민지 제국이 되었다. 류큐를 1870년대에 일본의 영토로 편입시킨 뒤 시모노세키조약 체결을 교섭하기 직전에 센가쿠열도尖閣列島(중국명 댜오위다오釣魚島)의 영유를 사실상 선언하고 펑후제도澎湖諸島를 점령하는 등, 일본은 타이완·펑후 영유를 조약 체결의 조건으로 삼았다. 청은 랴오둥반도에 대해서는 삼국간섭을 예상하면서 조약을 맺었지만, 타이완에 대해서는 만국공법에 기초하여 현지 주민의 통치 거부를 표현하기 위해 타이완의 실력자인 사신士紳을 끌어들여 타이완민주국을 세웠다. 일본군이 타이완에 상륙하자 무기를 입수한 주민들은 강하게 저항했지만 거의 반년 만에 수습되었다. 치외법권을 철폐하려 했던 일본은 타이완을 헌법이 적용되지 않는 특수한 영역으로 본토와 분리하여 통치하고, 타이완 총독에게 막강한 권한을 주었다. 그 후 타이완에서는 중국 본토와는 다른 근대사가 전개되었다.

청에서 불평등조약에 입각한 특권을 누리게 된 일본은 청에 대해 우세를 점했지만, 그래도 여전히 청은 '구국'의식에서 비롯한 개혁들을 실시하고 강국화를 추진하려고 애썼다. 19세기 말의 시점에서 일본의 우세는 그다지 확정적인 것은 아니었다. 청은 1896년에 일본을 가상의 적으로 삼는 밀약을 러시아와 체결했던 것이다.

맺음말

공통 체험으로서 근대

19세기 후반에는 교통·통신의 기술혁신이 이루어지면서 세계의 일원화가 빠르게 진행되었다. 확실히 19세기 중반부터 보급된 강철제 증기선이 세계 각지를 연결하고 원료와 제품을 운반했으며, 영국, 프랑스, 독일 등이 해외에 활발히 투자했다. 세계 각지의 무역 거래는 세계의 은행 역할을 하고 있던 런던에 집중되었다. 또 각지에서 철도가 부설되어 미국은 서부의 개척자로, 러시아는 시베리아 철도를 통해 동부 개발을 추진했다. 동아시아는 이제 영국뿐만 아니라 러시아와 미국의 팽창에도 직면하게 되었다.

통신 분야에서는 19세기 후반에 전신망이 세계적으로 정비되었다. 중국 역시 해외뿐만 아니라 국내 각 성과 베이징을 연결하는 전신망을 19세기 말까지 정비했다. 이러한 교통·통신의 혁신과 더불어 금융·무역 등의 경제활동이 활발해져 세계는 더욱 긴밀하게 연결되었다.

또 영국 해군을 앞세운 서양의 강력한 군사력 앞에 패배한 점, 근대적 군대의 건설이 급선무로 인식된 점도 역시 동아시아의 공통된 체험이었다. 서양 국가들이 군사력을 사용하여 저지른 침략과 식민 지배는 많은 국가가 침략을 받고 식민화된 동아시아사에서 중요한 논점이다. 그러나 다른 한편으로 영국의 포함砲艦이 청의 개항장에서 안전을 유지하는 데 공헌했듯이, 군사력 또한 국제 공공재의 하나였다. 군사력뿐만이 아니라 교통·통신·금융 등의 분야에서 영국은 국제 공공재를 제공했다고 볼 수 있다.

'단발'과 '양장화洋裝化' 등 신체의 서양화가 시도된 점도 19세기 사회현상의 특징이다. 조선에서도 1895년에 단발령이 반포되었다. 중국의 전족 역시 서양인의 시선으로 보면 '기이한 풍습'이었다. 그러나 수많은 중국 유학생이 서양 여성을 접하면서 비로소 중국 여성의 전족을 어색하게 느끼게 되었는지도 모른다. 20세기 일본에 건너간 유학생들은 젊은 여성들이 맨발로 활발하게 다니는 것을 보고 충격을 받았다고 한다. 동아시아의 근대에는 서양과 동아시아라는 2개의 대립적인 관계만 존재했던 것이 아니라, 이와 동시에 동아시아 지역 내 교류가 활발해지고 관계도 재편되었으며, 서로의 공통성과 함께 차이를 발견하는 과정이기도 했던 것이다. 그 가운데 공통성을 발견하는 경우에는 종종 '아시아'가 강조되었다.

각각의 근대, 복수의 근대

동아시아에서는 도시 지역과 개항장을 중심으로 '근대'라는 양식과 유행, 가치관이 생겨나 공유되었다. 그러나 동아시아의 근대는 매우 다양했다. 각각의 역사적 배경과 구체적인 과정 등에 따라 다양한 상황이 전개되었던 것이다. 흥미로운 점은, 원래 서양의 근대는 다양한 것인데도 일원화되어 인식하기가 쉬웠다는 것이다. 동북아시아에서는 일본이 '서양'으로부터 사상과 제도를 수용하는 주된 필터가 되어 주로 한자문화권에 제공했지만, 동남아시아에서는 태국을 제외하고서는 각각의 종주국이 큰 영향을 미쳤다고 생각한다. 일원화되었다고 여겨진 서양 근대라고 하더라도 제도, 사상, 군사 분야에서 동아시아의 수용 방식은 다원적이었다. 또 수용 당시에는 기층사회의 가치관과 담론이 동원되면서 더욱 복잡하게 나타났다. 아울러 동아시아의 다양한 근대가 지역 내의 상호교류 과정을 거치면서 더욱 복잡해졌다.

중국의 조계와 조차지에서는 열강이 각자 자기 스타일대로 근대 도시를 건설하려고 시도했다. 그러나 상하이 조계가 중국인들이 거주하면서 발전했듯이, 도시를 활용한 것은 서양인만이 아니었다. 또 중국의 중앙정부와 지방정부가 주도하여 펼친 사업과 도시 건설을 통해 조계와 조차지는 다른 풍경을 보여주었다. 동남의 연안지역에서는 화교들이 보내온 돈과 동남아시아에서 가져온 정보로 식민지적 근대colonial modern풍으로 지어진 건축물에 살면서 커피를 마시고 비교적 매운 음식을 먹는 식생활이 점차 정착되어갔다. 이러한 각각의 근대가 기층사회의 토대 위에 성장하기 시작한 것이 19세기 동아시아였다.

2장

러일전쟁과 한국병합

: 19세기 말~1900년대

와다 하루키和田春樹

청일전쟁으로 동아시아는 제국주의 시대를 맞이했다. 독일, 러시아, 영국 등 삼국은 간섭으로 일본의 힘을 억누르면서 청나라로부터 조차지를 획득하는 방향으로 나아갔다. 미국은 필리핀을 획득했다. 위기를 느낀 청 황제는 변법개혁에 나섰지만 좌절했다. 1900년 의화단 운동이 폭발하자, 열강의 군대는 베이징을 점령하고, 러시아군은 만주를 점령했다. 이때 일본은 조선을 장악하고 남만주 진출을 획책했다. 러시아는 만주를 제압하면서 중립국이 되기를 바라는 조선의 황제를 지지하려고 했다. 러·일 양국은 1903년 여름부터 교섭하기 시작했지만, 대립이 여실히 드러났을 뿐이었다.

1904년 2월, 일본은 영일동맹을 배후로 전쟁을 개시했다. 일본은 조선의 전시중립 선언을 무시하고, 우선 진해만과 서울을 점령했다. 일본은 뤼순旅順과 펑톈奉天전투에서 승리했고 동해 해전에서 완승했다. 포츠머스 강화회의에서 일본은 조선의 '보호국화'를 인정받음과 동시에 남만주를 손안에 넣었다. 러일전쟁을 축으로 가쓰라·태프트 협정과 영국·프랑스 협상이 맺어졌고, 전후 미국과 대립하는 가운데 러일·영러 협상이 진행되었다. 그러나 고종은 일본의 지배에 더욱 저항했고, 의병운동이 확대되었다. 마침내 일본은 고종을 퇴위시키고 1910년 8월 대한제국을 병탄했다. 이로써 동아시아의 제국주의적 분할이 완성되었다.

1. 청일전쟁 후의 동북아시아

제국주의의 새로운 시대

청일전쟁에서 승리한 일본은 시모노세키 강화회의에서 청에게 조선의 독립을 인정할 것을 요구했을 뿐 아니라 배상금 3억 냥과, 타이완·평후 열도 및 랴오둥반도를 포함한 남만주의 할양을 요구했다. 청국전권 리훙장은 반발했지만 결국 굴복하지 않을 수 없었다. 1895년 4월 17일 청은 일본의 요구를 기본적으로 인정하는 시모노세키조약에 조인했다. 이 조약의 내용을 10년 전 청·프랑스전쟁 후의 톈진조약과 비교해보면, 일본의 요구가 지나치게 강탈적이었음을 알 수 있다. 청일전쟁은 동아시아에서 제국주의의 새로운 시대를 열었던 것이다.

이 강화조건에 러시아가 반발했다. 재무장관 세르게이 비테는 "일본의 남만주 점령을 인정할 수 없다"고 강하게 주장했다. 그는 군사행동에 대한 결의를 드러내며 일본에게 경고할 것을 정부 입장으로 삼도록 했다. 러시아의 의견에 독일과 프랑스가 동조하여, 4월 23일에 삼국의 공사가 각자 서간으로 랴오둥반도를 포기할 것을 일본 정부에 요구했다. 이른바 삼국간섭이다. 일본은 굴복할 수밖에 없었고 랴오둥 반환을 강요받았다. 5월 13일 강화조약이 랴오둥 반환 조칙과 함께 발표되었다. 이 좌절은 일본이 행보를 바꾸는 계기가 될 수 있었지만, 전승에 열광했던 일본 국민의 반응은 그러한 방향으로 나아가지 않고, 오히려 러시아에 대해 굴욕을 갚기 위해 와신상담臥薪嘗膽하는 분위기가 되었다. 이러한 분위기에서 일본은 그 후 육군 6개 사단 증설, 해군 6·6함대 방안이라는 군비 증강의 길을 가게 되었다.

청일전쟁에서 드러난 일본의 힘은 러시아 군인들에게 위협감과 경계심을 불러일으켰다. 청과 일본의 주재 무관 보가크K. I. Vogak는 일본군의 힘을 높이 평가했다. 러시아제국 내의 피압박 민족 중에는 일본의 힘에 기대를 거는 사람들도 생겨났다. 훗날 아카시 모토지로明石元二郎의 파트너가 되는 핀란드인 질리아쿠스Konni Zilliacus가 그러했다.

러시아와 조선

한편 조선과 청에서 보면 열강 간의 대립에 의해 일본의 야망이 제압된 것은 반가운 일이었다. 일본의 힘을 견제하는 세력으로서 러시아에 대한 기대감이 급속히 높아졌다. 청은 대일배상을 지불하기 위해 4억 프랑의 외채 모집에 대한 보증을 러시아 정부에 요구했다. 그곳에서 러청은행露清銀行이 설립되었다. 조선에서는 영향이 더욱 직접적으로 나타났다. 고종과 왕비는 러시아의 힘에 기대서 일본의 간섭을 밀어내고자 했다. 충격을 받은 일본의 대외강경파 활동가인 시바 시로柴四郎와 참모본부 가와카미 소로쿠川上操六 등은 전쟁에서 획득한 조선에 대한 지배권과 이권을 철저하게 확보하려고 했다. 이를 위해 벌인 사건이 바로 미우라 고로三浦梧樓 신임 공사가 주도한 왕비 시해 쿠데타였다.

1895년 10월 8일 새벽, 민비(명성황후)는 건청궁에서 일본인에게 살해당한 후 근처 소나무 숲에서 불태워졌다. 이것은 결코 용서받지 못할 폭거였고, 일본의 국제적 체면은 완전히 구겨졌다. 현장에서 이 폭거를 목격했던 인물은 러시아인 건축가 세레딘 사바틴Seredin Sabatin과 러시아공사 베베르Karl Ivanovich Weber였다. 왕비가 살해당한 데다 왕비를 비난하며 서민으로 강등시킨다는 칙령까지 발표하게 된 고종은 분노에 치를 떨었다. 이듬해 2월 11일 고종과 황태자는 왕궁을 탈출하여 러시아 공사관으로 피신했다. 그리고 국왕의 역쿠데타를 선언했다. 각료들은 파면되고 총리 김홍집은 경관과 민중에게 참살당했다. 사태를 수습하기 위해 조선에 파견된 고무라 주타로小村壽太郎가 개탄한 것처럼, 이때 일본은 "천자天子를 빼앗겨 만사가 끝나버린다"는 상태였다.

이렇게 되자 일본은 러시아 정부와 교섭하여 협정을 맺고 조선에서의 영향력과 이권을 어느 정도라도 확보하는 것을 목표로 삼지 않으면 안 되었다. 이를 위한 최초의 성과가 1896년 5월 14일에 조인된 고무라·베베르 각서다. 여기에서 구상된 것이 야마가타 아리토모山縣有朋의 러일 세력권 분할안이다. 야마가타는 이 안을 가지고 그해 6월 니콜라이 2세의 대관식에 참석했다.

하지만 대관식 외교의 주역은 리훙장이었다. 5월에 페테르부르크에 도착한 그는 비테와 교섭하여 6월 3일에 러청 비밀조약을 체결했다. 비밀조약은 일본이 러시아, 청, 조선을 공격하면 러·청 양국은 서로 원조하고 이와 싸운다는 내용이며, 이를 위해 청은 러시아에 모든 항구를 개방하고 만주를 횡단하는 동청철도東淸鐵道 부설을 허가했다.

이보다 앞서 야마가타 쪽은 5월 24일 조선을 남북으로 나누어 각각 러·일 세력권으로 삼자는 구상을 로바노프 로스토프스키Aleksei Lobanov Rostovskii 외무장관에게 제안했다. 야마가타가 제출한 협정안의 제5조는 "러·일 양국 정부가 협의하여 (……) 이미 동국(조선)에 주둔하는 군대 외에, 자국의 군대를 파견하고, 이로써 동국을 도와줄 필요가 있다고 인정될 때에 러·일 양국은 양국 군대의 충돌을 피하기 위해 각기 군대 파견 지역을 분할하여, 한편은 그 군대를 동국 남부 지역에 파견하고 다른 한편은 북부에 파견한다. 또 예방을 위해 양국 군대 사이에 상당한 거리를 둔다"는 내용이었다(《日本外交文書》 29권, 812~813쪽). 6월 6일 야마가타는 여기서 말하는 남북은 대동강 근처, 즉 평양의 남쪽이라고 답했다. 거의 북위 39도선에 해당한다. 조선의 독립을 전제로 조선의 남과 북에 일본과 러시아가 각각 영향력을 행사한다는 안이었다.

일본과 러시아가 공동으로 독립국 조선을 원조한다는 내용의 협정을 맺으면, 조선의 독립은 당분간 위협받지 않는다. 일본이 이에 만족하지 않고 내시않아 러시아의 영향력을 조선의 북부 지역에서 몰아내기 위해 전쟁을 벌이는 상황도 상상할 수 없는 일은 아니지만, 조선에는 국제사회가 보장하는 중립국이 될 가능성도 열릴지 모른다. 초대 일본 주재 무관이자 청 주재 무관으로 동북아시아 정세에 정통했던 보가크는 훗날인 1903년에 이때를 회고하면서 조선 문제로 일본과 본격적인 협정을 맺을 흔치 않은 기회였다고 지적했다.

그러나 로바노프 외무장관은 야마가타의 제안을 진지하게 받아들이지 않았다. 1896년 당시 러시아는 조선에서 일본보다 명백하게 유리한 입장이었다. 야마가타 뒤에서 조선 사절인 민영환은 교섭을 요구하고 있었다. 그가 요구한 것은 러시아에 의한 조선의 보호이며 조러동맹의 체결이었다.

결국 남북으로 세력권을 나누자는 야마가타의 제안은 거부되었고, 질서가 어지러워졌을 때는 두 나라가 합의하여 군대를 파견할 수 있다는, 알맹이 없는 협정이 맺어졌다. 1896년 6월 9일 야마가타·로바노프협정이다.

중요한 점은 러시아가 그 후 조선과의 관계를 어떻게 할 것인지, 일본과의 관계를 어떻게 할 것인지에 대한 방침이 없었다는 것이다. 러시아 외무장관이 차르와 협의한 뒤 야마가타의 제안을 거부했을 때, 러시아 주재 일본공사 니시 도쿠지로西德二郎는 중대한 분석을 거쳐 판단을 내렸다. 1896년 7월 그는 외무성에 보낸 보고서에서, 러시아는 일본과 공동이든 단독이든 조선을 보호국으로 만들 "뜻이 없다", 더욱이 "지금의 상황에서 일본과 함께 조선을 남북으로 분할할 생각이 없다"라고 썼다. 따라서 일본이 힘으로 압박한다면, 충돌 없이 러시아는 후퇴하고 조선은 일본의 수중에 떨어진다는 것이 니시의 결론이었다(《日本外交文書》 31권, 1, 111~112쪽).

2. 세기말의 제국주의적 아시아 분할

열강의 침략

일본의 행동은 억제되었다고는 하지만 유럽 열강에 자극을 주었다. 일본이 청을 군사적으로 패배시키고 타이완을 획득하자, 열강들은 중국 영토를 목표로 쇄도하게 되었다. 청 내부에서는 외국인의 침투에 대한 민중의 반발이 폭력사건으로 나타났다. 열강은 이 사건을 침략의 구실로 이용했다.

산둥반도에서는 독일 가톨릭교회가 포교활동을 펼치고 있었다. 여기에는 독일인 선교사가 66명이나 들어와 있었다. 1897년 11월 1일 산둥반도 장자좡張家莊에 있는 가톨릭교회가 중국인들에게 습격당해 2명의 선교사가 살해되었다. 이를 구실로 삼아 독일은 11월 14일 해군기지로 전부터 노리고 있던 자오저우만膠州灣을 점령했다. 독일 측은 이런 군사적 행동에 대해 러시아 정부의 승인을 얻으려고 일찍부터 움직여왔다. 이는 러시아 차르 니콜라이 2세를 자극했다. 야심가였던 신임 외무장관 무라비요프Nikolai Nikolaevich Muraviyov는 차르의 의중을 헤아려보고 러시아 해군이 바라지도 않는 뤼순의 획득이라는 모험을 무릅썼다. 이 안은 한때 비테 등의 반대로 보류되었지만, 결국 차르와 외무장관에 의해 추진되어 12월 15일 러시아의 소함대가 나가사키를 출발하여 뤼순에 입항했다.

1898년 3월 6일 독일은 청으로부터 자오저우만의 조차를 인정받았다.

러시아에서는 처음에는 강하게 반대했던 비테가 일단 방침으로 정해지자, 적극적으로 뤼순과 다롄大連의 획득에 나섰다. 3월 27일 러시아는 뤼순과 다롄을 조차하고, 하얼빈부터 다롄까지 남만주철도 부설권을 얻었다. 비테는 하얼빈과 다롄이라는 두 도시를 중심으로 만주철도왕국을 건설하고자 했다. 뤼순에는 관동주關東州가 설치되었고, 해군중장 알렉세예프Evgenil Ivanovich Alekseev가 장관이 되었다.

망국의 위기를 맞은 청에서는 캉유웨이 등의 건의로 광서제가 1898년 6월 12일 변법유신變法維新을 발표하고 개혁에 나섰다. 하지만 시태후西太后는 이에 반대하고, 9월 21일에 무술정변을 일으켜 개혁파를 탄압했다.

한편 조선에서는 러시아를 비판하는 운동이 강하게 일어났다. 1896년 7월에 창립된 독립협회가 그 주역이었다. 독립협회는 고종이 러시아 공사관에 체재하고 있는 것(아관파천俄館播遷)을 비판하고, 1897년 2월에 궁으로 돌아오게 했다. 고종은 적극적으로 나서서 8월에는 연호를 광무光武로 고치고, 10월에는 국호를 대한제국으로 바꾸면서 스스로 황제가 되었다. 개혁의 핵심은 러시아와 손을 잡는 것이었다. 러시아인 군사교관이 이미 활동하고 있었고, 11월에는 러시아인 재정고문이 임명되었다. 한러은행이 설립되었고, 러시아 측이 각지의 항구에 석탄고를 만들려고 한다는 것도 명백해졌다. 1898년 연초부터 독립협회는 러시아 세력에 반대하는 운동을 펼치기 시작했다. 참다못한 공사 스페이에르Alexei de Speyer는 3월 7일 고종과 조선 정부 측에 러시아의 원조를 받을지 여부를 24시간 내에 회답하라고 강요했다. 조선 정부는 3월 12일, 앞으로 병제兵制와 재무는 외국인의 도움을 받지 않겠다고 회답했다. 이에 따라 러시아는 고문 등의 요원을 철수하지 않을 수 없었다.

일본은 러시아의 랴오둥반도 조차에 대해 처음에는 신중한 태도를 취했다. 러시아가 남만주를 차지하게 되면 일본에게 조선을 완전히 넘겨준다는 만한교환론滿韓交換論이 처음으로 니시 외상에 의해 제기되었다. 그러나 러시아가 그 제안을 거절하면서 없던 일이 되었고, 조선에서 일본의 상공업활동을 인정한다는 내용의 의정서를 채택하기로 했다. 이 니시·로젠 의정서는 1898년 4월 25일에 맺어졌다.

한편 독일과 러시아 사이에 영국이 끼어들었다. 영국은 1898년 7월 1일 웨이하이웨이威海衛를 조차했다. 황해를 둘러싸고 러시아, 영국, 독일, 일본이 서로 적대하는 형세가 되었다. 베이징과 톈진에서 가까운 즈리성直隸省의 긴장이 높아진 것은 당연한 일이었다. 의화단 등의 활동이 이 지역의 민중 속으로 파고들었던 것이다.

미국과 동남아시아

이때 미국은 오랜 제국주의 국가인 스페인과 전쟁을 벌이고 있었다. 1898년 2월 15일 하바나 항에서 일어난 메인호 폭침사건을 계기로 미국과 스페인의 대립이 격화되고 4월 18일 전쟁이 시작되었다. 이 전쟁은 아시아에 파급되었다. 미국 함대는 5월 1일 스페인령 필리핀의 요충지인 마닐라만을 공격하여 스페인 함대를 격파했다. 나아가 미국은 스페인의 지배와 싸우고 있던 독립운동 지도자 아기날도Emilio Aguinaldo를 지지해서 6월 12일에 필리핀의 독립을 선언하게 했다. 그러나 이 모든 것은 미국의 이익 때문이었다. 이 선언이 발표된 지 3일 후에 미국 하원은 하와이 병합결의안을 가결하여 상원의 찬성을 얻었으며, 7월 7일 윌리엄 매킨리 대통령은 병합결의안에 서명했다. 1893년 미국인 사탕농장 주인과 미국공사, 그리고 미 해군 병사에 의해 전복된 하와이 왕국은 결국 부활하지 못했으며, 미국은 그 불법행위를 승인하고 하와이를 미국에 병합했다.

12월 10일 미국은 스페인과의 전쟁에서 승리하고, 파리에서 강화조약을 체결했다. 미국은 스페인령이었던 쿠바와 필리핀을 병합했다. 아기날도의 독립군은 이제 미국을 상대로 투쟁하기 시작했으며, 그 후 1년여 동안 전투가 계속 벌어졌다. 미국 내에서는 '제국주의 논쟁'이 폭넓게 이루어졌다. 부통령 시어도어 루스벨트가 '제국주의자' 진영에서 두각을 나타내고 있었다. 논쟁의 결말은 국무장관 존 헤이John Hay가 1899년 9월 6일에 열강에게 중국 시장의 개방을 요구하며 내놓았던 문호개방의 통첩이었다. 이는 미국이 준비해오던 새로운 제국주의자의 모습이었다.

동남아시아에서는 이미 프랑스와 영국이 동남아시아 대륙의 분할을 마무리하고 있었다. 프랑스는 1893년 10월 3일 태국과 조약을 맺어 메콩 강 좌안과 라오스를 획득했다. 더욱이 프랑스는 태국에 거주하는 프랑스령에서 건너온 이주민에게도 프랑스 신민의 자격을 부여해 치외법권을 적용했다. 1896년 1월 15일에 프랑스와 영국은 아프리카와 극동에서 식민지 확장에 관한 최초의 협정을 맺었다. 태국을 영국령과 프랑스령 사이의 완충국으로 삼는다는 원칙이 합의되었다. 태국은 독립을 지키려고 필사적으로 노력했다. 그때 시선을 돌린 것이 러시아였다. 쭐라롱껀 왕, 라마 5세는 1897년에 유럽을 방문했을 때 첫 방문국으로 러시아를 선택했다. 러시아 측은 왕자 차클라본의 유학을 제안했다. 태국 왕은 이 문제를 프랑스와 조정해달라고 요구했다. 그 결과 태국과 러시아의 국교가 수립되어 1898년 5월에 방콕에 러시아 공사관이 개설되었다. 태국은 1899년 5월에 헤이그에서 열린 만국평화회의에 대표를 파견했다(Politika kapitalisticheskikh derzhav, II, 147, 151, 193~194, 433쪽).

3. 의화단 사건과 러청전쟁

의화단 사건

중국의 민중 속에 침투한 의화권義和拳이라는 무술집단을 중심으로 '부청멸양扶淸滅洋'을 슬로건으로 내세운 조직적인 민중운동이 일어났다. 그 운동은 1900년에 격렬해졌다. 1899년 마지막 날에 영국인 목사 브룩스Sydney Malcolm Wellbye Brooks를 살해한 사건이 다시금 충격을 주었던 것이다. 영국공사는 청 정부에 강력하게 항의하며 범인의 검거를 요구했다.

청 정부는 1900년 1월 4일 칙령을 내려 사건에 대해 유감을 표명하고, 외국인 배척을 경계했다. 그러나 일주일 뒤에 내린 두 번째 칙령에서, 지방관에게 내린 지령이 의화단을 보호하는 것으로 받아들여져 문제가 되었다. 러시아를 제외한 영국, 미국, 프랑스, 독일, 이탈리아 5개국 공사는 연명으로 3월 10일에 청 정부에게 소요를 빨리 진압해달라고 요구했으며, 그렇지 않을 경우 거류민을 보호하기 위해 필요한 조치를 취할 것이라고 표명했다.

4월에 사태는 급격하게 악화되었다. 톈진과 베이징 지역에서 의화단의 소요가 본격화되었다. 열강은 앞다투어 함선으로 해병대를 속속 상륙시켰다. 5월 말 1차로 파견된 병사 334명이 기차로 톈진을 출발해 베이징으로 들어갔다. 6월이 되자 본격적으로 병력을 파견할 필요성이 생겨났다. 6월 9일 다구大沽 앞바다의 함상艦上에서 열린 연합국 대표자회의에서, 에드워드 시모어Edward Seymour 장군을 사령관으로 삼아 국제부대를 편성하기로 결정했다. 그다음 날 총병력 2055명의 국제부대가 톈진을 거쳐 베이징으로 진격했다. 이러한 대규모 부대의 진격에 대해 청 정부는 강하게 반발했다. 시모어 부대는 의화단군의 방해로 진로가 막혀 베이징 앞에서 쩔쩔맸다. 그래서 연합군은 6월 다구포대를 무장해제하기 위해 6월 17일 이곳을 점령했다. 이 사태에 격분한 청 정부는 6월 21일 '선전상유宣戰上諭'를 발표했다. "우리는 우리 백성들의 마음을 믿는다. 우리 나라의 충신이라는 갑옷과 예의라는 방패는 굳이 논하지 않더라도 백성들이 죽음을 무릅쓸 때에는, 곧 땅은 넓어 20여 성에 이르고 백성은 많아 400여 조에 이른다. 어찌 저들의 흉악한 싸움을 무찌르고 우리의 국위를 선양하기가 어렵겠는가(佐藤 1999, 742~744쪽)."

연합군과 청군의 전투는 톈진에서 시작되었다. 전투는 단속적으로 한 달 가까이 계속되었다. 이 시기는 러시아군이 중심이 되었고 피해도 많았다. 7월에 일본군이 전면에 나서면서 격렬한 전투가 벌어졌고, 7월 14일 톈진을 함락시켰다. 연합군의 사망자 수는 800명에 달했다. 톈진은 연합국의 공동관리를 받게 되었다.

러시아의 만주 지배

러시아는 의화단의 소요가 만주의 철도지대로 파급될 것이라고는 생각하지 않았기 때문에, 처음에는 낙관하고 있었다. 하지만 5월에 이미 러시아의 철도경비대가 습격을 받았고, 6월에는 지린吉林과 기타 도시로 확대되었다. 그러자 비테의 요청에 따라 7월 9일 차르는 동청철도를 방위하기 위해 하바롭스크, 니콜리스크 우수리스크, 관동주 등 세 방향에서 만주로 진격하라는 명령을 내렸다.

7월 중반부터 7월 말에 걸쳐 러시아군은 6개 방면에서 동시에 만주로 침입했다. 최초의 불길은 블라고베셴스크에서 타올랐다. 7월 15일 밤 아무르 강 북안의 도시 블라고베셴스크를 향한 맹렬한 포격이 청 측의 남안에서 시작되어 세 시간 동안 계속되었다고 한다. 헤이룽장성黑龍江省의 쇼우샨壽山 장군의 명령에 따른 예방전투 행위였다. 청군의 이 포격으로 만주전쟁, 러청전쟁이 시작되었던 것이다. 이 포격에 충격을 받은 블라고베셴스크의 지방당국은 만행으로 맞섰다. 중국계 주민 3500명을 아무르 강에 몰아넣고 헤엄쳐서 건너가라고 명령한 것이다. 사람들이 입수를 거부하자 강변에서 학살을 자행했다.

8월 8일 연합군은 베이징을 향했다. 총병력 1만 3500명 가운데 일본군이 6500명, 러시아군이 4500명, 영국군이 1500명, 미국군이 1000명이었다. 8월 14일 연합군은 마침내 베이징을 점령했다. 시태후는 시안西安으로 탈출했다. 베이징으로 들어간 연합군은 무자비한 약탈을 저질렀다고 알려져 있다.

한편 만주로 들어간 러시아군도 진격을 계속해 곳곳에서 청군을 격파했다. 8월에는 하이라얼海拉爾과 치치하얼齊齊哈爾을 함락하고 헤이룽장성을 점령했다. 9월 23일에는 지린을 점령하고 펑톈으로 진군했다. 9월 27일 랴오양이 함락되었으며, 10월 2일 스보치치 중장이 이끄는 부대가 펑톈을 점령했다. 펑톈 장군 쩡기增祺는 도망쳤다. 만주 전체가 러시아군 17만 3000명의 수중에 떨어진 것이다.

이제 만주를 어떻게 관리할 것인가라는 문제가 제기되었다. 일단 도망친 펑톈 장군과 알렉세예프 장군 사이에 접촉이 시작되어, 11월 9일 비밀협정이 가조인되었다. 이 협정의 골자는 만주에 청군은 들어갈 수 없으며 러시아군이 주둔할 것, 펑텐 장군 밑으로 러시아인 코미사르를 파견할 것 등이었다. 이 소식이 알려지자 러시아가 만주를 영구히 지배하려 한다며 큰 소란이 일었다.

러일전쟁으로 가는 길

일본은 러시아가 만주를 점령하자 만한교환론을 내밀었다. 러시아가 만주를 장악했으니 이제 조선은 일본의 것이라고 노골적으로 주장해도 된다고 생각한 것이다. 한편 국민의 여론은 일제히 러시아의 만주 점령을 비난했다. 군부도 여기에 가세했다.

이때 조선 황제는 조선이 중립국이기를 바란다는 뜻을 처음으로 제기했고, 일본 정부에 이를 요청했다. 1900년 8월 조병식이 공사로 일본에 파견되었다. 이에 대해 러시아의 주일 공사 이즈볼스키Aleksandr Petrovich Izvokkii는 강하게 지지했으며, 그의 설득으로 러시아 외무부도 이 안을 지지하게 되었다. 서울에 있던 파블로프Aleksandr Ivanovich Pavlow 공사도 독자적 판단에 따라 동조했다. 1901년 1월 이즈볼스키가 정식으로 일본 정부에 통보하자, 가토 다카아키加藤高明 외상은 주청 공사 고무라의 의견을 듣고 단호하게 이 제안을 거절했다. 고무라는 이미 단순한 만한교환론이 아니라, 조선 획득은 러시아의 만주 지배를 견제할 거점이라고 생각하고 있었다. 이 때문에 조선을 둘러싼 일본과 러시아의 입장은 틀어질 수밖에 없었다. 이때부터 러시아와 일본은 서로 대립하게 되었다.

새해 초부터 일본에서는 러청밀약에 대한 비난이 쏟아졌다. 그 후에 러시아와 청이 정식으로 교섭을 시작하자, 일본의 여론은 더욱 들끓었다. 일본에서 반러 감정이 분출하자 러시아 공사와 주재 무관은 전쟁의 공포를 느꼈다. 외무장관 람스도르프가 극동의 병력은 충분한가라고 육·해군부에 물을 정도였다.

1901년 6월 마침내 이토 히로부미伊藤博文는 총리대신의 자리를 가쓰라 다로桂太郎에게 넘겨주었다. 가쓰라는 고무라를 외상으로 임명했다. 고무라 외상의 등장으로 일본은 러일전쟁을 향해 나아가게 되었다. 조선을 비롯해 미국, 러시아, 청 등 이 지역 모든 국가의 공사를 역임했던 그는 일본 외무성의 에이스였다. 그의 정치력과 전략적인 구상 능력은 걸출했다. 그는 조선을 완전히 점령하고, 아울러 남만주로 진출하는 전략을 입안하고 실행하는 쪽으로 나아가고 있었다.

4. 영일동맹 체결에서 러일전쟁 개전으로

러일협상에서 영일동맹으로

총리직에서 퇴임한 이토 히로부미는 1901년 9월 일본을 출발했다. 미국을 거쳐 러시아로 가서 협상 가능성을 살필 작정이었다. 그런데 가쓰라 내각이 들어선 후 영국은 영일동맹을 타진하기 시작했고, 이토가 파리에 도착한 11월에 이미 일본과 영국 정부는 교섭을 벌이고 있었다.

영국이 영일동맹을 요구한 것은 삼국간섭으로 일본에게 획득물을 포기시키는 작업에서 영국이 아무런 역할도 하지 못했다는 반성에서 비롯되었다. 영국은 "극동에서 일본과 원만한 관계를 유지하는 것이 매우 중요하다"는 입장을 취했으며, 동아시아에서 영향력을 발휘하려고 했다. 일본에서는 고무라의 전임 외무대신인 가토 다카아키가 러시아에 대항하기 위해 영일동맹을 일찍부터 외치고 있었다. 가쓰라와 고무라는 영국의 제안을 받아들여 교섭을 진행해나가기로 결정했다.

11월 6일 영국은 이런 제안을 내놓았다. '동아시아의 현 상태'와 '전국全局의 평화'를 유지하고 '어떤 외국도 한국을 병탄해서는 안 될 것', '청의 독립과 영토 보전'을 유지하는 것과 청에서 상공업상 '각국이 균등한 기업권'을 누리는 데 관심을 가지며, 영·일 양국 중 한 나라가 '위의 이익을 보호하기' 위해 제3국과 전쟁을 벌일 경우 다른 나라는 '엄중 중립'을 지키고, 더욱이 다른 나라가 전쟁에 가담하는 것을 막으며 다른 나라가 이

전쟁에 가담할 경우 동맹국은 전쟁에 동참한다는 내용이었다. 특히 해군의 평상시 협력을 명문화했다(《日本外交文書》 34, 39~40쪽).

이 안에 대해 하야시 곤스케林權助 주한 공사는 "한국에서 일본의 이익이 탁월함"을 영국에게 승인받고, 그 보호를 위해 일본이 조치를 취하는 것을 승인해달라고 주장했다. 11월 28일 각의는 영국안에 대한 수정안을 결정했다. 수정은 아주 약간에 그쳤다. 전문前文에서 한국 관련 문구에 '병탄'에 덧붙여 "그 영토의 일부를 점령함을 방해할 것"을 넣도록 했다. 이는 러시아가 조선 침략을 계획하고 있다고 보고, 러시아와 전쟁을 할 수 있도록 하기 위함이었다. 그 이상으로 일본의 권익을 영국으로부터 승인받는 것은 보류되었다. 그래서 12월 7일에 원로회의를 소집하여 승인을 요구하기로 했던 것이다.

이토 히로부미는 영일동맹 교섭의 진전에 놀라면서 11월 25일에 페테르부르크로 들어가, 소극적 만한교환론으로 러일협정을 맺자고 람스도르프 외무장관에게 제안했다. '소극적'이라고 한 것은 조선의 영토를 "군사전략적 목적으로 사용하지 않는" 것과 조선 연안에 군사조치를 취하지 않는다는 조항을 넣었기 때문이다. 이를 조건으로 일본의 조선에 대한 '조언과 원조'의 '배타적 권리'를 인정받으려고 했던 것이다. 이토 히로부미의 제안은 이미 가쓰라와 고무라가 받아들일 수 없는 것이었다고 생각된다.

이토 히로부미는 러시아 측의 공식 회답을 기다리지 않고 러시아를 떠났지만, 12월 6일 자신의 제안을 러시아가 받아들였다고 도쿄에 타전했다. 하지만 그 전보가 도착하기 전인 12월 7일에 도쿄에서 원로회의가 열렸고, 고무라 외상이 다음과 같은 유명한 의견서를 제출했다.

"러시아가 만주에서 차지하고 있는 위치는 더욱 견고해지고, 가령 이

번에 철병하더라도 그들은 철도를 갖고 있고, 이것을 호위한다는 명분으로 군사를 주둔할 수 있다. 그러므로 사태의 추이에만 맡긴다면 만주는 결국 러시아의 실질적 점령 상태에 놓일 것은 의심할 여지가 없다. 만주가 이미 러시아의 수중에 떨어졌다면, 한국 역시 스스로 온전할 수 없다. 따라서 우리는 지금 당장 여기에 대응하는 방법을 강구해야 한다."

그리고 영국과 동맹하는 이점으로 "첫째, 동양의 평화를 비교적 항구적으로 유지할 수 있다", "둘째, 열강의 비난을 받을 우려 없이 제국주의를 일관할 수 있다", "셋째, 청에서 우리나라[일본] 세력을 증진할 수 있다", "넷째, 한국 문제를 해결하는 토대가 된다", "다섯째, 재정적인 편익을 얻을 수 있다", "여섯째, 통상의 이익이 크다", "일곱째, 러시아와 해군력의 균형을 맞출 수 있다" 등이 거론되었다(《日本外交文書》 34, 66~69쪽). 원로회의는 이를 승인하고 영일동맹을 맺기로 결정했다.

1902년 1월 30일 영일동맹협약이 조인되었다. 가장 문제가 되었던 한국 조항은 이렇게 규정되었다. "일본국은 (……) 한국에서 정치와 상업에서 각별할 정도의 이익을 갖고 있으므로 (……) 우리의 이익에 대해 다른 나라의 침략적 행동으로 인해 (……) 침해당할 경우에는 (……) 이를 보호하기 위해 필요한 모든 조치를 취할 수 있음을 승인한다."(《日本外交文書》 35, 19~20쪽). 이로써 영국은 청에서 자국의 이익을 지키는 조치를 취할 수 있게 된 셈이다.

이 조약에 의해 일본이 조선에 대한 이익을 둘러싸고 러시아와 전쟁을 벌일 때 영국은 중립을 지키지만, 만약 제3국, 예를 들어 프랑스나 독일이 러시아를 도와 참전할 경우 영국은 일본 측에 서서 전쟁을 수행할 수 있게 되었다.

러시아의 '신노선'

이로써 러일동맹을 겨냥했던 이토 히로부미의 입장은 부정되었지만, 그의 제안에 대한 러시아 정부의 회답은 12월 14일에 발송되었다. 일본이 조선에서 갖는 권리는 이토의 제안에서 '배타적 권리'였으나 '우월적 권리'로 약화되었고, 러시아와 국경을 접한 청 영토에서는 러시아가 '우월적 권리'를 갖는 것을 인정해달라고 요구했다. 여기에서도 러시아와 일본의 대립은 화해할 수 없다는 것이 명백해졌다.

당연히 러시아는 영일동맹에 충격을 받았고, 4월 8일 청과 만주철병 협정을 맺었다. 6개월마다 단계적으로, 1년 반 내에 만주 전역에서 러시아군을 철병하기로 약속했던 것이다.

러시아와 일본의 주장이 화해할 수 없음이 명확히 드러났다는 것은 전쟁의 위기가 고조되었다는 것이다. 러시아에게는 어떤 길이 있었을까? 일본의 요구를 받아들여 교섭을 타결로 이끄는 것이 가능했을까? 러시아로서는 일본에 의한 조선의 완전 보호국화를 인정하는 조약을 맺을 수 없었다. 대국의 자존심 때문에라도, 조선 황제의 원조 요청에 긍정적인 회답을 계속 보냈던 입장에서도 그것은 불가능한 것이었다. 한편 1902년 4월의 러청협정에서 약속한 2차 철병 기한이 1903년 4월 8일로 다가왔지만, 대가나 보상 없이는 철병할 수 없었다. 대가에 대해 러시아와 청이 입장을 정리하려고 하면, 일본과 영국이 청을 위협하며 방해했다. 이러한 일은 4월에도 일어났다.

그렇다면 러시아로서는 이런 길을 택할 수 있다. 극동의 군비를 강화하고 일본에 경고한다. 공격하면 반격하고 심하게 타격을 가하면 위협한다. 그러기 위해서 극동정책을 단일화하고 중앙과 직결하는 체제를 만든다. 극동 병력을 증강한다. 그렇게 해서 전쟁을 회피하는 것이 유일한 길이다. 물론 이는 위험한 길이기도 했다. 러시아가 극동에서 군비를 증강할 경우, 침략을 준비하고 있다고 일본이 판단할 가능성이 있기 때문이었다.

어쨌든 그러한 구상이 이른바 '신노선'의 핵심으로, 베조브라조프A. M. Bezobrazov와 보가크가 극동에서 회동한 결과 나온 것이었다. 베조브라조프는 전 근위기병사관으로 1898년 이후 압록강 연안의 임업이권을 둘러싼 정치적 사업에 열중하던 인물이었지만, 1902년 말 차르의 위임으로 극동을 시찰하면서, 청일전쟁 전야부터 청과 일본에 주재했던 무관 보가크와 만나 그 분석과 판단 및 제안을 받아들였던 것이다. 베조브라조프는 과거의 모험적인 사고를 버리고, 보가크의 경험과 지식을 바탕으로 한 현실적인 견해를 차르에게 전달했다.

신노선을 차르 니콜라이는 받아들인 듯했다. 비테 재무장관을 해임하고 극동태수를 신설하여 알렉세예프를 임명했다. 그러나 베조브라조프가 극동의 군사력을 자신하는 쿠로파트킨Aleksei Nikolaevich. Kuropatkin 육군장관에게 도전하여 극동의 군사력이 불안하므로 대폭적인 증강이 필요하다고 강력히 주장했지만, 차르는 듣지 않았다. 차르의 신임을 받은 쿠로파트킨의 해임은 논외였다. 결국 쿠로파트킨이 육군 책임자를 계속 맡으면서 베조브라조프의 신노선은 그 정도에서 기각되었다.

극동태수가 된 알렉세예프는 일본과 서양에서 최악의 침략주의자 또는 주전파로 알려져 있었다. 하지만 이는《타임스》기자 등에게서 나온 평가의 영향일 것이다. 알렉세예프는 원래 극동태수가 될 생각이 없던 무능력한 사람이었다. 그가 만주에 병력을 남겨두는 데 집착한 것은 뤼순지구의 책임자였기 때문이다.

전쟁을 위한 준비

일본 측에서는 1903년 4월 21일 가쓰라, 고무라, 이토 히로부미, 야마가타의 4자회담이 열렸다. 이른바 무린암無隣庵회의다. 일본의 요구를 러시아가 인정하도록 러일 교섭을 벌이기로 합의되었다. 만약 러시아가 거부할 경우에 대해서는 언급하지 않았겠지만, 가쓰라와 고무라는 일전一戰을 각오했다. 요컨대 고무라가 시작하려는 러일 교섭은 전쟁을 위한 준비였다. 이는 일본과 러시아가 교섭하여 쟁점을 해결하고 전쟁을 피하기 위한 것이 아니었다. 참모본부의 개전론이 고조된 후 1903년 6월 23일 어전회의에서는 러시아와 교섭을 개시한다는 최종 결정이 내려졌다. 이때 참모총장 오야마 이와오大山巖의 의견서와 외상 고무라의 의견서가 정권의 핵심부에 제출되었다. 2개의 의견서에는 같은 판단이 담겨 있었다. 즉 러시아가 계속 만주를 점령해서 만주의 실권을 쥐고 있다, 이대로 둘 경우 러시아는 조만간 조선을 그 세력권 아래에 두게 된다, 그러므로 외교 교섭을 벌여 조선은 일본의 것이므로 일본이 한국을 보호국화하는 것을 인정하도록 러시아에게 요구한다, 만약 러시아가 거부하면 전쟁을 벌여 일본의 주장을 관철한다, 시베리아 횡단철도가 완성되지 않은 지금이 전쟁을 할 수 있는 마지막 기회다. 이것이 외상과 참모본부의 판단이었다. 러시아가 이미 표명하고 있는 입장에서 본다면, 러시아가 일본의 요구를 거부하는 것은 틀림없는 일이었다. 그렇다면 전쟁을 벌여 개전 초반에 승리를 거둬 강화회의로 끌고 가서 일본의 요구를 수용하는 강화조약을 강요할 수밖에 없다. 교섭은 전쟁 조건을 만들기 위한 구상이었다. 무엇보다 이는 국내적으로는 개전에 소극적인 사람들을 설득하기 위해서였고, 국제적으로는 동맹국 영국에게 충분한 교섭의 노력을 인정받아 전쟁을 승인받도록 하기 위한 것이었다.

고종은 러일 교섭이 개시되자 전쟁이 임박했다고 생각하고, 8월 전시 중립을 승인받기 위해 움직이기 시작했다. 러시아에는 전쟁이 벌어질 경우 러시아를 지원할 것이라는 내용의 밀서를 보냈다. '청야지책淸野之策(초토작전)'에 대해서도 언급한 이 밀서는 공허한 약속에 지나지 않았지만, 고종의 심정이 잘 드러나 있다.

일반적으로 고종에 대한 열강 외교관들의 평판은 매우 나쁘다. 그에게 인간적인 동정심을 느낀 사람은 러시아 공사 베베르가 유일할 것이다. 그러나 1880년대 중반부터 1919년에 죽을 때까지 고종은 일본의 간섭과 지배, 침략에 대해 일관되게 지속적으로 저항했다. 그 저항의 방식에는 다양한 평가가 있겠지만, 일관적으로 저항했다는 것은 역사적 사실이다. 그것을 알지 못하면 이 시대의 동북아시아 역사를 이해할 수 없다.

러일 교섭

러일 교섭은 8월 12일에 시작되었다. 일본 측의 1차 제안이 이날 러시아 측에 전달되었다. 러시아 측이 1차 회답을 제출한 것은 거의 50일 뒤인 10월 3일이었다. 일본 측이 10월 30일에 2차 제안을 내놓았고, 러시아는 40일 뒤인 12월 11일에 2차 회답을 보냈다. 일본 측이 12월 21일에 3차 제안을 보내자, 과연 러시아 측이 이번에는 빠르게 16일 뒤인 1월 6일에 회답을 보내왔다. 일본 측은 최후의 안을 1월 13일에 러시아 측에 보냈다. 이에 대한 러시아의 최종 회답은 거의 20일 뒤인 2월 2일에 외무장관으로부터 뤼순의 알렉세예프에게 전달되었다. 이를 도쿄의 로젠 공사가 접수한 것은 2월 7일이었고, 아직 일본 측에 전달된 것은 아니었다.

일본 측 제안의 요점은 러시아 측이 조선에서 일본의 '우월적 이익'을 인정할 것, 일본이 조선에 군대를 파견하는 일을 인정할 것, 조선 정부에 대한 조언과 원조는 '일본의 전권'임을 인정할 것 등이었다.

이에 러시아 측은 조선에서 일본의 '우월적 이익'을 인정하지만, 조선 영토의 어떤 일부라도 군사전략적인 목적으로 사용해서는 안 된다고 제한 규정을 덧붙였다. 이 제한 규정을 러시아는 마지막까지 고집했고, 일본 측은 마지막까지 물러서지 않았다. 러시아 측이 제출한 조선 연안에 군사시설을 만들어서는 안 된다는 요구에 대해서는 일본 측에서 인정했다. 그러나 39도선 이북을 중립지대로 삼자는 러시아의 요구는 끝까지 받아들이지 않았는데, 러시아 측에서도 마지막에는 이 요구를 철회하려고 노력했다. 그러므로 러일 교섭에서 대립의 근간은 일본의 완전한 조선 지배와 조선 보호국화를 외교문서로 인정받으려는 일본의 주장에 대해, 러시아 측은 군사적 목적에 따른 조선 영토의 사용을 인정할 수 없다는 요구를 제출한 것이다. 러시아는 일본의 완전한 조선 지배와 조선 보호국화를 외교문서상 인정할 수 없다는 입장이었다.

극동태수 알렉세예프에게는 고종이 여러 차례 호소했고, 니콜라이 2세도 고종의 친서를 받았다. 러시아는 일본이 조선을 군사적으로 점령하게 되면 받아들일 수밖에 없다고 생각하면서도, 조선을 일본의 소유로 인정하는 조약을 맺는 것은 조선과의 신의나 대국의 자존심을 생각할 때 있을 수 없는 일이었다.

베조브라조프의 신노선이 쿠로파트킨을 밀어내는 데 성공하지 못하고 중도에서 그친 결과는 일본에게 전쟁을 앞당기게 만들었다.

전쟁이 임박했을 때, 람스도르프 외무장관이 러시아의 마지막 제안을 조정하고자 노력했다는 것은 잘 알려진 사실이다. 그 양보안이 일본에 제때 도착하지 않은 것을 안타깝게 여기는 견해가 있다. 그러나 외무장관은 위기의 시기에 정치적 결단을 내릴 수 있는 인물이 아니었다. 중립지대를 요구했던 그의 마지막 회답안은 비밀협정에서 이 조항을 획득하라는 차르의 자의적인 명령으로 무의미하게 되었다. 애초에 람스도르프의 제안 그대로 일본 정부에 제출되었다고 해도 일본 정부로서는 받아들일 수 없는 것이었다.

그보다는 베조브라조프가 구리노 신이치로栗野愼一郞 러시아 주재 공사에게 접근하여 제시했던 러일동맹안 쪽이 내용이 있었다고 볼 수 있다. 개전 전야에 베조브라조프는 조선과 만주의 독립 및 영토 보전을 전제로 러시아는 만주, 일본은 조선의 경제개발에 협력하는 동맹을 맺음으로써 전쟁을 피하자고 제안했다. 그것을 메이지 천황과 니콜라이 2세가 실현하자고 합의했던 것이다. 구리노는 마음이 움직였다. 그래서 베조브라조프가 러일동맹을 모색하고 있다는 내용을 최초로 도쿄에 보고한 것은 1904년 1월 1일, 완성된 의견서의 내용을 보낸 것은 1월 12일과 14일이었다. 일본 정부가 고무라의 제안으로 개전을 포함한 최종 회답을 결정한 것은 1월 12일의 어전회의에서였다. 구리노의 전보를 받아본 고무라는 사본을 서울의 하야시 공사에게 보냈다. 일본 정부의 개전 결정은 2월 4일에 제출되었다. 고무라는 러시아의 차르를 지배하고 있는 '전쟁당'의 중심인물이 전쟁 회피를 진심으로 바라고 있다는 정보를 입수하고 이를 확인까지 했다. 그가 전쟁을 피하려고 생각했다면, 전쟁을 그만둘 충분한 여유가 있었던 것이다. 하지만 고무라에게 베조브라조프는 어디까지나 '전쟁당'이 아니면 안 되었다.

5. 러일전쟁과 동아시아

개 전

1904년 2월 4일 일본 정부는 각의와 어전회의에서 군사행동의 개시를 결정했다. 러시아 정부와의 교섭을 단절하고, 일본의 "기득권과 정당한 이익"을 지키기 위해 "필요하다고 판단되는 독자적인 행동"을 취할 것을 통고하며 행동에 돌입하기로 결정했던 것이다. 육·해군 지도부는 군사행동의 내용을 결정하고 명령을 내렸다. 일본 측의 통고는 2월 6일 오후 4시에 고무라 외상을 통해 로젠 공사에게 전달되었고, 일본 시각으로 오후 11시에 페테르부르크의 구리노 공사로부터 람스도르프 외무장관에게 전달되었다. 람스도르프는 이 통고문에 들어 있는 '독자적인 행동'을 취한다는 문구의 의미를 이해할 수 없었고, 결국 차르와 모든 대신과 알렉세예프를 그르치게 만들었다.

2월 6일 일본의 연합함대는 진해 앞바다 제압, 인천 상륙작전, 뤼순 함대 공격의 세 방면으로 출격했다. 진해만은 이날 저녁 무렵에 제압되어 마산 전신국이 점령되었다. 인천으로 향한 함대는 2월 8일 저녁 무렵에 출항해 온 러시아 포함을 공격하여 그대로 추격하고 인천항에 도착해 육군 병사를 상륙시켰다. 뤼순항 밖에 있던 함대에 대한 공격은 8일 밤에 단행되었고, 러시아의 전함 체사레비치, 레트비잔, 순양함 팔라다 등 세 척에 막대한 타격을 주었다. 인천에서는 2월 9일 항복을 거부하는 러시아 순양함 바략크와 포함 코리예츠 두 척을 공격해 자침·자폭하게 만들었다. 인천에 상륙한 부대는 이날 서울로 들어가, 중립을 선언한 대한제국의 수도를 점령했다.

러시아는 2월 9일 일본에 선전포고를 하고, 일본은 10일이 되어서야 러시아에 선전포고를 했다. 러시아는 선전포고를 하면서 일본의 교섭 단절과 기습공격을 비난했다. 일본은 선전포고를 통해, 자신들은 '한국의 보전', '한국의 존망'을 중요시해왔지만, 이제 러시아의 행동으로 "한국의 안전은 (……) 위급해졌다. 제국의 국익은 (……) 침해당했다"며, 따라서 전쟁이 불가피해졌다고 밝혔다.

2월 23일 일본은 서울을 점령한 일본군의 압력으로 조선 정부를 굴복시키고 한일의정서를 강제로 맺었다. 조선 정부는 일본 정부를 깊이 신뢰하고 내정에 대한 '충고'를 들을 것, 일본 정부는 조선 황실의 '안전과 강녕'을 지킬 것, 조선의 '독립 및 영토 보전'을 보증할 것, 이를 위해 '임시로 필요한 조치'를 취할 것, 조선 정부는 이를 위해 일본에 '편의'를 제공할 것, 일본은 이를 위해 "군사전략상 필요한 지점을 임시로 수용"할 수 있을 것, 조선은 이에 반하는 조약을 제3국과 체결하지 않을 것, 그 외에 일본의 대표자와 조선 외부대신이 '임시협정'을 할 것 등이 삽입되었다(《日本外交文書》 37권 1, 345~346쪽). 일본은 군사적 점령 아래 조선을 보호국으로 삼는 첫걸음을 내디뎠던 것이다. 의정서 조인에 저항하던 고종의 측근은 일본에 연행되었다. 3월에 일본군은 평양을 점령했다.

5월 1일 일본군은 압록강을 건너 러시아군을 공격하고 주롄청九連城을 점령했다. 이제 전쟁은 본격적으로 러일전쟁으로 바뀌었다. 러시아의 만주군 총사령관에 육군장관 쿠로파트킨이 임명되었다. 개전 당시 만주군은 6만 9500명이었는데, 부분적인 동원을 통해 병력 증강에 착수했다.

해군은 뤼순에서 벌어진 첫 전투에서 패배한 직후 러시아 해군의 준재俊才라고 할 수 있는 마카로프Stepan Osipovich Makarov 제독이 태평양 함대 사령관으로 파견되었지만, 4월 13일 기함이 벼락을 맞아 폭발하면서 전사하고 말았다.

전쟁은 어떻게 받아들여졌는가

러일전쟁은 양국에서 대조적으로 받아들여졌다. 일본 국민은 전쟁에 동의했다. 대국 러시아와 전쟁하는 것을 국난으로 여겨 거국일치의 지지가 생겨났다. 러시아를 야만국으로, 자신들을 문명국으로 생각하는 인식이 고취되었다. 한편 러시아에서는 전쟁이 인기가 없었다. 국내의 반정부·전제 비판의 목소리가 전쟁 비판으로 향했다.

사회주의자들은 전쟁 반대와 국제연대를 강조했다. 가타야마 센片山潛이 프랑스 신문에 기고한 부전론不戰論은 개전 전야에 이미 멘셰비키의 《이스크라Iskra》에 실렸다. "우리들은 일본의 동지들에게 형제의 인사를 보낸다", "공동의 적, (……) 러시아든 일본이든 전제와 부르주아지에 대한 투쟁으로 이끌기 위해 온힘을 다한다는 것을 일본의 동지는 믿고 싶다"(《이스크라》, 1월 14일). 사회혁명당의 《혁명러시아》는 "광기와 파괴의 경망함 속에서 두 나라에 2개의 서로 화합하는 목소리가 울려퍼지고 있다"면서, 그것은 일본의 사회주의자 동지들의 목소리와 러시아 사회주의자 혁명가의 목소리라고 지적했다(1월 28일자). 레닌도 사회민주당 중앙위원회 선언을 2월 3일에 기초했지만, "전쟁에 항의하는 일본 사회민주당 만세, 약탈적인 부끄러운 차르 전제를 타도하자"라고 끝맺었다(和田 1973, 上, 198~199쪽).

그렇지만 첫 전투의 패배로 전제권력의 권위가 흔들리자, 이 전쟁에서 일본이 이긴다면 러시아혁명이 더 가까워질 것이라는 생각에 패전주의敗戰主義가 급속히 퍼졌다.

이 전쟁의 특징은 전쟁의 대의가 국제적으로 선전되었다는 점이다. 러시아는 일본의 선전포고를 비판하고 조선의 중립선언을 짓밟은 일본의 행위를 비난했다. 이러한 취지를 담은 외무장관 람스도르프의 성명서가 각국 정부에 보내진 것은 2월 23일이었다. 그러나 일본의 동맹국 영국과 일본에 기대하는 미국은 이러한 러시아의 비판을 묵살하고 일본을 지지했다. 일본 정부는 여론 공작을 펴기 위해 미국에 가네코 겐타로金子堅太郎를 특사로 파견했다. 미국에서는 예일대학 강사인 아사카와 간이치朝河貫一가 5월과 8월에 '러일의 충돌'에 관한 논문을 발표해서, 이 전쟁은 신·구 두 문명의 싸움이며, 러시아가 승리하면 조선, 만주, 몽골이 러시아의 속국이 되고 세계 여러 나라는 이들 지역에서 배제되는 반면, 일본이 승리하면 청과 조선은 독립을 보전하고 그 자원이 개발되며 국가체제도 개혁될 것이라고 선전했다(矢吹編 2002, 54~140쪽). 이러한 주장은 미국의 이해와 맞아떨어졌다. 미국은 러시아 제정帝政에 대한 반발이 강했고, 이 전쟁을 '자유를 위한 전쟁'으로 보는 견해가 널리 퍼졌다.

프랑스는 러시아의 동맹국이었지만, 러시아를 돕기보다는 영국에 접근하여 제국주의적 이익을 안정시키는 길로 나아갔다. 그 결과가 1904년 4월 8일에 맺어진 영국-프랑스 협상이다. 이 협상의 중심은 이집트와 모로코에 대한 이익을 서로 존중하는 데 있었지만, 아시아에서는 태국을 둘러싼 합의가 포함되었다. 두 나라는 우선 1896년 1월 15일의 선언을 재확인했다. 이는 태국을 완충국으로 남겨두자는 원칙의 합의였다. 이때 메남강 유역의 서쪽 지역에서는 영국의 세력권을, 동쪽 지역에서는 프랑스의 세력권을 각각 인정할 것, 이들 세력권과 말레이반도를 포함한 태국만의 서쪽에 있는 태국의 영역은 이후 영국의 세력 아래 둘 것 등이 합의되었다. 이로써 더 이상 태국의 영토 병합에 관한 논의는 하지 않기로 선언했다(Gooch and Temperley ed. 1927, 396~397쪽).

동해해전

7월 30일 러시아의 수도 페테르부르크에서 내무장관 플레베Vyacheslav Konstantinovich Plehve가 사회혁명당의 테러리스트에게 암살당했다. 사람들은 그의 죽음에 환호했고, 반정부 기운이 한층 고조되었다. 만주의 전장에서는 랴오양에서 러·일 양국군 사이에 최초의 결정적인 전투가 8월 28일부터 시작되었다. 일본군은 13만 명의 병사를 집결시켜 22만 명의 러시아군에게 총공격을 가했다. 랴오양 남쪽 서우산바오首山保에서는 러시아군의 방어가 견고해서 일본군이 공격하는 데 애를 먹었다. 결국 일본군이 랴오양 동쪽으로 돌아서 들어가자, 쿠로파트킨 총사령관은 남쪽의 주력군을 동쪽으로 돌리는 작전을 펼쳤다. 이 대이동은 실패했고, 혼란 속에서 쿠로파트킨은 9월 3일 총퇴각을 명령하지 않을 수 없었다. 9월 4일 일본군은 랴오양을 점령했다. 일본군의 사상자도 2만 3500명에 달했지만, 러시아군의 패색이 짙었다.

그사이 8월 19일부터 일본군은 뤼순 요새를 공격하기 시작했다. 쿠로파트킨은 뤼순의 방어전을 지원하기 위해 랴오양 북쪽 30킬로미터 지점의 사허沙河에서 일본군을 공격하기로 했다. 10월 5일 러시아군은 움직였고 전투가 시작되었다. 일본군은 부분적으로 선제공격도 했지만 고전을 면치 못했다. 러시아군이 적극적인 공세를 취하면 일본군은 후퇴하지 않을 수 없는 상황이었다. 그러나 쿠로파트킨은 일본군이 우회해 포위하지 않을까 두려워해서 방어전으로 태세를 바꾸어버렸다. 결국 10월 14일 마지막 전투를 벌였으나 무승부로 끝이 났다. 일본군의 손실은 2만 5000명(이중 전사자는 3951명)이었지만, 러시아군의 손실은 4만 1473명(전사자는 4870명)에 달했다.

그 직후인 10월 28일에 러시아의 제2태평양 함대는 극동을 향해 출발했다. 태평양 함대에 증원 함대를 보내는 것은 개전 전부터 정해진 방침이었고, 개전 직후인 4월 17일에는 군령부장 로제스트벤스키Zinovij Petrovich Rozhestvenskij가 사령장관이 되어 제2태평양 함대를 출발시키기로 했다. 그 준비가 오래 걸려 9월 7일(러시아력 8월 25일)에야 비로소 최종 결정을 위한 어전회의가 열렸다. 이 자리에서 로제스트벤스키는 지금 출발하면 극동까지 150일이 걸린다고 말했다. 즉 9월 1일에 출발해도 해를 넘겨 다음 해 1월 말이나 2월 초에 도착한다는 것이었다. 로제스트벤스키는 함대가 도착하기 전에 뤼순이 함락될 가능성이 있으므로 중국의 즈푸芝罘에 근거지를 두는 것을 인정해달라고 제안했지만, 외무장관이 반대하여 부결되었다. 사하로프Vladimir Sakharov 육군장관은 육군이 공격에 나서는 것은 1905년 봄이고, 현재는 해군의 원조가 필요하지 않다며 신경 쓰지 않는 태도였다. 그 자리에 참석했던 해군장관과 함대 사령장관들은 제2태평양 함대의 파견을 반대했다. 제2함대는 제1함대가 패배하기 전에는 움직이지 않는다. 반면 일본 해군은 강력하다. 실전 경험이 풍부하고 탄약이 많으며 근거지에서 가까웠다. 제2함대 쪽은 항해 도중 훈련할 수 있는가? 출발을 서두르자는 의견은 제2태평양 함대의 괴멸을 재촉하는 것이다. 이러한 의견에 대해 로제스트벤스키는 운반선을 고용해 모았다가 해산시키면 러시아는 두 번 다시 재기할 수 없다고 주장했다. 아벨란Fyodor

Avelan 해군장관은 그의 의견을 지지했다. 즉 정치적이고 종합적인 판단보다는 준비가 전혀 되어 있지 않은 관료적 판단이 앞선 것이다(러시아국해군군사령부 편《러일해전사》7, 3~4쪽). 로제스트벤스키와 해군장관은 그 자리에 참석했던 차르의 무책임한 요구를 받아들여 판단을 내렸던 것이다.

그리하여 발트해 함대가 총집결한 제2태평양 함대가 리바우 군항에서 출발했다. 기함 수보로프를 비롯한 전함 7척, 순양함 6척, 구축함 6척 등으로 구성된 대함대였다. 혁명의 기운이 고조되고 있던 상황을 고려하면 더욱 어리석고 무모한 함대 파견이었다.

그사이 뤼순에 대한 공격은 계속되었다. 노기 마레스케乃木希典의 제3군이 요새 정면에서 돌격전을 거듭 벌이고 있었다. 8월 19일에 시작된 총공격은 사상자 1만 5800명을 내면서 5일 만에 중단되었다. 10월 26일부터 2차 총공격이 있었지만, 이때까지 러시아군은 방어에 성공했다. 일본군은 3800명의 사상자를 냈다.

이러한 실패에 뒤이어 일본군의 3차 총공격이 11월 26일부터 시작되었다. 이번에는 203고지를 공략해 이곳에서 요새로 진격하는 작전이었다. 양국의 군대는 이 고지를 차지하기 위해 사투를 벌였지만, 결국 일본군이 12월 5일에 이 고지의 두 정상을 점령하는 데 성공했다. 이곳에 설치된 구경 28센티미터의 대포로 뤼순 함대의 주력은 파괴되었다. 일본군은 땅굴을 파서 보루로 치달았다. 러시아군은 군량 부족을 걱정했고, 티푸스와 괴혈병이 발생했다. 그럼에도 병사들은 투쟁심을 발휘하여 싸우고 있었다. 12월 15일 둥지관산東鷄冠山 북쪽의 제2보루에서 방어전의 지도자 콘드라첸코Roman Kondratenko가 전사하면서 러시아는 큰 타격을 입었다. 일본군은 28일 제3호 보루(니룽산二竜山)를 폭파하고 점령했다.

이 시점에서 개최된 회의에서는 참석자의 다수가 요새를 계속 방어해야 한다고 주장했다. 보루를 잃더라도 시가지에 들어가서 저항할 수 있다는 의견이었다. 스테셀Anatoliv Stessel 장군과 포크Alexander Viktorovich Fok 장군도 이에 동의했지만, 그들은 이미 항복 교섭을 주장하고 있던 한 사람의 의견에 기울어져 있었다. 남아 있는 쇼주산松樹山 보루마저 31일에 함락되자 스테셀은 다음 날 노기 장군에게 항복 교섭을 요구하는 군사軍使를 보냈다. 1905년 1월 2일 수사영에서 교섭이 이뤄져 항복문서가 조인되었다.

그리하여 뤼순이 함락되었다. 후에 스테셀 장군은 배신자라는 이유로 군법회의에 넘겨졌다. 러시아의 수도에서는 경찰이 인가한 노동자 조직을 만들고 있던 가퐁Georgiĭ Apollonovich Gapon 신부가 뤼순 함락의 결정적 순간에 수도에서 십수만 명의 노동자들을 이끌고 차르의 궁전까지 행진할 계획을 세웠다. 1905년 1월 22일(러시아력 9일) 노동자들은 죽음을 무릅쓰고 차르에게 프라우다Pravda(진실과 정의가 실현된 세상)를 청원하는 행진을 벌였다. 군대가 이들을 향해 발포했고 사망자들이 속출했다. 이 '피의 일요일' 사건은 1905년 러시아혁명의 발단이 되었다.

일본군은 뤼순 함락의 여세를 몰아 25만 명의 병력을 집결시키고, 3월 1일부터 펑톈의 러시아군 진지를 총공격했다. 쿠로파트킨이 이끄는 러시아군은 또다시 퇴각했다. 총사령관의 권위는 땅에 떨어졌다. 그리고 마침내 세계를 일주한 제2태평양 함대가 5월에 동해로 북상했다. 도고 헤이하치로東郷平八郎 제독이 이끄는 연합함대는 5월 27일과 28일에 쓰시마 해전에서 이 함대를 거의 궤멸시켰다. '쓰시마'의 패배 소식은 전제정부의 위신을 결정적으로 떨어뜨렸다.

강화講和

동해 해전의 결과가 확실해지자 일본 정부는 강화조약을 맺기 위해 움직일 때가 되었다고 판단하고 시어도어 루스벨트 미국 대통령에게 연락했다. 루스벨트는 러시아 측과 접촉했다. 러시아 측도 쓰시마에서 패배한 뒤에는 전쟁을 계속하기가 어렵다고 생각하고 있었다. 루스벨트의 공작은 결실을 맺었다. 메이어G. von L. Meyer 미국 공사는 니콜라이 2세로부터 강화교섭을 받아들인다는 답변을 받았다. 6월 8일 루스벨트는 러시아와 일본 양국에게 포츠머스 강화회의의 초대장을 보냈다.

일본을 지지했던 미국 정부도 일본이 더 이상 승리를 거두는 것을 억제할 필요가 있었다. 그 진의는 태프트William Howard Taft의 방문으로 의도치 않게 드러났다. 루스벨트 대통령은 7월 태프트 육군장관을 일본에 보내 일본 정부와 대화하게 했다. 태프트는 가쓰라 총리와 7월 27일 오랜 시간 비밀 대화를 나누었다. 두 사람의 합의 내용이 메모로 정리되었다. 태프트는 미국의 친러파가 일본의 승리는 필리핀에 대한 침략의 서곡이라고 말하고 있지만, 자신은 필리핀이 미국과 같은 강력하고 우호적인 국가의 통치를 받는 것이 일본의 바람이라고 생각한다고 진술했다. 이를 가쓰라는 강하게 긍정하면서 일본은 필리핀을 침략할 의도가 없다고 말했다. 가쓰라는 극동의 평화 유지가 일본의 희망이고, 이를 달성하는 데는 일본, 미국, 영국 3국의 이해가 중요하다고 말했다. 게다가 가쓰라는 조선 문제의 중요성을 강조하면서, 전후에는 조선이 다른 열강과 협정을 맺어 국제 분쟁의 씨앗이 되는 것을 일본은 인정할 수 없으며, 이 때문에 부득이 결정적인 조치를 취하지 않을 수 없다고 진술했다. 태프트는 일본이 군대로 조선에 대한 종주권을 확립하고 외교권을 빼앗는 것은 전쟁의 당연한 귀결이고 동양 평화에 공헌하는 것이므로 대통령도 같은 의견일 것이라고 말했다(《日本外交文書》 38, 1, 450~452쪽).

이에 앞서 영국도 영일동맹협정을 개정하는 문제를 일본 정부에 제기했다. 4월 8일의 각의 결정에 따라 런던에서 교섭이 시작되었다. 영국의 희망은 기존의 방수防守동맹에서 공수攻守동맹을 맺고, 적용 지역을 조선과 중국에서 극동 및 인도의 동쪽으로 확대하는 것이었다. 일본 측은 영국에 대해 일본이 조선에서 특수이익을 지키기 위해 필요하다고 인정되는 조치를 취할 수 있도록 승인해줄 것을 요구하고, 비밀약관에서는 일본이 조선의 보호권을 확립하는 것을 인정해달라고 요구했다.

8월 12일에 조인된 2차 영일동맹협정은 '동아 및 인도' 지역에서 두 나라의 영토권을 보호·유지하고, 이 지역에서 특수이익을 방위하는 것을 목적으로 삼았다. 한 국가가 아니라 여러 국가의 공격을 받고, 위의 목적 때문에 싸울 경우에는 응원하고 협동해서 전투하며, 일본이 조선에서 갖는 '우월한 이익'에 따라 그것을 증진하기 위해 행동할 권리를 승인한다는 내용이었다(《日本外交文書》 38, 1, 59~63쪽).

6. 포츠머스조약

쟁점이 된 조선의 처리

전쟁이 만주에서 벌어지자 당연히 일본은 예정된 수순처럼 전쟁의 목적을 확대했다. 1904년 7월 고무라 외상은 총리에게 제출한 의견서에서 조선을 '우리의 주권 범위'로 삼아 '보호의 실권을 확립'하고, 만주는 '우리의 이익 범위'로 삼아 '이익의 옹호·신장'을 노려야 한다고 말했다(《日本外交文書》 37·38, 별책 5, 60쪽).

포츠머스 강화회의가 개최된 것은 1905년 8월이었다. 일본 측의 전권은 고무라였고, 러시아 측의 전권은 비테였다.

일본 측이 제시한 훈령에는 '절대적 필요조건'으로 세 가지가 거론되었다. "첫째, 한국을 전적으로 우리의 자유처분에 맡긴다는 것을 러시아에게 약속받도록 할 것. 둘째, 일정한 기한 내에 러시아 군대를 만주에서 철수시킬 것. 셋째, 랴오둥반도 조차권 및 하얼빈·뤼순 간 철도를 우리에게 양여하게 할 것" 등이다(《日本外交文書》 37·38, 별책 5, 106쪽).

러시아 측의 훈령에도 '어떠한 합의에 이르는' 조건으로서 첫째, 뤼순과 다롄, 둘째, 만주에서 양국의 상호관계의 조정, 셋째, 조선을 거론하면서 다음과 같은 내용을 덧붙였다.

"우리는 강화조약에서 일본이 한국의 완전한 독립을 인정하는 조건을 포함하고, 더욱이 가능한 한 빨리 이 나라에서 철수할 의무를 포함할 필요가 있다고 생각한다."

강화회의는 8월 9일부터 시작되었다. 첫머리에 고무라는 12개 항목의 강화조건을 선언했다. 제1항은 "러시아는 일본이 한국에서 정치적·군사적·경제적으로 우월한 이익을 가질 것을 승인하고, 일본이 한국에서 필요하다고 인정되는 지도·보호·감리의 조치를 취하는 데 방해하거나 또는 간섭하지 않는다고 약속할 것"이었다. 이에 비테는 12일 회답서를 제출했다. 그 제1항에서 조선 처분의 자유에 대해 "어떠한 이의도 없음"이라고 하면서, 일본이 조선에서 '우월한 이익'을 가지는 것을 인정하고, 일본이 행하는 "지도·보호·감리의 조치를 방해하지 않으며 이에 간섭하지 않을 것을 약속한다"라고 진술했다. 그러나 훈령에 따라 "앞에서 서술한 일본의 조치를 실행하기 위해 한국 황제의 주권을 침해해서는 안 된다는 것을 알아야만 한다"라고 했으며, 더욱이 "한국에 인접한 러시아 영토의 안전을 침해하는 조치"를 취해서는 안 된다는 유보적인 내용을 덧붙였다(《日本外交文書》 37·38, 별책 5, 400, 404~405쪽).

이날 오후 이에 대한 의견이 격렬하게 오갔다. 고무라는 러시아가 "일본이 한국에서 충분히 자유행동을 취할 수 있음을 승인하는 것이 긴요하다"면서 "한국 황제의 주권을 운운하는 문구를 삭제하는 데 동의할 것"을 주장했다. 비테의 말처럼 "한국의 주권을 완전히 그대로 계속 보존하는 것 같은 주의에는 결코 동의할 수 없다. (……) 무릇 한국의 주권은 이미 오늘날에도 완전한 것이 아니다. 일본은 이미 한국과 협정을 맺고 그 나라의 주권 일부를 일본에게 위탁하여 한국은 외교상 일본의 승낙이 없으면 다른 나라와 조약을 체결하는 것이 불가능한 지위에 있다"라고 노골적으로 주장했다. 결국 비테는 고무라의 주장에 제압되어 일본의 입장을 이해했으며, 이번 전쟁은 이 일 때문에 일어난 것이므로 조선에서의 행동은 일본에 일임하며, 우리는 간섭하지 않겠다고 말하면서 마지막으로 새로운 제안을 내놓았다. 앞으로 일을 처리하는 과정에서 조선의 주권에 영향을 미치는 일은 조선의 동의를 받는다는 취지를 넣자는 것이었다(《日本外交文書》 37·38, 별책 5, 410~412쪽). 고무라는 그 구절을 회의록에 남겨두자고 제안하면서 조약 본문에 삽입하자고 말한 비테에게 응수했지만, 결국 비테가 한 발 물러나면서 회의록에 다음과 같은 문장이 들어가게 되었다.

"일본 전권위원은 일본이 장래 한국에서 취할 필요가 있다고 인정되는 조치로서 한국의 주권을 침해할 만한 것은 한국 정부와 합의를 거쳐 행해야 한다는 것을 이에 성명한다"(《日本外交文書》 37·38, 별책 5, 410~412쪽).

비테는 이것으로 조선의 독립을 지킨 셈이었지만, 고무라의 입장에서 보면 조선 정부를 압박하여 그 주권을 빼앗은 만큼 이러한 문구는 아무런 의미가 없었다.

조선의 '보호국화'

9월 5일 고무라와 비테는 강화조약에 조인했다. 제2조에 일본이 가장 중요시한 전쟁 목적이 거론되었다.

"제2조 러시아제국 정부는 일본이 한국에서 정치적·군사적·경제적으로 우월한 이익을 갖는 것을 승인하고, 일본제국 정부가 한국에서 필요하다고 판단되는 지도·보호 및 감리의 조치를 취하는 데 이를 방해하거나 또는 간섭하지 않을 것을 약정한다."

마침내 일본은 전쟁에서 압도적으로 승리함으로써 그 이전의 교섭에서 러시아에게 강요할 수 없었던 조선 보호국화 조항을 강화조약에서 받아들이게 했던 것이다.

제5조에는 러시아가 '청 정부의 승낙으로' 뤼순·다롄 등의 조차권을 일본에 이전·양도할 것, 제6조에는 러시아가 남만주 철도에 관한 모든 권리를 '청 정부의 승낙으로' 일본에게 이전·양도한다는 내용이 명문화되었다. 제9조에는 러시아의 사할린 남부의 주권 양여를 결정했다(《日本外交文書》37·38, 별책 5, 535~537쪽).

일본에서는 사할린 전체를 획득하지 못하면 배상을 받지 못한 것이라며, 고무라의 교섭을 비난하는 목소리가 높았다. 9월 5일 도쿄의 히비야 공원에서는 강화 성립 반대 국민대회가 개최되었다. 선동에 의해 폭도로 변한 군중은 강화를 지지하는 국민신문사와 내상의 관저 등에 불을 질렀다.

포츠머스조약은 일본과 러시아의 합의였지만, 청 및 한국에 관련된 사항은 당사국과 교섭할 필요가 있었다. 우선 이토 히로부미가 전권으로 11월 9일 서울에 도착했다. 고종과 조선 정부의 각료를 점령군의 힘으로 위협하여 11월 17일 2차 한일협약, 즉 을사늑약을 체결했다. 이로써 일본은 조선의 외교권을 빼앗았다. 서울에는 일본 정부의 대표로 통감이 주재하게 되었다. 공식적으로는 외교에 관한 일만을 관리하는 자리였지만, 통감이 조선의 내정에 대해 일일이 압력을 가하는 존재였음은 명백한 사실이다. 초대 통감은 이토 히로부미였다. 이로써 대한제국은 일본의 '보호국'이 되었다.

청에는 고무라 외상이 전권으로 베이징에 파견되었다. 교섭은 11월 17일부터 시작되었다. 고무라는 일본이 전쟁을 치른 것은 자위 때문만이 아니라 '동아시아의 강녕康寧을 유지'할 목적이었음을 강조하고 청에게 양보를 강요했다. 청 측에서는 러시아가 조차하고 있던 랴오둥반도와 남만주 철도를 일본에 인계하는 것을 인정했지만, 일본에서 추가로 요구한 사항은 받아들이지 않았다. 회담은 21회에 달했고, 간신히 12월 22일이 되어서야 조약이 맺어졌다.

7. 러일전쟁 후의 동아시아

일본으로 향하는 유학생

러일전쟁에서 거둔 일본의 승리는 전 세계에 강한 인상을 주었다. 일본에 대한 경외심이 아시아 전역으로 퍼져나갔다. 유학생들은 일본으로 향했다.

의화단 때부터 증가하기 시작한 중국 유학생은 러일전쟁 무렵에는 그 수가 수천에서 1만 명에 이르렀다. 1905년 8월 20일 쑨원孫文, 황싱黃興 등의 유학생이 도쿄에서 중국혁명동맹회를 결성하여 유학생들의 지지를 받았다. 이 조직은 민족·민권·민생의 삼민주의를 강령으로 삼았고, 기관지《민보民報》를 창간했다.

미국의 지배를 받던 필리핀은 일본의 승리를 백인에 대한 아시아인의 승리로 보고, 미국에 대해 적의에 찬 움직임을 보였다. 프랑스의 지배를 받던 베트남에서는 판보이쩌우가 동유東遊운동을 벌였다. 그는 1905년에 일본으로 건너가 고국의 청년들과 함께 운동을 조직했다. 가장 번성했을 때는 200명 정도의 베트남 청년이 일본으로 건너가서 공부했다. 그러나 이 청년들은 곧 일본에 환멸을 느끼게 되었다.

영국의 지배를 받던 인도에서도 민족주의자들은 일본의 승리에 열광했다. 친러적이었던 시암에서도 친일적인 분위기가 팽배했다.

보호국으로 전락한 조선에서도 유학생이 왔다. 1895년에 200명 가까이 되었고, 1897년에는 64명이 건너간 이후 한동안 단절되었다가 1904년 11월에 황실특별유학생 50명이 일본으로 파견되었다. 양반의 자제 700명을 모집하여 시험으로 선발한 사람들이었다. 그들은 일본에 대해 비판적인 시각을 가지고 있었고, 조선이 일본의 지배를 받는 것을 막기 위해 일본을 배우려고 했다. 황실유학생은 대개 도쿄부립 제일중학東京府立第一中學에 입학했는데, 다음 해 12월에 을사늑약이 체결된 데 격분했다. 이들은 이 학교의 교장이 조선 유학생을 모멸적인 태도로 대하는 것에 반발하여 일제히 동맹휴교를 일으켰다. 유학생들은 위협에 굴하지 않고 투쟁했으며, 많은 유학생들이 이 학교를 떠났다(阿倍 1974). 동맹휴교의 지도자였던 최린, 귀국하는 바람에 동맹휴교에는 참가하지 못했던 최남선 등은 후일 메이지대학과 와세다대학에서 공부했고 3·1운동의 지도자가 되었다.

러일전쟁이 가져온 변화

그런데 러일전쟁 후 행동에 나선 것은 미국이었다. 미국은 만주의 개방을 요구했다. 가장 빨리 움직인 사람은 미국의 철도왕 에드워드 해리먼Edward Harriman이었다. 그는 1905년 8월 말에 일본으로 건너와 주일 미국 공사 로이드 그리스컴Lloyd Griscom의 지원을 받아 미일 합병회사를 설립해서 남만주 철도를 매입하는 안을 제안했다. 10월에 다시 일본으로 건너가 가쓰라 총리와 담화를 나눈 후 그달 12일에 가쓰라·해리먼 각서를 체결했다. 가쓰라 총리는 남만주 철도 이권을 미국 기업과 나누는 데 동의했던 것이다. 고무라 외상이 그 움직임을 알아챈 것은 4일 후 고무라가 타고 있는 기선이 요코하마 앞바다에 도착했을 때였다. 고무라는 입국하자마자 이 안을 취소하도록 가쓰라를 설득했고, 결국 각서 내용을 철회했다. 러일전쟁은 미국 때문에 러시아 세력을 만주에서 제거한 전쟁이 아니라 일본의 이익을 위해 만주를 획득하기 위한 전쟁이라는 점이 드러나면서 미국과 일본의 관계가 급속히 냉각되었다.

전쟁에서 패배하고 혁명을 맞이한 러시아는 표트르 스톨리핀Pyotr Stolypin 총리를 중심으로 국가를 재건하기 위해 '내외에서 20년간의 평정'을 요청했다. 1906년 4월 28일 주일공사였던 이즈볼스키가 외무장관에 임명되었다. 그는 1900년부터 1901년까지 주일 공사로서 조선의 중립국안을 집요하게 지지했지만, 이제는 명확한 대일관계 정상화론자였고 조선에 대한 모든 관심을 끊은 상태였다. 그가 외무장관으로 취임한 직후, 일본과 관계 개선의 가능성이 타진되었으며, 7월에는 서둘러 말렙스키 말레비치 차관과 모토노 이치로本野一郎 공사 사이에 교섭이 시작되었다. 이 교섭은 11월 교착 상태에 빠지면서 한때 결렬될 위기를 맞았다. 일본은 여전히 러시아에 대한 경계심을 버리지 않고 있었다. 야마가타는 10월에 "우리 나라 방위상 주요 적국은 러시아다"라는 '제국 국방 방침안'을 제안했다.

이러한 상황에서도 조선의 고종 황제는 저항을 그만두지 않았다. 을사늑약의 무효를 비밀리에 열강에게 호소하는 밀사를 잇달아 파견했다. 그 최후의 노력은 1907년 6월에 개최된 제2회 헤이그 만국평화회의에 3명의 특사를 파견한 일이었다. 이 회의의 의장은 프랑스에 주재하던 러시아 대사 넬리도프였다. 넬리도프는 3명의 조선인 특사를 참석시키려고 했지만, 이즈볼스키 외무장관은 냉정하게 거부했다. 결국 넬리도프도 특사의 회의 참석을 거절할 수밖에 없었다.

이토 히로부미 통감은 이 특사 파견 소식을 듣고 격노했으며, 이는 고종의 책임이자 일본에 대한 공공연한 적의의 표명이며, 일본은 조선에 선전宣戰할 권리가 있다는 점을 총리대신 이완용에게 전달하게 했다. 조선 정부에서는 어쩔 수 없이 고종의 퇴위로 사태를 수습해야 한다는 의견이 제기되었다. 일본에서는 병합안을 주장하거나 퇴위가 당연하다는 여론이 생겨났다. 고토쿠 슈스이幸德秋水 같은 사회주의자는 "한국 인민의 자유·독립·자치의 권리"를 존중하고 일본 정부는 한국에서 독립보장의 언질에 충실하라는 결의를 제출했다(《日本外交文書》 40, 464쪽). 그러나 야마가타도 당시에는 병합론을 받아들이지 않았다. 이토 히로부미는 이를 조선 정부 내에서 처리하도록 했지만, 황제는 퇴위에 동의하지 않았다. 그러나 황제는 결국 1907년 7월 19일에 퇴위하기에 이르렀고, 병약한 황태자(순종)가 즉위했다. 조선 군대는 격분했고, 서울은 불온한 분위기였다. 이완용 총리의 저택은 불타버렸다. 이토 히로부미는 고종이 군대의 힘을 빌려 복위를 꾀하려 한다고 여기고, 일본군의 혼성 1개 여단의 파견을 요청하는 한편 통감이 조선 정부의 내정을 지도하는 방향으로 나아갔다. 그 뜻을 명기한 정미조약(3차 한일협약)이 7월 24일에 체결되었던 것이다. 이제 법령 제정이나 행정처분, 고등관리의 임면마저도 통감의 동의와 승낙을 받아야 했다.

동아시아의 제국주의적 분할

그사이 열강들은 협상의 움직임을 활발하게 진행했다. 우선 조선에 대한 일본의 공고한 지배가 확립되기 직전인 6월 10일에 프랑스와 일본이 협약을 맺었다. 두 나라는 청의 독립과 영토 보전, 청에서 각국의 균등기회를 존중할 것, 두 나라가 주권과 보호권을 가진 지역과 아시아대륙에서 지위와 영토권을 보호·유지하기를 바라며, 이들 지역에 인접한 청의 지방 질서와 평화 확보를 지지한다는 내용이었다. 프랑스의 인도차이나반도 지배와, 일본의 조선 및 남만주 권익을 상호 인정하는 것이었다. 비밀문서에서는 푸젠성의 평화 유지에 대한 관심이 강조되었다. 이 협상이 이뤄지면서 프랑스는 일본에게 3억 프랑의 차관을 제공했다.

이어 7월 30일에 러일협약이 맺어졌다. 이 교섭도 난항을 겪었지만, 프랑스·일본 협상의 체결이 러일협약의 성립에 도움을 주었다. 두 나라는 청과 맺은 모든 조약에서 비롯된 권리와 포츠머스조약에서 생기는 권리를 존중할 것, 청의 독립과 영토 보전, 청에서의 기회 균등 등을 승인한다고 선언했다. 비밀협약에서 두 나라는 만주를 남북으로 분할하여 러시아는 북쪽에서, 일본은 남쪽에서 철도부설권과 전신건설권을 차지하고 각각의 권리를 존중하며, 러시아는 일본이 조선에서 가진 "공통의 정치적 이해관계"를 인정하고 그 관계가 "날로 발전하도록 하되, 이를 방해하거나 또는 이에 간섭하지 않을 것"을 약속하고, 일본은 러시아가 외몽골에서 지닌 특수이익을 승인하고 간섭하지 않을 것을 약속했다. 이로써 러시아는 일본의 조선 지배를 인정했다. 이러한 러시아의 보장에 힘입어 8월 1일 서울에서 대한제국 군대 해산식이 강행되었다.

8월 31일에는 영국과 러시아의 협상이 타결되었다. 그 내용은 페르시아, 아프가니스탄, 티베트에 관한 협정이었다. 페르시아에 대해서는 영국과 러시아 양쪽의 세력권을 분할하고, 아프가니스탄은 영국의 세력권에 두며, 티베트에 대해서는 양쪽이 내정 불간섭을 약속했다. 이는 19세기 중반 이후 아시아에서도 '그레이트 게임'을 벌여온 두 강대국의 화해라는 점에서 커다란 전환을 이뤄낸 것이었다.

일본의 견고해진 조선 지배를 바탕으로 동아시아에서 제국주의적 분할 현상이 승인되었고, 영국·프랑스·러시아·일본의 연대가 생겨났다. 이는 일본의 조선 지배를 더욱더 강고하게 하는 힘으로 작용했다. 이러한 영국·프랑스·러시아·일본의 연대는 미국을 배제한 채, 동아시아 이외의 세계에서 독일·오스트리아-헝가리와 대항하는 쪽으로 나아가는 경향을 보여준다.

조선에서는 군대가 해산당한 후 군 장병까지 가세하여 각지에서 의병 투쟁이 폭발적으로 일어났다. 이토 히로부미 통감이 추진한 통치는 고종이나 조선의 지식인 및 민중과도 점점 더 멀어져갔다. 1909년 6월 이토 히로부미는 통감직을 사임했다. 7월 6일 일본 정부는 '조선 병합'을 각의에서 결정했다. 그러나 병합의 방식과 시기는 아직 정해지지 않았다.

1909년 10월 러시아 재무장관 코코프체프V. N. Kokovsev가 극동 시찰에 나섰다. 이토 히로부미는 러시아와 일본의 우호를 다지기 위해 코코프체프를 만나려고 하얼빈까지 갔다. 그 하얼빈역에서 10월 26일 조선의 천주교 신자인 민족주의자 안중근이 이토 히로부미를 권총으로 저격했다. 세 발의 총탄을 맞은 이토 히로부미는 그 자리에서 사망했다. 68세였다. 현장에서 러시아 관헌에게 체포된 안중근은 일본으로 신병이 인도되어 뤼순으로 보내졌다. 취조 과정에서 안중근은 조선의 독립을 위해, 동양평화를 위해 이토 히로부미를 살해했다고 진술했다. 그는 동양평화론을 저술할 시간을 요구했지만 묵살당한 채 그 이듬해인 1910년 3월 26일에 뤼순감옥에서 처형당했다. 31세였다. 안중근은 한국인들에게 영원한 영웅이 되었다.

8. 한국병합

병합조약

1910년 5월 25일 일본의 나가노현長野縣 아카시나明科의 제재소에서 일하던 기계공 미야시타 다키치宮下太吉가 체포되었다. 그는 천황을 암살하기 위해 폭탄을 만들고 있었다. 6월 1일에는 러일전쟁에 반대했던 대표적인 일본의 사회주의자 고토쿠 슈스이가 체포되었다. 12명의 사회주의자를 교수형에 처한 '대역大逆사건' 음모의 시작이었다.

5월 30일 데라우치 마사타케寺内正毅 육군상은 한국 통감을 겸임하라는 명령을 받았다. 한국병합을 실행하기 위한 수순이었다. 6월 3일에는 병합 후의 '시정방침'이 각의에서 결정되었다. 6월 24일에는 '한국경찰사무위탁에 관한 각서'가 조인되어 한국의 경찰은 일본 헌병에 종속되었다.

7월 4일에는 2차 러일협정이 체결되었다. 표면적으로는 만주에서의 현상유지를 약속한 데 지나지 않았지만, 비밀협약이 있었다. 두 나라가 만주의 남북에서 각각 '특수이익을 갖는 각 지역을 획정'하는 것을 승인하고, 그 지역에서 이익을 지키는 데 필요한 모든 조치를 취하기로 했으며, 제3국으로부터 위협을 받을 때는 서로 돕는 방안에 대해 협의하기로 했다. 교섭이 시작될 즈음 이즈볼스키 외무장관은 일본이 조선의 현상을 바꾸는 조치를 취하는 것에 불만을 표명했지만, 이는 일본 측에게 일정한 신중함을 요구하는 데 지나지 않았다.

데라우치 통감은 러일협정의 체결을 기다렸다는 듯이 7월 23일에 인천에 도착한 다음 8월 16일에 이완용 총리대신과 회담했다. 데라우치는 병합의 승인을 요구했고, 조선 황제가 '스스로 나아가' 통치권을 양여하는 조약 체결을 요구하는 각서를 건넸다. 다음 날 이완용은 국호와 왕명이 유지된다면 조약 체결을 위해 노력하겠다고 통보했다. 그러자 데라우치는 조약 문안을 전해주었다.

8월 18일 대한제국 각의는 데라우치의 제안에 대해 토의했지만, 의견이 갈려 결정이 나지 않았다. 그 토의는 아무런 의미도 없는 것이었다. 데라우치는 22일에 조약을 조인하기로 결정하고 도쿄에 보고했다. 8월 22일 데라우치는 오전 중에 애매한 의견을 가진 2명과 대화를 나누었고, 통치권을 일본에 "양여하기로 결정한다"는 내용의 전권위임 칙서안을 제시했다. 그날 오후 2시 어전회의에서 데라우치의 제안이 수용되었으며, 순종은 데라우치가 넘겨준 데리우치안에 따른 전권위임장에 서명했다. 이어 오후 4시 통감 관저에서 데라우치와 이완용은 교섭의 형태로 '병합조약'에 조인했다.

아시아 여러 민족에게 찬물을 끼얹은 '한국병합'

이 조약의 전문前文에는 일본과 조선의 황제가 두 나라의 '친밀한 관계'를 원하고 '서로의 행복'과 '동양 평화'를 영원히 확보하기 위해 "한국을 일본제국에 병합할 수밖에 없다"고 판단하여 조약을 맺는다고 적혀 있다. 제1조에는 "한국 황제폐하는 한국 전부全部에 관한 모든 통치권을 완전하고도 영구히 일본국 황제에게 양여"하고, 제2조에는 "일본국 황제는 앞조에 게재된 양여를 받아들이고, 또 완전히 한국을 일본제국에 병합하는 것을 승낙"한다는 것이다. 이 조약은 이미 일본이 조선의 주권 대부분을 빼앗은 상태에서 통감이 병합을 결정하고 실시한 것인데도, 대등한 입장에서 자유로운 의사로 맺어진 조약에 따라 병합이 되었다고 속인 것이었다.

8월 29일 두 나라 관보에 '병합조약'이 공표됨과 동시에 천황의 조서와 일본 정부의 선언서가 발표되었다. 병합조약과 선언서는 각국 정부에 통지되었다. 천황의 조서에는 조선을 "제국의 보호 아래에 두며", 여러 가지 노력을 해왔지만 "한국의 현 제도는 아직 치안유지를 완수하는 데 부족하다", "현재의 제도에 혁신을 가하는 것이 불가피"하다면서 다음과 같이 선언했다. "짐은 한국 황제폐하와 함께 이 사태를 되돌아보고, 한국을 모두 일본제국에 병합하며, 이로써 시세의 요구에 응하지 않을 수 없다고 생각하여, 이에 영구히 한국을 제국에 병합하노라." 이 조서에서 '병합조약'은 언급되지 않았다. 이것은 대한제국에 대한 완전한 '병합' 선언이었다. 이 선언에 의해 대한제국은 지구상에서 말살되고, 한반도 전체가 일본의 식민지가 되었다.

한국병합은 러일전쟁 뒤 일본의 승리에 크게 고무되었던 아시아의 여러 민족에게 찬물을 끼얹었다. 열강은 일본의 '한국병합'을 아시아 분할의 최종적인 완료로 받아들였다. 제국주의 열강의 동료가 된 일본과 이미 만주를 잃어버린 노제국 중국 외에, 독립국으로 남은 나라는 동남아시아의 시암왕국뿐이었다.

10월 23일 시암의 개혁을 주도해온 라마 5세가 사망했다. 황태자 와치라웃이 즉위하여 라마 6세가 되었다. 그는 영국에 장기간 유학했으며, 옥스퍼드대학과 사관학교를 졸업하고 돌아왔다. 러시아에서 오랫동안 유학했던 차클라본 왕자는 라마 6세 밑에서 육군참모총장이 되었다.

대한제국이 독립을 잃었을 때 시암왕국이 독립국으로 남게 된 것은 일본의 조선 지배 의욕이 상당히 강했던 데 비해, 시암은 영국·프랑스 간의 완충국이었던 점이 결정적이었다고 생각한다. 그렇지만 대한제국 황제 정부와 시암 국왕 정부의 차이점도 역시 고려해야 할 것이다.

3장

1차 세계대전과 개조
: 1910년대

조경달 趙景達

일본은 '한국병합'으로 대륙국가화에 성공하자, 1차 세계대전 때 연합국으로 참전했다. 그사이 중국에 21개조 요구를 내밀었다. 또 러시아혁명이 일어나자 시베리아 출병을 감행했다. 일본의 자만심은 여기에서 정점에 이르렀지만, 일본은 3·1운동에서 조선 민중으로부터 강한 저항을 받게 된다. 시대는 기만적으로 민족자결주의를 외치고 있었다. "안으로 입헌주의, 밖으로 제국주의"를 표방한 다이쇼大正 데모크라시 중에도 3·1운동을 이해하는 논조가 있었다.

중국에서는 신해혁명이 발발하여 중화민국이 탄생했다. 위안스카이의 제정帝政운동이 있긴 했지만, 공화국 창설의 흐름을 억누를 수 없었다. 이러한 가운데 5·4운동이 일어났으며, 이는 3·1운동과 같은 내셔널리즘의 분출이었다. 그러나 중국은 변경 지역이 독립 상태가 되었으며, 성省 지역에서도 쑨원의 대한민족주의大漢民族主義와 연성자치連省自治운동이 대립했고, 또 군벌軍閥의 지배가 심각해져갔다. 1차 세계대전기는 열강이 유럽에서 전쟁에 몰두하고 있는 틈새를 비집고, 아시아의 민족산업이 발전을 이룬 시대였다. 인도와 동남아시아에서는 자본가와 노동자, 중산층이 크게 성장했으며, 그들의 움직임은 민족운동으로 각 지역에서 전개되었다. 이들 지역은 종주국의 전쟁에 협력을 강요당했기 때문에 세계대전 후에는 종주국도 민족자립의 움직임에 어떠한 형태로든 응하지 않을 수 없었으며, 이는 다시 각 지역의 민족운동을 활성화했다.

1. 일본의 대국화

다이쇼 데모크라시 시대

한국병합에 즈음하여 이시카와 다쿠보쿠石川啄木는 "지도 위 조선국에 검은 먹을 칠하고 가을바람을 듣는다"라고 읊었다. 다쿠보쿠는 '시대 폐색閉塞의 현상'을 예민하게 감지했던 것이다. 사실 한국병합과 같은 시기에 일어났던 대역사건은 세상을 놀라게 했지만, 이는 모두 날조에 지나지 않았다. 그 사실을 알지 못한 언론은 고토쿠 슈스이와 간노 스가管野スガ 등 26명의 사회주의자를 '극악무도'한 자들이라고 매도하면서 "6족族을 멸해도 오히려 충분치 않다고 생각하며, 모든 사람들에게 그 살을 먹게 하고 그 시체에 채찍질하기를 바란다"(《東京日日新聞》, 1910년 12월 11일)라고 선전했다. 이제 사회주의의 '겨울'이 시작되었던 것이다.

그렇지만 사회주의자의 이상도 위태로운 제국 일본의 모습을 전제로 한 것이었다. 당시 한국병합은 조선을 미개국으로 본 '정체론'에 의해 정당화되었는데, 사회주의자의 인식도 그 틀을 벗어나지 못했다. 가타야마 센片山潛이 쓴 글에 따르면(〈일한합병과 우리 책임日韓合併と我責任〉, 《社會新聞》, 1910년 9월 15일), 조선을 오래된 문명국이라고 하면서도 독립심이 없기 때문에 중국과 러시아에 굴복했지만, 이후에는 "비상한 성의로써 조선인을 양성하여 훌륭한 일본제국의 신민이 되도록 하는" 것이 일본인의 사명이라고 했다. 그리고 조선인은 "아직도 미개한 인민"이고, 일본의 신민

=문명인이 되는 것이 조선인의 행복이라고 말할 정도로 아무런 의심도 갖지 않았다.

당시 일본은 다이쇼大正 데모크라시 시대였다. 다이쇼 데모크라시는 '안으로 입헌주의, 밖으로 제국주의'를 내용으로 하고 있었지만, 사회주의자조차 한국병합에 대한 의문을 제기할 수 없는 분위기였던 것이다. 그렇다 할지라도 국내적으로는 입헌주의를 옹호하는 기운이 왕성했고, 그 점을 단적으로 보여주는 것이 다이쇼정변大正政變이었다. 당시는 번벌藩閥을 배경으로 삼은 가쓰라 다로와 정당을 배경으로 한 사이온지 긴모치西園寺公望가 번갈아 내각을 조직한 이른바 '가쓰온 시대桂園時代'였다. 다이쇼정변은 1912년 12월 5일 2차 사이온지 내각이 2개 사단의 증설 문제로 붕괴한 데에서 비롯되었다. 육군은 중국 침략을 노리면서 조선에 주둔하는 군대를 증설해달라고 요구했는데, 사이온지 내각이 이를 거부하자 육군상인 우에하라 유사쿠上原勇作가 사표를 제출했다. 여기서 육군대신과 해군대신은 현역 무관이 맡는다는 육해군대신 현역무관제現役武官制에 의해 후임이 결정되지 않았기 때문에, 어쩔 수 없이 사이온지 내각은 총사퇴하고 3차 가쓰라 내각이 성립되었다. 그러나 정계와 여론, 민중의 분노가 들끓으면서 1차 헌정 옹호운동이 전국적으로 일어났다. 이 운동은 도시의 소요로 발전했고, 1913년 2월 11일 가쓰라 내각은 단기간에 무너졌다.

입헌주의와 제국주의는 바로 다이쇼 데모크라시를 이끄는 2개의 수레바퀴였다. 그렇기 때문에 입헌주의 운동 뒤에 제국주의 정책이 모순 없이 추진된 것도 불가사의한 일은 아니다. 1차 세계대전이 시작되자 일본은 영일동맹을 근거로 1914년 8월 23일 독일과의 전쟁에 뛰어들었다. 그리고 국외 중립을 선언하고 있던 중국의 입장을 무시한 채 영국군과 함께 독일의 산둥성 자오저우만 조차지를 공격하여 칭다오青島를 함락했다. 또한 남양제도의 독일령을 점령했으며 지중해에도 함대를 파견했다. 처음에는 참전 불가를 외치는 여론도 있었지만, 점차 대부분 참전을 지지하게 되었다. 참전 후에는 전쟁을 찬미하는 상황이 되었고, 칭다오를 함락했을 때에는 제등행렬이 벌어졌다. 러일전쟁은 국민에게 커다란 희생을 강요했다. 무거운 세금과 물가고로 인해 인심이 황폐해지면서 다양한 민중운동을 유발했지만, 1차 세계대전은 그러한 상황에서 탈출할 절호의 기회가 되었다.

세계대전이 한창 벌어지던 1915년 1월 18일에 갑자기 일본이 중국에 들이댄 것이 악명 높은 21개조 요구였다. 이 요구는 여러 방면에 걸쳤지만, 주된 내용은 ① 산둥성에서 독일 권익의 계승, ② 남만주 지방의 조차지·철도경영권 99년간 연장 및 남만주·동부 내몽골에서 일본의 우월적 지위 승인, ③ 중국 최대의 제철·광산회사인 한예핑공사漢冶萍公司의 중일 합작, ④ 연안·도서의 타국 할양 금지 등이었다. 이것들은 절대요구였고, 그 외에 정치·군사·재정 부문의 일본인 고문 채용, 필요 지역에서 경찰의 중일합동 활동, 일본 무기의 수입, 양쯔 강 유역의 철도부설권 요구 등이 부가되어 있었다(〈대중국 요구에 관한 가토 외상 훈령對華要求に關する加藤外相訓令〉, 외무성, 1965, 381~384쪽). 중국의 대총통 위안스카이는 이 요구에 대해 매우 고심했고 일본 상품을 배척하는 반일운동도 전개되었지만, 미국을 제외한 다른 열강은 특별히 반대하지 않았다. 5월 7일에 일본이 최후통첩을 보내자 위안스카이는 9일에 굴복하고 말았다.

일본의 자만심은 정점에 이르렀다. 국내 경기도 전쟁으로 호황을 누렸다. 1차 세계대전이 시작된 1914년과 종결된 1918년의 무역수지를 비교해보면, 수출은 5억 9100만 엔에서 19억 6200만 엔으로, 수입은 5억

9600만 엔에서 16억 6800만 엔으로 크게 증가했고, 무역수지도 500만 엔의 적자에서 2억 9400만 엔의 흑자로 돌아섰다. 정부지폐(은행권)를 바꿔주기 위한 금·은의 보유량인 정화준비고正貨準備高 역시 3억 4100만 엔에서 15억 8800만 엔으로 늘어났다(安藤 1979, 100쪽).

시베리아 출병과 하라 내각

이렇게 자신감이 넘치는 상황에서 단행된 것이 시베리아 출병이었다. 1917년 3월 러시아혁명(2월 혁명)이 일어나자, 군부와 외무성 일부에서 파병안을 제기했다. 영국과 프랑스는 파병을 용인했지만, 미국은 반대했다. 그러나 체코슬로바키아 군단이 반反볼셰비키 봉기를 일으키자, 1918년 7월 미국은 체코슬로바키아 군단을 구출하기 위해 출병을 결정했고 일본에도 출병을 요청했다. 출병은 어디까지나 블라디보스토크에 한정된 것이었지만, 일본은 각국을 훨씬 상회하는 최대 7만 2000명(약정된 출병 수는 1만 2000명 이하)을 파견하여 바이칼 호수 동쪽까지 진출했다. 1920년 1월에 각국이 체코슬로바키아 군단을 구출해서 철수한 후에도 일본은 단독으로 계속 주둔했다. 조선과 만주로 볼셰비키 세력이 진출하는 것을 막고 시베리아의 거류민을 보호한다는 명목이었다. 철병에 응한 것은 1921년 11월에 개최된 워싱턴회의가 끝난 후인 1922년 10월이었고, 북北사할린에서 철수한 것은 1925년 5월이었다. 이 기간에 전비戰費는 10억 엔 이상이었고, 희생자는 3500명에 이르렀다. 또 국론이 분열되는 한편, 소련의 적개심을 샀으며, 열강으로부터도 영토적 야심을 의심받는 등 얻은 것은 아무것도 없었다.

게다가 시베리아 출병은 국내에서 1918년 여름 쌀소동마저 유발했다.

전쟁 경기는 인플레이션을 초래했지만, 여름철 춘궁기인 데다 시베리아 출병 결정으로 쌀의 매점매석이 이루어졌던 것이다. 쌀소동은 도야마현富山縣에서 여성운동이 일어나는 계기가 되었다. 하지만 그 상황에 대해 《도쿄아사히신문東京朝日新聞》(1918년 8월 12일)은 "3일 오후 7시 교후초漁夫町 일대 아낙네 200명이 해안에 모여서 세 무리로 나누어, 하나는 바닷가 방면의 유지有志, 하나는 초町의 유지, 하나는 바닷가 주변 땅의 쌀과 그 소유자를 습격하고, 소유한 쌀은 다른 곳에 팔지 말 것과 이 기회에 의협심을 발휘하여 쌀을 염가로 판매할 것을 탄원했다. 이를 듣지 않으면 집을 불태우고 일가를 몰살할 것이라고 협박하여 사태가 몹시 평온하지 않다"라고 전했다. 그 운동은 규율을 따르면서도 위협적으로 전개되었고, 어디까지나 도덕적인 기준에서 염가 판매를 요구하는 것이 목적이었다. 이 사건에서 근세 이래 농민 폭동·파괴의 전통과 도덕적 경제 논리를 읽을 수 있다. 쌀소동은 1도道 3부府 38현縣에 파급되었고, 조선에도 영향을 미쳤다. 정부는 외국 쌀을 긴급 수입하는 한편, 염가 판매 정책을 실시했고, 황실도 300만 엔을 하사했으며, 미쓰이三井·미쓰비시三菱 등의 재벌과 부호도 거액을 기부했다. 이 쌀소동으로 2만 5000명 이상이 검거되었는데, 대부분 잡업층이었다. 이 운동은 러일전쟁 후에 자주 일어났던 도시 소요 등 대규모 사회운동의 전기를 이룸과 동시에 다이쇼 데모크라시가 민중의 굴곡과 함께 전개되었음을 상징한다. 그리고 데라우치 마사타케 내각이 쌀소동의 와중에 붕괴함에 따라 근대 일본에서 최초의 정당내각이 하라 다카시原敬에 의해 조직되었다.

정우회政友會 하라 내각의 탄생은 오랫동안 근대 일본의 정치를 추진해 왔던 번벌藩閥 관료세력의 후퇴를 의미하는 것이었다. 번벌 관료세력의 정점에 있던 원로 야마가타 아리토모는 러시아와 일본의 제휴를 통해 영국과 미국에 대항하면서 대륙 진출을 강화하려 했지만, 러시아혁명의 발발로 그의 외교정략은 좌절되었다. 그 결과 중국에 대한 21개조 요구에 비판적이고 영·미와의 협력을 주장하던 하라에게 국정을 이양할 수밖에 없게 되었다. 하라는 군사적으로 대륙 권익을 확대하려는 정책노선을 수정하여 중국 내정 불간섭정책을 취하고 국제협조 노선으로 나아가려 했다. 이는 경제적으로 영국·미국 등과 경쟁해서 대륙 진출을 강화하는 것을 의미했다. 이 때문에 하라는 중국 시장에서 국제경쟁력을 강화하기 위해 ① 교육시설의 개선, ② 교통수단의 정비, ③ 산업 및 통상무역의 진흥, ④ 국방의 충실 등 4대 정강을 내세웠다. 다만 '국방의 충실'은 장래의 총력전을 염두에 둔 것임을 주목할 필요가 있다(川田 1998, 155~158쪽).

'평민재상'으로 불린 하라 내각의 탄생은 다이쇼 데모크라시의 숨결을 느끼게 하는 것이었다. 이 시대는 '민중' 개념이 정립되고, 그때까지 국민 또는 신민에 불과했던 사람들이 국가를 상대적으로 바라보기 시작한 시기였다. 러일전쟁은 민중에게 희생을 강요했지만, 전후에도 민중은 계속 수탈과 통제의 대상이 되었다. 국가와 자신을 일체화하고 있던 민중이 이에 분노하여 다양한 소요사건을 일으키게 된 이유였다. 지식인 역시 그러한 민중에게 공감한다는 의미로 '민중'이란 단어를 많이 사용하게 되었다(鹿野 1975).

그리하여 시대는 요시노 사쿠조吉野作造가 말한 민본주의 시대가 되었고, '변혁'과 '개조' 등을 외치게 된다. 특히 개조는 1919년 4월에 같은 이름의 잡지가 간행된 적도 있기 때문에, 이 시대에 적합한 단어가 되었다. 개조의 흐름에는 ① 민본주의의 지속적 활동, ② 사회주의의 복권에 의한 개혁운동, ③ 국가주의자의 개조운동, ④ 지역사회의 사회 재편운동 등 크게 네 가지가 있었다(成田 2007, 104쪽). 그야말로 백가쟁명의 언론 활동과 사회운동이 전개되었다고 할 수 있다. 그러나 되풀이하지만, 다이쇼 데모크라시는 어디까지나 '안으로 입헌주의, 밖으로 제국주의'를 내용으로 하고 있었다. 식민지에서 그 현실은 매우 가혹한 것이었다. 그 점은 무엇보다도 새로 식민지가 된 조선을 보면 알 수 있다.

2. 무단통치와 3·1운동

식민지 조선의 무단통치

러일전쟁에 즈음해서 일본은 조선에 군율軍律체제를 시행하여 엄격한 통치와 가혹한 노동 착취 및 토지 수탈을 자행했다(趙 2005). 전후 일본은 군율체제를 해제했지만, 의병에 대한 철저한 탄압은 한국병합 후 무단통치로 이어졌다. 1910년 8월 병합이 되자, 조선총독부는 민족운동을 뿌리뽑기 위해 1910년 말에 황해도 안악군에서 독립자금 모집 활동을 벌이던 안명근(안중근의 사촌동생) 등 160여 명을 체포하여, 이중 16명을 무기징역 등의 중형에 처했다(안악 사건). 이듬해 9월에는 데라우치 마사타케 총독 암살 미수사건을 날조해서 비밀결사인 신민회를 일망타진하고 600여 명을 체포했으며, 이중 105명에게 징역 5년에서 10년의 중형을 내렸다(105인 사건).

무단통치 아래에서 천황 직예直隸의 조선총독은 군사·사법·행정·입법의 4개 권력을 모두 장악하여 '작은 천황'처럼 군림했다. 경찰은 헌병경찰이 보통경찰을 겸임했고, 반일 움직임에 대한 정보수집과 탄압 활동뿐만 아니라 민중생활 전반을 감시했다. 경찰서장과 헌병대장은 '범죄즉결례犯罪卽決例'(1910년 12월)에 근거하여 경범죄에 대해 즉결재판을 할 수 있었다. 또 '경찰범죄처벌규칙警察犯罪處罰規則'(1912년 3월)에 의해 민중의 일상행위를 단속했다. 그 결과 민중은 '청원'과 '진정'의 자유는커녕, 빈곤 때문에 유랑하거나 구걸할 자유마저도 박탈당했다. 더욱이 '수렵규칙狩獵規則'(1911년 4월)으로 사냥이 허가제가 되면서 총포·폭약, 도검류을 함부로 소지할 수 없었다. 이와 달리 일본인은 헌병경찰뿐만 아니라 일반 관리와 교사까지도 제복의 착용과 샤벨(군용검)의 착검이 의무화되었다.

이러한 상황은 마치 농민들이 반역의 무리를 이루는 '도당徒党', 집단으로 몰려가 호소하는 '강소强訴', 다른 영주의 땅으로 도망하는 '도산逃散'을 금지하고 검을 지니는 것을 무사의 신분 표식으로 삼았던 근세 일본의 지배를 방불케 하는 것이었다. 그러나 근세 일본에서는 이와 달리 '무위武威'를 금지하고, 인정仁政 이데올로기에 의한 지배를 목표로 삼는 정치문화가 성숙해 있었다. 무단정치는 근세 일본이 행했던 것 이상의 엄격한 지배를 감행한 것이라 할 수 있다. 실제 무단정치 체제에서는 헌병경찰이 죄 없는 민중을 구타하는 것은 흔한 광경이었고, 민중은 헌병을 누구보다도 두려워했다. 조선인 헌병보조원이나 순사보는 변장하고 시장과 마을을 돌며 밀정활동을 하면서 사람들을 일상적으로 감시했기 때문에 일본인보다 더 원망을 샀다. 이러한 폭력은 민간의 일본인에게도 영향을 미쳤고, 조선에서는 주먹으로 때리기 식의 권고주의拳固主義(中野 1918, 366~367쪽)가 만연했다. 조선은 그야말로 '병영반도화兵營半島化'되었던 것이다(趙 2010).

'식민지적 근대화' 정책

이처럼 엄격한 무단통치 체제에서 총독부는 다양한 '식민지적 근대화' 정책을 펼쳤다. 우선 교육정책으로는 '조선교육령'(1911년 8월)을 통해 '충량한 국민'을 육성하는 것을 목표로 삼아 동화교육을 표방했다. 그리고 민족주의 교육을 말살하기 위해 '사립학교규칙'(1911년 10월)과 해당 규칙의 개정(1915년 3월)을 통해서 민족주의적인 사립학교를 점차 폐교시켰다. 종교정책으로는 '사찰령'(1911년 6월)에 따라 사원을 총독부의 감독 아래 두었고, '경학원규정'(1911년 6월)을 마련하여 유교의 최고 학부였던 성균관을 폐지하고 그 대신에 경학원經學院을 설치하여 유교를 통제하고자 했다. 또 '포교규칙'(1915년 8월)을 발포해 종교를 신도·불교·기독교로 한정하고, 다른 신흥종교 등은 '종교 유사단체'로 간주하거나 탄압했다.

토지정책으로는 무엇보다도 토지조사사업이 유명하다. 총독부는 대한제국의 정책을 계승하여 토지 소유를 명확히 함으로써 지세의 안정적 징수를 도모했다. 또 '삼림법'(1908년 1월)을 공포하고 임야조사사업에 착수하여 농민이 공동으로 이용하고 있던 '무주공산'의 대부분을 국유림으로 편입했다. 더욱이 '삼림령'(1911년 6월)을 공포하여 삼림을 멋대로 보안림으로 삼고, 농민의 자유로운 수목 채벌을 금지하여 화전 농민을 내쫓았다. 농업정책으로는 조선을 공업원료의 공급지로 만들기 위해 육지면과 양잠을 위한 뽕나무를 강제로 재배하도록 했으며, 공동판매제를 통해 값싸게 조달하려 했다. 교통산업정책으로는 '회사령'(1910년 12월)을 통해 회사 설립을 허가제로 제한한 것이 악명 높았지만, 민중에게 가장 성가신 정책은 도로·철도·항만 등의 인프라 정비였다. 총독부는 이 사업들을 대부분 민중의 부역과 '기부'라는 이름의 토지 수탈을 통해 실행했기 때문이다(趙 2010).

이러한 가운데 민중의 불만은 '완벽한 봉쇄'에 가깝게 억압당했다. '청원'과 '진정'의 자유를 빼앗긴 민중은 조선왕조 시대에 빈번했던 민란마저도 일으킬 수 없었다. 그러자 종말사상의 유혹이 조선인들의 마음을 사로잡았다. 조선시대에는 이씨 조선이 끝나고 진인眞人 정씨의 왕조가 열려, 빈자와 현자는 흥하고 부자와 우자愚者는 멸망한다는 《정감록鄭鑑錄》 신앙이 민중 사이에 퍼져 있었다. 그러나 정씨가 아닌 데라우치 마사타케가 새로운 조선의 지배자가 됨으로써 이 민중 신앙은 잠시 쇠퇴했지만, 민중은 다시 종말사상에 자신의 운명을 맡기지 않을 수 없게 되었던 것이다(趙 2002, 제7장).

국외 독립운동

한편 국외에서는 독립운동이 여전히 계속되고 있었다. 조선인의 독립운동은 의병전쟁 패배 이후 만주의 간도지방과 연해주의 블라디보스토크 등으로 거점을 옮기면서 독립군 운동으로 전개되었다. 독립군과 자치정부 기관으로는 중광단重光團(서일, 간도지방), 경학사耕學社(이상룡·이시영, 간도지방), 대한광복군大韓光復軍(이상설·이동휘, 블라디보스토크) 등이 유명했다. 간도지방과 블라디보스토크에는 19세기 중엽 이래 가난한 농민들이 이주하기 시작했고, 한국병합 이후 그 수가 더욱 증가했다. 독립군 운동은 이러한 조선 농민을 기반으로 삼았다. 일본이 시베리아 출병을 한 것도 바로 이들 세력과 볼셰비키의 접촉을 봉쇄한다는 목적이 있었지만, 머지않아 독립군 운동은 러시아혁명에 고무되어 투쟁력을 강화해갔다.

망명 정치가들의 또 다른 활동 거점은 베이징과 상하이였다. 한국병합 후 언론인 신채호·박은식을 비롯하여 많은 민족운동가들이 중국으로 활동무대를 옮겼다. 3·1운동과 관련해서는 1918년 8월 상하이에서 여운형과 김규식 등이 신한청년당을 결성한 사실이 중요하다. 신한청년당은 1919년 1월에 시작된 파리 강화회의에 김규식을 파견하여 독립청원서 제출공작을 펼쳤다. 열강은 이를 무시했지만, 이러한 움직임의 배경에는 1918년 1월에 발표된 우드로 윌슨의 14개조 평화원칙이 있었다. 조선의 독립운동가들은 이 원칙 중 민족자결주의에 기대를 걸었다. 잘 알려진 바와 같이 윌슨의 14개조는 볼셰비키에 대항하여 나타난 것이고, 민족자결주의는 동유럽에 한정되는 것이지 다른 지역에 적용되는 것은 아니었다. 그럼에도 윌슨의 민족자결주의는 1919년 3·1운동이 일어나는 커다란 요인이 되었다.

3·1운동에 앞서 도쿄에 있는 조선인 유학생들은 중요한 운동을 전개했다. 그들은 1918년 12월 말부터 독립운동을 준비하여 마침내 2월 8일에 결행했다. 〈2·8독립선언서〉와 〈민족대회소집청원서〉를 각국 대사·공사관, 일본 정부 대신, 국회의원 등에게 발송하는 한편, 도쿄 간다神田의 YMCA에서 약 600명이 모인 집회를 열어 독립선언서와 결의문을 열광속에 채택했다. 집회는 경찰에 의해 해산명령이 내려지고 27명이 체포됨으로써 끝나고 말았다. 그러나 학생들은 그 후에도 히비야日比谷 공원에 모여 제국의회에 독립을 청원하려는 움직임을 보였다.

3·1운동

조선에서도 독립운동 계획이 1918년 11월경부터 서서히 진행되고 있었다. 동학東學을 계승한 천도교가 앞장섰고, 간부 최린이 참모장격의 역할을 맡았다. 천도교는 기독교 교단과 불교 교단에도 연명으로 독립선언서를 발표하자고 촉구하여 교조 손병희를 비롯한 천도교도 15명, 이승훈을 비롯한 기독교도 16명, 한용운 등 불교도 2명, 총 33명이 이른바 민족대표로 모였다. 3월 1일 그들은 경성(현재 서울)의 요리점인 명월관 지점 태화관에 모여 독립선언서를 발표했다. 비폭력주의를 표방한 그들은 〈3·1

독립선언서〉를 낭독하고 축배를 든 뒤에 경찰에 자수해 체포되었다.

1919년 3월 1일부터 4일은 이토 히로부미에 의해 퇴위당한 비운의 황제 고종의 국장일이었다. 이 때문에 국장에 참석하기 위해 지방에서 많은 사람들이 경성으로 모였다. 때마침 고종이 총독부에 의해 독살되었다는 풍설이 나돌면서 애도의 감정은 더욱 고조되었다. 민족대표들은 자수했지만, 3·1운동은 그 이후부터 본격화되었다. 민족대표들을 대신하여 학생들이, 파고다공원에 모인 군중 앞에서 독립선언서를 낭독하면서 '독립만세'의 시위운동이 시작되었던 것이다.

깜짝 놀란 총독부는 즉각 군대를 출동시켜 이를 탄압했지만, 이 운동은 3일과 4일을 제외하고 계속 진행되었고 지방에도 들불처럼 번져나갔다. 운동은 4월 중순까지 절정을 이룬 후 한풀 꺾였지만, 그럼에도 그 여파는 1년 정도까지 미쳤다. 전국 232개 부군도府郡島 중 212개 부군도에서 시위운동이 전개되었으며, 참가자는 대략 200만 명이었고 이중 사망 7509명, 부상 1만 5850명, 체포 4만 6948명이나 되었다(朴 1972, 183쪽).

3·1운동은 연설회와 만세시위 외에도 다양한 방법으로 진행되었다. 도시 지역에서는 노동자들의 파업과 상인들의 철시(폐점 파업), 학생들의 동맹휴교 등으로, 농촌 지역에서는 헌병경찰 기관과 관청·면사무소·재판소·우편국 등에 대한 항의로 전개되었다. 그리고 중요한 것은 농촌 지역을 중심으로 민중이 몽둥이와 농기구 등을 동원해 폭력을 행사한 점이다(趙 2002, 제7장). 그 결과 관헌의 사망자는 8명, 부상자는 158명, 파괴된 관공서는 경찰서·경관주재소 87개소, 헌병주재소 72개소, 군청·면사무소 77개소, 우편국 15개소, 기타 27개소, 합계 278개소에 이르렀다. 희생자가 많이 발생한 것도 민족대표들의 의도를 넘어 학생과 민중이 과격화되었기 때문이다.

3·1운동은 일반적으로 비폭력운동으로 평가되지만, 그러한 평가는 33명의 민족대표에 초점을 맞춘 것이다. 3·1운동을 계기로 상하이에서 대한민국 임시정부가 수립되고, 중국을 비롯하여 해외에 산재해 있던 독립운동가들이 집결했지만, 거기서는 세계의 공론에 호소해 독립을 달성하려는 전략이 주축을 이루었다. 뒤에 임시정부 대통령이 되는 박은식은 당시 임시정부의 대변인격의 역할을 맡고 있었는데, 3·1운동이 얼마나 비폭력적인 운동인가를 호소하려고 했다(趙 2009).

이 시기에 민족대표와 망명정치가 들은 윌슨의 민족자결주의와 세계 인도주의에 대한 확신을 가지고 있었다. 따라서 운동은 어디까지나 평화적인 방법이어야만 했고, 무지한 민중의 운동은 성가시기 짝이 없는 것이었다. 그들에게는 여전히 주자학적 사유에 근거한 전통적인 우민사상이 남아 있었다. 실제로 문학가이자 역사가인 최남선이 쓴 〈3·1독립선언서〉는 '도의道義의 시대'가 도래한 것을 강조하면서, 조선의 독립은 세계 인도주의에 의해 달성된다고 했지만, 거기에는 주자학적인 낙관주의가 엿보인다. 뒤에 작가가 된 와세다대학교 학생인 이광수가 쓴 〈2·8독립선언서〉도 '영원한 혈전'의 각오를 표명했다고는 하지만, 실제로는 평화적인 세계질서에 대한 확신에서 조선의 독립을 주장한 것이었다. 임시정부는 뒤에 계속해서 세계 공론을 중시하는 외교준비 노선과 그것을 비판하는 무력독립 노선으로 분열했다. 이는 그들이 지닌 세계 인식 및 우민사상과 깊은 관련이 있었다.

3. 다이쇼 데모크라시와 조선

문화통치로의 전환

수많은 희생자를 낸 3·1운동에 대한 동정이 세계에서 전혀 없었던 것은 아니다. 조선에 거주하던 서양 선교사와 기자들은 일본의 비인도성을 널리 세계에 호소했다. 그리고 무엇보다도 3·1운동이 전국적인 규모로 전개되었기 때문에, 일본은 통치 방식을 바꿀 수밖에 없었다. 하라 다카시는 "대조선 정책에 대해 생각하지 않으면 안 된다. 지금까지 행해온 방식으로는 매우 불가하다"(《原敬日記》, 1919년 4월 2일)라고 주장했으며, 다음과 같이 자신의 의사를 밝혔다.

> 즉 나의 생각으로는 조선인을 내지內地와 마찬가지로 대우하려는 데 있고, 영국과 미국이 인종·종교·언어·역사를 달리하는 인민을 다스리는 것과 같은 주의로 조선을 다스림은 잘못된 것이며, 일본과 조선이 완전히 동일한 나라가 되면 동일한 방침으로 통치하고자 한다. 단 문명의 정도, 생활의 정도는 오늘 당장 한 발 건너뛰어 내지처럼 취급할 수 없는 것은 물론이고, 이를 나의 방침으로 이미 지방관 회의에서 간단하게 그 취지를 말해놓기도 했다(《原敬日記》, 1919년 5월 15일).

즉 그는 내지연장주의內地延長主義를 언급하면서 가까운 장래에 제국헌법을 완전히 시행한다는 방침을 표명하고 있다. 일본과 조선은 본래 동일 인종, 동일 민족이고, 따라서 서양과 같은 방식으로 식민지를 통치해서는 안 된다는 것이다. 이러한 논의의 바탕에 '한국병합'을 정당화한 기타 사다키치喜田貞吉의 '일선동조론日鮮同祖論'이 깔려 있음을 알 수 있다. 조선 민족의 독자성을 인정하지 않고, 조선의 자치도 결코 인정하지 않는 것이 하라 다카시가 주장한 조선론의 특징이었다. 그것은 훗날 차별의 완전 철폐를 염두에 둔 선의의 논의처럼 보이지만, 조선을 절대로 놓지 않으려는 제국주의자의 교활함을 드러낸 것이었다.

이러한 내지연장주의에 따른 새로운 통치 방식이 문화정치였다. 1919년 8월, 하라는 해군대장 사이토 마코토齋藤實를 조선총독으로 임명하고 문화통치를 추진했다. 생각해보면, 두 사람은 이와테현岩手縣 출신이었다. 하라는 모리오카번盛岡藩, 사이토는 미즈사와번水澤藩의 사족士族 출신으로, 적군賊軍의 비애를 맛보며 고생도 많이 한 사이였다. 그러한 경험이 회유적인 문화정치를 표방하게 된 원인이었는지도 모른다. 문화정치 체제에서 헌병경찰이 폐지되었고, 민족적인 언론활동이 식민지 지배에 저촉되지 않는 범위 내에서 인정되었다. 그 결과 실력양성운동이 일어나 계몽주의적인 청년회 운동이 활발해졌고, 노농운동·종교운동·여성운동 등이 전개되기에 이르렀다. 그러나 문화정치기에도 1부군府郡 1경찰서, 1면面 1주재소 정책이 취해져, 오히려 무단정치기에 비해 경찰서 수와 경찰관 수가 몇 배로 늘어났다. 문화정치라는 미명 아래 실제로 엄격한 경찰 지배가 느슨해진 적은 결코 없었다.

다이쇼 데모크라시와 3·1운동

그런데 3·1운동은 다이쇼 데모크라시를 칭송하던 언론계에서 어떻게 받아들여졌을까? 단적으로 말하면, 역시 '안으로는 입헌주의, 밖으로는 제국주의'를 표방한 만큼, 단순히 천도교도 일부와 미국인 선교사의 '음모'에 불과하다는 인식이 일반적이었다. 그것이 거대한 독립운동의 봉화라는 것을 인식하지 않았던 것이다. 하지만 조선 내셔널리즘의 분출로 정확하게 마주 보려는 논의도 있었다. 조선의 예술과 민중에 공감하여 조선의 독립을 이해하려 했던 인물로는 야나기 무네요시柳宗悅가 유명하다. 다만 조선의 미를 '비애悲哀의 미'에서 찾는 그의 조선관은 동성론으로 일관했으며, 조선을 여성성으로 표상하려는 제국주의 입장에서 벗어나지 못한 것이었다(柳 1972, 138쪽). 게다가 야나기는 "우리들이 검으로 당신들의 피부를 조금이라도 상처 내는 것이 절대 죄악인 것처럼, 당신들도 피를 흘리는 길로써 혁명을 일으켜서는 안 된다"라고 언급함으로써, 조선 민족의 자율적인 해방의 길을 부정하고 있다. 야나기는 일본의 양심을 어디까지나 믿으려 했던 것이다.

민본주의에 입각하여 조선을 이해하고자 했던 인물로는 역시 요시노 사쿠조의 존재가 중요하다. 요시노를 중심으로 한 여명회黎明會는 3·1운동 발발 후 즉시 조선인 독립운동가를 초대하여 그 뜻을 들었고, 강연회에서는 군벌의 조선 지배와 동화정책을 비판했다. 요시노의 영향을 받은 도쿄제국대학 법학부의 급진적인 학생들이 조직한 신인회新人會도 조선의 식민지화를 반대하면서 독립을 주장했다. 요시노는 조선의 즉시 독립을 주장한 것이 아니라 언론의 자유와 동화정책 방기, 차별 철폐, 무단정치의 폐지 등과 더불어 고작 자치 부여를 제기하는 데 그쳤지만, 조선 민족주의에 대한 긍정적인 자세는 당시에는 충분히 급진적이었다(松尾 2001,

324~326쪽).

이러한 요시노의 조선에 대한 깊은 생각은 그가 민본주의자였을 뿐만 아니라, 도의에 대한 강한 의지를 지니고 있었기 때문이기도 했다. 일본 정부는 독립운동가들을 회유하기 위해 신한청년당의 여운형을 상하이에서 초대하여 각계 요인과의 만남을 주선했지만, 여운형은 오히려 독립 의지를 강하게 호소하여 그 책모는 실패로 돌아갔다. 이때 요시노도 여운형을 만났는데, 그의 주장에 대해 다음과 같이 말했다.

> 아무리 그가 제국에 대해 용서할 수 없는 계획을 갖고 있었다고 해도, 그를 도덕적으로 불령不逞의 무리라고 멸시하는 것은 아무래도 우리들의 양심이 허락하지 않는다. 편협한 국가 지상주의 도덕관을 취하는 것이라면 몰라도, 국가가 최고선을 실현하게 하는 것이 우리들의 이상이라고 삼은 이상, 우리들은 그가 견지하는 한편의 정의를 포용하지 않으면, 일본 장래의 도덕적 생명은 결코 늘어날 수 없다는 느낌을 깊이 갖지 않을 수 없다. (……) 그들이 일말의 도의를 지니고 독립을 부르짖는 이상, 나는 그 이상의 높은 도의적 이상을 내거는 것 외에 그들을 항복시킬 길이 없다(吉野, 〈소위 여운형 사건에 대해서いわゆる呂運亨事件について〉, 1970, 251~252쪽).

요시노는 국가 위에 도의를 정립하려 했다고 말할 수 있는데, 그 때문에 도의 아래에 있는 국가와 민족은 도의에 평등하게 복종해야 한다고 보았으며, 조선이 하나의 민족이라는 점이나 그 내셔널리즘(민족주의)도 이해할 수 있었다. 그러나 요시노 역시 제국 일본의 일원이었다. 우월적 입장에서 나온 조선 자치론은 제국 일본을 근본부터 무너뜨리는 것은 아니었다.

이에 대해 《동양경제신보東洋經濟新報》에서 논의를 전개한 이시바시 단잔石橋湛山은 소小일본주의라는 확고한 철학을 바탕으로 조선의 독립을 주장했다. 즉 '한 민족'으로 독립해왔기 때문에 "조선인은 일본의 통치 아래에서 어떤 선정善政을 받더라도 결코 만족할 수 없다"라고 전제한 뒤, "조선인의 이 반항을 완화하고 쓸데없는 희생을 피하는 길이 있다면, 결국 조선인을 자치민족으로 만드는 것뿐이다"라고 단언했다(石橋, 〈조선인 폭동에 대한 이해朝鮮人暴動に對する理解〉, 1984, 86~89쪽). 그리고 다음과 같이 요시노 이상의 도의론을 전개했다.

> 조선, 타이완, 사할린, 만주라고 부르듯이, 아주 사소한 토지를 포기함으로써 더 광대한 중국의 전 영토를 우리가 친구로 삼고, 나아가 동양 전체, 아니 세계의 약소국 전체를 우리가 도덕적 지지자로 삼을 때 그 이익이 얼마나 클지 헤아릴 수 없다. 만약 그때에 또 미국이 횡포하고, 또는 영국이 교만해서 동양의 민족들이나 세계의 약소국민을 학대하는 일이 있으면, 우리 나라는 마땅히 그 학대받는 자의 맹주가 되어 영국과 미국을 응징해야만 한다(〈대일본주의의 환상〉, 위와 같음, 22쪽).

여기에는 도의를 전제로 삼았던 아시아주의의 논리마저도 인정할 수 있다. '맹주'가 되라고 말하고 있지만, 이시바시는 어디까지나 소일본주의를 주장하면서 군사 대국화를 절대적으로 거부하고 있다. 일본의 아시아주의는 아시아에 대한 문명적 공감이 빠진 독선적인 '일본의 아시아주의'를 그 본질로 삼는다(趙 2007). 이시바시의 아시아주의는 그러한 아시아주의 중에서도 보기 드문 것이다.

보기 드문 아시아주의자로는 이시바시와 달리 정통 아시아주의자로 일관한 미야자키 도텐宮崎滔天이 돋보인다. 도텐은 3·1운동의 횃불 속에서 변혁 주체를 읽어냄으로써 조선의 독립을 강력하게 지지하는 입장을 취했으며, 나아가 일본의 대륙 침략을 비판했다(初瀬 1979).

이상과 같이 다이쇼 데모크라시의 풍조는 일반적으로 조선의 독립을 인정하는 것은 아니었지만, 이를 이해한 논의도 하나의 중요한 흐름이었다. 이러한 논의는 만주사변('만주침략') 이후, 특히 중일전쟁기에는 완전히 사라져버렸지만, 여전히 여론의 일부를 형성하고 있었다는 점은 다이쇼 데모크라시 시기의 건전성을 반증하는 것이다. 흥미로운 점은 '개조' 또는 '민중'이라는 다이쇼 데모크라시의 키워드가 조선의 민족운동 진영에서도 자주 사용되었다는 것이다. 박은식이 전형적이다(趙 2009). 그것은 바로 사상의 연쇄작용이었다. 그러나 세계 인도주의나 그것에 연결된 듯한 다이쇼 데모크라시 사상의 문제점을 날카롭게 인식한 운동가도 있었다. 신채호가 대표적인 인사였다. 그는 아나키즘에 의거하여 민중에 의한 폭력혁명을 주장하면서 '동방 민중의 혁명'을 목표로 삼았다(趙 1996). 그도 다이쇼 데모크라시의 영향을 받았지만, 진정한 민중의 길은 단순한 '개조'가 아니라 '혁명'이라고 인식했던 것이다. 그것은 사상적 연쇄가 새로운 의미를 부여하고 부메랑처럼 다시 돌아온 것을 의미한다.

4. 신해혁명과 그 영향

혁명의 시대

중국의 1910년대는 바야흐로 혁명의 시대였다. 청말 신정부가 근대화 정책을 펼쳤지만 너무 늦은 탓에 실패했으며, 1911년 10월 10일 마침내 후베이성湖北省 우창武昌에서 혁명군이 봉기했다. 봉기는 예상과 달리 성공을 거두었고, 연쇄적으로 화중華中과 화남華南으로 번져나가 한 달도 안 되는 사이에 13개 성이 청조의 지배에서 독립했다. 청조의 반격으로 남북 간에 격렬한 공방전이 벌어졌으나, 12월 2일 난징이 혁명군의 손안에 들어가면서 혁명정부 수립이 현실화되었다. 곧 쑨원이 외국에서 귀국하여 임시 대총통으로 선출되었고, 1912년 1월 1일 오족공화五族共和(한漢, 만滿, 몽蒙, 회回, 장藏)의 중화민국 건국이 선언되었다.

그러나 양무파 계열의 관료·군인과 깊은 관계를 맺고 있던 영국은 혁명정부를 지지하지 않았다. 영국이 청조의 최고 실력자인 위안스카이를 내각 총리대신으로 옹립하는 데 성공하자, 여러 열강도 이를 지지했다. 그리고 아직 미약한 혁명정부는 청 황제를 퇴위시켜 공화정에 찬동하는 것을 조건으로 임시 대총통의 지위를 쑨원에서 위안스카이에게 넘겨주기로 결정했다. 위안스카이는 난징에서 임시 대총통에 취임하기로 약속했지만, 이를 어기고 3월 10일 베이징에서 취임했다. 위안스카이의 전제專制를 꺼려한 혁명파는 중화민국 임시약법으로 이를 제약하려 했으며, 12

월부터 이듬해인 1913년 1월에 걸쳐 치러진 중衆·참參 양원의 국정선거에서는 중국동맹회를 개조한 국민당이 압승했다. 여기서 위안스카이는 국민당의 사실상 당수인 쑹자오런宋教仁에 의한 조각을 두려워했기 때문에, 3월 20일 그를 암살했다. 4월에 일단 국회가 열렸지만, 위안스카이가 독재를 강행하자 그를 반대하는 기운이 높아졌고, 마침내 7월에 제2혁명이 일어났다. 그러나 두 달도 못 가 실패로 끝나면서, 혁명파는 해외로 망명하지 않을 수 없었다.

이렇게 독재를 강화한 위안스카이가 다음으로 획책한 일은 황제 자리에 앉는 것이었다. 11월 위안스카이는 국민당 의원을 국회에서 퇴출시켜 국회를 봉쇄했고, 그 대신에 임명제 자문기관인 참정원參政院을 창설하여 독재를 가속화했다. 그리고 어용단체인 주안회籌安會를 조직하여 제정帝政 운동을 전개하고, 공론에 따른다는 형식을 취해 참정원으로부터 추대를 받아 1915년 12월 23일에 황제로 즉위했다. 그사이 1915년 5월에 일본의 21개조 요구를 수락하는 굴욕을 당하면서 이미 중화제국의 영화는 기억의 저편으로 사라져버렸다. 그럼에도 위안스카이가 황제의 자리에 집착한 것은 너무나도 우스운 일이자 시대착오적인 일이었다.

그 결과 즉시 반제정反帝政운동이 활발해져 호국護國전쟁이라 불리는 제3혁명이 일어났다. 친위안親袁에서 반위안反袁으로 돌아선 량치차오梁啓超와 차이어蔡鍔 등 진보당 계열의 인사들이 선봉에 나섰으며, 1915년 말 윈난雲南에서 봉기하여 독립을 선언했다. 이듬해 1월과 3월에는 구이저우貴州와 광시廣西도 독립을 선언함으로써 각 성에서 위안스카이에 반대하는 기운이 높아졌다. 위안스카이는 이를 진압하러 나섰으나 사태는 더 심각해졌다. 결국 위안스카이는 3월 22일에 제정 폐지를 발표했다. 곧이어 그는 병에 걸려 6월 6일 실의에 빠진 채로 삶을 마감했다. 부총통이었던 리위안훙黎元洪이 대총통이 되어 공화정이 부활했지만, 이는 신해혁명이 일단 끝났음을 의미하는 것이었다.

민중운동의 고양과 오족공화

신해혁명의 과정은 혁명과 반혁명의 대립을 기본 축으로 삼았지만, 민중운동의 고양이 또 하나의 축이었다는 점을 간과해서는 안 된다. 혁명은 민중봉기의 지지를 받아 진행되었다. 그러나 각지의 혁명정부는 지주적 토지소유를 극복하려는 민중운동을 진압했다. 이는 지역사회의 균열이 커지는 것을 의미했다. 지방에서는 향신층鄕紳層(관료와 동등한 신분을 가진 지방의 명망가)이 권세를 확대하며 청조에 등을 돌리자, 향신이 지방의 이해와 민중의 불만을 공의로써 중앙에 상달하는 정치문화가 사라졌다. 이 때문에 민중운동은 더 많이 일어났고, 지역사회의 규범과 질서가 갈수록 동요했다. 이로 말미암아 혁명정권은 국민통합을 도모하기 위해 혁명기념식을 거행하고, 미신적 세계에서 생기는 민중문화를 부정했다. 하지만 이는 민중에게 문명을 강요하는 것일 뿐이었고, 지역사회는 점점 더 균열되었다(藤谷 2010).

신해혁명의 목적은 중국동맹회가 내세운 '구제달로驅除韃虜, 회복중화恢復中華, 창립민국創立民國, 평균지권平均地權' 등 4개의 강령으로 요약된다. 단적으로 말하면 이 국민혁명은 중국사에서 반복적으로 행해진 역성혁명易姓革命과는 근본적으로 달랐다. 쑨원의 삼민주의와 관련 지어 말하자면, '구제달로·회복중화'는 민족주의, '창립민국'은 민권주의, '평균지권'은 민생주의가 된다. 이중 민권주의는 점차 실현되어갔지만, 민생주의에 대해서는 스스로 부정하는 형태로, 혁명이 민중운동을 대했던 자세는 위에서 말한 바와 같다.

문제는 민족주의였다. 민족주의란 구체적으로 무엇일까? 이는 중화민족이 한족漢族만을 의미하는지, 아니면 오족 전체를 포괄하는지의 문제이지만, 중화민국 건국 당초에는 한족을 중화민족이라는 이른바 소민족주의를 전제로 오족공화를 강조한 것이라고 생각할 수 있다. 그러나 이는 곧 의미를 바꾸어 1920년대에 들어서면 오족에 그치지 않고, 중국 영역 안에 사는 모든 민족이 융합된 중화민족을 구상하게 된다. 즉 대한大漢민족주의다. 실제로 쑨원은 처음부터 오족공화에 회의적이었던 것은 아닌가 하는 의구심이 제기된다(村田 2009).

원래 신해혁명은 청제국이 다원적이며 각 성이 자립적인 존재임을 전제로 이루어진 것이다. 그것은 혁명이 곧바로 베이징으로 향하지 않고, 각 성의 독립이라는 형식으로 진행된 점에서 단적으로 나타난다. 중국이 너무도 광대하다는 이유도 있겠지만, 그것은 무엇보다도 중국사의 전개가 분권적 방향으로 진행되어왔기 때문이다.

명말 청초에는 반체제 지식인 사이에서 군현제郡縣制에 기초한 전제적인 황제의 독재를 비판하는 논의로서 '봉건封建'과 '공론公論'이 주장되었지만, 이는 청말에 있었던 '지방의 공사公事를 지방의 손으로'라는 의미의 지방자치, 즉 '향치鄕治'로 대치되었다(溝口 외 2007, 제4장). 향치(='성省의 힘')는 청대에 발전했는데, 권선적인 지방 공익활동을 맡았던 '선회善會'와 민간 자위조직인 '단련團練', 지방 공동활동을 펼쳤던 '학회學會', 상호부조 조직인 '종족宗族' 등이 대표적이다. "군사·행정·재정권이 중앙에서 지방으로 하강, 달리 말하자면 지방 분권화의 경향은 19세기 중국을 특징짓는 커다란 역사의 흐름"이었다(村田 1994). 청말 민국 초에 관료, 정치가, 실업가로 활약하고 장쑤성江蘇省의 명망가이기도 했던 장젠張謇은 분권화의 추세를 배경으로 연방제적 지방 분권체제를 구상했다(田中 1995, 1999).

몽골, 티베트, 신장, 타이완

이러한 분권화의 추세는 번부藩部로 있던 몽골과 티베트, 혹은 성제省制를 바탕으로 하고 있었음에도 실제로는 위구르족 땅이었던 신장新疆 등에서 더욱 뚜렷했다. 하르하 몽골에서는 신해혁명 이전부터 청말 신정新政에 대한 반발로 독립의 기운이 높아져 있었다. 중앙으로부터 한족 관료를 거느린 산도三多가 후레庫倫(지금의 울란바토르) 판사대신으로 부임해서 신정책을 속속 내놓았지만, 이로 말미암아 몽골이 성제에 편입되는 것이 아니냐는 위기감이 왕공王公들 사이에서 조성되었다. 그래서 러시아에 지원을 요청하려 했지만, 그에 앞서 신해혁명이 발발했다. 청조의 붕괴는 만주 황제와의 종속관계를 해소하는 것이었기에, 몽골은 1911년 12월 1일에 독립을 선언했고, 젭춘담바 후툭투 8세가 복드 칸(황제)에 즉위했다. 복드 칸은 대大몽골주의를 주장하며 1913년에 한족이 거주하는 내몽골에도 군대를 주둔시켰다. 그러나 러시아가 개입했다. 러시아는 복드 칸 정권의 영역을 외몽골로 한정했고, 중화민국의 종주권을 인정하면서 복드 칸 정권의 자치를 승인해주었다. 러시아는 그 대가로 중화민국 정부로부터 몽골의 경제 이권을 손에 넣었다(中見 1994). 몽골의 완전독립은 실현되지 않았다. 그러나 소련의 지도 아래 1921년에 혁명이 일어나 드디어 독립을 달성했다.

이러한 사정은 티베트도 마찬가지였다. 청말에 중앙에서 파견된 한족 관료가 새로운 정치를 펼치자, 이에 대한 반발이 강한 가운데 신해혁명이 일어났다. 달라이 라마 정권은 이를 기회로 영국 등의 원조를 받아 사실상의 독립을 이루었다. 1913년 2월에는 몽골과 조약을 맺어 독립을 상호 확인함과 동시에 경제적·군사적 상호원조를 약속했다. 다만 영국은 중화민국과 맺어온 통상관계를 고려하여 "티베트는 중국의 종주권 아래에 있는 자치구역이다"라고 입장을 밝힘으로써 티베트의 독립은 역시 완전한 것이 되지 못했다. 그 결과 1951년에 인민해방군의 진공을 허용하게 된다. 이후 티베트는 중화인민공화국의 국가주권에 종속되어 현재에 이르고 있다(平野 2008).

동투르키스탄인 신장은 사정이 조금 다르다. 동투르키스탄에서는 1864년에 무슬림 반란이 일어나 야쿠브 베그 정권이 수립되었지만, 주오 송탕左宗棠이 이를 진압했고, 1884년에는 번부藩部가 폐지되어 신장성이 성립되었다. 이렇게 성제에 편입되면서 신장은 그대로 중화민국으로 이관되고 말았다. 그러나 신장은 한족 군벌정권이 사실상 통치했고, 중화민국 정권의 통치는 1943년까지 미치지 못했다. 그래서 위구르족은 군벌정권 하에서 투르크 민족으로 각성화해갔다. 즉 청말부터 학당장정學堂章程에 따라 한어漢語 교육을 실시한 데 대응해서 1910년대~1920년대에는 투르크와 러시아에서 교사를 초빙하여 투르크어로 된 근대화 교육을 실시했다. 이러한 운동은 엄격하게 탄압받았지만, 1930년대 들어서면서 대규모의 반란이 일어나게 된다(新免 1994).

한편 일본의 통치를 받고 있던 타이완의 경우, 신해혁명의 영향은 위에서 살펴본 비한족非漢族의 대응과는 달리 항일운동으로 나타났다. 즉 뤄푸싱羅福星을 지도자로 하는 먀오리苗栗 사건(1913년 10월)과 위칭팡余清方을 지도자로 하는 시라이암西來庵 사건(타파니 사건, 1915년 8월)이다. 모두 다 철저하게 탄압받았는데, 특히 시라이암 사건은 2000명의 검거자와 903명의 처형자를 냈다. 이를 계기로 타이완의 민족운동은 다이쇼 데모크라시의 영향도 받아 문화계몽운동과 민족자치운동의 방향으로 나아갔지만, 이는 "타이완은 타이완인의 타이완이다"라는 인식의 시초였다(吳 1994).

그러나 "타이완은 타이완인의 타이완이다"라는 인식은 신해혁명 중에 나타난 연성連省자치의 국가 구상과도 밀접하게 관련된 것이었다고 생각한다. 연성자치의 구상도 분권화의 추세로 규정되면서 등장한 것이었지만, 당시 전개된 신문화운동에서는 중요한 논쟁이 되었다. 즉 마르크스주의자인 천두슈陳獨秀가 지방할거의 군벌정치를 염려하여 연성자치를 비판한 것에 대해, 후스胡適는 광대한 중국은 지방분권을 강화해야 지방에서 민주화가 진행되고 그렇게 되면 군벌과 싸워 이길 수 있다고 생각했다(橫山 1996a). 또 쑨원은 1922년 6월 부하인 천중밍陳炯明의 반란으로 제3차 광둥군정부에서 쫓겨났지만, 그 배경에는 연성자치의 시비를 둘러싼 대립이 있었다. 천중밍은 중국의 전통적인 전제통치인 '대일통大一統'을 부정하고 분권 국가를 구상하고 있었다. 대한大漢민족주의자인 쑨원이 천중밍과 대립한 것은 당연했다(橫山 1996b, 153~160쪽). 당시 젊은 마오쩌둥毛澤東도 연성자치론자로 '후난湖南공화국'을 구상하고 있었지만, 마오쩌둥은 훗날 이를 부정했다. 현재의 중국은 대한민족주의의 연장선에서 국가를 통치하고 있다고 할 수 있다.

5. 5·4운동의 전개

일본의 21개조 요구와 중국의 내셔널리즘

신해혁명 발발 당시 일본은 청조 유지 정책을 취했지만, 중화민국이 수립되자 중립방관 정책으로 바꾸었다. 재야에서는 혁명파를 지원하는 사람이 많았지만, 이는 번벌정부에 대치하고 있는 자신들과 혁명파를 오버랩했기 때문이다. 그러나 미야자키 도텐 등을 제외하고 대륙 낭인의 다수는 참모본부의 지원을 받았고, 그들의 행동은 진정 혁명파에 공감하는 것이 아니었다. 참모본부의 우쓰노미야 다로宇都宮太郎 등은 만몽滿蒙독립론을 제창하여, 강대한 중국의 탄생을 반기지 않고 중국 분할을 획책했다. 만리장성 밖의 만몽정권을 보호국으로 삼으면서 남방의 혁명정권과는 동맹을 맺는다는 구상이었다(櫻井 2009, 서장·제3장).

이러한 구상은 물론 결실을 맺지 못했지만, 그것은 일본의 오만함을 드러낸 것이었다. 우쓰노미야는 중국에 대한 21개조 요구의 원형적인 제안을 했고, 21개조 요구는 혁명으로 동요하던 중국의 불화에 편승한 데 지나지 않았다. 1917~1918년에 데라우치 마사타케 내각은 리위안훙과 권력투쟁에서 승리한 돤치루이段祺瑞 정권에 대해 이른바 니시하라西原 차관을 시행했다. 이는 돤치루이 정권에 대한 실질적인 군사원조이자 위안스카이 이후에 전개된 군벌정치를 조장하는 것이었다. 일본은 그 대가로 철도부설권과 삼림채벌권, 광산채굴권 등의 경제 이권을 손에 넣었다. 또

1918년 5월에는 '일화공동방적日華共同防敵 군사협정'을 비밀리에 맺어 중국에 대한 군사적 진출을 노렸다. 그러나 데라우치의 뜻에 따라 악명 높은 차관을 개인적으로 추진한 니시하라 가메조西原亀三는 그것에 앞선 21개조 요구야말로 서양 국가들에게 일본의 침략주의를 경계시킴과 아울러 중국의 배일주의 및 애국주의를 불러일으켜 결국에는 태평양전쟁으로 이끈 원인이라고 오쿠마 시게노부大隈重信를 비난했다(西原 1965, 62쪽). 일본의 21개조 요구는 중국 내셔널리즘을 자극한 가장 중요한 사건임에 틀림없다. 그 요구를 최후통첩으로 받은 5월 7일과 그것을 수락한 9일은 중국의 국치일이 되었다. 1919년의 5·4운동도 21개조 요구의 폐기를 둘러싸고 일어난 것이었다.

돤치루이 정권은 1917년 8월에 독일·오스트리아에 선전포고를 했고, 그 결과 승전국이 되었다. 근대사상 최초의 전쟁 승리였다. 1918년 11월 승전의 기쁨이 전국을 뒤덮었고, 베이징의 천안문天安門 광장에서는 3일 동안 성대한 축하행사가 거행되었다. 여기에는 '공리公理'가 '강권強權'에 승리했다는 인식이 엿보인다(狭間 1999, 53~55쪽).

당시 광둥에는 쑨원 등의 군軍정부도 수립되어 있었는데, 1919년 2월에 남북 두 정부는 화의를 맺어 파리 강화회의에 단일 대표단을 보냈다. 그리고 조차지와 조계를 반환하고 관세자주권을 승인할 것, 산둥성에 대한 독일의 이권을 중국에 직접 반환할 것, 중국에 대한 21개조 요구를 폐기할 것 등을 주장했다. 그러나 4월 29일 영국, 미국, 프랑스, 일본의 4대국 회의는 중국의 요구를 무시하고 일본의 주장을 승인했다. 이 소식은 즉시 중국에 전해졌으며, 제국주의 열강의 밀약과 베이징 정부의 매국외교의 실태도 드러났다. 이에 여론이 들끓었다. 5월 4일 베이징 각 대학의 학생 약 3000명이 천안문 앞에 집결하여 항의의 시위행진을 벌이며, 일본을 제외한 각국 공사관에 요구서를 제출했다. 이때 학생들은 친일 관료와 외교관 등의 집도 습격했는데, 그 과정에서 32명이 체포되었다.

그러나 여론은 학생들을 지지했다. 베이징 시장市長을 비롯하여 전국의 상업단체와 교육단체, 각계의 민간단체가 학생들을 지지하자 용기를 얻은 학생들은 수업을 거부하며 선전공작에 들어가 민중의 공감을 불러일으켰다. 일본 상품 배척운동이 격렬하게 전개되었고, 상인은 폐점 스트라이크를 벌이고, 노동자들도 총파업에 들어갔다. 그 결과 베이징 정부는 학생과 민중의 요구를 받아들여 21개조 교섭을 이끌었던 3명의 친일파 고관(차오루린曹汝霖, 장쭝시앙章宗祥, 루쭝위陸宗輿)을 파면했다. 6월 28일 독일과의 강화조약에서는 중국 대표단이 조인을 거부했다. 이는 난징조약 이래 부당한 조약을 강요받아온 중국이 스스로의 의지로 거절했다는 점에서 중국 근대사에 획기적인 일이었다.

중국 사회의 성장과 민족자결주의

5·4운동의 배경에는 신문화운동이 있었다. 신문화운동은 천두슈가 1915년 9월에 창간한 《신청년新青年》을 중심으로 전개되었는데, 바로 신교육을 받은 새로운 청년들에게 사상의 개조를 호소하고자 했다. 신해혁명 이래 학교를 통한 근대교육이 급속하게 확대되어갔고, 과거급제를 위한 교육은 이제 옛것이 되었다. 《신청년》은 유교 비판을 전개하여 낡은 윤리와 가족제도, 사회 관습 등을 비판했다. 또 문학혁명을 전개하여 구어口語 운동을 펼쳤다. 1918년에 발표된 루쉰魯迅의 《광인일기狂人日記》는 유교 비판과 문학혁명을 연결한 것으로 유명하다. 당시 학생들은 이러한 새로운 사조에 급격하게 감화되었고, 그것이 5·4운동으로 한꺼번에 폭발한 것이

었다.

5·4운동의 또 다른 배경에는 중국의 경제 성장이 있었다. 청말에 싹튼 민족자본이 1차 세계대전을 맞아 급격하게 성장했고, 중국 경제는 황금기를 맞았다. 즉 미국과 일본을 제외한 제국주의 열강들이 중국 시장에서 후퇴함과 동시에 세계대전으로 물자 부족에 시달리는 유럽으로 농산물과 경공업제품의 수출이 늘어났다. 그 결과 일본산 면사綿絲가 중국 시장에서 차지하는 비율은 1914년 38.6퍼센트에서 1918년에 70.4퍼센트가 되었고, 제분製粉은 수출 초과로 바뀌어 1920년에 수출량이 1913년의 17배가 되었다. 일본 상품 배척운동은 이러한 민족자본의 성장을 촉진했다. 그리고 자본주의의 발전은 노동자 수의 증가로 이어졌는데, 그 수는 1913년에 65만 명에서 1919년에는 200만 명에 달했다(姬田外編 1982, 238~242쪽).

이렇게 1차 세계대전기 중국에서는 중산층과 민중이 급격하게 성장했으며, 5·4운동은 그들의 지지 없이는 성공할 수 없었다. 이 같은 민중의 성장에 재빨리 주목한 사람이 러시아혁명 뒤에 마르크스주의자가 된 리다자오李大釗였다. 그는 신해혁명 이래 철저하게 '소민小民'의 입장에서 체제를 비판했고, 곧 자신의 선량選良의식과 우민관을 극복하여 그들을 새로운 사회의 학문 주체로 파악하게 되었다(里井 1972, 제4장). 그리고 그는 5·4운동 바로 직전인 1919년 2월에 "아시아인은 함께 신아시아주의를 제창하여, 일부 일본인이 주장하고 있는 '대大아시아주의'를 대신해야만 한다"라고 주장하면서 민족자결주의의 실현을 호소했다(伊東外, 〈대아시아주의와 신아시아주의大アジア主義と新アジア主義〉, 1974, 138쪽).

민족자결주의를 요구한 운동이라는 점에서 5·4운동은 3·1운동과 같은 위상에 서 있다. 5·4운동은 3·1운동에서 큰 자극을 받았고, 조선 민

족의 비운이 내일의 중국 운명이라고 호소하여 조선인과의 연대의식 속에서 전개되었다(小島 1980). 이 때문에 그 논리도 3·1운동과 기본적으로 일맥상통했다. 리다자오는 스스로 민중을 발견했다고 하더라도, 5·4운동 역시 총체적으로는 윌슨의 민족자결주의와 세계 인도주의에 대한 지나친 기대에서 전개된 것이었다. 즉 "원래 평화회의가 열렸을 때, 우리들이 기대하며 축하한 것은 세계에 정의가 있고 인도가 있고 공리公理가 있다고 생각했기 때문이었다"(西編, 〈베이징학생계선언北京學生界宣言〉, 1977, 248~249쪽)라고 밝혔으며, 그 기대를 배신당했음에도 여전히 "세계 각국의 여론도 정의와 인도에 근거하여 우리들에게 동정을 기울이고"(〈베이징학생이 일본 국민에게 보내는 편지北京學生より日本國民に送る書〉, 위와 같음, 254쪽) 있다고 생각할 수 있었던 것이다.

당시에 윌슨주의와 인도주의가 약소민족의 마음을 그 정도로 강하게 사로잡고 있었음에도, 5·4운동에 대해 세계 여론이 크게 움직인 것은 아니었다. 특히 일본의 여론은 3·1운동과 마찬가지로 냉담했다. 중국에 양보하자는 주장이 전혀 없지 않았지만, 전반적으로는 공감을 얻지 못했다. 그중에서 역시 요시노 사쿠조의 언동은 이채롭다. 그는 5·4운동의 배일排日이 일본 국민을 향한 것이 아니라 어디까지나 일본 정부와 군부·재벌 등을 향한 것이고, 5·4운동과 다이쇼 데모크라시는 같은 성격이라고 생각했다. 즉 친일파인 세 고관을 "일본의 관료군벌과 흡사하다"라고까지 말했으며, 5·4운동은 "그 열정적인 의도에서 바로 우리들과 그 입장을 같이하는 것"이라고 밝혔다(吉野, 〈베이징대학 학생 소요사건에 대해서北京大學學生騷擾事件について〉, 1970, 213쪽). 이는 중국과 일본의 국민이 동일한 과제를 안고 있다는 정치적 분석이었고, 요시노가 대등한 시선에서 중국과 그 국민을 바라보고 있었음을 의미한다. 그 때문에 요시노는 리다자

오와 연락을 취하고, 군벌을 타도하기 위한 연대운동을 벌이기 위해 이듬해 초에 미야자키 도텐의 아들인 도쿄제국대학 학생 류스케龍介를 상하이로 보냈다. 또 중국에서도 5명의 학생이 일본으로 왔다. 요시노도 중국에 가려고 했지만, 정부의 방해로 뜻을 이루지 못했다.

중국과 일본이 동일한 과제를 안고 있다는 요시노의 정치적 분석은 어떤 의미에서는 날카롭지만 어떤 의미에서는 핵심을 벗어나 있다. 이미 제국주의가 된 나라와 아직 반反식민지 상태에서 벗어나지 못한 나라의 차이가 보이지 않기 때문이다. 1920년대 워싱턴 합의하의 협조 외교를 거쳐 양국이 1930년대에는 침략국과 피침략국으로 전혀 다른 입장이 되는 상황을 요시노는 예측하지 못했던 것이다.

6. 1차 세계대전과 인도

인도의 경제 성장과 민족운동

중국뿐만이 아니라 일반적으로 1차 세계대전 시기에 종속 지역들에서는 토착산업과 민족자본이 성장함과 동시에 민중의 빈곤화가 급격하게 진행되었다. 전쟁으로 원료와 제품의 수요가 방대해졌음에도 일본과 미국 이외의 열강들이 종속 지역 시장에서 후퇴한 결과, 식민지에서는 수입 상품의 가격이 폭등한 데 비해 수출하는 1차 생산품의 가격 상승이 따라가지 못했기 때문이다(板垣 1970). 물론 조선처럼 회사령이 시행되어 민족자본의 성장이 막히고 지주층의 성장과 민중의 빈곤화가 두드러진 지역도 존재했다.

중국과 더불어 뚜렷하게 경제발전을 이룬 지역은 인도였다. 영국을 비롯한 유럽의 공업제품은, 유럽 자체가 전쟁터가 된 데다가 선박 부족과 교통 혼란 등으로 인도에 대한 수출이 막혀버렸다. 그 결과 인도에서는 수입을 대체하는 공업화의 길이 열렸는데, 가장 전형적인 산업부문이 면직공업이었다. 인도의 면제품 수입은 1906~1908년의 평균 21억 야드에서 1916~1918년의 평균 14억 야드로 줄어들고, 반대로 국내 생산은 6억 야드에서 13억 야드로 비약적으로 늘어났다. 그 외에 황마黃麻 공업과 석탄업 등의 부문에서도 막대한 이윤을 얻어 세계대전 중에 자본가들이 성장하고 중산층도 증가했다. 그러나 다른 한편으로 물가가 폭등해 농민, 노동자, 직공 등의 빈곤층은 더욱더 가난해졌다. 그리고 1918년에 신형 인플루엔자가 크게 유행하여 그러한 현상은 더 심해졌다(內藤·中村編 2006, 158~160쪽).

1910년대 인도에서는 민족운동이 갑자기 활성화되었는데, 이는 이러한 경제적 변화에서 전개된 것이었다. 1910년대 민족운동을 살펴보면, 우선 중요한 사건은 인도 정부가 1905년 10월에 결정했던 벵골 분할을 1911년 12월에 철회한 일이다. 벵골 분할은 힌두교도가 많은 벵골 본주와 무슬림이 많이 거주하는 그 밖의 지역을 분할하여 민족운동을 분열시키기 위한 것이었다. 벵골 분할을 반대하는 스와라지 운동(자기통치운동)을 이끈 것은 힌두교 주도의 국민회의파였지만, 전全인도무슬림연맹은 분할에 찬성했다. 벵골 분할의 철회는 이 입장을 완전히 바꾼 것이었다.

국민회의파는 일단 안도했고, 무슬림연맹은 종전의 친영국적인 태도를 버리고 제국 내에서의 자치를 목표로 삼게 되었다. 이러한 상황에서 인도가 꼼짝없이 휘말려 들어간 일이 1차 세계대전의 참전이었다. 종주국의 참전으로 인도도 자동적으로 참전하게 되었다. 세계대전이 총력전 양상을 띠면서, 영국은 인도를 인적·물적 자원의 공급지로 최대한 이용하려 했다. 인도 역시 전후에 영국으로부터 정치적 양보를 받아내서 자치로 나아갈 수 있다는 기대를 가지고 적극적으로 응했다. 간디마저도 협력을 아끼지 않았다. 세계대전 중 동원된 인도인 병사는 130만 명이 넘었으며, 막대한 군수물자와 많은 액수의 전쟁비용도 부담했다. 그러나 인도의 충성에도 곧 그림자가 드리우기 시작했다.

그 이유는 크게 네 가지였다. ① 인도인이 강대국 영국이 독일에 고전을 면치 못하는 것을 목격한 점, ② 소수파이면서 가장 많이 동원된 무슬림 사이에서 범이슬람주의가 확산되면서 적대국 터키의 칼리프를 이슬람교의 지도자로 생각하게 된 점, ③ 펀자브 지방에서 불멸운동이라는 반영국적인 시크교도의 개혁운동이 일어나고 있었던 점, ④ 영국인 병사와 인도인 병사 사이에 엄연한 차별이 존재하고 있었던 점이다. 이 때문에 일부에서는 반란을 계획하기도 했다. 특히 무슬림의 불만은 심각했다(長崎 1997, 275~278쪽).

이러한 무슬림의 불만을 배경으로 국민회의파와 무슬림연맹 사이에 맺어진 것이 1916년 12월 러크나우협정이다. 이 협정에서는 주州의회와 중앙의회의 선거의원 수를 확대할 것을 요구함과 동시에 힌두교도와 무슬림의 분리 선거를 인정함으로써 소수파였던 무슬림이 수적으로 유리해졌다. 이는 온건적인 국민회의파와 반영국적인 무슬림연맹이 영국에 의회주의적 양보를 촉구하려는 것이었다. 자치에 대한 기대도 고조되어 갔다. 1918년 12월 국민회의파 대회에서는 "장래 세계 평화를 확보하기 위해 민족자결의 원칙이 모든 피억압 국가들에 적용되어야 한다는 점을 감안해서, 이 대회는 영국의회와 강화회의에 요구하는바, 인도가 피억압 국가들의 일원으로서 민족자결의 원칙이 적용됨을 승인할 것을 요구한다"라고 결의했다(中村 1981, 7쪽). 이처럼 윌슨의 민족자결주의는 인도에도 큰 영향을 미쳤다.

간디의 비폭력주의

이렇게 성취한 성과가 1919년 2월에 영국의회에 제출된 몬터규·첼름스퍼드Montagu·Chelmsford 개혁이라 불리는 인도통치법으로, 그해 12월에 발효되었다. 이것은 양두제兩頭制라고도 불리는데, 중앙정부는 영국이 장악하지만 지방행정의 일부는 주州의 책임정부에 위임하는 것이다. 이제 영국은 세계대전에 협력한 인도인, 그중에서도 빠르게 성장한 자본가와 중산층의 요구를 완전히 무시할 수 없게 되었다. 윌슨의 민족자결주의는 원칙적으로 아시아에 적용되는 것은 아니었지만, 인도에서는 어느 정도의 의미를 지녔다고도 할 수 있다.

단지 이 새로운 인도통치법 아래에서도 총독의 권한은 절대적이었고, 민간에서 선출된 의원이 관선의원보다 많은 입법참사회의 결정을 총독이 뒤집을 수 있었기 때문에 국민회의파 등의 발언력은 억제되었다. 게다가 영국은 이 개혁과 동시에 인도인을 영장 없이 체포하고 재판 없이 투옥할 수 있는 롤라트법Rowlatt Act(1919년 3월)을 제정하여 민족운동을 더욱더 탄압하려고 했다. 이것은 당시 '암흑법안'이라 불렸고, 네루는 훗날 "가장 온건한 사람들마저도 포함해 모든 인도인이 비난하는 표적이 되었다"라고 말했다(네루 1966, 91쪽). 영국은 바로 당근과 채찍이라는 고전적인 통치술을 행사했던 것이다.

이러한 상황에서 갑자기 인도 정치의 무대에 등장한 인물이 마하트마 간디였다. 간디는 이미 남아프리카공화국에서 인도인 노동자들의 권리를 옹호하기 위해 비폭력운동을 전개한 적이 있었다. 그의 이름은 사티아그라하Satyagraha(진리를 찾으려는 노력)라고 불리는 운동과 함께 널리 알려져 있었다. 1915년에 귀국한 간디는 소작쟁의와 노동운동에서도 비폭력 저항방식을 구사하여 성공을 거두었다. 이러한 간디가 드디어 전국적인 운동에 뛰어들었던 것이다. 그는 할탈(전시全市파업)을 부르짖어 1919년 4월 6일에 전국적인 파업을 전개했고, 영국인 지배자들에게 큰 충격을 주었다. 그러나 영국인만 놀란 것은 아니었다. 네루는 "그것은 온갖 부류의 사람들과 단체가 참여했던 굉장히 인상적인 것이었다. 우리 중에서 할탈 때문에 분주했던 사람들은 이 성공에 놀랐다"(네루 1966, 93쪽)라고 말할 만큼, 사티아그라하는 주최 측에서도 놀랄 만큼 각별한 전술이었다. 이후 간디는 초자연적인 능력을 가진 마술사와 같이 불의를 바로잡는 '마하트마Mahatma'(위대한 영혼)로서 마치 종교 지도자처럼 민중의 존경을 받게 되었다.

그런데 이러한 가운데 비참한 사건이 일어났다. 4월 13일에 벌어진 암리차르 학살사건이었다. 영국인 장군 다이어Reginald Dyer의 지휘 아래, 총알이 떨어질 때까지 무차별 사격을 가해 379명이 사망하고, 1208명이 중경상을 입었다. 인도인들은 분노했지만, 운동은 어디까지나 비폭력적이어야 했다. 간디는 운동의 영역을 넓히기 위해 터키의 칼리프 제도를 옹호하는 알리 형제가 이끄는 무슬림의 킬라파트Khilafat 운동을 지지했고, 그로부터 전면적인 지지를 얻어냈다. 그리하여 1920년 9월에 열린 국민회의특별대회에서 간디는 다수의 지지를 얻어 비폭력운동을 본격적으로 전개했다. 입법참사회 의원의 사직, 선거 보이콧, 공립학교와 법정의 보이콧, 지세 납부 거부, 영국 상품 배척 등의 운동이 추진되었고, 차르카(물레)의 사용과 수제 면포의 생산을 장려하는 스와데시Swadeshi 운동도 전개되었다.

그러나 운동은 곧 폭력의 양상을 띠었다. 그리고 1922년 2월 5일 한 지방에서 농민이 경관을 포위하여 불태워 죽이는 사건이 발생했다. 간디는 이를 단호히 용서하지 않고 마침내 운동을 중지하라고 명했다. 네루 등은 이에 불복했지만, 간디는 "나는 민중이 불복종운동을 시작할 자격을 갖추지 않은 상태에서 시민들에게 불복종을 호소했다"(간디 1967, 347쪽)라고 후회의 말을 남기고 있다.

간디의 비폭력주의는 "사실상 평화적인 반란이었고, 전쟁의 가장 세련된 형식이었으며, 심지어 국가의 안정을 위협하는 것이었다"(네루 1966, 99

쪽). 그리고 그것은 "비폭력 등에 의해 발생한 불이익과 처분을 달게 받고, 수난과 자기희생으로 상대를 변화시킨다"(長崎 1997)라는 것을 목표로 삼고 있었다. 따라서 "그것은 비겁자의 행동 회피가 아니라, 용감한 자의 악과 민족적 굴욕에 대한 도전이었다"(네루 1967, 439쪽). 결국 그것은 폭력을 영혼의 힘으로 억지하려는 용감한 자의 논리였고, 이를 민중 일반에게 강력히 요구하여 함께 싸우려는 준엄하고 격렬한 정신과 민중에 대한 신뢰를 바탕으로 하는 것이었다. 더욱 중요한 것은 간디의 비폭력주의에는 폭력과 물질만능주의로 얼룩진 서양 근대문명에 대한 근본적인 비판이 내재해 있다는 점이다. 간디는 "나는 인도가 전 세계에 대해 하나의 사명을 가지고 있다고 믿는다. 인도는 섣불리 유럽을 흉내 내서는 안 된다"(간디 2001, 30쪽)라고 말했다. 폭력으로 폭력에 저항하는 것은 서양의 논리를 가지고 서양에 저항하는 데 지나지 않으며, 그것이 세계사를 열게 해서는 안 된다는 견고한 철학과 강고한 신념을 지니고 있었던 것이다. 그렇기에 간디의 비폭력주의는 평생 변하지 않았다.

이러한 점에서 간디의 비폭력주의와 조선의 3·1운동을 이끌었던 33인의 민족대표의 비폭력주의는 그 위상이 전혀 다르다. 민족대표의 경우에는 우민관愚民觀을 가지고 오로지 세계 공론에 호소하기 위해 비폭력의 수단을 선택한 것이었다. 거기에는 아쉽게도 간디와 같은 깊은 철학은 없었다.

7. 1차 세계대전과 동남아시아

베트남

동남아시아는 20세기에 들어서면서 식민지 평정이 일단락되자 행정권 확립과 자본주의적 개발이 중시되었다. 그 결과 사회의 다양한 활동이 자극받았고, 근대적인 지식인과 관리가 등장했으며, 농업·상업 분야에서 중산층이 탄생하고 많은 노동자가 나타났다. 그리고 사람들의 의식이 각성되어 민족운동이 활발하게 일어났다(레이 1970, 122쪽). 인도와 마찬가지로 동남아시아도 1차 세계대전 때 종주국의 총력전에 말려들었지만, 그것도 민족운동의 활력이 되었다.

베트남은 동남아시아에서 그러한 식민지의 전형이었다. 베트남에서는 1900년대를 전후하여 2개의 민족운동이 전개되었다. 하나는 일본을 무대로 삼은 판보이쩌우의 동유東遊 운동이었다. 이는 인재 육성을 위해 베트남 청년의 일본 유학을 추진하는 것이었다. 그러나 1907년 일본이 프랑스와 협정을 체결한 후 반反프랑스 학생의 유학을 단속하면서 동유운동은 좌절되었다. 다른 하나는 판쩌우찐에 의한 애국계몽운동인 유신維新운동으로, 1907년에 설립된 통킹의숙東京義塾을 중심으로 전개되었다. 그러나 유신운동이 부역납세를 반대하는 농민운동과 결합했기 때문에, 프랑스의 탄압을 받았다.

이렇게 합법적 운동이 실패하자 무력항쟁의 길이 열리게 되었다. 1913

년에는 종교결사 대도회大刀會가 사이공에서 반프랑스 봉기를 벌였고, 1916년에 2차 봉기를 일으켰다. 또 판보이쩌우는 광둥을 거점으로 광복회光復會를 조직하여 공화국 건설을 제창했으며, 폭탄 투쟁과 게릴라 활동을 벌였다. 1917년 8월에는 하노이 북방의 타이구엔 병영에서 병사와 죄수의 반란이 일어나 한때 타이구엔의 성城을 점거했다. 지도자는 원래 광복회 회원인 정치범과 베트남인 수비대장인데, 후자는 프랑스인 병사와의 차별대우에 불만을 품고 있었다.

이러한 무장봉기는 프랑스가 1차 세계대전에 총력을 기울이면서 식민 통치에 발생한 틈을 탄 것이었다. 그러나 프랑스는 식민지 수탈을 느슨하게 하지 않았다. 영국이 인도에서 했던 것과 마찬가지로 베트남인을 총동원하려 했다. 인도차이나에서 유럽으로 5만 명의 병사와 4만 9000명의 노동자가 건너갔다(櫻井 1999). 베트남 내에서도 프랑스인이 경영하는 상공업 기업에 프랑스인을 대신해서 베트남인이 진출했다. 판보이쩌우는 "베트남인이 프랑스에 대해 큰 공을 세운 것은 분명하다"(판보이쩌우 1966, 180쪽)라고 말했다.

베트남에서도 세계대전 중에 산업이 발전했는데, 그 결과 새로운 계층인 민족자본가와 노동자, 그리고 중산층이 형성되었다. 특히 유럽에 파견된 노동자는 새로운 기술과 사상을 가지고 귀국하여 사회에 공헌했다. 프랑스도 세계대전에 협력한 베트남에 무언가 보답해야 하는 상황이었지만, 이는 그러한 새로운 계층의 요구에 부응하는 것이기도 했다. 그래서 1911년에 이어 1917년에 다시 인도차이나 총독에 취임한 알베르 사로Albert Sarraut는 1919년 4월 공개석상에서 베트남의 해방을 언급함으로써 프랑스 주권 아래 자치의 가능성에 대해 시사했다(松本 1969, 182쪽).

그는 1920년 1월에 본국에서 식민지장관에 취임한 후 어떠한 구체적인 정책도 실시하지 않았지만, 총독 재임 중 베트남의 근대화를 위한 약간의 중요한 정책을 펼쳤다. 즉 프랑스 문화를 도입하기 위해 인도차이나 대학을 창설하는 한편 초등교육에 퀵구(로마자화한 베트남어)를 채용했고, 계몽잡지를 발행했다. 이러한 활동의 담당자는 신교육을 받아 일정한 민족의식이 있었지만 프랑스에 협력하는 사람들이었고, 이 때문에 복잡한 양상을 띠었다(古田 1995, 61~69쪽).

민족해방에 대한 희망은 사로의 말에 대한 기대뿐만 아니라, 역시 민족자결주의에 대한 환상으로 나타났다. 그것을 단적으로 보여주는 것이 응우옌 아이꾸옥(훗날의 호찌민)의 변화다. 1919년 6월 파리에 있던 호찌민은 강화회의에서 '베트남 인민의 요구'를 제출하여 베트남 인민의 근대적인 권리들을 인정해달라고 부르짖었다. 그러나 그런 기대가 배신당했다는 것을 알고, 그는 마르크스주의자가 되어 민족해방운동을 지도하게 된다(白石 2002).

버마

민족자결주의에 대한 기대는 버마에서도 커졌다. 버마의 탈식민지화를 추진한 유력한 계층은 중산층이었다. 그들은 20세기 초부터 1차 세계대전기에 걸쳐 정치적 발언권을 강화했는데, 관구管區 버마(버마족이 다수 거주하는 행정구역—옮긴이)의 도시 지역과 그 주변에 거주하는 지주, 소공업 경영자, 공무원, 교원, 변호사 등으로 구성되어 있었다. 그들의 가족을 포함하면 총인구의 12분의 1에서 10분의 1 정도를 차지했다. 1886년 이후에 태어난 사람들을 중심으로 영국이 도입한 근대교육을 받은 점이 특징이었다. 그들은 중산층이라 하더라도 영국에 종속된 입장이었으며,

같은 중산층에 속하는 중국인, 인도인, 카렌인, 영국계 버마인 등과 경쟁하는 관계였다. 이 때문에 서서히 불만이 축적되었고, 이는 세계대전 후반부터 민족자결주의가 거론되는 가운데 정치운동화되었다.

정치운동의 선구적인 역할을 담당한 것은 1916년에 결성된 불교청년회였다. 원래 불교청년회는 불교 부흥을 표방하는 문화단체였지만, 1917년을 기점으로 영국에 자치를 요구하는 정치단체로 거듭났다. 그런데 이 조직의 한계를 느낀 수십 명의 회원은 1920년 10월에 탈퇴하여 버마인 단체 총평의회總評議會를 조직했다. 이후 버마의 민족운동은 1930년대까지 총평의회를 중심으로 전개되었다. 총평의회는 영국이 인도 본토에서 실행하려 했던 양두제를 버마에서도 실시해달라고 요구했는데, 1923년 입법참의회가 제한적인 입법부로 거듭남으로써 그들의 활동은 소기의 성과를 거두었다(根本 2002).

필리핀

미국의 식민지 필리핀에서는, 훗날 우여곡절 끝에 민족자결주의를 제창한 윌슨 정권이 1913년에 수립되자, 민족자결의 길이 1916년에 처음으로 열렸다. 즉 그해 8월 '안정된 통치'를 확립하여 장래 독립을 부여하는 것을 미국 의회가 승인함에 따라 자치화를 촉진하는 존스법Jones Act(정식 명칭은 필리핀 자치법)이 제정된 것이다. 당시 총독 해리슨Francis B. Harrison은 이를 바탕으로 필리피나이제이션Philippinization을 추진했다. 의회는 상하 양원으로 구성하고 주요 관료는 필리핀 의회에서 임명함과 동시에, 총독·각료·상하 양원 의장으로 구성된 국가평의회를 설치하여 의원내각제에 가까운 정치제도를 도입했다. 해리슨의 임기 말년인 1921년에는 정부 직원의 96퍼센트가 필리핀인이었다. 식민지 정부는 필리핀 국립은행과 국가개발공사를 설립했으며, 그 실권도 필리핀인이 장악했다(中野 2002).

그러나 이러한 정책의 목적은 필리핀인 엘리트층의 사회적 지위를 보장하여 그들을 혁명세력으로부터 분리함으로써 식민지 협력자를 육성하는 것이었다. 교육 면에서는 1910년에 초등교육의 의무교육화가 시작되었지만, 영어 교육이 실시되어 영어 엘리트가 지방사회 및 일반 민중으로부터 분리되는 현상이 나타났다. 공교육을 받은 사람들은 미국 숭배자가 되었고, 이로 말미암아 필리핀의 국민 형성은 늦어지고 왜곡되었다(早瀨·深見 1999). 그리고 '안정된 통치'의 확립이란 미국과 유사한 문명화를 의미했기 때문에, 필리피나이제이션이 아니라 실제로는 아메리카나이제이션Americanization을 추진했고, 얄궂게도 필리핀은 미국이 바라는 국민국가를 목표로 할 수밖에 없었다(中野 2007, 135쪽).

인도네시아

인도네시아에서 자치에 대한 요구는 위에서 서술한 식민지와는 조금 다르게 진행되었다. 인도네시아에서는 윌슨의 등장 이전인 1901년에 네덜란드 여왕의 의회 연설을 기점으로 윤리정책이 표방되었다. 그 결과 겉으로는 자치정책이 추진되었다. 즉 지방평의회가 설치되어 원주민과 아시아인도 의원으로 참여했지만, 그들 대부분이 관리였고 의장은 현지사縣知事가 맡았다. 또 1918년 5월에 국민참의회가 설치되었지만, 총독부의 자문기관에 지나지 않았다. 1919년 이래 식민지 정부는 비밀경찰을 만들어 민족주의 운동을 철저히 감시했고, 총독의 권한으로 민족운동가를 재판 없이 유형流刑에 처했다. 기본적으로 식민지 정부는 복지를 내세우기만했을 뿐 동인도의 자치와 독립을 언급한 적이 없었다(山本 2002).

인도네시아의 민족운동은 경제 성장을 배경으로 이러한 보수적이고 기만적인 식민지 체제에 저항하면서 전개되었다. 즉 1911년 말에 수라카르타에서 상호부조를 목적으로 한 이슬람동맹이 설립되었고, 때마침 쌀의 흉작과 질병의 만연, 자연재해의 속출, 신해혁명의 영향 등으로 급속하게 대중의 지지를 받아 다른 섬으로도 파급되기에 이르렀다. 인도네시아인이라는 개념이 없던 시기에 이슬람은 원주민 결집의 상징이 되었다. 구세주 라투 아딜Ratu Adil, 正義王의 도래로 여겨진 우마르 사이드 초크로아미노토의 지도력에도 특필할 만한 점이 있었다. 이슬람동맹은 인도의 영향을 받아 1916년부터 연차대회를 국민의회로 칭하고 급진화 양상을 보였다. 회원이 200만 명을 넘은 1919년에는 독립과 사회주의를 표방했다. 이미 1914년에는 동인도사회민주주의동맹이 결성되어 있었는데, 이슬람동맹 활동가들도 여기에 가입했다. 그리고 러시아혁명의 영향과 노동운동의 활성화 속에서 1920년 5월 사회민주주의동맹은 동아시아공산주의동맹으로 이름을 바꾸고, 코민테른의 승인을 받은 아시아 최초의 공산당이 되었다(早瀨·深見 1999).

태국

동남아시아 지역에서 예외적인 국가는 태국이었다. 태국은 말할 필요도 없이 독립국의 지위를 지니고 있었기 때문에 민족자결주의의 세례를 받지 않았다. 그러나 이에 대응하여 1910년대에는 국민국가화를 추진하려는 움직임이 뚜렷하게 나타났다. 1910년에 왕위에 오른 와치라웃 왕(라마 6세)은, 국왕은 민족의 이익과 태국 민족이 신봉하는 불교를 옹호하기 위해 존재한다고 말함으로써 인민에게 국왕에 대한 충성을 역설했다. 절대 군주제를 채용하고 있었음에도, 자신의 정통성을 주장하기 위해서는 민족을 말하지 않을 수 없는 시대에 돌입했던 것이다.

1912년 3월에는 신해혁명과 일본의 발전에 자극을 받아 태국의 국민국가화를 추진하기 위해 입헌군주제와 공화제를 제창하는 청년 장교의 쿠데타 계획이 발각되었다. 위기를 느낀 국왕은 스스로 펜을 잡고 저널리즘을 이용하여 그러한 세력을 비판했다. 이때 마침 1차 세계대전이 발발했다. 국왕은 어느 쪽이 승리해도 문제가 되지 않도록 중립을 선언했지만, 미국이 참전하자 1917년 7월 22일에 추축국 측에 선전포고를 했다. 소수의 군대를 유럽에 보낸 데 불과했지만, 그 대가로 기대했던 관세자주권의 회복은 약간의 곡절을 겪기는 했어도 곧 달성되었다. 식민지는 아니었지만 응분의 역할을 담당함으로써 약소국가인 태국도 독립을 강화할 수 있었던 것이다(村嶋 1999).

윌슨의 민족자결주의는 본질적으로 기만적인 것이었지만, 그것이 아시아의 여러 종속 지역에 미친 영향은 매우 컸다. 사람들은 그 기만성을 곧 깨닫게 되었지만, 그러나 일단 그 이념이 정당하다고 언질을 준 이상 민족운동을 쉽게 억누를 수는 없었다. 이러한 까닭으로 열강들은 서둘러 협력체제를 구축했는데, 협력체제와 민족운동의 긴장 속에서 1920년대 이후의 식민지 정치사가 전개되었다.

4장

사회주의와 내셔널리즘
: 1920년대

가와시마 신川島眞

1차 세계대전 뒤에 맞이한 1920년대는 '새로운 시대'의 시작이기도 했다. 사회주의, 민족자결주의, 내셔널리즘, 민주주의, 평화주의 등 이후의 시대에 깊이 관계된 현상과 사상이 나타났으며, 전쟁에 대한 반성으로 국제연맹이 조직되었다. 또 대량생산 방식에 기초한 대중 소비사회 모델이 미국에서 등장한 것도 이때였다. 이러한 의미에서 1920년대야말로 20세기의 본격적인 개막을 알린 시기라고 할 수 있다.

국제정치 면에서도 1차 세계대전에서 막대한 피해를 입은 유럽을 대신하여 점차 미국과 소련(소비에트 사회주의 공화국 연방)이 영향력을 강화했다. 동아시아에서는 남양南洋에 위임통치령을 갖고 동남아시아에도 경제적으로 진출한 일본의 발언력이 높아졌다. 일본, 중국, 태국을 제외한 대부분의 지역이 서양 국가 또는 일본의 식민지였던 동아시아는 자유주의, 민족주의, 민주주의 및 사회주의 사상, 코민테른의 활동 등으로 각지에서 자치와 독립을 요구하는 움직임이 일어났다. 여기에는 문명과 근대의 척도가 종주국과 식민지를 포섭하는 논리인가 아니면 양자를 구분하는 논리인가라는 문제가 있었다. 1920년대에 형성된 다양한 사상의 흐름과 정치의 움직임은 서로 연쇄·교차하면서 다양한 모순과 한계를 드러냈고, 대공황을 거친 1930년대에는 조정과 타협이 불가능하게 되고 각각의 논리가 마찰을 일으켜 동아시아는 전쟁에 돌입하게 된다.

1. 세계사 속의 1920년대

1차 세계대전은 유럽에 막대한 전쟁 피해를 입혔고, 세계사에서 근현대사를 구분하는 하나의 기점이 되었다. 20세기적인 세계는 1차 세계대전에 의해 시작되었다고 보는 경향이 있을 정도다. 1920년대는 바로 1차 세계대전을 거친 '새로운 시대'의 시작이었다. 국제정치사적인 면에서도 다음과 같은 변화가 인정되었다.

첫째, 1차 세계대전에서 커다란 피해를 입은 유럽의 발언권이 약해졌고, 미국과 소련, 일본의 발언권이 강해졌다. 둘째, 러시아혁명으로 사회주의 국가라는 새로운 국가 모델이 생겨나 사회주의 사상과 함께 세계의 지식인과 지도자 들에게 영향을 끼쳤다. 셋째, 윌슨 미국 대통령의 영향으로 민족자결주의가 제창되어 세계 각지에서 민족 단위의 국가를 만들려는 내셔널리즘의 움직임이 확대되었다. 넷째, 전쟁에 대한 반성 등으로 세계 평화와 안정을, 그리고 국가 간의 협조를 지향하는 움직임이 국가와 민간에서 생겨나 군축의 노력과 함께 국제연맹을 비롯한 국제기구와 태평양문제조사회IPR 같은 민간 기구가 나타났다.

1920년대에는 사회주의, 민족자결주의, 내셔널리즘, 민주주의, 평화주의 등 20세기를 관통하는 현상과 사상이 나타났으며, 사회생활에서도 변화가 일어났다. 가령 과학기술의 발달로 라디오 같은 새로운 미디어가 등장하여 효율과 속도를 중시하는 풍조와 함께 대중문화의 상징인 (가수와 영화 등의) '스타'가 나타났다. 도쿄에 지하철이 개통되고 자동차가 등장한 것도 이 시기였다. 이러한 새로운 라이프스타일을 제공한 것은 세계경제의 견인차가 된 미국이었다. 미국은 대량생산 체제로 대중 소비사회 모델을 세계에 제공했다.

'대중사회'의 출현과 같은 사회 변화와 세계전쟁에 대한 경험 사이에는 일정한 관계가 있다. 예를 들면 국민과 국력 전체를 총동원한 총력전에서 국가는 경제활동과 함께 국민의 일상생활에까지 손을 뻗쳤고, 국민에 대한 지배와 동원에서 국민의 지지를 구했기 때문에 국민에게 참정권을 부여하거나 복지국가의 역할을 담당했던 것이다.

2. 동아시아의 1920년대

동아시아의 1920년대도 이러한 세계사의 한 장면 속에 있었지만, 지역적인 특색도 나타났다. 동아시아에는 영국과 프랑스를 중심으로 유럽 제국의 식민지가 19세기에 건설되었고, 식민지가 되지 않은 중국에도 열강이 다양한 이권을 설정했다. 중국은 1890년대 후반에 분할 현상이 나타났지만, 동남아시아는 태국을 제외한 지역에서 1910년대에 유럽에 의한 식민지 분할이 이루어졌다. 이 시기에 동아시아의 식민지화 과정이 완료되었다. 1910년대에 발발한 1차 세계대전은, 총체적으로 보면 유럽 각국의 동아시아에 대한 관심을 퇴색시켰을 뿐 아니라 유럽 경제가 침체된 반면 전쟁 수요로 식민지와 중국이 민족산업을 부흥시키는 계기가 되었다. 이로 인해 자유주의, 민족주의, 민주주의 등의 사상이 확산되었다. 예를 들어 윌슨의 14개조는, 아시아를 포함한 민족자결론을 제창했는지의 여부와 별개로, 식민지화 과정이 막 끝난 동아시아에서 민족자결권 행사를 요구하는 독립운동으로 이어졌다. 또 사회주의 사상, 코민테른의 활동 등은 쑨원을 비롯한 동아시아의 정치가와 독립운동가 들에게 영향을 미쳤다.

이러한 동아시아의 1920년대를 보는 데 주의해야 할 점은 두 가지다. 첫째, '근대(모더니즘)'의 특징으로도 불리는 여러 사상과 내셔널리즘 간의 관계다. 이는 민주주의 또는 민본주의든 사회주의든 마찬가지다. 이

사상들과 이를 주창하는 조직과 사람 들은 내셔널리즘에 직면했을 때 어떤 입장이었을까? 국권회복운동에 대해 현지 사회의 요청에 따르려고 한 것인가, 아니면 '문명'과 '진보'라는 이름으로 그러한 제도의 필요성을 주장한 것인가? 이는 1920년대와, 동아시아가 전쟁의 시대로 들어가는 1930년대를 연결하는 중요한 논점이다.

둘째, 식민지 문제다. 많은 지역이 서양과 일본의 식민지였던 동아시아에서 이 논점은 중요하다. 먼저 첫째 논점과 관련하여 식민지의 내셔널리즘이 종주국과 식민지 간의 관계에서 어떤 위치에 있었는가라는 점이다. 또 이른바 '식민지 근대'를 어떻게 이해할 것인가라는 점도 있다. 일본의 역사를 보면, 1910년대에서 1920년대 중반은 다이쇼 데모크라시라 불리는 시기였고, 1925년에는 남성 보통선거법이 제정되었다. 일본에서 보통선거법과 치안유지법이 동시에 제정된 것에 대해 많은 문제 제기가 있다. 그러나 다이쇼 데모크라시라 불리는 시기에 타이완에서 전개된 의회 설치 요청은 거부되는 등 식민지의 정치적 권리 요구와 청원운동은 대부분 좌절되었다. 그렇다면 식민지에 참정권을 부여하지 않은 것은 어떻게 정당화될 수 있는가. 또 민본주의를 표방하며 다이쇼 데모크라시를 찬양했던 사람들은 식민지에서 데모크라시가 꽃피지 못한 것을, 또는 꽃피지 못하게 한 것을 어떻게 이해했을까?

국제정치사적 측면에서, 보면 1910년대 말 동북아시아는 러시아의 위협이 일시적으로 후퇴하고, 스탈린 체제의 소련 혹은 코민테른의 영향력이 커지고 있었다. 그리고 영국은 상대적으로 그 지위가 하락했음에도 여전히 최대의 이권 보유자이자 국제 공공재의 제공자였다. 여기에 미국과 일본이 주요 세력으로 대두했다. 이러한 의미에서 1920년대의 동아시아 국제정치는 새로운 국면을 맞았다. 19세기 말부터 식민지 제국이 된 일본은 세계 5대국의 하나로 꼽히게 되었고, 동아시아와 태평양에서 세력을 떨치게 되었다. 아울러 워싱턴회의의 여러 조약을 통해 해군 군축 등의 세력 균형 원칙과 (중국의 보전을 전제로 한) 중국 시장의 문호개방, 기회 균등 원칙에 기초한 워싱턴체제가 미국, 영국, 일본 등의 열강 사이에 형성된 것도 이 시기의 특징이다.

한편 경제사적인 측면에서는 1차 세계대전기에 유럽계 기업의 활동이 후퇴하고, 동아시아 지역의 민족산업이 발흥하여 수익이 크게 증가한 것으로 알려졌다. 일본계 기업은 중국뿐만 아니라 동남아시아 등으로도 진출했다. 1920년대 이후 유럽계 기업이 실적을 회복하자, 아시아의 기업들은 불황을 맞이하게 되었다. 또 노동임금 등의 영향으로 가격경쟁을 견디지 못한 일본의 방적업은 잇달아 중국으로 진출하여 현지 생산을 개시하여 서양 기업뿐만 아니라 중국의 민족산업과도 경쟁했다. 1차 세계대전 후 일본계 기업은 동남아시아에서 철수하지 않았기 때문에, 1920년대 이후의 동남아시아(당시에는 동남아시아라는 개념이 없었기에 '남양' 또는 일본이 위임통치한 남양제도, 즉 내남양內南洋과 구별하여 외남양外南洋으로 불렸다)에서는 일본, 영국, 네덜란드 등이 통상 혹은 자원 획득을 둘러싸고 경쟁하게 되었다.

3. 윌슨의 14개조와 내셔널리즘

1차 세계대전이 종결되기 전인 1918년 1월, 윌슨 미국 대통령은 연방의회에서 14개조의 평화원칙을 제창했다. 이는 독일의 항복을 촉구하는 강화의 메시지였고, 다가올 강화회의를 염두에 두고 이념적 원칙을 천명한 것이었다. 또한 1917년 11월 러시아혁명 이후 소비에트 정권이 제시한 '평화에 관한 포고'에 호응한 것이라고도 한다.

1차 세계대전이 종결되자 윌슨이 제창한 원칙들은 국제연맹 창설, 오스트리아-헝가리 제국과 오스만튀르크 제국의 해체 후 여러 나라의 독립과 자치 등의 실현으로 이어졌다. 동아시아와 윌슨의 14개조에 대해 고려할 때, 여기에 포함된다고 여겨진 민족자결 원칙 또는 자유·해방의 원칙이 식민 통치하의 지역과 열강의 침략에 시달리던 여러 민족의 독립·저항운동과 어떤 관계가 있는가에 대해 언급해야만 한다. 여기에는 유의할 점이 있다.

첫째, 윌슨의 사상이 보편성을 띤다는 점은 인정되지만 그 정책의 기조는 전통적인 먼로주의에 있었고, 윌슨 정권기의 미국은 아메리카 대륙 내에서 벌어진 국가 또는 지역 분쟁이나 쟁의에 군사개입을 거듭했기 때문에(篠田 2010), 민족자결 원칙이 아메리카 대륙이나 카리브해 국가에도 적용된다고 말하기 어렵다는 점이다.

둘째, 14개조 중 제5조의 내용이 반드시 완전한 민족자결을 제창하는 것은 아니라는 점이다. 그 문구는 "식민지에 관한 모든 청구의 자유롭고 유연하며 절대적으로 공평한 조정. 그에 임해서는 주권에 관한 모든 문제의 결정에 당사자인 주민의 이해가 법적 권리의 결정을 가진 정부의 정당한 청구와 동등한 중요성을 지닌다는 원칙에 기초한다"라고 되어 있다. 이는 적어도 '평화에 관한 포고'보다는 1차 세계대전의 전후 처리를 염두에 둔 현실적인 입장 표명이었고, 혹은 다소 온건한 세계의 보편적 이념이었다. 즉 오스트리아-헝가리 제국의 해체 후 또는 오스만튀르크의 해체 후 그 지역들의 독립에 '한정적으로' 적용한 데 불과했던 것이다.

그럼에도 윌슨이 제창한 논의는 소비에트 정권의 포고와 함께 아시아의 민족운동을 고취시켰고, 식민 통치 국가에게는 통치 방식을 되돌아보게 하는 계기가 되었다. 일본이 식민지 통치를 문화통치로 전환하고 중국에 대한 문화사업을 중시한 것도 1920년대의 특징이었다.

4. 국제·비국제 조직과 '문화'

1920년대에는 다양한 국제조직이 만들어졌다. 국제연맹 같은 국가 간 조직뿐만 아니라 IPR(Institute of Pacific Relations, 태평양문제연구회) 같은 민간 조직도 존재했다. 이러한 무대에서는 군축 및 평화와 함께 위생, 의료, 마약, 노동, 아동, 여성 등에 관한 문제와 지적 교류가 논의되었고, 때로는 글로벌 거버넌스가 형성되는 제도도 마련되었다. 여기에는 영국을 중심으로 한 유럽 각국과 함께 미국이 주도적인 역할을 담당했으며, 동아시아에서는 일본이 존재감을 드러냈다. 국제연맹에서도 일본은 이사회의 상임이사국이 되었다.

일본 외에도 아시아에서는 중국, 태국, 페르시아(이란) 등이 독일에 대한 강화조약인 베르사유조약 제1조, 또는 오스트리아에 대한 강화조약인 생제르맹조약 제1조에 따라 원原가맹국으로서 국제연맹에 참가했다. 국제연맹에는 1차 세계대전 후에 독립한 동유럽의 국가들도 가입했지만, 동아시아의 경우 세계대전 이후 새롭게 독립한 나라가 없었음에도 동아시아 각국의 국제연맹에 대한 기대는 비교적 높았다. 물론 윌슨주의에 근거한 기대도 있었지만, 각국의 외교 당국은 불평등조약과 '정의'에 어긋나는 열강의 행위를 규탄할 수 있을 것이라고 기대했던 것 같다. 하지만 창설 직후 국제연맹에서 페르시아가 러시아와 영국의 '침략'을 규탄하려다 실패하자, 중국도 산둥 문제와 21개조 요구를 둘러싼 여러 문제를 국제연맹에 제기하는 것을 단념했다(川島 2004). 국제연맹이 반드시 '이상'을 구현하는 기구가 아님을 알았을 것이다.

또 국제연맹에는 상임이사국과 비상임이사국 등이 있어 종래의 1등국, 2등국 같은 서열이 그대로 채택되었다. 그러나 '만장일치' 원칙을 채택했다는 점도 있었고, 아시아 나라들에게도 일정한 지위와 권리를 보장하여 최고기관인 총회에서 주권국가로서 한 표를 행사할 수 있었다. 동아시아 각국에게는 국제연맹이 국제적 지위의 상승(의 느낌)을 보여주는 무대로 작용한 면도 있었다. 중국도 이사회의 비상임이사국 선거에 즈음해서 '지역(아시아주 등의 '주洲') 구조'를 채용해달라고 요구했고, 이것이 받아들여져 아시아 국가 중에서 선출하는 비상임이사국이 되었고, 때로는 이사회 의장을 (돌아가면서) 맡게 되었다. 중국에서는 이것이 국제적 지위의 상승으로 받아들여졌다.

이 외에 국제연맹에는 적지 않은 하부기구가 만들어졌다. 이 기구들은 위생과 마약 단속 등 이후 글로벌 거버넌스라고 불리는 영역에 집중되었다. 1925년에는 싱가포르에 극동전염병정보국이 설치되었다(飯島 2009). 이러한 조직에는 식민지 대표(대부분 식민지 총독부의 구성원)가 참석하는 경우도 있었다.

1920년대는 '문화'가 강조되어 국제기구와 민간 조직이 활발하게 문화를 교류한 시기이기도 했다. '문화'의 중시는 전쟁보다 평화와 상호이해를 중시하고, 분쟁과 대립을 미연에 방지해달라는 시대의 요구에 따른 것이었다. 다만 여기에서 '문화'에는, 한편으론 자유·민주·평등 등의 보편가치를 포함하여 이를 넓히려는 동력이 있었던 반면, 다른 한편으론 문화에 국가와 지역의 개별적 가치를 담아 교류를 촉진함으로써 상호 융화 또는 대외선전이나 침투를 도모하려는 측면이 있었다.

실제 문화를 통해 보편가치를 주장할 경우, 그 근대적 가치에 대한 발언권은 '문명국'에 유리했다. 이 때문에 국제관계의 맥락에서 강조된 문화는 한편으로 국가 간 혹은 종주국과 식민지 간의 위계를 강화하는 역할도 했다. 그리고 식민지에서는 군사력 같은 강권強權에 의한 통치가 아닌 '문화적' 통치가 행해질 때에도, 결국 '문화의 차이'를 발생시켜 이후에 '문화의 강요', '문화의 충돌'에 이를 가능성도 내재해 있었다(平野 1984). 1930년대가 되면 전쟁 수행 과정에서 문화는 오히려 지배를 내면화하여 타자를 포섭함과 동시에 타자와의 경계를 극명하게 하는 장치가 되었다.

5. 위임통치와 식민지

1차 세계대전의 결과 독일, 오스트리아-헝가리, 오스만튀르크 등의 제국이 해체되었고 러시아제국도 무너졌다. 그 결과 유럽 등에는 새로운 국가가 탄생했으며, 유라시아에는 소비에트연방이 1922년에 성립되었다. 한편 독일의 해외 식민지와 오스만튀르크령인 중동은 각국의 독립이 인정되지 않고 승전국에 의해 분할되었다. 다만 윌슨 미국 대통령이 반대하면서 식민지가 아니라 국제연맹에서 위임한 위임국이 국제연맹의 감독 아래 통치하는 위임통치령이 되었다. 위임통치령은 해당 주민의 자치능력에 따라 A, B, C 세 등급으로 나뉘었다. 독립에 가장 가까운 A에는 시리아 등의 중동 지역, B에는 아프리카의 독일령(남서 아프리카 제외), C에는 태평양의 독일령 뉴기니와 서西사모아가 포함되었다.

이중 동아시아에 관련된 것은 독일령 뉴기니와 서사모아일 것이다. 이 지역은 적도를 경계로 북쪽은 일본, 남쪽은 오스트레일리아에 위임되었다. 일본은 캐롤라인제도, 마셜제도, 마리아나제도(괌 제외)를 위임통치하게 되었다(等松 2007). 괌을 영유하고 이미 해당 지역에 기득권을 가지고 있던 미국은 일본의 위임통치에 난색을 표했다. 또 미국이 국제연맹에 가입하지 않았기 때문에, 일본은 별도로 태평양의 위임통치 제도諸島에 관한 미일조약을 1922년에 체결하여 일본이 미국의 기득권을 승인하는 대신에 미국도 일본의 위임통치를 인정하게 되었다. 일본은 같은 해 팔라우제도의 코로르섬에 남양청南洋廳을 설치하고 통치를 실시했다. 따라서 일본이 획득한 '남양'은 오늘날 남중국해의 동남아시아가 아닌, 남양청이 통치하는 태평양에 있는 섬들을 지칭하는 것이었다. 그래서 전자는 외남양, 후자는 내남양으로 불리게 되었다.

일본의 통치는 비교적 안정적이었다고 여겨지지만, 1930년대의 만화 《모험 단요시冒險ダン吉》에서 묘사한 바와 같이, 어디까지나 일본이 미개 지역에 문명을 가져다준다는 관점에서 이루어졌다. 경제 개발의 측면에서도 설탕왕沙糖王으로 불린 마쓰에 하루지松江春次가 이끈 국책회사인 난요코하츠南洋興發 등이 사탕수수 농장과 설탕 정제공장을 설립했으며, 오키나와 등에서도 많은 이민자들을 받아들여 1930년대에는 일본인 인구가 현지 인구를 상회하게 되었다(歷史學研究會編 2006).

국제연맹이 감독한다는 문구에도 위임통치는 실질적으로 식민 지배와 다름없었고, 실제로 태평양의 여러 지역의 독립은 2차 세계대전 뒤로 미뤄졌다. 다만 위임통치 제도로 식민지가 장래에는 독립한다는 이정표가 세워졌고, 또 식민 지배라는 명칭이 붙은 지배를 새롭게 시작하기가 어려워진 것도 명백한 사실이었다.

6. 베르사유·워싱턴체제와 동아시아

1919년 파리 강화회의에서 패전국 독일에 대한 베르사유 강화조약이 체결되어 유럽에 새로운 질서가 형성되었다(베르사유체제). 이 회의에서는 중국에서 독일이 갖고 있던 이권의 일부(산둥 이권)가 일본에 이전되었다. 그러나 중국은 이에 불복하여 강화조약의 조인을 거부했고, 1921년 독일과 단독으로 강화조약을 맺었다. 이 때문에 21개조 요구와 산둥 권익을 둘러싼 문제가 과제로 남게 되었다. 또 미국에서도 베르사유조약에 대한 비준이 의회에서 통과되지 않았고, 1921년에 갱신 시기를 맞은 영일동맹의 파기 및 중국 내 새로운 질서 구축이 과제로 떠올랐다.

이를 배경으로 1921년 말부터 1922년 초에 걸쳐 워싱턴회의가 개최되었다. 여기에서 중국을 둘러싼 9개국 조약, 해군 군축에 관한 5개국 조약, 태평양에 관한 4개국 조약 등이 체결되었다. 4개국 조약에서는 제4조에 영일동맹의 '종료'를 명문화했다. 일반적으로 이 워싱턴회의에서 체결된 여러 조약에 따른 미국, 영국, 일본의 협조체제를 워싱턴체제라고 부른다(服部 2001). 중국을 둘러싼 9개국 조약에는 베이징 정부도 조인했지만, 거기에는 중국에서의 기회 균등·영토 보전 등 의화단 사건 전후에 미국이 발표한 두 차례에 걸친 문호개방 선언 내용과 베이징 의정서 당시의 합의 사항이 다시 담겼다. 또 중국 시장에서 열강 간의 협조를 원칙으로 한다는 점에서, 1910년대에 이권 확대를 목표로 삼은 일본을 견제하는 측면이 있었다. 그러나 시데하라 기주로幣原喜重郎 외상은 기본적으로 기존의 권익을 지키면서 미국 및 영국과 협조하며 경제 이익을 확대하는 것을 목표로 삼았다.

한편 워싱턴체제는 중국의 조약 개정도 고려했다. 워싱턴회의에서 산둥 권익과 21개조 요구와 관련된 문제들에 대해 일정한 해답이 제시되었고, 9개국 조약에서도 관세자주권 회복을 향한 이정표가 세워졌다. 다만 워싱턴체제의 중국 관련 부분은 영국, 미국, 일본 또는 중국에서의 권익을 가진 열강의 협조가 중요했기 때문에, 중국의 조약 개정을 지지한다는 요소에 중점을 두지는 않았다. 이 때문에 이 체제는 베이징 정부의 조약 개정, 또는 국민당의 혁명외교를 적극적으로 지원하지 않았고, 오히려 중국의 내셔널리즘이 이 체제의 저해 요인으로 간주되었다.

또한 이 체제에는 소련 및 중국과 평등조약을 체결한 독일은 포함되지 않았다(독일은 뒤에 9개국 조약 가맹). 더욱이 9개국 조약이 비준되어 효력이 발생한 때는 1925년이었다. 비준서 교환이 늦어진 요인의 하나는 의화단 배상금의 지불 방법을 둘러싼 갈등 때문에 프랑스가 비준에 응하지 않았기 때문이다. 이로 말미암아 관세자주권 회복에 관한 회의 개최가 늦어졌다. 그 사이에 베이징 정부는 재정이 파탄나면서 워싱턴회의에 대표를 파견할 수 없었고, 9개국 조약의 구속을 받지 않는 광둥 정부가 북벌에 성공했다(川島 2010).

중국을 둘러싼 열강 간의 관계를 보자. 1920년대 영국과 일본의 관계를 다시 보면, 동맹은 파기되었지만 '동맹의 잔재'라고 부를 만한 점은 많았다. 하지만 중국에서 이른바 시데하라 외교 아래 있는 일본이 영국과 전적으로 협조했던 것은 아니었다. 시데하라는 어떤 문제가 있어도 중국에 군대를 파견하려 하지 않았기 때문에, 전통적인 포함砲艦외교를 1920

년대 중반까지 지속하던 영국과 협조하지 않은 면도 있었다. 또 평화로운 방법으로 중국에서 경제 이익을 늘리겠다는 시데하라의 자세는 영국과 경제적으로 경쟁할 가능성도 지니고 있었다. 다나카 기이치田中義一 총리 시대가 되면서 일본군이 산둥에 출병하자, 5·30사건 등으로 영국은 자신들에게 향하고 있던 내셔널리즘의 예봉을 일본으로 향하도록 유도하는 데 성공했다(後藤 2000).

미국과 일본의 관계로 눈을 돌려보면 중국 시장을 둘러싼 협조는 어느 정도 나타났지만, 태평양을 건너는 일본인 이민자들에 대해 미국이 1924년에 배일이민법을 제정하면서 양국 간의 대립은 깊어졌다. 일본의 불만은 이민 자체를 금지한 점, 아울러 이미 이민이 금지된 중국인을 비롯한 아시아인과 일본인을 같은 범주로 취급하고 있다는 점이었다(Hirobe 2001; 蓑原 2002).

7. 코민테른과 '동방'

윌슨의 민족자결주의의 영향을 받은 것으로 보이는 파리 강화회의와 국제연맹에서도 세계 각지의 지식인들이 기대했던 식민지의 독립은 장래의 문제로 남겨졌다. 1919년 모스크바에서 러시아 공산당의 지도 아래 탄생한 코민테른은 이듬해에 제2회 대회를 페트로그라드와 모스크바에서 개최하여 '민족·식민지 문제에 대한 테제'를 채택했다. 식민지를 둘러싼 문제는 제2인터내셔널에서 논의되었다. 카를 카우츠키Karl Kautsky의 식민지 포기론, 식민지에 문명화를 시행하여 사회주의화해야 한다는 헨드리크 판 콜Hendrik van Kol의 사회주의적 식민지 정책론 등이 논의되었던 것이다. 코민테른 테제는 후자를 계승한 것처럼 보이지만, 제국주의에 대한 민족해방론과 식민지 문제를 연계한 점에서 차이가 있다(하지만 실제로는 콜의 정책이 채택된 면도 있다)(歷史學硏究會編 2006). 이러한 식민지를 둘러싼 이론과 이념은 현실적 측면을 고려하면서 동아시아에 적용되었다. 세계혁명을 꿈꾸는 레닌에게는 동아시아와 동방이 홀로 존재할 수 없었던 것이다. 레닌의 세계관은 유럽과 미국, 유럽의 동방, 그리고 반半식민지와 식민지로 분류되었다. 코민테른 제2회 대회에서도 개별 지역의 독자성을 인정하지 않았다. 그래서 인도의 로이Raja Ram Mohan Roy 등과 민족 부르주아지 정책을 둘러싸고 논쟁이 벌어졌다(栗原 1998).

하지만 스탈린은 1925년에 "전체를 포괄하는 단일 식민지인 동방은 이제 세계에 없다"면서 '반식민지와 식민지' 지역을 모로코, 중국·이집트, 인도로 세분화하고 각각의 개별 임무를 재설정했다. 이것이 스탈린의 일국 사회주의적 경향을 반영한 것임은 말할 필요도 없다. 실제 코민테른 제5회 대회에서도 더욱 세분화된 '구체적인 임무'가 '개별적으로' 설정되었다. 중국, 한국, 몽골, 인도네시아, 인도, 터키, 이란, 팔레스타인, 이집트의 각 공산당에 개별적으로 임무가 배정되었다. 1928년에 열린 제6회 대회에서도 국가와 지역을 고도의 자본주의 국가, 중간의 자본주의 발전 국가·지역, 식민지·반식민지국, 종속국 등으로 분류하여 개별적으로 과제를 설정했다(加藤 1991).

이와 같이 국가와 지역화의 과제 설정에서 동방·식민지에서 특히 중시된 곳은 중국이었다. 이는 코민테른의 예산이나, KTUV(동방노력자공산대학)에 다니는 중국 유학생 등의 측면에서도, 또 사람을 직접 중국에 파견하여 지도하려 했다는 점에서도 명확히 드러났다(栗原 1998). 코민테른이 중국에 미친 영향에 대해서는 이후에 자세히 서술하기에 여기서는 생략한다. 다만 중국에 대한 관여는 코민테른뿐만 아니라 러시아 공산당 외교인민위원부를 통해서도 이루어졌으며, 기본적으로 혁명 지도와 함께 소비에트 러시아·소비에트연방 국익의 최대화라는 노선에서 전개된 점, 또 1927년 4월 장제스張介石의 반공反共 쿠데타에서 보이듯이 코민테른의 관여에 대한 반발이 중국에서 상당히 컸던 점을 유념해야 한다.

한편 동남아시아와 같이 (코민테른의 입장에서) 멀리 떨어진 곳에서는 코민테른이 직접 지도하기보다는 기본적으로 KTUV 출신의 현지 지도자가 독자적으로 판단하여 혁명을 지도할 것이 요구되었다. 1920년대에는 인도네시아, 말레이시아, 태국, 필리핀 등에서 모스크바로 유학을 왔는데, 네덜란드 사회주의자의 영향을 받아 창시된 인도네시아 공산당을 예외로 하면 동남아시아의 공산당은 이들 모스크바에서 배운 유학생들이 만든 것이라 할 수 있다(吉田 1992).

1920년대에 코민테른이 중국에 거점을 만드는 과정에서 동남아시아도 하나의 전략적 요충지가 되었다. 코민테른의 동방정책을 담당했던 보이친스키Grigori Voitinsky는 블라디보스토크에서 상하이, 광저우, 홍콩, 태국, 말라카, 자바에 이르는 서태평양 지대의 조직적 활동의 중요성을 제기했다(栗原 2002). 코민테른과 중국 광저우의 광둥 정부의 관계가 긴밀해지자 호찌민은 코민테른에서 파견된 보로딘Mikhail Borodin 고문의 수행원으로 광저우에 머물면서 베트남 민족주의자들을 결집하여 장래의 공산당 지도자가 되도록 훈련시켰다. 모스크바에서 중국을 경유하는 혁명 수출의 통로가 형성된 것이다. 이 통로는 중국 공산당의 움직임으로도 나타났다. 중국 공산당은 마닐라에 지부를 설치했으며, 말레이시아에서는 중국 공산당 지부가 말레이시아 공산주의 운동의 거점이 되었다. 1920년대 후반에 이르면 중국 공산당과 인도차이나 공산주의자들의 관계도 밀접해져, 이후 중국 남부에서 동남아시아 각지를 잇는 공산주의 네트워크가 형성되었다.

이 네트워크와 코민테른을 연결한 것은 광둥에 파견된 보로딘 일행만이 아니라 1921년 상하이에 설치되어 '극동제국과 태평양'을 관할한 극동국, 1921년에 상하이, 홍콩, 싱가포르에 설치된 코민테른 국제연락부OMS의 거점 등이었다.

그러나 코민테른의 동남아시아에 대한 이해는 제한적이었고 의사소통에도 한계가 있었다(필리핀 공산당은 예외였다). 예를 들면 코민테른 제5회 대회에서는 앞에서 서술한 바와 같이 개별적으로 과제 설정이 이루어졌음에도, (중국이 그렇듯이) 비非프롤레타리아 세력과 연대를 모색할 때,

인도네시아 공산당이 급진적인 노선을 채택했기 때문에 양자는 타협할 수 없었다. 이 과정을 거쳐 인도네시아 공산당은 1926~1927년에 무장봉기를 일으켜 탄압을 받았다(歷史學硏究會編 2006). 또 프랑스령 인도차이나에서는 코민테른이 여러 민족주의적 좌파세력을 베트남 청년혁명동지회를 중심으로 인도차이나 공산당으로 통합하려 했다. 그러나 1930년에 호찌민이 홍콩에서 코민테른의 지시라기보다는 '자율적인 판단'에 따라 여러 당파를 결집하여 베트남 공산당을 결성했다. 코민테른의 입장에서 보면 '베트남'이라는 지역 명칭을 따름으로써 민족주의적 경향을 띠는 것도, 그 간략강령簡略綱領에 있는 (코민테른이 내놓은 것보다도) 폭넓은 계층을 규합하려는 자세도 (인도차이나 공산당과는 다른 의미에서) 적합하지 않았다. 하지만 모스크바에서 코민테른 집행위원회의 문서를 가지고 귀국한 쩐푸의 지도로 베트남 공산당이라는 이름은 효력을 상실하고 인도차이나 공산당으로 개칭되었다. 이 개칭은 코민테른의 의향에 맞춘 점도 있었지만, 쩐푸의 '자율적 판단'에 따른 것이라는 해석도 있다(吉田 1995).

8. 소비에트연방 수립과 시베리아

러시아혁명이 시베리아 지방에 파급되자, 무력분쟁이 발생했을 뿐만 아니라 혁명에 반대하는 백계白系 러시아인들은 만주 등으로 도망쳤다. 당초 중국의 베이징 정부는 제정 러시아를 지지했지만, 혁명으로 인한 혼란은 시베리아와 중앙아시아를 거쳐 신장, 몽골, 만주에까지 미쳤다.

러시아혁명을 거쳐 수립된 소비에트 정권은 1918년에 브레스트-리토프스크조약을 체결하고 단독으로 협상국에서 떨어져나갔다. 같은 해 5월 체코슬로바키아군이 반란을 일으킨 결과, 각국은 러시아 내의 움직임에 간섭할 구실이 생겼기 때문에 미국, 영국, 일본, 프랑스, 중국, 이탈리아 등 6개국 군대가 시베리아로 출병했다. 병력 수에서 보면, 일본군이 압도적으로 많았다. 중국은 1917년에 1차 세계대전에 참전했고, 4000명 정도의 병력을 시베리아로 보냈다.

몽골에서는 신해혁명 전후로 남북의 정치적 입장이 달라 1911년에 러시아를 등에 업은 외몽골에서 복드 칸 정권이 수립되어 독립을 선언하고 티베트와 연계하거나 내몽골을 병합하려 했다. 그러나 1915년에 러시아와 중화민국 베이징 정부는 캬흐타협정을 체결하여 러시아는 중화민국의 외몽골에 대한 종주권을 인정하고, 중화민국은 외몽골의 자치권을 승인했다. 이는 몽골의 독립이 취소된 것을 의미함과 동시에 러시아의 외몽골에 대한 영향력을 중화민국이 용인한 것이었다. 러시아혁명이 일어나자, 중화민국은 러시아의 영향 아래 있던 외몽골에도 군대를 파병하여 자신들의 영향력 아래 두었다(川島 2010). 그 후 중국군은 내전에 힘을 쏟느라 몽골을 떠났고, 그 대신 러시아의 백군과 적군이 몽골에서 싸웠지만, 최종적으로는 적군과 연결된 초이발산 등의 몽골인민혁명단이 승리하여 1924년에 몽골인민공화국이 건설되었다.

시베리아에 출병했던 미국, 영국, 프랑스, 중국, 이탈리아 5개국 군은 정세가 불리해지자 1919년부터 1920년 초에 철수했다. 그렇지만 일본군은 조선과 북만주에 대한 과격파의 위협을 방지한다는 새로운 목표를 내걸고 병력을 잔류시켰다. 1920년 3월 니콜라옙스크에 빨치산군이 들어와 일본군과 전투를 벌였다. 빨치산군은 처음에는 우세했지만 열세에 몰리자 5월에 철수하면서 일본인 거류민들을 살해했다(니콜라옙스크 사건). 일본은 이에 대한 보복으로 그해 7월에 북사할린을 점령했다(1925년 1월 일·소 기본조약 체결 후 5월에 철수). 한편 소비에트 정권은 일본군과 직접적인 충돌을 피하기 위해 극동공화국이라는 완충 국가를 건설했지만, 1922년 10월에 일본군이 시베리아에서 철수하자 러시아공화국의 일부로 통합했다(田中·倉持·和田編著 1997).

1922년 말 러시아, 우크라이나, 벨라루스, 자캅카스의 네 공화국이 소비에트연방(소련)의 결성을 승인했다. 소련은 사회주의라는 새로운 이념을 내세우며 기본적으로 러시아제국의 판도를 계승했다. 러시아혁명 발발부터 소련이 수립되는 과정에서 공산주의 사상이 동아시아로 전파됨과 동시에 카라한 선언으로 제정 러시아 때 이루어진 불평등조약이 철폐되자, 이에 대한 이상이 고취되어 중국의 내셔널리즘을 강하게 자극했다. 또 코민테른 등과 함께 동아시아 각지의 '반제국주의 운동'과 '독립운동'을 지원했다. 그러나 소련은 제정 러시아가 동아시아에서 가지고 있던 특권들의 포기를 선언하면서도, 외교 교섭의 현장에서는 그러한 자세를 보이지 않았다.

유럽의 각국이 소련을 승인하는 가운데 동아시아의 중국과 일본은 승인에 신중했다. 중국은 소련이 만주 등지에서의 이권을 포기하지 않으려는 데 부담을 느끼면서도, 1924년에 간신히 소련과 협정을 체결했다. 이 조약은 비밀로 이루어졌기 때문에 많은 사람들은 소련이 조약특권을 포기한 것으로 인식했다. 일본은 1925년 1월에 일·소 기본조약을 체결했다. 이러한 일련의 과정을 통해 베르사유체제와 워싱턴체제에 참여하지 않은 소련이라는 새로운 세력이 공산주의 운동을 표방하면서 동아시아에 재등장했다.

또 소련은 1920년대 중반부터 시베리아에서 농업의 집단화를 추진했다. 이 과정에서 빈곤했던 조선계 주민들은 안정된 생활을 할 수 있었지만, 한편으로 자신들의 의사와 관계없이 강제적으로 콜호스(집단농장)에 들어가 물자와 기구 등 분배 면에서 러시아인보다 낮은 대우를 받았다. 1930년대에 조선계 주민들은 부농 또는 일본의 스파이 등으로 몰려 중앙아시아로 강제이주되었다(岡 1998).

9. 소비에트연방 수립과 중앙아시아

러시아혁명은 중앙아시아에도 큰 영향을 미쳤다. 러시아의 통치 이완뿐만 아니라 혁명사상의 전파, 그리고 혁명에 참여하지 않은 백계 러시아인의 이주 등 러시아인 커뮤니티에도 변화가 생겼던 것이다.

1차 세계대전 중에 중앙아시아에서는 유럽의 전화를 피하기 위해 러시아의 공장 시설과 러시아인 노동자들이 흘어져 들어와서 중공업 부문이 발전했다. 이러한 경향은 전후에도 계속되었지만, 그 담당자는 러시아인들로 현지인과는 거리가 있었다. 또 러시아 정부는 40만 명의 노동자를 징용하려 하면서 현지 사회와 대립했고, 러시아인이 살해되는 사건이 발생하곤 했다. 러시아는 이 사태를 군사력으로 진압하여 많은 무슬림들이 동투르키스탄(신장)으로 피신했다. 이 과정에서 러시아제국의 통치는 뿌리부터 흔들렸다(間野外 1992).

1917년 2월 혁명 이후 중앙아시아와 캅카스의 무슬림들은 모스크바에서 전全러시아 무슬림 대회를 개최했다. 이 자리에서 카자흐스탄과 투르키스탄의 대표들은 연방 내 자치를 요구해서 승인을 받았다. 이 대회는 러시아 임시정부에 대해 민족적·지역적 연방제에 기초한 다수의 민주자치공화국을 요구했다. 10월 혁명을 거친 1917년 11월, 레닌과 스탈린이 '동방의 모든 무슬림 노동자'들에게 혁명정권으로서 호소하는 내용을 발표했다. 여기에서는 무슬림의 종교적·민족적 권리를 보장했다. 그러나 투르키스탄에 수립된 소비에트 정권은 현지의 무슬림과 거리를 두었고, 1918년에는 무슬림이 투르키스탄 자치정권을 만들어 소비에트 정권과 대립하는 국면에 들어가는 등 중앙아시아에서 소비에트 정권은 어디까지나 러시아인 사회 위에 수립된 것에 불과했다(小松 1996).

이후 소비에트 정권 측에 자치를 요구하는 운동이 투르키스탄에서 격화되어(바스마치운동), 1924년에 소비에트 정권 측이 승리할 때까지 중앙아시아는 내전 상태가 되었다. 이 과정에서 소비에트 정권은 무슬림 측에 양보하여 무슬림 코뮤니스트를 양성했다. 그들의 대부분은 무슬림 지식인의 개혁운동인 자디드운동으로 육성된 젊은 지식인이었다. 그러나 그들은 대러시아주의를 비판하고 자립적인 길을 모색하려고 했으며, 소비에트 정권에도 동조하지 않았다. 그러나 최종적으로는 소비에트 정권의 의도대로 통치가 재편되었다. 1차 세계대전부터 1920년대 중반까지 중앙아시아는 러시아의 통치가 이완되면서 다양한 정치적 가능성과 사상이 나타났지만, 최종적으로는 소비에트 정권으로 재통합되고 말았던 것이다(間野外 1992).

1922년에 소비에트연방이 수립되자 중앙아시아에는 '민족'별 공화국이 들어섰다. 하지만 이는 민족자치 이념에 기초한 실질적 민족 분포를 반영한 것이 아니라 러시아 공산당 중앙의 결정에 따른 투르키스탄 내셔널리즘의 분열을 도모한 것이었다. 바슈코르토스탄, 타타르, 카자흐 등의 각 자치공화국에서는 러시아인이 현지 민족의 인구보다 많거나 그에 필적하는 상황이었다. 투르키스탄은 1924년에 우즈베크, 타지크, 키르기스, 투르크멘, 카자흐 등으로 민족의 경계가 이루어졌지만, 이는 민족 개념과 인식이 불명확한 상태에서 실시되었으므로 실태를 반영한 것이라 할 수 없었다. 각각의 공화국에서는 서로 다른 국어가 제정되었고, 당 조직은 일원적으로 중앙에 연결되었다. 그것은 언어나 소수민족 집단이 혼재하고 왕래가 활발한 중앙아시아에 다양한 경계와 장벽이 설치된 것을 의미했다(間野外 1992).

1920년대 중반 이후 소련 중앙에서 '낙후된' 지역들로 간주되던 중앙아시아에도 사회주의 건설이 적극적으로 전개되었다. 토지개혁, 수리개혁에 이어 지주와 부유층의 재산과 이권이 빈농층에 분배되고 농업의 집단화가 이루어졌다. 또 이 지역은 소련 전체에서 원료 공급지였기 때문에, 콜호스 체제에서 면화의 단일 작물 재배가 진행되었다. 카자흐스탄에서는 유목민의 강제 정착이 실시된 탓에 사회는 혼란스러웠고, 100만 명 이상의 아사자가 발생했다고도 전해진다.

그리고 스탈린의 지도 아래 소비에트연방·소련 공산당은 중앙아시아에 과학기술과 위생·의료의 측면에서 '근대'를 가져다주었지만, 공교육에서 언어(키릴 문자, 러시아어) 등을 통해 동화정책을 추진했으며, 각 공화국에서는 일원적인 정책이 채용되어 소수민족 집단이 지닌 다양성이 사라졌다. 더욱이 사회주의가 무신론을 채택하면서 종교와 생활습관 전반에서 이슬람의 영향력이 감소하기도 했다. 이러한 정책에 무슬림 지식인들은 반발했지만, 스탈린에 의해 숙청되었다. 전全러시아 무슬림 회의에 참가했던 타타르인으로 스탈린에게 발탁되어 중앙아시아 정책을 담당한 술탄 갈리에프 역시 자치공화국의 권한 확대를 요구했다가 1923년에 체포되었다(山內 1986·1995).

10. 만주를 둘러싼 환경

1920년대 만주를 둘러싼 환경은 한층 더 복잡해졌다. 21개조 요구로 일본은 만주에 대한 이권의 확립 혹은 연장을 요구했다. 특히 일본은 25년 조차 만기로 1923년에 반환되는 뤼순과 다롄의 조차권 연장을 고집했다. 이에 대해 중국에서 광범위한 반환운동이 일어나고 워싱턴회의를 거쳤음에도, 일본은 이를 포기하지 않고 통치를 계속했다. 다른 한편 러시아혁명으로 인해 다양한 의미의 혼란과 사회 변화가 북만주를 중심으로 일어났지만, 러시아의 군사적 위협은 일시적으로 후퇴했다. 또 러시아가 카라한 선언으로 만주 이권을 포기했다는 인식이 퍼졌다.

이에 대해 다이쇼 데모크라시라 불린 시기이자 미국, 영국, 일본의 협조 분위기에서 일본은 만주에 대한 무력진출만을 선호하기보다는, '문화'를 매개로 만주를 둘러싼 융화정책을 도모하기도 했다. 그러나 여기에서 사용된 '문화'에는 일본이 서양과 달리 독자적인 무언가를 강조하면서 다른 한편으로 만주의 독자적인 문화를 끄집어내려고 했지만, 이와 동시에 일본은 스스로 보편가치를 지닌 문명의 담당자라는 우월의식이 내재되어 있었다.

또 만주 경제는 1차 세계대전의 호황을 거쳐 1920년대에 들어서자 다시 불황에 빠졌지만, 펑톈을 중심으로 남만주의 공업과 광업은 점차 회복되었다. 장쭤린張作霖 정권은 기본적으로 그러한 상업자본에 의존하면서 지역의 개발과 발전에 노력했다. 1920년대 후반에는 화베이華北에 자연재해가 발생하면서 집을 떠난 유랑민들이 산둥 등의 화베이에서 동북東北 지방으로 이동했다(上田 2008). 1932년에 수립된 만주국은 장쭤린·장쉐량張學良 정권의 개발 유산을 계승했지만, 장張 정권과 마찬가지로 이주하는 사람들을 붙잡아매면서 통치하는 것이 요구되었다.

1922년에 소련이 수립되고, 1924년에 중국과 협정을 체결했다. 이 조약은 비밀협정이었던 탓에, 쑨원 등은 소련을 중국의 국권 회수를 지지하는 존재로 간주했다. 그러나 실제로 베이징 정부와 교섭하는 과정에서 소련은 러시아의 만주 이권을 계승하려 했다. 중국 측은 러시아혁명 과정에서 부분적으로 이권을 회수했지만, 나머지 미회수 부분에 대해 소련의 계승을 최종적으로 용인했다. 소련은 장쭤린 정권과도 협정을 맺어 만주 이권을 유지하려 했다. 당시 예산 축소를 우려한 일본 육군은 소련의 만주 위협을 강조했다. 또 개발정책의 성공을 배경으로 분발하고 있던 장쭤린과의 협조관계에도 금이 가기 시작했다. 장쭤린 폭살爆殺 사건은 이러한 상황에서 일어났다.

북벌 과정에서 1927년에 발생한 난징南京 사건(국민혁명군이 난징 주재 일본총영사관 등에서 벌인 살상·능욕·약탈사건)으로 시데하라의 협조외교 노선은 더욱더 비판을 받았다. 또한 5·30사건 이후 영국으로 향하던, 중국의 내셔널리즘은 일본군의 산둥 출병 등을 거쳐 그 예봉이 북벌을 '간섭'하는 일본으로 향했다. 그리고 일본은 각지에서 일어나는 일본 상품 배척운동과 국민당 주도의 반일운동을 위협으로 받아들이게 되었다.

특히 만주에서는 1920년대 말에 반일 분위기가 팽배했다. 각지의 영사들이 그런 분위기를 본국에 전달했다. 일본의 만주 이권도 중국의 내셔널리즘으로 인해 잃을 수 있다는 위기감이 소련의 위협과 함께 커졌다.

1927년부터 총리가 된 다나카 기이치는 육군의 입장과 마찬가지로 만몽滿蒙을 군사적·정치적 특수 관계를 지닌 지역이라고 밝혔지만, 동시에 정우회의 방침이라고도 할 수 있는 산업입국産業立國으로 만주가 일본의 활로가 될 특수이권이 존재하는 공간이라고 여겼다(佐藤 1992). 이로 말미암아 열강과의 협조를 해치지 않는 범위 내에서 중국에 대한 내정간섭과 무력간섭을 실시하고, 만몽을 중국에서 분리하여 일본의 만주 이권을 보호·유지하려 했다. 물론 다나카가 처음부터 장쭤린을 폭살할 계획을 가졌던 것은 아니지만, 만주를 둘러싼 환경이 변하면서 일본의 특수이권을 확보하려는 목적에서 관동군關東軍과 중앙정부는 그 맥이 일치하고 있었다.

11. 일본제국과 식민지

1차 세계대전 후 국제연맹의 감독을 받는 위임통치 제도가 국제연맹에서 채택되자, 제국과 식민지를 둘러싼 환경에도 변화가 일어났다. 영국은 1차 세계대전 이전부터 식민지를 자치국가(도미니언)로 삼으면서 대영제국을 재편하고 있었다. 그리고 1922년에는 아일랜드를 자치국가로 인정했다.

이러한 시대 분위기에서 일본이 완전히 역행하고 있었던 것은 아니다. 일본은 국제연맹 규약 제정 과정에서 인종차별 철폐안을 제안했다. 중국을 비롯하여 과반수의 국가가 찬성했지만, 오스트레일리아 등이 반대했다. 의장이던 윌슨은 만장일치 원칙에 따라 이 제안을 부결했다(高原 2006). 그리고 1924년에 미국은 일본인의 이민을 금지하기로 결정했고, 이는 일본에서 반미운동을 불러일으켰다. 앞서 말한 바와 같이, 이는 일본인과 다른 아시아인을 동급으로 취급하려 한다는 반발이기도 했다. 이 과정에서는 인종 간의 평등을 주장하는 리버럴한 풍조와 아시아인 내부의 우열을 강조하는 경향의 두 가지 방향이 나타난다. 1920년대 일본의 '제국' 방침과 식민지 통치 이념을 둘러싼 논의에서도 그 두 방향이 반영되었다. 예를 들어 1919년에 한반도에서 3·1운동이 일어난 후 일본의 식민지 통치는 '문화통치'로 바뀌었다. 그러나 1920년대에 타이완에서 활발했던 의회 설립 청원운동은 이루어지지 않았다. 하라 다카시가 채택했던 내지연장주의에도 식민지와 내지의 '일체화' 논리와 함께 양자를 구분하는 논리, 두 가지 방향이 있었던 것이다.

언론에서도 제국과 식민지의 기본 방식에 대해 좀 더 다양한 논의가 전개되었다. 예를 들어 조선의 지식인이었던 유태경柳泰慶이 《아세아공론亞細亞公論》의 주필로서 인류주의를 내걸고 일본의 지식인들과 교류하면서 일본어로 언론을 전개하려고 했다(後藤·紀·羅共編 2008). 또 중국의 리다자오는 일본의 요시노 사쿠조 등과 논의를 거듭했다. 일본의 논단에서는 제국의 기본 방식에 대해, 특히 식민지를 둘러싸고 견해가 나뉘었다. 식민지의 민족자결에 대한 인식에서도 이시바시 단잔은 독립을 인정했고, 야나이하라 다다오矢內原忠雄는 자치론을 바탕으로 독립을 용인했으며, 요시노 사쿠조는 민족자결 원칙을 인정하면서도 타이완과 조선에 대해서 자치론을 외쳤지만 독립을 인정하려고 하지는 않았다.

다양한 견해가 있었지만, 식민지 자치와 독립의 문제가 민본주의나 사회주의 논리 등과 결합하여 내지의 여러 문제와 관련되면서 논의된 점이 중요하다. 예를 들면 자본주의의 발전에 따른 사회 문제, 경제 불황으로 인한 노동자 문제 등은 일본뿐만 아니라 식민지에서도 널리 나타났다. 종주국과 식민지를 초월한 논의의 장이 '사회'를 통해 형성된 것이었다. 이는 영국 노동당이 1925년에 주재한 제국노동회의(인도, 남아프리카공화국, 캐나다, 오스트레일리아의 대표 등이 참가)와도 통하는 것이었다. 또 독일의 문화론이 영국과 프랑스에서 보편적 가치로서 문명으로부터의 자립이라는 맥락으로 이용되었듯이, 일본에서도 서구 문명에 대한 일본 고유의 '문화'가 강조되었다. 그런데 이와 반대로 제국 내부에서는 종주국인 일본이 문명을 표방하고 조선과 타이완이 '문화'를 강조하는 국면도 나타났다. 이처럼 1920년대는 '사회'와 '문화'를 둘러싸고 제국과 식민지의 경계를 넘어서는 논의의 장이 형성된 시기였다.

그러나 일본 정부가 채택한 노선은 내지연장주의적인 방향이었고, 한국과 타이완의 민족운동도 점차 분열되었다(米谷 2006).

한편 1920년대 일본에서는 동남아시아와 경제관계가 긴밀해짐에 따라 남진론南進論이 새롭게 전개되었다. 일본과 동남아시아의 무역액은 5배 이상 증가했고, 거주 일본인도 2배가량 늘었다. 또 태평양의 남양제도를 위임통치 수임국으로서 실질적으로 영유한 일본은 그야말로 5대국의 하나로, 서양인과 마찬가지로 아시아의 해방과 문명화의 사명을 내세워 남진을 꾀했다. 당시 일본은 아메리카 대륙 진출에서는 일본인 이민 금지법으로, 중국에서는 일본 상품 배척운동으로 어려움을 겪고 있었는데, 동남아시아는 비교적 장벽이 낮은 대상이었다. 이 시기 일본의 남진론이 1930년대와 다른 것은 미국, 영국, 일본의 협조 속에 무력 사용보다는 경제 진출을 목표로 삼았다는 점이다. 1926년에는 외무성이 남양 무역회의를 주재하여 자유무역의 원칙에 따른 경제 진출을 확인했다. 이 노선은 1929년 대공황으로 좌절되었지만, 1920년대 시데하라 외교의 하나였다.

1920년대에 동남아시아로 판로를 넓힌 일본의 공업제품도 있었는데, 그중에서도 면제품이 중요했다. 비교적 값싼 일본의 면직물은 인도 시장뿐만 아니라 네덜란드령 인도네시아와 말레이시아 식민지 등에도 진출하여 영국의 면제품과 경쟁했다. 1차 세계대전 기간에 지방 산업이 발달한 인도에서도 영국 면제품을 밀어내고 일본 면제품이 들어가면서 일본과 인도 사이에 대립이 발생하기도 했다. 이 문제는 1926년 국제노동기구ILO 제네바 총회에서 표면화되었다. 영국과 인도는 즉시 일본과 회담해서 세계 섬유시장의 카르텔화를 시도했다(杉山·브라운 編著 1990).

네덜란드령 인도네시아에서도 화교 상인에 대항하며 미쓰이물산과 일

란무역日蘭貿易 등이 진출했으며, 타이완은행이 각지에 지점을 개설하여 일본 제품을 취급하는 중소 무역회사를 지원했다. 일본 측도 인도네시아의 바티크 생산에 맞추어 제품을 개량하고 캠브릭(본래 고급 마의 천을 지칭하는데, 광택 가공을 한 면 소재도 포함)을 수출하기도 했다. 1929년 대공황 이후에도 일본의 네덜란드령 인도네시아에 대한 면 수출은 증가했다. 하지만 그동안 자유무역을 유지하던 네덜란드는 이를 경계하면서 점차 보호정책을 채택하게 되었다. 동남아시아와 인도네시아를 둘러싼 일본과 영국·인도, 일본과 네덜란드의 경쟁은 점점 치열해져갔던 것이다.

12. 중국의 정권 교체

1920년대 중국에서는 베이징 정부에서 난징 국민정부로 정권이 교체되었다. 베이징 정부는 중화민국을 독일과 오스트리아에 대한 전승국으로 내세워 자신들의 경제 이권을 회수하는 데 성공했다.

독일이 중국에서 가졌던 이권은 산둥 이권만이 아니었다. 독일, 오스트리아가 함께 톈진에 조계를 갖고 있었고, 그 밖에도 다양한 이권과 특권이 설정되어 있었다. 베이징 정부는 베르사유조약으로 일본에 양도하기로 한 산둥 이권을 제외하고 독일, 오스트리아의 중국 내 이권을 회수하는 데 성공했던 것이다. 또 베이징 정부는 1921년 워싱턴회의에 참석하여 9개국 조약을 조인하는 동시에 산둥 문제와 21개조 요구에 관한 문제들을 어느 정도 해결했다.

그러나 베이징 정부도 국내에서 정당성을 점차 상실해갔다. 가장 큰 원인은 재정 압박과 계속되는 군사소요였다. 재정 압박은 지나친 차관 의존, 실제 통치 영역의 제한으로 인한 세수 부족, 관세자주권 회복의 지연 등이 원인이었다.

당시 베이징 정부의 주된 재원은 관세와 염세 중 외국 차관에 대한 상환분을 뺀 나머지였기 때문에, 관세자주권의 회복 혹은 관세율 인상이 급선무였다.

다른 한편 군사소요는 북양계 군벌 중 즈리파直隸派, 안후이파安徽派, 펑텐파奉天派 등으로 불리던 세력들이 군사 분쟁을 되풀이한 것을 가리킨다. 1910년대에 나타난 이른바 민족자본도 1920년대 전반에는 어려움에 빠졌다. 여기에 자연재해까지 겹쳐 중국 사회 전체를 짓누르던 시기가 1920년대 전반기였다. 그러나 베이징 정부는 이를 극복할 여력이 없었다.

1910년대부터 1920년대 중반까지의 시기는 중앙정부의 관리가 느슨해지면서 언론의 자유가 높아졌고 신문·잡지 등이 다수 발행되었으며, 전국에 퍼진 전보망電報網을 이용하여 어느 정도 '공론'의 무대가 형성되어 있었다. 이를 통해 민주주의·자유·데모크라시·사이언스, 그리고 민족주의와 사회주의 사상이 확산되었다.

이러한 배경에서 중국 국민당이 1919년에, 중국 공산당이 1921년에 각각 설립되었다(石川 2001; 川島 2010). 1919년에 설립된 (중화혁명당에서 이름을 바꾼) 국민당은 1917년에 광둥에서 수립된 중화민국 정부(광둥 정부)를 주도했다. 국민당은 코민테른의 영향을 크게 받았고, 선전과 동원 등의 새로운 수법을 사용하는 정당이 정치·군사를 주도한 점에서 베이징 정부와는 달랐다. 1924년에는 공산당원도 포함하는 형태로 제1회 당대회를 광저우에서 개최하는 등 그 세력을 확대해갔다(당시에는 국공합작이라는 표현이 없었다).

당시 중국에서는 민족주의가 고조되면서 국가의 통일이 큰 과제였지만, 그것을 누가 주도할 것인가, 그리고 그것을 평화적으로 이룰 것인가 아니면 무력으로 달성할 것인가에 대해서는 의견이 갈렸다.

광둥 정부를 이끌고 있던 쑨원은 무력통일을 주장했고, 전국 차원의 회의에서 통일에 관해 여러 세력과 대화를 나누기 위해 1925년에 베이징에 갔다가 그곳에서 객사했다. 광둥 정부에서는 쑨원의 유훈을 바탕으로 무력통일을 결단했고, 황푸黃埔군관학교 교장이었던 장제스를 중심으로 북벌에 나섰다.

이 과정에서 국민당은 정부를 '국민정부'로 칭했다. 이는 쑨원이 상정한 군정軍政, 훈정訓政, 헌정憲政이라는 건국의 3단계 중 2단계인 훈정 아래의 정부를 가리키는데, 국민당이 정부를 지도하는 체제였다(당국黨國체제). 북벌군北伐軍은 장강長江 유역까지 비교적 순조롭게 북상했고, 그 과정에서 조계를 회수하는 등 국권을 회복하는 성과를 올렸다. 1925년에 발생한 5·30사건에 의해 반영反英운동으로 대표되는 반제국주의 운동과 국권회수 운동이 일어났던 당시, 북벌군이 거둔 외교적 성과는 크게 환영받았다.

베이징 정부도 조약 기한을 앞두고 조약 내용의 수정을 요구하며, 그것이 인정되지 않으면 조약 연장에 응하지 않겠다는 조약 수정 외교를 통해 국권 회복에 노력하고 있었지만, 국민정부가 주장하는 혁명외교(정권 교체에 따른 조약 개정)와 크게 선전된 국권 회복의 성과 쪽이 적어도 표면적으로는 국민의 마음을 더 사로잡았다고 볼 수 있다(川島·毛里 2009).

1927년 4월 장제스는 그때까지 '합작'하고 있던 공산당 세력을 상하이에서 숙청하고(4·12 쿠데타), 1928년에는 베이징 정부의 수반이었던 장쭤린을 만주로 쫓아냈다. 근거지인 펑톈에 도착한 장쭤린은 일본군에 의해 폭살당했다. 이미 설립되어 있던 난징의 국민정부는 장쭤린의 아들인 장쉐량의 역치易幟(베이징 정부가 게양했던 국기인 오색기 대신에 국민정부의 청천백일만지홍기青天白日滿地紅旗를 게양한 것)를 통해 통일정권이 되었다. 난징 국민정부는 민족주의를 배경으로 한 국민당 주도의 정권이었고, 사회주의형 선전과 동원을 받아들이며 여러 면에서 근대국가를 건설했다(石川 2010).

대외정책 면에서는 1928년부터 1930년에 걸쳐 관세자주권을 회복하는 데 성공했다. 산둥으로 출병하여 북벌에 두 차례나 개입했던 일본도 최종적으로는 관세자주권의 회복을 용인하고 국민정부를 승인하지 않을 수 없었다.

그렇지만 중국의 국권 회복 움직임으로 일본 측은 중국 내 이권에 위기를 느끼게 되었다. 만주사변이 발생한 것은 장쉐량의 역치로부터 2년이 지난 후인 1931년이었다.

13. 동남아시아의 내셔널리즘

1910년대 중반에는 독립국으로 남아 있던 태국을 제외하고 서양 열강에 의해 동남아시아 분할이 완료되었다(미국령 필리핀, 네덜란드령 인도네시아, 영국령 말레이시아·북보르네오, 프랑스령 인도차이나 등 5개 지역). 이에 따라 종래에는 점과 선의 지배였던 서양의 식민지 지배가 경계선으로 둘러싸인 면의 지배로 바뀌었다. 이들 경계 혹은 개별 식민지 내부의 경계는 다양했다. 서양에 의해 자의적으로 그어진 경우도 있었지만, 각 지역의 독립운동 단위로 경계가 그어지는 경우도 많았다. 그리고 2차 세계대전 후에 독립하는 국가들은 전적으로 같지는 않았지만, 이들 5개 지역의 틀을 전제로 형성되었다고 봐도 무방하다(加納 2001; 池端 2002).

또 동남아시아의 많은 지역이 식민지가 됨으로써 내적인 정치적·사회적 구조 역시 재편되었다. 식민지 정청政廳 소재지인 식민지 통치의 중심에 설치된 관료제도를 통해 통치가 실시되면서 세제와 토지제도, 나아가 교육제도와 치안제도 등이 주州·현縣에서 촌락으로까지 전개되었던 것이다. 종주국은 통치의 필요성에서 식민지 '원주민' 관료를 양성하기 위해 중·고등학교와 대학을 설립했다. 졸업생 중에는 종주국으로 유학을 가는 사람도 생겼다. 그들은 기본적으로 관료기구 내의 하급과 중급을 구성함과 동시에 재판관이나 변호사 등의 법조인, 학교 교원, 의사, 기술자 등이 되어 식민지의 중산층을 형성했다. 그러나 이러한 교육을 받은 청년층은 현지어 외에도 종주국의 언어에 능통하여 다양한 교통·미디어의 인프라 정비를 배경으로 20세기의 새로운 지식과 사상을 흡수했다. 그리하여 그들은 신문·잡지 등의 미디어를 통해 정보를 내보내게 되었다. 동남아시아의 내셔널리즘은 이러한 배경에서 전개되었다(池端 2002).

19세기 또는 그 이전부터 식민 지배에 대한 저항이 없었던 것은 아니다. 하지만 20세기에 전개된 것은 식민지 통치체제가 형성되는 데 저항한 내셔널리즘이고, 또 근대적인 논리로 무장한 운동이었다고 볼 수 있다. 즉 그 통치를 받고 있던 공간적·인적·제도적 틀 안에서 그 공간과 사람 단위의 '언어'와 '문화'를 통해 정체성을 확립하면서 우선 제도적 자치를 획득하여 독립을 이루고자 했던 것이다. 그러나 식민지 통치의 단위를 허물어보려는 시각도 있었고, 또는 '자치'라는 종주국이 설정한 궤도에 편승하지 않고 곧바로 독립을 달성하려는 세력도 있었다. 한편 태국은 영국과 프랑스가 넓은 영토를 약탈하는 것에 저항하면서 독립을 유지하기 위한 근대국가화가 시급했다. 1920년대 말에는 조약 개정에도 성과를 올렸지만, 재정 악화를 우려하는 목소리가 커지면서 1932년에는 입헌혁명이 일어났다.

1차 세계대전기는 동남아시아에서 면面적인 식민지 통치가 완성되는 시기이지만, 1920년대에는 곳곳에서 어느 정도 자치가 진전되기 시작했다. 미국령 필리핀은 영유 당초부터 자치의 단계적 부여와 특혜 통상의 단계적 폐지가 포함되어 있었고, 전자는 1920년대 말까지 크게 진전되었다. 그리고 미국의 공교육을 받고 영어를 말하는 사람들이 점차 국민적인 공간과 의식을 갖게 되었다(中野 1997·2002). 네덜란드령 인도네시아에서는 네덜란드어로 교육이 한정된 가운데 관제官製 말레이어가 고안되었고, 그것이 공교육에도 사용되었다. 20세기가 되자 말레이어의 미디어화를 부디우토모Budi Utomo 같은 민족주의자 단체가 추진하기 시작했고, 1910년대에 이슬람동맹 등의 민족주의 운동에도 말레이어 미디어가 주축이 되었다. 또 네덜란드령 인도네시아의 공산주의 운동에 대해서는 앞에서 서술한 바와 같다(山本 2002).

베트남의 민족주의 운동은 당초 유학儒學의 소양을 지닌 유자儒子들이 중국의 사회진화론을 수용했다. 판보이쩌우가 대표적인 인물이다. 그러나 1910년대 초반에 그러한 운동이 한계에 다다랐고, 1차 세계대전을 거치면서 점차 마르크스-레닌주의의 영향이 커졌다. 응우옌 아이꾸옥이 대표적인 인물로 꼽힌다(櫻井·石澤 1977). 버마는 영국이 1923년에 양두제를 도입하는 등 자치를 확대하는 정책을 채택했으며, 중산층을 담당한 버마인단체총평의회 등은 이 자치의 범위 내에서 버마인의 지위를 높이고 버마인 주도의 영연방 자치국가(도미니언)가 되려고 했다. 그러나 이 때문에 이 세력은 식민지 의회에서 세력을 확대하는 데 고심하게 되었다. 1930년대에는 타킨당이 단계적 자치가 아니라 영국으로부터 독립된 사회주의 국가 버마의 건설을 목표로 삼았다(根本 2002).

14. 1920년대 동남아시아 경제

1910년대 중반에는 서양 열강에 의해 동남아시아 분할이 완료되었다. 즉 미국령 필리핀, 네덜란드령 인도네시아, 영국령 말레이시아·북보르네오, 프랑스령 인도차이나의 5개 지역과 독립국 태국 등 6개 지역으로 분할되었다. 동남아시아라는 지역의 역사를 19세기 말부터 살펴보면, 교통망과 물류망, 전신망의 발전이 있었으며, 태평양 항로의 발달로 점차 동북아시아 세계와 인도양 세계, 나아가서는 유럽의 접점이 되었다. 그 결과 인도와 중국에서 많은 노동자가 이주해왔을 뿐만 아니라 아메리카 대륙과의 관계도 점차 긴밀해졌다. 1920년대에서 1930년대에 걸쳐 동남아시아의 여러 도시에는, 이처럼 세계와의 연결을 바탕으로 새로운 의식주 생활과 음악·회화 등의 예술, 그리고 점차 영화·레코드·라디오 등의 미디어가 보급되었다.

1차 세계대전기에는 동남아시아 식민지의 종주국이 전쟁터가 되었던 탓에 종주국의 통치가 느슨해졌으며, 경제활동은 필리핀을 제외하고 종주국과의 무역관계가 약화되면서 인도와 중국, 그리고 일본과 미국과의 무역이 증가했다. 이러한 경향은 1차 세계대전 이전부터 이미 나타나고 있었지만, 전쟁으로 인해 더욱 가속화되었다.

예를 들면 영국령 말레이시아에서는 주석광산과 고무 재배가 발달했다. 주석과 관련해서 19세기 말부터 싱가포르의 영국·독일 합작기업이 진출했고, 1920년대에 들어서는 화교의 영향력이 커졌다. 고무는 20세기 초에 영국령 말레이시아의 주요 수출 작물이었고, 자동차 산업의 부흥에 따른 타이어의 수요 증가로 고무 산업이 더욱 발전했다. 고무농장은 기본적으로 영국계 자본의 대규모 플랜테이션과 화교·말레이시아인의 소규모 농장이 있었지만, 양자의 노동력은 모두 남인도의 타밀계 이민자들이 맡았다. 생산된 고무는 화교들에 의해 싱가포르로 운반되어 가공되었고, 그곳에서 세계로 퍼져나갔다(水島 2001).

태국은 19세기 중반 보링Bowring조약에 의해 세계시장과 연결되어 있던 탓에 벼농사 모노컬처(단작)를 행하는 상황이었는데, 생산자는 자작농 중심이었고, 정미精米와 유통은 화교가 맡아 싱가포르를 경유하여 말레이시아반도와 네덜란드령 인도네시아로 공급되었다. 태국의 쌀산업은 1929년 대공황 후 쌀값 폭락으로 커다란 타격을 입었다. 또 버마는 이라와디 강 하류 유역이 벼농사의 중심지였는데, 유럽의 자본이 투자되면서 쌀이 유럽으로 수출되었다. 또 토지 개간의 경우 버마인뿐만 아니라 인도인 대부업도 농촌 지역에 침투했다. 그 결과 1920년대 이후에 농민은 부채로 인해 토지를 잃고 소작농과 농업노동자로 전락했다(齋藤 2001).

그리하여 동남아시아 경제를 이끌어가는 역할은 과거 내륙 국가를 지탱했던 전통적인 벼농사 지역이 아니라 말라카 해협 주변 도서島嶼 지역의 열대우림 지역에 퍼진 플랜테이션과 광산이 맡게 되었다. 또 그때까지 인구가 희박했던 이라와디, 차오프라야, 메콩의 3대 하천 하류의 삼각주 지대에 형성된 수출을 위한 상업 벼농사 지대 등이 중심이 되었다(加納 2001).

1929년 대공황을 거쳐 1930년대에 들어서자 동남아시아의 무역액은 감소세를 보이다가 1930년대 후반에야 가까스로 회복되었다. 그렇지만

이 회복기에는 네덜란드령 인도네시아와 태국을 중심으로 일본과 무역이 확대되었고, 특히 일본제 면포의 수입이 늘어났다. 일본의 동남아시아 시장 진출은 1차 세계대전기부터 이미 나타났지만, 1930년대에는 영국·네덜란드와 본격적으로 경쟁하게 되었던 것이다.

15. 1930년대의 전망

1차 세계대전을 거친 1920년대는 전간기戰間期로 알려진 과도기로, 또는 다가올 전쟁의 조건이 무르익은 시기로 다뤄지는 경향이 있다. 즉 이 시기는 독립적으로 취급되기보다 뒤의 시대 혹은 앞의 시대와의 인과관계로 설명되곤 한다. 하지만 이미 서술한 바와 같이, 이 시대는 '새로운 시대'의 시작으로 자리매김할 수 있다.

국제정치적으로는 유럽의 발언권 약화, 미국·소련·일본의 발언권 강화, 사회주의 국가라는 새로운 국가 모델의 등장, 윌슨 미국 대통령에 의한 민족자결 원칙의 제창과 내셔널리즘의 확대, 군축의 움직임과 국제연맹을 비롯한 국제기구의 탄생 등이 이를 잘 보여준다. 동아시아에는 이른바 워싱턴체제가 형성되었고, 확실히 미국, 영국, 일본의 일정한 협력 체제가 나타났다. 하지만 과연 그것을 '체제'라고 말할 수 있는가에 대해서는 앞에서 제시한 바와 같다. 또 거기에 등장하는 다양한 '배우'들의 뒤섞임이야말로 1920년대를 단순히 1930년대의 전 단계로만 볼 수 없음을 보여준다.

또 사회주의, 민족자결, 내셔널리즘, 민주주의, 평화주의 등 20세기의 중요한 사상이 새로운 미디어를 통해 사람들의 입에 오르내렸다. 1차 세계대전에 대한 반성과 함께 '근대'가 아시아로 침투하기 시작했다. 그러나 거기에서 중요한 것은 대량생산에 기초한 대중 소비사회가 동아시아로 확대되었다는 점보다, '근대(모더니즘)'의 특징이라고도 하는, 여러 사상이 각지의 독립·자치·권리 등을 요구하는 운동으로 이어진 점, 그리고 민주주의와 자유라는 개념이 식민지를 둘러싼 문제에서 갈등과 모순을 키운 점이었다. 동아시아의 많은 지역이 식민지였던 당시, 이른바 '식민지 근대colonial modern'를 둘러싼 환경과 거기에서 문제가 나타난 점, 그리고 동아시아 내에 종주국과 식민지 쌍방이 있고 또 반半식민지적 독립국이 존재했다는 점이 상황을 더욱 복잡하게 만들었다. 이는 유럽의 상황과는 다른 점이었다.

경제적 측면에서 보면, 1차 세계대전기에 일본계 기업이 동남아시아 시장에 진출했으며 1920년대에도 그 관계가 계속 유지되었다. 그전부터 동남아시아에서 경제활동을 하던 화교 상인(화상華商)에 일본계 기업이 가세한 것으로, 종주국과 맺은 경제관계뿐만 아니라 동남아시아와 동북아시아 지역경제가 더욱 긴밀해졌다고 할 수 있다. 하지만 이는 영국, 네덜란드 등의 종주국과 일본 사이에 경제적 마찰을 불러왔다.

대공황을 거친 1930년대가 되면, 1920년대에 나타났던 다양한 움직임이 더욱 두드러졌다. 독립·자치에 대한 움직임이 강해졌으며, 사상을 둘러싼 차이와 모순이 독립·자립 등과 뒤얽히면서 본래의 모습을 되찾기 어려운 균열이 생겼고, 경제를 둘러싼 경쟁도 치열해졌다. 1920년대 후반부터 나타난 일본과 영국, 미국 간의 협력도 점차 파탄나면서 1931년 만주사변, 1937년 중일전쟁이 시작되었다. 동아시아는 전쟁의 시대로 돌입했다. 또 공산주의가 더욱 확대되어 내셔널리즘에 연결되거나 '반공'으로 나아가는 움직임이 가속화된 측면도 있었다. 이는 2차 세계대전 이후 냉전이 형성되는 요인으로도 작용했다.

5장

새로운 질서의 모색
: 1930년대

야마무로 신이치山室信一

세계공황으로 막을 연 1930년대에는 만주사변(1931년 9월)과 루거우차오盧構橋 사건(1937년 7월)이 일어났고, 독일의 폴란드 침공(1939년 9월)으로 유럽에서는 2차 세계대전에 돌입하는 위기의 시대가 되었다. 이는 공황 타개책으로 추진한 블록경제권의 형성에 대해 '가지지 못한 나라'인 일본과 독일 등이 베르사유체제와 워싱턴체제를 타파하는 것을 '신질서'의 수립으로 정당화하여 국제질서의 재편을 요구하는 것이기도 했다. 다른 한편 세계공황의 타격을 받은 아시아 세계에서는 버마의 농민 반란과 인도의 '소금 행진'으로 상징되는 비폭력운동, 베트남의 응에띤 소비에트 수립, 필리핀의 삭달 봉기 등 다양한 형태의 저항운동이 한꺼번에 터져 나왔다. 더욱이 자본주의 체제의 위기에 직면한 가운데 일상생활의 '개신改新'으로부터 시작하여 국가개조, 동아시아 광역질서 구상, 국제정치·경제체제의 재편 등 다양한 차원에서 새로운 질서를 모색한 시기이기도 했다.

또한 생활의 '개신'은 점차 총력전 수행을 향해 여성을 포함한 총동원체제의 편성으로 변화했고, 조선과 타이완의 황민화 운동에서는 '인적 자원'을 확보하기 위해 사회보장의 정비를 추진하는 현상이 나타났다. 그리고 중일전쟁이 전면화되는 가운데 항일을 둘러싼 경쟁과 국경의 인적 교류 사이에 새로운 정치 공간이 만들어졌다.

1. 위기와 모색의 1930년대

1920년대는 사회주의와 자본주의가 대립하고 독일 등의 패전국에서 앙갚음을 하려는 분위기가 확산되는 등 위기가 고조되던 시대였지만, 민족자결주의와 '신여성'의 등장 등 오랜 질곡으로부터 벗어나려는 희망이 고조된 시대이기도 했다. 국제질서에서도 집단안보 보장 체제로 국제연맹이 창설되었고, 군축조약과 부전不戰조약이 체결되는 등 국제 협조가 기본적인 방향으로 여겨지던 10년이었다. 그리고 '번영의 시대'를 맞이한 미국에게 이끌려 상호 의존성이 강해진 세계경제의 성장으로 대량생산·대량소비를 바탕으로 한 새로운 라이프스타일이 종주국뿐만 아니라 식민지에도 보급되었다.

세계공황 중에 막을 연 1930년대는 만주사변을 비롯하여 국제분쟁과 내전이 잇달았고, 결국 유럽에서 2차 세계대전이 터진 위기의 시대였다. 1920년대에 추구된 경제적 이익의 확대와 정치적 국제 협력의 연결이 끊어져 각국에서 외교·경제·군사가 일체화된 체제로 돌입하고 있었다.

그럼에도 1930년대를 세계공황으로부터 시작해서 일직선으로 2차 세계대전에 도달한 시대라고 단선적으로만 볼 수는 없다. 또한 독일과 일본의 경제위기가 그대로 군사적 확장을 촉진한 것도 아니었다. 왜냐하면 독일은 히틀러 정권 아래 기적으로 불리는 공황 극복을 이루었고, 일본은 1932년 후반 정부의 재정 확대, 환율 인하에 따른 수출 증가에 의해 세계에서 가장 앞서서 불황을 탈출하고 있었기 때문이다. 대립이 깊어지던 중일관계에서도 영국의 대일 유화책을 배경으로 협조적 경제·외교가 모색되고 있었다(木畑 2001). 또한 만주사변 후 미국은 일본의 군사적 확장을 경계하고 있었지만 대일 투자를 늘렸고, 일본은 미국으로부터 기계·석유·면화 등을 수입하는 한편 동남아시아에 공업제품의 수출을 늘리는 등, 일본·미국·동남아시아의 경제적 관계는 더욱 긴밀해지고 있었다.

이렇게 1930년대는 위기의 시대였지만, 그 위기를 인식하여 원인을 고찰하고자 했다. 그리하여 지역적 차원의 생활 개신부터 시작하여, 국가적 차원에서는 경제위기를 극복하기 위한 '국가개조'와 전쟁 수행에 대응하기 위한 총동원체제의 편성, 지역적인 차원에서 상호 의존적인 경제관계를 통한 대응과 광역질서의 창출, 그리고 국제적 차원에서는 파시즘과 통일전선의 각축 등 상호 관련을 맺고 있는 공간 수준에서 산적한 난제를 해결하려는 도전이 시도되었다. '비상시'와 '신질서'를 소리 높여 외쳤던 위기 분출의 시대는 각각의 차원에서 새로운 세상을 만들어 위기를 탈출하고자 한 모색의 시대이기도 했던 것이다.

그러나 이 모색과 혼란 사이에서 자신의 위기를 타자의 희생으로 회피하려는 군사적 확장이 자존자위의 방책이 됨으로써 위기는 더욱 증폭되고, 군사력의 충돌에 의해 해결할 수밖에 없는 시대로 돌입해갔다.

세계공황과 금본위제도의 붕괴

1920년대 세계 자본주의의 과제는 1차 세계대전 후 거액의 전쟁 배상금을 부과받아 인플레이션에 빠진 독일 경제를 회생시켜 영국과 프랑스 등에 배상금을 지불하도록 만드는 것이었다. 영국 등은 1차 세계대전 중에 진 채무를 미국에게 변제할 필요가 있었다. 이를 위해 1924년에 배상금 경감, 미국으로부터의 차관 도입 등을 골자로 하는 도즈안Dawes Plan이 작성되었고, 그것이 실시됨에 따라 독일은 경제 회복을 향해 금본위제로 돌아갔다. 1925년 이후 독일은 미국으로부터 받은 차관으로 경제를 일으켜 영국, 프랑스 등에 배상금을 지불했고, 영국과 프랑스는 그 돈으로 미국에 채무를 갚는 순환이 생겨났다. 이렇게 세계경제는 1925년부터 1929년에 걸쳐 '상대적 안정기'를 맞이했다.

그러나 '번영의 1920년대'로 불릴 만큼 호황을 맞았던 미국은 1927년 경부터 자동차·전기제품 등이 과잉 생산됨에 따라 금리를 내려 경기를 부양하려고 했고, 이는 주가를 상승시켜 1928년 무렵부터 열광적인 주식 붐이 일어났다. 미국 정부는 금리를 올려 진정시키려 했지만 주식 붐은 멈추지 않았고, 높은 이자와 증권 투기를 찾아 외국의 자금이 유입되었다. 더욱이 유럽에 투자되었던 자금이 회수되는 등 자본이 집중됨으로써 경제 거품이 부풀어 올랐다. 그리고 1929년 10월 24일 '검은 목요일'을 계기로 거품이 폭발하고야 말았다. 곧이어 주가가 폭락하자 기업의 설비투자는 떨어지고 실업자가 대량 발생했다. 예금고가 감소한 은행은 유럽에서 융자를 끌어들였고, 새로운 대부를 중단했다. 이 때문에 유럽에서는 금융공황이 일어나 은행이 잇달아 문을 닫았으며, 1931년 9월에 영국은 금본위제 폐지를 단행했다. 금본위제의 중추였던 영국이 금본위제를 포기함으로써 60년 가까이 이상적인 국제통화제도로 간주되어왔던 금본위제도와 자기조정적인 시장에 의해 지탱되어왔던 세계경제는 획기적인 구조 전환을 강요받는 '혁명의 1930년대'(칼 폴라니Karl Polanyi)로 들어섰던 것이다.

이러한 와중에 미국을 비롯한 여러 국가가 균형 재정을 중시하여 긴축 재정안을 채택하고 증세를 단행함에 따라 경기는 더욱 얼어붙었다. 그 배경에는 1차 세계대전 후 독일이 겪은 하이퍼 인플레이션의 기억 때문에 인플레이션 정책에 대한 경계심이 강했던 점, 또 각국 정부가 재정 불균형에 대해 자국의 위신을 손상시킨다고 두려워했던 점이 깔려 있었다. 국가가 실질적으로 구매력 있는 수요를 창출하고, 완전고용정책으로 해결 방법을 제시한 케인스의 이론이 수용될 때까지 정부의 지출 확대는 공황을 더욱 악화시킨다고 여기고 있었기 때문이다.

경제 블록의 형성

각국이 독자적인 힘으로 불황을 탈출할 수 없는 상태에서 국제 간 협조로 공황을 극복할 목적으로 1933년 6월 런던에서 세계경제회의가 열렸다. 60여 개국이 참석했으나 실패로 돌아가면서 공황은 장기화되었다.

세계경제의 헤게모니 공백 상태에서 영국을 비롯하여 각국이 자위책으로 채택한 것이 블록 경제화였다. 영국은 1932년 7월 오타와에서 제국帝國 경제회의를 개최하여 자유무역체제를 자치령과 인도 등 제국 내의 특혜무역제도로 전환하는 동시에, 스털링(영국 펀드)으로 결제하는 통화권과 경제권을 설정함으로써 자원을 자급하고 상품시장을 확보하고자 했다. 영국은 이 블록에 태국, 덴마크, 아르헨티나 등 제국 외의 국가들도 포함시켰고, 독일은 오스트리아, 발칸 국가 등에 의한 중부 유럽 블록에서 마르크권으로, 프랑스는 금블록으로부터 프랑권의 형성으로 나아갔으며, 미국은 라틴아메리카 국가들과 무역협정을 맺었고, 네덜란드는 금으로 연결된 길드를 네덜란드령 인도차이나의 통화에 연동시키는 등, 1930년대의 세계는 블록화의 경향이 강했다. 블록 경제권은 권외에 대한 수출 확대를 도모하는 반면, 관세 인상과 무역 허가제·할당제 등을 채택하여 수입을 제한하는 것이었다.

이처럼 자유로운 세계무역을 부정하는 움직임은 1930년대 중반부터 고관세 정책을 수정하여 적지 않게 시정되었지만, 나치 독일이 등장하면서 자급자족권 형성을 추구한 군사 블록 간의 충돌을 초래하게 되었다.

2. 생활 개신운동과 농촌 질서의 재편

이시바시 단잔이 2차 세계대전 후에 "일본을 오늘날의 비참한 지경에 빠뜨린 것은 쇼와 5년의 금 해금이었다"(石橋 1951, 335~336쪽)라고 회상했듯이, 쇼와 5년, 즉 1930년은 일본에게 전환점이 되었다. 정화正貨(본위화폐—옮긴이)의 유출이 1930년 1월부터 5월까지 2억 2000만 엔에 달하면서 금융은 위축되었다. 물가는 폭락하여 실업자가 넘쳐났고, 동북지방에 대흉작이 덮쳐 비참한 상황에 빠지자, 1931년 12월 금수출 재금지가 결정되었다. 외교에서는 시데하라 기주로 외상이 1930년 5월, 특정 품목에 대해 중국의 관세자주권을 승인하는 협정에 조인하여 중일관계의 개선을 모색했다.

그러나 런던 해군군축조약 체결을 둘러싸고 통수권을 간섭해서 권리를 침해하는 문제가 제기되는 등 국익 추구와 그에 따른 군사적 확장이 1930년대의 기조가 되고 있었다. 1932년의 혈맹단血盟團 사건과 5·15사건, 1936년의 2·26사건 등은 만몽·중국에 대한 위기감 및 그 극복을 위한 팽창 욕구(이는 백인 지배로부터의 아시아 해방으로 정당화되었다), 그 대외적 팽창에 불가결한 강병의 기반인 농촌이 궁핍해진 데 대한 대내적 위기감으로 인해 현 체제의 파괴를 요구한 것이었다.

더욱이 식민지에서 잇달아 일어난 저항운동은 일본제국의 통치를 흔들어놓았다. 조선에서는 1929년 11월부터 1930년 3월에 걸쳐, 전라남도 광주에서 일본인 학생의 비행에 대한 항의를 계기로 광주학생운동이 일어났다. 이 운동에는 학생 약 5만 4000명과 노동자와 농민, 항일단체인 신간회 등이 참가하여 3·1운동 이래 최대 규모로 고양되었다. 그들은 식민지적 노예교육 철폐와 사회과학 연구의 자유 같은 슬로건을 내걸었다. 이러한 배경에 사회주의 사상의 보급이 있다고 여긴 조선총독부는 4만 명에 가까운 경관과 군대를 동원하여 진압했다. 만주에서는 조선인 독립운동가들이 1930년 5월 옌지延吉, 룽징龍井 등 간도의 주요 도시와 철도 연선에서 일제히 봉기하여 2000여 명 이상이 검거되었고(간도 5·30봉기), 이후에도 저항을 계속하고 있었다.

타이완에서는 1921년 이래 의회 설립운동이 지속되고 있었는데, 1930년 8월에 타이완 지방자치연맹이 결성됨에 따라 청원운동은 1934년까지 계속되었으나 실질적으로는 별다른 의미를 가지지 못하고 있었다(若林 2001). 10월에는 모나 루다오莫那魯道가 인솔하는 타이얄족이 일본인 134명을 살해한 무시야霧社사건이 일어났다. 타이완 총독부는 4000명에 이르는 군대와 경찰관을 동원하여 기관총과 가스탄 등으로 소탕작전을 벌인 끝에 644명의 사망자를 냈다. 다음 해 4월에는 투항했던 230명이 재봉기했고, 또 봉기한 부락이 경찰의 꾐으로 다른 부락에게 습격당한 사건도 일어났기 때문에, 이들은 원격지遠隔地로 강제이주되었다(2차 무시야사건)(아와이 1985).

무시야 봉기에 대해서는, "우리는 타이완의 혁명적 번인蕃人들의 폭동을 피압박 약소민족이 제국주의에 대해 일으킨 투쟁이라고 간주해야 하며 (……) 인도, 베트남, 버마, 필리핀, 조선, 타이완은 이번 폭동을 계기로 삼아 더 한층 견고한 동맹을 맺어야 한다"(蘇慕紅, 〈臺灣における民族革命について〉, 《プロレタリア科學》, 1931년 1월 1일, 123쪽)라며 아시아 피압박민족의 연대를 주장했다.

이렇게 아시아의 연대 속에서 촉진되고 있던 저항운동과 봉기, 그리고 빈번한 노동쟁의와 소작쟁의에 대응하기 위해서도 지역적인 일상생활의 장에서 경정更正운동과 생활개신운동이 신질서의 과제로 떠올랐다.

일본의 농산어촌 경제 경정운동

쇼와 공황을 맞았던 일본의 공업은 1933년에 공황 전의 수준을 회복했고, 1935년에는 중화학공업의 생산액이 경공업의 생산액을 넘어서는 산업구조로 전환되었다. 그러나 농업이 회복 국면으로 접어든 것은 1936년부터였고, 공황 중에 농업과 공업 사이의 격차가 커지고 있었다. 이로 말미암아 1932년 6월부터는 농촌 구제청원운동이 전국적으로 일어나면서 다치바나 고자부로橘孝三郎 등의 자치농민협의회가 4만 2000명의 서명을 모아 정부에 대책을 요구했다. 이를 해결하기 위해 가정 차원에서 1932년 9월부터 1943년까지 실시된 사회개조 프로그램이 농산어촌 경제 경정운동이었다.

이 운동은 농림성이 주관했는데, 내무성의 국민자력國民自力 경정운동과 문부성의 교화敎化운동이 연대하여 국민생활 전반에 보급되었다. 구체적으로는 경제 경정 마을을 지정하는 한편, 촌 단위의 산업조합(농협의 전신)과 부락 단위의 농사실행조합을 조직하고, 여기에 재향군인회, 부인회, 청년단 등을 동원하여 '인보공조隣保共助(이웃끼리 서로 힘을 합쳐 도움)'의 정신에 따라 생산과 판매의 합리화를 꾀하는 한편, 근검저축으로 농촌경제를 활성화하려는 것이었다. 이 운동으로 산업조합이 발전하고, 기관지《가정의 빛家の光》의 발행부수는 1930년 1월 4만 7000부에서 1936

년 1월 122만 부로 크게 늘어났다.

여기에서 주요 과제가 된 것은 "1차 세계대전 후 호황시대의 농민생활비 증가가 오늘날과 같이 농민생활을 곤궁하게 하고 있다"(協調會農村課編 1934, 머리말)라고 지적되었듯이, 산업구조의 개혁보다는 어떻게 소비를 절감할 것인가였다. 그 외 교육현장에서는 향토교육운동과 생활 경험을 느낀 바대로 쓰도록 하는 생활철방生活綴方운동이 진행되어 애향심과 애국심의 고취가 강조되었다. 이들 운동 중에 지역 지도자가 된 촌의 '중심인물'과 부락의 '중견인물' 양성이 추진되었는데, 이는 국민총동원으로 가는 중간 작업이 되었다.

조선의 농산어촌 진흥운동

이렇듯 공황 극복을 위한 지역 차원의 생활개신운동은 1931년에 농산물 가격이 1928년의 3분의 1로 하락하고, 소작쟁의 참가자가 1930년에는 1만 3012명으로 1920년대 후반의 2~4배에 달했던 식민지 조선에서도 실시되었다.

1931년 6월, 조선총독으로 취임한 우가키 가즈시게宇垣一成는 이 위기를 조선인 스스로의 근면과 검약이라는 자력경정自力更正으로 해결하기 위해, 1932년 9월 농산어촌에 자력경정위원회를 설치하고 다음 해부터 농산어촌 진흥운동을 추진했다. 이는 '경정지도부락更正指導部落'을 선정하여 각 호마다 영농과 생활을 개선할 농가경정 5개년 계획을 수립하게 하고, 가계부 기입 등을 통해 농산물 증산, 가계 절약, 고리대금의 청산을 수행하도록 하는 것이었다(宋本 1998). 또한 농가 여성이 '안방에 칩거'하며 바깥에서 생산활동을 하지 않는 것을 비판하면서 '농촌 부인 지도요령'을 작성하고 여성들을 농촌 노동에 종사시켰다. 이 운동의 성과는 지역마다 달랐지만, 단위 면적당 쌀의 수확량 증가와 동작冬作·축산 등에 의한 부수입의 확보 등으로 농촌 경제는 회복세를 보였고, 개량 우물과 합동 결혼·장례 시설의 설치 등 촌락 공유시설도 개선되었다. 그러나 그 성과는 어디까지나 농민 자신의 노동 강화와 절약, 그리고 자금 공출로 달성된 것이었다.

이 운동을 통해 각호에 대한 개별 지도가 강화되고 총독부의 행정력이 말단에까지 침투했다는 점에서 전시 총동원체제의 기반이 되었는데, 그 와중에 우가키가 제창한 것이 마음의 본바탕을 개발한다는 '심전개발心田開發'이었다. 여기에서는 '국체國體관념의 명징明徵', 신을 공경하고 조상을 숭배하는 '경신숭조敬神崇祖의 신앙심 함양', '보은, 감사, 자립의 정신 양성'이 목표로 제시되었다. 이는 일본 천황 중심의 국가체제를 명확히 수립하려는 국체명징國體明徵운동을 조선에 적용한 것이었고, 황민화운동에서 1면(촌) 1사社의 신사 건립과 신사 참배의 강요로 이어졌다. 또한 '건전한 신앙심'에 의한 '사상의 순화醇化'는 '사회연대의 사상, 부유한 자와 가난한 자 그리고 지혜로운 자와 어리석은 자가 서로 돕는다는 지우상보智愚相補의 미속'을 배양하여 '반도를 낙원화'하는 것이라고 강조했지만, 이로써 계급 간 대립을 해소하고 상호부조에 의해 촌 전체의 농가 개선을 달성하려는 것이었다(朝鮮總督府 1937, 677쪽).

그렇지만 진흥운동으로는 소작농의 농지 소유와 농촌 인구의 과잉이라는 문제를 해결할 수 없었다. 여기에 총독부가 해결책으로 1937년부터 채택한 것이 만주로 이주하는 농업이민 정책이었다. 이 정책에 따라 1937년부터 1944년 말까지 조선에서 2만 1632호가 집단개척민으로 만주국에 보내졌고, 개인 이민도 다수에 달했다. 진흥운동으로 다시 떠오른 농촌 과잉인구 문제는 중국 농민의 토지를 빼앗는 방식의 해결이 모색되었다. 조선인의 만주 이주정책은 일본, 조선, 만주의 일체화로 식량자급을 확립한다는 총력전 체제의 일환이었다. 하지만 이는 중국과 조선 사이에 새로운 민족적 갈등을 낳는 요인이 되었다.

농촌진흥운동은 1937년 중일전쟁 이후에는 슬로건이 '자력경정'에서 '생업보국生業報國'으로 바뀌었고, 1940년에는 일본의 신체제운동에 호응한 조선의 '국민총력운동'에 흡수되었다.

아울러 농촌의 생활개량운동은 이미 1920년대 전반부터 조선인들에 의해 실력양성운동으로 나타나고 있었음을 간과해서는 안 된다. 1929년 조선일보사의 '생활개신운동'과, 1931년 동아일보사의 '브나로드운동'이 그것이다. 생활개신운동은 소비 절약, 허례 폐지와 문자보급운동으로 전개되었는데, 1935년 총독부에 의해 금지되었다. 또한 브나로드운동은 귀향 학생이 농민과 생활하면서 한글 식자識字 교육과 생활 개선 등을 지도하여 민족의식을 일깨우려는 것이었는데, 같은 해 총독부에 의해 중단되었다.

중국 내 향촌건설운동과 신생활운동

이와 같이 농촌의 위기 극복을 위한 생활개선운동은 중국에서도 향촌건설·합작사合作社 운동으로 전개되었다.

농촌부흥사업의 일환으로 1920년대 후반부터 시작된 농촌건설운동은 1928년에 향치강습소鄕治講習所, 1929년에 허난촌치학원河南村治學院, 1931년에 산둥향촌건설연구원山東鄕村建設硏究院을 설립한 량수밍梁漱溟에 의해 창도되었다. 신유가新儒家이자 일본의 니노미야 손토쿠二宮尊德를 존경했다고 알려진 량수밍은 베이징대학에서 인도철학을 강의하고 있었는데, "세계의 미래 문화는 중국 문화의 부흥에 있다"고 하면서 농촌사회를 일으키는 것이 신질서를 창출하는 길이고, 서양 문명에 제3의 길을 보여주는 것이라고 생각했다(梁 2000). 량수밍의 향촌건설운동은 농촌이 국민당과 공산당 양당의 전투에 휩쓸리고 중일전쟁의 전쟁터가 되었던 탓에, 농민 구제에는 그다지 성과를 거둘 수 없었다. 또한 량수밍은 1939년에 통일건국동지회를 조직하고, 1941년에는 중국민주정단동맹中國民主政團同盟에 참가하여 국민당의 일당 독재체제를 반대했다.

이에 대해 옌양추晏陽初는 농촌을 중국의 약弱함의 원천에서 희망의 원천으로 바꾸기 위해서는 농민교육이 꼭 필요하다면서, 글자 교육과 농사 교육을 위해 타오싱즈陶行知 등과 함께 베이징에 중화평민교육촉진회와 중국향촌건설학원을 설립했다. 또한 허베이성河北省 딩셴定縣을 거점으로 합작사를 조직하고 과학적 농법과 위생관념을 보급하는 데 일정한 성과를 거두었으며, 중일전쟁기에는 후난성湖南省, 장쑤성江蘇省을 비롯하여 중국 각지에 향촌 건설을 지도했다. 전후에는 타이완을 비롯하여 태국, 가나 등에서 농촌 건설을 추진하고 농촌개조촉진회를 설립하는 데 관여했다. 1967년에는 필리핀의 카비테에서 국제농촌개조학원을 설립하여 원장이 되었다(宋編著 2000).

중국에서는 또한 장제스가 추진하는 유교 이념을 중심으로 삼는 신생활운동이 1934년부터 1949년까지 계속되었다. 공무원과 교사 등을 동원하여 〈신생활운동장칙新生活運動章則〉 등의 팸플릿을 대량 배부했던 이 운동은 질서 있는 생활양식을 보급하는 것을 주된 목표로 삼았고, 전시체제화를 목적으로 삼았던 것은 아니었다고 한다(段 2006). 그러나 1938년 4주년 기념일에 장제스는 신생활운동을 '민족 항전의 최대 무기'라고 평가하고, 1939년 기념일에는 전쟁이 벌어지고 있는 곳에서 전지戰地 복무단의 조직화, 부인의 항전공작 참가 등을 공작 과제로 설정했듯이, 국공내전 중에 농촌에서 세력을 키우고 있던 공산당에 대항하여 계급적 조화를 강조하고, 항일전력을 키우기 위해 지지기반을 강화하려는 의도가 있었다(石浜 1942; 大塚編 1942). 이 때문에 공산당도 자신들의 '3대 규율, 8항 주의注意'가 신생활운동과 일치하는 점이 있다고 강조했던 것이다.

국민정부는 1939년 3월, 국방최고위원회 아래 정신총동원회를 설치하고 동업조합과 학교를 단위로 군사활동과 경제활동을 통합하는 데 활용하고자 했다. 유교도덕의 상소는 일본 문화에 대한 우위를 보여주는 동시에 외래사상인 사회주의에 맞서 전통의 수호를 호소하는 데 의의가 있었다. 이렇게 신생활운동은 국민정신총동원운동으로 바뀌고 있었는데, 식자율 상승과 부녀지도위원회의 지도에 따라 여성의 노동 참여가 늘어나는 등 일정한 성과를 거둔 점도 부정할 수 없다.

3. 식민지의 저항과 자치·독립 모색

세계공황은 종주국을 통해 세계경제와 긴밀하게 연결되어 있던 식민지에도 큰 변화를 불러왔다. 각 지역에 미친 영향은 생산품의 종류와 토지 소유 형태 등에 따라 달랐지만, 대부분 세계적인 상품으로서 1차 생산품 수출에 특화되어 있었던 식민지의 무역액은 큰 폭으로 떨어졌다. 1930년대 후반에는 회복의 기미가 보였지만, 공황으로 인한 생활조건 악화는 식민 통치에 대한 불만을 폭발시키는 원동력이 되었다. 더불어 종주국의 곤경은 아시아 민족들에게 자립을 향한 도전의 기회를 주는 것이기도 했다. 그리하여 남아시아와 동남아시아에서는 식민 통치의 억압에서 벗어나기 위한 봉기와, 독립과 자치를 요구하는 목소리가 터져 나왔고, 아울러 독립 후의 국가 형태가 1930년대를 통해 추구되고 있었다.

인도의 비폭력·불복종운동

인도에서도 수출이 급격히 감소하고 상품은 넘쳐흘러 농산물 가격이 떨어졌다. 그러자 인도 행정청은 철도와 관개 등에 대한 투자를 보류하는 등 디플레이션 정책을 채택했고, 이로 인해 경기가 더욱 냉각되었다. 이러한 가운데 국민회의파는, 활동 목적은 자치령이 아니라 완전 독립이며, 필요한 경우에는 간디의 불복종운동을 개시한다는 결의를 채택하며

1930년을 맞았다. 그리고 1월 간디는 루피와 스털링의 환산비율 인하, 토지세인 지조地租의 최저 50퍼센트 인하, 소금에 대한 염세鹽稅 폐지 등의 11개 항목을 요구하고, 3월부터는 영국의 염전매법鹽專賣法을 무효화하기 위해 '소금 행진'을 벌였다. 공황의 타격을 받은 농민(다수의 여성을 포함하여)들도 단식, 상점 폐쇄, 영국 행정에 대한 보이콧 등을 구체적 방법으로 삼은 사티아그라하에 의한 비폭력·불복종운동에 참여했다. 비폭력·불복종운동에는 많은 여성이 참가했기 때문에, 남성과 동등한 참정권의 획득으로 가는 한 걸음이 되었다. 또한 외국산 면포에 대한 거부운동이 인도 전 지역으로 퍼지면서 영국산 면포의 수입은 격감하고, 국산 면포의 생산과 보급이 증가했다.

1934년에 간디가 국민회의파 탈퇴를 선언하고 1935년 인도통치법에 의해 주의회 선거가 치러지게 되자, 국민회의파는 정당활동의 초점을 회의중심주의로 옮겨가 자본가와 동맹관계를 돈독하게 맺었다. 다른 한편 1934년에는 국민회의파 사회당이 조직되는 등 자본주의 성장에 대항하여 사회주의 세력이 생겨났다. 그리하여 새로운 지도자가 된 네루Javāharlāl Nehrū에 의해 사회민주주의 정책이 회의파 중에서도 많은 지지를 받고 있었고, 1938년에는 네루를 의장으로 국가계획위원회가 조직되어 독립 후의 국가 노선으로 이어지게 되었다.

버마의 농민 대반란과 타킨당

영국령 버마에서는 1920년대부터 농민의 빈곤이 심해지고 있었다. 공황의 영향으로 인한 쌀값 폭락은 랑군(지금의 양곤)을 중심으로 남南버마 지방의 소작농에게 직접적인 영향을 미쳤고, 인도인 등 부재지주에게 토지가 지나치게 집중되었다. 이러한 가운데 1930년 12월 당시 최대 정치결사였던 버마인단체총협의회가 사야산을 지도자로 삼아 남버마에서 일으킨 봉기가 대반란으로 확대되었다. 농민들은 '불교왕佛教王' 등 미래의 이상적 통치자상과 '당위적 사회질서'상을 내세우면서 1932년 3월에 진압될 때까지 저항운동을 펼쳤다(伊野 1998).

1930년 5월에는 랑군 항만 노동자들의 파업을 둘러싸고 반反인도인 폭동이 일어났는데, 그 직후 '우리들의 버마협회', 통칭 타킨당이 결성되어 영국으로부터의 독립운동을 이끌게 되었다. 타킨당은 사회주의 사상과 버마 민족·문화 중심주의를 융합한 코민·코친 사상을 기본 방침으로 내걸고, 1938년부터 1939년까지 '버마력 1300년의 반란'으로 불리는 반영反英 총파업을 지도했다. 코민·코친 사상은 '우리의 왕, 우리의 종족'이라는 의미인데, 제국주의를 낳은 자본주의 국가 영국으로부터 독립한, 제국주의 또는 자본주의와 다른 버마만의 독특한 사회주의 국가를 건설하자는 것이었다. 타킨당 내 사회주의자들에 의해 당 내 당이라고 불리는 버마 공산당이 1939년 2월에 설립되었고, 그 전후로 인민혁명당이 조직되었다. 타킨당은 일본군의 원장援蔣 통로(연합군이 장제스 정부를 지원하는 통로—옮긴이) 차단 공작에 호응하여 남기관南機關(일본이 방콕에 설립한 특수공작기관—옮긴이)에 가담하고, 항일투쟁과 전후 영국과의 교섭에서 중요한 역할을 맡았던 아웅산Aung San, 독립 후 초대 총리가 되는 우누U Nu 등을 배출하여 버마 독립운동의 본산으로 불리기도 한다. 그러나 1930년대 후반 버마의 신질서는 버마통치법 아래 있는 하원에 의석을 가진 버마인단체총협의회 등에 의해 모색되고 있었던 사실도 간과할 수 없다(根本 2010).

버마는 1937년 인도제국으로부터 분리되어 직할 식민지인 영국령 버마가 되었고, 영국 왕이 임명한 총독이 삼권의 정점에 서게 되었다. 그리고 총독 아래 상하 양원이 설치되어 법안 제출권을 가졌는데, 하원 선거에서는 남성 보통선거가 도입되었고 여성에게는 제한적이지만 처음으로 선거권이 부여되었다. 또한 총독이 하원 다수당에서 지명한 총리와 그 내각이 버마 정청의 행정에 관여할 수 있게 되어 '행정의 현지화'가 모색되었지만, 버마인단체총협의회계 정치가의 권력 투쟁으로 인한 불안정한 연립 내각이었기 때문에 정책 실현은 진척되지 않았다. 그러나 인도인 부재지주에 대한 소작료 인하와 협동조합의 확충, 보건위생과 교육 관련 예산의 증액 등을 꾀하려는 시도가 일본군이 점령한 1942년 5월까지 계속되었다.

인도네시아의 '버려진 자'와 대인도네시아당

인도네시아에서는 1926년과 1927년에 인도네시아 공산당의 봉기로 1만 명 이상이 체포되고, 1000여 명이 서이리안으로 유형에 처해지는 등 독립운동이 억압되었다. 그러나 수카르노Achmed Sukarno는 1927년에 인도네시아 국민당PNI을 결성하여 장래 실현될 국가에 인도네시아라는 이름을 부여하고 독립운동을 전개하고 있었다. 1930년대에 접어들어 인도네시아 국민당이 해산되고 인도네시아 노동자동맹과 국민교육협회 등의 지도자였던 수탄 샤리르와 모하마드 하타 등이 체포되면서 독립운동은 국외에서도 펼쳐지게 되었다. 독립운동가는 보빈 디굴 수용소에 갇혀 '버려진 자'로 불렸다. 이러한 곤경을 타파하고자 1935년 12월에는 부디우토모 등의 민족주의 단체가 연합하여 대인도네시아당Partai Indonesia Raya (통칭 Parindra)을 결성하고, 우토모와 타무린의 지도 아래 독립보다는 자치 획득을 목표로 삼았다.

그리하여 네덜란드령 인도네시아 정청의 탄압 대상은 공산주의자에서 독립운동가로 옮겨갔고, 1931년에는 보도통제령이 제정되어 인도네시아인이 발행한 신문과 잡지 들에 발행 정지 처분이 내려졌다. 그러나 1936년 이후는 반일 캠페인을 널리 조장했던 화교들의 발행지가 주된 규제 대상이 되었다. 이는 일본의 경제적 진출로 화교와 충돌이 빚어진 데다 중국 대륙에서 중일관계 악화로 인해 화교들의 반일 감정이 높아진 점, 이에 대해 인도네시아 정청이 일본과의 마찰을 피한 점 등이 반영된 것이었다(山本 2002).

베트남의 응에띤 소비에트운동과 인민전선 내각

베트남 경제는 쌀, 고무, 석탄 등의 생산으로 세계시장과 연결되어 있었다. 생산을 조절하기 어려운 생산품에 의존하는 경제구조 때문에 공황으로 인한 가격 폭락에도 불구하고 생산량은 거의 변하지 않았다. 이에 따라 소득과 임금이 대폭 줄어들었을 뿐 아니라 실업자가 급격히 늘어났다. 이처럼 힘든 형편을 타개하려는 노동자와 농민 들의 파업과 시위가 가장 크게 늘어났던 시기가 1930년대였다. 1930년대 중북부와 중부의 파업 및 시위 참가자 수는 50만 명에 달했고, 1930년에는 인도차이나 역사상 처음으로 노동절이 개최되었다. 그리고 프랑스 정부가 이를 탄압한 것에 대한 항의운동이 응에안성과 하띤성으로 확대되고 있었다. 프랑스 정부가 기관총을 난사하며 제압하려 하면서 두 성에서는 자위단이 조직되었고, 나아가 대기근에 대응하기 위해 지주의 토지와 쌀 등을 몰수해서 곤궁한 농민 등에게 분배하는 응에띤 소비에트가 설립되었다. 그러나 응에띤에 호응한 소비에트운동이 일어나지 않은 데다가 기근과 프랑스군의 개입으로 농민층이 분열함으로써 응에띤 소비에트는 붕괴하고, 1931년 말에는 지도자 대부분이 태국으로 망명했다(櫻井·石澤 1977, 119~121쪽).

그 후 1936년 5월 프랑스에서 사회당수 레옹 블룸Léon Blum이 인민전선 내각을 조직하자, 인도차이나 공산당도 프랑스 제국주의 타도와 토지 재분배라는 슬로건을 철회하고, 식민지 의회 확대 등의 요구를 내걸었다. 그러자 프랑스 총독도 1300명의 정치범을 석방하는 등 개선책을 취했다. 공산당은 합법조직이 되었고, 민주당과도 연대하여 식민지 의회에서 세력을 펼쳤다. 그렇지만 1938년 4월에 프랑스 인민전선정부가 붕괴하자 프랑스 공산당은 비합법화되었고, 인도차이나 공산당도 탄압을 받아 지도자 대부분은 중국과 맞닿은 국경 지대로 망명하지 않을 수 없었다.

필리핀의 봉기와 '사회정의'·'경제조정' 계획

필리핀에서는 미국과 미국을 지지하는 지주층의 지배체제에 저항한 농민운동이 1920년대부터 일어나고 있었다. 1929년에는 필리핀 사회당이, 1930년에는 필리핀 공산당이 결성되었다. 루손섬 중부에서는 이러한 정당과 소농 중심의 농민운동이 결집한 반란이 1930년대에 지속적으로 발생했다. 1931년에는 페드로 카로사가 이끄는 천년왕국 민중운동 콜로룸Colorum이 타유그의 마을 사무소를 습격하다가 진압당했는데, 재판을 통해 독립과 토지 분배를 미국에 요구했다. 또한 1933년에 결성된 삭달Sakdal당은 1935년 5월 미군기지 철수 등을 요구하며 미국 통치하에서는 최대 규모의 봉기를 이끌었으나 진압되고 말았다.

1935년 11월에 코먼웰스Commonwealth가 발족하자 케손Manuel Quezon 대

통령이 두 가지 계획을 제시하며 대미관계의 유지와 해소에 동요하는 위기를 극복하고자 했다. 첫 번째 계획은 노동자·농민운동의 고조에 따른 사회 불안을 진정시키기 위한 '사회정의' 계획이었고, 두 번째는 미국에 의존하는 식민지 경제구조로부터의 자립을 목표로 내세운 '경제조정' 계획이었다. 그리고 1938년에는 타칼로그어가 국어로 지정되었고, 보통선거에 의한 공직선거와 여성 참정권이 실현되는 등 국민국가 형성을 위한 모색이 지속되었다. 그러나 필리핀과 미국의 관계를 어떻게 재정립할 것인가에 대한 미국의 방침은 1939년에 유럽에서 전쟁이 발발할 때까지 정해지지 않았다. 중국 시장에서 군사적 확장을 추진하는 일본과 대치할 것을 고려하면, 필리핀을 유지하는 것은 일본에 대한 외교적 무기가 될 수 있었기 때문이다.

4. 제국 일본의 전시체제화

미국의 중국 연구자 오언 래티모어Owen Lattimore는 중국 동북부(이하 역사적 용어로 만주라고 표기)와 몽골을 유럽의 발칸에 비교하여 아시아의 '분쟁의 요람'이라고 불렀다. 그 공간에도 세계공황의 영향은 미쳤고, 러일전쟁과 21개조 요구에 의해 일본이 획득했다고 여겨졌던 배타적 특권인 만몽 이권의 유지는 위기에 직면했다. 만몽 이권의 상징이던 만철(남만주철도주식회사)은 세계시장을 향한 상품이었던 대두大豆와 석탄의 수송량 감소로 인해 1931년에는 개업 이래 최초로 적자를 내고 있었다. 게다가 장쉐량 정권이 일본의 이권 회수정책과 산업진흥책을 펼치면서 만몽 이권은 더욱 위기를 맞이하게 되었다. 이 '생명선·만몽의 위기' 상황에서 1931년 9월 류탸오후柳條湖 사건을 계기로 만주사변(9·18사변)이 일어났고, 제국 일본은 전시체제의 방향으로 나아가게 되었다.

만주사변과 만주국

류탸오후 사건은 관동군의 모략에 의한 것이었고, 만몽 영유계획 자체는 1929년 이후 관동군 참모 이시와라 간지石原莞爾 등에 의해 착안되어 군 중앙에서도 동조자를 얻고 있었다. 이시와라의 목적은 만주를 영유함으로써 대소·대미전쟁에 대응하기 위한 군수물자를 만주에 비축해둠과 동시에 사변을 기폭제로 삼아 군부가 주도권을 장악하고, 일본 국내의 정치·경제구조를 총력전체제로 바꾼다는 '국가개조'에 있었다. 국가개조를 내건 쿠데타 계획은 1931년 3월 미수에 그쳤고(3월 사건), 류타오후 사건 직후에도 계획이 발각되어 주모자가 체포되었다(10월 사건). 이 국가개조 요구는 국제적으로는 군축을 요구한 워싱턴체제에 대한 불만으로 발생했고, 세계공황으로 인해 곤궁한 국민과 만주 이권의 위기를 해결하지 못하는 기성 정치체제를 변혁하려는 소장 장교와 오카와 슈메이大川周明 등의 운동과도 호응한 것이었다.

또한 관동군의 만주 영유를 둘러싼 군사행동은 조선 통치의 교란 요인인 간도 지역의 조선인 독립운동을 괴멸시킨다는 목적에서 조선군과도 통하는 것이었다. 이 때문에 조선군사령관 하야시 센주로林銑十郎는 (천황의 재가를 거친) 봉칙명령을 받지 않은 채 사변에 호응하여 독단으로 군을 월경시켰다. 이와 같이 관동군과 조선군이 명령도 받지 않은 채로 대외전쟁을 개시한 것은 육군형법에 따라 사형을 적용해야 할 중범죄였다. 그러나 군사적 성공이 여론의 환영을 받는 가운데 천황은 현지군의 '독단전행獨斷專行'에 대한 제어장치마저 없애버렸다. 만주사변은 정부와 천황의 인가를 받지 않고 벌인 대외전쟁이었다는 점에서 이례적인 전쟁이었지만, 동시에 사전에 영국, 미국 등의 양해를 얻지 않았다는 점에서도 이전의 대외전쟁과는 이질적인 것이었다. 이 때문에 정부는 불확대 방침을 표명하여 국제적 비판을 피하고자 했지만, 관동군은 군사행동을 만주 전역으로 확대하고 있었다.

이에 대해 제1차 5개년 계획을 추진 중이던 소련은 일본과 충돌하는 것을 피했고, 미국은 부전조약에 반하는 현상 변경을 승인하지 않는다는 스팀슨 독트린Stimson Doctrine을 1932년 1월에 발표했음에도 구체적인 조치는 취하지 않았다. 영국도 자국의 이익이 집중되어 있던 상하이에서 일본군의 군사행동(1차 상하이 사변)이 단기간에 종료됐기 때문에 엄중히 대처하지 않았다. 이러한 국제적 반응을 보고, 처음에는 국제 문제로 비화할 것을 경계하던 정부도 관동군의 행동을 인정하기에 이르렀다. 그러나 만몽 영유는 국제적 반발을 부를 우려가 있었기 때문에 장징후이張景惠 등 현지 중국인들이 자발적으로 중화민국에서 분리 독립한 국가라는 형태로 만주국을 건국하고, 청조의 마지막 황제였던 선통제宣統帝 푸이溥儀를 집정執政(1934년 3월, 황제)이라는 원수元首에 앉혔다.

다른 한편 중국 공산당의 소멸을 우선 과제로 삼고 있던 장제스는 부저항不抵抗주의를 채택하여 양국의 충돌 확대를 피할 것을 장쉐량에게 지시했다. 장제스가 부저항주의를 채택한 이유로는 무기 매매 계약을 맺고 있던 일본 정부와 육군 중앙이 관동군을 억제할 것으로 생각했던 점, 또 군사력이 관계되어 있기 때문에 국제적 압력으로 만주 침략을 막는 수밖에 없다고 판단한 점 등이 거론된다(黃 2011, 제3장). 그리고 중국의 제소를 받은 국제연맹은 1932년에 리튼 조사단을 파견했는데, 일본은 만주에서 중국의 주권 확인과 일본군의 철수를 요구하는 권고가 채택된 것에 반대하며 1933년 2월 국제연맹에서 탈퇴하고, 직후에 러허성熱河省을 만주국에 편입했다.

통치 방식의 이동과 통치 인재의 순환

이렇듯 만주사변으로부터 만주국 건설에 이르는 과정은 군부에게 '속전속결' 전략에 의한 성공 체험이라는 환상을 주었고, 그 후 동아시아에서 일본의 군사행동과 점령지역 정권 공작의 원조가 되었다. 그리고 만주국은 전시체제로 가는 통치 방식의 실험장이 되었으며, 이로 인해 통치 경험이 많고 이론에 밝은 인재가 타이완, 조선, 중국, 일본 사이를 두루 돌아다니게 되었다.

만주국에서는 정권과 국가의 최고 지위에 현지의 유력자를 앉히고 그 다음 지위와 고문에 일본인을 등용하여 이 일본인을 군부가 '내면지도內面指導'하는 통치 방식을 채택했다. 이러한 통치 방식은 이후 점령지 지배에 답습되었다. 이러한 군사지배를 위장(카무플라주camouflage)하기 위해 1국 1당제의 협화회協和會가 설립되었고, 각종 협의회를 통해 아래의 사정을 위에 통하게 한다는 '하정상통下情上通'의 민주적 조직이라는 점이 강조되었다. 그러나 실제로는 나치스를 모방한 것으로, 여러 사람의 의견을 모으되 최종 결정은 통괄자統括者가 내린다는 '중의통재衆議統裁' 방식에 따른 상의하달의 기관으로 기능했다. 이 방식은 조선에서는 국민정신총동원조선연맹(국민총력조선연맹의 전신)으로, 일본에서는 대정익찬회大正翼贊會로 발전했고, 나아가 타이완의 황민봉공회皇民奉公會, 관동주의 흥아봉공연맹興亞奉公聯盟, 남양군도의 대정익찬회와도 연결되었다. 물론 협화회는 '민족협화民族協和', '왕도낙토王道樂土'라고 하는 건국이념을 내세움으로써 군사지배에 대해 어느 정도 억제력을 가졌는데, 나중에는 베이징의 신민회新民會 등 점령지 선무기관에 요원을 보충하는 역할을 맡았다. 또한 중일전쟁으로 중국 각지에 '자치정권'이 설립되면 그 '건설공작'을 위해 지도자가 파견되었는데, 만주국에서 화북으로 파견된 관리는 1년 남짓 동안 "그 수가 약 500명을 훨씬 웃돌게"(《滿洲國現勢·康德6年版》, 1939, 62쪽) 되었다.

'민족협화' 사상은 국민정부의 삼민주의 등 민족자결주의에 대한 대항으로 고안되었다. 이에 따라 이슬람과 몽골을 포함하여 건국 이듬해에

마쓰이 이와네松井石近 등이 대아세아협회를 설립한 것처럼 아시아주의의 공간과 대상을 일거에 넓히는 의의를 지닌다. 관동군은 만주국 건국 직후부터 내몽골을 중화민국에서 분리 독립시키는 계획을 가지고 있었는데, 이 공작 대상이 된 인물이 국민정부에게 '고도자치高度自治'를 요구하고 있던 덕왕德王이었다. 루거우차오 사건 후 일본군은 1939년에 몽골연합자치정부를 세웠으나, 찰남察南, 진북晉北까지 포함함에 따라 몽골인은 3퍼센트에 불과했다. 관동군이 내몽골을 지배한 목적은 다음 단계로 칭하이青海, 신장新疆까지 세력을 확장하고, 1936년에 방공협정을 체결하고 있던 독일과 힘을 합쳐 소련을 협공하는 것이었나(內蒙古アパカ會·岡村編 1990, 13쪽). 1939년에 일어난 노몬한 사건(할인골 전투)도 그 구상과 무관하지 않았다.

그래서 만주국 건국의 과제는 "내지 및 식민지와 만몽을 하나로 묶어 기획경제 아래에서 통제를 실행한다"(關東軍參謀部, 〈滿蒙開發方策〉, 1931년 12월)는 것, 즉 계획경제와 통제경제를 도입하여 제국 일본을 '고도국방국가高度國防國家'로 건설하는 데 있었다. 관동군의 요청으로 조직된 만철경제조사회滿鐵經濟調査會는 '일본과 만주가 하나'라는 일만일체日滿一体의 자급경제권을 목표로 한 국가통제안 책정 등에 개입했고, 만철조사부의 미야자키 마사요시宮崎正義 등은 소련의 계획경제를 참조하여 '산업개발 5개년 계획'을 작성했는데, 이 방식은 일본에서도 채용되었다. 물론 일본이 통제경제를 중요하게 여기게 된 계기는 1931년에 제정된 중요산업통제법과 공업조합법이었고, 그 도입에는 독일 카르텔Kartell 학설의 상공관료의 영향도 있었다. 아울러 소련의 5개년 계획과 1931년 암스테르담에서 개최된 사회경제계획화 회의의 논의도 참고가 되었다(白木澤 1999). 다만 만주국에서는 일본보다 먼저 국가총동원법과 미곡관리법, 국토계획 등을 제정하고, 이를 총괄하는 총무장관이었던 호시노 나오키星野直樹가 기획원 총재로 임명되고, 총무청에서 실무를 담당한 기시 노부스케岸信介와 시나 에쓰사부로椎名悅三郎를 비롯한 혁신 관료들이 귀국 후에 통제 행정을 수행하고 있었던 사실도 무시할 수 없다(山室 2004).

국민정신총동원과 황민화 그리고 전시 여성

만주사변 이후 일본은 준전시체제로 이행했는데, 일본 제국이 일거에 총동원체제로 돌입하게 된 계기는 루거우차오 사건이었다. 사건 직후인 1937년 8월, 고노에 후미마로近衛文麿 내각은 '국민정신총동원 실시요강'을 발표하고, 그 추진기관으로 10월에 국민정신총동원 중앙연맹을 설립했다. 연맹은 '거국일치, 진충보국, 견인지구堅忍持久'라는 슬로건을 전파하기 위해 국민정신총동원 주간과 흥아봉공일興亞奉公日을 지정해 정신총동원을 추진했다. 1938년부터는 애국공채 구입, 저축보국 등의 운동이 추진되었고, 이들 운동은 궁성 요배, 신사 참배 등과 함께 조선과 타이완에서도 실시되었다.

조선과 타이완에서 정신총동원은 '내선일체內鮮一體'와 '내대일체內臺一體'를 표방한 황민화운동으로 전개되었다. 중일전쟁을 수행하기 위한 대륙 병참기지로 설정된 조선에서는 1937년 10월부터 '황국신민皇國臣民의 서사誓詞' 제창이 강화되었고, 1938년 2월에는 징병제 실시를 위해 육군특별지원병령陸軍特別志願兵令이 제정되었다. 그리고 3차 교육령이 개정되어 조선어는 정규교과에서 제외되었고, 1000개의 일본어 강습소를 설립하여 일본어를 사용하도록 지시했다. 또한 1939년 6월, 국민직업능력신고령을 공포해 기술노동자 수를 파악하는 한편, 농촌에서는 1939년부터 조선증미계획을 실시했다. 조선정신동원운동에서는 대개 10호 단위로 애국반愛國班이 조직되었고, 1941년에는 그 수가 460만여 명에 달했다.

타이완에서는 1936년 말부터 황민화운동이 시작되었다. 1937년 고바야시 세이조小林躋造 총독은 황민화, 공업화, 남진기지화를 통치 3대 원칙으로 정하고, 남방진공南方進攻의 병참기지로 진흥시키려 했다. 황민화의 구체적 과제는 일본어 상용, 일장기 게양 등이었고, '생활개선' 과제는 목욕탕과 변소의 설치, 시간 엄수였다. 나아가 전시체제에 대한 대응 과제는 전시체제 법령의 준수, 물자·군 인부의 모집에 대한 솔선 실행 등이었다. 1937년에 군부 모집이 시작된 타이완에서는 2월부터 주州 관청이 '국어상용가정國語常用家庭'을 인정하는 데 착수하고, 1940년부터는 성명을 바꾸는 '개성명改姓名'이 도입되었다.

그런데 총력전 체제의 구축에서는 '인적 자원'의 육성과 동원을 위해 국가가 생명과 건강을 관리하는 것이 중요한 정책 과제가 되었다. 이 때문에 일본에서는 생활 곤궁자 구호를 목적으로 1936년에 방면위원회方面委員會가 법제화되었다. 1938년 1월에는 전쟁을 수행하기 위해 불가결한 건전한 국민과 병사를 육성할 목적으로 후생성厚生省이 설치되었고, 4월에는 국민건강보험법이 공포되어 개인 상점주와 농어민 등에게도 의료 혜택을 보장하게 되었다(藤野 2003; 鍾 1998). 또한 동원 병사가 뒷걱정 없이 출정하기 위한 군사원호제도로 군사부조법軍事扶助法(1937년 제정), 은급법恩給法(1938년 개정), 상병원법傷兵院法(1939년 제정) 등이 정비되었다. 더욱이 1938년에는 중국에서 귀환한 장병들에 의해 성병이 널리 퍼지는 것을 막기 위해 주로 사창私娼을 대상으로 공립전문병원을 설립하는 화류병예방법花柳病豫防法이 시행되었다.

또한 총동원체제에서 병사 동원과 더불어 중요한 과제가 된 것은 여성을 어떻게 체제에 편입시키는가였다. 군국의 어머니는 '건강한 국민, 건강한 병사健民健兵'을 낳아 기르고 병사로 출정시키기 위해 필수불가결한 존재였기 때문이다. 따라서 미혼자에게는 인구를 늘리기 위해 조혼다산早婚多産이 장려되고, "낳자, 기르자"의 자보보국子寶報國·다산보국多産報國이 권장되었다. 아울러 여성은 총후銃後(후방)에서는 식량 생산과 군수 생산의 징용 대상이었고, 전쟁터에서는 간호부 또는 '위안부'로 동원하기 위한 불가결의 존재로 여겨졌다. 이 때문에도 모성과 아이의 건강 유지가 과제로 떠올랐으며, 1937년 4월에는 보건소법이 제정되어 전국 49개소에 보건소가 설치되었고, 보건부는 결핵 예방과 젖먹이·어린아이의 보육 지도 등을 시행했다. 1937년 3월에는 출산율 급감과 경제적 이유로 증가하는 모자母子 동반자살 문제를 해결하기 위해 모자보호법이 제정되었다. 이에 따라 만 13세 미만의 아동 양육이 어려운 어머니와 할머니에게 생활·양육·생업·의료 등을 지원했지만, 그래도 최저생활을 유지할 수 없는 것이 현실이었다. 전쟁이 장기화되면서 모자보호법은 군인유족 대책의 기능도 담당하게 되었고, 1940년 상반기에 그 대상자는 전국에 9만 8541명이었다.

이처럼 중일전쟁이 장기화됨에 따라 매일 전사하는 병사를 보충하는 체제가 정비되고, 줄어든 '인적 자원'을 확충하기 위해 의료·연금 등의 사회보장을 강화하는 역설이 생겨났다. 그런 의미에서 1930년대는 전쟁상태warfare가 복지welfare를 촉진하는 사회 변혁의 모색 시대이기도 했다.

전시동원과 부인단체

여성의 전시동원에는 부인단체가 중요한 역할을 맡았다. 부인단체의 전쟁협력으로 주목을 끌었던 것은 만주사변 후에 결성된 오사카 국방부인회였다. 국방부인회는 흰색 앞치마를 두르고 병사들에게 차를 끓여 접대하면서 전국적으로 알려졌고, 1932년 10월에는 전국 조직으로 대일본국방부인회가 설립되었다(1934년에는 조선에서도 활동을 개시). 발족 당시 40명이던 회원은 1934년에는 약 54만 명, 1942년에는 공식적으로 1000만 명에 달했다. 국방부인회는 직장과 회사에서도 조직되어 결혼보국結婚報國 등을 목표로 내걸고 활동했다. 또한 "병사는 목숨을 걸고, 우리들은 멜빵을 건다"를 모토로 조선지부에서도 '총후' 가정의 강화를 추진하던 애국부인회가 '부인보국운동'으로 군인유족의 직업교육에 착수했다. 이들 부인단체는 국민정신총동원운동의 추진력이 되었다. 1938년 2월에는 '황민으로서의 자녀 양육' 등 '가정보국 3대 강령'과 "매일 아침 황대신궁皇大神宮을 참배하고, 황실의 안태安泰를 기원하자"를 비롯한 '실천 13개 요목'을 정하여 일상적 실천을 도모했다. 20세 미만의 여성은 대일본여자연합청년단大日本女子連合青年團으로 조직되었다. 1942년 2월에는 애국부인회, 대일본부인연합회, 대일본국방부인회를 통합하여 1930만 명의 회원을 거느린 대일본부인회가 조직되었다.

이러한 부인단체는 식민지에서도 조직되었다. 만주국에서는 만주사변 후에 재만 일본인 여성이 조직한 전만부인단체연합회와 대일본애국부인회가 존재하고 있었다. 이들 단체의 통합이 과제로 떠오름에 따라, 1934년 11월에 관동군의 지원 아래 만주제국국방부인회가 조직되었다. 그러나 이 단체는 기본적으로 재만 일본 부인과 중국인 관리, 협화회 관계자의 부인들로 한정되어 있었다(劉 2005).

타이완에서는 애국부인회 타이완지부가 결성되었는데, 학교와 동창회를 기반으로 삼아 미혼 여성들로 구성된 말단조직인 여자청년단이 노동

훈련과 국방 훈련에 동원되었다. 자매단체인 보갑부녀단保甲婦女團은 위문과 배급 감독 등의 역할을 했으며, 진흥회振興會는 주부부主婦部와 여자청년부 등을 조직하여 집회 훈련 등을 실시했다. 그러나 이들 활동에 참가한 여성들의 목적은 아이들을 일본인과 같은 소학교나 명문 중학에 입학시키거나 물자 부족 상황에서 '국어상용가정'으로서 배급의 우대를 받는 것이었고, 적극적으로 전쟁 수행을 지지한 것은 아니었다(遊 2005). 1942년에 설립된 대일본부인회 타이완지부는 황민봉공회의 외곽단체로 기능했다. 또한 간호부 등이 징용되어 전장에 보내졌다(조선에 대해서는 河 2001 참조).

5. 중일전쟁과 중국의 정치공간

1933년 2월 관동군은 만리장성 선까지가 만주국 영토라고 간주했으므로, 러허성에 군을 진공시켜 5월에는 베이핑北平(베이징), 톈진 지구를 위협하기에 이르렀다. 이에 국민정부는 같은 달 탕구塘沽 정전협정을 맺지 않을 수 없었고, 이로써 만주사변은 일단 종결되었다(이에 따라 중일전쟁을 15년 전쟁이라고 보는가, 루거우차오 사건 이후의 8년 전쟁이라고 보는가로 나누어진다). 다만 이 협정에 의해 국민정부는 만주국을 사실상 승인하게 되었고, 완충지대로서 지둥冀東(허베이성 동부) 지구가 설정되었다.

그러나 '일만日滿 블록'만으로는 철·석탄 등 군수자원의 확보와 일본 제품의 판매에 한계가 있다고 판단한 관동군은 "북지北支(중국 북부)에서 제국의 경제적 세력 부식과 일만지日滿支 경제 블록의 결성"을 제창했다. 이어 1933년 10월에는 "제국 지도의 아래 일만지 3국의 제휴공조를 실현하고, 이로부터 동양의 항구적 평화를 확보하며 나아가 세계 평화의 증진에 공헌함을 요망한다"라는 각의 결정이 내려졌다. 그리하여 1930년대 일본이 추구했던 '일만지 블록'이 동양 평화, 더 나아가서 세계 평화에 공헌하기 위한 광역질서 구상으로 나타나 중국과 일본의 대립은 격화되었다.

화북분리공작과 안내양외책

탕구 정전협정에 의해 만리장성 이남에 비무장지대를 설정한 일본군은 다시 화북 5성(허베이, 차하르, 쑤이위안綏遠, 산시山西, 산둥)을 국민정부로부터 분리하여 일본의 지배 아래 둔다는 화북분리華北分離 공작을 추진했다. 그리고 1935년 6월, 우메즈梅津·허잉친何應欽 협정으로 허베이성에서 국민당부國民黨部·중국군 등을 철수시키고, 도이하라土肥原·진더취안秦德純 협정으로 차하르성에서 제29군 등을 철수시키는 한편, 11월에는 인루겅殷汝耕에 지둥방공자치위원회冀東防共自治委員會(지둥방공자치정부의 전신)를 설립했다. 일본은 지둥지구에서 밀무역을 추진하여 시장을 교란시켰고, 국민정부의 관세 수입에 타격을 주었다(內田 2006). 그러나 국민정부는 배외·배일을 금지하는 목린돈교령睦隣敦交令을 발포하여 항일운동을 금지하고, 공사관을 대사관으로 승격하는 등 대일 우호책을 채택했다.

이러한 일본군과 국민정부의 움직임에 대응하여 베이징에서는 항일과 방공자치정권을 반대하는 학생운동(12·9운동)이 일어났으며, 이듬해 상하이에서는 전국 각계의 구국연합회가 결성되는 등 항일 기운이 고조되었다. 1935년 8월에는 중국 공산당이 내전 중단·항일통일전선 결성을 호소하는 항일구국선언을 발표했다. 하지만 장제스는 만주사변 이후 항일보다 공산당 토벌을 우선으로 삼은 '안내양외安內攘外' 방침을 채택하고 있었다. 이 정책은 국가 재정통일과 공업 생산 증가 등의 성과를 거두고 있었기 때문에 즉시항일론보다 현실적이라고 여겨져 일정한 지지를 받고 있었다. 1934년 10월 공산당 토벌전에서 승리한 장제스는 대일전을 의식해서 독일 군사고문단에게 작전준비 활동을 요청하는 동시에 자원위원회를 중심으로 쓰촨四川과 구이저우貴州 등에서 오지奧地중공업 건설에 착수했다. 1935년 11월에는 화폐개혁으로 통화의 단일화를 도모하고, 영국

펀드에 연동시켰다. 또한 미국의 은 구매정책에 대항하여 은본위제를 폐지하고 관리통화제로 이행하는 등 항전의 힘을 넓히려고 노력했다. 그리고 1936년 12월 시안 사건으로 장제스가 내전 중단과 공동 구국에 합의함으로써 국공합작國共合作을 향해 다가갔다.

루거우차오 사건과 중일전쟁

이처럼 중국의 화폐제도 개혁이 성공한 후의 사태와 항일 기운의 고조에 대처하고자, 일본에서도 1937년 전반에는 사토 나오타케佐藤尚武 외상이 중국과 대등한 관계에서 국교조정과 대소·대영관계의 개선을 도모하는 '화협외교和協外交'의 방침을 제시했으며, 4월 4개국 외상회의外相會議에서 논의된 '대지실행책對支實行策'을 통해 화북분리 공작을 부정하는 등 중일관계는 새로운 국면을 맞이했다.

그러나 히로타 고키廣田弘毅 외상으로 교체되면서 사토 외상의 '화협외교'가 좌절된 직후인 7월 7일, 루거우차오 사건이 발생했다. 루거우차오 사건은 일본군 부대를 향한 발포와 병사의 일시 행방불명이라는 우발적인 사건이 발단이 되었는데, 일본군의 모략·계획에 의한 것이라는 설과 그것을 부정하는 설이 있다(秦 1996). 다만 1936년 4월 일본 정부는 화북에 거주하는 일본인 보호와 공산당군에 대한 경계를 이유로 지나 주둔군을 1771명에서 5774명으로 증강했으며, 일본군이 1936년 9월 '북지나 점령통치계획' 등을 작성한 것은 사실이었다(永井 2007, 제1장). 또한 사건 전에 베이징은 일본군과 인루겅군殷汝耕軍에 의해 포위된 상태였기 때문에 루거우차오만이 베이징과 바깥세상을 연결하는 통로였다. 일본군이 4월부터 그 부근에서 군사훈련을 하고 있는 것은 베이징을 포위할 목적이라는 관측이 나오고 있던 중에 군사 충돌이 일어났던 것이다.

일본 정부는 '전쟁 불확대와 현지 해결 방침'을 표명했고, 11일에는 정전협정이 맺어졌다. 그러나 같은 날 증파를 결정하며 위압적인 자세를 취하자 중국이 강하게 반발하면서 전쟁이 확대되었다. 그리하여 7월 중에는 베이징과 톈진을 점령했고, '속전속결'을 위해 8월에는 상하이를 공격했다(2차 상하이 사변). 국민정부는 8월 14일에 '자위항전성명서自衛抗戰聲明書'를 발표하여 영토를 방기하지 않고 침략에 대해서는 자위권을 가지고 응전하겠다고 밝혔다. 이에 일본 정부는 15일에 "지나군支那軍의 포악을 응징하고, 이로써 난징 정부의 반성을 촉구하기 위해 이제 단호한 조치를 취한다"라는 전쟁 목적을 표명하면서 수도 난징 등을 공격함으로써 전쟁은 전면적으로 확대되었다. 다만 중국과 일본 모두 미국의 중립법과 부전조약의 적용을 피하기 위해 선전포고를 하지 않았기 때문에, 국제법상 전쟁이 아닌 '사변事變'의 형태로 싸웠다.

점령지에서는 난징뿐만 아니라 각지에서 일본군의 약탈과 학살 등이 빈발했다. 1937년 9월에 산시山西 작전에서 전사한 '군신軍神' 스기모토 고로杉本五郎 중좌는 "일단 적지를 점령하면 적국 민족이라는 이유로 살상하는 데 만족하지 않고, 약탈함을 그칠 줄 모른다. 슬프지 않을 수 없다. 온갖 것 모두, 황군의 면모가 조금도 없다. (……) 이번 전쟁은 제국주의 전투이면서 망국의 서전緒戰이라고 사람들이 말하는데, 누가 뭐라고 항변할 수 있을 것인가"(杉本 1938. 아울러 이 부분은 검열에 의해 삭제된 자리에 복자伏字된 상태로 간행되었다)라고 기록했다.

전선의 교착 상태와 괴뢰정권

일본에서는 수도 난징을 점령하면 중국이 항복할 것으로 생각하고 난징 함락을 축하했지만, 국민정부는 한커우漢口(이후는 충칭重慶)로 수도를 옮겨 저항을 계속했다. 장제스는 이 전쟁이 지구전이 될 것이라고 생각했고, 쓰촨성을 근거지로 삼아 장기 소모전으로 끌고 갈 경우 승리할 수 있다고 전망했다. "일본군이 쓰촨에 이르는 데 3년이 걸리고, 그사이 저항을 통해 적의 병력을 내지로 끌어들일수록 유리하게 된다"(黃編 2004, 489쪽)라면서 공간을 시간으로 치환하고자 했다.

다른 한편 중국을 일격에 치는 '대지일격론對支一擊論'을 생각했던 일본은 장기전으로 가는 것을 우려하여 독일의 주중공사 트라우트만O. Trautmann에게 평화 교섭의 중재를 의뢰했다. 독일은 1936년 11월에 일본과 방공협정을 맺고 있었는데, 국민정부군에게 군사고문단을 파견하는 동시에 군수품과 공업제품을 수출하고 텅스텐 등의 자원을 수입하고 있었다. 이 때문에 전쟁이 장기화되면 중국은 소련에 대한 의존이 커질 수밖에 없는 사태를 경계하고 있었다. 그러나 트라우트만의 평화 교섭은 일본 측이 난징 입성 후에 조건을 바꾸는 바람에 좌절되었다. 이로 말미암아 일본 정부는 1938년 1월 "이후 국민정부를 상대하지 않고, 제국과 진실로 제휴하는 데 족한 신흥 지나정권의 수립·발전을 기대하고, 이 정권과 양국 국교를 조정하여 새로운 신지나新支那 건설에 협력하도록 한다"는 고노에 성명(1차)을 발표했다. 여기에서 "상대하지 않는다"는 것은 "국제법상 새로운 예를 만들어 국민정부를 부인하는 동시에 이것을 말살하려 한다"는 주권의 말살을 의미했다. 또한 '신흥 지나정권'이란 일본 점령지역에서 만들어진 중화민국 임시정부, 중화민국 유신정부維新政府, 몽강연합위원회蒙疆連合委員會 등을 가리키는데, 이 성명에 따라 일본은 국민정부와의 평화 교섭을 스스로 닫아버렸다. 그 결과 히틀러는 독일과 일본의 제휴를 중시하여 중국에 대한 군수물자 수출을 중단하고, 5월에는 군사고문단을 철수했다.

중일전쟁에 대해 미국의 루스벨트 대통령은 평화애호국이 협력하여 침략 국가를 격리할 필요가 있다면서 일본을 비판했다. 그러면서도 일본에 대한 군수물자 금수 조치를 취하거나 제재를 시행하지 않았다. 한편 장제스는 항일전쟁을 지속하기 위해 영국, 미국, 소련을 끌어들이는 외교 전략을 채택했다. 소련 역시 일본의 대소 침공을 막기 위해서는 중국의 항전이 필요하다고 보고, 1937년 8월 중소불가침조약을 체결하여 중국 원조를 강화했다. 소련은 공군의용대를 파견하는 것 외에, 1억 달러의 차관을 통해 군용기·전차 등의 무기를 공급했다. 아울러 1937년 11월에 일본·독일·이탈리아 방공협정이 체결되었는데, 이는 추축체제에 대한 대항(반파시즘) 노선과 항일전쟁이 결합할 수 있는 계기가 되었으며, 미국은 중국에 대한 의용 공군의 파견, 군수물자와 차관의 공여를 강화했다.

1938년 10월 우한武漢 전투가 끝난 후 국민당은 오지의 충칭으로 옮겨갔다. 전선은 교착 상태에 빠졌고, 일본군은 점령지역에서 괴뢰정권을 세워 항일세력을 봉쇄하는 정책을 취하지 않을 수 없게 되었다. 고노에 내각은 1938년 11월 전쟁 목적이 동아신질서東亞新秩序의 건설이라고 천명(2차 고노에 성명)하고, 12월에는 대일 평화를 모색하고 있던 왕징웨이汪精衛에게 일본·만주·중국日滿華 3국의 선린우호, 공동방공, 경제제휴 등 고노에 3대 원칙을 평화의 기본 방침으로 제시했다(3차 고노에 성명). 1940년 3월에는 각지의 괴뢰정권을 통합한 신국민정부를 난징에 수립했다. 일본군은 점령지구에 중국연합준비은행, 중앙저비은행中央儲備銀行 등을 설립하고, 북지나개발주식회사, 중지나진흥주식회사라는 2대 국책회사 아래에 수많은 자회사를 설립하여 재래의 중국 기업을 개편했다. 또한 점령지역에서는 군표軍票(군용수표)에 의한 식량·군수물자 등의 강제구매, 노동력의 강제징용 등이 실시되었다.

이렇게 '속전속결' 방침으로 시작된 전쟁은 수렁에 빠졌고, 61만에서 105만 명에 달하는 일본군이 광대한 중국 대륙에서 발이 묶이고 말았다. 일본은 전쟁국면을 타개하려고 1939년 2월 하이난도海南島를 점령했으며, 6월에는 톈진의 영국과 프랑스 조계를 봉쇄하는 등 조치를 취했다. 그러나 이로 인해 영국과 미국의 태도는 경직되었고, 미일통상항해조약은 파기되어 1940년 1월에 효력이 상실되었다. 이후 전략물자의 금수·자산동결 등 대일 경제 압박이 강화되면서 미국과 일본의 대립은 심화되었고, 그 타개책으로 일본이 북부 인도로 진주하면서 더욱더 대립하게 되었다.

복합 정치공간, 중국

이렇게 중일전쟁이 전개되고 있던 1930년대, 중국의 과제는 일본과 대치하기 위해 국가를 어떻게 건설하고, 국제사회 속에 어떠한 위치를 차지할 것인가였다. 여기에는 국민당과 공산당의 항쟁을 기본 축으로 한 채, 양당의 일당독재와 거리를 두는 비정당적인 정치세력, 그리고 소수민족이라는 다양한 배우들이 경쟁하고, 나아가서는 세계 각지에 퍼져 있는 화교華僑, 화인華人도 항일전쟁을 지원하는 중요한 주체로 활동하고 있었다.

국민당에서는 장제스가 국민당군軍을 지휘했던 경력을 갖고서, 당원黨員 경력으로는 우위에 있는 왕징웨이와 후한민胡漢民, 그리고 쑨원의 장남 쑨커孫科와 권력 투쟁을 계속했다. 다른 한편 공산당은 도시에서 폭동공작을 중시하는 리리싼李立三의 노선이 1930년에 실패로 돌아가고, 각지의 당조직은 붕괴 위기에 직면했다. 이 때문에 공산당은 국민당의 지배가 미치지 않는 징강산井崗山 등에 혁명의 근거지를 만들고, 홍군洪軍(공산당군)과 함께 소비에트 권력을 조직하여 농민에게 토지 분배 등을 실행해서 지지를 넓혀가는 방침으로 전환했다.

이러한 소비에트 권력의 침투를 막기 위해 국민당군은 근거지를 포위하여 격멸하는 토벌작전을 1930년부터 1934년까지 5차에 걸쳐 감행했다. 이에 공산당은 루이진瑞金에서 1931년 11월 마오쩌둥을 주석으로 한 중화소비에트공화국을 창립하여 각지에 근거지를 만들었다. 이로써 중국에는 정통성을 주장하는 2개의 국가가 대립하며 존립하게 되었다. 또한 주변 지역이기는 하지만 1933년 11월에 카슈가르에서 동투르키스탄 이슬람공화국이 건설되었다. 건국 강령은 정부 담당자에게 "현대과학을 숙지할" 것을 요청하고, 정부 운영을 합의제로 하는 등, 반한족 혁명인 동시에 사회혁명을 목적으로 삼았다. 그러나 정부 내의 대립과 성省 정부군의 공격을 받아 1934년 2월에 붕괴되고 말았다.

그 밖에 내몽골에서는 덕왕이 일본군과 제휴하여 독립을 꾀했고, 티베트에서는 달라이 라마 13세가 중국의 종주권을 인정함에 따라 1931년에는 티베트 주경변사처駐京辨事處를 두기로 결정되었다. 그리고 1935년에는 시캉건성위원회西康建省委員會가 설립되었으며, 1939년에는 티베트 동부에 시캉성西康省이 정식으로 성립되었다. 1940년에 달라이 라마 14세가 즉위하자 국민정부는 라싸에 몽장위원회蒙藏委員會 주장변사처駐藏辨事處를 설치하여 간접지배를 강화했다.

항일전쟁에 대한 자세

항일전쟁을 살펴보면, 공산당이 1932년 4월에 항전을 선포했는데, 반反장제스를 기치로 내세워 부농, 중소자본가, 지식인 등을 가장 유해한 적으로 간주한 코민테른의 '중간계급 주요 타격론'을 따르고 있었기 때문에, 이들 항일세력과 공동으로 투쟁하지는 않았다. 더구나 1934년 국민당군의 5차 토벌작전으로 장시江西 등의 소비에트구를 포기한 홍군은 산시성陝西省으로 대이동(장정長征)하지 않을 수 없었다.

한편 5차 토벌전에서 승리하여 국민당의 지도권을 장악한 장제스는 만수사변 이후 "절교絶交하지 않고, 선전宣戰하지 않고, 강화講和하지 않고, 체약締約하지 않는다"는 원칙에 따른 대일정책을 채택하고 있었다. 장제스는 일본과 전면대결을 피한 채 시간을 번다면, 일본의 군사행동이 미국과 소련을 전쟁으로 끌어들일 것이라고 판단했다(黃 2011, 149~150쪽). 그리고 무엇보다도 중국 스스로가 전쟁 능력을 갖추기 위해서는 경제 건설이 필수라고 생각했다. 다만 장제스는 그 자금을 차관과 공채 발행으로 처리하려고 했기 때문에 반대자도 많아서, 비판자를 잠정반혁명치죄법暫定反革命治罪法으로 탄압함과 동시에 C·C단과 남의사藍衣社 같은 특무기관의 테러로 제거했다.

이러한 국민당의 전제적 지배와 국공 내전에 대한 비판 때문에, 비정당적인 민주파 정치세력이 생겨나 항일전선에서 제3의 축이 되었다. 1933년 1월에는 국민당의 정치적 탄압을 비판한 차이위안페이蔡元培, 쑹칭링宋慶齡, 후스, 루쉰 등이 민권보장대동맹民權保障大同盟을 조직했고, 1934년 5월에는 쑹칭링 등이 '중국인민대일작전기본강령'을 공표하여 모든 중국 인민이 무장봉기해서 일본제국주의와 싸울 것을 호소했다. 또한 1935년 3월에는 쑹칭링 등이 40여 개의 항일단체를 모아 국민어모자구회國民

禦侮自救會를 결성했으나, 장제스는 5월에 해산명령을 내렸다. 1935년 12월 일본군의 화북분리 공작과 괴뢰정부 공작에 대해 학생들의 반대운동이 일어나자, 여기에 호응하여 문화계구국회文化界救國會와 부녀계구국회婦女界救國會 등 항일구국회가 상하이 등 각지에서 조직되었다. 이러한 항일구국운동의 열기를 이어받아, 1936년 5월에는 상하이에서 선쥔루沈鈞儒와 장나이치章乃器가 전국각계구국연합회를 설립하고 국민정부에 내전 중단과 항일통일정권 수립을 요구했다(菊池 1987).

이러한 항일구국과 통일전선을 요구한 운동은 어느 쪽의 요구에 대해서도 소극적이던 장제스에 대한 비판일 수밖에 없었다, 이 때문에 장제스는 학생운동금지령과 치안유지긴급치죄법을 공포하여 운동을 탄압하고, 선쥔루 등 전국각계구국연합회의 지도자 7명을 1936년 11월에 체포했다(항일 7군자 사건). 이들 조직은 무엇보다도 민족적 위기에 국민이 연대하여 극복할 것을 과제로 삼고 있었는데, 국공 양당과 달리 군사력을 가지지 못했기 때문에 국공 양당의 항일민족통일전선 결성을 국민 여론에 의존해 실현할 수밖에 없었고, 이를 위해서 언론·결사 등의 자유를 요구했던 것이다.

제7회 코민테른 대회와 항일민족통일전선

이처럼 수많은 단체가 요구하고 있던 항일민족통일전선이 실현될 계기는 1935년 7월부터 개최된 제7회 코민테른 대회의 반파시즘인민전선전술노선 채택으로 마련되었다. 그때까지 공산당은 1928년의 제6회 코민테른 대회에서 결정된 '중간세력 주요 타격론'에 얽매여서, 만주사변 이후의 정세에 대응하여 세력을 결집할 수 없었다. 그러나 제7회 대회에서 파시즘

이야말로 주요 적이며, 이에 대항하기 위해서는 광범한 중간세력을 결집하는 것이 긴급하다는 통일전선전술로 전환하게 되었다. 동시에 민주주의와 자유, 애국주의 등을 '플러스 심볼'로 중시한다는 가치 전환도 이루어졌는데, 이는 중국 공산당에게 민족통합론이라는 새로운 정책 선택을 부여한 것이었다(加藤 1991). 이러한 방침 전환은 히틀러의 위협에 대항하기 위해 영국·미국과 제휴할 필요성을 인식한 소련이 각국의 공산주의자들에게 민주주의자와 협조하라고 요구한 데 따른 것이었다. 이 대회에 참석한 천샤오위陣紹禹(왕밍王明) 등은 〈항일구국을 위해 전 동포에게 고하는 글〉(8·1선언)을 써서 항일세력의 결집을 호소했다. 그리고 1936년 9월 장정을 거의 마친 홍군은 '핍장항일逼蔣抗日', 즉 장제스에게 항일통일전을 촉구하는 방침으로 전환했다.

이러한 공산당의 방침 전환에도 장제스는 공산당의 근거지에 대한 총공세를 동북군의 장쉐량과 서북군의 양후청楊虎城 등에게 지시했다. 그러나 8·1선언을 지지하고 있던 장쉐량 등은 1936년 12월, 시안西安을 방문한 장제스를 감금하고 내전 중단과 국공합작으로 항일전에 나설 것을 강요했다. 그리고 저우언라이周恩來와 쑹메이링宋美齡 등의 주선으로 장제스가 소탕작전 중단과 정부 개혁을 표명함에 따라 공산당도 장제스와 연대하여 항일전쟁에 주력하기로 했다. 이때 스탈린은 장제스를 잃고 중국이 혼란에 빠지면, 일본의 창끝이 소련을 겨눌 것을 두려워하여 중국 공산당에게 장제스의 석방을 지시했다. 이 시안 사건으로 국민당도 1937년 2월에 '용공항일容共抗日'의 방침을 승인하고, 항일민족통일전선 결성과 2차 국공합작으로 나아갔다.

이처럼 항일통일전선으로 나아가고 있던 1937년 7월에 루거우차오 사건이 일어났던 것이다. 이에 대처하고자 공산당은 소비에트 정부의 취소와 홍군의 국민당군 개편을 제안했고, 9월에는 2차 국공합작으로 항일 통일전선이 성립했다. 이에 따라 중화소비에트공화국은 국민정부의 지방 정부인 섬감영변구정부陝甘寧邊區政府가 되었고, 홍군은 국민정부군의 지휘를 받는 팔로군八路軍과 신사군新四軍으로 개편되어 군사비도 일부 지급받게 되었다. 이어 1938년 7월에는 항일전쟁에 국민의 총력을 결집하기 위해 '전시국회'라고 명명된 국민참정회國民參政會가 개설되었다. 국민참정회는 자문기관에 지나지 않았으나, 국민당·공산당·중국청년당·국가사회당·사회민주당·량수밍 등의 향치파鄕治派, 그리고 몽골과 티베트에서 직무 경험이 있던 사람 등으로 구성되었다. 이는 당시 중국의 정치공간을 반영한 것이었다.

그러나 1939년이 되자 각지에서 작은 마찰이 계속 일어나면서 국공관계는 다시 악화되었고, 1941년 1월에는 신사군 부대가 안후이성安徽省 남부에서 국민정부군에게 공격당해 8000여 명이 전사한 완난사건皖南事件이 일어남으로써 국공합작은 유명무실하게 되었다. 그렇지만 루거우차오 사건이 일어났던 당시 4만 명 정도였던 공산당원 수는 1945년 4월에 121만 명에 달하는 등 항일전쟁을 통해 공산당은 당세와 지배 지역을 확대했다.

이렇게 중일전쟁을 통해 중국의 정치 지형은 크게 변모했는데, 이는 동시에 중국과 아시아·서양 관계의 변화를 촉진했다. 1939년 8월 장제스는 충칭을 방문한 인도의 네루와 회담했고, 국민회의파는 의료사절단을 파견했다(大形編 1982). 나아가 1939년 10월 장제스는 동아시아 전쟁을 유럽 전쟁에 연결시켜 승리를 거둘 것을 강조했는데, 이는 결국 일본도 중일전쟁을 해결하는 데 아시아와 유럽의 관계를 고려하지 않을 수 없음을 의미했다.

그리고 중일전쟁과 태평양전쟁이 연결되어 있었기 때문에, 전쟁 이전에는 주권국가로서 국권 회복을 과제로 삼았던 중국이 영국, 미국, 소련과 함께 '국제적 존재감'을 획득할 수 있었던 것이다.

6. 광역질서의 모색과 '경계를 넘나드는' 인적 교류

1차 세계대전 후 서양과의 협조를 바탕으로 아시아에서 이권 확장을 꾀해왔던 일본에게 1930년대는 서양과 아시아에 대한 관계를 되묻게 된 '세계변국世界變局'의 시대였고, 이에 대응하기 위해 동아시아 내 광역질서 구상이 다양하게 제기되었다. 또한 주권 존중과 영토 보전을 내건 워싱턴 체제마저 일본의 만주 이권을 인정하고 있었기에 중국에게는 열강이 중국에서의 이권을 포기하지 않는 한 자립을 위해서 타파해야 할 체제였다. 1930년대 광역질서론은 전쟁을 종결하려는 모색인 동시에 서양이 주도했던 기존의 국제질서와 동아시아 질서에 대한 이의제기였음을 부정할 수 없다. 그리고 전쟁 중에 진행된 '경계를 넘나드는 인적 교류'는 동아시아 공간을 아래에서부터 바꾸고 있었다.

광역질서 구상과 광역경제권의 양면성

1932년부터 1933년에 걸쳐 잡지 《개조改造》에 〈묘표墓標를 대신하여〉를 연재했던 오자키 유키오尾崎行雄는 국제적 신의를 저버린 괴뢰국가 만주국을 통렬하게 비판함과 동시에 식민지 영유를 합법화했던 국제법체제를 개편할 필요성을 강조했다. 또한 국제연맹을 개조하여 국제재판소와 그 집행기관인 국제경찰을 갖춘 세계연방의 설치를 제안했다. 전쟁을 위법으로 간주하는 것을 전제로 삼고 있던 국제연맹에 대한 비판은, 근거는 달랐지만 만주사변 전후에 분출했다. 국제연맹은 영국 등의 국익에 봉사하는 기구에 지나지 않았기에 일본은 애초부터 가맹해서는 안 되었고, 만약 가맹하지 않았다면 만주 문제로 괴롭힘을 당하는 일도 없었다는 생각이 만연했던 것이다(松岡 1933, 96쪽).

애당초 서양의 이익 외에는 관심이 없던 국제연맹이 동아시아 국제관계를 규율하기에 부적합하지 않느냐는 우려는 일본의 만몽정책을 비판했던 요시노 사쿠조도 가지고 있었다. 그는 "중화민국과의 관계에서 개척의 여지가 크게 남아 있음을 유감"이라고 하면서도, 일본·중국·만주 3국이 긴밀하게 협력하여 국제연맹주의에 대항하는 동양 먼로주의Monroe Doctrine를 확립할 것을 주창했다(〈東洋モンロー主義の確立〉, 《中央公論》, 1932년 12월호, 권두언). 이렇게 동아시아의 실정에 맞는 광역기구를 설치하자는 구상은, 국제연맹 규약 제21조에 먼로주의가 명기된 적도 있었던 만큼, 로야마 마사미치蠟山政道, 가미카와 히코마쓰神川彦松 등의 국제정치학자에 의해서도 제기되었다. 여기에는 주권국가를 대상으로 하는 국제연맹에 동아시아에서는 일본, 중국, 태국밖에 가맹하지 않았던 사정도 있었다.

이러한 국제연맹 개조론이든 동양 먼로주의적 광역기구이든, 이후 동아협동체론東亞協同體論이나 동아연맹론東亞連盟論이든지 간에 동아시아에서 광역질서를 구상하는 데 중국의 자립과 일본의 협조 없이는 불가능했다. 이시와라 간지, 미야자키 마사요시 등이 주창한 동아연맹론은 천황을 맹주로 내세웠는데, 동맹국가의 정치적 독립과 대등한 연합을 대전제로 하는 것이었다(宮崎, 1938).

그랬기 때문에 왕징웨이 정권 내에서는 쑨원의 대아시아 사상과 통하는 것으로 일정한 지지를 받았으며, 조선인 연맹원이 독립을 요구하는 근거가 되었다. 그리고 이 때문에 1941년 1월에는 "건국의 정신에 반해 황국의 주권을 어둡게 만들 우려가 있는 국가연합 이론"을 금지하는 각의 결정의 대상이 되었다.

또한 교착 상태에 빠진 중일전쟁을 타개하기 위해서 고노에 내각이 표명한 동아신질서의 이론적 지주였던 동아협동체론은 미키 기요시三木清, 오자키 오쓰미尾崎秀實를 비롯하여 정치학의 로야마 마사미치, 사회학의 신메이 마사미치新明正道, 경제학의 가다 데쓰지加田哲二와 '광민족론廣民族論'의 다카타 야스마高田保馬 등에 의해 제기되었는데, 그 논거는 동일하지 않았다.

그러나 이는 "또한 만약 일본이 다른 국가들을 대신하여 지나에 제국주의적 지배를 행한다면, 동아협동체의 진정한 의의는 실현되지 않는다"(三木清, 〈東亞思想の根據〉, 《改造》, 1938년 12월호, 12쪽)라고 주장한 것처럼, 항일민족통일전선에서 나타나는 중국의 민족의식을 인식하고, 일본의 배타적 내셔널리즘을 극복하여 군사적 확장을 멈추는 것이 전제였다. 이를 위해서 중국의 통일과 일본 국내의 자본주의 모순을 해결하는 개혁은 빼놓을 수 없는 것이었다.

그렇지만 동아신질서의 전제인 중국의 새로운 정권의 실체에 대해, 1939년 6월 5상회의에서 결정된 '중국신중앙정부수립방침'은 "중국의 장래 정치 형태는 그 역사 및 현실에 입각한 분치합작주의分治合作主義에 따른다"는 것을 전제로 삼고 있었고, 통일 중국과 대등한 협동체를 만들어 동아시아 신질서를 형성함으로써 전쟁을 종결시킨다는 것이 국가정책으로 추구된 것은 아니었다. 이 때문에 장제스 등은 동아협동체론을 일본이 병탄주의를 숨기기 위한 수단에 지나지 않는다고 일축했던 것이다.

이처럼 중일전쟁이 지속되는 가운데 제기되었던 광역질서론은 좌절되었다. 그러나 동남아시아 내 무역에 한정하여 살펴보면, 1930년대는 화교의 통상 네트워크를 통해 일본 제품의 판로가 확대되고, 그때까지 서양 국가들이 독점해왔던 공업품 시장에 침투한 시대이기도 했다(籠谷 1999).

이로 말미암아 인도와 네덜란드령 인도차이나 등에서 마찰이 일어나 일본과 인도, 일본과 네덜란드 사이에 협상이 개최되었지만, 문제는 해소되지 않았다. 다만 좀 더 거시적으로 보면 일본 제품의 수입 급증으로 동남아시아의 경제순환이 교란된 것은 아니었고, 값싼 일본 제품의 유입은 동남아시아 내 실질임금의 하락을 완화했으며, 영국과 네덜란드의 무역·해운사업과도 보완성을 가지고 있었다. 더욱이 자동차산업의 고무 수요가 늘면서 미국으로의 원재료 수출과 일본 공업제품의 수입이 급증했다. 그 결과 동남아시아에서는 "대미수출과 대일수입에 의해 경제의 순환 궤도가 태평양을 한 바퀴 도는 일종의 삼각 분업체제"(加納 1995, 54쪽)가 탄생하여 미국→동남아시아→일본→미국이라는 전후에 재현된 결제구조가 만들어졌다.

그러나 이 사태는 또한 일본이 동남아시아에서 배타적으로 자원과 시장의 확보를 노린 것이며, 미국과의 대립을 격렬하게 만든 요인이 되었다. 필리핀에서는 1930년대를 통해 섬유제품을 중심으로 비싼 미국 제품에 비해 저품질의 값싼 일본 제품이 침투해 대중 소비문화를 만들어냈다. 반면 1920년대 이후 영주형永住形 일본인 이민이 늘면서 다바오의 농업자를 중심으로 경계심이 높아져 다바오주는 신일본주新日本州라고도 불렸고, '제2의 만주국Manchukuo'이라는 경계심이 담긴 '다바오쿠오Davaokuo'라는 말도 생겨났다.

일본인 이민의 증가에 대해서는 미국도 경계하여 허버트 후버 대통령은 1933년 독립법안에 거부권을 행사하면서 일본인 이민을 "무장하지 않은 잠재적 군사 침입"이라고 규정했다(清水 2001). 형식적으로는 독립국이지만 일본의 괴뢰라는 의미의 '제2의 만주국'화에 대한 경계는 왕징웨이 정권의 저우푸하이周佛海 재정부장과 태국의 피분송크람 총리 등도 동일하게 표명했다. 1930년대 중국과 동남아시아에 대한 일본의 진출은 광역경제권을 만들었는데, 이는 미국·영국·네덜란드와의 경제적 대립을 심화시키고, 현지 사람들에게도 괴뢰국가화에 대한 우려와 두려움을 갖게 한 양면성을 지니고 있었던 것이다.

경계를 넘나드는 인적 교류와 동아시아 공간의 변화

세계공황에서 시작하여 세계전쟁으로 돌입하고 있던 1930년대는 내셔널리즘이 고양되면서 국가와 민족 간의 대립이 심해지고, 국경 등의 경계로 장벽이 높아지던 시대라는 이미지가 있다. 그렇지만 독립운동의 고양과 각지에서의 교전 상태, 더욱이 공산당의 비합법화 등으로 국경을 넘어서 사람들의 교류가 진전된 시기도 1930년대였다.

필리핀에서 삭달당을 조직했던 베니뇨 라모스Benigno Ramos는 1934년부터 1938년까지 일본으로 망명하여 미국으로부터의 독립운동에 대한 지원을 요구하며 활동했다. 인도네시아 공산당의 탄 말라카Ibrahim Datuk Tan Malaka는 1922년에 국외로 추방되어 1942년에 귀국하기까지 중국, 싱가포르, 필리핀 등 11개국을 오갔으며, 베트남의 호찌민은 1941년 30년 만에 고국 땅을 밟기까지 프랑스와 모스크바, 중국 각지를 전전했다.

일본에서도 노동당위원장이었던 오야마 이쿠오大山郁夫가 1932년에, 부인 류코柳子가 1938년에 미국으로서 활동했다가 1947년에 귀국했다. 프롤레타리아 미술가동맹에서 활동했던 이와마쓰 아쓰시岩松淳八島太郎도 부인 미쓰코光子와 함께 1939년 미국으로 망명했고, 일본 병사들을 대상으로 하는 투항 삐라 등을 제작하는 반전활동을 계속했다. 또한 1934년 소비에트 작가동맹대회에서 일본 대표로 고바야시 다키지小林多喜二의 학살 등에 대해 보고했던 히지카타 요시土方與志는 처자와 소련으로 망명하여 백작 작위를 박탈당했다. 그러나 그는 사노 사키左野碩와 함께 1937년에 국외로 추방당해 파리로 이주했다. 히지카타 부부는 1941년에 귀국하여 치안유지법 위반으로 체포되었고, 소련에서 연출가 메이예르홀트 Vsevolod Emil'evich Mejerchol'd의 지도를 받은 사노는 1939년에 멕시코로 망명해서 '멕시코 연극의 아버지'로 불렸으며, 그곳에서 1966년에 사망했다(岡村 2009).

그렇지만 스탈린 대숙청의 바람이 휘몰아쳤던 1930년대 후반 '노동자의 조국'이라고도 불렸던 소련에서 지상의 유토피아를 꿈꾸며 망명한 사람들을 기다리고 있던 것은 가혹한 숙청과 강제노동이었다. 1938년 1월에는 신극新劇 여배우 오카다 요시코岡田嘉子가 스기모토 료키치杉本良吉와 사할린 국경을 넘어 소련으로 망명했는데, 스기모토는 1939년에 스파이로 처형되었고, 요시코는 10년 가까이 유폐되었다. 연출인이 소련으로 망명한 것은 공산주의 사상에 대한 공명共鳴과 함께 연출가인 메이예르홀트의 지도를 받기 위해서였지만, 오히려 강요에 의한 스기모토의 진술이 메이예르홀트를 숙청하는 구실이 되었다.

또한 공산당에 대한 탄압을 피하기 위해 소련으로 망명한 일본인은 가타야마 센, 노사카 산조野坂參三를 비롯하여 적지 않았지만, 스탈린 시기 숙청의 소용돌이 속에서 '일본의 스파이'라는 죄목 등으로 처형된 일본인은 일본공산당 대표 야마모토 겐조山本懸藏, 구니자키 데이도國崎定洞 등 90명이 넘는 것으로 추정된다(加藤 1994 외).

소련 망명은 참담한 결과를 낳았지만, 중일전쟁의 적국이었던 중국에서 반전활동에 관여한 일본인도 적지 않았다. 에스페란티스트Esperantist였던 하세가와 데루長谷川テル는 대일 항전방송을 통해 반전과 중국 해방을 호소했다. 또한 공산당군의 포로가 된 일본인 병사들로 '각성연맹覺醒連盟'이 조직되었고, 그 후에는 옌안延安 등지에서 모스크바의 코민테른에서 파견된 노사카 산조野坂參三(오카노 스스무岡野進)의 공작으로 재화일본인반전동맹在華日本人反戰同盟이 결성되었다.

아울러 루쉰을 본보기로 삼았던 작가 가지 와타루鹿地亘는 충칭에 들어가서 일본인 포로 등을 대상으로 일본인민반전동맹日本人民反戰同盟을 조직했다. 이 반전동맹은 1940년의 창립대회 선언에서 "중국 항전을 축으로 하는 조선, 타이완 등 동아시아 여러 민족의 빛나는 해방전과 호응·협동하고, 동양 평화의 초석을 다지는 데 매진하는 투쟁을 통해, 우리들은 실현해야 할 자유·평등·우애에 기초한 장래의 동아시아 민족들을 연결하는 질긴 띠가 되고자 한다"라고 호소했다(鹿地亘資料調査刊行會 1994, 58쪽). 이 동맹에는 이케다 사치코池田幸子, 하세가와 데루, 마에노 교코前野恭子 등의 여성도 참가했다.

그리고 이 반전운동이 호응·협동하고자 했던 대일항전을 축으로 한 조선민족의 해방전 부대는 국민당과 공산당의 지원을 받으며 이합집산을 반복하면서 중국 각지에서 조직되고 있었다. 김구 등의 대한민국 임시정부는 국민정부와 행동을 함께하며 본거지를 상하이에서 충칭으로 옮겼으며, 황푸군관학교 졸업생으로 국민정부와도 긴밀한 관계가 있던 김원봉 등은 조선민족혁명당과 조선의용대를 편성했다. 그리고 1941년 12월에 국민당 정부가 대일 선전포고를 하자 임시정부도 선전포고를 하고, 광복군으로서 대일전에 참전했다(中央研究院近代史研究所編 1988). 또한 중국

공산당과 강하게 연계되었던 무정武亭과 최창익崔昌益 등은 옌안 등지에서 북상하여 1942년 7월 화북조선독립동맹과 조선의용군 등을 결성하고 항일투쟁을 전개했다.

중국 동북부에서는 만주사변 이후 중국 공산당이 만주성위원회에 항일유격대 창설을 지시했고, 1933년에는 동북인민혁명군이라는 명칭의 항일부대가 편성되었다. 그리고 1935년 8·1선언을 이어받아, 항일부대는 동북항일연군東北抗日連軍으로 재편되었는데, 이 부대의 요직을 한인 전사들이 차지했다. 이중 1936년 5월에 재만한인조국광복회 결성에 참가했던 동만東滿의 김일성, 북만北滿에서 활동한 김책金策, 최용건崔庸健 등이 해방 후 북한에서 국가 요직을 맡게 되었다(和田 1992). 한편 '선만일여鮮滿一如'의 구호 아래 관동군이 육성한 만주국군에는 간도특설부대라는 한인 부대가 창설되었고, 만주국군 군관학교에서 일본의 육군사관학교로 유학한 박정희 등이 해방 후 대한민국 국군과 유신정권을 이끌게 되었다.

그 밖에 일본은 아시아에서 고립되는 것을 피하는 한편 문화공작의 일환으로 1930년대에 중국, 만주국, 몽골뿐만 아니라 아프가니스탄, 버마, 태국, 인도네시아 등 아시아 전역에서 유학생을 초청했다. 이를 수용한 기관은 선린협회, 국제문화진흥회, 국제학우회, 신흥아회, 일본타이협회 등이었다. 또한 1943년부터는 남방특별유학생을 불러들였다. 그 가운데 아세안 사무총장이 된 우마르 야디Umar Yadi를 비롯하여 서양 유학의 기회를 빼앗긴 사람들에게 전쟁은 일본과의 교류를 촉진하는 결과를 낳았다.

이처럼 전쟁 속에서 생겨난 인적 교류는 다양하게 경계를 넘나들었고, 전후 동아시아를 형성하는 밑바탕이 되었다. 이러한 의미에서 새로운 질서를 모색했던 1930년대는 전후세계를 준비하고 있었다고 볼 수도 있을 것이다.

위기의 시대는 곧 기로岐路의 시대이기도 했다. 다만 그러한 신생新生 앞에는 2차 세계대전이라는 더 큰 참상이 기다리고 있었다.

6장

아시아태평양전쟁과 '대동아공영권': 1935~1945년

고토 겐이치 後藤乾一

1937년 여름 루거우차오 사건을 계기로 중일전쟁이 시작되어 일본군은 그해 말에 수도 난징을 점령했다. 당초 일본의 낙관적 예측과 달리 전쟁은 수렁에 빠졌다. 유럽에서는 1939년 가을 2차 세계대전이 시작되었고, 1941년 말에는 일본이 미국과 영국을 상대로 선전포고를 함으로써 2개의 전쟁이 연결되었다. 일본은 삼국동맹을 배경으로 장제스가 이끈 국민당 정부를 지원하는 이른바 원장援蔣 루트를 차단할 목적으로 프랑스령 인도차이나에 진주함과 동시에 석유 등의 자원을 획득하기 위해 네덜란드와 협상을 벌였다. 그러나 협상의 결렬을 ABCD 포위망의 결과라고 인식한 일본은 군사력에 의한 남진정책을 본격화하여 열강을 대신한 새로운 지배자가 되었다. '대동아공영권' 수립이라는 슬로건 아래 일본 본토는 물론 식민지와 점령 지역도 총동원체제에 편입되었다.

그러나 중국 전선은 뜻대로 진전되지 않았고, 중국 민중은 일본에 굴복하지 않았다. '내선일체'와 '내대일여內臺一如'에 내몰렸던 조선과 타이완에서도 같은 양상이었다. 인적·물적 수탈을 강요한 총력전체제는 심각한 반발을 불러일으켰고, 겉으로는 순종하는 체하고 속으로는 딴마음을 먹는 민중의 면종복배面從腹背의 모습은 차츰 제국 일본의 근간을 동요시켰다. 유럽 식민지 지배로부터의 '해방'을 내걸고 일본에 기대를 걸었던 동남아시아의 유력한 지도자들도 점차 '남방공영권'의 허구성을 깨닫고서는 각지에서 연합국 및 구종주국과 연계한 반일운동, 공산당 지도하의 게릴라 활동 등을 전개했다.

1945년 8월 대일본제국은 붕괴되어 구식민지를 비롯한 아시아의 여러 지역에는 해방이 찾아왔다. 그러나 그것은 아시아의 새로운 고난의 시작이었고, 마침내 본격화된 냉전의 영향도 있어 탈식민지화는 착종된 과정을 거치게 된다.

1. 질풍노도 시대의 서막 1935~1937년

19세기 후반 이후 일본 근현대사를 10년 단위로 나누어 개관하면 1935년부터 1945년까지의 이른바 '쇼와昭和 10년'은 그 시대를 몸소 체험한 사람은 물론 나중에 그 시대를 되돌아보는 사람에게도 말 그대로 광란노도의 시대였다.

이는 크게 세 시기로 구분되는 10년(1935~1937년, 1938~19417년, 1942년~1945년 8월)의 각 시기를 상징하는 3명의 총리대신, 즉 히로타 고키, 고노에 후미마로, 도조 히데키應条英機의 죽음을 보더라도 명백하다. 히로타는 극동군사재판(도쿄재판)에서 문관으로서는 유일하게 극형에 처해졌고, 고노에는 음독자살을 했으며, 도조는 권총자살 미수에 이어 도쿄재판에서 교수형에 처해지는 등 3명의 최고지도자는 모두 비정상적인 죽음을 맞이했다.

국내적으로도 대외정책적인 측면에서도 크게 양상을 바꾼 일본의 발걸음은 당연한 결과이지만 일본이 깊이 관여한 동아시아 전역의 사회와 그 지역의 구성원들에게도 커다란 영향을 미쳤다. 이러한 쇼와 10년(1935~1945) 일본의 변화는 갑작스럽게 등장한 것이 아니라, 메이지 이후의 근대화 양상에 그 뿌리를 두고 있었다. 그것이 현저하게 표면화된 계기는 1930년대 이후, 특히 만주사변(1931년 9월 18일)이었다. 최근의 실증적인 근현대사 연구가 밝히고 있는 바와 같이 만주사변 이후 일본은 단선적으로 막다른 길에 이르러 1945년 8월 15일을 맞이했던 것이 아니다. 그 과정에서는 몇몇 중요한 선택지가 있었다. 다른 방향으로 나아갈 가능성도 있었지만, 결과적으로 보면 '15년 전쟁(1931~1945)'이라는 이름이 어느 정도 설득력을 가지는 방향으로 수렴되어나갔던 것이다.

이 장에서는 전시체제기 이전 시대와의 역사적 연속성을 감안하면서 1935년 이후 10년, '아시아태평양전쟁과 대동아공영권'의 시대를 고찰하고자 한다. 특히 이 시대의 전체적 색조를 결정한 것은 루거우차오 사건(1937년 7월 7일)을 계기로 발발한 중일전쟁이지만, 이에 앞선 2년간의 양상은 이후 일본의 10년간의 향방을 결정지었다고 해도 과언이 아니다. 아래에서는 1935~1937년 전후의 일본을 '중심'으로 한 동아시아의 역사 공간을 살펴보기로 한다.

천황기관설 사건

무엇보다도 이 시대의 서막을 상징한 것은 '천황기관설天皇機關說 사건'이었다. 메이지헌법(1889년 2월 11일 발포) 체제에서 천황을 법치국가의 한 기관으로 해석하는 국법학설國法學說은 메이지헌법 제정 이후 40여 년에 걸쳐 일반적으로 수용된 정설이었다. 그러나 전시체제기 이후 국가주의적 풍조가 만연한 가운데, 이러한 학설은 불경하다는 주장이 대두했다. 이러한 경향은 1935년 2월 18일, 육군 중장 기쿠치 다케오菊池武夫가 귀족원에서 천황기관설을 주장한 대표적인 헌법학자 미노베 다쓰키치美濃部達吉를 비판함으로써 분출되었다. 이를 계기로 의회 밖의 우파 이데올로그들을 비롯하여 국가주의에 몰두하던 정부와 군부 요인 등의 비판적인 움직임이 곧바로 들끓었다. 귀족원에서는 기쿠치가 연설하고 한 달 뒤인 3

월 20일, 중의원에서는 23일에 각각 '국체國體의 본의本義를 명징明徵'한다고 주장하면서, 이에 반하는 주장에 대해서는 '단호한 조치'를 취해야 한다는 결의가 채택되었다. 이 연장선에서 도쿄제국대학 교수이자 귀족원 의원이던 미노베 다쓰키치는 4월 8일, 불경죄로 고발당해 귀족원 의원을 사직해야 했다. 그리고 그는 1936년 2·26사건 직전인 21일에 우익청년에게 습격당하여 겨우 목숨을 건졌으나 중상을 입었다.

그동안 정부는 이러한 흐름에 역행할 수가 없었다. 1935년 8월 3일, 10월 15일 두 번에 걸쳐 '국체명징에 관한 정부 성명'을 발표했다. 더욱이 문부성은 1937년 《국체의 본의》라는 간행물을 발간함으로써 교육 현장에서의 국론 통일을 강력하게 추진했다. 이 책의 서두에서 "대일본제국은 만세일계의 천황황조의 신칙神勅을 받들어 영원히 이를 통일한다. 이는 우리의 만고불이萬古不易의 국체다"라고 강조했다. 법사상가인 나가오 류이치長尾龍一는 이러한 일련의 '천황기관설 사건'에 담긴 역사적 의미를 언급하며 "치안유지법(1925년 공포)에 의해 공산주의를 억압의 대상으로 삼았던 국체의 관념은 학문과 사상의 자유를 억압하는 지위를 확립하고 지적 분위기가 격변했다"(長尾 2010, 102쪽)라고 지적한다.

기성질서 타파론과 식민지

1930년대 중반 일본 국내의 정치적·사회적 상황은 오로지 내향화되었지만, 대외정책은 밖으로 향한 팽창을 지향하게 되었다. 1933년 3월, 국제연맹이라는 굴레를 벗어난 일본은 1936년에 런던 해군군축조약을 탈퇴했다(같은 해 12월 워싱턴 해군군축조약 실효). 세계공황 직후인 1930년 1월 런던에서 개최되어 3개월 후에 조인된 해군군축조약이야말로 격동적인 전시체제기의 시작을 알리는 것이었다. 이 조약을 대미 굴욕외교라고 비난한 해군강경파(함대파)와 이에 동조하는 관민의 현상타파 세력은, 조약 조인은 '통수권 간범干犯'이라는 슬로건으로 정부를 더욱 압박했다. 이는 결과적으로 1차 세계대전 이후 그나마 유지되어오던 유럽과의 협조노선에 사실상 종지부를 찍는 출발점이 되었고, 군부라는 무력조직이 국내정치에 본격적으로 개입하는 계기가 되었다.

유럽과의 협조라는 속박에서 벗어난 일본은 2·26사건 이후 차츰 군부의 정치적 역할이 높아지는 가운데, 새로 발족한 히로타 고키 내각은 1936년 8월에 '국책 기준'을 마련했다(5상회의 결정). '국책 기준'은 메이지 이후 내외정책의 기축이었던 내륙 진출(북진)과 더불어 해군의 의향을 반영하여 처음으로 남진을 공식적인 정책 과제로 결정한 것으로 알려져 있다. 그러나 연구사적으로 바라보면 이처럼 '국책 기준'의 중요성을 과대평가하는 것에 대한 의문도 제기되고 있다(日本國際政治學會編, 《太平洋戦争への道》, 1962~1963).

또 그해 11월에는 일독日獨 방공협정을 조인함으로써 나치스 독일과의 연계 시점이 마련되었고, 4년 후에는 일본·독일·이탈리아 삼국동맹을 체결하기에 이르렀다. 아시아와 유럽에서는 영국·미국·프랑스 중심의 기성 국제질서에 도전하기 위한 겨냥도가 제시되어 일본은 이에 따라 향후 10년의 행보에 중요한 발걸음을 내디뎠다.

대내적으로는 '국체명징론'에 입각한 천황제 국가주의, 대외적으로는 기성질서 타파론을 내건 1935~1936년에 일본을 둘러싼 동아시아의 상황은 어떠했을까. 최초의 식민지 타이완에게 1935년은 '식민지 영유 40주년'이었다. 이를 계기로 타이완을 좀 더 확실한 남진기지로 만들자는 주장이 타이완총독부와 타이완군 상층부 사이에서 급부상했다. 남진 지향은 일본 국내의 아시아회귀론의 고양, 해군군축조약 탈퇴 이후 해군 수뇌부의 적극적인 대외진출론과 불가분의 관계였다.

이러한 분위기 속에서 1935년에는 타이완총독부 주도로 '시정 40주년 기념 타이완 박람회'가 대대적으로 개최되어 '국방상의 거점, 또 장래 국력 남진의 초석'이 될 타이완의 우위성을 강조하는 다양한 이벤트가 기획되었다. 1935년 10월, 타이베이에서 열린 열대산업조사회에는 남방 각지에서 사업을 전개하던 오타니 고즈이大谷光瑞, 이노우에 마사지井上雅二, 이시하라 고이치로石原廣一郞 등 저명한 남진론자도 초청받아 남방으로의 경제 진출을 둘러싼 논의가 활발하게 이루어졌다. 국책회사인 타이완척식주식회사의 발족(1936년 6월)도 이러한 움직임의 산물이었다.

한편 타이완총독부는 일본에 큰 충격을 준 1930년의 선주민(타이얄족)의 봉기인 우서사건霧社事件을 진압한 이후, 이른바 '은위병용恩威併用'(당근과 채찍을 병행함) 정책을 내세웠다. 타이완총독부는 이에 의거하여 내대공혼제內臺共婚制의 채용(1932), 지방자치의 개정(1935), 일부 민선의원의 인정 등 새로운 정책에 착수했지만, 이러한 움직임은 일본 통치에 대한 협력자를 양성하려는 의도였다. 당시 일본이 선전하던 '내대일여('일본과 타이완은 하나')와 '일시동인一視同仁' 같은 슬로건을 식민지 사회 말단에까지 침투시키기 위해 가장 중요한 열쇠는 국어정책, 즉 일본말을 민중에게 보급하는 것이었다. 바꿔 말하면 타이완의 문화와 역사를 말살하는 것이었다. 이러한 일본화(이후에는 황민화) 정책에 대해 타이완 지식인 중에는 "일본어를 '적賊'의 말로 간주하여 배우는 것도 사용하는 것도 죽을 때까지 거부한다"(戴 1979, 298쪽)는 강렬한 저항의 태도를 가진 사람도 적지 않았다.

그러나 대다수의 타이완 민중은 명령대로 혹은 별로 의문을 품지 않고 적극적으로 일본어 습득에 열중하면서 조금이라도 식민지 사회의 위계질서 속에서 상승의 기회를 얻으려고 노력했다. 타이완에서 '일본어' 보급률의 급격한 상승은 일본과 타이완 쌍방의 동상이몽이 가져온 산물이었다. 보급률은 1932년 22.7퍼센트, 1936년 37.8퍼센트, 1938년 41.9퍼센트, 1942년 60퍼센트로 상승했다(朝日新聞社 1944).

1930년대 중반 일본의 식민지로 전락한 지 4반세기가 지난 조선에서는 적어도 지배자에 대한 대응이라는 점에서는 타이완과 다른 양상을 보였다. 타이완에서 지식인층이 온건한 민족주의적 개혁 요구를 주도했던 것과 달리 조선에서는 격렬한 민족투쟁이 전개되었다. 그것도 감시체제가 삼엄한 국내보다는 일본이나 만주 혹은 중국 등 해외에서의 운동이 활발했다. 말하자면 디아스포라 내셔널리즘의 성격이 매우 짙었다.

일본 국내에서는 민간 우익과 육해군 청년장교에 의한 정재계 수뇌에 대한 암살이 다발적으로 발생한 1930년대 초반, 상하이에 있던 대한민국 임시정부의 수반 김구는 일본인 요인을 암살하기 위한 한인애국단韓人愛國團을 결성했다. 이런 와중에 1932년 1월, 이봉창이 사쿠라다몬櫻田門 밖에서 천황을 암살하려는 폭탄 투척 사건이 미수에 그쳤고, 같은 해 4월 윤봉길은 상하이에서 열리는 천장절天長節 기념식에 참석한 요인들을 습격하는 사건이 일어났다. 상하이 사건에서는 육군대장 시라카와 요시노리白川義則가 사망했고, 주중공사 시게미쓰 마모루重光葵는 절름발이가 되었다. 사건 당사자인 이봉창과 윤봉길은 1932년 10월과 12월에 각각 처형당했다(長田 2009, 37~38쪽).

이러한 직접적인 행동을 동반한 항일운동과 병행하여 조선인 민족주의자들이 적극적인 조직화 활동을 전개한 것도 1930년대 중반의 타이완과는 큰 차이점이었다. 시기별로 대표적인 활동만을 살펴보면 1935년 7

월 난징에서의 민족혁명당 결성, 1936년 5월 만주에서 김일성 지도하의 재만한인조국광복회 결성, 1937년 8월 미국에서의 한국광복운동단체연합회의 결성 등이 있다. 이처럼 1910년대에 시작된 재외한인 내셔널리즘의 뿌리 깊은 전통이 연면히 지속되었다.

1923년 평안북도 의주에서 태어나 농업이민으로 부모를 따라 만주로 이주한 백종원白宗元은 봉천중학奉天中學(에토 신기치衛藤瀋吉 교수와 동창)에 다니던 시절에 "우리나라 최초의 반일민족통일전선"인 조국광복회의 결성을 알게 되었다. 재일 1세의 조선 지식인이었던 백종원은 당시를 회고하면서 "김일성 장군은 1937년 6월 조선인민혁명군을 이끌고 조국에 진출했다. 국경지대의 요충지 보천보를 공격하여 일본제국주의에 큰 타격을 입히고 전 조선 인민에게 조국광복회를 호소하는 포고문을 발표했다. 김일성 장군의 조국 진출과 보천보 승리는 일본제국주의의 식민지 통치하에서 신음하던 조선 인민에게 조국 광복을 향한 커다란 희망과 용기를 주었다"(白 2010, 148쪽)라고 말했다.

백종원 일가처럼 일본의 통치를 받으며 많은 조선인이 만주로 이주했다. 물론 지리적 접근성도 작용하여 중국 동북지방(만주)에는 조선 왕조 말기부터 다수의 조선인이 이주해 살고 있었다. 특히 간도(지금의 연변조선족자치구) 지방은 최대의 조선인 거주지역이었다. 간도에 거주하는 조선인 인구는 한국병합 다음 해인 1911년에 12만 7500명(일본인은 290명)이었지만, 1930년에는 39만 4937명(일본인 2256명)으로 늘어났다. 이 통계에 따르면 조선인의 수에 한참 못 미치지만, 인구 증가율에서는 7배나 급증했다. 일본에서 바라보면 간도는 대륙 진출을 위한 발판임과 동시에 국적상으로는 '재외방인在外邦人'인 조선인은 '간도에서의 이권을 확대하는 첨병'의 역할을 해줄 것으로 기대되었다(遠藤 2010, 60쪽).

동시에 간도는 일본의 영역 주권이 미치지 않는 지역이었기 때문에 한인 독립운동의 중요한 거점이 되었다. 그 결과 3·1운동 다음 해인 1920년 10월에는 하라 다카시 내각이 '불령선인不逞鮮人' 소탕을 목적으로 약 1만 명을 출병시키는 등 간도는 치안대책을 위한 중요한 요충지였다. 조선총독부가 작성한 자료에 따르면 1931~1936년 '조선 대안對岸의 만주지역'(간도)의 '항일게릴라의 출몰' 횟수는 2만 3928회, 연인원 13만 9027명, 탈취무기 3179정이었는데, 이는 간도에서 격렬한 항일 유격활동이 벌어졌음을 말해준다(白 2010, 87쪽). 게릴라 활동은 단순히 계산하더라도 6년 동안 하루에 약 10회, 65명에 달했으므로, 이들의 활동은 일본을 몹시 괴롭혔다.

만주사변을 계기로 중국 동북지방의 풍부한 자원과 광대한 토지를 획득하고 거기에 괴뢰국가인 만주국을 수립한 일본은 이후에도 화북華北을 중심으로 지배영역의 확대를 추진했다. 특히 1935년부터는 '자치운동'이라는 명목으로 화북분리 공작을 수행했다. 그 목적은 화북에 새로운 괴뢰정권을 만들어 이 지역의 항일분자를 일소함과 동시에 풍부한 자원을 획득하기 위함이었다. 1935년 11월에 발족한 지둥방공자치정부는 이러한 공작의 성과였다(高橋 2009, 215쪽).

이처럼 일본군에 의해 국토가 침식되는 상황을 앞에 둔 국민당의 장제스 정권은 항일에 나서지 않고 공산당을 토벌하는 것을 선결과제로 삼았다. 이른바 '안내양외案內攘外' 정책으로 대처한 것이다. 한편 국민당의 대규모 무력공세로 인해 장정에 나설 수밖에 없었던 공산당도 장정 이전에는 항일운동보다 장제스 정권을 타도하여 공산당의 지배영역을 확대하는 데 전념했다. 이처럼 1930년대 중반 중국은 일본이라는 공통의 외적에 대처하는 국내 조건이 충분히 조성었다고 할 수 없는 내전 상황에 접어들었다. 국공 화해의 서광이 보이지 않는 상황에서 중요한 전기가 1935년 여름에 다가왔다. 1935년 7월 25일부터 약 1개월 동안 모스크바에서 열린 코민테른 제7회 대회에서 반파쇼 인민전선의 테제가 채택된 것이다.

이 결의를 받아들여 중국 공산당은 '8·1항일구국선언'을 발표하여 국내의 모든 정치세력은 항일민족통일전선으로 결집해야 한다고 선언했다. 다만 공산당은 이 단계에서도 장제스를 '매국적賣國賊'으로 간주하여 제휴 대상에서 배제했다. 그러나 장제스를 배제한 민족통일전선의 실효성이 의문시되는 분위기에서 1936년 5월 말 상하이에서 전국각계구국연합회가 설립되었다. 중국 공산당은 이 자리에서 '항일구국의 초보정치강령'을 발표하여 장제스 정권에게 연공항일을 요구했다.

이러한 국내 여론에 대해 장제스는 어디까지나 '안내외양'을 주장하면서 공산당 근거지에 대한 총공격을 장쉐량과 양후청楊虎城 장군에게 명령했다. 이것이 1936년 12월에 일어난 시안西安 사건의 중대한 복선이 되었다. 장제스는 장쉐량 등을 질타하기 위해 시안을 방문했다. 그러나 장쉐량은 역으로 내전을 중단하라고 요구했고 이를 거부한 장제스를 감금해 버렸다. 결국 장쉐량의 요청으로 옌안에서 달려온 저우언라이의 설득으로 내전을 중단하고 힘을 합쳐 일본과 싸우겠다는 방침을 약속하는 조건으로 장제스는 석방되었다(高橋 2009, 217~218쪽). 시안 사건으로 알려진 이러한 드라마 같은 상황을 거쳐 2차 국공합작이 성립하면서 항일민족통일전선이 현실화되었다.

남방으로의 시선

일본이 국제연맹에서 탈퇴한 후 유럽 열강은 일본에 국제연맹의 위임통치령인 남양군도의 통치권을 반환하라고 요구했다. 그러나 일본 측, 특히 해군은 그 요구를 거부함과 더불어 '국책 기준'에 제시된 바와 같이 1930년대 중반 이후 남진에 대한 관심을 더 명확히 표명했다. 특히 흥미로운 것은 그때까지 일본의 정책 담당자들이 거의 주목하지 않았던 포르투갈의 식민지 티모르(지금의 동티모르)에 대한 관심이었다. 리스본 주재 일본 공사 가사마 아키오笠間杲雄가 외무성에 보낸 공문(1934년 6월 20일자)에 따르면, "티모르섬은 아시아와 오스트레일리아 사이에 위치한 군사와 교통의 요충지"(외무성 외교사료관 A6001-7)였다. 이는 포르투갈령 티모르라는 작은 풍혈風穴을 통해 당시 호아지중해豪亞地中海라는 지정학적 명칭으로 불리던 지역에 대한 경제적·군사적 진출을 기도하고 있었음을 시사한다. 이러한 전략적 관점에서 해군은 본격적으로 남방에 관심을 가졌다. 1935년 7월에 해군 내부의 적극적인 남진론자들이 '대남양방책연구위원회'를 발족한 것도 그 단적인 예다. 해군의 이러한 행동의 배경에는 당시 '자원 중의 자원'으로 알려진 석유에 대한 지대한 관심이 있었다(後藤 1986, 제1장).

석유의 중요성이 높아지는 가운데 1934년 3월 '석유업법'이 제정·공포되었다. 그 주요 내용은 유사시에 석유 공급을 원활히 하기 위해 업계에 석유 비축을 의무화하고 더욱이 정제와 수입에 대한 허가제를 도입한다는 것이었다. 1930년대 초반 일본은 석유수입량의 60퍼센트 이상을 미국에 의존했는데, 대미관계가 점차 긴장되면서 유사시에 석유 문제를 둘러싼 위기의식이 높아졌다. 참고로 미국에 이어 두 번째 석유 공급국(약 17퍼센트)은 남진의 최대 목적지인 네덜란드령 동인도(현 인도네시아)였다.

이상 살펴본 바와 같이 1930년대 중반 일본은 남진을 기본적인 외교 방침의 하나로 내걸었다. 그러나 '국책 기준'에서도 "우리의 민족적·경제적 발전을 도모하고 타국에 대한 자극을 피하면서 점진적이고 평화적인 수단을 통해 우리 세력의 진출을 꾀한다"라고 명기되어 있는 바와 같이 그것은 군사적 수단을 동반하지 않는 평화적·적극적인 남진론이었다. 여기에서 언급한 '타국'이란 말할 필요도 없이 태국을 제외한 동남아시아 전역에 식민지 체제를 확립한 유럽 제국을 지칭하는 것으로, 그 지배하에 있던 동남아시아 여러 민족을 염두에 둔 것은 아니었다.

동남아시아에 대해서는 3절에서도 언급하겠지만, 여기에서는 중일전쟁 이전의 개략적인 상황에 대해 살펴보겠다. 19세기 후반 동남아시아가 열강의 식민지 체제에 편입된 이후, 각 지역에서는 종주국의 지배에 대응하여 식민지의 판도를 단위로 한 '국민국가'의 형성을 모색했다. 특히 세계공황의 여파로 사회경제적 곤궁이 심화된 동남아시아에서는 각지에서 공산주의와 사회주의의 영향이 커지면서 식민지 체제에 대한 저항운동이 고조되었다. 이러한 운동에 대한 대처 방식은 식민지 정부와 그 배후에 있는 본국 정부의 태도에 따라 다양한 양상을 보였다. 이 과정에서 종주국 측이 상대적으로 유연한 반응을 보여 전쟁 기간 중 일본 점령 시기의 시책에도 일정한 영향을 미친 것은 미국령 필리핀과 영국령 버마였다. 일본은 1943년 8월 버마의 독립을, 같은 해 10월에는 필리핀의 독립을 승인했는데, 그 배경은 1935년 당시의 미국 및 영국의 시책과 무관하지 않다.

19세기 말 미국-스페인 전쟁에서 승리하여 스페인으로부터 필리핀을 획득한 미국은 치열한 무력저항에 직면했지만, 이를 평정한 다음에는 정반대로 융화적인 통치체제를 도입했다. 그 기본은 초기 지배 단계부터 미국식 고등교육을 받은 지적 내셔널리스트에게 어느 정도의 자치권을 부여하고, 미국형 민주주의 정치를 이식한다는 방향을 선명하게 제시하는 것이었다. 그리하여 1935년 11월에 발족한 것이 필리핀 코먼웰스였다. 독립준비정부라고 불리는 필리핀 코먼웰스는 1934년의 '필리핀 독립법'에 의거하여 설립되었는데, 10년 후인 1946년에 완전독립을 준비하는 역할을 담당했다. 초대 대통령에 선출된 마누엘 케손 아래 코먼웰스 정부는 국방·외교·통상·재정에 관한 권한을 미국에 위임했지만, 그 외의 내정에 관해서는 자신들의 권한 아래 두었다. 이러한 필리핀, 특히 마누엘 케손의 존재는 식민 권력과의 합의하에 독립을 획득하려는 다른 동남아시아의 민족주의자들에게 적지 않은 영향을 미쳤다. 당시 수카르노, 하타 등의 민족주의 엘리트가 추방된 다음, 인도네시아에서 네덜란드와의 협조주의파 가운데 최고 지도자로 주목받던 탐린M. H. Thamrin이 스스로를 '네덜란드령 인도네시아의 케손'이라고 부른 것도 이를 잘 말해준다(다만 개전 전야에 탐린은 일본에 대한 접근을 꾀하던 중 의문의 죽음을 맞는다).

형태는 필리핀과 달랐지만 버마도 1935년에 종주국 영국으로부터 어느 정도 양보를 얻어냈다. 1935년 5월 영국이 자치권 부여의 일환으로 '버마통치법'을 공포한 것이다. 실제로 시행된 것은 2년 후인 1937년 4월이었지만, 이를 통해 버마의 민족주의 운동은 탄력을 받게 되었다. 이와 관련한 최신 연구에 따르면, 첫째, 통치법에 의해 버마는 인도 제국으로부터 분리되어 영국의 직접 식민지인 영국령 버마가 된다. 오해를 불러일으킬지 모르겠지만 이류 식민지에서 일류 식민지로 격상된 것이었다. 둘째, 그 결과 영국 왕으로부터 임명된 총독 아래 상하 양원이 설치되어 제한적이지만 법안 제출권을 인정받았다. 또 버마인에게 할당된 의석의 확대와 선거권 확충 등이 실현되었다. 셋째, 행정부에 대한 참여가 강화되어 하원의 다수 정당에 소속된 의원이 총독에 의해 총리로 임명되었고, 총리가 최대 10명의 각료를 지명하여 총독의 보좌기관이 될 내각을 조직했다. 초대 총리에는 바모Ba Mow가 임명되었다. 그러나 필리핀의 경우처럼 외교·국방 그리고 변경지역에 관한 사항, 화폐정책은 버마인 총리가 이끄는 내각의 권한 밖이었다.

아무튼 이러한 권리는 버마인 내셔널리스트가 영국으로부터 획득한 성과였고, 필리핀과 더불어 1935~1937년 단계에서의 버마 민족주의의 '선진성'을 구현한 것이었다. 대영제국 전체에서 버마가 차지하는 위치는 "당시 영연방(코먼웰스)을 구성하는 자치령Dominion(캐나다 등)과 다른 영국령 직할지 및 식민지Crown Colony의 중간에 위치하는 식민지로 분류할 수 있다"(根本 2010, 35쪽). 여담이지만 필리핀과 버마에서 초대 대통령과 총리가 된 노련한 정치인 케손과 바모는 각각 스페인과 포르투갈의 피를 물려받은 인물이었다.

2. 중일전쟁 시기의 동아시아

러일전쟁 이후 일본은 남하하는 러시아와 경쟁하면서 만주에서 착실히 자국의 이익을 확대해나갔다. 그 만주의 중심 펑톈(지금의 선양瀋陽) 근교의 류탸오후柳條湖 사건을 발화점으로 발발한 만주사변은 당시 일본의 국내 여론에서 압도적인 지지를 받았다. 주요 신문도 일제히 일본군의 행동을 열광적으로 환영하면서 전의를 고조시키는 데 앞장섰다. 예를 들면 《도쿄일일신문東京日日新聞》(1931년 10월 1일)은 사설에서 "국민이 요구하는 바는 단지 우리 정부 당국이 강경하게 시국을 해결하는 것 이외에 없다. 우리는 거듭 정부가 어디까지나 강경해지기를 바라 마지않는다"라고 주장했다.

당시 세계공황의 후유증에 신음하던 일본에서는 만주 진출이야말로 국내의 여러 모순을 해결할 수 있는 적절한 선택지로 받아들여졌다. 이러한 격랑 속에서 "아무리 선정을 펼치더라도 일본 국민은 일본 국민 이외의 지배를 받는 것이 유쾌하지 않듯이, 지나支那 국민에게도 동일한 감정이 존재한다는 것을 헤아리지 않으면 안 된다"라는 이시바시 단잔의 주장(〈滿蒙問題解決の根本方枕如何〉, 《東洋經濟新報》, 1931년 9월 26일)은 순식간에 사라지고 말았다.

류탸오후에서 루거우차오로

그로부터 약 6년 후 류탸오후에서 직선거리로 약 700킬로미터 떨어진 베이핑(지금의 베이징) 교외 루거우차오蘆溝橋에서 새로운 총성이 울렸다. 만주사변처럼 현지 주둔 일본군에 의한 모략 활동의 일환이었다. 사건이 일어나기 한 달 전에 성립된 1차 고노에 내각과 참모본부는 처음에는 사건을 확대하지 않는다는 방침을 밝혔다.

장제스도 평화적 해결을 바랐지만, 이 사건은 결과적으로 이후 8년에 걸친 중일전쟁의 도화선이 되었다. 이에 대해 일본의 주요 신문과 일반 여론은 만주사변 당시처럼 적극적인 지지를 표명했다. 대부분의 미디어는 "지나군의 폭거를 응징"하는 것이 일본의 출병 목적이라고 대대적으로 선동했다.

일본군은 '사변' 발발 5개월 후인 1937년 12월 13일에 수도 난징을 점령했다. 일본은 그동안 주중 독일대사 트라우트만을 통해 평화 교섭을 시도(11월 5일 개시)하는 등 어느 정도 외교적 노력을 기울였다. 그러나 대세를 바꾸지는 못했다.

다음 해 1월 16일에 고노에 성명과 같은 날 트라우트만을 통해 평화 교섭의 중단을 장제스 정부에 통보했다. 이에 앞서 10월 6일에 국제연맹 총회는 일본의 군사행동은 9개국 조약과 부전조약 위반이라는 결의를 채택했지만, 국제연맹을 탈퇴한 일본은 이를 위협으로 받아들이지 않았다.

일본은 자위를 위한 군대 파견이라고 강변하며 '사변'이라 불렀지만, 그 실체는 명확히 선전포고 없는 침략전쟁이었다. 난징을 함락한 지 한 달 뒤인 1938년 1월 16일, 일본 정부는 장제스 정부를 '상대하지 않겠다'는 1차 고노에 성명을 발표하고, 같은 해 11월 3일에는 2차 고노에 성명을 통해 '동아신질서 건설'이라는 슬로건을 선언했다. 정부와 군부 수뇌부가 자위를 위한 군사행동이자 아시아의 신질서 창출을 위한 싸움이라고 주장한 이 전쟁의 실상은 과연 어떠했을까.

먼저 당시 상황을 파악하기 위해 최근에 공개된 작가 이노우에 야스시井上靖의 일기를 살펴보자. 군수품 수송과 보급을 담당하는 치중병輜重兵 특무병으로 허베이성河北省을 전전하던 이노우에는 은밀하게 일기를 썼다. 그는 1937년 10월에 이렇게 기록했다.

"약탈의 흔적이 끔찍하여 아무것도 남아 있지 않다. 바오딩성保定城 안에는 제일선 병사들의 약탈이 극심하다. 헌병은 성에 들어가지 않는 듯하다. (2일) 모두 약탈에 나선다. (……) 노파 혼자 살고 있는 중산계급의 집에 억지로 거적을 쳐서 숙사를 만들었다. 알지 못하는 말로 큰소리로 아우성치는 노파를 야단치며 쫓아냈다. (……) 병사들은 돼지를 징발하여 죽였다. 덕분에 밤에는 장국을 배불리 먹었다. 포성과 기관총 소리가 들려온다. 오랜만에 지붕이 있는 숙사에서 잠을 청한다. 조금 전 그 노파는 어떻게 되었을까"(井上 2009, 202쪽).

사변 발생 4개월 후에 대본영大本營이 설치된 것이 상징하는 바와 같이 1937년 7월 이후 중일관계는 문자 그대로 전면전쟁에 돌입했다. 1938년 4월에는 국가총동원법이 공포되어 사람, 물자, 돈 외에도 군마, 군견, 군구軍鳩를 위한 동물까지도 총동원의 대상이 되었다. 또 '국민정신'이라는 말이 시대의 키워드로 등장했다. 이 과정에서 1939년 2월 정부는 국민정신 총동원 강화책을 결정하고 사람, 물자, 돈에 더하여 정신까지도 동원 대상으로 삼았다. 작가 시로야마 사부로城山三郎는 당시 나고야에 살던 열 살의 '소국민少國民'이었는데, 그는 잡기장에 "성전을 수행하라. 총후를 지켜라. 영령을 따르라. 유족을 지켜라"(城山三郎展展示資料, 神奈川縣立近代文學館, 2010년 5월)라고 적었다.

소년의 이 짧은 기록을 통해 1937년 시점에서, ① 중국 출병을 '성전'으로 교육시키고 있었다는 것, ② 전사자를 '영령英靈'으로 간주하는 야스쿠니 신앙이 사회에 뿌리내리고 있었다는 것, ③ 국민생활이 이미 전시체제에 편입되어 있었다는 것, 단적으로 말하면 사람과 물자는 물론 정신까지도 모두 국가에 의해 총동원되었음을 알 수 있다.

참고로 1937년에 동원된 병사는 약 93만 명(이 가운데 현역병은 33만 6000명)이고, 특히 7~8월에 소집된 병사는 엄청난 수에 달했다. 소집영장은 각 연대의 사령관 이름으로 경찰과 시정촌市町村 사무소에 전달되었고, 사무소의 병사 담당 부서가 각 가정에 전달했다. 그리고 출정자는 사무소, 재향군인회, 국방부인회 등이 마련한 출정환송회에서 '만세'를 외친 후 전쟁터로 보내졌다. 본인도 가족도 겉으로는 '나라를 위해'라며 기쁨을 표시했지만, 현실은 그리 단순하지 않았다.

야마가타현山形縣 모토사와무라本沢村의 사무소에서 병사 가족의 한숨을 목격한 시인 유우키 아이소우카結城哀草果는 집안의 든든한 일꾼을 전쟁터에 보내는 늙은 농부의 모습에 대해 이렇게 묘사했다. "젠키치善吉의 노모는 썩은 눈을 깜박거리며 젠키치가 손에 쥔 소집영장을 바라보면서 '그렇다면 가을 누에는 버릴 수밖에 없구나'라며 망연자실했다"(藤井 2009, 272쪽).

총동원체제에서의 이러한 일생생활은 일본 내지에서부터 식민지 각지로 확산되었다. 그리고 이러한 구도는 '대동아전쟁' 시기에 들어가기 전부터 확대 재생산되었다. 전시체제에서 예를 들면 난징 점령 이전부터 축하가 계획된 것은 당시 신문·라디오 등의 미디어가 얼마나 전의 고양과 전승 보도에 열광적이었는지를 방증하는 것이다.

당시 일본 국민이 연이은 전쟁의 승리 뉴스에 얼마나 심취했는가는 아

사히신문사가 난징 점령에 앞서 11월 27일에 '황군대첩의 노래' 가사 현상모집 광고를 보도한 사실에서도 알 수 있다. 현상공모의 목적은 '황군 장사將士'의 무훈을 축하함과 더불어 '총후銃後'의 결의를 다지려는 것이었는데, 규정 중에는 "북지사변 발발 시부터 난징 공략에 이르기까지의 주요 전력戰歷을 가사에 적절하게 집어넣을 것"(戶ノ下 2010, 88~89쪽)이 요구되었다.

난징 공략 보름 전부터 이루어진 이 공모에 전국에서 3만 5991편의 가사가 접수되었고, "나라를 떠나는 날의 만세에 저릴 정도의 감격을……"(작사 福田米三郎, 작곡 堀內敬三)로 시작하는 작품이 최종 선정되어 전국에 방송되었다.

중일전쟁 시기의 이러한 분위기는 지역사회 이상으로 도시의 지식인들을 자극했다. 도쿄제국대학 교수 야나이하라 다다오失內原忠雄는 루거우차오 사건 직후 〈국가의 이상〉(《中央公論》, 1937년 9월호)이라는 제목의 논문을 발표했다. 이는 "제국의 공명한 태도를 무망誣妄"하고 사실을 왜곡해서 비방한 것으로 간주되어 삭제되었다. 야나이하라 스스로도 이 논문을 통해 '은밀하게 바라는 바'가 있었다며 '국가의 이상'은 '정의'와 '평화'에 있고, 전쟁이라는 수단을 통해 약자를 해치는 것은 '정의'에 반한다고 주장했다.

그로부터 얼마 되지 않아 야나이하라는 자신이 발행하는 잡지 《통신通信》 47호에서 "오늘(10월 1일, 고 후지이 다케시藤井武 기념 강연일)은 (……) 이상을 잃은 일본의 장례일입니다. (……) 일본의 이상을 살려내기 위해 먼저 이 나라를 묻어주십시오"라고 말했다. 이 논설을 계기로 내무성 당국은 야나이하라를 배격하게 되었다. 그는 당시 도쿄제국대학 학내의 국가주의적 조류와도 결부되어 결국 1937년 말 추방되기에 이르렀다(北河

2003, 26~27쪽). '천황기관설 사건' 이후 겨우 명맥을 유지해오던 아카데미즘에서의 자유주의적 분위기는 야나이하라 사건, 더욱이 1938년 가와이 에이지로河合榮治郎, 1940년 와세다대학 교수 쓰다 소키치津田左右吉 등의 학원 추방에 따라 완전히 소멸되기에 이르렀다.

이러한 불가항력적인 흐름 속에서 매우 특이한 색채를 발한 것은 중일전쟁 발발 한 달 후인 1937년 8월 상순 도쿄제국대학에서 열린 제7회 세계교육회의라는 대규모 국제회의였다. 홍수처럼 밀려드는 연전연승을 알리는 보도 속에서 미국을 비롯하여 세계 43개국에서 1000여 명에 가까운 교육 관계자들이 참석한 이 회의는 오늘날 그다지 알려지지 않았지만, 당시 "일본에서 볼 수 없던 미증유의 대규모 국제회의"라고 보도되었다. 국제회의의 목적은 '교육을 통해 전쟁을 폐지하고 국제적 양해를 회복한다'는 것이었는데, 전쟁 당사국, 더구나 가해국에서 개최된 점은 매우 역설적이었다.

물론 후스를 단장으로 한 중국 대표단은 급거 보이콧하여 참가하지 않았지만, 현재 남아 있는 《제7회 세계교육회의지》 전2권과 《제7회 세계교육회의 논문집》 전3권을 살펴보면 일본 측 참가자를 포함하여 모두 리버럴하고 민주적인 제언을 하고 있어 매우 흥미롭다. 일본의 우파 지식인 후지사와 치카오藤澤親雄는 이 회의를 "영미류의 자유주의적 국제주의에 입각"한 것이라고 비난했지만, 그 말은 역으로 제7회 세계교육회의가 1차 세계대전 이후 국제협조주의에 의거한 전쟁 이전 시기의 마지막 국제회의였음을 말해주는 것이다(後藤 2005, 제3장).

황민화정책과 식민지

일본 국내의 국가 총동원체제는 식민지 타이완과 조선에도 외연적으로 적용되었다. 특히 이 시기에는 식민지 민중에게 일본에 대한 충성심, 일본과의 정신적 결합을 강요하여 이른바 황민화정책이 가속화되었다.

타이완에서는 1939년 5월 해군대장 출신 총독 고바야시 세이조小林躋造의 지휘 아래 타이완 통치의 세 기둥으로 '공업화, 황민화, 남진'이 제시되었고, 이어서 해군 출신 총독 하세가와 기요시長谷川淸는 대정익찬회大正翼贊會를 모방한 대규모 관제운동인 황민봉공회를 대대적으로 조직했다(1941년 4월). 일련의 황민화운동 과정에서는 특히 창씨개명 장려, 국어상용운동, 신사 참배 강요 등이 추진되었다.

중일전쟁 시기 일본은 타이완의 주민 대다수가 중국과 인연을 가진 한족이었기 때문에 그들 사이에 대륙을 향한 항일의식이 싹트는 것을 경계하여 황민화의 추진과 표리일체로 엄격히 언론을 통제했다. 일본 통치를 받는 타이완에서는 1920년대 이후 적지 않은 수의 타이완 청년들이 일본에서 유학했다. 그들은 유학의 경험을 통해 '타이완인'으로서의 귀속의식을 강화함과 동시에 중국에서 온 유학생과도 다양한 장소에서 교류하면서 한족으로서의 동질감을 확인했다(紀 2012, 제3부). 이러한 사정도 중일전쟁 시기 타이완에 대한 일본 시책의 배경으로 작용했다.

중일전쟁이 장기화되는 것을 막기 위해 일본이 본격적으로 남진정책을 펼침에 따라 타이완의 전략적 중요성은 더욱 주목받았다. 이 과정에서 무력 남진의 발판이 된 1941년 7월의 남부 프랑스령 인도차이나 진주 직전(6월 24일), 2차 고노에 내각은 '남방정책에서의 타이완의 지위에 관한 건'을 각의 결정하여 타이완이 '제국의 남방 전진기지'가 될 것이라는 점을 명확히 밝혔다. 이로써 '일본의 군사적 남진 → 전진기지로서의 타이완(이를 위한 기반정비로서의 공업화)→타이완 주민을 규합하기 위한 황민화'가 타이완 통치의 기본 정책이 되었다.

조선의 상황은 타이완과 달랐다. 일본군의 공격을 받아 장제스가 이끄는 국민정부가 1938년 6월 9일 항일전의 근거지를 우한에서 내륙의 충칭으로 이전함에 따라 대한민국 임시정부도 국민정부와 행동을 함께하여 상하이에서 충칭으로 옮겨갔다. 식민지 지배하의 '망명정부'인 임시정부는 대동아전쟁 발발 이후 중국과 보조를 맞추어 대일선전을 포고하고 광복군을 조직하는 등 중국과 밀접하게 협력했다. 또 만주에서 투쟁하던 김일성은 1940년부터 소련 영내로 들어가 소련군과 함께 행동했고, 미국에 있던 이승만은 미국 정부에 대한 외교활동을 전개했다. 조선 국내에서는 여운형이 1944년 8월 건국동맹을 비밀리에 결성하는 등 국내외에서 다방면의 항일활동이 벌어졌다(長田 2009, 47쪽).

이렇게 타이완과 비교하여 치열한 항일민족주의를 분출한 조선인들에 대해 조선총독부는 강권적인 통치로 대응했다. 루거우차오 사건 4개월 전인 1937년 3월 '일본어 철저 사용'의 통첩을 발포하고, 다음 해 1월에는 전국에 약 1000개소의 일본어 강습소를 설치하여 모든 조선인에게 일본어 습득을 의무화했다. 또 조선교육령 개정(1938년 3월)을 통해 조선어를 필수과목에서 선택으로 변경하고, "우리는 황국신민이다. 충성으로써 황국에 보답한다"고 낭송하는 '황국신민의 서사'를 강요하는 등 일련의 '문화정책'을 도입했다. 이러한 황민화정책의 성과를 바탕으로 전시체제에 즉각적으로 대응하기 위한 육군지원병 제도가 도입되었다.

이들 식민지 정책의 결정판은 1939년 1월에 공포되고 1940년 2월 11일('황기 2600년'의 기원절)에 시행된 '창씨개명'이었다. 최근 연구에서도 밝히고 있는 바와 같이 창씨개명은 단순히 조선인의 이름만을 바꾸는 것이 아니었다. 창씨개명의 가장 큰 목적은 조선의 가족제도의 근간을 뒤흔들고 이를 통해 일본의 식민지 통치에 교화되도록 조선의 사회구조를 바꾸려는 것이었다.

이에 대해 미즈노 나오키水野直樹는 창씨개명과 징병제도의 도입으로 직결하는 논의에 이의를 제기하면서 "창씨에 의해 조선의 가족제도를 개편하고 조선인 청년에게 천황에 대한 충성심을 심는 것이 징병을 비롯한 전쟁 동원의 전제조건이었다"(水野 2008, 215~216쪽)라고 말한다.

고노에 내각과 중일관계

앞에서 언급한 바와 같이 중일전쟁 시기 일본의 정치를 주도한 사람은 세 차례에 걸쳐 총리를 역임한 공작 고노에 후미마로近衛文麿였다. 고노에는 재임 중 세 번에 걸친 '고노에 성명'을 발표했다. 성명은 모두 1938년에 이루어졌는데, 1차는 1월 16일의 "앞으로 국민정부와는 상대하지 않겠다"는 장제스를 향한 유명한 발언이었다.

2차는 11월 3일 '동아신질서 건설'을 발표한 것이었고, 3차는 왕자오밍汪兆銘이 충칭을 탈출하여 하노이에 들어간 직후인 12월 22일 중국에 대한 국교 조정의 근본 방침으로 '선린우호, 공동방공, 경제제휴'를 강조한 3대 원칙에 대한 성명이었다. 고노에가 최초 내각이 성립한 직후에 발발한 중일전쟁의 처리에 효과적으로 대처하지 못하고 얼마나 고심했는지를 엿볼 수 있다.

그동안 2차와 3차 성명의 중간인 12월 16일 칙령 제758호에 따라 흥아원興亞院이 설치되었다. 흥아원의 목적은 "지나사변에 즈음하여 지나에서 처리할 필요가 있는 정치·경제·문화에 관한 사무"를 관장하는 것으로, 1943년 9월 타이완사무국이 설치되기까지의 이행적 성격을 지닌 기관이었다. 흥아원은 군부, 정부, 경제계가 각각 자기 권익을 추구하는 '방패막이'로 이용되었으며 "점령지 이권 쟁탈의 추태를 세계에 전시하는 장"(河原 1995, 171~172쪽)이 되었다.

한편 일본군이 고전을 거듭하던 중국에서는 시안 사건을 계기로 이루어진 국공합작도 오래 가지 못했다. 1939년 이후 두 세력은 각지에서 무력충돌을 일으켰다. 1941년 초 팔로군과 더불어 공산당의 주력부대인 신사군新四軍이 안후이성 남부에서 국민정부군에 의해 괴멸당한 이른바 환난사변皖南事變을 계기로 국공합작은 유명무실화되어(高橋 2009, 218쪽), 양자는 개별적인 항일전을 계속했다. 그동안 마오쩌둥毛澤東은 장정 도중 쭌이遵義 회의에서 주도권을 확립하면서 1938년 5월 '지구전론持久戰論'을 발표했다.

중국의 내부 분열과 일본의 방대한 예산 및 군사력 동원에도 불구하고 일본은 광대한 대륙전선에서 승리를 거두지 못했다. 전쟁은 당초 예상과 달리 끝없는 장기전으로 치달았다. 이러한 교착 상태에 돌을 하나 던진 것은 국제정세의 급격한 변화였다. 특히 소련을 염두에 두고 방공협정을 체결한 독일의 동향과, 독일과의 관계가 초점 중 하나였다. 당초 중일 간에 전면대결이 벌어지자 독일은 당혹스러웠다. 독일에게 중국은 중요한 무기 수출국이었다. 특히 1937년 8월 13일 2차 상하이 사변 당시 장제스는 최정예부대를 투입했는데, 그 부대는 독일 군사고문에게 훈련을 받았고 독일제 무기로 무장했으며 독일제 군용트럭으로 보급을 받은 엘리트 부대였다(田嶋 2009, 8쪽).

이 때문에 루거우차오 사건 발발 직후인 1937년 7월 28일 베를린의 외무부 고관 바이체커(전 독일연방공화국 대통령의 아버지)는 중국에서의 일본의 행동을 공산주의에 대한 싸움이라며 "방공협정으로 정당화하려는 일본의 설명은 완전히 잘못되었다. (……) 일본의 행동은 오히려 방공협정과 모순된 것으로 보인다. 왜냐하면 일본의 행동은 중국의 통일을 방해하고 그로 인해 중국에서 공산주의가 확산되는 것을 촉진하여 결국 중국을 러시아의 손아귀에 들어가게 만드는 것이기 때문이다"라고 발언했다. 바이체커의 발언, 특히 후반 부분은 정곡을 찌른 것으로 입증되었다. 히틀러 자신도 1937년 8월 16일 일본과의 제휴는 유지하지만 현시점의 중일분쟁에서 독일은 중립을 지켜야 하며, 중국에 대한 무기 수출은 일본이 모르도록 대외적 은폐공작을 펼쳐서라도 유지하라고 명령했다(田嶋 2009, 7쪽).

국제 환경의 변화와 남진

그러나 다음 해인 1938년에 접어들자 독일과 일본 정부는 각자 외교적 속셈을 가지고 상호 접근했다. 일본에서는 장구펑張鼓峰 사건이 발생(7월 11일)한 직후인 7월 19일 5상회의를 열어 독일과 대소련 군사동맹의 체결 방침을 결정했고, 오스트리아를 병합(3월 13일)한 독일도 미국·영국·프랑스 3국에 대해 배후를 견고하게 다지기 위해 일본과의 교섭을 개시했다. 이를 위한 양보로 독일은 2월에 만주국을 승인하고, 6월에는 난징에 주재하고 있던 트라우트만 대사를 소환하여 중국과의 관계를 냉각시켰다. 일본으로서는 소련에 대한 전략적 고려에서 독일과의 제휴를 도모한 것이었다.

그러나 독일은 1939년 8월 23일에 갑자기 소련과 독소불가침조약을 체결하여 일본을 경악시켰다. 1939년 5월 만주국과 몽골인민공화국의 국경에 가까운 노몬한에서 소련·몽골군과의 대규모 군사 충돌을 일으킨 일본은 소련군의 압도적인 군사력 앞에서 거의 괴멸 상태에 빠졌다. 이런 상황에서 이루어진 독소불가침조약이었기에 충격은 더욱 컸다. 히라누마 기이치로平沼騏一郎 내각은 며칠 후 "구주 정세는 복잡하고 괴이하다"는 성명을 내고 총사퇴했다. 또 일본이 소련에 대한 북진에서 남진으로 전환하는 과정에서 노몬한 전쟁(몽골에서는 '할하강 전투')의 패배는 중요한 계기가 되었다.

독소불가침조약으로 소련의 '위협'을 제거한 독일은 이어서 약 일주일 후인 9월 1일에 폴란드를 침공함으로써 2차 세계대전이 발발했다. 이후 독일의 승리가 이어지는 가운데, 1940년 6월 파리 함락으로 유럽은 독일의 동맹국 또는 중립국이 될 수밖에 없는 정치 지형이 만들어졌다.

동맹국 독일의 압도적 우세를 지켜본 일본의 최고지도부는 '버스에 늦게 타지 말라'라는 슬로건으로 교착 상태에 빠진 중일전쟁을 타개하고자 적극적인 공세에 나섰다. 특히 군부와 정부 내부의 남진론자에게는 종주국이 독일의 영향력에 들어간 유럽의 식민지 동남아시아, 그중에서도 석유의 보고로 간주되던 인도네시아가 침략의 표적이 되었다. 동시에 정부와 군부 상층부 일부에서는 독일이 유럽에서의 여세를 몰아 동남아시아로 영토적 야심을 표출하는 것은 아닌지 하는 경계심도 뿌리 깊었다. 1차 세계대전 이후 독일령 남양군도에 대한 할양을 강요했던 사실도 그 경계심의 근거가 되었다.

남진론의 주창자 해군에 더하여 위와 같은 국제적 환경을 배경으로 최대의 권력집단으로 부상한 친독파가 주류를 이루었던 육군에서도 적극적인 남진론이 급부상했다. 특히 참모본부 상층부 사이에서는 삼국동맹을 배경으로 영국과 미국에 대한 의존에서 탈피할 수 있는 경제적인 자급권역을 설정하기 위해 이번 기회에 무력을 발동하여 '남방 문제'를 해결함으로써 최대 현안인 중일전쟁을 해결하려는 구상이 제시되었다.

때마침 독일의 파리 점령 1개월 후인 7월 22일에 2차 고노에 내각이 출범했고, 외상에 취임한 마쓰오카 요키치松岡洋吉는 '대동아공영권' 구상을 제시했다. 당시 대동아공영권에 포섭될 대상으로는 "일만지日滿支를 근간으로 구독일령 위임통치 제도(남양군도), 프랑스령 인도차이나 및 태평양 도서(필리핀, 신남군도 등), 태국, 영국령 말라야, 영국령 북보르네오, 네덜란드령 인도네시아, 버마, 오스트레일리아, 뉴질랜드, 인도" 등의 광대한 지역이었다.

이러한 국내외 정세 속에서 이후 일본의 국책에 중요한 의미를 지닌 것은 7월 27일의 대본영 정부연락회의 결정인 '세계정세의 추이에 따른 시국처리요강'이었다. 이는 '지나사변'과 '남방 문제'의 동시적 해결을 추구함과 더불어 국내외 정세 추이를 보면서 '남방시책을 중점으로 삼는 태세의 전환'을 강조한 것으로, 단적으로 말하면 '남방 문제 해결을 위해 무력을 행사할 수 있다'는 결정이었다.

'남방 문제'의 해결이란 구체적으로는 장제스 정권을 지원하는 연합국의 원장援蔣 루트를 차단하고 석유 등의 전략물자를 획득하는 것을 의미했다. '시국처리요강'에서는 전자와의 관련에서 프랑스령 인도차이나에 대해 '상황에 따라 무력을 행사하겠다'는 적극책을 채용했고, 후자에 대해서는 외교적 조치를 통해 네덜란드령 인도네시아에서 중요 자원을 획득하는 것이 과제로 인식되었다. 이러한 기본 국책에 따라 2개월 후인 9월 23일에는 북부 프랑스령 인도차이나에 진주하고, 이어서 개전의 중요한 계기가 된 1941년 7월 28일에는 남부 프랑스령 인도차이나 진주가 단행되었다. 네덜란드령 인도네시아와의 사이에서는 1940년 9월 북부 프랑스령 인도차이나 진주와 함께 석유 협상에 관한 교섭이 시작되었다(다음 해 6월 '결렬').

그런데 1950년대 초반 당시 총리이던 요시다 시게루吉田茂(외상 겸직)의 명령으로 작성되어 2003년 봄에 공개된 외무성 조서 〈일본 외교의 과오〉는 왜 전쟁을 피할 수 없었는가를 분석한 보고서로 커다란 반향을 불러일으켰다(《外交史料館報》, 제17호). 그 보고서에서는 만주사변 이후 패전에 이르기까지 약 15년간 일본 외교의 '과오', 말하자면 전쟁 원인과 관련된 것을 8개 항목에 걸쳐 언급했다.

그 가운데 하나는 '프랑스령 인도차이나 진주, 네덜란드령 인도네시아 교섭', 즉 남진을 둘러싼 과오였다. 조서는 두 번에 걸친 프랑스령 인도차이나 진주는 "중요한 선을 넘었다"라고 특기했고, 석유 획득을 주목적으로 삼은 네덜란드령 인도네시아와의 협상에 대해서도 "(과대한 요구를 하지 않고) 가능한 것만 이야기하면 좋았다"라고 지적했다. 더욱이 남진정책 전반에 관해서는 "구미에서 독일의 우세를 이용한 무리한 남방 진출이 오히려 목구멍을 옥죄었다. 본전도 못 챙겼다"라는 극단적인 평가를 내렸다.

이러한 외무성 조서는 연합국 사령부로부터 독립한 이후의 일본 외교를 전망하기 위해 과거의 외교를 회고하고 군부의 과잉개입을 비난하는 한편, 군부에 질질 끌려 다녔던 전시기 외무성의 대응을 '자기비판'하는 형태로 마무리되었다.

'무리한 남방 진출'의 결과는 말할 필요도 없이 영국, 미국, 네덜란드 등과 적대하면서 그들의 식민지인 동남아시아를 '대동아공영권'에 편입시키는 것이었다. 대본영 정부연락회의가 '자원 중의 자원'으로 불리던 석유를 비롯하여 주석, 고무 등 전략 자원의 '급거 획득'과 치안유지, 현지

자활이라는 동남아시아 점령의 3대 원칙을 담은 '남방점령지행정실시요강'을 결정한 것은 1941년 11월 20일이었는데, 이는 개전 이후 불과 3주일 만이었다.

이렇게 무력남진을 강행한 목적은 무엇보다도 전쟁 수행을 위한 자원 획득이었다. 이는 '석유의 보고'로 간주되던 네덜란드령 인도네시아에 대해 육군의 석유전문가 오카다 기쿠사부로岡田菊三郎 대좌가 당시 "남방 자원 중 우리에게 가장 중요한 것은 역시 석유다. 석유에 대한 불안이 이제 해소되었다고 전망할 수 있었던 것은 (인도네시아 점령을 통해) 제국의 영원한 존립을 확보하는 방법……"(防衛廳防衛硏究所戰史部編著, 1985, 343쪽)이라고 말한 것에서도 확인할 수 있다.

그러나 '치안유지'를 확립하고 '중요 자원'을 획득하는 일본군의 '현지자활'이라는 '점령정책=군정의 3대 원칙'을 달성하기 위해서는 동남아시아, 특히 민족주의 지도자의 지지와 협력이 절대적으로 필요했다. 일본은 이를 위해 구미 식민지 체제의 타파와 아시아 해방을 전쟁 목적으로 내세울 수밖에 없었다. 일본이 제시한 '아시아 해방'의 이념에 대해 동남아시아의 민족주의자가 어떻게 대응했는가는 각 지역의 민족주의 운동사, 종주국의 식민지 정책, 과거의 대일관계 등에 따라 다양했기 때문에 일반화하기 어렵다.

그럼에도 불구하고 일본이 중일전쟁의 타개를 남진에서 찾았던 것처럼 동남아시아 민족주의자들 사이에서는 견고한 식민지 체제에 균열을 내기 위한 수단으로 남진하는 일본의 힘을 어떻게 이용할 것인지가 새로운 과제로 떠올랐다. 즉 민족주의 운동의 최대 목표인 '독립'을 손에 넣었는가(태국), '독립' 또는 '자치'에 대해 종주국으로부터 어떤 약속을 받았는가(필리핀, 버마), 혹은 그것을 아직 손에 넣지 못하고 꿈으로 남겨두고 있는가(인도네시아 등 기타 지역)에 따라 '아시아 해방'을 주창한 일본에 대한 정치적·심리적 거리가 결정되었다고 말할 수 있다. 역으로 그들이 설정한 일본과의 거리는 동남아시아 각지에 대한 일본의 정책에도 영향을 미치는 쌍방향적인 관계에 있었다.

3. 대동아공영권의 시대

1941년 12월 8일 동트기 전, 일본은 영국령 말라야(지금의 말레이시아)의 코타바루와 하와이 진주만에 대한 기습공격을 감행하여 미국과 영국에 선전을 포고했다. 이후 전쟁은 중일전쟁을 포함하여 공식적으로 '대동아 전쟁'이라고 불렸다. 같은 날 발표된 '선전의 조서'에서 일본은 "동아의 안전을 확보함으로써 세계 평화에 기여"하기 위해 노력해왔지만, 중화민국(장제스) 정부가 "제국의 진의를 알지 못하고 함부로 일을 도모하여 동아의 평화를 교란"했으며, 이러한 중국에 대해 미국과 영국 양국이 지원하여 "동아의 재난과 변란을 조장하고 평화라는 미명 뒤에 숨어 동양 제패의 어리석은 희망"을 품어왔다고 강변했다. 이러한 사태에 대해 일본은 전쟁의 목적을 "신속히 화근을 없애고 동아의 영원한 평화를 확립"하기 위한 것이라고 천명했다.

개전 직후인 1942년 1월 총리 겸 육군대신 도조 히데키는 라디오를 통해 전국의 '소국민少國民'을 향해 〈훌륭한 일본인이 되어라〉라는 제목의 훈시에서 "여러분은 세계 그 어디에도 비유할 수 없는 황국 일본에 태어난 영광을 마음으로부터 깊이 감사해야 한다. 이번 대전은 우리와 함께 대동아에 거주하는 사람들이 일본과 힘을 모아 서로 돕고 지금까지 우리를 억눌러왔던 미국과 영국이라는 악의 세력을 몰아내려는 것이다. 우리는 행복하고 평화로운 찬란한 국가를 새롭게 건설하기 위한 의로운 이

번 전쟁을 '대동아전쟁'이라 부르겠다. 여러분은 이제부터 영광스럽고 커다란 책임감을 마음속 깊이 각오해주길 바란다"(高鳥編 1942, 27~28쪽)라고 말했다.

도조는 중국을 '악의 세력'에 포함하지 않았는데, 이는 개전 소식을 접한 많은 일본인의 심정과 무관하지 않았다. 특히 지식층 사이에서는 아시아의 평화를 말하면서도 불투명하고 장기화되는 이웃나라 중국과의 전쟁에 대해 회의적인 감정을 품는 사람이 적지 않았다. 중국문학 연구자 다케우치 요시미竹内好는 개전 직후에 집필한 〈대동아전쟁과 우리의 결의〉(《中國文學》, 1942년 1월호)라는 글에서 루거우차오 사건 이후 중국과의 전쟁에 꺼림칙한 기분이 들었지만 '대동아전쟁' 발발에 따라 "세계는 하룻밤 사이에 변모했다"며 고양된 기분을 숨기지 않았다. 시인 다카무라 고타로高村光太郎도 개전 직후인 12월 24일 문학자애국대회에 참석하여 〈그들을 쏘다彼等を撃つ〉라는 자작시를 "큰 소리로 눈물을 흘리며 낭독"했다(今村 1989, 40쪽). 다카무라는 이 시에서 "대조칙 한 번 발하니 하늘의 태양과 같도다. 보아라, 1억의 백성 얼굴 빛나고 마음 뛰어오른다. 구름이 걷히고 길이 열린다. 먼 길이 눈앞에 보인다. 적의 소재는 결국 드러났다. (……) 우리가 나아가는바 이제 결연히 정해졌다"라고 읊었다.

이러한 지식인과 문학자 들의 흥분은 결코 강요받은 것이 아니었다. 또한 일반 국민 감정과도 다르지 않았다. 유력한 미디어의 예를 들면《도쿄아사히신문東京朝日新聞》(12월 12일)도 "세계 전사戰史에 일찍이 없던 경탄스러운 대전과를 일궈냈고, 곧장 대동아공영권 확립의 완성에 매진하는 상황"이라는 찬사를 게재했다(成田 2010, 42쪽). "자신들을 압박하던 미국과 영국이라는 악의 세력"과 싸운다는 의기충천한 감정은 이제부터 전쟁에 동원되는 청년과 후방의 국민에게는 물론, 이미 병사가 되기 위해 훈련을 받고 있던 젊은이들 사이에서도 공유된 인식이었다.

신슈信州의 이나伊那라는 농촌에서 차남으로 태어나 황기 2600년 축제가 열린 직후인 1940년 5월 히가시무라야마초東村山町에 있는 도쿄육군항공학교에 입학한 15세의 '소국민' 바바 다다미츠馬場忠光도 그중 한 명이었다. 그는 고향을 떠나며 친척과 친구 들에게 "앞으로 다다미츠는 한마음으로 마음을 쏟아 노력하고 배움으로써 제국 군인의 본분을 다하기 위해 용감히 매진할 것을 맹세하고 황은에 보답할 각오다"라는 글을 남기고 소년비행병 제10기생으로 입학했다. 3년 후 졸업한 그는 졸업기념사진에 "난 내 죽음의 장소를 안다. 어디까지나 역적 미국과 영국을 멸망시키지 못하면 결코 쓰러질 수 없다. 대의에 살고 생사를 초월하여 폐하의 마음을 진심으로 받들겠다"(馬場 2008, 표지)라고 기록했다.

총동원체제하의 식민지

대동아전쟁 발발 당일 타이완에서는 총독 하세가와 기요시가 "타이완은 적성敵性 국가들과 최단권 내에 위치하여 필연적으로 남방작전의 심장부적 숙명을 가진다"라는 유고諭告를 내리고, 타이완 주민(=제국신민)에게 견고한 "필승의 신념"으로 "중대 책무를 완수"하도록 선동했다. 중일전쟁 이후 전시체제에 편입된 타이완은 개전에 따라 '결전태세'하에 재편되었고, 주민들은 전쟁 수행을 위한 병사이자 노동력으로 동원되었다. 1941년 6월에는 육군특별지원병제도(조선에서는 1938년 2월)가 실시되었고, 1943년 8월부터는 해군특별지원병제도가 실시되어 많은 지원병이 남방 각지에 보내졌다. 더욱이 원주민 청년만을 대상으로 한 고사高砂 특별의용대제도가 도입되어 군사훈련을 실시한 다음 남방의 산지작전에 투입되었다. 1974년 12월 인도네시아의 모로타이에서 '발견'된 전 일본군 '나가무라 데루오中村輝夫'도 그 가운데 한 사람이다.

1944년 7월 7일 요새 사이판이 미군에게 점령당함으로써 태평양 방위전 전역이 위험에 노출되었다. 이 때문에 1944년 9월 타이완은 '황국의 안위'를 방어하는 '공방攻防 제일전의 전장'으로 부상했다. 총독은 1945년부터 타이완인 청년에게도 징병제를 도입하겠다고 발표했다. 그러자 "타이완 전 섬이 모두 환희와 감격의 소용돌이에 빠졌다"(朝日新聞社 1944)라고 선전했다. 징용된 청년들과 그 가족의 감정은 실제로는 앞에 소개한 야마가타현의 늙은 농부와 비슷했을 것이다. 타이완인의 병력 동원은 일본군의 입장에서 보면 '본토(=황국)'의 중심을 방어하기 위한 시간 벌기, 나아가 '버리는 돌'에 불과했다. 결국 타이완은 미군의 대일 반격작전 루트에서 벗어나 '버리는 돌'이 될 운명으로부터 벗어났지만, 그 대신 오키나와와 이오시마硫黃島가 무거운 짐을 떠안았다.

타이완에 비해 미군(연합군)의 직접 공격의 가능성은 낮았지만 대륙병참기지로 간주되던 조선에서도 전시기 체험은 대동소이했다. 특히 중일전쟁 이후 수많은 일본인 청년이 소집되어 국내 노동력이 극도로 부족해지자 주로 조선인 청년들이 대체 노동력으로 동원되었다. 1944년에는 조선인에게도 국민징용령이 떨어져 일본 각지의 군수산업 현장, 탄광, 비행장, 항만 등 가혹한 토목공사 현장에 투입되었는데, 그 수가 67만 명에 달했다. 이에 대해서는 아쓰기厚木 항공대와 다카쿠라高座 해군공창 등이 설치된 가나가와현神奈川縣의 사례를 통해 살펴보자.

1910년 한국병합으로부터 10년이 지난 1920년에 조선인 수는 불과 50명이었는데, 1935년에는 1만 4410명, 국가총동원법 이후인 1940년에는 2만 4742명, 개전 다음 해인 1942년에는 4만 3392명, 1944년에는 6만

2197명으로 가장 많았다(大和市編 2002, 561쪽). 동원된 조선인 청년 중에는 여자정신대원으로서 남방 각지로 보내져 위험하고 열악한 환경에서 잡역에 종사하던 조선인 여성도 상당수에 달했다. 또한 아직 청산되지 못한 '역사 문제'의 하나인 '종군위안부'의 최대 '공급지'도 식민지 조선이었다는 것은 주지의 사실이다.

조선인 청년의 병력 동원도 앞에서 말한 바와 같이 육해군의 특별지원병제도로 타이완보다 먼저 시행되었지만, 1943년에는 타이완보다 2년 이상 빨리 내지(일본)와 동일한 징병제가 도입되었다. 황군 병사와 군속으로 일본군에 징병된 조선인 청년은 35만 명 이상이었다. 그러나 일본인 중에는 식민지 청년에게 무기를 주는 것에 대해 "국방의 일부를 조선민족에게 부담시킬지의 여부와 그들에게 군사능력을 부여할 경우의 반작용 등을 고려할 때, 과연 적절한 일인가. 국방을 부담시키려는 것이 오히려 국방을 위험에 빠지게 하는 것은 아닌가"(吉田·森 2007, 219~220쪽)라는 경계심도 뿌리 깊었다.

그들 중에는 남방 각지에 설치된 연합군 포로수용소의 감시원으로 사역한 사람도 3000명에 달했다. 그중 129명은 B급·C급 전범으로 기소되었고, 그들 가운데 14명이 사형을 당했다. 당시 그들은 '일본인'으로서 포로 학대라는 명목으로 단죄받았지만, 전후에는 일본 국적을 상실하고 외국인이라는 이유로 각종 원호법과 보상에서 제외되었다. 이는 지금도 문제되고 있는 구식민지 출신자의 합사와 관련된 '야스쿠니 신사 문제'와도 밀접하게 관련된다. 그들은 '전사한 시점에서는 일본인이었기 때문에, 사후 일본인이 아니라는 것은 있을 수 없다'며 야스쿠니에 합사되었지만, 전후에는 '일본인'이 아니라는 이유로 일본 정부의 보상 대상에서 제외된 것이다. 이는 "유골 단계에서는 더 이상 '일본인'이 아니지만, 혼魂 단계에서는 여전히 '일본인'"(北村 2009, 26쪽)으로 간주되는 구식민지 출신자에 대한 불합리한 처우를 잘 말해주고 있다.

한국에서는 노무현 정부 시절인 2004년에 특별법 제정으로 설치된 정부위원회가 한국인 B급·C급 전범을 '강제동원 피해자'로 인정하고 60년 만에 명예를 회복시켰다(《東京新聞》, 2010년 8월 15일). 한편 전사한 조선인 특공대원을 애도하기 위해 2008년 5월 일본인 유지가 경상남도 사천시에 '귀향기념비'를 세우고 제막식을 거행할 때, 지역 주민들의 반대로 비석이 철거된 사건이 일어났다. 반대파는 전사한 특공대원을 '전쟁 피해자'로는 인정할 수 있지만, "천황에 절대적 충성을 바친 사람의 추도비는 인정할 수 없다. (……) 일본의 정신을 한국에 재확립하려는 움직임으로 보일 뿐이다"(《朝日新聞》, 2010년 4월 28일)라고 비판했다.

중국의 국제적 지위

일본이 성전이라고 부른 대동아전쟁은 중국의 입장에서 바라보면 일본에 의한 침략전쟁이자 그에 대한 저항전쟁이었다. 중국 동북지방에 수립된 일본의 괴뢰국 만주국을 제외하면, 1941년 이후 중국은 국공합작의 부진으로 인해 사실상 국력이 분열되었다. 반공을 전제로 한 '중일화평'과 '중일평등'을 내건 왕자오밍을 주석으로 한 난징 정부, 장제스가 이끄는 국민당 충칭 정부, 그리고 옌안을 근거지로 삼은 팔로군과 신사군의 중국 공산당이 난립하여 각각 일본, 미국과 영국, 소련과 깊은 관계를 맺고 있었다.

이러한 분열 상태에서 왕자오밍은 '장제스와 상대하지 않겠다'고 선언한 일본과 제휴한다. 그리고 일본의 '대중국 신정책'을 추인하는 형태로

1943년 1월 9일 '미국과 영국에 대한 공동전쟁의 수행'이라는 공동선언을 발표함과 동시에 미국과 영국 양국에 선전포고를 했다. 그러나 난징 대사 시게미쓰 마모루가 주도한 일본의 '신정책'은 정부와 군부 내에 그다지 침투하지 못했다. 최근 연구에 따르면 중국 민중에게도 '대중국 신정책'에 따라 조계는 반환되고 치외법권은 철폐되겠지만, 그들의 생활에는 전혀 영향을 주지 못해 냉담한 반응을 보였다고 한다(波多野 1996, 93쪽). 그러나 동시에 중일공동선언 2일 후, 충칭 정부는 영미 양국과 치외법권 철폐조약에 조인했다. 이는 미국과 영국에 의한 일본의 '신정책'에 대한 대항 조치였지만, 다른 한편으로 '신정책'은 충칭 정권의 쟁탈전이라는 전쟁의 또 다른 국면을 드러내는 것이었다(波多野 1996, 97쪽).

미·영과의 조약을 계기로 장제스 정권은 연합국의 유력한 동맹국으로 국제적 인정을 받게 되었다. 그리고 장제스는 1943년 11월 22일 카이로 회담에서 미국의 프랭클린 루스벨트 대통령, 영국의 윈스턴 처칠 총리와 함께 카이로 선언의 서명자가 되었다. 한편 왕자오밍은 중일공동선언 이후 1943년 11월 5일부터 6일까지 도쿄에서 열린 대동아회의에 중화민국 대표로 참석했지만, 이는 오히려 일본의 괴뢰정권이라는 인상을 강화하여 중상비방 속에서 1944년 나고야에서 객사했다. 대동아회의에는 도조 총리의 초청으로 '대동아공영권' 안의 독립국인 일본, 중화민국 난징 국민정부, 태국, 만주국, 필리핀, 버마 등 6개국 대표와 옵서버로 자유인도임시정부 주석 찬드라 보세가 참석했다. 그리고 11월 6일 '공존공영, 자주독립, 문화앙양, 경제번영, 세계진운공헌世界進運貢獻(인종차별 철폐)' 등의 대동아선언을 채택하고 폐막했다.

또 하나의 정치세력인 중국 공산당은 새로운 근거지 옌안에서 농촌을 중심으로 정력적인 공작활동을 전개해나갔다. 이 과정에서 마오쩌둥이

'초월적 지도자가 되기 위한 도약대'가 된 것이 1942년 봄부터 3년여에 걸쳐 전개한 정풍운동이었다. 정풍운동은 사실 마오쩌둥이 전개한 권력투쟁이었다. 마오쩌둥은 1930년대 이후 스탈린과의 친소관계로 당의 핵심에 자리 잡은 소련 유학생 출신에 대해 '혁명이론에는 정통하지만, 중국의 구체적 현실을 이해하지 못하고 마르크스-레닌주의를 추종하고 있다'고 비판했다. 요컨대 마오쩌둥은 정풍운동을 통해 "마르크스-레닌주의 이론과 중국의 구체적 현실을 결부시킨 천재적 지도자로서의 모습을 드러냈다"(高橋 2009, 222쪽)라고 말할 수 있다.

중일전쟁 초기 화북을 전전하던 작가 이노우에 야스시가 "약탈의 흔적이 끔찍하여 아무것도 남아 있지 않다"라고 은밀하게 일기에 적었듯이 중국 전선의 실정은 '동양 평화' 또는 '중일제휴' 같은 표어와는 사정이 달랐다. 중국 민중의 눈에 일본인은 '동양귀東洋鬼'로 보였다. 표면적으로는 독립국이었지만 중국에서도 식민지와 거의 비슷한 정도의 자원, 물자, 미곡·곡물 등의 식량이 징발되었다. 특히 공산당 지배하의 '해방구'에서 실시된 '공비共匪' 소탕작전에서는 불태우고 죽이고 빼앗는 이른바 '삼광작전三光作戰'이 전개되었다.

전쟁 말기 일본 국내에서 노동력 부족이 심각해지자 조선과 타이완 등 식민지 민중만이 아니라 다수의 중국인도 징용 대상이 되었다. 사실상 일본군의 지배하에 있던 지역에서는 점령군이 행정기구를 통해 노동력을 강제로 조달했다. 일본에 강제로 연행된 중국인은 1942년부터 1945년 5월까지 약 4만 명에 달했고, 그 가운데 이름이 판명된 사람만도 약 6000명이 학대로 인해 사망했다(笠原 2004, 175쪽). 연행된 중국인은 홋카이도에서 오키나와에 이르기까지 일본 각지의 광산과 탄광, 토목작업 현장 등 열악한 환경에서 강제노동에 시달렸다. 패전 직전인 1945

년 6월에는 아키타현秋田縣 하나오카花岡 광산에서 중국인 노동자들이 봉기를 일으켜 418명이 헌병대 등에 의해 살해당했다. 하나오카 사건은 당시 강제연행당한 노동자의 처지를 상징적으로 드러내는 것이었다. 최근에는 가해 기업과 피해자 사이에 일부 화해가 이루어졌지만, 일본 정부는 1972년 중일공동성명에 의해 중국 정부가 청구권을 포기했다는 입장을 고수하고 있다.

한편 1944년 4월 내무성, 후생성, 군수성이 연명으로 제출한 '이입중국인노무자취체요강'에서는 '특히 조선인과의 접촉에 대해서'라는 항목을 통해 중국인 노무자를 엄격히 감시하도록 각 사무소에 통달했다. 이는 이입노동자에 의한 '불상사건'이 발생하는 것을 경계하던 당국이 민족을 넘은 하층 노동자의 연대 가능성을 차단하려는 것이었고, 동시에 '일본 신민' 조선인에 대한 차별을, 그들의 중국인에 대한 '차별의 이양'을 통해 회유하려는 것이기도 했다. 나가노현長野縣 기소온타케木曽御岳 수력발전소에서는 연행된 조선인과 중국인 노동자 각 300명이 난투를 벌이는 사건이 발생했다. 1945년 초 공사현장에 강제연행당한 한 중국인 노동자의 말은 지배당한 측이 어떻게 분열되는지를 잘 보여준다. 그 중국인은 "조선인은 산 위에 살고 있었다. 우리는 조선인을 증오했다. 조선인도 연행되었다는 것을 알게 된 것은 전쟁이 끝나서였다. 그들은 산 위에 살면서 쌀밥을 먹었다. 음식은 일본인과 같았다"(山田 1994, 190쪽)라고 말했다. 정말 조선인 노동자가 일본인과 '같은 음식'을 먹었는지에 대해서는 의문이 많지만, 적어도 조선인보다 열악한 상황에 놓인 중국인 노동자의 눈에는 그렇게 비쳤다. 그들이 처했던 처참한 노동현장을 엿볼 수 있는 증언이다.

동남아시아 점령과 '남방공영권'

대동아전쟁 발발 이전 일본의 동남아시아에 대한 인식을 단순히 말하자면, 양 지역은 경제적·정치적·문화적으로 비대칭이었다는 것이다. 이로 인해 일본이 동남아시아에 진출하는 것은 '무리한 남방 진출'(《外交史料館報》 제17호)이 아니라, 논리적인 정합성과 필연성을 지닌 것으로 이해되었다. 이는 1935년 '남진의 거점'으로 주목받은 타이완의 총독부 당국이 작성한 〈일본·남양수급표日本·南洋需給表〉라는 자료를 보더라도 분명하다(臺灣總督府編 1935, 174쪽). 여기에서는 '인구, 기술, 노동력, 기업가정신, 자본, 해운, 국방력'을 공급할 수 있는 일본과, 일본에게 없는 '토지, 자원'을 가진 '남양'과의 결합관계의 필연성을 제시하고 있다.

다른 말로 하면 동남아시아는 경제적으로는 '미개발된 방대한 자원이 방치'되어 있으며, 정치적으로는 '구미 지배하에서 예종隷從'을 강요당하고 있고, 문화적으로는 '지극히 낮은 단계'에 있다는 지역 이미지가 널리 공유되었다. 이런 동남아시아의 상황은, 자원을 필요로 하고 '개발' 의지와 능력을 가지며 '아시아 해방'을 국시로 삼는 '세계 최우수 민족'이자 '같은 아시아인'인 일본인의 손으로 타파되어야 한다는 '대동아공영권'론이 제시되었던 것이다.

일본에서는 대동아전쟁이 구미 열강 등의 '악의 세력'에 의한 식민 지배로부터 아시아를 해방시키고 '아시아를 위한 아시아'라는 신질서를 수립하는 성전이라는 주장이 지배적이었다. 동남아시아의 민족주의자들은 처음에는 이러한 일본의 전쟁 목적에 기대하면서 일본에 협력하려는 움직임도 보였지만, 1942년 후반 이후 일본의 점령정책이 본격화되자 일본에 대한 실망은 곧 적의로 급속히 전환되었다. 대외적으로는 공표되지 않았지만, 일본의 동남아시아 점령정책의 근간에는 앞에서 언급한 '자원 획득, 치안유지, 현지 자활'이라는 군정 3대 원칙이 세워졌다. 이를 주창한 '남방점령지행정실시요강'의 기안자인 남방군 참모 이시이 아키호石井秋穗 육군대좌는 나중에 "점령군의 현지 자활을 위해서는 민생에 중압을 가하더라도 이를 참아내야 한다고 규정한 것은 대영단大英斷(대단히 지혜로운 결단)이었다"라고 말했지만, 이 '대영단'이라는 표현이야말로 거꾸로 동남아시아가 겪은 대동아공영권 아래에서의 사회적·경제적 고난을 잘 말해준다(後藤 1995, 323쪽).

동남아시아 지도자의 최대 관심사였던 독립문제에 관해 '실시요강'은 그들의 민족주의 운동에 대해 '너무 빠른 언질'을 주는 것은 오히려 '불필요한 마찰'을 일으켜 '무익하다'는 기본 인식을 확인했다. 이러한 일본 정부와 군부 수뇌부의 인식, 정책 입안 그리고 이에 따라 실시된 남방군정의 실태를 통해 종합적으로 판단한다면, 동남아시아에서의 대동아공영권이란 '해방'을 주목적으로 한 것이 아니라, 내부 지향의 지역주의라고 할 수 있는 폐쇄적 세력권의 구축과 전쟁 수행을 위한 병참기지화였다고 할 수 있다.

이러한 현실 속에서 '남방공영권'으로 선전되던 동남아시아로부터는 사람(노동력, 보조병력 등)·물자(식량과 각종 자원)·돈(부정한 군표의 남발 등)의 징용과 조달이 광범위하게 이루어졌고, 교육과 각종 교화(궁성요배 등을 포함)·훈련활동을 통한 정신적인 '일본화'도 중요한 목적이 되었다. 한편 일본은 전쟁 수행의 필요에 따라 동남아시아 지도자에게 일정한 양보와 타협을 실시하여 군정에 대한 협력 체제를 구축하고자 시도했다. 1943년 두 번에 걸쳐 이루어진 도조 총리의 동남아시아 방문도 이를 위한 구체적인 행보였다(後藤 1998, 267~293쪽).

동북아시아에서는 난징 정부 주석 왕자오밍, '만주국' 국무총리 장징후이張景惠의 비참한 말로와 그들에 대한 혹독한 평가, 더욱이 오늘날 한국에서의 '친일파' 지탄 정책 등에서 보이듯이 제국 일본과의 협력에 대해서는 매우 부정적인 역사적 평가가 자리 잡았다. 이에 반해 동남아시아에서는 구종주국을 타도하고 압도적인 군사적 우위를 과시하던 전시 일본에 대한 협력은 독립 달성의 초기 조건을 손에 넣기 위한 효과적인 전술로 용인되었고, 오히려 그런 현실주의적인 대일 태도가 지도자로서의 정치적 성숙을 보여주는 것이라며 적극적으로 평가하는 경우가 적지 않다. 인도네시아 독립 이후 초대 대통령이 된 수카르노가 전형적인 사례다.

그럼에도 불구하고 일제강점기 동남아시아에서는 다양한 형태의 저항운동이 전개되었다. 오늘날 동남아시아 각국의 역사교과서에서 일제강점기에 대한 기술은 일본과 달리 상당수 항목을 할애하여 상세히 다루고 있지만, 그 필치는 의외로 냉정하고 객관적이다. 그중에서도 항일운동에 대해서는 민족적 자각의 고양을 상징하는 것으로 높이 평가하고 있다.

전시기 항일운동에 대해서는 각지에서의 일제 지배의 실태, 전쟁 전 구종주국과의 관계 등을 반영하여 다양한 형태로 서술하고 있다. 특정 지역의 범주를 넘은 중국인에 의한 항일운동도 존재하지만, 운동 담당자를 기준으로 분류하면 4개의 유형이 있다. 첫째, 구종주국과 연합국과의 관계에서 조직된 운동으로 필리핀의 미극동군USAFFE 지휘하의 항일 게릴라가 그 전형이다. 점령지는 아니지만 사실상 일본의 발언권이 높았던 독립국 태국에서의 자유태국운동도 이 범주에 들어갈 것이다. 둘째, 공산주의자들이 주도한 항일운동으로 호찌민이 이끈 베트남독립동맹회Viet Minh와 말라야항일인민군MPAJA, 필리핀의 항일인민군(후크발라하프)이 이에 해당한다. 셋째, 전쟁 말기인 1945년 초에 연이어 발생한 인도네시아의 페타Peta(향토방위의용군)에 의한 봉기, 버마 국군을 주체로 하는 항일 반란으로 상징되듯이 일본군이 그 창설과 훈련에 깊이 관여한 군사조직에 의한 항일운동이다. 이 자체가 그들의 대일인식의 심각한 악화를 상징하는 것이지만, 동시에 독립 후 인도네시아와 버마 국군은 자신들이 중심이 되어 일으킨 항일운동을 구국적인 의거로 평가하면서 군부의 지배를 정당화하는 근거로 이용한 사실도 지적할 필요가 있다. 넷째, 이들처럼 어느 정도 조직화된 주체에 의한 항일운동은 아니지만 각지에서 쌀과 노동력의 강제 공출에 대한 불만과 궁성요배 같은 문화적 요인에 기인한 '자연발생적'인 항일운동도 전쟁 말기에 이르면 각지에서 광범하게 발생했다.

시간적으로 보면 타이완 통치 50년, 조선 지배 36년과 비교하여 동남아시아에서의 일제 점령은 3년 반 정도에 그쳤다. 그러나 지금까지 간행된 상당수의 연구서, 동남아시아 민족주의 지도자와 지식인 들의 회상록, 문학작품과 교과서 등을 살펴보면 일제강점이 동남아시아 사회에 미친 정치적·경제적·문화적 영향은 컸다고 말할 수 있다.

예를 들면 인도네시아의 대표적인 작가 모흐타르 루비스Mochtar Lubis는 작가적인 풍자를 곁들여 혹독한 일본 지배가 역설적으로 인도네시아 사람들에게 "우리는 일본이건 네덜란드이건 두 번 다시 어느 나라의 식민지가 결코 되지 않겠다는 결의"를 다짐하게 만들었다고 지적한다. 그리고 이러한 정신이야말로 독립전쟁을 밑으로부터 지탱한 '저항의 마음'이라고 이해한다. 이처럼 루비스는 일제강점에 의해 결과적으로 주어진 독립을 적극적으로 언급하면서도 마지막으로 "나는 이러한 점에서는 일본의 인도네시아 지배에 감사하기도 한다. 우리 국민의 꿈을 철저히 무시하고 문화를 파괴한 일본 또한, 네덜란드에 결코 뒤지지 않은 잔혹한 점령자였

다"(《沖縄タイムス》, 1994년 6월 25일)라고 말했다.

동남아시아 각지에서 지적되는 일본 점령의 '결과로서 가져온 적극적 측면'이라는 논의가 적용되기 어려운 지역이 필리핀이다. 필리핀에서는 다른 동남아시아와 비교하여 일본 점령이 독립투쟁에 탄력을 주었지만, 역으로 '기존의 행보를 후퇴시켰다'는 측면도 강조되어 '일제강점기=분수령(혹은 변화의 촉매)'설에 의문이 제기된다. 전시기의 상처는 "표면적으로는 치유된 것처럼 보이지만 그 상처의 피가 보이지 않는 곳에서 지금도 흐르고 있다"(ホセ 1995, 133쪽)는 지적은 이를 잘 말해준다.

한편 〈인도네시아 친일의 유래〉(《産經新聞》, 2010년 6월 9일)라는 신문기사가 상징하듯이 일본에서는 일반적으로 인도네시아가 '친일'적이라거나 혹은 그들이 독립에 기여한 일본에 감사하고 있다는 주장이 뿌리 깊게 존재한다. 그러나 1991년 가을 인도네시아가 일본 천황의 친선방문을 처음으로 받아들였을 때 유력지 《수아라 펨바루안Suara Pembaruan》('개혁의 목소리')이 〈상처는 치유되었지만 흔적은 남아 있다〉라는 제목의 사설을 게재한 것에서도 알 수 있듯이, 국민 감정의 밑바탕에는 여전히 과거 일본의 지배가 집단적 체험으로 기억되고 역사화되고 있는 것도 사실이다.

맺음말

'패전'이라는 말이 일본 신문에 처음 등장한 것은 1945년 8월 15일 천황에 의한 '전쟁 종결의 조서' 방송으로부터 4일이 지난 19일이었다. 그때까지는 조서에서 사용한 '전쟁 종결'이라는 용어가 사용되었다(高見 2005, 323쪽). 패전은 말할 필요도 없이 다양한 원인이 복잡하게 뒤엉킨 상승작용의 결과다. 스즈키 간타로鈴木貫太郎 총리의 '포츠담 선언 묵살, 전쟁 매진 발언'(7월 28일) 이후 미군에 의해 히로시마와 나가사키에 투하된 두 발의 원자폭탄, 소련군의 갑작스러운 참전과 같은 직접적 요인에 더하여 장기화하는 중국 항일전쟁의 확대, 점령지 동남아시아의 일본으로부터의 이반과 독립운동의 고양, 그리고 최대 동맹국인 독일의 항복 같은 외적 요인, 더욱이 일본 국내에서 일부 지도자의 국체國體 유지를 목적으로 한 평화 모색, 끝없이 추락하는 피폐한 국민생활로 인해 확대되는 전쟁에 대한 회의 등 다양한 요인이 있었다. 또한 오키나와는 일본군의 조직적 저항이 종결된 6월 23일 이후에도 '평화'가 회복되지 못하고, 결국은 본토와 달리 약 4반세기에 걸쳐 미군의 직접통치를 받게 되었다.

아무튼 '대동아공영권'이라는 미명과 달리 1937년부터 1945년까지 8년에 걸친 '아시아 해방'을 주창한 대동아전쟁(아시아태평양전쟁)으로 인해 일본에서만도 오키나와 주민 14만 명을 포함해 300만 명 이상이 사망했고, 동아시아 전체에서 1000만 명이 넘는 사람의 목숨이 희생되었다. 그리고 징발된 군마와 군견 등 헤아릴 수 없는 수의 동물도 죽어갔다.

대동아공영권의 중핵이었던 일본의 패배는 다음 장 이후에서 상세히 언급되듯이 권내 여러 지역과 국가에게도 사활이 걸린 중요한 의미를 갖고 있었으며, 동시에 새로운 고난의 역사의 서막을 알리는 것이었다. 많은 국가에게 일본의 패배는 탈식민지화를 향한 첫걸음을 내딛는 계기가 되었지만, 일본 지배의 멍에를 벗어난 날에 대한 각국의 명칭이 다른 점을 보더라도 이를 짐작할 수 있다. 한국에서는 8월 15일을 '광복절'(북한에서는 '해방기념일')이라고 부르며, 타이완에서는 일본(타이완총독부)과 중화민국 타이완성 장관이 항복문서에 조인한 10월 25일을 '광복절'이라고 부른다. 중국에서는 일본과 연합국이 항복문서에 조인한 다음 날인 9월 3일을 '전승절'로 기념한다. 나아가 과거 남방공영권이라 불린 동남아시아의 버마(미얀마)에서는 항일무장봉기가 시작된 3월 27일을 '국군기념일', 필리핀에서는 바타안 죽음의 행진(1942) 희생자들을 애도하는 4월 9일을 '무용武勇의 날', 태국에서는 일본과 태국이 동맹조약을 맺고 발포했던 미국과 영국에 대한 선전포고의 무효를 공표한 8월 16일을 '평화의 날'로 부르고 있다. 그리고 일본의 패전과 동시에 네덜란드, 프랑스와의 독립전쟁에 돌입한 인도네시아와 베트남은 각각 독립을 선언한 8월 17일과 9월 2일을 '독립기념일'로 제정했다(《東京新聞》 2010년 8월 8일 등 참조).

이들 국가에서 '대동아공영권'이라는 일본의 지배로부터의 해방이 어떻게 받아들여졌는지에 대해서는 지면 관계상 상세히 언급할 수 없지만, 여기에서는 구식민지 출신으로 일본 패전 당시 종주국 일본에서 생활하던 2명의 청년 지식인이 전후 반세기를 거치면서 남긴 회고록을 소개하면서 마무리하고자 한다. 앞서 언급한, 조선 출신으로 교토대학에서 유학 중이던 백종원은 학교에서 일본의 패전 소식을 들었던 기억에 대해 이렇게 토로했다. "오랫동안 고통 받던 식민지 시대는 지금 이 시간으로 끝났다. 우리는 해방되었다! 해방이다! 나는 당시 폭발할 것 같은 환희를 적절하게 표현할 수 없지만, 60여 년이 지난 지금도 그때의 폭풍과도 같은 격정을 기억하고 있다."(白 2010, 136쪽)

또 한 사람, 일본 항공정비학교에서 공부했으며, 후일 타이완 독립파의 지도자가 된 차이쿤찬蔡焜燦은 "패전 사실이 우리 타이완 출신 학생에게도 정식으로 전달되었을 때, 분함과 무념의 기분으로 마음이 무거웠다. 하염없이 복받치게 흘러내리는 눈물이 볼을 적셨던 것을 지금도 선명하게 기억하고 있다. 억울한 느낌이었다. 다른 타이완 출신 학생도 나와 같은 심경이었다"(蔡 2000, 135쪽)라고 술회했다.

이 두 사람의 '8월 15일의 인식'을 구식민지 출신 '일본인'의 역사 감정·기억·인식으로 일반화하는 것은 무리일 것이다. 그럼에도 불구하고 인용문에서 방점을 찍은 조선인과 타이완인의 상이한 감정 표현은 결코 호환할 수 없는 내용을 지니고 있다는 것 또한 사실이다. 동아시아 근현대사에서 일본에 의해 억압당한 기억은 그처럼 다양성과 다의성을 지닌다고 할 수 있다.

7장

아시아 전쟁의 시대
: 1945~1960년

기바타 요이치 木畑洋一

2차 세계대전의 종결에 따라 일본제국은 해체되고 동아시아는 급격한 변동의 시대로 접어들었다. 변동의 최대 요인은 제국주의 열강의 지배를 받았던 지역들의 연이은 독립, 즉 탈식민지화의 움직임이었다. 유럽 열강이 지배력의 회복을 도모하는 과정에서 인도네시아와 인도차이나에서는 독립을 둘러싼 전쟁이 일어났지만, 열강에 의한 제국주의적인 국제질서의 재건은 이루어지지 않았다.

중국에서는 공산당 세력과 국민당 세력 사이의 대립이 내전으로 비화하여 1949년 가을 공산당 측의 승리로 종결되면서 중화인민공화국이 탄생하기에 이르렀다. 유럽에서 시작된 동서 양 진영 사이의 냉전은 중국혁명을 계기로 아시아에서도 본격적으로 전개되었다. 1950년에 발발한 한국전쟁에 중국까지 개입하면서 아시아에서의 냉전은 '뜨거운 전쟁'의 양상을 보였다.

탈식민지화와 냉전이 고착되는 과정에서 새롭게 독립한 국가들에서는 제국주의 지배하에서 만들어진 기존의 국제질서에 대신한 아시아의 모습을 창출하려는 모색이 시작되었다. 이러한 기운은 1955년 반둥회의에서도 세시되었다.

전쟁에서 패배한 일본은 아시아 여러 국가의 탈식민지화의 움직임과 거리를 두는 형태로 전후 부흥을 도모했다. 미국에 의해 냉전체제의 서방 측 진영에 포섭된 것은 아시아에서 진행하던 새로운 국제질서를 창출하려는 움직임과 일본의 태도 사이에 커다란 차이를 만들어냈다.

1. 전쟁 직후의 아시아와 일본

전쟁의 '종결'

2차 세계대전이 종결된 다음 유럽에서는 1947년 무렵부터 냉전이 시작되었지만, 그것은 문자 그대로 '차가운 전쟁'으로 일관했다. 전투 없는 '긴 평화'(ギャディス, 2002)라 불리는 상황이 계속되었다. 그러나 아시아에서는 전쟁 종결 직후부터 식민지 독립을 위한 전쟁과 냉전체제에서의 동서 양 진영의 대립과 밀접히 관련된 전쟁이 연이어 발생했다. 이 장의 제목을 '아시아 전쟁의 시대'라 부른 것도 이 때문이다. 주목할 점은 이러한 상황에서 아시아의 여러 국가가 제국주의 지배를 받던 기존의 시대와는 다른 새로운 지역의 모습을 만들기 위한 모색을 시작했다는 점이다. 이 장에서는 1945년부터 1960년대까지를 대상으로 전후 아시아의 변화와 그 안에서의 일본의 위치를 고찰하고자 한다. 이를 위해 먼저 전쟁 종결의 양상과, 전쟁 직후 일본인과 아시아와의 관계를 살펴본다.

유럽에서 2차 세계대전은 1945년 5월 8일 연합국에 대한 독일의 항복에 따라 종결되었다. 그러나 아시아에서는 그 뒤에도 3개월 넘게 전쟁이 계속되었다. 일본의 패색은 이미 짙어져서 독일 항복 직후인 5월 14일에 열린 최고전쟁지도회의의 결정에 따라 6월 초부터는 유리한 종전 협상을 위해 소련과의 교섭을 개시하는 등 전쟁 종료를 염두에 둔 움직임이 시작되었다.

그동안 일본의 희생은 급속도로 늘어갔다. 도쿄, 오사카, 나고야를 비롯해 많은 도시에서 공습이 그치지 않았고, 오키나와에서는 3월 말부터 시작된 전투가 6월 말까지 계속되었다. 오키나와 전투는 일본군 9만 명, 오키나와 주민 9만 4000명 이상의 사상자를 냈다.

오키나와에서 조직적인 전투가 종료된 것은 6월 23일이었다. 그로부터 3일 후인 6월 26일에는 미국 샌프란시스코에서 연합국 50개국에 의해 유엔(국제연합) 헌장이 조인되었다. 세계는 이처럼 전후의 새로운 국제체제를 구축하기 위해 움직이기 시작했지만, 일본에서는 여전히 전쟁 속행의 자세가 지배적이었다. 7월 17일부터 시작된 포츠담 회담의 결과, 연합국은 일본의 항복을 요구하며 26일 포츠담 선언(전쟁의 종결 조건과 전후처리에 관한 미국, 영국, 중국 3국의 공동선언)을 발표했지만 일본 정부는 이를 '묵살'하는 자세를 굽히지 않았다.

8월 6일과 9일 히로시마와 나가사키에 원자폭탄이 투하된 것은 일본의 전쟁 지속에 대한 자세에서 발생했고, 일본의 전쟁 희생자는 더욱 늘어났다. 원자폭탄에 의한 사상자는 투하 당시와 직후의 사망자만도 히로시마 9만~12만 명, 나가사키 6만~7만 명으로 추정된다.

원자폭탄 투하는 2차 세계대전의 특징 가운데 하나인 민간인의 대량 희생이 따르는 도시 폭격의 정점이었고, 일본인에게는 전쟁의 피해를 상징하는 사건이었다. 그러나 일본의 지배 또는 점령 아래 있던 아시아 각 지역의 사람들에게 원자폭탄 투하는 전쟁을 고집하는 일본을 패배시킨 결정적인 사건으로 비쳤다.

일본의 침략에 유린당한 아시아 각지에서는 하루라도 빨리 일본이 항복하여 해방을 맞기를 바라는 기운이 퍼져나갔다. 그러한 아시아 사람들은 8월 15일 히로히토 천황의 이른바 '옥음방송'에 의한 '대동아전쟁 종결의 조서' 발표를 환희 속에서 맞이했다. 1910년 이후 일본의 식민지가 된 한국에서는 이후 8월 15일을 광복(해방·독립) 기념일로 지정했다. 그러나 해방된 사실을 당장 실감하지는 못했다. 당시 경성방송국 기자에 따르면 8월 15일 서울 거리에는 태극기를 흔들며 만세를 외치는 사람은 물론 그림자도 드물었지만, 다음 날 상황이 급변하여 '독립만세'를 외치는 데모 행진이 급속도로 늘었다고 한다(川島·貴志編 2008, 85쪽).

베트남에서는 뒤에서 다루겠지만 그보다 빠른 8월 13일에 호찌민이 지도하는 베트남독립동맹회가 일제봉기 방침을 결정했고, 인도네시아에서는 수카르노와 하타에 의한 독립선언이 8월 17일에 이루어졌다. 이렇게 아시아·태평양에서 2차 세계대전의 종결은 그동안 제국주의 지배하에 놓였던 사람들에게 해방을 향한 격렬한 에너지를 분출하게 했다.

그러나 8월 15일을 경계로 곧바로 전쟁이 마무리되지 않았다는 점에도 주의할 필요가 있다. 전쟁 기간 중에는 일·소 중립조약에 따라 일본과 교전하지 않았던 소련이 얄타 회담에서 이루어진 연합국 간의 약속에 의거하는 형태로 독일 항복 이후 3개월이 지난 8월 8일에 일본에 선전포고를 했으며, 그로부터 15일 후에는 남사할린과 치시마千島를 무력침공했다. 8월 22일에 정전협정이 성립되었지만, 그 직후에도 남사할린의 중심 도시 도요하라豊原를 공습했다(加藤 2009, 211쪽). 소련군은 9월 5일에 치시마열도까지 점령했다.

전쟁 종결 후의 아시아

아시아의 다른 지역에서도 전쟁 종결의 상황이 관철되는 데는 시간이 걸렸다. 그럼에도 일본군의 무장해제는 진행되었고, 군인과 민간인은 일본

으로 귀환했다. 귀환한 사람들의 수는 1945년 9월부터 다음 해에 걸쳐 510만 명에 이르렀고, 1947년 74만 명, 1948년 30만 명, 1949년 10만 명에 달했다(成田 2006, 180쪽). 그렇게 귀국한 사람들의 대부분은 어려운 생활에 고통을 받았고, 귀환하지 못하고 해외에서 죽은 사람도 수십만 명에 달했다. 만주에서도 17만 9000명의 민간인과 6만 6000명의 군인이 항복 이후의 혼란과 엄동 속에서 목숨을 잃었다(ダワー 2001, 45쪽).

귀국하지 못한 채 현지에서 살 수밖에 없는 사람들은 다양한 체험을 했다. 만주에서는 약 60만 명의 일본인이 소련군에게 연행되어 시베리아에 억류된 채 강제노동에 종사했다. 종전 당시 소련극동군 총사령관의 부관으로서 일본인 억류에 관여했던 인물의 증언에 따르면, 스탈린은 2차 세계대전으로 인해 다량의 노동력을 상실한 소련의 경제부흥을 위해 독일인 등과 더불어 일본인을 억류하는 방침을 일찍이 세웠고, 일본이 항복한 직후인 8월 23일에 일본인 포로의 억류를 명령하는 비밀지령을 내렸다(栗原 2009, 34~35쪽). 억류당한 사람들은 광대한 지역에 분산된 2000여 곳에 달하는 수용소에서 노동에 종사했다. 그들의 귀환은 서서히 진행되었지만, 시베리아에서 마지막 귀국선이 일본에 도착한 것은 소련과 국교를 회복한 이후인 1956년 12월 말이었다.

소련에 의한 시베리아 억류에 비해 그다지 알려지지 않았지만, 이와 동일하게 항복 후 귀환해야 할 일본군이 영국군에 의해 억류되어 노동력으로 사용된 경우도 있다. 전쟁이 종결되었을 때 영국의 마운트바튼 Admiral Louis Mountbatten 사령관이 지휘하는 동남아시아군 사령부의 관리영역(영국령 말라야와 싱가포르 같은 동남아시아군 본래의 관할구역과 함께 인도네시아와 북위 16도 이남의 인도차이나도 포함되었다)에는 74만 명의 일본군이 있었는데, 그 가운데 약 10만 명이 동남아시아에 억류되었다. 영국은 1945년 말에 내린 지령에서 "항복한 일본군을 노동에 최대한 활용할 것"이라고 명기하고 있는 바와 같이 일본에 유린당한 동남아시아에서의 식민지 재건을 위해 일본인 노동력을 사용할 요령이었다. 더욱이 항복한 일본 군인들은 프랑스의 인도차이나로의 복귀와 네덜란드의 인도네시아로의 복귀를 영국이 원조하기 위해서도 사용되었다(木畑 2003, 192~193쪽). 그들의 일본 귀환이 종료된 것은 1947년 10월이었다.

한편 종전 후 일본으로 귀환하지 않고 자발적으로 현지에 남은 일본인도 적지 않았다. 소련 측의 자료에 따르면 1947년 12월 말까지 소련에 머물면서 소련 국적 취득을 원한 사람은 1869명이었다(栗原 2009, 132쪽). 이들 중에는 귀환하더라도 가족이 없거나 귀환 후의 엄혹한 생활을 걱정하는 사람도 있었지만, 대다수는 정치교육의 효과 등으로 소련의 공산주의 건설에 참여하기를 바랐다.

중국에서는 공산당군과 싸우던 국민당의 옌시산閻錫山 부대에 약 2600명의 일본인이 참가한 사례가 유명하지만, 자발적인 잔류자와 더불어 일본군에 의한 명령으로 이해하여 잔류한 자도 적지 않았다. 공산당군(인민해방군)에 참여한 일본인도 3000명 정도로 알려져 있다. 처음에는 생활을 위해 공산당군에 참가한 사람이 대부분이었지만, 공산당군의 규율에 감화되어 정치의식에 눈뜬 사람도 많았다(古川 1984). 또 중국에서는 일본인 부모와 사별하거나 헤어진 후 중국인에 의해 성장한 아이들, 즉 중국 잔류고아도 다수 생겨났다.

동남아시아에서도 독립을 추구한 민족해방운동에 가담한 일본군이 있었다. 인도네시아에서는 네덜란드에 대한 독립전쟁에 780명의 일본군이 참가한 것으로 추정된다(後藤 2011). 그들 대부분은 사망했지만 절반은 살아남아 인도네시아에서 살아갈 길을 찾았다. 말라야에서도 전쟁

중에 말라야인민항일군(중국계 주민을 중심으로 한 게릴라 조직)에 참여한 일본군이 200~400명 정도로 추정된다. 그러나 뒤에서 서술하는 바와 같이 말라야에서는 전후 영국에 대한 독립전쟁이 즉각 일어나지 않자 이에 불만을 품고 떠난 사람들도 있었다. 인민항일군의 중심이었던 말라야 공산당(중국계 주민이 주체)이 1948년 게릴라 활동을 활발히 전개함에 따라 영국이 비상사태(鈴木, 2011)를 선포했을 무렵에는 봉기세력에 100명 정도의 일본인이 가담하여 군사적으로 중요한 역할을 수행했다(原 1991).

2. 탈식민지화 과정의 시동

미·소와 한반도

일본의 식민지와 점령지였던 지역을 비롯하여 아시아 여러 지역에서는 전쟁 종결에 따라 생겨난 새로운 정치공간에서 자립과 해방을 추구하는 탈식민지화의 바퀴가 돌아가기 시작했다. 탈식민지화란 제국주의 지배하에서 종속적인 위치에 놓였던 지역이 정치적으로 독립하여 주권을 획득하는 과정을 말한다. 이는 경제적 독립과 문화적 자립이 달성됨으로써 비로소 가능한데, 그것은 어디까지나 정치적인 독립으로부터 시작될 수밖에 없다. 이는 각 지역 내부에서 정치세력 간의 대립과 더불어 지배권의 부활을 노리는 역외 열강의 개입에 의해 치열한 투쟁을 동반했다. 한국과 중국에서는 전후 국제사회에서 양대 초강대국으로 등장한 미국과 소련의 힘이 막강했고, 동남아시아에서는 일본에 빼앗긴 식민지의 회복을 추구하던 유럽 제국주의 열강의 활동이 활발했다.

한반도에서는 일본의 패전 확정과 거의 동시에 일본군의 무장해제를 위해 북위 38도선을 경계로 미소의 점령지역을 분할하자는 미국의 제안을 소련이 받아들였다. 미소에 의한 분할점령 체제에서 전후 한반도의 변화가 시작되었다. 종전 이후 얼마 지나지 않아 9월 6일에는 국내외에서 활동하던 민족운동가들이 조선인민공화국의 수립을 선언했지만, 미소 양국으로부터 모두 승인을 받지 못했다. 다만 이 무렵에는 아직 미국과 소련의 대립이나 한반도 내부의 좌우 진영의 대립이 뚜렷하지 않았고, 미소 모두 상호협력과 타협에 의한 문제 해결을 추구했다(姜編 2005, 295쪽).

1945년 12월 모스크바에서 개최된 미국, 영국, 소련 3국 외무장관 회의에서는 전쟁 중에 이미 거론되었던 한반도 신탁통치안, 즉 독립에 이르기까지 미국, 영국, 소련, 중국 4개국에 의한 신탁통치를 실시하고 여기에 미소 양군 사령관으로 구성된 공동위원회가 조력한다는 안을 채택했다. 이에 대해 신탁통치안에 찬성하는 세력(좌파)과 반대하는 세력(보수파·우파, 즉시 독립을 바라는 다수의 사람들도 반대)이 서로 대립했지만, 1946년도에는 좌우합작이 전개되는 등 상황은 여전히 유동적이었다.

이러한 상황은 1947년 이후 유럽에서 냉전이 시작되고 미소 대립이 고착되면서 바뀌었다. 미국은 1947년 가을 유엔 총회에서 남북 총선거 실시를 제안했다. 그러나 소련이 총회의 승인을 거쳐 한반도에 파견된 유엔 조선위원단의 북한 방문을 거부하자, 위원단은 남한만의 단독선거안을 제시하고 미국은 그 준비에 착수했다. 비합법단체로 규정된 좌파의 남조선노동당 등은 이 방침에 격렬하게 반대했지만, 이에 대한 탄압은 더욱 극심해졌다. 특히 제주도에서는 1948년 4월 단독선거 실시에 반대하여 경찰서 등을 습격한 주민들을 군과 경찰이 가혹하게 탄압하여 섬 인구의 20퍼센트에 해당하는 5만 명 이상이 희생되는 사태가 발생했다(4·3 봉기). 이러한 상황에서 한반도의 남북 분단은 결정적으로 고착되어 1948년 8월에는 대한민국(한국), 9월에는 조선민주주의인민공화국(북한)이 성립되었다.

반면 일본의 식민지에서 벗어난 타이완의 경우는 탈식민지화의 양상이 상당히 달랐다. 즉 타이완은 1943년 11월 카이로 선언의 '만주, 타이완 및 펑후섬澎湖島 등 일본이 청으로부터 빼앗은 모든 지역을 중화민국에 반환한다'라는 규정(이는 포츠담 회담에서도 확인되었다)에 따라 독립하지 못하고 중화민국의 일부로서 발걸음을 내디뎠다. 1949년 말 대륙에서 중화인민공화국이 수립되자 중화민국 정부는 타이완으로 옮겨가서 지금의 중화민국이 되었다. 와카바야시若林正丈는 이러한 과정을, 1945년부터 1949년 사이에 "중화민국이 두 번 타이완에 들어왔다. 첫 번째는 타이완을 그 일부로 하는 중화민국으로서, 두 번째는 사실상 타이완만을 지배하는 '중화민국'으로서 들어왔다"라고 표현했다(若林 2001, 60쪽).

타이완인들은 당초 일본에 의한 지배의 종언과 중화민국으로의 복귀를 환영했지만, 중화민국에서 건너온 관료와 군인, 이른바 외성인外省人은 통치능력이 부족했고 사회는 혼란을 거듭했다. 그들이 자치를 요구하는 타이완 주민, 이른바 본성인本省人의 목소리를 무시하고 억압하자 본성인의 불만은 1947년의 2·28사건으로 폭발했다. 이때 중화민국 군인의 탄압에 의한 희생자 수는 1만 8000명에서 2만 8000명으로 추정된다. 2·28사건 이후 본성인과 외성인 간의 대립은 더욱 심화되었는데, 그 균열은 국민정부의 타이완 이전으로 고정화되었다. 타이완 주민의 입장에서 보면, 일본 패전 이후 "중화민국에 의한 새로운 식민체제에서 일본에 대한 탈식민지화를 이루었다"라는 견해가 나오는 이유가 여기에 있다(川島ほか 2009, 27쪽).

중국에서는 세계대전기에 중국에 깊이 관여하면서 국민당과 공산당의 대립이 격화되지 않기를 바랐던 미국의 조정을 통해 1945년 10월 10

일 국공 양당이 '평화적이고 민주적인 중국 통일'과 '내전의 회피'를 주창한 '쌍십협정雙十協定'을 체결하는 등, 전쟁 직후에는 국공이 서로 협조하는 모습을 보였다. 그러나 이러한 협조관계는 매우 불안정했다. 1946년 6월 국민정부군이 화중華中의 공산당 지배지역을 공격함으로써 결국 내전이 시작되었다. 내전 초기에는 군사력의 차이로 인해 국민정부군이 우세했지만, 1947년 중반부터는 공산당의 반격이 본격화되어 1948년에 국민정부군을 각지에서 축출했다. 정치적으로도 국민당은 부패가 심각했던 것에 반해, 공산당은 민주화운동 지원과 농촌에서의 토지개혁 등을 통해 지지를 얻고 있었다. 이러한 상황은 이후에도 달라지지 않아 1949년에 베이징, 난징, 상하이 같은 주요 도시가 연이어 공산당의 지배하에 들어가고, 10월 1일 공산당은 중화인민공화국의 수립을 선언하기에 이르렀다. 반식민지적 성격을 지닌 중국의 이러한 새로운 행보는 탈식민지화의 일환으로 위치 지울 수 있다.

그러나 중국의 범주 안에 있던 홍콩은 전쟁 이후 탈식민지화의 흐름에 동참하지 못했다. 중국은 영국으로부터 홍콩을 회수하기 위해 일본이 항복을 발표한 다음 날인 1945년 8월 16일, 홍콩 주둔 일본군의 항복을 받아들이겠다는 의향을 표명했다. 그러나 홍콩을 계속 지배하려는 영국은 이를 결코 허용하지 않았고, 미국 내부에서도 이견이 있었지만 결국 홍콩에서의 일본군의 항복은 영국군이 접수하기로 결정했다. 영국은 곧바로 군정을 실시하여 1946년 5월부터 홍콩정청에 의한 식민지 경영을 재개했다. 이후 국공 내전이 벌어지면서 양쪽 다 홍콩의 반환을 시도할 여력이 없었다.

1949년의 중국혁명 당시에도 중국 공산당 정권에 의한 홍콩 회수의 움직임은 없었다. 신중국 정부는 홍콩에 대해 "장기적인 시야에서 홍콩의 특수성을 충분히 인식하고 그 이점을 이용한다"라는 방침을 세웠다(谷垣 2007, 176쪽). 홍콩의 특수성과 이점이란 중계무역기지로서 홍콩이 지니는 경제적 가치였다. 중국은 홍콩을 되찾음으로써 거기로부터 나오는 이익의 흐름이 끊어지는 것을 염려하여 실리를 선택한 것이다. 영국에게도 중국의 이러한 태도는 중요했다. 1950년 1월 6일 중국혁명 이후 영국이 서방 진영 중에서 가장 먼저 신중국 정부를 승인한 것도 바로 홍콩 문제 때문이었다.

동남아시아와 미국

유럽 제국주의 열강은 홍콩처럼 동남아시아 각지에서 식민지 지배를 재개하려는 움직임을 보였다. 그러나 이러한 움직임은 각지에서 민족운동의 격렬한 저항에 부딪혔다. 특히 인도차이나와 인도네시아에서는 독립전쟁이 발발했다.

예외적으로 평온하게 탈식민지화가 진전된 곳은 필리핀이었다. 미국의 식민지였던 필리핀에 대해 1933년 미국 의회는 독립법을 승인했다. 그러나 필리핀의 지도자들이 독립 후의 기지 사용 문제 등을 둘러싸고 진정한 독립 실현과는 거리가 멀다며 거부하자, 다음 해인 1934년에 미국은 독립 후 해군기지 방기 등을 수정하여 명문화된 새로운 독립법을 제정했다. 필리핀 측에서도 이를 승인함으로써 자치정부 발족으로부터 향후 10년의 이행기를 거친 다음 독립한다는 계획이 마련되었다. 그러나 2차 세계대전 중 일본군에 의한 점령을 거쳤고, 1946년 7월 필리핀공화국으로 독립했다. 필리핀의 경우 독립기념식에서 마누엘 로하스 초대 대통령이 "성조기는 이 땅에 더 이상 펄럭이지 않을 것입니다. 그러나 1800만 필리핀인의 마음속에서 (……) 성조기는 역사상 유례없는 승리로 가득 차 펄럭이고 있습니다"(中野 1997, 313쪽)라고 말한 것에서도 잘 드러나듯이 기존 종주국과의 긴밀한 협조 속에서 탈식민지화가 진행되었다.

한편 인도차이나의 지배국이었던 프랑스와, 인도네시아의 지배국이었던 네덜란드는 모두 전쟁으로 황폐해진 자국의 부흥과 국제적 지위를 확보하기 위해서는 식민지 지배의 재건이 불가결하다는 입장이었다. 당시 네덜란드에서는 인도네시아를 상실할 경우 '덴마크 정도의 국가로 전락하고 말 것'(Goscha & Ostermann eds. 2009, 69쪽)이라는 목소리가 나올 정도로 불안감이 컸다. 더구나 이들 국가의 식민지 통치 관계자들은 식민지에서의 지배권 회복이 용이할 것이라는 환상을 품고 있었다. 그러나 인도차이나와 인도네시아에서는 세계대전기에 필요에 따라 일본에 '협력'하는 전략을 통해 성장한 민족운동이 일본의 항복 이후 구지배국이 군사력을 동원하여 복귀하기 전, 이른바 권력의 공백기에 독립을 향한 체제를 구축했다. 인도네시아에서는 8월 17일 독립선언을 발표했고, 인도차이나에서도 9월 2일 베트남민주공화국의 독립을 선언했다. 그러나 프랑스와 네덜란드가 이를 인정하지 않으면서 그동안의 대립은 전쟁으로 확대되었다.

이러한 유럽 제국주의 열강의 식민지 복귀 움직임은 '제2의 식민지 정복'이라고 불렸고, 최초의 식민지 정복보다 많은 부담이 따랐다. 예를 들면 인도네시아 민족운동을 억압하기 위해 동원된 네덜란드군의 수는 약 14만 명이었는데, 군무 적령에 해당하는 네덜란드 남성이 175만 명이었음을 감안하면 그 부담의 정도를 짐작할 수 있다(Bayly & Harper 2007, 193쪽). 전쟁 중 일본군에 포로로 붙잡힌 병사가 종전 후 풀려난 다음 인도네시아로 보내져 또다시 전투에 투입된 사례도 많았다.

또 앞에서도 말했듯이 프랑스와 네덜란드의 식민지 복귀를 제국주의 동료였던 영국이 지원한 사실도 중요하다. 영국의 행동은 명목상으로는 동남아시아 사령부의 임무가 된 일본군의 무장해제를 위한 것이었지만, 인도네시아의 민족운동가 탄 말라카Tan Malaka는 "영국이 여기에 온 것은 일본군의 무장해제를 위한 것이 아니라, 인도네시아인의 무장을 해제하기 위해서다"(Djiwandono 1996, 28쪽)라고 간파했다. 이처럼 유럽의 제국주의 국가들은 공동전선을 펴면서 아시아에서 식민지 재건을 도모했다.

미국의 반응은 복잡했다. 미국은 2차 세계대전 중 루스벨트 대통령이 유럽 제국, 특히 프랑스의 식민지 지배에 대해서는 매우 비판적인 자세를 보였고, 필리핀의 독립을 일찌감치 인정하는 등 유럽 열강과 선을 긋는 정책을 펼쳤다. 그러나 유럽을 무대로 냉전이 시작되자 냉전 논리에 입각하여 아시아에서의 탈식민지화의 굴곡에 대응해나갔다.

인도네시아 독립전쟁의 경우, 1948년 9월 인도네시아 공산당이 마디운에서 일으킨 봉기를 하타와 수카르노가 이끌던 공화국 정부가 진압하자 미국은 인도네시아공화국의 독립을 지지한다는 의사를 명확히 밝혔다. 그러면서 네덜란드 정부를 향해 인도네시아에서 군사행동을 중단하지 않으면 마셜플랜에 의한 경제원조를 끊겠다며 압박했다. 1949년 네덜란드는 인도네시아의 독립을 승인하지 않을 수 없었다.

인도차이나에서 미국은 인도네시아와 전혀 다른 길을 선택했다. 베트남 독립운동의 지도자 호찌민은 1945년 9월 독립선언의 서두에 "모든 사람은 태어나면서 평등한 권리를 가진다"로 시작하는 미국의 독립선언문을 인용하면서 미국을 중시하는 태도를 보였다. 그리고 베트남의 독립은 대서양헌장의 정신을 구현하는 것이라며 미국의 적극적인 지지를 요구하는 서한을 트루먼 대통령에게 여러 차례 보냈다. 그러나 미국은 이러한 움직임에 적극적으로 대응하지 않았다. 미국은 호찌민이 이끄는 베트남 민주공화국이 소련 진영과 가깝다는 이유로 프랑스를 대신하여 인도차이나를 지배하겠다는 방침을 내세웠다(Ryan & Pungong eds. 2000, 132쪽).

미국은 영국의 식민지에서 독립하여 건국된 역사가 있기에 표면적으로는 식민지 지배를 비판하는 자세를 보였다. 그러나 실제로는 아시아에서 일어나는 탈식민지화 움직임을 충분히 이해하지 못했고, 각지의 민족운동을 냉전이라는 안경을 통해 바라보고 대응했다고 할 수 있다.

영국제국의 탈식민지화

미국은 영국의 식민지에 개입하지 않았다. 미국은 전후 아시아의 지역질서 구축에 즈음하여 영국의 기득권과 세력권에 대해서는 영국에 맡겨두었다.

일본의 항복 이후 영국은 말라야와 싱가포르에 대한 신속한 복귀를 도모했지만 곧바로 달성하지 못했다. 일본이 항복하기 직전인 8월 11일 동남아시아군 사령부가 말라야인민항일군을 지원하던 특수부대 136부대에 보낸 메시지에는 "연합국 정규군이 도착하는 데는 아마도 며칠 걸릴 것이다. 그때까지는 항일군과 일본군이 충돌하지 않도록 하는 것과 항일군이 권력을 장악하지 못하게 막는 것이 꼭 필요하다"(木畑 1995, 82쪽)라는 내용이 담겨 있었다. 영국은 영국령에서 종전 후 권력의 공백기에 독립의 움직임이 일어나는 것을 경계하고 있었던 것이다. 그러나 전쟁 종결 직후 항일군의 주체였던 말라야 공산당은 권력 장악을 시도하지 않았다. 그 이유는 군사력 부족과 공산당의 주요 지도자였던 라이 테크Lai Teck가 사실은 일본과 영국의 이중 스파이였기 때문이다. 또 말라야 공

산당을 구성하던 중국계 주민들이 여전히 중국을 조국으로 인식하고 있어 말라야의 변혁을 추구하지 않았다는 점도 지적할 수 있다(後藤ほか編 2002, 204쪽).

이러한 중층적인 상황에서 영국은 프랑스, 네덜란드와 달리 말라야와 싱가포르에서 독립전쟁에 직면하지 않고, 1945년 9월부터 군정을 거쳐 1946년 4월에 식민 통치를 재개할 수 있었다. 그러나 영국의 식민지 복귀도 결코 원활하지 못했다. 1948년부터 시작된 '비상사태'에서 영국은 말라야 공산당 등의 게릴라 투쟁에 애를 먹어 대규모 군대를 투입할 수밖에 없었고, 그 과정에서 말라야의 독립을 예상보다 빨리 인정하기에 이르렀다. 예를 들면 1950년 6월 영국 각의에서는 말라야의 독립 부여의 가능성에 대해 현지 관계자의 견해를 빌려 25년 이후라는 시기를 제시했지만, 실제 독립은 1957년 여름에 실현되었다. 당시 '비상사태'에서 희생자는 영국 정부의 통계에 따르면 '봉기세력' 측 6711명, '치안유지 세력' 측 1865명, 민간인 사망자 및 실종자 3283명에 달했다. 이는 기존의 연구가 지적하듯이 영국 식민지의 탈식민화가 프랑스 등과 비교하면 상대적으로 평화롭게 이루어졌다는 것은 사실과 다르다는 것을 말해준다(木畑 1996, 제2부).

인도의 독립에서도 이와 비슷한 양상을 보인다. 영국제국의 핵심적인 위치를 차지하던 인도는 독립을 추구하는 민족운동이 가장 먼저 전개된 지역이었고, 2차 세계대전 당시 국민회의파는 영국이 독립을 약속하지 않으면 전쟁에 협력하지 않겠다는 방침을 세웠다. 당초 영국은 독립에 관한 약속을 거부했지만, 1942년 봄 일본의 인도 침공이 임박하자 크리프스 사절단을 파견하여 전쟁 종결 후 독립을 부여하기로 약속했다. 이에 대해 국민회의파는 영국의 제안에 만족하지 못하고 비협력 방침을 계속

관철했지만, 전쟁이 끝나자 영국으로서도 독립의 약속을 지키지 않을 수 없었다. 그러나 영국의 정치권에서는 그런 약속에도 불구하고 인도 독립을 확고한 방침으로 정하지 못했다. 1945년 7월 선거에서 패배하고 야당 당수가 된 윈스턴 처칠은 영국의 인도 영유를 고집하는 태도를 숨기지 않았다. 인도 독립을 둘러싼 정치적 합의는 유동적이었다(Bayly & Harper 2007, 97~98쪽).

그럼에도 불구하고 영국 정부로서는 인도 독립을 둘러싼 민족운동 측과 교섭할 수밖에 없었다. 그 결과 인도 독립은 전쟁을 치르지 않는 평화적인 교섭을 통해 '권력 이양'이 이루어지는 양상을 보였다. 그러나 교섭을 통한 '권력 이양' 또한 커다란 희생 속에서 진행되었다. 교섭이 난항을 겪으면서 교착 상태에 빠진 사이에 반영 감정은 힌두교도와 이슬람교도 사이의 분쟁으로 전화되었다. 이로 인해 1946년 8월부터 10월까지 콜카타에서 양측 사이에 충돌이 발생하여 6000여 명이 사망한 것으로 추정된다. 영국 정부는 이러한 사태가 더욱 확대되는 것을 두려워하여 1947년 2월 마지막 총독 마운트배튼Mountbatten을 임명하여 인도의 독립을 서둘렀다.

마운트배튼은 동남아시아 사령부 최고사령관으로 대일전을 지휘한 인물이었지만, 식민지의 민족운동에도 어느 정도 이해를 표명했다. 그가 총독에 임명된 당시에는 1948년 6월까지 인도의 독립을 실현하는 것을 목표로 삼았지만 시기를 앞당겨 1947년 8월 15일에 독립이 실현되었다. 그동안 영국은 자국의 영향력을 계속 유지하기 위해 인도반도 전체로서의 인도 독립을 중시했지만 독자적인 국가 수립을 주장하는 무슬림연맹의 요구 앞에서 포기해야 했다. 요컨대 영국은 무슬림 국가 파키스탄과, 힌두교도가 다수인 세속국가 인도 간의 분리 독립을 인정한 것이다. 국경선으로 분리될 수밖에 없었던 인도와 파키스탄(동파키스탄과 서파키스탄이라는 두 부분으로 이루어진 국가) 사이에서 이후 대규모 이주가 이루어지면서 혼란 속에서 많은 사람들이 목숨을 잃었다. 독립전쟁은 일어나지 않았지만 이렇게 영국제국의 탈식민지화도 식민지 사람들의 막대한 희생을 동반했다는 사실을 잊어서는 안 된다.

이 밖에도 1948년 1월 버마, 다음 달 2월에는 실론(스리랑카)이 영국으로부터 독립했다. 이들 국가의 독립은 모두 교섭의 결과로 이루어진 것이다. 특히 실론의 독립 과정은 "제국 전체 가운데 가장 매끄러웠다"(McIntyre 1998, 29쪽)는 평가를 받는다.

버마의 경우에는 주변 소수민족을 편입시킨 것이 독립 과정에서 커다란 문제를 야기했다. 특히 카렌족은 자신들의 독자적인 국가를 수립한다는 선택지도 갖고 있었다. 독립 버마에 카렌족이 편입됨으로써 그 선택지의 가능성은 없어졌지만, 이후에도 카렌족 사이에서는 분리 독립을 추구하는 움직임이 계속되었다. 1948년 가을 카렌족은 같은 소수민족인 몬족과 더불어 봉기를 일으켰다. 버마 공산당의 무장반란도 독립 후 버마 정치를 크게 동요시켰다. 실론의 경우는 독립 직후에는 정치 상황이 비교적 안정적이었지만, 1950년대 중반부터 신할리족과 타밀족 간의 대립이 발생했다.

3. 냉전의 도래

냉전의 본격화

1947년부터는 유럽에서 냉전이 본격화되었다. 1947년 3월 트루먼 미국 대통령에 의한 트루먼 독트린의 공표, 6월의 마셜플랜 발표, 9월 소련 진영에서의 코민포름 결성은 이를 나타내는 지표가 되었다.

소련의 당면과제가 유럽에 있던 사정도 작용하여 아시아에서의 냉전은 유럽보다 늦게 시작되었다. 그 징조가 처음 보인 것은 1948년 2월 반제국주의 투쟁을 추진할 목적으로 인도 콜카타에서 열린 동남아시아 청년회의와 그 직후 같은 곳에서 개최된 인도 공산당 제2회 대회에서였다. 동남아시아 청년회의 때는 약 3만 명의 민중이 말라야, 베트남, 버마, 중국의 대표와 함께 콜카타 거리를 행진했다(Bayly & Harper 2007, 405쪽). 인도 공산당 제2회 대회에서는 무장투쟁 노선이 채택되었다.

당시 아시아의 공산주의자 사이에서는 혁명적인 분위기가 고조되었다. 1948년에는 버마(3월), 말라야(5~6월), 인도네시아(9월) 등 각지에서 공산당에 의한 무장봉기가 일어났고, 필리핀에서는 세계대전 중에 항일 게릴라 조직으로 결성되어 독립 후에도 무장투쟁을 포함한 반정부운동을 전개한 후크발라하프가 필리핀 공산당과 제휴하여 세력을 확대했다.

그런데 이러한 움직임을 국제적 냉전 속에 위치 지울 수 있는지에 대해서는 주의가 필요하다. 예를 들면 말라야에서 '비상사태'의 계기가 된 말라야 공산당의 활동은 1948년 5월부터 6월 초에 걸쳐서 고무 플랜테이션 경영자 습격 등의 형태로 활발해졌는데, 이러한 격렬한 활동을 그전에는 인도 공산당 제2회 대회와 결부 짓는 견해가 유력했다. 또 콜카타에서 말라야 공산당이 민족해방이라는 명분으로 무장봉기의 채택을 지령했다는 견해도 있다. 그러나 말라야 공산당의 움직임을 이러한 국제적 지령이라는 요인으로 설명하기에는 구체적 근거가 부족하다. 합법적 노선을 중시했던 말라야 공산당이 영국에 대한 무장투쟁에 나선 것은 말라야 공산당 내부의 요인에 의한 것이었다. 식민지 지배의 재건을 도모하던 영국이 공산당 탄압 등 비민주적인 지배를 펼치는 과정에서 말라야 공산당 내의 혁명적 부분이 부상한 것이었다(木畑 1996, 160~161쪽).

인도네시아의 경우에는 1926년 네덜란드 지배에 대한 공산주의자들의 반란을 주도했다가 실패하고 소련으로 망명한 열렬한 공산주의자 무소Muso가 1948년 8월에 귀국하여 공산당의 지도권을 장악한 것이 봉기로 이어졌기 때문에 무장봉기와 국제 공산주의 운동과의 관계가 직접적인 것처럼 보인다. 그러나 무소 또한 모스크바로부터 지령을 받고 움직였다고 말하기는 어렵다(Gouda with Zaalberg 2002, 276쪽).

이처럼 1948년 아시아에서의 긴장 고조는 소련과 국제 공산주의 운동 조직의 직접적 지령에 의거하여 발생한 것이 아니었다.

봉기에 적극적이던 각지의 공산당 세력과 달리 이미 권력을 장악하고 있던 공산주의자의 경우에도 1948년의 시점에서는 아직 냉전체제에 본격적으로 포섭된 상태는 아니었다. 예를 들어 베트남에서는 국제적 냉전의 전개가 인도차이나 공산당에 의한 혁명의 성격 규정에 영향을 주어 1948년 8월에는 사회주의 혁명까지 시야에 넣은 '인민민주주의 혁명론'을 채택했지만, 호찌민은 현실적으로 프랑스를 상대로 민족해방을 위한 국민의 단결을 중시했다(古田 1996, 137쪽).

그럼에도 불구하고 공산주의자를 중심으로 한 일련의 움직임이 유럽에서부터 확대된 동서 양 진영 간의 대립과 밀접하게 결부되었다는 사실은 부정할 수 없다. 아시아에서의 냉전은 이렇게 1948년에 도움닫기를 시작했다. 그리고 중국의 국공내전에서 공산당이 승리를 거두어 1949년 중화인민공화국을 수립하면서 아시아에서의 냉전은 본격적으로 시작되었다.

1945년 8월 14일 국민정부와 중소우호동맹조약을 체결한 소련의 스탈린은 중국 내전 당시 한편으로는 공산당군을 군사적으로 지원하면서도 국민정부를 계속 승인했다. 반면 스탈린과 마오쩌둥의 관계는 상대적으로 느슨했다(下斗米 2004, 41쪽). 그러나 공산당군의 승세가 확고해지자 스탈린은 공산당에 대한 전면적인 지지를 표명했다. 이에 대한 보답으로 중국 정권은 미국과 소련의 냉전 구도에서 소련 진영에 서겠다는 '향소 일변도' 정책을 내세웠다. 이 노선은 1949년 중반부터 이미 제시되었지만, 정권 수립 후에는 구체적인 외교정책으로 추구되었다. 마오쩌둥이 1949년 12월부터 1950년 2월에 걸쳐 모스크바를 방문한 결과, 중소우호동맹상호원조조약이 체결되기에 이르렀다. 이 조약에 따라 중국과 소련은 '일본 또는 일본의 동맹국'에 대한 군사동맹을 맺고, 중소우호동맹조약에 따라 양국이 공동 사용하던 중동철도中東鐵道, 뤼순, 다롄 항구의 중국 반환을 결정했다. 유럽에서 냉전이 개시된 후에도 아시아에서 존속해오던 전후체제는 이렇게 최종적으로 붕괴되었다.

아시아의 '차가운 전쟁'과 '뜨거운 전쟁'

아시아에서 본격화된 냉전은 한반도에도 큰 변화를 불러일으켰다. 1948년에 탄생한 남북 양 국가의 지도부도 무력을 통해 한반도를 통일하려는 의향을 품고 있었고, 국경선에서는 군사적 충돌이 빈번하게 일어났다. 이에 대해 미국과 소련은 소극적인 태도를 표명하고 무력충돌을 억제하려는 자세를 취했다. 특히 북한의 김일성 수상과 박헌영 부수상 등은 남쪽을 무력침공하고 싶어했지만, 1949년까지만 해도 스탈린은 이에 동의하지 않았다. 그러나 중국의 공산당 정권 수립과 '향소 일변도' 노선에 따라 긴밀해진 중소관계는 스탈린의 한반도 정책에 변화를 가져왔다. 1950년 4월 김일성과 박헌영이 모스크바를 방문하여 다시 남쪽에 대한 군사행동의 승인을 요청하자 스탈린은 공격을 허가했다. 이때 스탈린은 중국 공산당이 승리한 것, 중국 공산당의 관심과 에너지를 북한에 대한 지원으로 돌릴 수 있게 된 점 등을 들어 중국의 지지를 확보할 필요가 있다고 말했다(和田 2002, 110쪽). 이에 김일성과 박헌영은 5월에 중국을 방문하여 마오쩌둥으로부터 군사행동에 대한 승인을 얻고 전쟁 준비에 박차를 가했다. 이렇게 해서 1950년 6월 25일 한국전쟁이 시작되었다.

한국전쟁은 일본의 식민 지배로부터 벗어난 후 새로운 국가 건설을 추구한 한반도 내부에서 일어난 전쟁이라는 점에서 탈식민지화 과정의 내란이라고 볼 수 있지만, 개전에 이르는 과정이 아시아에서의 냉전 개시와 밀접하게 연관된다는 점에서 냉전의 산물이라고도 볼 수 있는 것이다. 아시아의 냉전은 이러한 형태로 본격화되었기 때문에 유럽과 달리 '차가운 전쟁'이 아니라, '뜨거운 전쟁'의 양상을 보였다.

냉전의 본격화에 의한 변화는 베트남에서도 나타났다. 1950년 1월 호찌민은 베트남민주공화국의 이름으로 중국을 승인했고, 중국 또한 이에 화답하는 형태로 베트남민주공화국을 세계 최초로 승인했다. 그 직후 호찌민은 중국을 경유하여 모스크바에 가서 소련의 지원을 요청했지만, 스탈린은 직접 지원을 거절하면서 베트남 지원은 중국의 임무라고 말했다. 앞에서 지적한 바와 같이 마오쩌둥 등이 소련을 방문 중이었는데, 그 후 3월에 마오쩌둥과 호찌민은 베이징에서 만나 중국의 베트남 지원을 둘러싼 합의에 도달했던 것이다(古田 1996, 144쪽). 이렇게 여기에서도 탈식민지화를 위한 인도차이나전쟁이 냉전과 깊이 교차하게 되었다.

또한 시대의 변화는 일본에도 커다란 영향을 미쳤다. 전후 일본은 연합국에 점령당했는데 점령정책을 주도한 미국은 당초 일본의 민주화와 평화화를 추구하여 평화헌법 제정 추진, 재벌 해체, 농지개혁 등 다양한 개혁정책을 펼쳤다. 그러나 미국의 점령정책은 1948년 이후 기존의 민주화정책을 부정하는 방향으로 전환되었다. 또 냉전의 개시는 일본의 혁신 진영에도 큰 영향을 미쳤다. 중국 공산당이 승리한 후인 1949년 가을, 소련은 일본 공산당이 노사카 산조野坂参三의 지도하에서 취해오던 '평화혁명' 노선을 강하게 비판하면서 대결·무장투쟁 노선으로 전환할 것을 지시했다.

4. 새로운 지역질서의 모색

'동남아시아'의 탄생

이렇게 냉전은 아시아에 짙은 그림자를 드리우고 아시아 국가들의 체제와 각국 간의 관계를 크게 좌우했다. 그러나 아시아의 지역질서를 둘러싸고는 그와 다른 벡터를 가진 움직임도 진행되었다. 지역의 범주는 고정적인 것이 아니라 역사적 조건에서 다양하게 변할 수 있지만, 여기에서 말하는 지역질서란 지역을 구성하는 정치주체가 기본적인 목표와 이해관계를 공유하면서 목표를 달성하기 위한 여러 제도를 구비하고 일정한 통합을 이루어낸 상태를 지칭한다.

19세기 후반 이후 제국주의 시대에 아시아는 세계의 다른 지역과 마찬가지로 식민지 획득 경쟁의 무대가 되어 서구와 일본, 이어서 미국까지 가담한 제국주의 열강의 지배 아래서 지역질서의 모습이 결정되었다. 그것은 지역을 지배하는 지역질서의 구성 주체가 외부세력이었기 때문에 '위로부터의 지역질서'였다고 말할 수 있다. 이러한 지역질서에서 지역 내부의 사람들은 서로 단절되어 연대가 불가능했다.

일본은 유럽 열강의 영향력을 아시아에서 배제하기 위해 '동아신질서' 구상과 나아가 '대동아공영권' 구상을 주창했지만, 이 또한 유럽 '근대'의 초극을 주창하면서 자국이 유럽 열강을 대신하겠다는 '위로부터의 지역질서' 형성 구상에 지나지 않았다. 일본에 의한 동아시아 지배가 패전으로 종결되는 과정에서 아시아에 어떠한 지역질서를 형성할 것인가를 둘러싸고 다양한 구상이 논의되었다.

하나의 커다란 움직임은 일본에 의해 일시적으로 식민 지배의 힘을 빼앗은 유럽 제국주의 열강에 의한 제국주의적 지역질서 재건의 시도다. 동남아시아라는 지역 명칭도 바로 이러한 움직임에서 생겨난 것이다. 동남아시아라는 말은 1943년 연합국이 동남아시아 사령부Southeast Asia Command(약칭 SEAC)를 설립한 것을 계기로 국제정치 무대에서 사용되기 시작하여 지역 명칭으로 고정화되었다. 당시 동남아시아 사령부가 사용한 동남아시아라는 명칭은 일본 세력을 몰아내야 할 지역으로서의 성격을 지닌 것으로 적극적인 지역적 아이덴티티를 나타내는 말은 아니었다(Charrier 2001, 319~320쪽). 동남아시아 사령부의 약어인 SEAC는 '영국의 아시아 식민지를 구하라Save England's Asiatic Colonies'는 뜻이라는 농담이 미군 내부에서 퍼질 정도였다. 실제로 앞에서도 언급한 바와 같이 동남아시아 사령부는 영국만이 아니라 프랑스와 네덜란드의 식민지 지배 회복에도 커다란 역할을 수행했다.

동남아시아 사령부는 어디까지나 군사적 필요에 따라 만들어진 것이었지만, 영국에서는 전쟁 도중부터 전쟁 직후에 걸쳐서 이 지역을 어떤 형태로든 통합하려는 정치적 구상을 가지고 있었다(木畑 2011). 이러한 영국의 지역 협력을 추진하려는 자세 안에는 현지 민족운동과의 협력이 필요하다는 인식이 차츰 대두되었지만, 지배세력에 의한 '위로부터의 지역질서' 구축이라는 성격은 불식되기 어려웠다.

'아래로부터의 지역질서' 구축

2차 세계대전 이후 아시아에서는 탈식민화에 의해 독립하거나 혹은 독립하려는 국가들에 의한 '아래로부터의 지역질서' 구축을 위한 움직임도 나타나기 시작했다. 1947년과 1949년 두 번에 걸쳐 인도의 네루가 주도하여 개최된 회의에서 그러한 움직임을 찾을 수 있다.

1947년 3월 말부터 4월 초에 걸쳐 인도 뉴델리에서 아시아관계회의가 개최되었다. 당시 인도는 아직 독립하기 전이었고 독립 시기도 결정되지 않았다. 그러나 인도는 한편으로 유엔 창설 멤버로 인정받아 대외사절을 파견하는 등 국제관계에서 주체적인 역할을 이미 수행하고 있었다. 이러한 인도가 중심이 되어 독립 후의 연대를 모색하기 위한 회의가 열린 것이다. 이 회의에는 아시아의 여러 나라에서 온 약 200명의 대표가 참가했다. 여기에는 정부 관계자도 일부 포함되었지만 민간 대표들의 회의라는 형식으로 진행되었다. 또 아시아 이외의 국가를 포함한 다수의 옵서버도 참가했다. 대표들은 뉴델리에 도착한 다음 인도 총독 관저에서 성대한 접대를 받았다. 아일랜드에서 옵서버로 참가한 사람에 따르면 그들은 "자신들이 뉴델리에서만이 아니라 대륙 전체에서 빛나는 일몰의 마지막 석양을 목격하고 있는 듯한 느낌"을 가졌다고 한다(Bayly & Harper 2007, 325쪽).

주최국 인도는 영국을 자극하지 않기 위해 반식민주의를 전면에 내세우지 않았지만, 이 회의는 아시아의 자립과 연대를 통한 새로운 지역질서를 전망하는 자리가 되었다. 네루는 개회 연설에서 "우리 아시아인은 너무 오랫동안 서구의 궁정과 재상 들에게 청원자로 살아왔다. 이제 이러한 이야기는 과거의 일로 삼아야 한다. 자기 자신의 발로 우뚝 일어나서 서로 협력할 준비를 해야 하지 않겠는가. 우리는 타인의 노리개가 되어서는 안 된다"라고 발언했다. 이는 회의에 참석한 대표들의 의지를 잘 대변해주는 말이었다(岡倉編 1986, 27쪽).

1949년 1월 뉴델리에서 열린 두 번째 회의는 네덜란드에 대한 독립전쟁을 전개하던 인도네시아를 지원한다는 목적으로 개최되었다. 이 회의는 정부 간 회의라는 형식으로 개최되어 15개국에서 대표를 파견했고 4개국에서 옵서버를 보냈다. 이 회의는 주요 의제였던 인도네시아 문제에 대해 네덜란드의 내정간섭 중단과 네덜란드군의 철수를 요구하는 결의를 발표함과 더불어 회의 참가국이 유엔이라는 틀 안에서 협의·협력할 것을 주장한 '아시아·아프리카의 단결에 관한 결의'를 채택했다.

이 두 번의 회의에서 아시아 국가 간의 협력을 위한 상설기구를 만들자는 논의가 나온 것은 전후의 새로운 흐름을 보여주는 것이었다. 그러나 이 시점에서는 그러한 구상을 아직 구체화하지 못했다.

콜롬보 플랜

1950년대에 들어서면 '위로부터의 지역질서' 재편을 위한 움직임으로 콜롬보 플랜Colombo Plan이 가동되었다. 콜롬보 플랜은 1950년 1월 실론의 콜롬보에서 열린 코먼웰스 외무장관 회의에서 제안되어 영국과 오스트레일리아가 중심이 되어 추진한 동남아시아·남아시아 국가의 경제개발 원조를 위한 모임이었다. 코먼웰스라는 용어는 1940년대까지는 브리티시 코먼웰스British Commonwealth라 불렸지만, 인도가 독립 후 공화국으로 참여한 이후에는 단순히 코먼웰스로 불렸다. 콜롬보 플랜에는 상설 사무국을 설치하지 않았고, 자원원조와 기술원조로 구성된 경제원조는 원조국과 피원조국 양국 간에만 이루어졌기 때문에 매우 느슨한 성격의 지역기구였다. 이를 추진한 영국에게 콜롬보 플랜의 역할은 코먼웰스의 유대를 강화하여 궁극적으로 "영국이 남아시아·동남아시아에서 주요한 역할을 계속 연출하는 것과 연출하고 있다는 것을 보여주는 것"(영국 외무부장관 등의 각서 〈콜롬보 플랜〉, 영국내각문서 CAB129/48)이었다.

콜롬보 플랜의 추진 과정에서 미국의 자금이 갖는 의미는 매우 컸다. 이 플랜은 냉전이 진행되는 아시아에서 공산주의 전파를 억제하기 위한 수단으로서의 경제원조였던 만큼 냉전과도 밀접한 관련이 있었다. 2차 세계대전 이후 아시아에서 과거의 패권국 영국을 대신하여 미국이 패권국으로서의 역할을 연출하기 시작한 것이다. 또 콜롬보 회의 초기부터 오스트레일리아가 플랜에 적극적으로 관여한 사실에도 주의할 필요가 있다. 오스트레일리아는 아직 백인을 우선시하는 백호주의를 표명하고 있었고 '유럽의 앞잡이'라고 할 수 있는 아이덴티티를 고집하고 있었지만, 콜롬보 플랜은 오스트레일리아가 아시아에 깊이 관여할 수 있는 수단이 되었다(Oakman 2004).

콜롬보 플랜이 본격적으로 전개되기 시작한 1954년 4월 콜롬보에서는 또 하나의 콜롬보 회의가 개최되었다. 실론 총리 코텔라왈라Kotelawala의 주도로 개최된 이 회의에는 인도, 버마, 파키스탄, 인도네시아의 정상들이 참석하여 인도차이나 문제에 대해 논의했다. 그 무렵 인도차이나전쟁은 3월부터 베트남이 개시한 디엔비엔푸 공격이 계속되었고, 또 한편으로는 휴전을 위한 국제회의가 제네바에서 열리는 등 국제정치의 초점이 되었다. 콜롬보 회의는 인도차이나전쟁에 대해 주요 당사국 간 교섭의 필요성을 강조하면서 제네바 회의에서 프랑스가 인도차이나의 완전독립을 약속할 것을 요구했다.

반둥회의

콜롬보 회의에서 인도네시아의 사스트로아미조요Sastroamidjojo 총리는 아시아·아프리카 국가들 간의 회의 개최를 강조했다. 이에 대해 다른 4개국 정상은 별다른 반응을 보이지 않았다. 그러나 사스트로아미조요가 설득을 거듭한 끝에, 콜롬보 그룹이라 불리는 5개국 정상은 1954년 말 자카르타 교외에 위치한 보고르 궁전에 모여 이른바 보고르 회의를 개최했다. 이 자리에서 아시아·아프리카 국가들의 친선과 협력을 추진하고, 아시아·아프리카 사람들이 특별히 관심을 가지고 있는 문제에 대해 토의하기 위해 아시아·아프리카 회의를 개최하기로 결정했다. 이를 기반으로 1955년 5월 인도네시아 반둥에서 제1회 아시아·아프리카 회의, 일명 반둥회의가 개최되었다(都丸 2011).

반둥회의에는 콜롬보 그룹인 5개국 이외에 24개국을 더한 총 29개국(아시아 16개국, 아랍 9개국, 아프리카 4개국)이 참가했다. 각국은 경제 협력을 다루는 경제위원회, 문화 협력을 다루는 문화위원회, 인권과 자결自決 문제·종속인민의 문제를 다루고 세계 평화와 협력을 촉진하기 위한 정치위원회에 해당하는 참가국 대표 단장회의에서 각각 논의를 진행했고, 그 결과를 평화 10대 원칙을 포함한 최종 공동성명으로 정리했다.

반둥회의가 세계의 주목을 끈 것은 회의의 정치적 성격이었다. 이는 회의 당사자도 아닌 미국과 영국이 회의 준비 과정에서부터 강한 의구심을 품고 여러 국가를 선동한 것에서도 잘 드러난다(Ampiah 2007). 미국 정부는 중국 등의 입김에 의해 회의가 서방 진영을 비판하는 장이 되어 서방 측의 영향력이 미치지 않는 아시아·아프리카 블록이 형성되는 것을 경계했고, 영국 정부는 회의가 식민지주의 비판의 장으로 변질되는 것을 두려워했다.

그러나 회의 결과는 영국과 미국에 안도감을 주었다. 식민지주의를 둘러싼 문제에 대해서는 소련의 동유럽 지배까지 함의하는 식민지주의 비판의 목소리도 있었지만, 타협이 이루어져 영국과 프랑스에 대한 비판의 화살이 집중되지 않았다. 중국의 저우언라이는 노련한 태도를 취하면서 동서의 긴장을 회의와 결부 짓지 않았다. 회의 종료 후 영국의 주인도네시아 대사는 "논의에는 반서구적인 정서가 없었다. 식민지주의나 아직 해방되지 않은 지역의 고통에 대한 발언 또한 생각보다 온건했다"라고 평가했다(木畑 1996, 269~271쪽). 또 덜레스 미국 국무장관은 예측했던 것보다 미국과 자유세계의 이익에 해를 끼치지 않았다는 평가를 내렸다(Tan & Acharya eds. 2008, 35쪽).

한편 이 장의 과제와 관련하여 중요한 것은 탈식민지화가 진행되던 당시 세계정세에서 새로운 지역질서를 둘러싸고 반둥회의가 어떠한 지평을 전망했는가라는 문제다. 이에 관한 최근의 연구를 살펴보면 소극적인 평가가 대부분이다. 예를 들면 《반둥 재방バンドン再訪》이라는 논문집에서는 지역질서를 구축하기 위한 노력으로 반둥회의를 이해할 수 있는가라는 문제의식에서 회의 이후의 행보는 아시아에서 실현 가능한 지역질서가 얼마나 지난한 것인가를 보여준다는 부정적인 평가를 내리고 있다. 또 말라야가 초대받지 못한 사실을 강조하면서 동남아시아의 지역질서라는 관점에서 본다면 반둥회의는 어디까지나 '뒷걸음질'이었다고 말한다(Tan & Acharya eds. 2008, 7, 24~25쪽). 그러나 이러한 평가는 이후에 전개된 양상이라는 틀에 무리하게 적용한 것이다. 예를 들면 말라야는 독립 이전 '비상사태'에 놓여 있었고, 회의 불참을 강조하여 인도네시아와의 균열을 지적하는 것은 1960년대의 말레이시아 분쟁 등으로부터 거슬러 올라가는 사후적 판단이라고 말할 수 있다. 탈식민지화 과정에서 전망되는 새

로운 지역질서는 기존의 식민 지배로 인해 분단된 각 지역 간의 연결과 연대를 어떻게 만들어낼 것인가를 우선과제로 삼을 수밖에 없었고, 그러한 의미에서 반둥회의의 의의를 강조할 필요가 있을 것이다.

이를 전제로 당시 냉전의 문맥 속에서 '위로부터의 지역질서'를 창출하려는 움직임이었던 동남아시아조약기구SEATO의 형성과 비교하는 작업도 유용할 것이다. 동남아시아조약기구는 1954년 2월에 탄생한 지역적인 집단안전보장기구다. 그 창설에 즈음하여 영국은 자국의 영향력이 미치는 아시아의 국가들을 이 조직에 참가시켜 아시아 국가들이 주도적인 역할을 수행하는 조직이라는 모양새를 만들고자 노력했다. 그러나 이에 순응한 것은 파키스탄뿐이었다. 영국이 참여를 독려한 국가 이외에 태국과 필리핀도 가입하여 아시아에서는 결국 세 나라가 참여하게 되었지만, 동남아시아조약기구는 아시아의 새로운 지역질서를 전망하는 것이 아니라 오히려 아시아 분단으로 이어졌다.

이에 반해 반둥회의는 구체적인 모습을 지닌 지역질서의 구축으로 직접 연결되지 않았지만, 새로운 아시아 지역질서 형성을 위한 기반 구축, 요컨대 식민 지배하에서 분단된 여러 지역 간의 연계 창출에 공헌했다. 아세안(동남아시아국가연합) 창설에 이르는 계보에 대해 "동남아시아조약기구와 별도로 아세안의 결성으로 이어진 계기는 초강대국의 관여를 거부하는 일종의 '정신'이었다. 그러한 '정신'의 뿌리는 다름 아닌 어떤 시기의 정신이 배양한 것"(矢野 1986, 205쪽)으로, 그 정신이 반둥회의에서 잘 드러났던 것이다.

5. 신생 아시아 속의 일본

일본이 선 위치

반둥회의는 1952년 4월 대일강화조약의 발효에 따라 점령체제에서 벗어나 국제사회로 복귀한 일본이 처음으로 참가한 대규모 국제회의였다. 여기에서는 먼저 크게 변화하던 아시아 정세에 일본이 어떻게 편입되었는지 거슬러 올라가 살펴보기로 한다.

1951년 9월 개최된 대일강화조약을 체결하기 위한 샌프란시스코 강화회의에서 문제가 된 것은 아시아 국가들의 관여 방식이었다. 특히 중요한 것은 중국과 인도의 불참이었다.

중국의 참가에 대해서는 대일강화조약 작성의 중심이 된 미국과 영국 사이에서 견해가 대립했다. 중화인민공화국 탄생 이후 가장 먼저 이를 승인한 영국은 대일강화조약에 중국이 참가하기를 바랐지만, 미국은 이를 반대하며 타이완의 국민정부가 참가해야 한다고 주장했다. 양국의 교섭 결과 중국과 타이완 모두를 강화회의에 초청하지 않기로 하여 강화회의는 중국 대표가 참석하지 않은 상태에서 개최되었다. 일본이 먼저 중국을 상대로 전쟁을 벌였고 그로 인해 중국인들이 막대한 피해를 입었음을 고려하면, 강화회의는 처음부터 큰 문제를 안고 있었던 것이다. 그러나 일본은 강화조약 조인 이후에도 자주적인 자세를 취하지 않고 미국을 추종하여 다음 해인 1952년에 타이완의 국민정부와 강화조약을 체결했다. 이러한 방침을 밝힌 1951년 말의 '요시다吉田 서한'은 요시다 총리의 이름으로 작성되었지만 실제로는 미국의 주도에 의해 기초된 것이었다. 이후 1970년대 초반까지 일본은 중국과 거리를 두는 입장을 유지했다.

한편 인도는 회의에 초청되었음에도 불참했다. 영국은 대일강화가 아시아 국가들의 의향을 반영한 진정한 의미의 국제회의라는 이미지를 만들기 위해서는 인도의 참가가 필수적이라며 인도의 참가를 독려했다. 그러나 인도 정부는 영국의 요청에 귀를 기울이지 않았다. 인도는 오키나와와 오가사와라는 일본으로, 타이완은 중국으로 반환되어야 하며 강화 후 일본에 미국 군대가 주둔해서는 안 된다고 주장하면서 그러한 조건이 충족되지 않는 강화회의에는 불참하겠다고 선언했다(渡邊·宮里編 1986, 235, 246~247쪽). 일본과 인도의 강화조약도 역시 샌프란시스코 강화조약 발효 후인 1952년 6월에 개별적으로 체결되었다.

일본이 이러한 문제를 안고 있는 상태에서 국제사회로 복귀하려고 내디딘 첫걸음이 반둥회의 참가였다. 반둥에서 일본의 역할은 크게 변화하는 아시아 정세 속에서 일본이 처한 위치를 잘 드러냈다.

영국은 앞에서도 지적한 바와 같이 반둥회의 준비 과정에서 회의가 식민지 지배국을 표적으로 삼은 반식민주의의 집중적인 표현의 장이 되는 것을 무엇보다 염려했다. 미국 또한 회의가 냉전체제의 서방 진영과 대립하는 블록을 형성하는 것은 아닌지 강한 의심을 품었다. 미국과 영국은, 과거의 식민지 보유국으로서는 유일하게 회의에 참가했고 또 냉전체제에서 서방 진영의 일원인 일본에게 기대를 걸었다. 일본 측은 아시아의 일원으로서 자국의 입장을 드러내고 싶으면서도 미국과의 관계를 중시할 수밖에 없는 상황이었으므로 회의에서는 시종일관 저자세를 유지하면서 영국의 의향에 따르는 태도를 취했다. 예를 들어 일본은 당시 큰 쟁점이었던 식민지주의 비판을 둘러싸고 기존의 '낡은 식민지주의'만이 아니라, 동유럽에 대한 소련의 정책으로 상징되는 '새로운 식민주의'까지 비판하는 터키의 결의안을 지지하는 등 미국과 영국의 의향을 충실하게 연출하는 역할을 수행했다. 그러나 그것은 미국이 기대할 정도의 의미는 갖지 못했다. 회의 종료 후 미국 국무성은 반둥회의에서 미국의 이익을 옹호해준 국가에게 메달을 보내기 위한 검토 회의 석상에서 "회의에서 일본이 한 역할은 특필할 정도의 적극성을 지녔다고 보기 어렵다"며 일본을 대상에서 제외했다(Ampiah 2007, 101쪽).

한편 아시아 국가들과의 관계에서도 일본의 위치는 불명확했다. 이와 관련하여 회의 직후 일본의 한 신문은 "식민지주의가 회의의 중심 의제였다. (……) 일본의 정치적 발언은 중시되지 못하고, 일본의 경제적 위치만이 주목받는 데 그쳤다. (……) 이는 전후 일본의 위치를 새삼 인식시킨 것으로 스스로 독립을 쟁취한 아시아·아프리카 국가들의 긍지가 얼마나 높은 것인지를 느끼게 했다"(《朝日新聞》, 1955년 4월 25일)라고 썼다.

최근 연구에서는 일본의 반둥회의 참가를 일본의 독자적인 아시아 외교의 선구로 평가하는 견해가 제시되고 있다. 예를 들면 반둥회의를 계기로 전개된 일본과 아시아의 관계에 대해 "한편으로는 소극적이면서도 자유주의 진영에 가담함으로써 중립주의와 선을 긋는 모습을 미국에 보여주었고, 다른 한편으로 아시아에 대해서는 모호한 정치적 입장을 취함으로써 냉전에 의해 갈라진 아시아의 일방을 선택하는 것을 피했다"라는 주장이 제기되었다(宮城 2001, 195쪽). 그러나 이는 하나의 방향성으로서는 존재할 수 있지만, 일본은 새로운 지역질서를 모색하는 아시아의 움직임과는 동떨어져 있었던 것이다.

배상과 경제외교

이 무렵 일본이 시작한 구체적인 아시아에 대한 관여는 배상금 지불이었다. 미국과 영국 등 주요 연합국은 대일강화조약 준비 과정에서, 그리고 타이완 정부와 인도는 각각 1952년에 체결된 개별적인 강화조약에서 일본에 대한 배상청구권을 포기했다. 배상을 요구한 동남아시아 국가들과의 교섭은 난항을 거듭한 끝에 1954년 11월 버마와의 배상협정 체결을 계기로 필리핀(1956년 5월), 인도네시아(1958년 1월)와 배상협정을 체결했다. 배상은 돈을 직접 지불하는 방식이 아니라, 구상국과의 협의에 의한 역무배상의 방식이었기 때문에 배상 지불 그 자체가 일본의 동남아시아 경제 진출의 커다란 계기가 되었다.

배상 지불이 시작되면서 1950년대 후반 일본은 동남아시아 정책에 적극성을 띠었다. 특히 1957년 2월 총리가 된 A급 전범 기시 노부스케는 아시아개발기금 구상을 제안했다. 미국에 자금의 출자를 요청하고 아시아 국가들이 운영하는 기금을 설립하자는 이 구상은 비록 실현되지 않았지만 아시아 경제에 대한 일본의 제언으로서 주목을 받았다. 강화조약 당시 총리였으며 이후 일본 외교의 방향을 결정하는 데 중요한 역할을 수행한 요시다 시게루가 대미협조를 중시한 데 반해, 기시는 '대미협조, 유엔 중심, 동남아시아 외교'를 외교의 세 기둥이라고 말하면서 동남아시아에 대한 관여를 추진했다.

그러나 여기에서 주목할 점은 기시의 발상이 패전 이전의 대아시아주의적 발상을 기반으로 삼고 있다는 것이다. 기시는 1980년대 초반 한 인터뷰에서 "나의 아시아 국가들에 대한 관심은 오카와 슈메이의 대아시아주의와 연결됩니다. 물론 내가 전전 만주국에 간 것도 연결되지요. 일관된 것이지요"라고 말했다(原編 2003, 355쪽). 이러한 발상은 비록 기시에

게만 한정된 것은 아니었지만, 1950년대 아시아에서 진행되던 변화와의 사이에는 커다란 간극이 존재했다. 기시의 태도에서 드러나듯이 전전 아시아에 대한 지배와 패전에 이르기까지의 역사에 대해 결코 반성하지 않는 지도자를 둔 일본이 배상을 지렛대로 삼아 고도 경제성장기에 경제외교를 강화한 것은 아시아 국가들과의 사이에 다양한 알력을 만들어나갔다.

6. 냉전과 탈식민지화의 교착

한국전쟁과 인도차이나전쟁

일본이 국제사회로 복귀하기 시작한 1950년대는 아시아에서 일어난 탈식민지화의 움직임과 냉전이 복잡하게 교착해나간 시대였다. 한국전쟁과 인도차이나전쟁은 이러한 상황에서 전개되었다.

한반도에서는 1950년 가을 중국 인민의용군이 참전한 이후 일진일퇴를 거듭했고, 미국 수뇌부는 새로운 돌파구를 모색하기 위해 핵무기 사용을 검토하는 사태로까지 발전했다. 그러나 미국도 전쟁이 장기화되는 것을 바라지 않았기에 1951년 7월부터 휴전회담이 개시되었다. 회담은 정전라인 설정 문제와 포로 교환 문제를 둘러싸고 좀처럼 진전되지 않았다. 1953년 3월 스탈린이 죽자 그의 후계자들은 전쟁의 조기 종결을 위해 압력을 가했고, 결국 1953년 7월 휴전협정이 체결되었다. 이렇게 한국전쟁은 일단 종결되었지만, 1954년 제네바 회의에 남한과 북한이 모두 제출한 한반도 통일안은 결렬되어 남북 분단이 고정화되었다. 당시의 정전협정 체제는 지금까지도 이어지고 있다. 탈식민지화 과정에서 발발한 한국전쟁은 '열전熱戰이 된 냉전'이라고도 불리는 대립구도에 포섭됨으로써 남북 쌍방이 추구하던 한반도 통일과는 완전히 다른 양상을 만들어냈다.

한편 인도차이나에서는 1950년 2월 미국이 프랑스의 요청을 받아들여 바오다이 정권을 승인하고 이후 전비戰費 원조를 개시했다. 이 무렵 중국과 소련도 호찌민 지도하의 베트남민주공화국을 승인하고 지원하겠다는 의사를 표명함으로써 탈식민지화와 냉전에 뒤얽혔다. 베트남에 대한 중국의 지원은 베트남 인민군에 고문단을 파견하는 형식으로 이루어졌는데 한국전쟁이 정전된 이후 활발해졌다(朱 2001). 한편 미국은 1954년 디엔비엔푸 전투 당시 프랑스를 지원하기 위해 미군의 투입을 검토하는 등 프랑스를 대신하는 형태로 개입을 강화했다.

제네바 회의에서 베트남은 북위 17도선을 경계로 분할되었다. 이 분할은 어디까지나 잠정적인 것으로 2년 후에 베트남 전토에서 총선거를 실시하여 국가의 장래를 결정하기로 합의되었지만, 미국은 이를 결정한 최종 선언에 참여하지 않았다. 미국은 베트남이 공산화되면 그 영향이 동남아시아 전체로 확산될 것이라는 '도미노 이론'을 내세워 호찌민 정권에 유리할 것으로 보이는 베트남의 통일책을 지원하지 않았다. 이후 남베트남에서는 미국의 비호를 받는 응오딘지엠이 실권을 장악하여 바오다이를 퇴위시키고 독재권력을 휘두르기 시작했다. 그리고 미국과 응오딘지엠 정권의 부정적인 태도로 1956년 7월에 예정된 베트남 통일을 위한 총선거는 실시되지 못했다. 여기에서도 냉전은 탈식민지화의 양상을 왜곡시켜 분단국가를 탄생시켰다. 베트남의 경우에는 1976년 통일국가가 실현되었지만, 베트남 사람들은 통일이 될 때까지 전쟁으로 인해 막대한 희생을 치러야 했다.

뒤얽힌 냉전과 탈식민지화

미국은, 반둥회의를 주최하여 외교 무대에서는 존재감을 과시했지만 정치적으로 불안했던 인도네시아에도 냉전의 문맥 속에서 관심을 보였다. 인도네시아에서는 독립 이후 표면적으로는 의회제 민주주의가 채택되어 1955년 9월에 최초의 총선거가 실시되었다. 선거 결과 4개 정당이 거의 비슷한 득표를 했고, 그중에는 공산당도 포함되었다. 수카르노 대통령은 공산당과의 연계를 중시하여 1956년 가을 소련을 방문하여 양국 공통의 관심사를 강조하는 공동성명을 발표했다. 이 때문에 미국은 인도네시아 정부에 의구심을 품었다. 이런 상황에서 자바인의 정치적 우월에 대한 반발 등으로 자바섬 이외의 인도네시아 각지에서는 중앙정부에 반발하는 다양한 움직임이 일어났다. 1958년 2월 반정부파는 수마트라에서 '인도네시아공화국 혁명정부'의 수립을 선언했다. 이들은 수카르노 체제가 동유럽 진영에 기울어지는 것을 경계하던 미국으로부터 지지를 받을 것으로 예상했다. 실제로 미국은 군사훈련을 원조하는 등 그들의 반란 계획에 구체적으로 관여했고, '혁명정부'가 수립된 직후에 덜레스 국무장관은 이를 용인하겠다는 자세를 표명했다(Goscha & Ostermann eds. 2009, 371쪽). 그러나 미국의 예상과 달리 반란정부에 대한 지지는 확대되지 않았다. 그동안 수카르노에 비판적이던 정치가들도 독립을 성취하려는 국가의 존망이 위협받을 수 있다는 위기감에서 수카르노 지지로 전환했다. 결국 반란은 실패로 끝났다.

필리핀에서도 후크발라하프의 활동에 대한 미국 주도의 반게릴라 활동이 1950년대에 활발히 전개되었다. 반게릴라 활동에 중요한 역할을 수행한 미국 군사고문 에드워드 랜스데일Edward Lansdale 등은 이후 남베트남에서도 활동했다(ウェスタッド 2010, 124쪽).

1950년대 미국은 이처럼 아시아에 대한 개입을 강화했는데, 미국이 직접 개입하지 않은 곳에서도 냉전과 탈식민지화 과정은 뒤얽혔다. 말라야에서 공산주의자를 중심으로 전개된 반영 게릴라 투쟁은 '비상사태'에서도 영국 측의 의도대로 진압되지 않아 1950년 후반부터 1951년까지 영국에게는 최악의 상황이 전개되었다. 게릴라 투쟁을 전개하던 말라야 공산당은 거의 중국계 주민으로 구성되었는데, 이 무렵부터는 말라야의 조기 독립을 바라던 말레이계 주민도 영국이 잘못 대응하면 영국으로부터 이반할 가능성이 있다는 위기감마저 감돌았다(木畑 1996, 183쪽). 이 때문에 영국은 봉기 진압의 자세를 더욱 강화함과 동시에 조기 독립 부여의 가능성을 표명했다. 이로 인해 말라야에서 공산당 세력의 활동은 1955년 무렵에 거의 진압되었고, 1957년 8월에 독립한 후의 말라야연방은 영국과 밀접한 관계를 유지하면서 국가 건설을 추진해나갔다. 특히 여기에서 주목할 점은 말라야연방이 영국과 군사협정(영·말라야 방위협정)을 체결하면서도 영국 측이 바라던 동남아시아조약기구와의 연계를 거부했다는 것이다(木畑 2011). 냉전구도에 포섭되는 과정에서 탈식민지화를 추진한 말라야는 냉전에 깊숙이 연관되는 데 소극적이었던 것이다.

영국과의 군사동맹을 유지하면서도 말라야가 이러한 자세를 취한 배경에는 반둥회의에서 제시된 비동맹노선의 확산이 있었다. 냉전체제에서 동서 양 진영으로부터 거리를 두려는 비동맹은 냉전의 압력에 의해 탈식민지화 이후 국가 건설의 방향이 왜곡되는 것을 염려하던 많은 신생 국가들의 노선이 되었다. 이를 추진한 중심인물은 인도의 네루였다. 이 시기 인도는 냉전체제에서 어느 진영에도 속하지 않은 채 미국과 소련 쌍방으로부터 경제원조를 받으며 경제계획을 추진했다. 아시아에서 탈식민지화의 선두에 섰던 인도는 신생국가들에게 하나의 모델이 되었지만,

1950년대 후반에 외화보유액 감소 등으로 인해 경제적 어려움을 겪었다. 또 아프리카로 논의의 장을 옮기면서 진행되던 탈식민지화의 흐름 속에서 네루의 위치도 미묘해졌다. 1961년 제1회 비동맹제국정상회의가 개최되었을 때, 네루는 같은 비동맹운동의 추진자였던 유고슬라비아의 티토Josip Broz Tito 대통령과 함께 세계전쟁의 위험을 피하기 위한 평화 추구야말로 긴급한 과제라고 주장하면서 식민지주의 시대는 종결되었다고 선언했다. 이러한 견해는 "식민지주의와 제국주의, 더욱이 신식민지주의는 어떤 희생을 감내하더라도 배제해야 할 악이다"라고 말하면서 식민지주의는 아직 청산되지 않았다고 강조한 가나의 은크루마Kwame Nkrumah로 대표되는 아시아·아프리카 국가의 급진적 지도자들의 입장과는 다른 것이었다(吉田 1988, 280쪽). 이러한 상황에서 새로 독립한 신생국가들 사이에서 인도의 비중은 상대적으로 저하되었다.

동남아시아연합

인도의 위치 변화는 이 무렵부터 그동안 하나로 여겨졌던 동남아시아와 남아시아가 구별되어 불리게 된 것에서도 드러난다. 이러한 변화 과정에서 동남아시아에서는 지역질서를 둘러싼 새로운 움직임이 생겨났다.

이러한 움직임은 동남아시아조약기구 가입을 거부하던 말라야연방이 주도하여 당시 동남아시아조약기구에 가맹하고 있던 필리핀·태국과 함께 ASA(동남아시아연합)라는 조직의 설립으로 나타났다. 동남아시아연합은 경제·사회·문화·과학·행정 등 각 분야에서 우호적 협의·협력·상호원조를 확립한다는 목적으로 1961년 여름에 창설되었다. 이러한 지역협력기구의 필요성을 먼저 고안한 사람은 말라야 독립 이후 초대 총리가 된 라만이었지만, 필리핀의 가르시아 대통령도 그러한 구상을 품고 있었고 여기에 태국이 공감하면서 동남아시아연합이 발족했다. 동남아시아연합에 한때 관심을 표명했던 인도네시아는 결국 참여하지 않았고, 버마와 캄보디아는 이 조직에 반공주의와 친서구 색이 농후하다는 것을 간파하여 협력하지 않았다. 또 적극적인 참가 의사를 표명한 남베트남은 노골적인 반공국가라는 이유로 배제되었다. 이처럼 동남아시아연합은 냉전 속에서 서방 측 진영의 일원이 되었던 소수의 국가로 한정되었지만, 아시아의 지역질서라는 점에서 그 창설은 커다란 의미를 가지고 있었다. 요컨대 동남아시아연합의 창설 과정과 그 의의에 대해서는 "다른 종주국에 지배당하던 동남아시아 국가들이 드디어 자신들의 의지로 '먼' 이웃나라와 교류하게 되었다"라고 말할 수 있다(山影 1980, 11쪽).

동남아시아연합의 결성에 이르는 교섭이 아시아 국가들 사이에서 진행되는 동안 이 지역에서 '위로부터의 지역질서' 형성을 시도해온 영국은 이에 커다란 관심을 보였다. 그러나 영국에게는 이러한 움직임을 좌우할 힘이 없었다. 라만이 주도권을 발휘하는 것을 보고 영국은 매우 놀랐다. 한 영국 외교관의 말에 따르면, 영국은 "장기적으로 동남아시아 사람들에게 어떤 변화도 가져오지 못할 것"이지만, 반면 "그곳에서의 영국의 위치에는 영향을 미칠 것이 확실하다"는 태도를 표명했다(Tarling, 2006 109쪽).

동남아시아연합은 이후 1963~1966년에 일어난 말레이시아 분쟁으로 사실상 기능을 발휘하지 못하고 주목할 만한 성과를 거두지 못했지만, 1967년에 창설된 아세안(동남아시아국가연합)의 선구로서의 의미를 지닌 조직이 되었다. 이는 제국주의 열강에 의한 지배체제에서 만들어진 아시아의 지역질서가 탈식민지화로 변화하는 과정에서 냉전이라는 산물이

겹쳐진 전후 아시아의 국제정치 과정의 귀결이기도 했다.

한편 아시아에서의 냉전구도 속에서 중국과 소련 간의 관계에 균열이 생기기 시작했다. 1950년대 중반의 중소관계는 밀월의 시대라고 평가될 정도였지만, 1956년 2월 소련 공산당 제20회 당대회에서 흐루쇼프의 '스탈린 비판'에 대해 중국 공산당은 유보 의사를 표명함으로써 양국은 이데올로기의 차이를 드러냈다. 또 평화공존 노선을 견지하는 소련과 소련의 핵을 정치적인 위협 수단으로 이용하려는 중국 사이의 정치·군사노선의 모순도 명확해졌다. 그 결과 1959년 6월 소련은 중국과의 국방신기술협정을 파기하기에 이르렀다(川島·服部編 2007, 260~261쪽). 이처럼 1960년대 아시아의 국제정치는 미완의 과제를 떠안은 탈식민지화와 냉전에 더해 중소대립이라는 새로운 환경에서 전개되었다.

8장

베트남전쟁의 시대 : 1960~1975년

나카노 사토시中野聰

냉전과 탈식민지화가 뿌리내리는 '아시아 전쟁의 시대'는 미국·사이공 정권과 (북)베트남·남베트남해방민족전선(베트콩)이 대결한 베트남전쟁에서 최종 국면을 맞이했다. 그것은 또한 동아시아 국제관계의 전환 계기가 되었다. 베트남전쟁을 유리하게 이끌고 싶은 미국의 의도와도 맞물리면서 1965년에는 한일기본조약이 체결되고, 동남아시아 인도네시아에서는 같은 해 일어난 9·30사건으로 친중국 노선의 수카르노 체제가 붕괴하고, 1967년에는 아세안(동남아시아국가연합)이 발족하여 '베트남 후'의 탈냉전질서의 담당자로 성장해간다.

1968년의 '테트' 공세는 반전운동으로 흔들리는 미국에게 커다란 충격을 주어, 교섭에 의한 해결이 모색되기 시작했다. 한편 '대약진' 파탄의 책임을 둘러싸고 권력투쟁으로 흔들리던 중국에서는 1966년부터 문화대혁명이 시작되었다. 마오주의와 문화대혁명의 고양은 학생운동이나 혁명운동에 국제적인 영향력을 행사해가는데, 중국 국내에서는 정치적 혼란이 심화되었다. 나아가 1969년 중소대립이 무력충돌로 발전하자, 자국의 안전보장에 심각한 우려를 느낀 중국과 베트남전쟁의 늪에서 허우적거리던 미국의 의도가 일치하여, 1972년 닉슨 미국 대통령의 중국 방문이라는 '외교혁명'이 실현되면서, 동아시아의 냉전구도는 전환되어 간다. 1975년 사이공 정권이 붕괴하고 베트남전쟁은 종결되었다. 그동안 동아시아는 전쟁이 시작되었을 때는 상상도 할 수 없었던 구조적인 변화를 경험했다.

머리말

대략 1960년 전후부터 1975년 전후까지의 동아시아사를 다루는 이 장의 제목을 '베트남전쟁의 시대'라고 붙였다. 1960년에는 남베트남해방민족전선(이하 해방전선)이 결성되고, 남베트남 정부(이하 사이공 정권)와의 내전이 본격화되었다. 이후 미국은 케네디 정권기(1961~1963)에 베트남에 대한 본격적인 군사개입에 착수하여 존슨 정권기(1963~1969)였던 1965년 지상군의 대량 투입과 북베트남에 대한 대규모 폭격에 돌입했다. 그러나 1968년 2월 베트남인민군(이하 인민군)·해방전선에 의한 총공격, 이른바 '테트' 공세 등에 의해 미국이 군사적으로 승리할 가능성은 없었고, 다음 해 발족한 닉슨 정권(1969~1974)은 미군 철수와 전쟁의 '베트남화' 정책을 추진하여, 1973년에는 파리평화협정을 맺고 미군은 베트남에서 철수했다. 그러고서 불과 2년 후인 1975년 4월 인민군·해방전선의 총공세 앞에 사이공 정권은 힘없이 무너지고 미국의 패배가 전 세계에 각인되었다.

워싱턴 D. C.에 있는 베트남 베테랑스 메모리얼(1982년 준공)에는 1959년부터 1975년까지 베트남전쟁에서 전사하거나 실종된 미군의 이름이 흑영석 벽에 새겨져 있다. 2010년 기준으로 벽에 새겨진 전사자·실종자 수는 5만 8267명에 달한다(NPS 2010). 한편 오늘날 베트남에서 '항미구국전쟁'이라 불리는 이 15년간에 걸친 전쟁으로 인해 희생된 남북 베트남의 사망자(민간인 포함) 수는 대략적으로(약 300만 명) 추정할 수밖에 없다(古田 1991, 162쪽). 이 15년 동안 전개된 베트남전쟁은 국지전쟁이라고는 하지만 전화·전비·인원 등에서 2차 세계대전 후에 벌어진 최대 규모의 전쟁이었다. 베트남 반전운동도 또한 전쟁 당사국인 미국뿐만 아니라 전 세계적으로 전개되어, 1968년 전후 세계와 미국의 학생운동 및 시민운동에 커다란 충격을 주었다. 미국의 패배와 사회주의 베트남의 승리는 20세기 동아시아사에서 가장 극적인 사건의 하나였다.

그러나 이 시대를 '베트남전쟁의 시대'라고 부르는 것은, 베트남전쟁이 그 후 동아시아 세계의 미래를 결정했음을 의미하지는 않는다. 오히려 베트남전쟁 후 동아시아는 9장에서 지적하듯 '경제발전과 민주혁명'의 시대(1975~1990)를 통해 미국·동북아시아·동남아시아 국가들의 상호의존관계의 심화와 경제성장의 가속을 경험한다. 그리고 이 같은 현대 동아시아 세계의 지형이 만들어지는 정치적 조건을 배양했다는 점에서는 베트남전쟁 그 자체보다도 한일기본조약 체결(1965), 아세안의 결성(1967), 그리고 특히 미중 국교정상화·중일 국교정상화(1972)가 중요한 의미를 가진다. 아세안이 결성된 배경에는 영국의 동남아시아로부터의 퇴장, 그리고 특히 인도네시아의 9·30사건(1965)이 있었으며, 미중·중일 국교정상화는 중소대립과 문화대혁명의 전개와 무관하지 않았다. 영국의 퇴장은 오스트레일리아의 아시아 접근을 촉진하는 요인이 되었다(藤川 2011). 그리고 이 모든 사건은 베트남전쟁과 복잡하게 얽히면서 동아시아의 신질서를 형성하는 데 영향을 미쳤다.

그 결과 동아시아 세계는 베트남전쟁의 승자인 사회주의 베트남에도, 패자인 미국에도 전쟁이 시작된 시점에서는 상상도 할 수 없었던 구조적인 변화를 만들어간다. 어떤 역학이 이 변화를 가져왔으며, 그것은 베트남전쟁과 어떠한 관계가 있었는가. 이 물음을 염두에 두면서 본론에서는 먼저 베트남전쟁의 전개를 기술한다. 그런 다음 동시대 동아시아의 여러 사건이 베트남전쟁과 복잡하게 엮이면서 동아시아의 '다음 시대'와 관련하여 어떠한 의미를 가지게 되는가를 생각하고자 한다.

1. 베트남전쟁으로 가는 길

식민지 전쟁의 '냉전화'

베트남전쟁은 고도화된 군사무기의 투입이나 고엽제에 의한 화학전, 거실에서 전쟁터 영상을 볼 수 있는 텔레비전 시대의 전쟁 보도 등 그때까지 없었던 전쟁의 현대적 양상이 펼쳐졌다는 점에서 신시대의 전쟁이었다. 한편으로 이 전쟁은 한 단계 이전 시대의 전쟁이기도 했다. 이 전쟁에서 대결했던 것은 냉전과 탈식민지화가 교착한 1950년대의 두 가지 사고, 즉 도미노 이론(미국)과 사회주의 혁명(북베트남)이었기 때문이다. 그런 의미에서 베트남전쟁은 '아시아 전쟁의 시대'(7장)의 이론적 귀결이며 최종국면이었다.

프랑스령 인도차이나의 독립전쟁에 냉전의 구도가 삽입된 것은 1950년대 초로 거슬러 올라간다. 호찌민은 프랑스 공산당에 참가한 후 모스크바에서 국제공산주의 운동에 투신한 인물이었다. 그는 베트남의 독립운동 지도자로서는 공산주의보다 민족주의를 우선시했다. 그리고 일본의 항복과 함께 '8월 혁명'을 거쳐 베트남민주공화국 독립선언(1945년 9월)을 한 후에는 베트남 공산당을 해체하고 비공산주의자를 각료로 다수 등용했으며, 사회주의 색채가 옅은 헌법을 제정하여 독립노선을 추구했다(古田 1996, 112~117쪽).

이 사태에 커다란 변화를 가져온 것은 중화인민공화국(중국)의 수립

(1949년 10월)이었다. 스탈린으로부터 동남아시아에 대한 관심을 가지도록 격려받은 중국 공산당과 마오쩌둥은 '프롤레타리아 국제주의' 이상에 불타서 베트남혁명의 지원에 의무와 책임감을 느꼈다(朱 2001, 13쪽). 한편 장기화되는 독립전쟁으로 인해 피폐해진 베트남도 마오쩌둥의 지원을 받을 경우 국면을 타개할 수 있다는 기대감이 높아졌다. 1950년 1월 중국은 베트남민주공화국을 승인하고 본격적인 군사지원을 개시하여, 디엔비엔푸 전투 등으로 베트남의 프랑스에 대한 승리에 공헌했다(朱 2001, 17쪽). 이에 대해 1951년 베트남 지도정당으로서 새롭게 발족한 베트남 노동당은 당의 강령에 마르크스주의·레닌주의·스탈린주의와 함께 '마오쩌둥 사상'을 내걸어 사회주의 진영의 일원임을 내외에 표명했다(古田 1995, 154~157쪽). 이렇게 베트남은 독자노선에서 전환하여 '호찌민의 나라'에서 '보통의 사회주의 국가'로 들어섰다(古田 1996, 117쪽).

한편 미국은 프랑스가 1949년 6월에 옹립한 바오다이(재위 1926~1945, 베트남 왕조의 마지막 황제)를 원수로 하는 '베트남국'을 중국의 베트남민주공화국 승인 직후인 1950년 2월에 승인했다. 그리고 그해 6월 한국전쟁이 발발하자 트루먼 미국 대통령은 즉각 인도차이나에 대한 군사원조를 표명했다(*The Pentagon Papers* 1971, vol. 1, 372~373쪽). 이런 움직임의 배후에는 식민지 전쟁을 '냉전화'함으로써 미국을 끌어들여 군사지원을 받으려는 프랑스의 의도가 있었다. 미국은 막대한 군사원조로 프랑스에 응답하여 1954년에는 전비의 78.25퍼센트를 부담했다(平野 2010, 221~223쪽). 그러나 디엔비엔푸 전투에서 패배(1954년 5월 7일)하면서 프랑스는 인도차이나에서 퇴장할 수밖에 없었다.

디엔비엔푸 전투 직전인 1954년 4월 미국, 영국, 프랑스, 중국, 소련 5개국과 남북 베트남, 라오스, 캄보디아가 참석한 제네바 회의가 시작되었다. 얼마 후 프랑스의 패배가 확정되고, 그해 7월 최종선언, 즉 제네바협정(인도차이나 휴전협정)이 발표되었다. 베트남, 라오스, 캄보디아 3국의 독립과 휴전, 북위 17도선을 군사경계선으로 삼는 남북 베트남의 분리(베트남군의 북베트남으로의 철수), 1956년 7월 자유선거 실시를 통한 남북 베트남의 통일 등을 골자로 하는 내용이었다(*The Pentagon Papers*, 1971, vol. 1, Section 2, 270~282쪽).

중국이 조정자로서 국제무대에 화려하게 데뷔한 제네바 회의의 성공은 미국에 충격을 주었다. 아이젠하워 정부 내부에서는 휴전협정에 반대하며 군사개입을 요구하는 목소리도 있었다. 결국 군사개입에는 돌입하지 않았지만 협정의 공동서명에 미국과 사이공 정권은 불참하고, '무력'으로 협정을 '방해'하지는 않았지만 북에 의한 남의 '침략'의 '재개'를 허락하지 않겠다는 성명을 발표했다(アメリカ學會譯編 1981, 324~326쪽). 이후 미국은 제네바협정을 무시하여 남북분단을 고정화하고, 남베트남의 반공국가 건설을 서두르게 된다. 한편 제네바협정은 북베트남에도 커다란 불만을 남겼다. 군사적 우세에도 불구하고 북위 17도선을 휴전선으로 받아들여, 인민군의 모든 부대 및 노동당 활동가 대부분을 북으로 퇴거시킨다는 대폭적인 양보를 해야 했기 때문이다. 미국의 본격적인 군사개입을 우려한 중국과 소련의 설득에 어쩔 수 없이 서명에 참가하기는 했지만, 남베트남에서 강제 철수를 당한 것은 중국에 대한 불신의 시초가 되었다(朱 2001, 16~17쪽).

도미노 이론과 응오딘지엠 정권 지원

인도차이나 반도에 대한 이해관계가 적었던 미국이 이 지역에 개입한 것은, 남베트남이 공산화될 경우 인도차이나 반도, 나아가 동남아시아 전역이 적화될 것이라는 위기의식 때문이었다. 그 배후에 있던 것이 1950년대부터 1960년대에 걸친 정책 결정자들의 사고를 지배한 '치명적인 아시아 도상국 인식'(木之內 2002, 250쪽)으로서의 도미노 이론이다. 아이젠하워 미국 대통령은 1954년 4월의 기자회견에서 '도미노 전복'이라는 단어를 사용하여 인도차이나에 대한 중대한 관심을 표명했다. 이때 아이젠하워는 '도미노 전복'으로 동남아시아 전체가 공산화하면 일본은 무역시장을 상실하여 생존을 위해 공산권과 대결하지 않을 수 없게 된다고 강조했다. '중국 상실' 후 동아시아에서 중요성이 커진 일본의 경제권으로서의 동남아시아를 확보하는 관심을 인도차이나 개입의 근거로 언급했던 것이다(Eisenhower 1960, 382~383쪽).

남베트남을 반공의 방파제로 설정한 도미노 이론은 케네디에 이어 존슨으로 이어졌다. 다만 같은 '도미노 이론'이었지만, 아이젠하워에서 존슨에 이르는 세 정권 사이에 베트남 정책의 초점은 서서히 그러나 확실히 비군사적 해결에서 순군사적 해결로 이동해갔다.

반공 매스·히스테리어, 즉 '빨갱이 사냥'이 미국 사회를 뒤덮었던 1950년대를 배경으로 한 아이젠하워 정부는 레토릭이나 외교정책에서는 강경한 반공주의로 일관했지만, 군사행동에는 신중했다. 제3세계 국가의 '대반란전략'으로 농촌으로부터의 혁명을 추구하는 마오주의에 대항하기 위해서는 군사·경찰력만으로는 충분하지 않으며 토지개혁과 농촌의 사회개발을 통한 농민의 지지 획득, 공업화 추진, 매관매직·부패의 근절, 효율적이고 신뢰할 수 있는 행정부의 육성 등 사회주의에 대항하는 '체제 경쟁'의 관점(末廣 2011, 82~84쪽)이 강조되었다. 이와 같은 반공정책이 성공한 것처럼 보였던 것이 자국의 구식민지 필리핀이었다. 막사이사이 Ramón Magsaysay 정권(1953~1957)의 개혁 기운 속에서 좌파 농민반란(후크 반란)이 제압되었기 때문이다. 막사이사이 띄우기 등 일련의 성공을 배후에서 연출한 CIA 공작원 랜스데일 Edward G. Lansdale은 그 경험을 인정받아 1954년 남베트남에 부임했다(中野 2011, 122~123쪽).

여기에서 랜스데일을 비롯한 미국 정부 관계자들이 막사이사이와 같은 역할을 해줄 것으로 기대한 인물이 베트남 마지막 왕조의 귀족·관리 출신 정치가 응오딘지엠이었다. '반불반공反佛反共'에 열심이었던 가톨릭신자 응오딘지엠은 미국의 가톨릭교회를 통해서 지지를 넓혀 제네바 회의 중에 바오다이 정권의 총리에 취임했다. 그 후 1955년에 바오다이를 국민투표를 통해 원수에서 퇴임시키고, 스스로 베트남공화국을 수립하여 초대 대통령이 되었다. 이후 응오딘지엠 정권은 제네바협정을 무시하면서 남부의 베트남 노동당 세력을 탄압하여 일소하고, 1956년 가을까지 체제를 일단 안정시켰다. 그리하여 그가 1957년에 방미했을 때는 미국의 온 미디어가 '베트남의 기적'을 극찬했다(谷川 1984, 85~89쪽).

응오딘지엠 정권의 전제독재와 해방전선의 결성

1950년대 후반 미국은 막대한 원조를 계속하는 한편 남베트남에 대해서는 관심을 잃었다. 그런데 그사이 남베트남은 응오딘지엠 정권의 무능력과 압제에 의해 '기적'은커녕 심각한 혼란에 빠져버렸다. 특히 가장 중요한 정책인 토지개혁은 자작농 육성과 소작농 보호라는 구호와 달리 대지주를 옹호하는 것이었다. 프랑스와의 전쟁 중에 베트남 노동당에 의한 토지개혁으로 혜택을 입은 농민의 입장에서 보면 오히려 대지주 소유제의 부활이나 다름없었다. 격렬하게 반발하는 농민을 응오딘지엠 정권은 가차 없이 탄압하여 1957년에 농민 투쟁은 무력화의 양상을 띠고 있었다. 응오딘지엠 정권의 상공업정책도 동아시아의 비공산주의 국가들이 추구한 '개발체제'(末廣 2011)와는 거리가 멀었다. 또한 화교와 소수민족을 억압하고, 가톨릭교도를 우대하며, 동생 응오딘누를 비밀경찰 장관으로 임명하는 등 주변을 측근으로 강화하고, 미국의 경제원조를 군사·경찰기구의 강화에 유용했다. 폭주하는 응오딘지엠 정권에 대한 투쟁은 1950년대 말까지 농민·노동자 운동에서 학생·지식인, 억압받는 화교·소수민족으로 확대되어 전국적·전 계층적 운동으로 퍼져나갔다. 권력 내부도 동요하면서, 1960년 11월에는 군사쿠데타 미수사건이 처음으로 발생했다(谷川 1984, 140~154쪽).

베트남 노동당은 제네바협정 후 당 활동가 대부분을 북으로 소환하여 협정을 준수하고 무력투쟁을 자제하고 있었지만, 남베트남에서 응오딘지엠 정권 반대투쟁을 전개하고 있는 활동가들로부터 강한 요구를 받고 1959년 5월에 자위적인 정치투쟁에 한정하여 무장투쟁을 승인했다. 이는 남에서 '볏짚에 불을 붙이는' 결과가 되어, 1960년 1월에는 남부 벤체성에서 농민들이 일제히 봉기하여 '해방구'를 수립했으며, 각지에서 봉기가 일어났다. 이런 정세에서 노동당은 1960년 9월 북부에서는 '사회주의 혁명'을, 남부에서는 '인민민주주의 혁명'을 추진하여 남베트남 해방을 목표로 하는 방침을 정식으로 선언했다. 그 결과 그해 12월 20일, 사이공 교외 고무농장에서 북의 대표 몇 명과 남의 응오딘지엠 정권 반대투쟁 활동가 약 100여 명이 극비리에 모여 남베트남해방민족전선을 결성했다. 다음 해인 1961년 1월 29일 베트남 노동당은 하노이 방송을 통해 이 사실을 전 세계에 발표했다(谷川 1984, 165~170쪽).

베트남전쟁을 통해 미국은 해방전선을 '북의 괴뢰'로 규정했다. 또한 상황 전개는 분명히 '북에 의한 남의 점령'·흡수합병이라는 인상을 세계에 주었다. 그러나 해방전선은 베트남 노동당의 조직력과 지원 및 지도를 받는 한편, 남부 고유의 사정에 근거하여 비좌익세력까지 포함한 반미·반응오딘지엠 정권의 통일전선으로 출발한 조직이었다. 베트남 노동당도 미군의 본격적인 개입을 바라지 않았기 때문에 즉각적인 통일이 아니라 중립적인 연합정권을 남에 수립하는 것을 목표로 삼았다. 해방전선의 창립멤버로 남베트남 임시혁명정부 법무장관을 지냈지만 통일 후 베트남을 비판하며 프랑스로 망명한 쯔엉누땅Trương Như Tảng은 결성 당시 "이데올로기 문제는 일체 토론의 대상이 아니었다. 중요한 것은 오직 하나, 민족의 해방과 조국의 자유였다"라고 말했다(友田 1986, 64쪽). 출발점에서 해방전선이 추구한 것은 '호찌민의 나라'였다.

2. 미국의 전쟁

케네디의 전쟁

존 F. 케네디는 남베트남 내전에 군사개입을 결단했다는 점에서 베트남전쟁의 개전 책임이 있는 대통령이다. 1961년 1월 대통령 취임 후, 케네디가 우선 해결해야 하는 인도차이나 문제는 라오스 위기였다. 미국이 지원하는 왕국 정부가 공산세력 파테트라오Pathet Lao의 공세로 붕괴 위기에 직면해 있었던 것이다. 이때 케네디는 군사개입을 선택하지 않았다. 그해 5월 정전 합의 속에서 제네바 협의가 재개되고, 다음 해인 1962년 7월 연합정부 설립과 중립화를 주장하는 협정이 체결되어 일단 라오스 문제는 진정되었다(寺地 2010). 또 다른 심각한 문제는 해방전선의 결성에 의해 내전에 돌입한 남베트남 정세였다.

이 문제에 대해서 케네디는 군사·비군사 양쪽의 '특수전쟁'에 힘을 쏟았다. 우선 군사적 측면에서는 게릴라전 양상을 띤 남베트남의 내전에 대해서 침략의 비난을 받을 위험이 있는 공공연한 미군의 투입을 피하는 한편, 게릴라전에 대응하기 위해 고도로 현대화된 군사기술을 가진 특수부대를 군사고문단으로 파견했다. 1961년 4월 케네디는 군사고문단을 제네바협정이 인정하는 645명에서 대폭 증원하기로 결정했고, 그해 10월 스스로 이름을 붙인 '그린베레'라는 특수부대를 편성했다. 베트남에 파견된 '군사고문'은 1963년 말에 1만 5000여 명에 달했다(谷川 1984,

202~206쪽).

케네디는 '특수전쟁'의 비군사적 수단으로 토지개혁이나 사회개발·정부개혁을 중시했다. 명연설로 알려진 대통령 취임 연설에서도 케네디는 제3세계에 대한 개발원조·자조지원을 선언하고(アメリカ學會譯編 1982, 59쪽), 평화부대(1961년 3월)를 창설했으며, 대외원조법(9월)을 마련하고 국제개발국(11월)을 창설했다. 이런 조치들도 넓은 의미에서 '특수전쟁'의 일환이었다. 아시아 민중의 마음을 잡는 '진심'의 심리전을 주장한 랜스데일을 임시 베트남 대사로 기용하려고 했던 사실도 케네디의 관심을 말해준다(Currey 1988, 224~229쪽). 그러나 남베트남에 필요한 여러 가지 개혁조치에 대해 응오딘지엠 정권은 완전히 비협력적이었고, 개혁은 말에 그칠 뿐이었다.

1961년 '특수전쟁' 정책으로 기울어진 케네디에 대해서 정권 내부에서는 정규 지상군의 투입을 요구하는 목소리가 높아졌다. 1961년 10월 베트남을 시찰한 대통령 군사고문 테일러는 미군 파견을 주장하면서 메콩삼각주에서 발생한 홍수 대책을 명목으로 8000명의 부대 투입을 제안했다. 맥나마라 국방장관과 러스크 국무장관도 미군 파견을 주장했다. 결국 케네디는 당장의 정규군 투입은 유보했지만, 11월 말에 결정된 베트남 정책을 둘러싼 국가안전보장회의 각서는 "남베트남의 정세가 더 악화되는 것을 막기 위해" 미국이 군의 장비·요원의 대량 파견 등 군사원조를 대폭 확대하고, 장래의 정규군 투입 가능성을 내포한 방침을 정했다. 이 각서는 베트남에 대한 미국의 군사개입 확대, 이른바 에스컬레이션 정책의 기점이 되었다(Bundy 1961).

1962년 남베트남의 정세는 소강상태에 들어간 것처럼 보였다. 해방전선은 '특수전쟁'에 대량 투입된 헬기나 전차에 대응하는 데 어려움을 겪었고, 해방전선의 식량 수송로를 끊기 위해 미국과 응오딘지엠 정권이 추진한 전략촌 계획(농민의 재정착)도 일시적인 성과를 냈다. 그러나 전략촌 계획의 강행은 이주를 강요받은 농민들로부터 거센 반발을 불러일으켰고, 곧이어 해방전선도 '특수전쟁'에 적응한 군사능력을 획득하여 1963년에 들어서자 응오딘지엠 정권은 다시 수세로 몰렸다.

이런 상황에서 1963년 5월 석가탄신제에서 가톨릭교도를 노골적으로 우대하는 응오딘지엠 정권에 대해 불교도의 항의가 유혈 사태를 불러일으켰다. 더욱이 6월 11일 사이공 거리에서 한 고승이 항의의 분신자살을 시도했고, 분신 순간을 담은 보도사진이 전 세계를 돌아다녔다(Tucker ed. 1998, vol. 2, 687~688쪽). 반정부 기운이 높아지는 가운데 미국은 응오딘지엠 정권에 압력을 가해 불교도 회유정책을 요구했지만, 8월에는 누 비밀경찰 장관의 사병화된 부대가 불교도를 각지에서 습격하여 사태는 더욱 악화되었다. 분신자살을 '바비큐'라고 말한 누 장관 부인의 망언은 응오딘지엠 정권에게는 치명적이었다(ibid. vol. 2, 478쪽). 1963년 11월 1일 미국의 지지 속에 군부가 쿠데타를 결행했다. 응오딘지엠 대통령과 누 장관은 다음 날 살해되고 정권은 붕괴했다. 케네디 대통령이 암살(11월 22일)되기 불과 3주일 전의 사건이었다.

미국에서는 베트남전쟁에 대해서 정책 결정의 과오와 원인을 추급하여, '만약' 그때 이렇게 했다면 실패를 피할 수 있지 않았을까 하는 'if'의 논쟁이 많다. 아무튼 케네디에 대해서는 '만약' 암살되지 않고 재선에 성공했다면 정책을 전환하여 전쟁의 늪을 피할 수 있었을 거라는 '신화'가 퍼져 있다. 그러나 실제로 군사개입을 결단해서 에스컬레이션의 단서를 연 것은 케네디였으며, 그의 사후 존슨 정권기에 개입 확대를 주도한 것은 맥나마라 국방장관과 러스크 국무장관을 비롯해 케네디를 보필했던 국가안전보장 참모들이었다. 악명 높은 에이전트 오렌지(고엽제)에 의한 화학전을 승인한 것도 케네디 대통령이었다(1961년 11월). 이와 같이 케네디 정권은 비군사적 해결에 관심을 보이면서도 현실에서는 군사개입을 확대하여 끝내 '전면전쟁'으로 가는 길을 닦았던 것이다(松岡 1999).

존슨의 전쟁

케네디가 암살된 후 대통령에 취임한 린든 B. 존슨은 연방의회 상원의 유력 정치가에서 케네디 정권의 부통령이 된 인물이었다. 그는 케네디의 유지를 이어받아 공민권법을 제정하고 약자와 빈곤층을 위한 사회정책을 추구했다. 따라서 만약 베트남전쟁이 없었다면 민주당 리버럴의 실행력 있는 위대한 대통령으로 기억되었을 것이다. 한편 안전보장이나 군사문제에는 문외한이었던 존슨은 케네디가 남겨놓은 우수한 브레인을 깊이 신뢰하여 결과적으로 지상군의 직접 투입에 적극적인 맥나마라나 미군 간부의 조언을 그대로 받아들여 에스컬레이션의 확대를 용인하고 촉진하게 되었다(ハリバースタム, 1976, 2권, 391~393쪽).

1964년 1월 쿠데타로 응오딘지엠 정권을 타도하고 들어선 즈엉반민 정권은 다시 쿠데타로 무너지고, 정부군 제1군관구 사령관 응우옌칸이 실권을 장악했다. 즈엉반민 정권이 해방전선과의 화해를 꾀하는 중도 성향을 보이자 이를 싫어한 미국은 쿠데타를 지지했다. 다음 해인 1965년 2월에 다시 군사쿠데타가 일어나 응우옌반티에우 장군이 실권을 장악했다. 1967년 9월 대통령에 취임한 티에우는 미국의 지지를 받으며 사이공이 '함락'(1975)될 때까지 장기집권했다. 매관매직·부패의 만연이라는 점에서는 티에우 정권도 이전의 정권과 별로 다르지 않았다. 그러나 이미 미국은 사이공 정권의 개선에 관심을 두지 않고 전장에서의 승리를 추구했다. 이를 위해서는 인민군 및 해방전선을 압도하는 전력의 투입이 불가피했고, 해방전선을 지지하는 북베트남을 직접 공격할 필요가 있었다.

1964년 8월 2일과 4일 두 번에 걸쳐 북베트남의 통킹만 공해상에서 미국 구축함이 북베트남 초계정의 어뢰공격을 받았다는 보고가 있었다. 존슨은 즉시 보복폭격을 명령했고, 이어 미국 상하 양원은 존슨의 요구에 따라 8월 7일 '통킹만 결의'를 가결했다. 미국을 공격한 것에 대해 '필요한 모든 조치'를 강구하고 사이공 정권을 원조하기 위해, '무력행사'를 포함하여 필요한 모든 수단을 취하는 것을 인정한 결의였다. 1971년 미국 국방총성 기밀문서 유출사건, 이른바 펜타곤 페이퍼의 폭로에 의해 통킹만 사건은 날조(첫 번째 공격은 북이 남베트남의 함정으로 오인하여 발사한 것이었고, 두 번째 공격은 없었다)된 것으로 드러났다. 그러나 그런 사실이 은폐되었던 1964년 당시에는 하원의 전원 일치, 상원에서도 압도적인 표차(반대는 불과 2표)로 통킹만 결의가 채택되었다(アメリカ學會譯編 1982, 112~113쪽). '미국인과 군인이 일방적으로 공격받았다'는 이유로 전쟁 지지 여론이 급상승하는, 역사에서 늘 반복되던 패턴이, 이때는 사건을 호기로 여긴 정부와 군의 정보조작에 의해서 연출되었던 것이다.

통킹만 결의 후 인민군·해방전선은 미국의 기선을 제압하여 공격에 나섰다. 제네바협정 이래 처음으로 인민군이 남부에 투입되었고, 1965년 초에는 해방전선 제9사단이 남베트남군 정예부대를 격파하여 사이공 정권의 붕괴를 눈앞에 두었다. 이에 대응하여 미국은 1965년 2월부터 1968년까지 이어지는 대규모 북폭을 개시하고 해병대 전투부대를 처음으로 베트남에 상륙시켰다. 그리고 그해 7월 존슨은 마침내 미군 전투부대의 대량 투입을 발표했다(Johnson 1965). 파견된 미군은 1965년 말까지 18만

명, 1966년 말에는 48만 명, 1969년 4월에는 최고로 많은 54만여 명에 달했다. 북베트남도 1968년까지 30만 명이 넘는 인민군을 남부에 파견했다(吉田 1991, 33쪽). 전쟁은 인민군·해방전선과 미군·사이공 정부군의 전면대결이 되었다.

1964년 11월에 실시된 미국 대통령 선거에서 베트남전쟁은 쟁점이 되지 않았다. 존슨은 초보수주의자 골드워터 공화당 후보를 물리치고 역사적인 대승을 거두었다. 그러나 전쟁의 확대와 함께 민주당 정권에게 순풍이었던 공민권운동으로 결집한 여러 운동, 특히 학생운동 속에서 베트남전쟁에 반대하는 움직임이 시작되었다. 결정적인 계기는 1965년 4월 학생비폭력조정위원회SNCC 등이 워싱턴에서 전개한 최초의 본격적인 반전행진이었다(2만 5000명 참가). 국제사회에서도 미국을 비판하는 목소리가 '북폭'을 계기로 커져갔고, 그해 4월 일본에서는 '베평련ベ平連(베트남에게 평화를! 시민연합)'이 발족했다. 그리고 1960년대 후반을 거쳐 2차 세계대전 후 베이비붐 세대의 학생들을 중심으로 한 좌파·반체제운동이 전 지구적으로 전개되는 상황에서 베트남전쟁 반대와 미국 제국주의 타도의 구호가 전 세계로 확산되었다. 미국에서는 청년들이 선발 징병제의 대상이었기 때문에, 캠퍼스를 중심으로 반전운동이 고양되어 징병 기피나 탈주 현상이 확대되었다. 1967년 10월 요코스카横須賀에 정박 중이던 미국 항공모함 인트리피드호에서 탈주한 4명의 수병을 베평련 회원이 지원하여 스웨덴으로 몰래 출국시킨 사건을 계기로 일본에서도 미군 탈주병 지원활동이 벌어졌다(高橋 2007).

베트남전쟁 개입 확대와 반전운동의 격화는 1965년까지 높은 지지율을 자랑하던 존슨 정권에 서서히 그림자를 드리웠다. 여론이 분열되는 상황에서 1965년 1월 갤럽은 미군의 베트남 파견이 잘못인가(반대한

다) 잘못이 아닌가(지지한다)를 묻는 조사를 실시했다. 처음 조사에서는 지지(50퍼센트)가 반대(28퍼센트)를 크게 앞섰지만, 전황이 호전되지 않고 반전운동이 높아지면서 전쟁 지지율과 대통령 지지율은 계속 떨어졌다. 1967년 2월에는 대통령 지지율이 50퍼센트 이하로 내려갔고(1968년 8월에는 35퍼센트까지 하락), 전쟁 지지율도 닉슨 정권기인 1971년에는 28퍼센트까지 떨어졌다(Gallup 1972, 1921, 2049~2050, 2158, 2309쪽). 군사적 해결을 추구했던 대규모 파병이 오히려 국론을 분열시켜 정치적 쟁점이 되었던 것이다. 그래서 베트남전쟁의 행방은 전장에서의 승리뿐만 아니라, 국제 여론이나 국내 여론의 동향에도 좌우될 수밖에 없었다.

1968년 1월 말 인민군·해방전선은 사이공, 후에, 캐산 등 남베트남 주요 도시에 대해서 갑작스러운 총공격을 가하는 '테트' 공세를 시작했다. 공격은 미국이나 국제사회의 여론에 충격을 주어 전의를 떨어뜨림과 동시에, 공격에 호응한 도시의 민중봉기에 의해 일거에 사이공 정권을 붕괴시키려는 것이었다. 도시에 대한 모험주의적 공격 계획은 군사적 실패로 끝났고, 인민군·해방전선은 다수의 희생을 치르고(1968년에 18만 명이 전사) 공격 이전보다도 후퇴할 수밖에 없었고, 남베트남의 해방은 잠시 유보되었다. 그러나 미국 사회의 전의 상실이라는 점에서는 커다란 성공을 거두었다. 단시간에 진압되었지만 해방전선이 사이공의 미국 대사관으로 돌입하는 영상이 텔레비전을 통해 미국 가정에 전해짐에 따라, 학생들의 반전운동을 지지하지 않던 시민들도 미군이 고전하는 현실을 직시하고서는 전쟁의 지속을 의문시하게 되었다. 테트 공세의 혼란 속에서 사이공 정권의 경찰청 장관이 길거리에서 해방전선 병사의 이마에 총을 겨누고 무자비하게 처형하는 영상과 사진은 미국·사이공 정권 측에 정의가 없다는 인상을 전 세계에 심어주었다(Tucker ed. 1998, vol. 2, .490~491쪽).

테트 공세가 일단락된 2월 27일 미국 CBS 방송의 특집프로에서 중립적인 보도로 시청자들의 신뢰를 얻은 월터 크론카이트Walter Cronkite 기자가 방송 말미에 이례적으로 개인적인 견해를 말했다. 그는 전쟁 타개를 위한 유일한 합리적 방법은 "승자로서가 아니라, 민주주의 수호를 신조로 삼아 최선을 다한 명예로운 국민으로서 교섭에 임하는 것"이라고 주장했다(Library of America 1998, 581~582쪽). 군사적 승리를 약속해온 존슨의 베트남 정책에 이 방송은 철수의 길을 연 결과가 되었다. 3월 31일 존슨은 북베트남에 대한 폭격의 규모 축소와 교섭을 호소하고, 11월에 실시될 대통령 선거의 불출마를 선언했다. 5월에 파리에서 시작된 평화 교섭은 북폭의 전면 중단을 요구하는 북베트남과, 남베트남 정부의 승인을 요구하는 미국의 주장이 대립하면서 난항을 겪었다. 존슨은 대통령 선거 직전인 10월 31일에 북폭의 전면 중단을 명했지만, 교섭은 여전히 타결되지 않았다.

닉슨의 전쟁

존슨이 불출마 선언을 한 지 불과 4일 후인 1968년 4월 4일에 흑인 공민권운동의 지도자 마틴 루터 킹Martin Luther King 목사가 멤피스에서 암살당하자, 미국 전역의 도시에서 흑인폭동이 발생했다(킹 목사는 1967년 4월의 연설에서 베트남전쟁에 반대하는 입장을 분명히 밝혔다). 더욱이 6월 6일 로버트 케네디가 캘리포니아 주 예비선거에서 승리한 직후 요르단 출신의 청년에게 암살당하는 사건이 발생했다. 8월에 시카고에서 개최된 민주당 전당대회는 대회장 앞에서 반전시위대와 경찰이 격렬하게 충돌하는 상황에서 부대통령 험프리를 후보로 지명했다.

그러나 11월 대통령 선거에서 승리한 사람은 공화당의 리처드 닉슨이었다. 그는 '빨갱이 사냥'의 선두에 섰던 반공 강경파 정치가로서 두각을 나타내 아이젠하워 정부의 부통령을 지냈다. 대통령 선거에서 케네디에게 패배했던 닉슨은 1962년 캘리포니아 주지사 선거에서도 패배하여 정치생명이 위태로운 상황이었다. 그러나 베트남전쟁이 교착 상태에 빠지고 사회적 소요가 커지는 상황에서, '명예로운 평화'에 의한 미군 철수라는 '비책'과 '법과 질서'의 회복을 공약으로 내건 닉슨은 학생 시위나 흑인 폭동에 불안을 느낀 보수적인 유권자들을 결집하여 지지를 획득했던 것이다.

정부 출범 후 닉슨은 북베트남·해방전선(1969년에 남베트남 임시혁명정부를 창설)과의 교섭을 유리하게 진행하기 위해 북베트남에 대한 군사적 압력을 강화하는 한편, 미군의 단계적인 철수를 추진하고 막대한 군사원조로 사이공 정부군을 강화하여 정권 붕괴를 막는 이른바 '베트남화' 정책을 추구했다. 그 결과 미군의 규모는 1971년 7월에는 22만 5000명, 1972년 7월에는 5만 정도로 축소되었고, 미국의 원조로 사이공 정부군은 최신 장비와 함께 100만 명 이상의 규모로 확대되었다(古田 1991, 44쪽). 테트 공세로 인민군·해방전선이 타격을 입으면서 사이공 정권은 일시적으로 안정세를 보였지만, 사이공 정권의 정치적·경제적 기반은 여전히 빈약하여 원조 없이는 버틸 수 없는 종이호랑이였다.

작전 면에서 미군·사이공 정부군은 북에서 남으로 가는 보급로, 이른바 호찌민 루트를 파괴하기 위해 인민군·해방전선의 활동이 용인되어 있던 캄보디아·라오스 국경 내의 '성역'을 공격했다. 캄보디아는 1954년 이래 어렵게 중립과 독립을 유지해오고 있었는데, 1970년 3월 론 놀Lon Nol 장군이 쿠데타를 일으켜 시아누크Norodom Sihanouk 원수를 축출하고 친미 정권을 수립하여, 미군·사이공 정부군에 '성역'의 공격을 허락했다. 1962년 중립국 연합정부가 수립된 직후 좌우 내전이 재현되고 있던 라오스에서는 1971년 1월 미군 폭격의 지원을 받아 사이공 정부군이 단독으로 영내로 침공했다. 그러나 전화의 확대는 인민군의 캄보디아·라오스 진출을 허용하는 결과가 되었고, 라오스에서는 베트남 인민군이 사이공 정부군의 정예부대를 격파했다. 이와 같이 닉슨 정권은 미군의 점진적인 철수를 추진하는 한편 전선을 확대했기 때문에 지극히 곤란해졌고, 중립국에 대한 침공으로 국제사회의 비난이 커지고 반전운동이 더욱 고조되는 결과가 되었다.

또 하나 닉슨 정권이 추구한 것이 미중·미소 긴장완화(데탕트) 등 일련의 외교공세를 통해 베트남전쟁을 둘러싼 국제관계에서 국면을 전환하는 것이었다. 그 결과로서 닉슨 외교는 동아시아 세계의 국제질서에 커다란 변화를 가져오게 된다. 미국과 중국의 접촉은 북베트남에 큰 충격을 주어 중국에 대한 뿌리 깊은 불신을 낳았다. 그러나 베트남전쟁의 귀추에 대한 직접적인 영향은 미미했다. 오히려 중국은 북베트남의 불신을 해소하기 위해 군사원조를 강화했다(毛里譯 2001, 255~258쪽). 북베트남은 캄보디아·라오스 침공으로 사이공 정부군의 허약함이 드러났다는 사실과 함께, 데탕트의 영향이 나타나기 전에 전쟁의 완결을 서둘렀다. 1972년 3월 인민군·해방전선은 춘계 대공세를 개시했다. 이에 대해 이미 지상군의 규모를 대폭 축소하여 공군력에 의존할 수밖에 없었던 미국은 5월, 1968년 이후 중단한 북폭을 전면적으로 재개했다. 국내외의 비난을 받으면서도 격렬한 북폭을 퍼부은 미국은 공세의 기세를 저지하는 데 성공하여 전선은 교착 상태가 되었다.

닉슨은 11월의 대통령 선거에서 큰 표차로 재선에 성공하자, 그해 12

월에 12일 동안 '크리스마스 폭격'을 강행했다. 북베트남을 교섭 테이블로 끌어내는 것이 목적이었다. 1973년 1월 8일 파리평화교섭이 재개되고, 1월 27일 파리평화협정(베트남 평화휴전협정)이 체결되었다. 정전과 미군의 60일 이내 철수·미군포로의 석방, 1954년 제네바협정에 준한 남베트남 인민의 자결권 행사, 사이공 정권과 해방전선의 화해와 협조, 남북의 협의를 바탕으로 한 단계적·평화적인 통일 정부의 구성 등이 협정의 주요 내용이었다(アメリカ學會譯編, 1982, 163~166쪽).

이와 같이 닉슨 정권은 강력한 전쟁정책과 외교공세를 교묘히 결합시켜 어느 정도 체면을 유지한 채 미군을 베트남에서 철수시켰다. 그러나 미국이 가능했던 것은 거기까지였다. 협정 체결 후 얼마 지나지 않아 워터게이트 사건의 후폭풍이 닉슨 정권과 미국을 휩쓸었다. 대통령 탄핵이 진행되는 상황에서 1974년 8월 닉슨은 대통령직을 사임하고, 후임으로 포드 부통령이 승격했다. 닉슨 정권의 정통성이 크게 흔들렸고, 또한 베트남전쟁 개입의 역사에 대한 깊은 실망감이 확대되는 상황에서 의회는 '베트남화'를 유지하기 위한 원조를 대폭 삭감했다. 응오딘지엠 정권 이래 미국의 원조에 의존해서 연명해오던 사이공 정권에게 원조 삭감은 치명상이었다. 나아가 1973년 10월에 1차 오일쇼크가 발생하면서 남베트남은 심각한 인플레이션과 경제위기에 빠졌다.

1975년 3월 인민군·해방전선이 대공세를 개시했다. 그러자 후에, 다낭 등의 도시에서 사이공 정권과 군은 거의 무저항 속에서 눈사태처럼 붕괴했다. 미국도 이미 사이공 정권을 유지할 의지가 없었다. 그리고 인민군·해방전선으로서도 놀랄 정도로 빠른 속도로 진격한 결과, 4월 30일 사이공은 어처구니없이 '함락'되었다. 티에우 대통령은 사임하여 국외로 탈출했고, 과거 중도 성향으로 정권에서 밀려났던 즈엉반민이 즉각 대통령으로 복귀하여 사이공 정권의 종언을 선언했다.

한편 캄보디아에서는 이에 앞서 4월 17일에 프놈펜이 함락되고 론 놀 친미정권이 붕괴하여 크메르 루주의 지배가 시작되었다. 라오스에서도 8월 23일 수도 비엔티안이 함락되어 인도차이나 3국에 사회주의 정권이 수립되었다.

미국과 베트남의 '그 후'

전 세계에 보도된 사이공 '함락'의 광경, 사이공에서 탈출하려는 사람들(사이공 정권 관계자와 미국 대사관 협력자 등)이 몰려든 미국 대사관 정문 앞이나 미국 항공모함에서 헬기가 속속 바다로 투기되는 모습(讀売新聞 1975, 7쪽)은 말 그대로 미국의 역사적 패배를 전 세계에 각인시켰다. 패배와 함께 밀라이 학살사건(1968년 3월, 1969년 11월에 발각)으로 대표되는 베트남전쟁에서 미군이 저지른 잔학행위는 '미국의 전쟁'의 침략성과 비인도성을 세계에 알려 미국의 위신에 큰 상처를 주었다. 경제적 영향도 심각했다. 탈산업화로 인해 만성화된 미국의 국제수지 악화에 베트남전쟁 비용까지 확대되어 1971년에는 무역수지가 적자로 전락함으로써 달러 신용도가 흔들렸고, 닉슨 정권은 8월에 금·달러 교환 중단을 발표했다(미중 화해와 함께 닉슨 쇼크라고 불린다). 그 후 수차례에 걸쳐 달러 평가절하를 단행했으며, 1973년에는 각국이 변동환율제로 이행함으로써 브레튼우즈 체제는 붕괴되었다.

이와 같이 미국 패배의 충격은 엄청났고, '베트남전쟁 징후군'이나 '노 모어 베트남No More Vietnam'이라는 말이 의미하듯이 베트남전쟁 패배의 트라우마는 미국의 외교·군사전략과 미국 사회에 오랫동안 심각한 영향을 끼치게 된다. 그러나 미국은 그 어떠한 의미에서도 동아시아를 떠난 것은 아니었다. 사실은 그 반대였다. 이 시대 영국제국은 '수에즈 이동以東으로부터의 철수'를 표명하고(1968년 1월), 싱가포르 등 동아시아에서 철수했다(木畑 2011). 1975년 4월 25일 혁명을 계기로 포르투갈은 동티모르를 포기했다. 이에 따라 미국은 동아시아에서 자국 영토 외의 군사력을 전략적으로 전개하는 자본주의 진영·구식민지 종주국 중에서 유일한 존재가 되었다.

통상 면에서도 동아시아와 미국의 무역·투자관계는 오히려 이 시기를 계기로 비약적으로 확대되어, '아시아태평양' 경제권이 현실화되기 시작했다. 1960년에는 미국의 서유럽 국가(경제협력개발기구OECD 가맹)에 대한 무역총액과 비교하면 48.1퍼센트에 불과했던 아시아태평양의 여러 국가(한국, 일본, 타이완, 홍콩, 아세안 5개국, 오스트레일리아, 뉴질랜드)와의 무역총액은 1980년에 97.8퍼센트로 거의 두 배가 되었다(Linder 1986, 15쪽). 중국의 개혁개방정책(1978) 이후 미국의 수출입 총액에서 아시아태평양(중국을 추가) 국가들이 차지하는 비율은 더욱 증가하여, 1985년에는 21.8/35.8퍼센트, 2000년에는 26.9/36.1퍼센트에 달했다(中木 2004, 141쪽).

아시아인의 이민을 받아들인 1965년 이민법의 영향도 컸다. 1970년대 이후 한국·필리핀 등 아시아 동맹 국가들로부터의 이민이 급증했다. 1970년대 후반에는 베트남 난민(보트피플)도 추가되어 미국의 아시아계 인구(총 인구비)는 1960년 약 60만 명(0.3퍼센트)에서 1980년에는 350만 명(1.5퍼센트), 2000년에는 1017만 명(3.6퍼센트)에 달하여, 미국 사회에 눈에 띄는 변화를 가져왔다. 이와 같이 '베트남전쟁의 시대'에 미국과 동아시아 사이의 연관과 상호의존은 질적·양적으로 비약했다.

한편 베트남은 어떻게 되었을까. 1976년 남북베트남은 통일되어 베트남사회주의공화국이 수립되었다. 이 국호가 말하는 것과 같이, 베트남전쟁은 사회주의 북부에 의한 남부의 흡수통합이라는 결과로 끝났고, 미국에 승리한 북베트남은 '가난을 서로 나누는 사회주의'(후진적 농업국의 사회주의적 공업화를 추구하는 소련형의 '보편모델') 개혁을 추구했다. 사기업 폐지, 은행 국유화, 지주의 토지 몰수, 농업집단화 등이 진행되어 사이공 정권 부역자들은 '재교육' 캠프에 수용되었다. 북에 의한 '가난'의 강제는, 남부에서 대량 보트피플을 양산했다. 엔도遠藤聰는 이것을 '승자의 거만함'이 가져온 여파였다고 지적한다(遠藤 2005, 134~139쪽).

인도차이나에서 벌어진 전쟁도 중국과 소련의 대립을 배경으로 예상하지 못한 형태로 지속되었다. 1978년 12월 베트남은 크메르 루주의 폭주로 자국민의 대량학살 사태를 초래한 캄보디아를 침공해서 친중국의 크메르 루주 정권을 타도했다. 이에 분노한 중국은 '응징'을 언급하면서 1979년 2월 베트남을 침공했다(중월전쟁). 그것은 "혁명적 마르크스주의 체제의, 혁명적 마르크스주의 체제에 대한, 최초의 대규모적인 통상전쟁"(アンダーソン 1997, 18쪽)이었다. 이와 같이 혼란과 내홍으로 점철된 인도차이나 국가들 사이에서는 이미 '사회주의 도미노'가 파급될 여지도 없었다. 그리고 중국과의 격렬한 대립 속에서 경제침체의 어려움을 겪은 베트남은, 소련에서 페레스트로이카가 시작된 직후인 1986년, 소련형 사회주의와 결별하여 도이모이(개혁노선)를 채택하여, 동아시아의 경제성장·국제분업에 참여하게 된다(古田 2011). 주변 동남아시아 국가들과 긴밀한 경제관계를 맺은 베트남은 1995년에 아세안 제7의 가맹국이 되었다. 이에 앞서 1991년 베트남 공산당 제7회 당대회는 사회주의 체제를 유지하면서도 당의 사상적 기반으로 마르크스·레닌주의와 호찌민 사상을 채택했다. 도이모이와 소련 붕괴에 직면한 베트남은 '그냥 사회주의국'에서

과거 베트남의 '8월 혁명'이나 해방전선이 추구한 내셔널리즘을 최우선 과제로 삼는 '호찌민의 나라'로 돌아왔던 것이다.

닉슨의 논문 〈베트남 이후의 아시아〉

이와 같이 냉전과 탈식민지화가 교착한 1950년대의 사고를 배경으로 싸운 베트남전쟁의 당사자들이 상상도 하지 못했던 시대가 베트남전쟁 뒤에 기다리고 있었다. 그렇다면 '베트남전쟁의 시대'를 거쳐 '다음 시대'는 어떻게 준비되었을까.

이 물음에 답하는 단서가 되는 것이 1967년 당시 정계에서 물러나 있던 닉슨이 미국 외교평의회가 발행하는 《포린어페어스Foreign Affairs》에 기고한 논문 〈베트남 이후의 아시아〉다. 이 논문은 대통령 취임 후에 발표한 괌 독트린(1969년 7월 25일), 나아가 1972년 중국 방문과 연결되는 닉슨의 아시아 정책관을 제시한 것으로 알려져 있다. 그 모두에서 닉슨은 미국인이 베트남에 한눈을 팔고 있는 사이에 "아시아에서는 조용히, 그러나 은밀하고 역동적으로, 전체적으로는 장래에 대한 기대를 갖게 하는 변화가 진행 중"이며, 그것은 '지역주의', '경제성장', '과거주의로부터의 탈피', 이 세 가지로 정리할 수 있다고 말했다. 그의 주된 논점은 다음과 같다.

① 미국이 자처하는 '세계경찰관'의 역할은 앞으로 제한적이 될 것이다. 그렇기 때문에 지역주의에 의한 대응이 중요하다. 즉 위협에 대해서는 우선 지역의 집단안전보장의 틀 속에서 관계국이 스스로 봉쇄해야만 하며, 미국의 지원이 필요한 경우에도 집단안전보장의 틀에 의거하여 일국이 아니라 지역의 관계국이 공동으로 지원을 요구해야 한다.

② 군사적 안전보장은 경제·정치의 안정 없이는 실현 불가능하다. 비

공산권 아시아 국가들에는 의회제 민주주의와 거리가 먼 정치체제도 있지만, 서양의 의회제 민주주의를 절대시해서는 안 된다. 경제가 급성장하고 있는 아시아 국가들을 보면, 정치체제와 사회는 다양하지만 사기업의 자유, 시장경제, 투자 우대 등의 경제정책에 따른 성공이라는 공통점이 있다.

③ 아시아의 미래에 영향을 미치는 4대국(인도, 일본, 중국, 미국) 가운데 경제 규모에서 서독이나 영국에 버금가는 일본은 지역 리더로서 더 큰 책임을 져야만 하며, 헌법 개정이 전망된다.

④ 공산중국의 위협을 정확하게 인식하고 혁명 수출에는 의연한 대응을 게을리해서는 안 되지만, 중국을 언제까지나 국제사회의 틀 바깥에 둘 수는 없다. 중국이 변하지 않으면 세계는 평화로울 수 없다. 설득을 통해서 중국에 변화를 촉구해야만 하며, 그들의 에너지를 혁명 수출이 아니라 국내 건설로 향하도록 촉진해야만 한다. 목표로 삼아야 하는 것은 '고립 없는 봉쇄'다.

⑤ 미국은 신고립주의에 빠져서는 안 된다. 아시아 국가들의 자주성을 존중하면서 태평양 지역의 커뮤니티 형성에 기여해야만 한다.

지금의 시점에서 되돌아보면 '베트남전쟁의 시대'의 거의 중간 지점인 1967년에, 베트남 지역의 전쟁을 초월한 새로운 사조가 아시아에 등장하고 있다는 사실에 주목할 필요를 호소했다는 점에서 그의 혜안을 인정할 수밖에 없다. 그리고 반공주의와 중국 위협론을 견지하면서도 탈이데올로기적 실용주의가 전체를 관통하고 있고, 국제사회 안으로 중국을 끌어들일 필요를 여러 차례 호소하는 등, 중국과의 관계 개선에 상당한 의욕을 보이고 있다(Nixon 1967).

닉슨은 논점 ②에서 높은 경제성장을 실현하고 있는 나라로 일본, 홍콩, 타이완, 한국, 말레이시아, 싱가포르, 태국, 7개국을 거론한 뒤에, 정치체제의 다양성을 인정해야 한다고 말했다. 이 주장은 이들 나라에서 독재·일당지배·권위주의 체제를 동반하는 개발주의(개발체제)를 옹호한 것이라고 해석할 수 있다.

동아시아 개발체제에 대해 스에히로 아키라末廣昭는 1950년대의 '체제간 경쟁'인 냉전의 산물로 규정한 다음, 공업화를 위한 "물적·인적 자원의 집중적 동원과 관리를 행하는 방법"이라고 정의하고, 동아시아 각국에서 개발주의는 "후발국 공업화라는 경제적 요청"과 "위기관리 체제의 구축이라는 정치적 요청"이라는 두 가지 요소가 결합된 형태로 성립되었다고 지적한다(末廣 2011, 75~76쪽). 이 지적을 바탕으로 동아시아에서 개발체제가 수립된 상황을 되돌아보자.

① 타이완(장제스 정권)은 그 수립(국민당 정권의 타이완으로의 철수)에서부터 '위기관리 체제'였으며, 1950년대를 통해 국민당의 일당독재 및 계엄령 체제하에서 경제의 국가 통제와 수입대체 공업화정책을 추진했다. 그러나 1960년 전후부터 미국의 요구로 외자도입을 추진하고, 중소기업의 수출 지향 공업화를 진행하여 '타이완의 기적'을 이루었다(田島 1998).

② 1958년 쿠데타로 정권을 장악한 태국의 사릿 타나랏Sarit Thanarat 정권은 '개발'을 슬로건으로 내건 최초의 개발체제였다. 라디오, 텔레비전, 정부 선전차량 등으로 "일하는 것은 돈, 돈은 일하는 것, 그것은 행복", "좋은 교육, 사용할 수 있는 돈, 무병無病, 그것이 행복", "절약은 장래를 보장한다", "절약은 질서를 낳는다" 등의 슬로건을 '지겨울' 정도로 국민들에게 침투시켰다(河村 2004).

③ 1961년 쿠데타로 실권을 장악한 한국의 박정희 정권이 1963년에 수립한 제3공화국에서 내건 '선성장·후분배'도 역시 개발주의를 중시하는 슬로건이었다. 그 정책은 수입대체로부터 1960년대 후반에는 수출 지향을 강화하고, 나아가 1972년에 시작된 계엄령 체제(유신체제)에서는 중화학공업화를 추진했다(木宮 2011).

④ 1965년 8월 말레이시아에서 분리·독립한 싱가포르에서는 리콴유李光耀 정권이 발족하여 오늘에 이르는 인민행동당의 일당지배가 시작되었다. 말레이시아로부터의 분리는 그 자체가 위기로 인식되어 싱가포르는 '포위된 도시국가'의 '생존 이데올로기'로 국민을 통제하면서 급속한 경제성장을 이루어나간다(田村 2000).

⑤ 인도네시아에서는 1965년 9·30사건으로 수카르노 정권이 붕괴하고, 수하르토로 권력이 이행되었다(倉澤 2011). 닉슨이 논문을 쓴 시점에서 인도네시아는 고려되지 않았지만, 1998년까지 계속되는 수하르토 독재는 가장 전형적인 개발체제로 파악된다.

⑥ 같은 해인 1965년 11월, 필리핀 대통령 선거에서 마르코스Ferdinand E. Marcos가 당선되었다. 마르코스 정권은 처음부터 개발주의를 지향했지만, 정치체제로서 개발체제로 이행한 것은 1969년의 재선을 거쳐 계엄령을 내려 독재체제를 구축한 1972년부터였다(1986년에 정권 붕괴). 그 정치과정은 필리핀 주재 미군기지의 존재 때문에 베트남전쟁의 전개와도 깊은 관련이 있다(伊藤 2011).

⑦ 말레이시아의 경우 전형적인 독재개발 정권으로 알려진 마하티르Mahathir Mohamad 정권의 발족이라는 의미에서는 1981년으로 뒤처지지만, 말레이계와 중국계의 갈등이 표출된 1969년의 인종폭동(5·13사건)이라는 '위기'에 대해서, 1970년에 퇴진한 라만 정권을 대신한 라자크 정권은,

처음으로 본격적인 개발계획으로서 말레이계를 우대(부미푸트라)하는 '신경제정책'을 펼쳤다(新井 1997).

이와 같이 대략 1960년대부터 1970년대 초까지 동아시아에서는 개발주의 정권이 등장했다. 스에히로가 '위기관리' 체제로서의 측면을 강조한 바와 같이, 영국제국의 퇴장이나 미국의 베트남 철수 등 국제관계에서의 위기, 또는 좌우대립이나 인종분쟁 등 국민통합에서의 위기에 직면했을 때 개발체제로 이행하고 있다. 또한 대부분의 경우 신정권은 이전 세대, 즉 독립운동을 지도해온 내셔널리스트 세대로부터 국가 지도자로서의 지위를 빼앗거나, 또는 권력의 양도로 수립되었다. 독립 후 주장되어온 자기긍정적인 민족·사회상을 부정하는 것은 공통적인 경향이다. 또한 독립 후에 운영되어온 보편주의적인 민주주의나 사회주의의 유효성을 부정하면서, 민족이나 사회 고유의 상황에 맞춰 그 부정적인 면을 개혁함으로써 성장과 안정을 실현한다는 논리를 내세운다. 그런 의미에서 그들의 내셔널리즘에는 자국민이나 자국의 사회를 부정적인 시선으로 보는 '네거티브 내셔널리즘'이 내포되어 있다(中野 2003).

한일기본조약과 한국의 베트남전쟁 협력

동아시아의 비공산권 국가들이 대부분 개발체제로 이행하는 것과 병행하여 새로운 국제질서의 모색이 이어졌다. 그중에서도 장기적으로 중요한 의미를 갖는 것이 한일기본조약의 체결(1965)과 아세안 설립(1967)이다. 이것들은 모두 베트남전쟁을 배경으로 하여 갈등이나 분쟁을 내포해왔던 인접국가가 긴밀한 지역 협력의 틀 만들기로 합의한 소위 냉전통합으로 말할 수 있는 사례였다. 특히 아세안은 집단안전보장기구는 아니지만, 역내 또는 인접지역과의 분쟁을 강대국에게 의존하지 않고 스스로 해결하려고 한다는 점에서, 닉슨 논문의 논점 ①에 대응하는 기구로 성장했다. 그 영향력은 아시아태평양 단위에서의 경제 관련성을 창출해감으로써 베트남전쟁과 냉전을 초월한 의미를 가지는 것이 된다.

한일 국교정상화 교섭은 1950년대 이래 일본에 의한 한국병합과 식민지 지배의 책임을 둘러싸고 양국의 인식 차가 너무 커서 번번이 좌절되곤 했다. 그러다가 1965년에 드디어 실현된 것은 '한국의 경제개발'을 위해 한국, 미국, 일본이 보조를 맞춘 결과였다(吉澤 2011, 155쪽). 그것은 또한 한국의 베트남 파병과도 하나가 된 움직임이었다. 1964년부터 1965년까지 미군의 베트남 대량파병을 준비한 존슨 정권은 파병에 대한 국제적 지지를 연출할 의도도 있었기에 아시아의 동맹·우호국에게 군사적 협력을 타진했다. 특히 아시아 국가들에 대해서는 파병 비용 및 급여에 더해 정부 지원·이민 우대 등의 특혜를 준비했기 때문에 거의 용병 모집의 양상을 띠었다. 그 결과 영연방의 오스트레일리아·뉴질랜드 2개국 외에 태국, 필리핀, 한국 3개국이 부대를 파견했다. 이중에서 미국과 가장 가까운 동맹국 중 하나였던 필리핀의 마르코스 정권은 미군기지를 제공하고 많은 금액의 원조를 받아냈지만, 군사적으로는 필리핀 민생활동부대PHILCAG를 파견하는 정도였고, 그나마도 1969년에 일찍이 철수시켜버렸다(伊藤 2011, 355~358쪽). 이와 대조적으로 '미국의 전쟁'에 가장 적극적으로 협력한 것이 한국의 박정희 정권이었다.

한국이 파견한 실전부대는 최대(1968) 약 5만 명에 달했다(다른 나라는 각각 최대시에 태국이 약 1만 1600명, 오스트레일리아가 약 7700명, 필리핀이 약 2000명, 뉴질랜드가 약 500명)(Blackburn 1994, 31~66, 158쪽). 급여 전액은 미국이 지급했고, 그 돈은 대부분 한국으로 송금되어 한국의 국제수지를 호전시켰다. 또한 베트남 파병 군인가족에게는 이민의 우대조치가 적용되어 1970년대 미국 이민이 급증했다. 일본과 함께 베트남 특수로 들끓었던 한국은 '한강의 기적'에서 고도 경제성장의 시대로 접어들었다. 그리고 한미관계의 심화는 한국 사회의 존재 그 자체에 장기적으로 심각한 변화를 가져오게 된다. 기미야 다다시木宮正史는 전쟁특수가 확실시되는 상황에서 파병 반대론이나 '용병' 비판은 영향력을 가질 수가 없었다고 지적한다(木宮 2011, 265쪽). 그 대신 파견된 병사들은 한편에서 미군부대와 같이 민간인 학살 등의 가해행위를 저질렀고, 다른 한편에서는 고엽제에 의한 심각한 피해를 입었다.

9·30사건과 아세안 설립

아세안은 1967년 8월 태국, 말레이시아, 싱가포르, 필리핀, 인도네시아 등 5개국에 의해 별로 눈에 띄지 않게 출발했다. 이는 사회주의 혁명과 미국이 대결하는 인도차이나 3국을 둘러싼 형태의 비공산권 5개국에 의해, 다른 말로 하면 다음에 무너질지도 모르는 도미노 국가들끼리 손을 잡는 것과 같은 연합으로 출발했다. 여기에서 주목할 점은 아세안의 설립에 이 같은 '도미노 이론의 공포'(반공)가 작동함과 동시에 '지역협력의 모색'(지역주의)이라는 측면이 있었다는 것이다(佐藤 2011, 336쪽). 이 5개국은 서로 인접국 분쟁(말레이시아 분쟁, 사바 영유권 문제 등)이나 국내에 인종분쟁(1964년 싱가포르, 1969년 말레이시아에서의 인종폭동, 1965년 인도네시아의 9·30사건도 인종폭동의 성격을 띤다)의 불씨를 내포하고 있었다. 따라서 그들끼리 '서로 싸우고 있을 여유가 없었기' 때문에 서로 갈등을 줄이고 지역 협력을 촉진하는 방안을 모색하는 과정에서 아세안이 탄생한 것이었다(佐藤 2011, 337쪽).

여기에서 간과해서는 안 되는 점이 있다. 1950년대부터 1960년대에 걸쳐 여러 차례 시도되면서도 좌절된 동남아시아 역내 국가 간 협력의 틀 만들기가 1965년 9·30사건으로 수카르노 정권이 축출되면서 비로소 가능하게 되었다는 사실이다. 1945년 8월 독립 선언 후 네덜란드와의 가혹한 전쟁을 거쳐 1949년에 독립을 쟁취한 인도네시아는 1957년 수카르노가 실권을 장악하자, 독립 후 겨우 유지하고 있던 구종주국 네덜란드나 서구 제국과의 협조관계는 서西이리안(뉴기니) 영유권 문제를 계기로 네덜란드 자본의 접수와 네덜란드인의 추방으로 단절되었다(1960). 이후 정부군과 공산당의 권력투쟁을 강렬한 카리스마로 조정하면서 독재를 강화했던 수카르노의 '지도적 민주주의' 체제는 경제파탄이나 국내 정치의 모순을 은폐할 목적을 가지고 있었다. 동시에 서이리안 분쟁, 그리고 말레이시아와의 대결정책(콘프론타시)으로 반식민지주의 혁명 완수라는 목표 아래 말로는 전쟁도 불사하는 대외 강경정책을 펼쳐나갔다.

말레이시아연방 수립(1963)은 사바의 영유권을 둘러싸고 필리핀과의 분쟁 요인이 되었지만(말레이시아는 수립 후 필리핀·인도네시아 양국과 단교), 필리핀이 외교적 해결을 추구하여 1964년 5월에 국교를 정상화했다. 하지만 인도네시아는 영국의 '신식민지주의'의 발로라며 말레이시아연방의 수립을 비난하고, 국경 침범과 반군 게릴라들을 원조하여 거의 군사분쟁화했다. 더욱이 인도네시아는 1965년 1월에 유엔을 탈퇴한 후, '베이징·자카르타 추축樞軸'을 내걸며 서방 국가들을 도발했다. 그래서 서방 측에게도, 주변 국가들에게도, 손을 쓸 수 없는 존재가 되고 있던 수카르노 정권을 9·30사건으로 붕괴시켰다. 1966년 수하르토가 실권을 장악하자, 수카르노 시대에 냉대받았던 아담 말릭Adam Malik이 외무장관으로 취임하여 '대결정책'의 종식을 향해 나아갔고, 그 결과 1966년 8월 인도네시아와 말레이시아 사이에 국교정상화가 이루어졌다. 그 후 1967년에 발족한 아세안이 그 독특한 회의 외교의 특징을 살리면서 동아시아의 지역질서 형성에서 리더십을 갖게 되는 과정은 사토(佐藤孝一 2011)의 논문을 참조하기 바란다.

아세안 성공의 그늘에 가려져 있었던 것은 9·30사건으로 인한 막대한 인적 희생이다. 정변 후 국군에 의한 공산당 탄압과 함께 사회적 폭력이 인도네시아 사회를 완전히 뒤덮었고, 화교를 표적으로 삼아 희생자가 50만 명에서 100만 명으로 알려진 대학살로 발전했다. 지금까지도 그 의혹이 많은 사건의 진상을 추적하고 있는 구라사와(倉澤愛子 2011)의 주장에 따르면, 관계된 여러 나라가 대학살을 인지했으면서도 사태를 방치했다고 한다. 다시 말하면 인도네시아의 정국전환의 양태는 수카르노 정권의 붕괴에 관련국들의 이익이 얼마나 많이 걸려 있었는가를 말해주는 것이다.

중소대립과 내셔널리즘

이와 같이 '베트남전쟁의 시대'를 통해서 동아시아의 비공산권 국가들은 냉전·반공정책의 일환으로 국내 통합(개발체제로의 이행), 지역 통합(한일기본조약 체결, 아세안 설립)을 추진해나갔다. 이는 1980년대 이후 '아시아태평양' 경제권의 형성으로 이어진다는 점에서 그 자각의 유무와 관계없이 '다음 시대'를 준비한 사건이었다. 한편 냉전구도에서 우직하게 사회주의 혁명을 지향한 베트남의 역사적 승리는, 사회주의에서의 '다음 시대'를 준비할 수가 없었다. 그 결정적 원인은 사회주의권을 분열시킨 중국과 소련의 대립이었다.

1956년 니키타 흐루쇼프에 의한 '스탈린 비판'을 계기로 시작된 중소대립은 1960년에는 부쿠레슈티 회의에서 중소논쟁으로 표면화되었고, 베트남전쟁이 전면화된 1965년까지 "무한으로 상승한 이데올로기 논쟁은 중소동맹을 묶고 있던 극히 약한 최후의 유대관계를 절단했다"(牛 2011, 146쪽). 중소대립의 근원은 사회주의 수립 이전으로 거슬러 올라가는 '양국 관계의 역사적 구조', 즉 신장新疆·동북 등 중국의 변방지구와 러시아와의 관계, 불평등조약의 부정적인 유산, 국경 문제 등에 있었다(牛 2011, 134쪽). 이것은 우선 사회주의 건설이나 서방 국가들과의 대결·공존에 관한 노선을 둘러싼 '논쟁'으로 표현되었다는 점에서 마르크스주의적인 특징이 있었다. 그러나 1969년 전바오섬珍宝島(다만스키섬) 무력충돌에 이르러 이데올로기 대립의 포장도 벗겨지게 된다. 그리고 중소대립의 격화와 결부되어 발생한 중국·인도 국경 문제, 인도·파키스탄 전쟁 등에 의해 1950년대에 상상되었던 사회주의 국가 간, 또는 제3세계 국가 간의 연대는 현실에 의해 연속적으로 붕괴되었다. 거기에 결정타를 가한 것은 베트남전쟁 후에 벌어진 인도차이나 사회주의 국가들 간의 전쟁이었다.

중소대립이 심화되는 상황에서 사회주의 국제연대를 믿고 미국에 대한 투쟁을 우직하게 전개했던 베트남에게 미중관계의 정상화는 큰 충격을 주었다. 이것은 사회주의 이전으로 거슬러 올라가 중국의 베트남 지배를 둘러싼 역사적 적대감정까지 건드렸다. 그리고 베트남의 캄보디아 침공·중월전쟁으로 전개된 1978~1979년의 인도차이나 사회주의 국가들 간의 전쟁은 이미 "교전 당사국 어느 쪽도 이 피투성이 상태를 마르크스주의 특유의 이론적 관점에서 정당화하려는 시도를 전혀 하지 않은" 상황이었다(アンダーソン 1997, 18쪽).

이 사실에 충격을 받은 정치학자 앤더슨Benedict R. Anderson은 사회주의 국제연대의 꿈을 날려버린 내셔널리즘이라는 "이 문화적 인조물이 사람들에게 이 정도로 깊은 애착을 불러일으키는 이유는 무엇인가"(アンダーソン 1997, 22쪽)를 묻는《상상의 공동체》를 저술하게 된다. 중소대립은 북한에도 심각한 영향을 미쳤고, 나아가 한일 국교정상화에 따른 한·미·일 협력체제 구축, 남북긴장의 고조로 인한 국제적 위기 속에서 사회 전체의 군사화와 김일성 개인숭배가 본격화하는 계기가 된다(李 2011).

문화대혁명과 외교혁명

미국이 전면적으로 베트남전쟁에 개입하는 1965년부터 1966년에 걸쳐 중국에서는 1950년대의 '체제 간 경쟁'의 그로테스크한 결말이라고도 할 수 있는 '대약진운동'의 파탄 책임을 둘러싼 권력투쟁이 벌어졌다. 그리고 이러한 권력투쟁은 사회주의 건설을 둘러싼 정책투쟁으로 연결되면서 중소논쟁에서 마오쩌둥은 소련에 대해 수정주의라고 규정하며 격렬하게 비판했다. 1950년대 이래 중국의 사회주의 건설의 방향을 둘러싼 여러 문제가 한 점으로 모아져서, 마오쩌둥에 의한 문화대혁명의 발동으로 연결되었다. 이 거대한 사회적 폭력을 낳은 문화대혁명에 대해서 고쿠분 료세이國分良成는 그것이 "아직 역사가 되어 있지 않다"는 것과, 만년의 "마오쩌둥 동지"에게 중요한 책임이 있는 "좌익 편향의 중대한 오류"였다는 중국 공산당의 공식 견해(1981)에서 벗어난 사실史實이 분명히 밝혀져 있지 않고, 여전히 중국에서 자유롭게 토론할 수 있는 문제가 아니라고 지적했다. 그리고 마오쩌둥 사상의 극점으로서의 의미나 원인론으로서의 권력투쟁·정책투쟁·중소대립의 여러 설을 지적했다. 문화대혁명의 언설에 담긴 급진성이나 반反엘리트주의는 1960년대 말 국제적인 '반체제운동의 기폭제'가 되었던 한편, 문화대혁명의 혼란 속에서 중국이 '내부를 향하게' 된 시기이기도 했다(國分 2011).

'다음 시대'의 준비라는 의미에서 문화대혁명은 역사의 역설을 강하게 느끼게 하는 사건이다. 소련의 수정주의나 평화공존 노선에 대한 마오쩌둥의 격렬한 비판을 고려하면, 문화대혁명의 정점에서 미국과 중국 양국이 관계를 정상화한다는 것은 아마도 교섭 당사자들에게조차도 의외의 사건이었을 것이다. 아오야마 루미青山瑠妙는 중국 지도부가 문화대혁명으로 인해 국제적 고립이 깊어진 상황에서 1969년 중소대립이 군사 충돌로 발전함으로써 자국의 안전보장에 대한 강한 우려가 대미관계 개선의 동기가 되었다고 지적한다. 저우언라이는 미국, 소련, 일본에 의해 중국이 점령당하는 최악의 시나리오까지 상정하고 있었다고 미국 측에 말했다(青山 2011, 315~316쪽).

미국과의 교섭에서 중국의 최대 목적은 타이완 정책(중국은 하나이며, 하나의 중국·하나의 타이완, 또는 타이완의 독립을 지지하지 않는다는 것)에 대한 미국의 인정을 이끌어내는 것이었다. 한편 닉슨 정권의 가장 큰 목적은 베트남전쟁의 출구정책에 중국의 암묵적인 협력을 얻어내는 것이었다. 설령 중국의 베트남 원조 중단 같은 직접적인 결과를 얻어내지는 못한다고 해도 미중관계의 개선이라는 사실이 베트남전쟁의 향방에 영향을 미칠 것이라고 생각했던 것이다. 아오야마는 미중 교섭의 과정에서 중국 측의 전략적인 관심이 타이완 문제보다 대미 긴장완화를 통해 "더 많은 나라들과의 관계를 개선하고, 국제관계의 기본적인 정세를 변화시킨다는 정치적 타산"으로 옮겨갔다고 지적한다(青山 2011, 322쪽).

이 중요한 지적은 미국 측에도 적용된다. 닉슨의 중국 방문 소식을 전할 때 헨리 키신저 대통령 보좌관은 "이것은 외교혁명이다"라고 닉슨에게 말했다(PBS 1999). 미중관계의 개선은 베트남 철수를 유리하게 진행시키기 위한 방법론으로 착상된 면이 있다고 해도, 만약 그것이 실현될 경우 베트남전쟁의 향방을 훨씬 뛰어넘는 의미를 가진다는 인식이 이 발언에 담겨 있다. 1967년에 닉슨이 논문에서도 지적했듯이 중국을 국제사회의 고립으로부터 끌어내는 것의 장기적인 이익이야말로 실은 중요했다. 그리고 닉슨 방중에 따른 미중관계의 정상화와 정권 발족 후 불과 2개월 만에 실현된 다나카 가쿠에이 총리의 방중에 따른 중일 국교회복은 지금 되돌아보면 "말 그대로 오늘의 동아시아 지역질서를 구축한 결정적인 사건"(靑山 2011, 312쪽)이었다.

그것은 또한 세계사의 초점이었던 사회주의 베트남과 미국 사이에 진행 중인 전쟁의 의미를 주변화하는 결과를 낳기도 했다. 미중관계가 개선됨에 따라 베트남전쟁의 향방은 미국의 세계전략에서의 비중을 크게 감소시키는, 말하자면 사전事前 패전 처리의 효과를 가져왔던 것이다.

맺음말

'베트남전쟁 시대'는 1차 오일쇼크(1973)까지의 일본의 고도성장기와 거의 중첩되어 있다. 도쿄올림픽이 개최되어(1964) 일본의 GNP가 자유세계에서 2위가 되었다고 경제기획청이 발표했던(1969) 이 시대는, 일본 국민의 기억 속에서 소득 향상과 생활 안정이 가져다준 소시민적인 행복을 누렸다고 상상되는 시대다. 그것은 또한 "사람의 이동이 가장 제한되어" 있었고, "일본 근현대사에서 동아시아와의 고리가 가장 약한"(戸邊 2011, 242쪽), 전체적으로 말하면 '내부를 향한' 시대이기도 했다.

한편 돌이켜보면, 1960년 안보투쟁으로 막을 열어 1960년대 후반 급진화된 학생운동의 폭풍이 대학 캠퍼스를 뒤흔들었다는 점에서는 질풍노도 같은 저항운동의 시대이며, 나아가서는 저항운동이 종언을 고하는 시대이기도 했다. 이것은 동아시아의 전환기 속에서 어떻게 위치 지울 수 있을 것인가.

한일기본조약, 오키나와 반환, 다나카 총리의 중국 방문 등을 포함하여, 동아시아의 국제관계 속에서 일본은 대체로 수동적인 대응에 급급했다. 이 시대 비공산국 일본이 냉전체제에서 했던 역할은 베트남전쟁특수로 혜택을 누린 후방의 생산기지이며, 개발체제로 이행해가는 동아시아 나라들의 기러기 떼형雁行型 경제발전의 선두에 있던 기러기였다. 제도적 민주주의도 한묶음 해서, 고도성장기의 일본을 개발체제라고 규정하는 것은 무리가 있다. 그러나 '선두의 기러기'로서 일본의 위치나 1960년의 안보투쟁이라는 체제위기에 대한 대응, 이른바 위기관리 체제로서 이케다 하야토池田勇人 내각의 고도성장 정책의 전개는 일본의 55년 체제와 동아시아의 개발체제가 동시대의 불가분한 존재였음을 말해준다. 이케다 총리가 내걸었던 10년 내 '소득배증所得倍增'이란 슬로건도 또한 태국의 사릿이 말한 '개발', 한국의 박정희가 주장한 '선성장·후분배'와 같은 공리주의와 통하는 것이었다. 다른 점은 개발체제가 장래의 부유함을 약속하고 현재의 고통을 참아내자고 호소하는 것에 비해서, 자민당 정권은 소득 증가에 따른 사생활·소비생활의 충족 추구에 직접 국민을 유도하려고 했다는 것이다.

1960년 6월 18일, '국회를 포위하는 수만 명의 이름 없는 민중'에 섞여 농성했던 경험이 있는 역사학자 야스마루 요시오安丸良夫는 전학련全學連(전국학생자치회총연합), 노동조합원, 공산당원, '시민주의'자, "나와 같은 애매한 정치의식을 가졌을 뿐인 자" 등 다양한 세력들이 모여 농성했던 그 밤에 대해서, '그 장소'에 있었던 자, 있지 않은 것을 선택한 자도 포함하여, "일본 현실에서 응축된 전체성의 경험"이었다고 회상한다(安丸 1999, 453~454쪽. 1974년판 후기). 이 '전체성의 경험'은 후에 동아시아의 몇 개 나라에서 민주화운동으로 개발체제에서 전환했을 때 느끼는 감정과 상통하는 것이다. 그렇다면 1960년 안보투쟁을 마지막으로 이 같은 '전체성의 경험'을 사람들이 더는 느끼지 못하게 되었다는 점에서, 일본은 다른 동아시아 국가들과 양상을 달리하고 있는 것이다.

1960년대 후반이 되면, 베평련(베트남에 평화를! 시민연합)으로 대표되는 것과 같은 1960년대 전반까지 기성 노동조합이나 좌익정당이 주도한 운동에는 보이지 않는 "'아메리카나이제이션'에서 벗어난 새로운 세대의 감성"(安田 2011, 55쪽)을 가진 새로운 사회운동이 등장한다. 이러한 사회운동이 공해반대운동·소송 등과 함께 활성화되어 현재로 이어지는 일본 시민운동의 인프라를 만들어냈다. 또한 베트남전쟁은 미치바 치카노부道場親信가 논하는 것과 같이 일본의 시민운동이 다양한 형태로 아시아와 연대하는 계기가 되었다(道場 2011). 그리고 당초 베트남이나 동남아시아에 대해서 전혀 몰랐던 베평련의 담당자들이 아시아에 눈을 돌려, 쓰루미 요시유키鶴見良行와 그에게 사숙私淑하는 시민들 사이에서 동남아시아를 현장조사하는 연구자나 NGO 활동가들이 배출되었다. 베트남전쟁을 계기로 동남아시아를 연구하는 세대가 생겨난 것은, 베트남전쟁이 일본인의 지知의 전환점으로서 중요한 의미를 가지고 있음을 나타낸다(河村 2010, 327~333쪽).

그러나 전체적으로 말하면, 고도성장기를 거치면서 일본의 신구 좌익운동·정당·노동조합·시민운동·학생운동은 가치, 목적, 수단에서 제각각 분열되어갔고, 1960년 안보투쟁과 같은 민중을 동원하는 포섭력을 가진 운동이 일본 사회에서는 다시 등장하지 않았다.

1960년대 말 안보투쟁에서는 신주쿠新宿 국제반전데이 소요(1968), 도쿄대학 투쟁·일본대학 투쟁(1969) 등 학생운동이 캠퍼스나 가두에서 왕성하게 전개되었다. 정치적으로도, 문화적으로도, 또한 인구학적으로도 청년들이 주역이었던 이 시대에, 청년들의 급진적인 감성에 미디어는 관용적이었다. 급진적인 학생운동 과격파(적군파)에 의한 일본 최초의 여객기 납치사건인 '요도호 납치사건'(1970)도 희생자를 내지 않았기에, 미디어는 오히려 희극이나 활극으로 이를 보도했다.

그러나 연합적군 아사마 산장 사건(1972년 2월)과 그 후에 계속해서 벌어진 연합적군 사건을 계기로 일본 사회와 미디어는 학생운동에서 파생

한 '과격파'를 사악하고 흉악한 존재로 일제히, 그리고 철저하게 부정하게 되었다. 텔아비브 공항 난사사건(1972년 5월)을 비롯해 일본인 과격파는 1970년대 외국에서 지속적으로 테러사건을 일으켰다. 다나카 총리가 동남아시아를 방문했을 때 일으킨 반일폭동(1974년 1월), 동아시아 반일무장전선이 일으킨 미쓰비시三菱 중공업 폭파사건(1974년 8월) 등은 해외진출 일본 기업을 표적으로 삼은 것이었다. 이러한 연속적인 테러사건은 지식인층을 넘어 일본인의 시선을 일본과 중동의 관계, 또는 일본과 동남아시아와의 관계로 향하게 하는 뼈아픈 계기가 되었다. 동시에 그것들은 1960년대 급진주의의 말로로서 똑같이 취급됨으로써 이른바 우치게바内ゲバ(학생운동에서 의견이 다른 각파 간의 폭력투쟁)의 유혈사건과 함께, 1970년대에 자라난 청년과 학생 들을 모든 '운동'의 장으로부터 멀어지게 하고 무관심하게 만들어 순종적인 국민을 만드는 국민적 교재가 되었다.

9장

경제발전과 민주혁명
: 1975~1990년

와다 하루키和田春樹

1975년 베트남전쟁은 미국의 패배로 끝났다. 이것은 '아시아 전쟁의 시대'의 끝이기도 했다. 베트남의 승리는 전쟁에 가담하고 있던 나라들에게도 충격을 주었다. 한국에서는 민주화운동이 시작되었다. 동남아시아 국가들은 아세안을 강화하여 자립하려고 했다. 중국은 미국과의 무승부에 만족하고 베트남에 대해 반발했다. 그 결과 1978년에는 중일 평화우호조약과 미중 국교수립에 의해 미국, 중국, 일본의 삼국동맹이 형성되고, 우호협력조약을 체결한 소련, 베트남, 아프가니스탄의 삼국동맹이 그것과 대항하는 구도가 생겼다. 다음 해에는 2개 동맹의 접점에서 캄보디아전쟁, 중월전쟁, 아프가니스탄전쟁이 일어났다. 그런데 동아시아에서는 전쟁과 함께 눈부신 경제성장이 진행되었다. 한국, 일본, 타이완, 동남아시아 국가들에 이어 마지막으로 중국이 개혁개방정책을 취해 경제성장의 길로 들어섰다. 이 동아시아의 경제성장이 제3세계에서 사회주의 권위의 실추를 가져왔다. 소련에 대항하는 미국은 1983년부터 '신냉전'을 개시했다. 그리고 아프가니스탄전쟁에 개입하여 이슬람 근본주의 세력을 원조했다. 1986년과 1987년 필리핀과 한국에서는 민주혁명이 성공한다. 이들 모두 사회주의 이념과 관계없이 진행된 새로운 시민혁명이었다. 체제의 한계에 이른 소련에서는 페레스트로이카가 시작되어 한국, 미국, 중국과의 화해가 진행된다. 아프가니스탄에서 소련군이 철수하고, 캄보디아에서 베트남군이 철수했다. 세계사적으로 냉전이 끝나고, 1991년 소련은 국가사회주의 체제를 종식하게 된다.

1. 베트남전쟁 종료 후의 아시아

미국의 패배와 아시아

1975년 4월 30일, 마침내 사이공이 함락되었다. 북베트남의 전차가 남베트남 대통령 관저의 문으로 돌진하고, 관저에는 남베트남 임시정부의 깃발이 올라갔다. 미국이 만들어낸 사이공 정권의 종말이었다. 미국 대사관에서 마지막 헬기가 미국을 위해 일한 베트남인들을 대사관 구내에 방치한 채로 이륙했고, 사이공 앞바다의 미국 함선에 도착하자 헬기는 바다로 버려졌다. 이 영상이 전 세계에 방영되었다. 아시아에서의 전쟁은 이렇게 미국의 패배로 끝났다. 다음 해인 1976년 7월, 남북베트남은 통일되고, 사이공시는 호찌민시로 개칭되었다. 미국의 패배는 베트남전쟁에 가담한 미국 동맹국의 패배이기도 했지만, 특히 미국에 이어 많은 병력을 파견했던 한국의 패배는 심각했다.

미국의 패배는 미국과 계속 싸워왔던 베트남인들의 승리였다. 그와 동시에 미국 국내와 전 세계에서 베트남전쟁에 반대하여 일어났던 사람들의 승리였다. 사람들은 정의의 실현을 원했다. 미국 스스로가 베트남전쟁을 일으켰던 침략적 간섭주의의 파산을 인정하고, 사죄하고, 배상을 하는 것이다. 아시아 땅에서 패배한 침략자의 사례는 일본이다. 일본은 미국, 영국, 중국, 소련 4개국 선언을 수락하여 항복했다. 그 후 미국 점령군 체제에서 나라의 발본적인 전환이 이루어졌고, 전범 재판이 열렸다. 그러나 일본이 침략한 중국의 국민들에게 사죄하고 반성을 표명한 것은 사이공이 함락되기 3년 전인 베트남전쟁의 말기였다. 중국은 사과만 받았을 뿐 배상은 포기해야 했다. 아시아의 역사에서 일본의 패배에 이은 미국의 패배는 어떻게 청산될 것인가.

당연한 일이지만, 미국의 지도자는 베트남전쟁이 치욕적으로 끝나는 것을 회피하는 데 필사적이었다. 이를 위해 리처드 닉슨 대통령 시절 헨리 키신저를 중심으로 한 외교 담당자들은 파리평화협정을 체결하고, 중국과 화해하고, 베트남 지도자에 대한 압박을 강화했다. 미국은 일본 항복 후 30년 동안 계속된 '아시아 전쟁의 시대'를 미·중의 무승부, 미·중의 화해로 막을 내리고, 그 막으로 베트남전쟁을 감추려고 했다. 그러나 막이 내려가기 전에 베트남인의 전차가 무대로 올라왔고, 미국의 헬기가 무대에서 내던져지는 치욕의 1장이 연출되고 말았던 것이다.

베트남에서의 패배로 인해 미국의 권위가 크게 흔들린 것에 대해 환상 없이 대응한 것은 동남아시아 국가들이었다. 이들 나라는 한국전쟁에도, 베트남전쟁에도 협력을 강요받았다. 그러나 베트남전쟁에 실질적으로 협력한 필리핀과 태국을 포함해서 그러한 협력관계를 장기적 관점으로 다시 보려고 하는 지향이 생겨났다. 1975년 9월에 개최된 SEATO(동남아시아조약기구) 제20회 각료회의 이사회에서, 이 기구를 단계적으로 해소하기로 결정했다(山影 1997, 91쪽). 그리고 이를 대신하여 독자적인 지역기구를 발전시키기로 했다. 1976년 2월, 인도네시아 발리에서 제1회 아세안 정상회의가 개최되었다. 아세안은 창립된 지 10년이 넘은 조직이었지만, 이때 처음으로 정상회의를 열었던 것이다. 여기에서 동남아시아우호협력조약이 조인되고 결속이 강화되었다. 나아가 동남아시아 국가들은 베트남과의 관계를 정상화하려고 했다. 1976년 7월, 필리핀이 베트남과 국교를 수립하고, 8월에는 태국이 뒤를 이었다. 그 결과 모든 아세안 국가들이 베트남과의 관계를 정상화했다. 다만 동남아시아 여러 나라 정부는 국내에서 공산주의 세력에 시달리고 있어, 베트남에 대한 경계심을 버릴 수는 없었다. 그런 의미에서 미국의 '존재'는 역시 필요했다.

베트남전쟁을 추진하는 미국에게 북폭기지를 제공하고, 지상군 1만 1000명을 파병한 태국에서는 1973년 '10월 14일 정변'으로 군부정권을 축출한 대학생들과 지식인들의 운동이 고양되고 있었다. 대학생들은 반미적이었으며, 청년승려들도 운동에 참가하고, 노동자와 농민이 조직화되어 시위를 벌였다. 보수파는 이들에게서 공산주의 세력의 그림자를 보고 공포를 느꼈다. 1976년 여름 방콕에는 혁명 전야의 긴장감이 감돌았다. 마침내 군과 우파조직은 10월 6일 타마사트대학에 모여 있던 학생과 시민들을 공격하여 '피의 수요일' 쿠데타로 대응했다. 정부 발표에 따르면 사망자는 77명에 달했다. 쿠데타 성명에는 "베트남인이 국가 전복을 사주했다"는 말이 있었다. 타닌 끄라이위치엔Thanin Kraivichien 총리의 반공정권이 탄생했다. 학생들은 북부 공산당 지구로 도망갔다(末廣 1993).

1973년까지 베트남전쟁에 상시 5만 명의 병력을 파견하여 미국을 도왔던 한국 정부와 군이 사이공 함락 후에 받은 충격은 컸다. 박정희 대통령은 1972년 북한과 7·4 남북공동성명을 발표하는 등 정책 전환을 꾀하면서 체제 공고화를 위해 유신쿠데타를 단행했다. 그러나 1973년 8월 8일, 해외로 망명하여 투쟁선언을 한 야당 대통령 후보 김대중을 한국의 정보기관 요원이 백중의 일본에서 납치하는 사건을 벌여 분노를 초래했다. 가을부터 유신체제에 대한 학생들의 저항이 시작되었다. 한국 민주화운동의 시작이다. 1974년 4월 박정희 정권은 민청학련 사건이란 이름으로 전국의 학생운동 지도자들을 뿌리째 체포했다. 배후 조종자로 지목된 시인 김지하를 체포하고 사형선고를 내리자, 일본의 작가와 시민 들도 강하게 비판했다. 다음 해인 1975년 2월, 체포자들은 거의 전원 석방되었다. 사이공 함락이 임박한 시기였다. 놀란 독재자는 3월에 김지하를 다시 체포하여 공산주의자라는 자백을 강요해 기소했다. 더욱이 학생운동의 배후 조종자로 날조했던 1960년대의 좌익단체 '인민혁명당' 관계자 8명을 4월 9일에 처형했다. 정권의 폭력성은 커다란 인상을 주었다. 3주 후 북베트남 전차에 의해 사이공의 대통령 관저가 유린되는 광경을 보고 박정희는 전율을 느끼지 않을 수 없었을 것이다. 정권은 온 힘을 다해 민주화운동을 탄압했다. 그러나 1976년 3월 1일 김대중, 윤보선 전 대통령, 문익환 목사 등이 성당에 모여 '민주구국선언'을 낭독했다. 전원 검거를 각오한 도전적인 행동이었다. 민주화운동은 일보일퇴를 반복하면서 조금씩 전진해갔다.

이런 상황에서 1977년 미국 대통령이 된 지미 카터의 선거공약에 포함된 주한미군 철수안은 커다란 파문을 불러일으켰다. 1977년 5월 카터 정권은 1980년 말까지 2개 여단의 철수를 결정했다. 이 정책은 베트남전쟁 패배에 대한 자동적인 반응이었지만, 한국의 억압적인 정권에 대한 반발과도 결부되어 있었다. 그러나 "지상군을 철수하면 전쟁이 일어날 것이다"라고 발언하여 해임된 존 싱글러브John K. Singlaub 주한미군 참모장을 비롯하여 미군 내부에서도 강하게 반발했지만, 가장 격렬하게 반발한 것은 한국 정부였다. 북한군 병력에 대한 평가에 오류가 있다고 주장하여 수차례에 걸쳐 수정이 이루어졌고, 결국 카터는 미군 철수안을 사실상 철회할 수밖에 없었다(村田 1998).

일본의 아시아 외교

베트남전쟁 후에도 일본 정부는 아시아에서 자신의 위치를 명확하게 할 수가 없었다. 일본은 일찍부터 타이완과 단교하고 중국과 국교를 수립했으며 북베트남과도 국교를 맺고 있었지만, 전후 아시아에서 새로운 외교를 주도하기는 어려웠다. 1974년 1월, 태국의 학생들로부터 반일시위의 세례를 받은 다나카 총리는 그해 금권정치에 대한 비판이 거세지면서 퇴진 압력을 받고 있었다. 베트남전쟁 후 일본을 크게 동요시킨 것은 록히드 사건이었다. 다나카 전 총리가 미국 기업으로부터 뇌물을 받았다고 하여 1976년 7월에 체포·기소되었던 것이다. 록히드사 부회장 코찬Archibald Carl Kotchian이 미국 상원 외교위원회 소위원회 공청회에서 록히드사의 대형 제트기를 판매하기 위해 일본에 불법적인 정치자금을 주었다고 진술했다. 일본 사법부는 그러한 진술에 근거하여, 다나카 전 총리를 5억 엔의 뇌물죄로 기소했다. 키신저 등 미국 정부 관계자는 타이완 문제 처리에 대해서 '미국과의 완전한 합의'로 처리한다고 약속했으면서도 갑자기 타이완과 단교하고 중국과 국교를 수립한 일 때문에 다나카를 불신하고 있었다(奥山 2011). 북베트남과의 국교수립도 마찬가지였다. 이러한 다나카 외교에 대한 미국 정부의 불신과 록히드 사건으로 인한 다나카의 파멸이 어떤 관계가 있는지는 알 수 없다. 아무튼 일본은 미국의 의향을 무시하고 외교를 하는 것은 불가능했다. 다나카 다음의 총리들은 미국이 아시아를 버리지 않도록 요청하는 데 열심이었다(佐藤 2011).

1977년 8월에는 후쿠다福田赳夫 총리가 마닐라 연설에서 후쿠다 독트린을 공표했다. '일본은 군사대국을 추구하지 않는다. 동남아시아 국가들과 마음이 통하는 관계를 발전시키고자 한다. 또한 베트남도 배제하지 않을 것이며 일본이 나서서 동남아시아 국가들과 베트남을 연결할 것이다'라는 방향을 제시했다. 중국 및 미국의 외교와 충돌하지 않는 범위에서 동남아시아 국가들과 함께 조금 앞을 내다보는 방향을 추구하는 것이었다. 일본으로서는 이러한 지점에서 활로를 찾으려고 했을 것이다. 그것은 장기적으로는 합리적인 방침이었지만 베트남을 둘러싸고 대립이 심한 시기에는 전혀 역할을 할 수 없었다.

일본에 의해 국교가 단절된 타이완에서는 국부 장제스가 1975년 4월 5일에 사망했다. 후계자는 그의 아들이자 행정원장(총리)인 장징궈蔣經國였다. 그는 신설된 중앙위원회 주석에 취임했으며, 1978년에 총통이 되었다. 장징궈는 1920년대 말 아버지를 비판하며 소련에 머물면서 소련 공산당원이 되었는데, 아버지가 국공합작에 복귀하자 귀국하여 비밀경찰·청년조직·군軍의 정치부를 장악했다. 이러한 경력에서 알 수 있듯이 그는 대단한 정치 경력과 판단 능력을 가진 인물이었다. 그런 그가 권력을 계승한 것은 당연한 결과였다. 그는 타이완이 직면하고 있는 문제를 분명히 인식하고 '중화민국'의 '타이완화'라는 길을 걸어갔다(若林 1997).

오히려 본토 중국 쪽이 문화대혁명 시기로부터의 전환에 고뇌하며 요동치고 있었다. 1976년 1월 8일 부동의 총리 저우언라이가 사망했다. 마오쩌둥의 제안으로 2월 2일 화궈펑華國鋒이 총리대행이 되었다. 4월 5일 저우언라이를 애도하는 민중이 천안문 광장에 집결했으며, 이를 해산시키려는 경찰과 충돌했다. 이것이 1차 천안문 사건이다. 이때 덩샤오핑鄧小平이 배후 조종자로 지목되어 모든 직무를 박탈당했다. 7월 탕산唐山 대지진으로 24만 명 이상이 사망했다. 그리고 9월 9일 마침내 마오쩌둥이 사망했다. 한 달도 채 지나지 않아 마오쩌둥의 부인 장칭江青 등의 4인방이 체포되었다. 공산당의 고위간부는 총리 화궈펑을 당주석으로 임명했다. 화궈펑은 문화대혁명을 포함하여 마오쩌둥의 노선을 계승할 것을 맹세했지만, 문화대혁명의 시대가 끝난 것은 분명했다. 문화대혁명으로 철저하게 탄압받고 일시적으로 부활했으면서도 다시 물러날 수밖에 없던 덩샤오핑의 존재가 화궈펑을 위압하고 있었다. 결국 1977년 7월, 덩샤오핑은 자기비판서를 내고 복귀하여 당 부주석, 부총리, 인민해방군 총참모장으로 임명되었다. 마오쩌둥과 저우언라이가 없는 지금 고참 실력자 덩샤오핑은 미국 및 일본과의 화해의 선상에서 중국의 진로에 대해 새로운 생각을 내놓으려고 하고 있었다.

승리 후의 베트남

승리한 베트남의 주변국 캄보디아에서는 1975년 4월 폴포트 등 크메르 루주가 수도 프놈펜을 점령하고 정권을 수립했다. 극도로 급진적이며 폭력적인 반反도시·농촌 지상주의를 내걸어 베트남 공산주의자와는 대립적이었다. 그들의 정권 수립에 중국과 미국의 공작이 작용했는지 어떤지는 불분명하다. 승리한 폴포트파는 200만 명의 프놈펜 시민에게 농촌 이주를 강제했고, 저항하는 사람들에게 테러를 가했다. '킬링필드'라고 불리는 대학살이 벌어졌다. 국내의 불만을 베트남으로 향하게 하려고 크메르 루주 정권은 1977년 12월 베트남과 국교 단절을 선언하고 빈번하게 국경을 침범하면서 충돌을 빚었다.

승리한 베트남은 미국과의 전쟁에서 보여준 놀라울 정도의 설득력과 정치적 유연성을 상실했다. 승리는 첫째로 베트남 노동당의 탁월한 지도의 산물이라고 설명하고, 즉각 베트남 공산당으로 개칭하여 사회주의 노선을 강화했다. 사이공 정부에서 일했던 사람들은 재교육 캠프로 보내졌다. 마침내 배를 타고 베트남을 탈출하는 100만 명의 보트피플이 커다란 문제가 되었다. 이들의 수용을 거절하는 나라도 적지 않았고, 해적에게 습격을 당하는 등 비참한 운명을 겪은 사람들이 많았다. 만약 베트남 지도자가 전쟁 중에 베트남의 평화를 원했던 전 세계 사람들에게 '이 승리는 당신들의 것이기도 하다. 전쟁으로 상처받은 베트남의 땅을 부흥시킬 수 있도록 계속 지원해달라. 베트남에 와서 도와주기를 바란다'라고 호소했다면 어떻게 되었을까. 그와 같은 대량의 베트남 탈출은 발생하지 않았을지도 모른다.

베트남은 미국의 무시와 중국의 압력으로 어려움에 처해 있었다. 베트남 정부는 전쟁으로 파괴된 국토를 재건하고 부흥을 이루기 위해서 대량의 자금이 필요했다. 베트남은 미국 정부 쪽에 닉슨의 원조 약속을 이행하도록 요구했다. 미국은 태연히 이를 거절했다. 1977년 5월 3일부터 시작된 미국·베트남의 국교정상화를 위한 1차 교섭에서 베트남 측은 닉슨이 약속한 47억 5000만 달러의 원조를 재확인받기 위해 압박했다. 그러나 미국 측은 베트남의 유엔 가입에 반대하지 않는다고 말했을 뿐, 원조 없는 무조건적 국교정상화를 주장했다.

5월 4일 판히엔 외무차관이 기자회견을 열어, 미국은 베트남의 부흥에 협력할 책임과 의무가 있으며, 베트남에 대한 적대적인 정책을 그만두고 경제제재 조치를 해제해야 한다고 주장했다. 이 발언에 대해 미국 내에서는 크게 반발했다. 공화당의 애시브룩John M. Ashbrook 의원은 판히엔의 발언을 이용해서 하원 외교위원회에서 심의 중인 대외원조법안에 대한 수정안을 제안했다. 그리하여 미국 정부가 어떠한 형태로든 베트남에 금전적 지불을 해서는 안 된다는 수정안이 5월 4일에 가결되었다.

베트남 정부는 5월 19일, 1973년 2월 1일자 닉슨의 비밀문서를 공개했다. 이에 대해 카터 대통령은 북베트남이 파리평화협정을 깨고 남베트남을 침공했으므로 닉슨의 약속은 무효가 되었다고 반박했다. 6월 2일부터 이루어진 2차 교섭에서 베트남 측은 사망한 미군 병사 20명의 명단을 건네주었지만, 미국은 여전히 부정적인 태도를 보이며 경제원조에 응하지 않았다. 3차 교섭은 12월에 이루어졌다. 베트남은 부흥원조를 국교정상화의 전제로 삼지 않는다고 양보했지만, 미국은 국교정상화 후에 이루어지는 원조액에 대해서는 결코 명시하지 않았다. 결국 교섭은 결렬되고 말았다(宇佐美 1996, 79~80쪽).

2. 새로운 대립구도: 2개의 동맹

미국·중국·일본 동맹

베트남전쟁 후의 상황이 전개되면서 새로운 대립구도가 1978년에 출현했다. 미국·중국·일본 동맹과 소련·베트남·아프가니스탄 동맹의 대립이었다.

1978년 2월 미국은 베트남 유엔대사의 퇴거를 요구했다. 베트남 대사가 국무성의 대베트남 교섭 자료를 불법적인 수단으로 입수하려 했다는 이유였다. 미국과 베트남의 관계는 일거에 경색되었다. 같은 해 미국은 드디어 중국과의 국교정상화를 추진했다. 베트남은 미국과의 국교정상화를 단념하고, 소련 진영으로 들어가기로 결정했다. 6월 베트남은 코메콘COMECON(동유럽경제상호원조회의)에 가입하는 방향으로 나아갔다.

7월이 되자 중일평화우호조약 교섭이 재개되어 8월 12일에 조인되었다. 먼저 국교수립을 공동성명으로 발표하고 나서 평화우호조약을 체결하는 것은 1972년부터 중국 측이 생각하던 바였다. 구체적으로는 1974년 중국 측이 조약안을 제안하여 교섭이 이루어졌지만, 중국안案에 있는 패권조항이 소련을 자극할 것을 염려해서 미키三木武夫 내각은 교섭을 중단시켰다. 1976년 후쿠다 내각이 들어서자 일본은 태도 변화를 보이며 마침내 1978년 7월 교섭이 재개되기에 이르렀던 것이다. 원래 패권조항은 1972년의 중일공동성명에 포함되어 있었는데, 이 시기에 그것을 집어

넣도록 중국이 요구한 것은 패권을 추구하는 나라 소련에 대한 공동의 대결을 요구하는 것과 같았다.

후쿠다 총리도 소련과 대립하는 것은 피하고 싶었다. 패권조항을 받아들였지만, "조약은 제3국과의 관계에 관한 각 체결국의 입장에는 관계하지 않는다"는 제3국 조항을 집어넣어 소련과의 관계를 완화하려 노력했다. 중국 측은 본질은 변하지 않는다고 하여 그것을 받아들였다. 교섭할 때 덩샤오핑은 소련에 대한 적대감을 소노다園田直 외상을 향해 노골적으로 드러내지는 않았지만, 베트남에 대해서는 '지역패권주의'라고 비난하면서 베트남은 소련의 군사기지가 되고 말았고, 아세안을 파괴하는 소련의 앞잡이가 되고 있다고 규정했다(石井ほか編 2003, 187~188쪽).

일본 측은 일본의 재침략 방지를 호소한 중소동맹조약에 대해서 문제를 제기했다. 덩샤오핑은 1979년이 기한인 이 조약을 연장할 생각이 없다고 대답했다. 그리고 센카쿠열도 문제에 대해서는 중국의 영토라고 강조하면서도 앞으로 20~30년 동안은 중국이 이 문제를 제기하지 않을 것이라고 말했다(石井ほか編 2003, 397~398쪽). 일본은 이 보증에 만족했다. 일본은 중국에 대한 엔 차관을 확대하는 한편, 베트남에 대해서는 캄보디아 침공을 계기로 원조동결 방침을 취했기 때문에 입장이 분명했던 것이다.

소련은 중일교섭 사이에도 이 같은 조약에 조인하면, 중국의 '패권주의 외교'에 가담하는 것이라고 일본 측에 재삼 경고를 했다. 조인 후인 8월 15일에는 세계 여론이 이 조약을 비난하고 있으며, 반기는 것은 반동적인 군국주의자들뿐이라고 규정했다(*Pravda*, 13, 15, 18 August 1978).

중국은 이후 소련에 대항한다는 명분 아래 일본 및 미국과 제휴하여 시장경제를 도입하고, 부국강병의 길로 나아가려고 했다. 여기에는 일본의 ODA(공적개발원조)에 의한 엔 차관과 무상원조가 큰 역할을 할 것으로 기대하고 있었다. 1978년 12월 3중전회三中全會(제11기 중앙위원회 총회 제3회 전체회의)에서 덩샤오핑은 정치노선을 전환했다. '사회주의 현대화 건설'을 목표로 삼고, '개혁·개방' 노선을 채택한 것이다. 젊은 중국인들이 미국과 일본으로 유학을 가기 시작했다.

12월 16일, 미국과 중국의 국교수립이 발표되었다. 미국은 타이완과 단교했지만, 정식으로는 1년 전에 파기를 예고해야 하므로 과거 1년 사이에 체결된 타이완에 대한 무기제공 약속은 지킬 것이라고 중국 측에 알렸다. 중국은 이를 인정했지만, 신규계약은 인정하지 않는다고 대답했다(宇佐美 1996, 175쪽). 이것으로 타협이 이루어졌다. 그리하여 한국전쟁에서 싸웠던 미국과 중국의 화해가 최종적으로 완성되었다. 1979년 1월, 덩샤오핑은 미국을 방문하여 백악관에서 카터 대통령을 만났다. 두 정상은 미국과 중국의 결속을 과시했다.

일본에 이어 미국과도 국교가 단절된 타이완의 장징궈 총통은 이 충격을 냉정하게 받아들였다. 미국 의회가 제정한 '타이완관계법'에 의해 제공되는 군사지원을 중시하면서 자국의 경제력을 강화하여 살아남는 길로 나아가게 된다.

소련·베트남·아프가니스탄 동맹

그런데 카터 대통령의 국무장관 밴스Cyrus R. Vance는 온건파였지만, 외교보좌관 브레진스키Zbigniew K. Brzezinski는 반소강경파였다. 그는 소련이 아프리카에서 소련형 사회주의를 신봉하는 혁명파를 원조하여 세력을 확대하고 있다고 판단했다. 그 거점은 1974년에 하일레 셀라시에 황제의 권력을 타도한 혁명으로부터 탄생한 에티오피아 멩기스투Mengistu Haile Mariam 정권이었다. 소련의 물질적 원조 외에 쿠바인 부대가 혁명을 지원하기 위해 아프리카에 파견되어 있었다. 이러한 지원을 받아 앙골라의 MPLA(앙골라해방인민운동)가 내전을 전개하고 있었다. 브레진스키는 중국과 제휴하여 소련의 공세를 격퇴하려고 했던 것이다.

소련의 입장에서 보면 미국, 중국, 일본의 3국 반소동맹이 성립했다. 일본 측에서는 그러한 의도가 없었음에도, 당시 소련이 받은 심리적 압박은 상당한 것이었다. 소련 공산당 기관지인《프라우다》는 12월 18일에 일본 공산당 기관지《아카하타赤旗》의 기사를 소개하면서, "반소 통일전선의 형성을 추구하는 중국의 노선과 미국의 대베트남 정책의 위험한 측면을 무시해서는 안 된다"라고 주장했다.

이에 대항하고자 한 것이 소련과 베트남의 동맹이었다. 1978년 11월 1일, 베트남 공산당 서기장 레즈엉과 총리 팜반동이 10월 혁명 기념일에 귀빈으로 모스크바를 방문했고, 11월 3일 소련 공산당 서기장 레오니드 브레즈네프, 총리 알렉세이 코시긴과 함께 소련·베트남 우호협력조약에 조인했다. 이 조약의 제6조에는 "어느 일방이 공격의 대상이 되거나, 그런 위험이 생긴 경우 양국은 위협을 제거하고, 양국의 평화와 안전을 확보하기 위한 유효적절한 방책을 강구하기 위해 상호협의를 즉각 개시한다"라고 기술되어 있다.《아사히신문朝日新聞》은 4일 1면 톱기사로 "군사동맹의 성격", "중국을 염두에"라고 보도했다. 조인이 이루어진 날 만찬 자리에서 레즈엉은 "베이징의 지도층 중에 반동적인 그룹이 온갖 수단을 동원하여 세력을 결집하여 제국주의와 파시스트적 추종자와의 새로운 동맹, 사회주의 체제와 민족해방운동에 칼을 겨눈 동맹을 만들고 있다"라고 말하면서, "모든 반동적 동맹, 모든 야만적 세력"은 "사회주의 세력,

민족해방운동의 전투적 연대" 앞에서 붕괴할 것이라고 단언했다(*Pravda*, 4 November 1978). 이 동맹은 분명히 중국을 겨냥한 소련의 군사동맹이었다. 중국의 《인민일보人民日報》는 10일 사설에서, "베트남 당국은 소련의 지지를 얻어내는 데 눈이 멀어 위대한 중국 인민을 가볍게 보고, 욕망을 여과 없이 드러내 그 정신 나간 작태가 갈 데까지 갔다"라고 비난했다(宇佐美 1996, 77쪽). 이후 소련은 베트남에 경제고문단을 파견하여 원조를 제공하고, 다른 한편으로는 캄란만에 소련 함정기지 소유를 인정받았다.

소련이 발사한 제2탄은 11월 20일 소련·에티오피아 우호협력조약의 조인이었다. 사회주의를 지향하는 혁명 지도자 멩기스투 소령 등이 찾아와서 브레즈네프 서기장과 조인했다. 전체 15조 가운데 제7조는 "평화의 위협 또는 국제평화의 파괴를 조장하는 상황이 발생하면 즉각 쌍방의 입장을 통합하기 위한 접촉을 가진다"라고 조금 표현 수위를 낮추었지만, 제10조에서는 "국방력의 확보를 위해 군사적 협력을 계속한다"라고 명확히 밝히고 있다(*Pravda*, 21 November 1978). 소련·에티오피아 동맹은 아프리카 지역에서 소련이 사회주의화를 추진해나가겠다는 선언이었다.

그리고 제3탄이 이어졌다. 12월 4일 아프가니스탄 인민민주당 서기장 타라키Nur M. Taraki가 당서기이자 부총리 겸 외무장관인 아민Hafizullah Amin과 함께 소련을 방문하여, 다음 날인 5일 소련·아프가니스탄 우호선린협력조약에 조인했다. 이 조약(전체 15조)에서는 베트남과의 조약에 포함되었던 공격 위협에 대한 대응 조항이 없지만, 제4조에서 "국방력 강화를 위한 군사 분야에서의 협력"을 선언하고, 제6조에서 적대적 군사동맹에 참가하지 않는다고 명시하고 있다. 제8조에서 "아시아 여러 국가 간의 협력을 증진"하고, "아시아에서의 효과적인 안전보장체제의 창출"을 꾀한다고 규정하고 있으며, 제10조에서 "양국의 이해와 관련한 모든 국제문제에 대해서 협의한다"라고 서술하고 있다. 소련에 의한 비호라는 성격이 강하다. 만찬회에서 타라키는 긴 인사말을 했지만, 중국에 대해서는 일체 언급하지 않았다.

소련이 원한 것은 베트남, 아프가니스탄과 손을 잡고, 중국의 동남과 서북 방면에서 압력을 가하는 것이었다.

3. 3개의 국지전쟁

캄보디아전쟁, 중월전쟁

새롭게 태어난 2개 동맹의 접점에서 1979년 일련의 전쟁이 일어났다. 캄보디아전쟁, 중월전쟁, 그리고 아프가니스탄전쟁이다.

우선 중국과 베트남의 대립이 심각했다. 국경 침범, 국경에서의 충돌이 빈발했다. 이 충돌은 베트남과 캄보디아 사이의 충돌과도 관련되었다. 중국은 반反베트남의 크메르 루주 정권을 지원하고 있었다. 한편 베트남 내에서는 화교 120만 명이 불안을 느끼고 있었다. 베트남의 통일정권은 화교들에게 베트남 국적을 취하도록 요구하면서 사회주의화의 방침으로 호찌민시 쩌런지구의 화교 상인들에게 압력을 가하고 있었다. 1978년 4월부터 화교의 베트남 탈출이 시작되어, 연말까지 26만 3000명이 중국으로 피신했다. 8월에는 국경인 우의관友誼關에서 출국을 기다리는 화교와 베트남 관원 사이에 난투극도 벌어지기도 했다.

이러한 상황에서 1978년 5월 폴포트 정권에 반대하여 일어난 캄보디아군의 일부가 정부군으로부터 공격을 받고, 살아남은 헹삼린 부대가 베트남 영내로 도피해 들어왔다. 베트남은 이들을 지지하여 1979년 1월 캄보디아에 군을 투입해서 1월 7일 프놈펜을 점령했다. 캄보디아전쟁의 개시였다. 1월 10일에는 헹삼린의 캄푸치아인민공화국이 수립되었다(小倉 1992, 295~296쪽). 베트남은 신정권과 평화우호협력조약을 체결했다. 폴포트 세력은 서부의 태국 국경지대로 후퇴하여 중국의 지원을 받으며 항전을 계속했다. 캄보디아의 베트남군은 17만~18만 명으로 증강되면서 전쟁이 장기화되어갔다.

프놈펜을 탈출한 시아누크 국왕은 베이징으로 가서 헹삼린과 폴포트 양쪽을 모두 비난했다. 덩샤오핑이 미국에서 귀국한 직후인 1979년 2월 7일, 중국은 13만 명의 병력을 국경에 집결시켜 베트남을 공격했다. '응징한다'는 명분으로 기간을 정해서 벌인 전쟁이었다.

분명히 이 전쟁은 소련·베트남의 동맹에 대한 도전이었다. 소련 내에서는 베트남에 대한 국민적인 동정이 일면서, 콤소몰에 지원군의 신청이 쇄도했다. 소련은 중국을 압박하기 위해 전차사단을 몽골의 소련군에 추가 파견했다(Kapitsa 1996, 101쪽).

중국군은 베트남군과의 전투에서 고전했다고 전해진다. 그리고 랑손을 점령하자 목적을 달성했다며 3월 5일에 철수를 발표했다.

아세안 국가들은 이런 정황을 보며 독자적인 입장을 지키기 위해 필사적이었다. 캄보디아의 독립과 자결을 계속 주장하면서도 전쟁에 개입할 생각은 없었고, 태국, 말레이시아, 인도네시아는 밀려드는 난민에 대한 대책에 집중했다. 결국 보트피플의 수용처가 된 인도네시아의 주장이 받아들여져 베트남에 대한 비난은 회피되었다(山影 1997, 99~102쪽). 2개의 동맹 어디에도 가담하지 않음으로써 군사행동에 말려들지 않으려고 했던 것이다.

아프가니스탄전쟁

또 하나의 초점은 아프가니스탄이었다. 소련과 결부된 혁명정권에 대해서 이슬람세력의 반란이 시작되었고, 타라키 대통령도 아민 총리도 소련군의 지원을 요구하고 있었다. 마침내 정권의 핵심인 할크파 내부에서 분열이 일어나, 1979년 9월 16일 아민이 정권을 장악하여 타라키를 체포하기에 이르렀다. 타라키는 10월에 옥중에서 사망했다. 소련은 공포심에 빠졌다. 소련으로서는 자국의 세력권에 들어온 사회주의 국가를 상실하고 싶지 않았고, 더욱이 그 나라가 반反중·미동맹의 일원이라면 더 말할 필요도 없는 일이었다. 따라서 아민이 미국과 접촉하고 있다는 정보는 치명적인 영향을 미쳤다(李 2002).

훗날 브레진스키는 자신의 제안으로 카터 대통령이 이미 7월 3일의 시점에서 아프가니스탄의 이슬람 반란세력을 지원한다는 비밀지령을 내렸다고 털어놓았다. 그러한 행동이 소련을 도발했다고 하지만 군사적 지원과는 거리가 멀었으며(金 2002, 88~89쪽), 그러한 공작이 소련의 결단에 구체적으로 영향을 미쳤다고는 생각하지 않는다고 했다.

12월 27일, 9월부터 아프가니스탄에 들어와 있던 소련군 공정부대와 11월 초 카불로 이동했던 KGB 등의 특수부대가 아민의 궁전을 습격하여 총리를 살해했다. 아민을 대신하여 파르참파의 카르말이 돌아와서 정권 장악을 선언했다. 소련군에 의한 아프가니스탄 점령의 시작이며, 전쟁의 시작이었다.

동아시아 밖에서는 같은 해 2개의 중요한 혁명이 일어났다. 중동의 이란에서는 1978년 1월부터 친미 팔레비 국왕의 통치에 대한 민중의 저항이 일어났다. 마침내 1979년 1월 국왕이 망명하고, 2월에는 종교지도자 호메이니Ayatollah R. Khomeini가 귀국하여 혁명정부가 정권을 장악했다. 미국 대사관은 그 사이 혁명파에 의해 점거된 상태였으며, 카터가 추진한 인질 구출작전도 실패로 끝났다. 중남미의 니카라과에서는 친미 독재자 소모사 일족의 정부가 1979년 7월 산디니스타 민족해방전선에 의해 타도되어 혁명정부가 탄생했다. 미국은 세계적으로 어려운 지경에 빠졌다.

4. 경제발전

NICs 제국

이 같은 고통스러운 상황 속에서도 동아시아 지역은 1970년대에 눈부신 경제발전을 이루었다. 여기에서는 일본이 선두에 서서 고도 경제성장을 추진했다. 일본의 고도 경제성장은 1955년부터 시작되었다. 그 고도성장은 패전에 의한 전후개혁과 한국전쟁 특수에 따른 것이었다. 55년 체제로 불린 특이한 자민당 일당 지배체제에서 전쟁을 포기한 헌법에 의해, '아시아 전쟁의 시대'에 전쟁에는 가담하지 않았던 나라가 이웃나라의 전쟁이 만들어낸 수요 덕분에 생산을 확대하여 마침내 미국 시장을 겨눌 만큼 놀라운 성장을 이루었던 것이다. 일본은 1950년대에 이어 1960년대에도 GNP 연 성장률이 10.9퍼센트를 기록했다. 제조업의 연 성장률도 11퍼센트였다. 그러나 1973년 오일쇼크로 일본의 고도성장이 끝나면서 1970년대의 GNP 연 성장률은 5퍼센트로 감소했고, 제조업 성장률도 6.4퍼센트로 떨어졌다.

다음으로 일본을 대신하여 1970년대 경제성장을 견인한 것은 아시아 NICs 국가들이었다. NICs 9개국 중에서 4개국, 한국, 타이완, 홍콩, 싱가포르가 동아시아 국가다. 이들 나라의 경제성장은 베트남전쟁이 만들어낸 특수를 전제로 하여 일본 경제와의 결부를 통해 이루어낸 것이었다.

타이완도 전쟁을 하지 않는 나라였다. 국민당 일당 독재국가로 공산중국으로부터의 공격을 두려워해 영구 계엄령이 내려진 나라였다. 1963년 GNP 성장률이 10퍼센트를 넘었고, 이후 1973년까지 평균 11.1퍼센트의 고도성장을 보였다. 1차 오일쇼크로 성장은 둔화되었지만, 그래도 1979년까지는 연평균 8.4퍼센트의 성장을 기록했다. 이 '타이완의 기적'은 합병이나 기술제휴 등으로 일본 기업으로부터 자금과 기술의 노하우를 받아들이고, 타이완의 저렴하고 우수한 노동력으로 조립·가공한 제품을 미국 시장에 수출하는 방식으로 이루어진 것이었다. 일본과 미국에 결부된 경제발전이었다.

한국은 최초의 군사쿠데타 후인 1960년대에 GNP 성장률이 8.6퍼센트, 제조업 성장률이 17.6퍼센트에 달했지만, 제2의 유신쿠데타 후인 1970년대에도 각각 9.5퍼센트, 16.6퍼센트를 유지했고, 전두환의 제3쿠데타 후인 1980년대에도 9.7퍼센트, 12.7퍼센트의 경이로운 발전을 이어갔다. '한강의 기적'이라 불린 이 고도성장에는 우선 베트남전쟁의 특수가 크게 작용했음을 부정할 수 없다. 1965~1972년 파병 군인과 기술자 들의 송금과 용역수입 등은 7억 4000만 달러, 상품 수출은 2억 8000만 달러, 총 10억 2200만 달러를 벌어들였다(朴 1993, 19쪽). 동시에 1965년부터 시작되는 한일조약에 근거한 일본의 경제 협력도 큰 몫을 했다. 일본은 한국에 무상 3억 달러, 유상 2억 달러, 민간 협력자금 3억 달러를 제공했다. 이 자금이 투입된 포항제철소는 신일본제철과의 기술제휴로 세계 유수의 제철기업으로 성장했다. 한국의 경우도 일본의 부품자재를 수입해서 조립한 제품을 미국에 수출하는 패턴이 제조업 발전에 중요한 역할을 담당했다. 그리고 한국에서는 군사정권의 경제발전 전략이 경제성장을 주도했다고 할 수 있다. 한국의 제조업은 약진했고 전자산업과 자동차 산업에서도 일본의 뒤를 추격했다.

아시아 NICs의 나머지 2개의 도시국가 싱가포르와 홍콩의 경제발전도 베트남전쟁이 만들어낸 수요, 동아시아 전체의 경제성장과 관련이 깊었다.

이러한 아시아 NICs에 이어 다른 동남아시아 국가들도 뒤늦게 성장의 궤도에 들어섰다. 태국이 대표적이다. 태국의 GNP 성장률과 제조업 성장률은 1960년대에는 8.4퍼센트, 11.4퍼센트였고, 1970년대에는 7.2퍼센트, 10.6퍼센트, 1980년대에는 7.6퍼센트, 8.9퍼센트였다. 한국 정도는 아니지만 상당히 높은 성장률을 지속했다. 태국의 경제발전은 타이완이나 한국과 달리 쌀, 천연고무, 주석 등 농산물과 그 가공품을 수출하는 방식으로 이루어졌는데 농업부문이 제조업 발전의 기초가 되었다. 말레이시아는 GNP 성장률과 제조업 성장률이 1970년대에 7.8퍼센트와 11.8퍼센트, 1980년대에 5.8퍼센트, 8.8퍼센트였다. 말레이시아도 고무, 주석, 천연가스 등의 수출품을 가지고 외국 기업의 유치를 공업화로 연결시켰고, 일본과의 결부가 강했다. 인도네시아, 필리핀, 버마에는 일본의 전쟁 배상으로서 경제 협력이 이루어졌다. 인도네시아는 석유와 천연가스를 산출한다. GNP 성장률과 제조업 성장률이 1970년대에는 7.6퍼센트와 12.8퍼센트, 1980년대에는 5.5퍼센트와 12.5퍼센트였다. 석유, 천연가스 수출이 증가하는 가운데 제조업도 급속히 신장했음을 알 수 있다. 그러나 필리핀의 GNP 성장률과 제조업 성장률은 1960년대에 5.1퍼센트, 6.7퍼센트였고, 1970년대에도 이와 비슷한 6.3퍼센트, 7.2퍼센트였지만, 1980년대가 되자 0.9퍼센트, 0.1퍼센트로 급격히 떨어졌다. 필리핀의 문제는 이 경제의 문제에서 비롯되었다(末廣 1993).

중국의 대두와 일본

1970년대 말부터는 이런 아시아의 경제성장의 파도 속에 대륙 중국이 등장한다. 중국의 발전은 농업에서 시작되었다. 인민공사 중에서 최초는 작업반 청부제請負制가 취해졌지만, 1983년에는 호별 청부제를 실시하면서 인민공사는 해체되기에 이르렀다. 농민의 생산의욕은 높고, 도시 근교 농촌에서는 부의 축적이 진행되어 이른바 만원호萬元戶도 출현했다. 이것이 도시 내의 상품경제를 끌어올린 상태에서, 1979년에는 외자도입이 허용되어 홍콩, 타이완, 싱가포르에서 화교자본이 유입되었다. 1980년에는 선전深圳 등 4개 도시에 경제특구가 만들어졌다. 1984년에는 연해지역인 다롄大連, 상하이上海 등 14개 도시를 개방하기로 결정했다. 이러한 움직임에 일본의 무상원조로 추진되는 인프라 정비나 일본의 기술지원에 의한 거대 제철회사의 건설 등이 결부되었다. 신일본제철과의 제휴로 1977년부터 상하이에 건설되기 시작한 바오산제철소寶山製鐵所는 1985년 9월에 제1호 고로高爐의 화입식火入式을 가졌다. 일본의 ODA, 엔 차관은 1979년부터 1983년까지 5년 사이에 15억 6650만 달러에 달했는데, 이는 같은 기간 중국이 받은 ODA의 52.1퍼센트를 차지하는 것이었다(徐 2004, 127쪽). 바오산제철소는 중국 최대의 제철소가 되었다.

동아시아의 경제성장은 이처럼 일본 경제와의 결부, 제품을 수출할 거대한 미국 시장이 있었기에 가능한 것이었다. 처음에는 베트남전쟁 특수가 커다란 의미를 가졌다. 그리고 이윽고 미국의 생활용품 수요가 커다란 의미를 가지게 되었다. 미국은 베트남전쟁에 쏟아부은 막대한 전비로 재정 파탄에 빠졌지만, 국채를 대량으로 발행하여 일본에게 구입하도록 함으로써 재정을 유지했다. 미국 경제에 자금이 돌면서 아시아 국가들이 제조하는 상품들이 소비되었다.

1985년 9월 뉴욕에서 선진 5개국 경제장관·중앙은행 총재 회의가 열렸다. 높은 달러 가치를 각국의 협조와 개입에 의해 엔고円高와 낮은 달러 가치로 유도한다는 결정이 내려졌다. 이것이 자유변동환율제에서 관리환율제로 이행하는 전기가 되었는데, 회의장 호텔의 이름을 따서 '플라자 합의'라고 부른다. 그 결과 엔고시대를 맞은 일본에서는 토지가격이 올라 버블이 형성되었다.

《글로벌 냉전사》의 저자 웨스타드Odd Arne Westad는 이렇게 썼다. "동아시아 자본주의 국가들의 눈부신 경제성장과 특히 중국이 급속하고 성공적으로 달성한 세계시장과의 재통합이 다른 아시아 국가들뿐만 아니라, 제3세계 전반에서 사회주의적 해결에 대한 신앙을 붕괴시키는 데 기여했다. (……) 불과 수년 전까지는 동유럽이나 쿠바에 관심을 가지고 배우고자 했던 제3세계의 많은 지도자들은 1984년까지는 동아시아의 기적을 배우자고 주장하게 되었다"(ウェスタッド 2010, 362~363쪽).

5. 신냉전의 움직임

신냉전

1980년에 베트남은 소련에게 캄란만의 해군기지와 다낭의 공군기지를 제공했다. 서방의 관점에서 소련은 캄란만에 각종 함선 20~25척, 잠수함 3~4척, 다낭 기지에 공군기 40~45기를 배치했다고 알려진다. 작은 규모라는 견해도 있지만, 아무튼 그 바람에 필리핀의 미군기지(수빅 해군기지, 클라크 공군기지)는 절대 안전하다고 말할 수 있는 상황이 아니었다 (Bogaturov 1997, 177~178쪽).

미국은 소련에 의해 포위되어 있다는 위기감을 느꼈다. 1980년 미국 대통령에 도널드 레이건이 당선되었다. 그는 전임자 카터 대통령의 국가안보 보좌관 브레진스키가 추진해온 정책을 적극적으로 계승했다. 그 정책은 어떤 종류의 체계성을 띠고 있었다. 하나는 소련과 고도기술에 의한 군비확장 경쟁을 하는 것이었다. 이는 소련 경제에 큰 부담을 주게 될 것이었다.

두 번째로 아랍 산유국의 맹주인 사우디아라비아 왕국과 동맹을 견고히 다져 원유의 증산, 가격 인하를 실현하는 것이었다. 이는 미국 경제에 이익이 되는 동시에, 원유 수출로 외화를 획득하는 소련 경제에는 타격을 주는 조치였다. 미국의 공작 결과는 1985년 8월에 나타났다. 사우디아라비아는 원유의 하루 생산량을 3배로 늘렸다. 원유 가격은 1배럴에

30달러에서 12달러로 폭락했다. 소련의 외화 수입은 격감했고, CIA의 평가에 따르면 서방과의 무역수지는 1984년 제1/4분기에 7억 달러의 흑자에서 1985년 제1/4분기 14억 달러의 적자로 바뀌었다(Schweizer 1994, 242~243쪽).

세 번째는 소련의 세력권인 지역에서 소련의 동맹자에 대한 반대 세력을 지지한다는 정책이었다. 이에 따라 폴란드의 '연대'에 대한 지원과 아프가니스탄에서 카르말 정권, 소련군과 싸우는 무자헤딘에 대한 지원이 이루어졌다. 미국의 저널리스트 피터 슈바이처Peter Schweizer는 레이건의 CIA 국장 케이시William J. Casey가 1981년 초부터 외국에 거주하는 아프가니스탄 사람을 스카우트하여 반란군에게 무기를 제공하는 공작을 지시했다고 폭로했다. 무기는 이집트에서 구입하여 아프가니스탄으로 운반되었다. 1982년 봄에는 100명 이상의 아프가니스탄 사람이 CIA의 훈련을 받고 무기반입 공작에 투입되었다. 이에 대해 냉전 연구자인 웨스타드는 처음에는 국무성이나 CIA나 모두 무자헤딘의 힘에 대해 의문을 가졌으며, 직접적인 무기원조에는 소극적이었다고 보고 있다. 그러다가 미국과 파키스탄의 관계가 정리되고 국내에 아프가니스탄 지원세력이 결집하면서 1983년부터 변화가 생겼다고 분석한다. 국방성의 조언자 리처드 펄(후에 네오콘)이나 폴 송가스 상원의원, 찰리 윌슨 하원의원 등의 역할이 눈에 띈다. 여기에 케이시 CIA 국장이 연관되었음을 웨스타드도 인정하고 있다.

1983년 3월 8일 레이건은 그 유명한 '악의 제국' 연설에서 '신냉전'을 선언했다. 케이시는 1983년 가을 파키스탄을 방문하여 무함마드 지아울 하크 대통령과 회담했다. 1984년부터 파키스탄의 국가치안기관 ISI와 연계하여 무자헤딘을 훈련시켜 무기를 들여보내는 공작이 시작되었

다(Schweizer 1994, 149~152쪽). 미국 버지니아에 있는 2개의 캠프에서 훈련이 실시되었고, 이슬람 단체가 아프가니스탄에서 싸울 지원병을 북아프리카에서 모집했다. 그중에는 나중에 알카에다 지도자가 되는 사우디아라비아 출신의 오사마 빈 라덴도 있었던 것으로 알려진다. 1984년과 1985년에는 무기원조도 늘었지만, 소련군의 헬기 공격을 받고 있는 무자헤딘 측에서 하이테크 병기를 요구하는 일이 늘었다. 1986년 4월 레이건은 스팅거 미사일을 무자헤딘에게 제공하기로 결정했다. 이 무기의 위력은 결정적이었다. 소련군 헬기는 계속해서 추락했다(金 2002, 131~132쪽; ウェスタッド 2010, 354~357쪽).

소련의 아프가니스탄 침공은 이슬람 근본주의 저항세력을 이 지역으로 불러들였다. 파키스탄의 지지를 받고 있던 이 세력은 소련을 전쟁의 늪으로 빠뜨렸다. 미국의 원조는 이런 경향을 한층 더 강화하여 이슬람 근본주의 세력을 급속하게 군사적으로 강화했던 것이다. 미국이 소련과 싸우기 위해 사우디아라비아 왕국에 깊숙이 관여하고, 무자헤딘 세력을 지원했던 것이, 뒤에 미국과 이슬람 근본주의 세력과의 운명적인 대립을 키운 것이었다.

과거 역사의 쟁점화

동아시아 내부에서 신냉전의 태풍은 한반도에서 불고 있었다. 1979년 10월 26일 박정희 대통령이 쿠데타 동지였던 중앙정보부장 김재규에게 사살되는 충격적인 사건이 일어나자 급속히 민주화의 기운이 고양되었다. 김대중, 김영삼, 김종필 3명이 정치활동을 재개하는 상황에서 1980년은 '서울의 봄'이라 불리는 사태가 발생했다. 이에 위기감을 느낀 국군보안사령관 전두환은 육사 동기로 베트남 전우이기도 한 노태우와 함께 5월 17일 쿠데타를 일으켰다. 북한이 침공할 수 있기 때문에, 이에 대비해야 한다는 이유를 들었다. 광주 시민들과 전남대학교 학생들이 쿠데타에 저항하자 군대가 투입되어 강경한 진압책이 취해졌다. 이에 분개한 사람들이 무기를 들고 저항하여 자유 광주가 실현되었다. 쿠데타 세력은 더 많은 군대를 투입하여 광주를 제압했다. 사망자 수는 공식적으로 1939명이지만 실제로는 이보다 더 많은 것으로 추정된다.

전두환은 대통령이 되어 강권적인 독재정치를 실시했다. 쿠데타와 함께 체포된 김대중은 일본에서의 활동을 이유로 사형선고를 받았다. 김대중 구명운동의 외침이 일본에서 시작되어 전 세계로 확산되었다. 일본에서 1974년과 1975년에 연이어 일어난 한국 민주화운동 연대 움직임은 '신냉전'에 저항하는 힘이었다. 사형선고는 1981년 1월 대법원에서 확정된 다음 무기징역으로 감형되었다. 레이건 미국 대통령이 백악관에 최초의 손님으로 전두환을 초청하는 조건으로 김대중의 감형이 협상되었다고 전해진다. 전두환은 레이건을 만나 한국은 "태평양에서 미국과 일본의 방파제"라고 주장하며 60억 달러의 원조를 요청했다.

이어 1982년 11월 일본에서 나카소네中曾根 내각이 출범했다. 나카소네 총리는 '전후정치의 총결산'이라는 목표를 내걸고 최초의 방문지로 1983년 1월 서울을 방문했다. 전두환 대통령의 요청을 받아 나카소네 총리는 40억 달러의 원조를 제공하는 데 동의했다. 그 후 나카소네 총리는 미국을 방문하여 '미일공동체', '불침항모' 등을 강조하고, 전후 일본의 체제적 제약을 깨고 미국과의 군사협력을 추진하려 했다. 신냉전에 호응하는 움직임이었다. 일본 국내에서는 1987년 국철國鐵을 분할하여 민영화하는 조치가 단행되었다. 국철 노조의 해체는 1989년의 총평總評(일본노동조합

총평의회) 해산으로 이어지는 첫걸음이었다. 전후체제의 청산이 진행되려 하고 있었다.

그러나 나카소네 정치는 일직선으로 진행되지 않았다. 브레이크 중 하나는 동북아시아의 여러 나라에서, 다른 하나는 국내에서 걸렸다. 1982년 6월 말 일본의 역사교과서 검정 결과가 발표되자 한국의 언론이 비판의 소리를 냈고, 7월에는 한국 전체의 소리가 되었다. 그 소리에 전두환 정권도 압력을 느끼고 정부 손으로 독립기념관을 건립하지 않을 수 없게 되었다. 동시에 7월에는 일본의 역사교육을 비판하는 소리가 중국에서도 터져나와 아시아 각국으로 파급되고 있었다. '아시아 전쟁의 시대'가 끝나고 아시아 여러 나라 사람들은 일본이 일으킨 전쟁에 대해 일본을 향해 새롭게 문제를 제기하기 시작한 것이다.

일본 정부는 이에 대응하여 8월 27일 미야자와宮澤 관방장관 담화를 발표했다. 그는 1972년의 중일공동성명과 1965년의 한일공동성명에서 과거 역사에 대한 반성을 명확히 표명했고 그 태도는 변하지 않았다고 말했다. 그러면서 교과서 검정에 대해서는 근린국의 이해를 얻을 수 있도록 유의하겠다는 원칙을 밝혔다. 여기에서 언급되는 근린국 조항은 의미 있는 것이었는데, 1965년의 한일공동성명에는 반성의 뜻은 포함되지 않았다. 비판의 소리가 일본 국내에서 일어났다.

전두환 정권이 미국과 일본의 지지를 얻어내고 거액의 원조를 약속받자 북한은 불안해졌다. 한국의 민주화운동에 대해 개입을 시도하려는 의도에서 북한은 1970년대 말부터 1980년대 초에 걸쳐 일본인 납치사건을 벌였는데, 이는 공작원의 한국 파견을 위한 것으로 추측된다. 북한은 광주 시민들의 무장저항이 자기들의 영향이 미치지 않는 곳에서 격렬하게 일어났다는 사실에 놀랐을 것이다. 1980년대 초 학생운동 속에 '주사파'

로 불리는 친북경향이 나타난 것에 자신감을 가졌을지도 모른다. 그래서 1983년 10월 9일 전두환 대통령의 버마 방문 때, 랑군의 아웅산 묘에 폭탄을 설치하여 대통령의 폭살을 노린 테러를 감행했다. 이로 인해 각료 4명을 포함한 고위 관료 17명이 사망했는데, 전두환 대통령은 무사했다. 랑군 사건은 큰 파문을 일으켰다. 버마 정부는 북한과 단교하고, 중국은 신문에 북한의 주장과 한국의 주장을 나란히 실어 불쾌감을 표시했다. 일본 내에서는 북한을 옹호하는 사회당과 북한을 부정적으로 보고 있던 공산당 사이에 격렬한 논쟁이 일어났다.

이듬해인 1984년 전두환 대통령은 일본을 공식 방문했다. 이에 앞서 일본 내에서 한국 민주화운동과 연대하는 운동을 전개하고 있던 지식인, 기독교도 들이 한국의 식민 지배를 반성·사죄하는 국회 결의를 채택하여 한국 대통령을 맞이해야 한다는 제안을 했다. 9월 6일 궁중 만찬회에서 천황은 "금세기의 일시기에 있어서 양국 사이에 불행한 과거가 있었다는 것은 정말로 유감이며, 다시 반복되어서는 안 된다고 생각합니다"라고 말했다. 하지만 이 정도로는 한국 국민의 마음에 닿을 수 없다고 느낀 나카소네 총리는 다음 날 총리관저 오찬 자리에서 "금세기의 일시기, 우리나라가 귀국 및 귀국 국민에 대해 다대한 고난을 주었다", "이 잘못에 대해 깊은 유감의 뜻을 느낀다"라고 좀 더 표현을 강화했다. 그러나 한국에서는 도저히 받아들일 수 없다는 감정이 강했다. 일본의 시민활동가들로부터도 비판이 나왔다.

나카소네 총리는 고민했다. 그는 1985년 8월 15일 패전 40주년 기념일에 야스쿠니 신사를 공식 참배했다. 전후체제를 청산한다는 결의에서 나온 행위였는데, 중국의 반발이 거세자 마침내 나카소네 총리는 공식 참배를 계속하겠다는 생각을 버릴 수밖에 없었다. 1986년 나카소네 총리는 한국병합은 '합의'에 의해 이루어진 것으로 조약에 서명한 한국 측에도 '책임'이 있다고 발언(《문예춘추文藝春秋》 10월호)한 후지오藤尾正行 문부대신을 파면하지 않을 수 없었다.

전쟁이 끝난 후 아시아 국가들은 일본에 강경한 태도를 보였고, 일본의 정부와 국민은 이에 진정성을 가지고 대응할 것을 압박받았다. 이 비판은 전후체제의 청산이 간단하지 않다는 압력이 되었던 것이다.

6. 민주혁명

필리핀 혁명

아시아의 경제성장을 유지한 것은 대개 강권적인 정치체제였다. 군사정권 그 자체인 경우가 많다. 타이완에서는 영구 계엄령 체제가 지속되고 있었다. 그러나 아버지로부터 그 체제를 이어받은 장징궈는 자신의 병을 고려하여 1984년 2월 타이완 본토 출신 리덩후이李登輝를 부총통으로 지명하여 그가 자신의 후계자가 되는 길을 열었다. 그리고 1986년 그는 정치자유화 방침을 표방하여 야당이었던 민진당民進黨의 선거 참여를 인정했다. 1987년에는 대륙과의 장벽을 깨는 방안을 제시했다. 1988년 1월 장징궈는 사망했지만, 후계자가 된 부총통 리덩후이의 지도하에 타이완은 민주화되어갔다. 이것은 타이완이라는 특수한 국가에서 일어난 보기 드문 정치적 이성의 발휘에 의해 달성된 행복한 사례였다. 일반적으로 민주주의는 혁명에 의해 실현되었다.

베트남전쟁에서 미국이 패배하자 한때 몇몇 나라에서는 공산주의 운동이 확산되었지만, 이 운동은 급속하게 힘을 잃었다. 우선 중국파였던 태국 공산당이 중월전쟁의 혼란 속에서 급속히 세력을 잃었다. 필리핀 공산당은 최후까지 세력을 유지했지만, 결국은 영향력이 소진되었다. 중국 공산당이 아시아의 전투적인 혁명세력의 후견인에서 멀어짐에 따라 아시아 공산주의 운동은 쇠퇴해갔던 것이다.

이를 대신하여 아시아의 민주주의 운동은, 민주주의를 요구하면서 친미적인 강권적 정권의 타도를 주장하는 시민운동으로 나타났다. 이 운동을 지원한 것은 기독교의 국제적인 네트워크였다. 타도 대상인 군부권력과 밀착해 있던 미국은 혁명이 일어날 것 같으면 즉각 지지를 철회하고, 시민혁명파, 민주주의파로 전환했다. 그리고 소련이나 중국도 이 혁명과는 어떠한 관계도 갖지 않았다.

그와 같은 혁명으로서 일어난 것이 필리핀 혁명과 한국 민주혁명이다. 이 두 혁명은 대조적이었다. 필리핀은 경제가 완전히 파탄 난 상태에서 일어난 혁명이었던 것에 비해, 한국은 경제발전이 급속도로 진행되는 상황에서 일어난 혁명이었다.

1986년의 필리핀 혁명은 1983년 8월 21일 마르코스 대통령의 정적인 베니뇨 아키노Benigno S. Aquino 전 상원의원이 망명지 미국에서 귀국하자마자 마닐라 공항에서 암살당한 사건에 의해 막이 올랐다. 마르코스는 1965년 대통령에 당선되었고, 1969년에 재선에 성공했다. 그는 1972년 9월에 계엄령을 선포하여 쿠데타에 의해 헌법을 정지시키고 영구집권의 길을 걸었다. 아키노는 계엄령과 함께 체포되어 국가전복, 살인 등의 죄목으로 군사법정에서 사형선고를 받았다. 그러나 재심을 받고 결국 8년 가까운 투옥생활 후에 형집행정지로 석방되어 1980년 미국으로 망명했다. 그리고 마르코스 정권 21년째에 아키노는 거의 순교자의 심정으로 홀로 귀국했다가 공항에서 피살되었다.

아키노의 죽음은 시민들의 분노를 불러일으켰다. 아키노의 시신은 10일 동안 조문객의 애도를 받았고, 나아가 여러 지역을 순회했다. 8월 31일 아키노의 장례행렬은 거대한 시위행렬을 이루었다. 그것이 혁명의 시작이었다. 9월 21일 30만 명의 시위대가 경찰대와 충돌했다. 이 과정에서 시위대 11명이 경찰대의 총격을 받고 사망했다. 마르코스 대통령과 이멜다 부인은 아키노를 암살한 것은 공산주의자라고 공언했고, 조사위원회를 제멋대로 만들고 자신들이 바라는 결론을 내어 사태를 수습하려고 했다. 그러나 조사위원들은 사임했고, 마르코스는 두 번째 위원회를 임명해야 했다.

시위 군중 속에는 필리핀 공산당 계열의 단체도 참가하고 있어 아키노를 지지하는 시민들과 갈등을 빚었다. 이때 신Jaime Cardinal Sin 추기경이 이끄는 가톨릭교회가 개입하여 큰 역할을 했다. 두 번째 조사위원회는 사실대로 조사를 진행하여 1984년 10월 23일 위원장의 보고에 이어 4명의 다수파 위원의 보고를 제출했다. 이 4명의 보고는 군참모총장 휘하의 모의에 의한 암살이라고 지적했다. 이에 군 내부의 개혁파 장교들이 움직이기 시작했다. 아키노 암살사건의 재판은 1985년 2월에 시작되었다. 그러나 8월에 나온 판결은 전원 무죄였다.

그럼에도 불구하고 마르코스는 충분히 몰리고 있었다. 그는 판결이 나오기 한 달 전에 임시 대통령 선거를 실시하겠다고 발표했다. 마르코스에 대항하는 후보로 아키노의 미망인 코라손 아키노가 출마했다. 그녀는 '황색혁명'의 상징이 되었다. 1986년 2월 7일에 실시된 선거에서 마르코스와 아키노는 서로 승리를 선언했다. 마르코스는 대대적인 부정선거를 저질렀다. 2월 22일 개혁파 군인들이 라모스Fidel V. Ramos 중장을 옹립하여 아키노 대통령을 지지하는 반란을 일으켰다. 이 최후의 순간에 미국 정부는 마르코스 지지를 철회했다. 다음 날인 24일 정부군은 반란군 측에 동참했고, 마르코스 대통령 부부는 2월 25일 미군 비행기로 필리핀을 떠나 하와이로 망명했다. 이렇게 하여 필리핀 혁명은 승리했다(藤原歸一 1988; サイモンス 1989).

미국은 이 운동에 대해서는 승리할 가능성이 높은 쪽에 붙는다는 방침을 세웠다. 민주주의를 추구하는 운동은 미국이 비호하기 쉬운 것이었다. 그러나 이 혁명은 필리핀과 미국의 관계를 확실히 바꾸는 계기가 되었다. 아키노 대통령은 1991년에 끝나는 미국·필리핀 기지조약을 대신하여 기지 반환을 10년 연장하는 신조약을 맺으려고 했다. 그러나 1991년 9월 필리핀 의회는 신조약의 비준을 부결했다. 그 결과 미국은 수빅만의 해군기지와 클라크 공군기지를 포기할 수밖에 없었다(サイモンス 1989).

한국 민주화운동

필리핀 혁명은 특히 한국 민주화운동에 강한 자극을 주었다. 사형에서 무기로 감형된 김대중은 1982년 형집행정지로 석방되어 미국으로 추방되었다. 1983년 12월 그는 귀국 의사를 밝혔다. 필리핀의 망명정치가 아키노가 귀국을 강행하여 피살되면서 혁명 정세가 형성된 것을 보았기 때문이다. 민주주의 회복에 대한 아키노의 열정에 그의 마음이 움직였고, 아시아의 민주주의를 위해 아키노를 이으려고 했던 것으로 추정된다. 주변 사람들은 위험한 길을 걷는 것을 멈추라고 설득했지만, 김대중의 의지는 강했다.

1984년 9월 김대중은 연말까지 귀국하겠다는 편지를 전두환 대통령에게 보냈다. 미국의 저널리즘이나 의회는 김대중의 안전보장과 정치적 복권을 요구하며 목소리를 높였지만, 전두환 정부는 귀국하는 즉시 체포하여 정지된 남은 형기를 마치게 한다는 방침을 고수했다.

그러나 김대중이 이를 무시하고 1985년 1월에 귀국한다는 성명을 발표하자 서서히 불안과 긴장이 높아갔다. 미국의 친구들은 귀국에 동행하는 수행단을 결성했다. 현직 하원의원, 전 필리핀 외무장관을 포함한 강력한 인사들로 구성된 수행단이었다. 마침내 미국 정부가 끈질기게 교섭하여 한국 정부로부터 김대중을 재수감하지 않는다는 약속을 받아냈다.

1985년 2월 7일 저녁 김대중 부부는 38명의 수행단과 함께 일본 나리타 공항에 도착했고, 다음 날 아침 서울로 들어갔다. 아키노의 비극은 일어나지 않았다. 4일 후에 실시된 총선거에서 야당은 득표율에서 여당을 4퍼센트 앞서며 약진했다. 김대중의 귀국은 한국 국민의 민주주의에 대한 열망을 한 단계 높였던 것이다.

실제로 한국 각계의 운동은 놀라운 열기로 전개되고 있었다. 쿠데타로 정권을 장악한 후, 강권적인 통치를 실시하고 있던 전두환 정권은 몇 년 후 '융화'적인 정책을 취하지 않을 수 없게 되었다. 단체의 결성과 출판활동에 관한 규제가 완화되었다. 이에 따라 민주화운동 단체나 노동운동 조직이 생겨났고, 잡지, 무크지, 서적 출판이 활발하게 이루어졌다. 학생운동 중에는 친북파도 나타났다. 그러한 운동에 김대중의 귀국은 정치적인 자극을 주었고, 야당과 재야운동 사이의 연계를 재건하는 데도 영향을 준 것으로 보인다.

1987년 초 서울대학교 학생 박종철이 고문에 의해 살해되었다. 전국이 분노의 목소리로 들끓었다. 5월 27일 야당과 재야운동이 민주헌법쟁취 국민운동본부를 조직하고, 6월 10일 국민대회를 개최하기로 결정했다. 이제 전국에서 시위가 일어났다. 서울에서는 회사원들까지 시위에 참가했다. 시위는 파도와 같이 한 달 동안 지속되었다. 그리고 1987년 6월 26일 전국 33개의 도시에서 100만 명이 참가한 국민적인 집회가 결국 전두환 정부를 굴복시켰다. 3일 후 노태우 민정당 대표는 민주화선언을 발표했다. 대통령 직선제의 부활을 약속함으로써 15년 동안 계속된 유신 체제가 마침내 종식되었다. 한국 민주혁명이 이룬 최초의 승리였다. 이후 혁명은 대통령 선거를 통한 혁명으로 전환되었고 더욱 고양되어갔다.

두 민주혁명은 아시아의 군사정권, 쿠데타 정권에 공포를 주었다. 그것을 막으려고 쿠데타를 일으키는 군인들도 있었다. 태국이나 인도네시아에서는 군사정권이 지속되고 있었지만, 국민의 불만을 달래는 조치가 취해졌다. 버마에서는 1988년에 학생들의 행동으로 시작되어 불교 승려와 시민 들이 가담하는 민주화 요구 시위가 일어났지만, 군부가 9월 18일 질서회복을 명분으로 쿠데타를 일으켜 정권을 장악했다. 지도자 아웅산 수치는 가택연금을 당했다.

7. 페레스트로이카와 미소냉전의 종언

페레스트로이카

소련에서는 1980년대 전반 신임 서기장 미하일 고르바초프의 주도로 페레스트로이카가 시작되었다. 고르바초프는 1985년 74세로 사망한 서기장 체르넨코의 뒤를 이어 서기장이 되었다. 그는 서기장 취임 연설에서 '글라스노스트(정보공개)'가 필요하다고 강조했다. 이어 4월에 열린 중앙위원회 총회에서는 '경제 메커니즘의 페레스트로이카(재건, 개혁)'가 필요하다고 표명했다. 그가 사용하기 시작한 이들 언어의 의미가 급변하게 되는 계기는 1986년 4월 26일에 일어난 체르노빌 원자력발전소 사고였다. 이 사고는 소련체제의 결함을 분명히 드러냈다. 6월 고르바초프의 페레스트로이카 전략이 당의 방침이 되었다. 이미 경제만이 아니라 '전 사회에 걸친 광범한 페레스트로이카'를 목표로 내걸었던 것이다. 7월 소련 극동의 하바롭스크에서 고르바초프는, 페레스트로이카는 '혁명'과 같다고 단언했다. 페레스트로이카는 레이건의 대소 타격정책의 무기였던 스팅거 미사일이 무자헤딘에게 양도되기 전에 소련의 내부에서 시작되었던 것이다. 현재 '글라스노스트'라는 말은 '자유언론'이라는 본래의 의미로 사용되고 있다.

고르바초프는 국제정치에 관한 '새로운 생각'을 핵군축에 적용했다. 그가 추구한 것은 핵군축을 통한 미국과 소련의 화해였다. 1986년 여름 모든 핵실험을 일방적으로 중단하고, SDI(Strategic Defense Initiative, 전략방위구상)의 반대를 표명했다. 11월 제네바에서 이루어진 레이건 미국 대통령과의 첫 회담은 이후 이어진 대화의 출발점이 되었다. 1986년 1월 소련은 20세기 말까지 핵무기를 폐기하기 위한 15년 계획을 제안했다. 그리고 같은 해 10월 아이슬란드 레이캬비크에서 가진 두 번째 정상회담에서 전략핵무기의 50퍼센트 삭감을 제안했고, 역으로 레이건으로부터 전략핵무기 폐기안을 이끌어냈다. 나아가 중거리 핵미사일의 폐기도 제안했다. 고르바초프는 다음 달 인도를 방문하여 간디Rajiv Gāndhī 총리와 함께 '핵무기와 폭력이 없는 세계의 제원칙에 관한 델리 선언'을 발표했다. 1987년 12월 고르바초프는 워싱턴으로 날아가 레이건 대통령과 INF(Intermediate-range Nuclear Forces, 중거리 핵전력) 폐기조약에 조인했다. 핵군확을 핵군축으로 전환하는 결정적인 계기가 만들어졌다. 1988년 5월 말 모스크바에서 네 번째 미소 정상회담이 개최되었다. 두 정상은 INF 폐기조약 비준서를 교환했다. 레이건 대통령은 '악의 제국' 이미지는 완전히 사라졌으며, 소련은 적이 아니라 파트너임을 최종적으로 확인했다. 미국과 소련은 화해를 했다. 냉전이 끝나려 하고 있었다.

나아가 고르바초프는 중소 화해를 실현했다. 1986년 7월 말 블라디보스토크 연설에서 그는 중국과의 관계 개선을 호소하고, 이를 위해 가장 큰 장애물인 아프가니스탄 철수를 원칙적으로 제시했다. 아프가니스탄 철수는 1988년 5월부터 개시되어 1989년 2월에 완료되었다. 그리고 국경문제에 관한 대화를 진행하면서, 1989년 5월 고르바초프는 중국을 방문하여 덩샤오핑을 만났다. 이로써 중소 화해가 이루어졌다.

소련의 페레스트로이카는 동유럽에서 혁명을 불러일으키고 있었고, 중국에도 그 영향이 미쳤다. 즉 1989년 6월에 천안문 사건이 일어난 것이다. 물론 필리핀과 한국의 민주혁명도 영향을 미쳤을 것이다. 그러나 중국 학생들의 결기는 민주주의로 가는 장벽을 파괴할 수는 없었다. 소련이 자유언론, 정치민주화가 진행되어 공산당의 약화, 연방제의 약화를 가져온 결과 경제 해체로 가고 있던 것과 달리, 중국은 언론·집회·결사의 자유를 엄격하게 통제하면서 경제활동을 자유화하고 공산당 국가체제에서의 시장경제 확대, 고도 경제성장을 추구하는 노선을 분명히 드러냈다.

세 번째로 소련과 한국은 국교를 수립했다. 한국의 노태우 대통령은 1988년 7월 7일 새로운 '북방정책' 외교를 선언했다. 남북교류를 추진하면서 사회주의 국가들과 관계를 개선하고, 북한이 미국·일본과 관계 개선을 추진하는 데 협력하겠다는 뜻을 분명히 밝혔다. 이런 상황에서 우선 헝가리가 소련의 승인을 받고 1988년 9월 13일 한국에 상주대표부를 둔다고 발표했다. 곧이어 고르바초프가 9월 16일 크라스노야르스크 연설에서 한국과 경제관계를 개선할 의도를 표명했다. 북한은 격렬한 반응을 보였고, 헝가리의 결정을 '사회주의에 대한 배반'이라고 비난했다. 그러나 소련은 이를 무시하고 9월 17일에 개최된 서울 올림픽에 참가했다.

서울 올림픽은 큰 정치적 이벤트가 되었다. 노태우 대통령은 군부 출신이었지만, 민주혁명으로 쟁취한 대통령 직접선거로 선출된 대통령이었다. 그런 가운데 개최된 올림픽은 한국 민주혁명의 축제가 되었다. 이 대회에는 소련·동유럽 국가들과 함께 중국도 참가했다.

이후 소련은 급속도로 한국과 긴밀해졌다. 1990년 5월 고르바초프는 미국을 방문했을 때 노태우 대통령과 회담했다. 그 후 한국 정부 대표단이 소련을 방문하여 국교수립을 합의했다. 9월 30일 마침내 소련은 한국과 국교를 수립하기에 이르렀다. 소련은 한국전쟁의 참가국은 아니지만,

북한의 배후에서 군사행동을 전면적으로 지지하던 나라였다. 한국 측에서 보면 그런 소련과의 화해가 한국전쟁을 극복하는 의미가 있었다는 것은 분명했다. 한소 국교수립 후에는 한중 국교정상화도 머지않아 이루어질 것으로 예상되었다.

네 번째로, 소련의 변화는 동맹국 베트남에도 변화를 촉진했다. 1986년 12월 베트남 공산당 제6회 대회에서 호찌민시의 최고 간부로서 제5회 당대회에서는 중앙위원으로 강등되었던 응우옌반린이 서기장으로 선출되어, 도이모이(개혁)를 당의 정책으로 삼았다. 이것은 일부 성에서 실험적으로 실시되고 있던 농산물의 자유판매를 인정하는 청부제를 경제 전체로 확대하고, 나아가 정치·사회 전체의 개혁을 추진하는 정책이었다. 베트남판 페레스트로이카라고 할 수 있다. 베트남도 중국과의 관계개선을 위해 1989년 9월 26일 캄보디아에서 모든 병력을 철수시켰다. 1990년 9월 린 서기장, 도무오이Do Muoi 총리는 쓰촨성四川省을 비밀리에 방문하여 장쩌민江澤民 총서기와 회담했다. 두 사람은 관계 정상화의 기본적인 틀에 합의했다. 일단 정상화는 1991년 11월 5일에 선언되었다. 그러나 베트남과 미국은 아직 화해 단계에 이르지 못했다.

북한과 일본

소련의 변화로부터 시작된 동아시아의 대격변 속에서 고통받고 있었던 것은 북한(조선민주주의인민공화국)이었다. 북한은 소련과 한국이 국교수립의 움직임을 보이자 자신들도 한국과 관계개선을 위해, 1990년 7월 3일, 9월과 10월에 서울과 평양에서 남북 정상회담을 개최하기로 한국과 합의했다. 9월 2일 소련의 셰바르드나제Eduard A. Shevardnadze 외무장관이 북한을 방문하여 한국과의 국교수립 방침을 통고했다. 북한은 강하게 반발하면서 소련을 위협하는 각서를 건넸다. "소련이 남조선과 '외교관계'를 맺는다면 조소동맹조약을 스스로 무력화하는 일이 될 것이다. 그렇다면 우리는 지금까지 동맹관계에 의거하고 있던 약간의 무기를 우리 스스로 조달하기 위한 대책을 세우지 않을 수 없을 것이다"(《朝日新聞》, 1991년 1월 1일). 즉 조소동맹조약이 무력화되면, 소련의 핵우산은 북한을 지킬 수 없게 될 것이므로, 북한은 스스로 핵무장을 할 수밖에 없다는 표명이었다. 북한은 이 핵무기 개발의 시사가 북미관계를 타개하는 수단도 될 것으로 기대했던 듯하다.

한편으로 북한은 일본이 과거 식민 지배에 대한 반성과 사죄의 뜻을 표하고, 교섭을 요구해온 것에 적극적으로 대응했다. 1980년대 일본에서 제기되어왔던 식민 지배의 반성과 사죄가 북한의 문을 두드릴 수 있다는 생각이, 1988년에 정치가·학자 집단의 의견으로 다케시타 노보루竹下登 총리에게 제출되었다. 사회당의 다나베田邊誠 부위원장이 자민당의 전 부총재 가네마루金丸信를 설득하여, 1990년 9월 가이후 도시키海部俊樹 총리의 친서를 들고 북한을 방문했던 것이다. 가네마루는 평양에서 과거의 식민 지배를 반성한다고 표명했다. 김일성은 이를 받아들여 국교정상화 교섭을 시작하는 데 동의한다고 표명했다.

북한과 일본 정부의 정식 교섭이 1991년 1월에 시작되었다. 새로운 상황에 대해서 북한은 남북의 접근, 핵무기 개발, 북한과 일본의 국교정상화라는 세 가지 방침으로 대응하려고 했다. 그러나 세 가지 방침 사이에 모순이 있어 실현은 어려웠다. 더구나 일본은 어려운 사태를 돌파할 의욕과 준비가 부족한 상태였다. 결국 1991년 9월 남한과 북한의 유엔 동시 가입만 이루어졌다.

일본의 이니셔티브와 APEC

소련의 변화에 대응하여 일본은 스스로 태도를 바꾸어 양국 사이에 놓인 현안을 해결하지 못했다. 영토 분쟁이 있었던 것이다. 냉전시대에 일본과 소련 사이의 영토 문제는 양국의 관계를 냉각시켰으나 미일 안보조약 체제를 유지·강화하기 위해서는 해결되지 않은 채 두는 것이 의미가 있었다. 그러나 소련이 페레스트로이카로 돌입하고 국제관계의 '새로운 생각'을 말하면서 냉전이 끝나가는 상황에서는 영토 문제를 해결하는 조건이 가능해졌다. 이를 위해서는 냉전시대의 대립구도에서 벗어나 대화의 논리로 새롭게 교섭하지 않으면 안 되었다. 그러나 일본은 그 점에서 실패했다. 1989년 3월부터 평화조약 준비를 위한 작업 그룹 회동이 시작되었지만, 일본 측의 주장은 냉전시대 그대로였다. 교섭은 진전되지 않았고 페레스트로이카의 위기가 깊어짐에 따라 지도력이 떨어진 고르바초프는 1991년 4월 마침내 일본을 방문했다. 그는 1956년 일소 공동선언에서 했던 2개 섬에 대한 인도 약속을 재확인하는 것조차도 할 수 없었다. 4개 섬에 대해서 교섭하는 것을 인정했을 뿐이었다.

일본이 시도한 새로운 움직임 가운데 실현된 것은 APEC(아시아태평양경제협력체)의 창설이었다. 1988년 일본의 통산성通産省이 아시아태평양협력추진간담회를 만들어 새로운 아시아태평양 나라들의 협력 틀을 모색했다. 냉전의 승자인 미국의 무역적자가 심각했기 때문에, 미국을 포함하면서 미국 주도가 아닌 아시아 질서를 목표로 했던 것이다. 일본 정부는 이 새로운 구상을 가지고 오스트레일리아 정부와 접촉했고, 오스트레일리아가 다시 한국에 제안하기로 했다. 미국도 이에 동의하여 마지막까지 남은 것은 아세안 국가들이었다. 1989년 11월 오스트레일리아 캔버라에서 APEC 각료회의가 개최되었다(山影 1997; 佐藤 2011). 이것이 정착하여 발전한 것은, 아세안이 적극적으로 관여하여 APEC의 중핵이 되었기 때문이다. 이는 일본의 이니셔티브가 발휘된 드문 성공 사례였다.

소련의 변화는 유럽과 아시아 쌍방에 영향을 미쳤다. 유럽에서는 동유럽의 혁명, 독일 통일 같은 혁명적인 변화가 일어나 새로운 질서를 만들어내고 있었다. 반면 동아시아에서는 과거 국가 간 대립의 대부분이 정리되었다고는 하지만, 베트남과 미국, 북한과 한·미·일 관계는 변하지 않았고, 새로운 질서를 지향하는 움직임도 미약했다.

8. 걸프전쟁과 소련의 종언

1990년 8월 이라크는 쿠웨이트를 침공하여 병합을 선언했다. 이에 대해 이라크 철수를 요구하는 유엔 안보리 결의가 나왔지만 이라크는 받아들이지 않았다. 소련이 해체되는 과정은 동시에 걸프전쟁의 과정이었다. 미국은 다국적군을 편성하여 1991년 1월 16일부터 이라크군을 쿠웨이트에서 격퇴시키는 작전을 개시했다. 전투는 2월 28일 이라크군의 패주로 끝났다. 조지 H. W. 부시 대통령은 승리 연설을 하면서 베트남전쟁의 트라우마를 최종적으로 잊을 수 있게 되었다고 말했다. 이것은 심각한 것이었다. 부시의 승리 의식은 실은 소련에서 진행되고 있던 페레스트로이카가 소련형 사회주의에 대한 미국식 자본주의 경제, 민주주의 정치의 승리라는 인식에서 나온 것이었기 때문이다.

그해 후반 소련의 과정은 부시의 인식을 증명하는 것이 되었다. 페레스트로이카는 냉전의 종식을 가져왔지만, 그 끝은 국가사회주의 체제의 나라 소련의 종언이었다. 1991년 8월 18일 소련 정부 내 보수파는 쿠데타를 일으켜, 고르바초프를 크리미아의 별장에 감금하고 모든 권력을 장악했다고 발표했다. 그러나 보리스 옐친의 러시아공화국 정부는 '불법 쿠데타'로 선언했다. 이어 광범한 민중의 저항을 받았고, 공정부대와 특수부대까지 이반하면서 쿠데타는 실패로 끝났다. 쿠데타는 급속하게 러시아의 혁명으로 전화되어 소련 공산당이 타도되었다. 8월 24일 옐친은 소련 공산당에게 활동 정지 명령을 내렸다. 이에 따라 고르바초프는 서기장을 사임하면서 소련 당중앙위원회에 해산을 요구하고, 공산당 자산의 전면 접수라는 대통령령을 반포했다. 소련 공산당의 해산은 소련의 종말을 재촉했다. 러시아, 우크라이나, 벨라루스 3개국 정상은 12월 8일 민스크에서 독립국가공동체 협정에 조인하고 소련의 종언을 선언했다.

고르바초프는 이에 격렬하게 저항했지만, 중앙아시아 국가들과 자캅카스 2개국, 몰도바가 참여하여, 12월 21일 11개국 정상의 알마티 선언이 발표되었다. 이로써 유라시아의 독립국가공동체가 탄생했다. 소련은 15개의 독립공화국으로 분리되어, 그중 11개국이 느슨한 공동체를 구성한다는 이 귀결은 말 그대로 국가연합체라는 이름의 제도가 최후의 순간에 실질화되어 변혁을 도왔다고 말할 수 있다. 12월 25일 고르바초프는 소련 대통령직을 사임하고 크렘린을 떠났다. 크렘린의 국기봉에서 소련 국기가 내려지고, 백청적白青赤 3색의 러시아 국기가 올라갔다.

자본주의를 대신하는 원리로 사회를 조직한 새로운 문명의 시도였던 소련의 종말은, 마르크스주의, 레닌주의, 사회주의, 공산주의 이념의 현실성이 부정되었다는 인상을 만들어냈다. 그 충격은 동아시아에서도 컸다. 동아시아 사회주의 운동도 막을 내렸다. 유토피아의 공백이 사람들의 마음을 덮쳤다.

10장

공동 토론-화해와 협력의 미래로: 1990년 이후

와다 하루키 和田春樹

고토 겐이치 後藤乾一

기바타 요이치 木畑洋一

야마무로 신이치 山室信一

조경달 趙景達

나카노 사토시 中野聰

가와시마 신 川島眞

1. 세기전환기의 국제질서

기조 보고

냉전이 끝나고 이어서 소련과 동유럽의 국가사회주의 체제가 종언을 고하자, 미국이 유일한 초강대국으로 세계 패권을 장악한 것처럼 보였다. 걸프전쟁은 중동에 질서를 세우는 것은 미군을 중심으로 한 다국적군이라는 것을 알렸고, 미국이 투입한 첨단무기는 미국의 압도적인 군사력의 우위를 세계에 보여주었다. 미국에서 군사용으로 개발된 인터넷이 1990년대에 대중에게 보급되어 세계는 인터넷을 통해 급속히 하나로 맺어지는 글로벌화가 진행되었다. 국가사회주의에 승리한 것을 자랑하며 세계로 확대된 시장경제화의 파도 속에서 신자유주의 이데올로기가 세계를 석권하고 있다. 미국 문명의 세계화 구도가 나타난 것이다.

소련과 동유럽의 사회주의 국가들이 보여준 쇠퇴와 혼란도 이러한 인상을 강화했다. 소련의 독립국가공동체는 결속에 도움이 되지 않았고, 러시아는 대통령과 의회의 충돌 그리고 체첸의 독립 요구에 대한 대응 등으로 고전했다. 소련과는 다른 독자적인 사회주의 체제를 유지하던 유고슬라비아는 해체 과정에서 심각한 내전이 벌어져 결국 1995년 나토군의 보스니아 개입을 초래했다.

한편 중국은 개혁개방 노선을 추진했다. 타이완, 한국과도 관계를 정상화하고 1997년에는 홍콩을 반환받았다. 애국교육으로 내셔널리즘을 고양시키면서 고도 경제성장을 이루었다. 베트남도 도이모이 정책을 계속 추진하여 미국과의 관계 개선에도 어느 정도 성공을 거두었다.

그러나 북한은 불안정한 상황에서 벗어나지 못하고 있다. 북한은 일본과의 국교정상화에 실패하고 핵개발을 통해 미국과 교섭하려는 시도에도 실패하여 1993년부터 이듬해에는 미국과의 전쟁위기를 초래했다. 북한을 방문한 카터 전 대통령의 중재로 위기를 피하고, 김일성 사후인 1994년 말 북미협상의 물꼬를 트기에 이르렀다. 이후에도 이러한 관계 개선과 관계 악화를 반복하고 있다.

한편 냉전체제의 수혜국인 일본도 급변하는 정세 속에서 55년 체제를 대신할 새로운 정치체제를 요구하기에 이르렀다. 1993년 드디어 미야자와 내각이 하야함으로써 자민당 단독정권이 끝나고 호소카와細川 연립정권이 탄생했다. 이후 1994년에는 무라야마村山 연립내각이 수립되었다. 과거의 역사인식과 반성을 요구하는 아시아의 목소리에 화답하여 1995년에 무라야마 담화를 발표하고 종군위안부에 대한 사죄와 보상을 위해 아시아여성기금을 설립했다. 아시아여성기금 사업은 법적 책임에 의한 국가 보상이 아니라는 점에서 필리핀과 네덜란드에서는 대체로 받아들여졌지만 중국에서는 실시되지 않았고, 타이완과 한국에서는 강한 반발에 부딪혀 부분적으로 실시되는 데 그쳤다. 또 일본은 북한과의 국교정상화에 실패한 상태다. 1997년부터 러시아와의 영토 문제를 해결하기 위해 적극적으로 노력했지만, 이 또한 실패로 끝났다. 변화하지 않는 일본의 제자리걸음이 이어지는 와중에 국권주의적인 역풍이 강하게 불기 시작했다.

한국은 김영삼 정부 때 민주혁명을 추진하여 전두환, 노태우라는 두 군인 대통령에게 1980년의 쿠데타 책임을 물어 재판에 회부함으로써 군부의 정치개입을 완전히 차단하는 데 성공했다. 그러나 그 영향은 지역으로 확산되지 못하고 오히려 한국은 일본이 북한과 관계정상화를 추진하는 것에 제동을 걸었다. 그러나 드디어 1998년 김대중 대통령이 등장하여 남북 정상회담을 실현하고 북한 포용정책을 전개했다. 한국의 이러한 움직임은 미국에 커다란 영향을 주었지만 북미관계의 전환에는 아직 이르지 못했다.

동남아시아 국가들은 캄보디아의 안정이 유엔위원회를 통해 평화롭게 추진되는 것을 지지했다. 캄보디아는 중국과 국교를 체결하고 경제성장을 이어나갔고, 미국과는 APEC을 통해 관계를 조정하면서 아세안의 자주노선을 관철시켰다. 그러나 1997년부터 발생한 외환위기로 동남아시아 국가들의 경제는 극심하게 요동쳤다. 태국과 한국은 세계화의 파도 속에 휩쓸렸지만, 동아시아 경제는 이 위기를 잘 견디어냈다. 절대 무너지지 않을 것 같던 인도네시아의 수하르토 체제는 1998년에 붕괴되었다.

걸프전쟁에서 미국 첨단무기의 위력을 목격한 중국은 경제성장을 맹렬한 속도로 추진함과 동시에 군사력의 현대화를 추진했다. 미국은 점차 중국의 힘을 의식하게 되었다. 한편 사우디아라비아 왕국 정부와 밀착하면서 아프가니스탄전쟁에 개입하고 무자헤딘(이슬람 전사)을 이용해온 미국에서 대해 이슬람 근본주의자들이 반발하기 시작하여 양자의 관계는 적대적이 되었다. 오사마 빈 라덴이 지도하는 알카에다는 2001년 9월 11일 미국에 테러 공격을 감행했다. 미국은 모든 법적 구속을 내팽개치고 보복을 위해 아프가니스탄전쟁과 이라크전쟁을 연이어 일으켰다. 이 전쟁에는 제한적이지만 한국과 일본도 동원되었다. 그러나 미국이 첨단무기를 최대한 활용했음에도 불구하고 정국의 안정도 승리도 얻지 못하고 미군과 현지 시민의 사망자만 늘어갈 뿐이었다. 뼛속까지 군사화한 미국의 제국 체제는 한계에 이르렀다. 중동에서 권위를 상실한 미국은 동아시아에서 부상하는 중국과의 관계도 원활하지 않고, 북한 문제와 오키나와 문제도 해결하지 못하고 있다.

– 와다 하루키

나카노 포스트 냉전의 동아시아 국제질서 구상에는 몇 가지가 있었습니다. 1990년대 초반 단계에서는 미국을 배제한 지역의 틀을 만들 수 있을지를 둘러싸고 EAEC(동아시아경제협의체) 구상과 APEC이 경쟁했습니다. 새뮤얼 헌팅턴의 《문명의 충돌》 담론을 둘러싼 논쟁 등 냉전 후의 서양과 비서양의 관계성을 묻는 논의도 활발하게 이루어졌습니다. 그러나 1997년의 외환위기로 시작하여 테러와의 전쟁을 거치면서 이러한 구상은 현실적 문제에 봉착하게 되었습니다. 요컨대 구상의 경쟁 단계에서부터 구체적 현실이 현재 세계를 결정하게 되었습니다만, 여기에서는 1990년대 국제질서를 둘러싼 이념과 구상이 세계질서에 어떤 영향을 미쳤는지 먼저 문제를 제기하고자 합니다.

야마무로 세기전환기를 생각할 경우, 와다 선생님은 일본의 변화를 55년체제의 변화로 설명하고 있습니다만, 일본에 관해서는 냉전의 종결, 쇼와의 종언, 잃어버린 10년 또는 20년이라는 3개의 시대 층이 1990년대부터 현재까지 중첩되어 있는 것처럼 보입니다. 그리고 동아시아의 지역질서의 변화에 대해서는 말레이시아 전 총리 마하티르 모하마드Mahathir bin Mohamad가 주도한 EAEC 등에서 일본도 주도권을 발휘하려다 미국의 반대로 난관에 봉착한 적이 있었습니다. 그러나 미국이 모든 것을 주도할 수 없는 상황에서 일본은 이에 어떻게 대응했는가라는 문제가 있습니다. 걸프전쟁 후에 오자와 이치로小澤一郎를 비롯하여 '보통국가'가 되자는 목소리가 높아졌습니다. 전후 일본은 일국평화주의를 유지해왔지만, 냉전 후에는 전환하지 않으면 안 된다, 일본이 이른바 예외국가였던 것은 헌법 제9조 때문이므로 이를 바꾸어야 한다, 군사력 행사를 포함하여 국제사회에 공헌해야 한다는 주장입니다. 그러한 흐름 속에서 1992년에 자위대를 분쟁국에 파견하는 PKO 협력법이 제정되었고, 1996년에 미일안보 재정의를 거친 다음, 1997년에는 신가이드라인이 설정되었습니다. 또 1999년에는 주변사태법이 제정되었고, 2003년에는 이라크 특조법에 따라 자위대를 파견했습니다. 그러나 미국이 이라크와 아프가니스탄에서 철수하는 과정에서 북한 문제나 국경선 문제가 있는 동아시아에서 일본이 지역질서 형성에 어떻게 참여해나갈지 새로운 전환기를 맞고 있습니다.

이러한 움직임에 대응하여 2004년 6월에는 '9조회'가 만들어졌습니다만, 한편으로는 장기간 경제 불황을 거치면서 재일외국인을 배척하는 언동이 과격해지는 등 시민운동도 양극화되는 경향을 보이고 있습니다.

가와시마 크게 보면 냉전 붕괴가 질서의 변화를 가져오면서 결과적으로 동아시아의 권력 이동이 생겨나는 과정이었다고 말할 수 있겠습니다만, 거기에는 러시아의 후퇴와 중국의 등장이 있습니다. 지역 통합에는 미국을 포함한 APEC형과 미국을 제외한 '아세안+3'이라는 두 가지 유형이 있습니다. 야마무로 선생님이 말씀하신 바와 같이 일본은 그 안에서 미일동맹 강화라는 방향을 유지해왔습니다. 또 한편으로는 거품경제 당시 일본은 아시아에 대한 투자를 늘렸고, 그 부의 축적이 동아시아의 경제 발전을 촉진함과 동시에 아시아의 민주화에도 어느 정도 영향을 미치고 있습니다. 아시아가 세계경제를 견인하는 역할을 수행하기에 이르렀지요. 그리고 이러한 경제활동을 중심으로 전개된 '아세안+3'의 협력도 중시할 수밖에 없는 틀이 되었습니다.

중국은 그러한 흐름에 역행하지 않았습니다. 지역 통합과 협력에도 적의를 드러내지 않을 것입니다. 국경선의 해결과 지역적인 관계 맺기를 포함하여 오로지 경제발전을 목표로 삼아왔습니다. 타이완에 대한 미사일 문제와 미중관계의 악화도 야기되었습니다만, 큰 틀에서는 이러한 흐름 속에서 중국도 경제와 정치 쌍방에서 힘을 키워왔습니다. 그러나 결과적으로 안전보장을 둘러싼 대립이 사라지지 않고, 중국과 미일 간의 문제가 동중국해를 둘러싸고 혹은 평양을 둘러싸고 여전히 남아 있습니다.

와다 냉전이 끝나고 앞으로 어떻게 될 것인가를 말할 때, 동남아시아는 아세안을 기초로 프로세스를 밟으며 걸어온 것 같습니다. 그 과정에서 일본도 변하지 않으면 안 된다는 인식을 갖게 되었습니다. 걸프전쟁의 경험을 통해 군대를 파병하지 않고 돈만 지불해서는 감사 인사도 받지 못한다는 것을 알았습니다. 그래서 1993년과 다음 해에 걸쳐 북한과 미국 사이에 전쟁 위기가 고조되었을 때, 호소카와 내각에서는 미국의 요청에 따라 유사시 미국에 어떻게 협력할 것인가에 관한 연구가 본격적으로 진행되었습니다.

그러나 또 한편에서는 전후 일본의 존재 방식, 아시아와의 관계를 새롭게 정립해야 한다는 문제의식이 생겨나 무라야마 담화로 이어졌습니다. 이는 사회당과 자민당의 연립정권에서 실현되었습니다. 이후에는 이러한 흐름에 대한 우익의 반동이 거세져 일본은 새로운 방향을 찾지 못한 채 표류하고 있습니다. 북한, 러시아와의 관계를 정상화하고 중국 및 동남아시아와 연대하여 미국과의 관계를 재조정하고 새로운 질서를 추구한다는 구상이 나오질 않습니다. 1990년대 말에는 모두 엉망진창이 되고 말았습니다.

기바타 일본이 표류하고 있다는 것은 적절한 표현입니다. 이 시대를 어떻게 바라볼 것인가? 냉전이 종결된 것만이 아니라, 전후 국제질서가 전체적으로 변화했습니다. 전후 하나의 흐름이던 탈식민화도 일단락되어 각 국가가 딛고 있던 발판이 제거되어 아이덴티티를 모색하기 시작했습니다. 그 실마리를 잘 풀어나가는 것이 중요합니다만, 일본은 여기에 실패한 채 표류하고 있습니다. 당시 다양한 국제질서 구상이 있었는데, 예를 들어 아시아태평양의 지역 협력에 일본은 더욱 건설적으로 관여할 수 있는 입장이었습니다만, 리더십을 발휘하겠다는 태도가 없었습니다.

조경달 세기전환기에 국제질서가 변해간다는 것은 말씀하신 대로입니다. 일본이라는 틀에 한정하여 생각할 경우, 냉전시대까지는 미국의 주도 아래 경제대국으로 성장해왔습니다. 그런데 일본의 호송선단 방식의 시스템은 냉전 이후 세계의 변화에 적절하게 적응할 수 없게 되었고 세계화globalization에서도 부적합 반응을 일으켰습니다.

저는 이 문제를 근세 이후 일본의 관료 시스템 기능의 저하 문제로 볼 수 있지 않나 생각합니다. 근세 이후 일본은 독특한 폐쇄적인 무라村 사회를 만들었고, 그 무라 사회는 근대 이후에도 지속되었습니다. 일본이 서구 근대를 모방하여 국민국가화, 그것도 대국화에 '성공'할 수 있었던 것은 종래의 무라(村=마을) 사회가 가지고 있던 규율화라는 측면이 사람들을 국민으로 관리하려는 국민국가의 논리에 적응했기 때문입니다. 근대 이후의 관료 시스템은 그러한 무라 사회 위에 구축되었고, 더구나 근세의 막번幕藩 체제도 어떤 의미에서는 세습적이었지만 관료화된 무사에 의한 통치체제였습니다. 그러한 근세-근대-현대를 관통하던 체제가 드디어 시스템 피로를 일으킨 것입니다.

거품 붕괴 이전에 이시하라 신타로石原愼太郎와 모리타 아키오盛田昭夫는 《'노'라고 말할 수 있는 일본》(光文社, 1989)에서 오만한 발언을 했습니다만, 그 직후에 거품이 붕괴되고 이제 일본은 가장자리로 밀려나고 있습니다. 지난 20년은 일본의 주변화가 희미하게 보이기 시작한 반면, 중국이 중추로 부상한 시대였다고 말할 수 있을 것입니다. 그리고 일본은 고이즈미 준이치로小泉純一郎의 개혁 이후 급속하게 무라 사회가 해체되는 사태에 직면할 수밖에 없었습니다.

고토 이슬람의 정치적인 영향력이 동아시아에도 보디블로body blow처럼 힘을 발휘한다는 의미를 고려해야 합니다. 미국에게 '우호국'인 파키스탄에 숨어 있던 오사마 빈 라덴을 급습하여 살해한 사태가 일어났고, 이를 오바마 대통령 등 미국 정부 수뇌가 워싱턴의 쾌적한 거주공간에서 실시간으로 보고 있었습니다. "뼛속까지 군사화한 미국의 제국 체제는 한계에 이르렀다"라고 와다 선생님이 지적하신 바와 같이 그 영향력은 큽니다. 동북아시아에는 직접적인 영향이 없을지도 모르겠습니다만, 동남아시아에서 바라본 국제질서에는 커다란 충격을 주었습니다. 현재 인구의 거의 90퍼센트가 무슬림인 인도네시아에서 오바마 대통령에 대한 평가가 크게 변하고 있습니다. 더구나 실질적인 영향력을 상실했다고 알려진 오사마 빈 라덴의 시체를 바다에 던진 조치는 당연히 이슬람의 장례원칙에 어긋난 것으로 제가 생각한 이상으로 큰 반감을 불러일으키고 있습니다. 이것이 직접 동남아시아와 아세안에 어떻게 부정적으로 작용할지는 모르겠습니다만, 그 사건 이후 온건한 무슬림조차 미국에 대한 인식을 바꾸면서 향후 국제질서 구상에도 영향을 미칠 것입니다.

또 다른 문제는 인도네시아와 동티모르의 관계인데, 둘의 관계는 이 시기에 격변했습니다. 거기에는 국제적인 배경도 있고 인도네시아의 민주화가 진전되는 등 다양한 요인이 있겠습니다만, 특히 국제적인 NGO 네트워크가 일본에서 생각하는 것 이상으로 큰 힘을 발휘했습니다. 종교가 국제관계에서 큰 영향을 미치는데, 동티모르 문제의 경우는 가톨릭입니다만, 기본적으로 종교의 정치적·사회적 영향력이 약한 일본과 같은 나라에서는 상상할 수 없을 정도로 대단합니다. 이러한 민간이라는 요소가 국민국가를 전제로 하면서도 21세기 국제관계에서 지금 이상으로 커다란 힘을 갖고 있다는 점을 주목해야 합니다.

야마무로 세기전환기 이후 일본 사회는 한편으로 무라 사회가 붕괴함과 동시에 대량의 뉴커머new commer 외국인이 정착하는 시대이기도 합니다. 2010년 말 외국인 등록자 수는 213만 명을 넘어섰는데, 이는 후쿠시마현福島縣의 총인구와 거의 맞먹습니다. 이슬람 모스크도 각지에 건설되는 등 이제 일본은 다문화 공생사회로 재편하는 것이 불가피해졌습니다.

대외적으로는 2002년 북한과 일본의 평양선언에 의해 진척되는 것처럼 보이던 납치 문제는 교착 상태에 빠졌습니다. 이 문제는 일본이 혼자 해결할 수 없기 때문에 미국과의 제휴가 불가결하고, 무엇보다도 북한에 영향력을 행사할 수 있는 중국의 협조가 필요합니다. 납치와 미사일 그리고 핵 문제 등 북한 문제에 대처하기 위해서도 한국, 일본, 미국, 중국의 4개국 관계 속에서 일본이 역할을 할 필요성이 높아지고 있습니다.

중국의 세기전환기라고 하면 천안문사건 이후겠지요. 미국이 인권외교를 내건 데 비해 일본은 일찍이 중국에 경제원조의 손길을 내밀었습니다. 한편으로 인권보다 경제를 중시했다는 점에서 비판도 받았습니다만, 일본은 동아시아의 경제질서를 회복하기 위한 노력을 어느 정도 수행했다고 볼 수 있는 측면이 있습니다. 반면 중국-미국-한반도-동남아시아라는 4개의 축 사이에서 일본은 표류해온 것처럼 보입니다.

와다 1990년대 말부터 붕괴되는 과정에서 2002년은 특이한 해였습니다. 역시 고이즈미 준이치로는 복잡한 사람입니다. 한편에서는 우정郵政 민영화, 규제 완화, 외자에 대한 시장 개방 등 신자유주의적인 정책을 추진했지만, 북한 문제에 관해서는 부시 미국 대통령의 제지에도 불구하고 평양을 방문하여 좀처럼 보기 어려운 자주적인 외교를 수행했습니다. 또 한편으로는 야스쿠니 신사 참배를 고집하여 중국과 충돌하고 말았습니다. 그는 또 동아시아 공동체를 추구한다고 말한 최초의 총리였습니다. 정책이 모순되고 철저하지 못하고 혼란만을 불러일으킨 채 끝나고 말았습니다. 어떤 정책을 실시한다면 그 정책과 반대되는 것을 추진해서는 안 되는데, 그는 모순된 정책을 실시하여 난관에 봉착한 것이지요. 북한과의 정상화를 위한다며 두 번이나 평양을 방문했는데, 반反북한의 챔피언인 아베 신조安部晋三를 후계자로 지명한 것은 혼란의 극치였습니다. 그럼에도 지금 생각해보면 고이즈미 총리가 대담하게 추진하려다 실패했다는 측면을 무시할 수 없습니다.

조경달 일본은 세계화 속에서 무라가 해체될 수밖에 없고 사회도 해체되고 있습니다. 그 결과 원자화原子化된 사람들의 불안이 만연하면서 포퓰리즘이 대두했습니다. 일본과 같은 무라 사회에서는 본래 포퓰리스트는 성장할 수 없습니다만, 고이즈미와 같은 포퓰리스트가 등장한 것은 무라의 해체를 상징하는 것입니다.

와다 3·11 동일본 대지진을 생각해보면 동북지역 사람들이 그런 참화에도 당황하지 않고 잘 견뎌낸 것은 무라적인 연계 또는 지역적 연결이 끊어지지 않았기 때문이라고 볼 수 있습니다. 무라적인 것의 의미가 완전히 사라진 것은 아닙니다.

조경달 무라 사회에는 건전한 측면도 있습니다. 일본은 '열린 무라 사회'라는 방향을 모색하지 않으면 앞으로 나아갈 수 없을 것입니다. 지금과 같이 닫힌 상태라면 문제입니다. 근세 이래의 무라 사회가 정말로 위기에 직면한 것은 최근 20년이 아닐까 합니다.

기바타 이번 대지진으로 원전사고가 나면서 일각에서 '원자력 무라'라는 표현을 쓰는 것을 보면, 일본은 세계화에 포섭되는 듯하고 무라 사회의 논리가 어딘가에서 연결되어 있을 것입니다. 열린 무라를 추구한다는 것은 이상적일지 모르겠습니다만, 분명 하나의 방향입니다. 그리고 1980년대와 1990년대는 외국인 노동자 등을 생각하더라도 일본 사회는 크게 변화했지만, 그것은 불균형하고 여러 부분에서 왜곡되고 있다는 점에도 주의할 필요가 있습니다. 1990년대에는 이전은 국제관계를 규정하는 요소로서는 국가의 존재가 압도적으로 컸습니다. 1990년대 이후의 구조 변화를 가져온 요인으로 국가 이외의 요소가 부상한 점도 고려할 필요가 있습니다.

가와시마 그 배경으로 최근 20년 사이에 국경의 장벽이 매우 낮아졌다는 것도 있습니다. 사람과 물건의 이동에 관한 규제가 완화되어 실질적으로 이동이 용이해졌습니다. 이것이 동아시아의 연대와 일체성을 가져왔습니다. 세계화는 어떤 의미에서 네트워크 면에서의 인프라 보급을 바탕으로 금융경제가 일원화하고 자본이 자유롭게 움직이는 것입니다. 그러나 이러한 경제·금융의 일원화가 그대로 가치의 일원화를 가져오지 않고, 오히려 가치 측면에서는 다원화된 측면이 있습니다. 인프라를 제공하는 미국, 자본을 움직이는 자본가, 이슬람·인도·중국 같은 신흥국, 민주화된 국가로부터의 개인과 집단 등…… 일원화와 다원화가 동시에 진행되고 있습니다.

국가가 앞으로도 더 작아질 것이라는 이야기가 많습니다만, 꼭 그렇게 될지는 미지수입니다. 로컬local한 세계가 강해짐과 동시에 도쿄, 서울, 베이징, 타이베이 같은 수도가 팽창하는 등 다원화되면서 중앙의 기능이 강화되는 모순적인 현상이 보입니다. 국경의 장벽이 낮아졌다고는 하지만, 안전보장이라는 측면에서 경계가 남아 있는 동아시아에서는 단순한 가치의 일원화라던가 국가의 역할 축소가 일어난다고 말하기 어려울 것입니다.

와다 국가사회주의 체제가 붕괴하고 공산주의 운동이 권위를 상실한 이후에는 자본주의를 근저에서부터 비판하는 사상과 이데올로기가 모습을 감추고 말았습니다. 시민운동과 시민주의는 나름대로 활발합니다만, 정치적인 상상력과 사상적 일관성, 나아가 운동의 힘이 약해졌습니다. 자민당, 사회당, 민사당, 시민운동파가 함께 만든 민주당이 전형적인 모습입니다. 사상적·주체적·조직적으로 매우 취약한 측면이 드러나 갈

수록 표류하고 있습니다. 일본만이 아니라 지금의 아시아, 나아가 전 세계에서 강력한 정신성, 조직력, 명료한 정치적 지도력을 가진 운동은 결국 이슬람 근본주의 세력밖에 없을 것입니다. 한편 동아시아에서는 사회민주주의의 전통이 없다는 약점도 공통적으로 드러나고 있습니다.

조경달 공동체가 위기에 직면했을 때 이슬람 급진주의처럼 근본주의로 회귀하는 경향이 나타납니다. 일본은 근대 천황제로 회귀해서는 안 됩니다. 새로운 결합관계가 요구됩니다만 결코 쉽게 찾아지지 않습니다. 한국에서는 세계화로 인해 사회가 해체되는 과정에서 기독교 신자가 늘어나 4명 가운데 1명이 기독교도입니다. 왜 한국에서 이 정도로 기독교가 힘을 얻었는가를 살펴보면, 지방에서 도시로 올라온 사람들이 교회를 매개로 사람들과의 관계를 형성하는 것과 무관하지 않은 듯합니다. 표류하고 있는 일본에는 큰 종교가 없습니다.

야마무로 액터의 측면에서 말하면 다국적 기업적인 것, 종교적인 것과는 별도로 어떤 목적을 가지고 활동하는 자발적 기능집단이 있습니다. 걸프전쟁 이후에 대인지뢰와 클러스터 폭탄의 금지조약을 둘러싼 국제조약의 체결 과정에서 국가가 아니라 NGO나 NPO가 추진 모체가 된 것은 세계사적으로 보더라도 매우 커다란 전환이었습니다. 그러나 이러한 집단은 어떤 단일한 이슈를 가지고 만들어지는 경우가 많기 때문에, 전체적인 사회상을 구상하는 데로 이어지기 어렵습니다. 그럼에도 국경을 넘은 사람들의 집단이 국제질서를 창출한다는 맹아가 싹트는 것에 주목할 필요가 있습니다.

고토　밖에서 보면 일본이라는 나라와 사회는 아직 폐쇄적인 동질성이 높은 '공동체'로 비치는 것 같습니다. 200만 명이 넘는 외국인, 특히 비非구미계 사람들이 자신의 라이프스타일을 가지고 생활하는지 또는 비구미계 사람들의 라이프스타일을 허용할 수 있는지에 대해 말한다면 꼭 그렇다고 말하기 어렵습니다. 아직 닫힌 공간 속에서 지내기가 불편한, 극단적으로 말하면 감시받고 있다고 느끼는 사람이 적지 않습니다. 다나카 히로시田中宏의 《재일외국인在日外國人》(岩波新書, 1995)의 부제 역시 '법의 장벽, 마음의 도랑'이었습니다만, 그러한 본질적인 문제가 여전히 남아 있습니다.

한국에서는 사람들의 국제 이동이 매우 극심하여 인구의 10퍼센트 이상인 약 600만 명이 외국에 거주한다고 합니다. 일본에서는 아마 이런 일이 일어나지 않을 것입니다. 국제 이동이라는 점에서 말하면 재외일본인은 한국에 비해 수도 적고 비율도 압도적으로 적습니다. 특히 요즘 젊은이들은 외국에 나가고 싶어하지 않습니다. 표류라기보다 위축이라고 말할 수 있을 것입니다. 일본에 불만이 없지 않지만, 그렇다고 '파랑새'를 좇아 외국으로 나갈 수도 없습니다. 이렇게 한국과 일본 사이에는 밖으로 나가는 사람들의 흐름에 큰 차이가 존재합니다.

조경달　동아시아 3국에서는 무라의 존재 방식이 완전히 다릅니다. 조선의 향촌은 열려 있었습니다. 향촌 출입은 자유로웠고 모르는 사람들끼리도 서로 돕는 사회였습니다. 이에 비해 일본의 근세 무라는 시집이나 장가를 가는 것 외에는 촌락 간의 이주가 매우 드물었습니다. 한국은 일제강점기에 5명 가운데 1명이 외국으로 나갔습니다. 간단히 경계를 넘는 발상이 있었고 지금도 마찬가지입니다. 중국의 경우는 원래 촌락공동체라는 것이 존재하지 않았다고도 말합니다만, 이동의 활발함은 조선 이상으로, 지금의 한국에 비할 수 없을 정도입니다.

고토 열린 한국에서는 해외로 나갑니다만, 이에 반해 내면적 압박이 강한 일본에서는 안에 머무는 흡인력이 강하다는 것인지요?

와다 일본에 대해서 비관주의에 빠지지 말고 이러한 상황을 바꾸겠다는 방향으로 이야기를 진행할 필요가 있습니다. 미국은 냉전의 승자라고 불립니다만, 저에게는 오바마가 마치 고르바초프처럼 보입니다. 미국도 변하지 않을 수 없는 단계에 접어들었습니다. 거기에 일본이 어떤 역할을 할 것인가? 중국도 분명히 했으면 좋겠고, 일본도 힘을 발휘해야 할 때입니다.

기바타 1990년대의 세기전환기에 일본이란 도대체 무엇인가라는 논의가 많이 이루어졌습니다. 특히 눈에 띄는 것은 오키나와론입니다. 오키나와의 입장에서 일본의 존재 양식을 고려할 필요가 인식되었다고 할 수 있겠지요.

야마무로 오키나와론은 분명 동아시아와 미국 대륙 간의 지정학을 시야에 두면서 일본의 존재 방식을 근본적으로 다시 바라보게 하는 기축입니다. 물론 이는 현재 직면하고 있는 미군기지 이전과도 관련됩니다만, 거기에는 세계의 경찰이었던 미국이 재정적으로도 군사력을 축소할 수밖에 없는 상황에서 미군의 세계적 재편성에 일본과 아시아가 어떻게 대응할 것인지가 과제입니다. 이 문제와 관련해서 냉전기에는 그다지 역할을 하지 못했던 유엔이 중요한 결정 요인으로 영향을 미칠 것입니다. 이라크 전쟁 이후 미국이 평화유지군 형식으로 전쟁에 참여할 수밖에 없었던 것도 유엔이 이를 승인하지 않았기 때문입니다.

동아시아에서도 1991년 9월 남한과 북한이 동시에 유엔에 가입함으로써 북한도 이제는 유엔의 요구에 어떤 식으로든 응할 수밖에 없습니다. 한편 유엔 중심주의를 내걸면서도 미국에 의존해왔던 일본의 안보리 상임이사국 가입에 대해서는 아시아 국가들이 강하게 반대했습니다. G2로 성장한 중국과 미국 양국을 앞으로 어떤 형태로든 억제할 수 있는 것이 유엔이라고 가정한다면, 경제적으로는 침체되어 있지만 일본이 아시아와의 연계를 통해 아시아를 대변하는 역할을 유엔에서 수행한다는 가능성과 책임도 포기할 수 없을 것입니다.

2. 아시아에서의 민주화 조류와 역류

기조 보고

21세기 아시아를 생각할 때, 중국의 GDP가 일본을 제치고 세계 제2위가 된 2010년은 기념비적인 해로 기억될 것이다. 한말부터 식민지화 초기에 걸쳐 활약했던 민족주의자이자 역사가인 박은식은 "생각건대 과거 19세기와 지금 20세기는 서양 문명이 크게 발달하는 시기이지만, 앞으로 21세기와 22세기는 동양 문명이 발달하는 시기가 될 것이기 때문에 우리 공자孔子의 길이 어찌 땅에 떨어질 리가 있겠는가"(《유교구신론儒敎求新論》)라고 말했다. 공자의 나라는 정말로 박은식의 예언처럼 세계 문명의 톱클래스로 약진했다. 톱클래스까지는 아니지만 유교의 나라였던 한국과 타이완의 경제성장도 눈부시다. 그러나 '동양 문명'의 발달이라는 의미에서는 박은식의 예언은 어긋나고 말았다. 중국의 문명 발달은 서양 기원의 신자유주의 그 자체였기 때문이다.

중국은 마오쩌둥 사후, 덩샤오핑의 지도에 따라 1970년대 말부터 권위주의적인 중앙집권적 통제 아래 시장경제를 도입했지만, 이는 마거릿 대처나 레이건이 추진한 신자유주의에 대응한 경제정책으로 표출되었다. 이후 동아시아에서는 세계화의 파도 속에서 신자유주의가 급속히 퍼져나갔다. 일본에서는 나카소네 정부에서 도입하기 시작하여 고이즈미 정권이 본격적으로 추진했다. 다른 지역에서는 1997년 아시아 외환위기를 계기로 본격화되었다.

이러한 신자유주의의 흐름은 한편으로 동아시아 지역에 민주화를 재촉하는 것처럼 보이면서도 실제로는 이를 억압하는 체제의 구축을 강요하고 있다. 무엇이든 시장에 맡겨 격차 확대를 용인하는 신자유주의는 사람들을 원자화하여 사회적 결합을 약하게 만들기 때문에 신보수주의 및 국가주의와 삼위일체 관계를 맺고 있다. 따라서 이러한 체제에서는 이의를 제기하는 회로가 약해질 수밖에 없다. 일본에서는 고이즈미 정권 때 정치가 극장화하여 사람들의 관심을 끌면서도 한편으로는 정치가 쇼로 변질됨으로써 시민들이 적극적인 참여의식을 갖지 않게 되었다. 노동조합의 활동과 시민운동도 저조해졌다. 또 1996년에 결성된 '새 역사교과서를 만드는 모임'의 활동은 여전히 멈추지 않고, 국가주의적인 역사관이 서서히 침투하는 상황이다.

한국에서는 1998년 2월에 시작된 김대중 정부하에서 신자유주의가 진전되었다. 아시아 외환위기라는 직격탄을 맞아 IMF체제에 편입된 한국은 어쩔 수 없이 신자유주의를 추진해야 했다. 그 결과 경제는 급속히 회복되었지만 격차가 더욱 확대되어 표면적인 경제성장의 뒤편에 사회불안이 증폭되었다. 대중이 스스로의 힘으로 민주화를 쟁취한 한국에서는 여전히 시민운동과 노동운동이 활발하다. 2008년 2월에 취임한 이명박 정권은 이에 대한 대응에 부심했지만 또 한편으로 청년들의 탈정치화 현상도 나타났다. 21세기 초에 뉴라이트라고 불리는 신자유주의 정치세력이 대두했는데, 이 세력은 자본주의 근대화를 지상 가치로 삼으며 '식민지 근대화론'을 주장하면서 국가주의적인 역사관을 외치고 있다.

신자유주의의 혜택을 가장 많이 받으면서 가장 많은 왜곡이 잠재된 나라는 중국일지도 모른다. 1989년 4월 천안문 사건 이후 중국의 민주화운동은 무력에 의해 봉쇄되었다. 2010년 10월 류샤오보劉曉波의 노벨 평화상 수상에 즈음하여 중국 당국이 펼친 철저한 치안활동은 이를 단적으로 보여준다. 그러나 농지 강제수용과 지방 간부들의 부정부패에 대한 주민의 항의활동은 전국적으로 전개되고 있다. 소수민족에 대한 억압도 완화되지 않아 이에 대한 반발이 계속되고 있다. 티베트 문제는 여전히 해결될 길이 보이지 않고, 2008년 3월 라싸에서 대규모 반反중국 시위가 일어났다. 신장 위구르에서도 2008년 8월과 2009년 7월에 폭력항쟁이 일어났다. 내몽골자치구와 연변조선족자치구 등에서도 불만이 증폭되고 있다.

타이완에서는 1988년 1월에 성립된 리덩후이李登輝 정권하에서 민주화가 진전되어 독립 지향이 서서히 표출되었다. 2000년 5월에 들어선 천수이볜陳水扁 정권에서는 독립 지향이 좀 더 선명해졌다. 이로 인해 중국과의 긴장이 고조되었다. 2008년 5월에 출범한 마잉주馬英九 정권은 중국과의 융화노선을 채택하여 신자유주의의 진전과 더불어 중국과의 공존이 현실 노선으로 자리 잡아가고 있다.

신자유주의는 아시아 외환위기 이후 동남아시아에서도 맹위를 떨치고 있다. 동남아시아는 아세안의 역내 경제 협력을 강화하면서 외화 도입과 수출을 중심으로 급속하게 발전했다. 그중에서도 외환위기의 발단이 된 태국은 2001년 2월에 들어선 탁신 정권하에서 급속한 경제성장을 실현했다. 그 정책은 신자유주의를 추진하면서도 한편으로 퍼주기식 정책을 실시하여 네오포퓰리즘적 성격을 띠고 있다. 탁신 정권은 부정행위로 지탄받아 2006년 9월 군사 쿠데타에 의해 붕괴되었다. 그러나 탁신을 지지하는 민중 세력과 반反탁신파의 항쟁은 이후에도 계속되어 2010년 3월부터 5월까지 정점에 달했다. 태국에서는 민주화의 흐름과 민중적인 것이 반드시 연결되지 않는 사태가 진행되고 있다고 말할 수 있다.

아세안 국가에서는 미얀마의 군사독재 정권에 의한 아웅산 수치를 비롯한 민주화 세력에 대한 탄압이 여전히 심각하다. 그러나 신자유주의 경제정책을 추진하는 각국에서는 미얀마에 강력하게 민주화를 요구하지 못하고 있다. 동북아시아에서는 북한의 '사회주의' 장기 독재정권의 존속이 위험에 직면하고 있지만, 김대중 정부의 햇볕정책도 결국 북한을 개방으로 이끌지 못했다. 신자유주의는 쇄국체제 국가에게는 무력한 모습을 보여주었을 뿐이다. 나아가 신자유주의는 적어도 동아시아·동남아시아의 현상에서 바라보자면, 민주화의 조류를 재촉하지 못하고 오히려 그 역류를 불러온 원흉이 되고 있다

– 조경달

가와시마 먼저 신자유주의를 어떻게 정의할 것인지가 문제입니다만, 일단 '격차의 확대를 인정하는 시장경제 원리를 촉진하고 약자에 대해서는 다른 논리로 보완하는 것'을 신자유주의neoliberal라고 간주한다면, 중국도 신자유주의라는 논의가 있을 수 있고 실제로 자국을 그렇게 규정하는 논자도 있습니다. 그러나 이 말에는 주의할 필요가 있습니다. 요컨대 민주주의 국가의 신자유주의와 사회주의 국가의 신자유주의는 현상으로서는 비슷합니다만, 역시 차이가 존재한다는 것입니다. 그 차이는 신자유주의와 민주화의 관계를 고려할 때 드러납니다.

사회주의 국가인 중국에서는 민주적 절차 없이 국가가 정책을 결정하면 그에 대한 반발로 농촌을 살려라, 사회 평등을 중시하라고 주장하는 신좌파의 논의가 일어납니다. 경제발전 중시파가 신자유주의자라고 불릴

때가 있습니다만, 그들은 실업자를 민족주의적 관점에서 도우려 합니다. 사실 고이즈미 정권과 후진타오胡錦濤 정권은 이런 점에서 공통적입니다.

그러나 상이한 부분이 최근에 현저하게 드러났습니다. 선거라는 절차를 밟는 국가에서는 격차 문제의 쟁점이 된 선거의 결과가 정착하지 못하고, 선거 결과 자체가 유동적이어서 이를 사회가 받아들이지 않습니다. 때로는 폭동도 일어납니다. 따라서 사회 안정이라는 관점에서 본다면 신자유주의적인 민주국가가 오히려 불안정한 사회처럼 보입니다. 타이완이나 태국도 그렇고, 일본도 어떤 의미에서는 그렇습니다. 격차나 계층에 호소하여 쟁점을 단순화하고 선거가 대중 동원적이 되어 정국의 움직임이 격렬해졌을 때, 제도가 이를 따라가지 못합니다. 이에 반해 선거가 없는 사회주의적인 신자유주의는 치안유지나 언론 통제에 비용이 들지만, 사회가 안정된 것처럼 보이는 역설이 아시아에서 일어나고 있습니다. 한편 베트남 공산당은 당내 민주화 추진이 매우 순조롭게 이루어지고 있습니다. 20년 이전의 민주화를 둘러싼 시비와는 다른 양상이 지금 일어나고 있습니다.

고토 신자유주의에 대한 가와시마 선생님의 이야기에 대해 조경달 선생님은 어떻게 생각하십니까?

조경달 데이비드 하베이(David Harvey, *A Brief History of Neoliberalism*, Oxford Univ Press, 2005)에 따르면 신자유주의는 "강력한 사적 소유권과 자유무역을 특징으로 하는 제도적 틀 안에서 개인의 기업활동의 자유와 그 능력을 무제한으로 발휘할 때 인류의 부와 복리가 가장 증진된다"라고 주장하는 정치경제이론입니다. 간단히 말하면 사적 소유와 자유의 보호를 위해 모든 것을 시장화해야 한다는 사고입니다.

가와시마 선행적인 신자유주의 정책의 모델이 된 것은 1980년대 영국의 대처 정권이었고, 이와 때를 같이하여 나카소네 총리도 동일한 정책을 일본에서 실시했습니다. 나카소네 총리 자신이 스스로를 신자유주의자라고 인식했는지의 여부는 별개의 이야기입니다만, 분명 닮은 점이 있었는지도 모르겠습니다. 다만 타이완의 마잉주가 신자유주의자라는 것은 어떨지요? 세계화 체제에서 타이완이 시장원리를 따르는 것은 당연하고, 또 재정이 위험해지면 일정 정도 비용을 들여 대응해가겠지요. 이를 신자유주의라고 말하다면 넓은 범주에 포함되겠지만요

기바타 대처 정권의 사례로 말하자면 복지국가 체제를 붕괴시키고 복지 그 자체도 시장화를 추구하는 것입니다. 그런 의미에서 조경달 선생님의 정의가 맞을지도 모르겠습니다.

나카노 신자유주의적인 분위기가 사회를 지배하고 있는 것과 그 국가의 정책이 정말로 신자유주의라고 할 수 있는가는 별개의 이야기입니다. 전력자유화도 불가능한 일본이 신자유주의라고 말할 수 있는지요? 일본의 경우 대처리즘이나 레이거노믹스의 경험을 참조했습니다만, 실제로 정책으로 채용되었는지의 여부보다 국철 민영화 등의 정책을 경험하면서 국민의식이나 개인 차원에서 신자유주의가 내면화된 측면이 있는 것 같습니다.

기바타 민주화를 오로지 신자유주의로 말해도 좋은지의 문제입니다. 민

주화의 흐름은 아시아에 국한되지 않고 라틴아메리카와 아프리카에도 있습니다. 그것을 모두 신자유주의와 연결 지을 수는 없겠지요.

가와시마 동아시아의 민주화 흐름은 1980년대 후반에 민주화를 향한 움직임이 일어난 이후 제도적 민주화와 나아가 사회적 민주화라는 단계로 진전되었다고 이해할 수 있지 않을까요? 1990년대 전반기에 제도적 민주화가 이루어지고 후반기에 민주화가 성숙하는 민주화의 프로세스를 단계적으로 바라본다면, 신자유주의라는 물음의 설정 방식만이 결국 유효한 것일지도 모릅니다.

조경달 마루야마 마사오丸山眞男가 지적하는 바와 같이 민주주의라는 것은 원리, 운동, 제도의 세 층위로 바라볼 필요가 있습니다. 한국에서도 1980년대에 민주주의를 스스로의 운동으로 쟁취했습니다만, 1990년대에 들어와 민주주의가 점차 정착하고 성숙하는 과정에서 신자유주의가 지배하면서 새로운 전기를 맞이하고 있습니다. 아무리 제도가 훌륭하더라도 운동이 정체된다면 제도는 형해화되고 원리 그 자체도 문제시됩니다. 1990년대 이후 20년을 억지로 잘라내어 성장한 것처럼 보이는 민주주의를 일부러 문제시할 때, 신자유주의와의 관련성에 대해 고려하는 관점이 나온다고 생각합니다만.

와다 한국에서는 1987년에 민주혁명이 일어나 제도적 민주화가 이루어져 노태우 정권부터 김영삼 정권에 이르기까지 군부의 영향력이 부식되고 사회적 민주화도 진행되었습니다. 이러한 조건에서 김대중 정권이 1998년에 탄생하여 남북 정상회담이라는 외교혁명을 성취하는 등 분명히 단계적으로 민주화가 진척되었습니다. 반면 중국은 경제성장과 경제 개방만이 진행되고 정치적 민주화는 아직 미진하지만, 최근 인터넷을 하는 청년들이 늘어나 각종 시위를 일으키고 있습니다. 경제성장이 어느 단계에 도달하면 민주화가 진행될지도 모르겠습니다. 그러면 1990년대부터 2001년 9·11에 이르기까지 각국과 각 지역이 어떠한 민주화 과정을 걸어왔는지 사례를 들어보도록 하겠습니다.

가와시마 타이완의 경우 1980년대 후반부터 민주화가 이루어졌습니다. 1996년 직접선거로 리덩후이가 총통으로 선출되었고, 2000년에는 국민당이 일시적으로 정권을 잃었지만 2008년에 다시 집권 여당이 되었습니다. 가장 큰 문제는 일본처럼 민진당 정권이 소선거구제로 바꾸면서 총통 선거와 입법위원 선거에서 왜곡이 생기고 말았다는 것입니다. 총통을 배출한 여당과 의회의 제1당의 서로 다른 '왜곡'이 2008년까지 계속된 것이지요. 타이완의 민주화는 성숙되고 있지만, 총통과 의회의 관계를 어떻게 바라볼 것인지를 둘러싼 선거제도의 문제, 그리고 어떻게 해야 제대로 민의를 반영할 수 있는지의 문제를 안고 있습니다.

중국은 후야오방胡耀邦 총서기, 자오쯔양趙紫陽 총리 시절에 민주화 움직임이 일어났으나 천안문 사건으로 사라졌습니다. 중국도 1980년대 후반 동아시아의 민주화 흐름 속에 있었지만 결국 별도의 길을 걷게 되었습니다. 현재는 하나의 노선으로서 기층에서부터의 민주화가 시도되고 있습니다. 촌민위원회 수준에서의 민주화입니다. 촌에서 향진鄕鎭 단위까지는 촌민자치가 침투할지 모르겠지만, 그 위로는 연결되지 않을 것입니다.

그 밖에도 당내의 민주화 혹은 전인대全人代를 민주화하려는 방향이 있습니다. 특히 베트남의 사례를 보면서 당내 민주화에 초조해한다는 이야기도 들립니다. 최근에는 당내 선거나 전인대 모두 속이 들여다보이는 연극이라고도 말합니다만, 안건에 따라서는 투표율에 상당한 변화가 나타나고 있습니다. 그러나 전체적으로 보면 민주화운동은 억압받고 있습니다. 인터넷의 영향력이 커졌지만, 사이버 통제를 더욱 강화하고 있습니다. 아무튼 중국은 장기적으로 보면 인터넷의 영향력이 커질 것이고 언론 공간도 서서히 정비되고 있습니다.

조경달 한국은 1987년 노태우가 민주화 선언을 하면서 선거를 통한 평화적인 정권 교체가 가능해졌고, 마르크스주의 관련 서적도 공공연히 읽을 수 있게 되었습니다. 학생과 시민의 운동이 활발해진 것이 특징입니다만, 특히 기억에 새로운 것은 2008년의 촛불집회입니다. 미국산 쇠고기 수입을 반대하는 운동으로 전개되었지만, 처음에 이를 주도한 것은 고등학생이었습니다. 휴대전화와 인터넷을 활용하여 전국 규모의 운동으로 확대되었고, 내용도 단순히 쇠고기 수입 반대에 그치지 않고 정부 비판으로 번졌습니다. 일본과 비교하여 운동으로서의 민주주의를 생각할 때 훨씬 활동 폭이 광범위해졌습니다.

그러나 저는 실업자 수가 매우 많다는 것에 비관적입니다. 자살하는 사람도 많습니다. 자살률이 일본보다 높고 현재 세계에서 가장 자살률이 높은 나라가 되었습니다. 일류 대학을 졸업해도 취업하기가 어렵고, 비정규직이 많습니다. 거대 재벌인 삼성도 비인간적인 고용을 자행합니다. 그 때문에 사람들은 살아갈 의욕을 잃고 배제되는 과정에서 민주주의에 참여할 의욕도 상실하게 됩니다. 이러한 상황이 진행되면 스스로의 힘으로 획득한 민주주의임에도 불구하고 그것이 어떤 방향으로 흘러갈지 앞날이 불투명해집니다.

고토 1990년대 동남아시아 민주화의 흐름을 생각할 때, 아마도 인도네시아가 가장 극적인 사례일 것입니다. 그 전 단계로 1980년대에 동아시아에서부터 민주화의 파도가 밀려왔습니다. 개발독재형 정권을 무너뜨린 사례는 한국, 필리핀, 타이완이고, 실패하거나 좌절한 나라는 중국, 미얀마입니다. 그로부터 10년 늦게 인도네시아가 민주화를 향해 본격적으로 뛰어들었습니다만, 1998년까지 그러한 움직임이 없었던 것도 아닙니다.

전후사 속에서 바라보면 동남아시아 전체에 적용할 수 있는 말입니다만, 독립 후의 제1세대 민족주의자인 지식인의 대다수는 구종주국, 즉 구미제국에서 교육을 받거나 혹은 전전 자국에서 유럽 교육을 체험했습니다. 바로 그들의 손에 의해 1950년대에 민주화, 더 정확히 말하면 서구적인 민주주의 제도가 도입되었습니다. 그동안 축적된 '유산'은 결코 적지 않았고, 이후 민주화의 기반이 되었습니다. 그러나 1990년대 민주화의 주역은 그 세대가 아니라, 개발독재체제에서 경제발전의 혜택을 입은 중산층이었습니다. 한국의 실업 사례가 나왔습니다만, 인도네시아에서도 대학 졸업자의 실업률이 큰 문제이지만 한국과 달리 자살률은 매우 낮습니다. 가족제도나 종교와도 관련됩니다만, 가족에 낙오자가 생기면 서로 돕는 풍조가 지금도 뿌리 깊게 남아 있습니다. 수하르토 정권 때도 가족계획이 대대적으로 추진되었습니다만, 지금도 여전히 아이의 수가 많을수록 사회보장이 된다는 사고가 강합니다.

나카노 1980년대에 공부를 시작한 우리 세대 동남아시아 연구자는 수하르토 체제의 붕괴를 '가까운 미래'로 상상하고 식은땀을 흘리며 지켜보았습니다. 인도네시아가 분열되거나 혼란에 빠지면 동남아시아 전체가 불안정하다는 역사적 경험이 있기 때문입니다. 결과적으로 수하르토 이후의 인도네시아는 혼란스럽지 않았고 장기적으로도 안정된 것처럼 보입니다. 이를 어떻게 바라보면 좋을지 큰 의문입니다.

태국과 필리핀의 경우는 두 나라 모두 제도적 민주주의의 경험을 축적하고 있습니다. 필리핀은 몇 번의 군사쿠데타 미수를 거치면서도 라모스 정권의 안정기가 찾아왔습니다. 이후 에스트라다 정권을 도시 중산층 시민들이 타도하여 아로요 정권이 들어서자 이번에는 도시 빈민층이 이를 타도하고자 했습니다. 태국의 빨간 셔츠 소란과 유사한 형태가 엿보입니다만, 이제는 안정되고 있습니다.

필리핀과 태국에서도 신자유주의적인 정책으로 경제성장을 실현하여 도시 중산층이 수혜자가 되는 형태로 민주화가 진행되었습니다만, 분배 문제를 둘러싸고 정치적 위기가 발생할 수밖에 없었습니다. 태국에서는 선거를 실시하면 이원적인 대립구도 속에서 도시 중산층이 패배하는 경향이 보입니다만, 필리핀의 경우는 더 다극화된 선택지가 있기 때문에 결과적으로 도시 중산층이 지지하는 체제가 유지된다고 볼 수 있습니다.

분배 문제와 관련해 국가와 의회가 관여할 수 있는 여지가 특히 빈곤층에서 적은 경향도 주목됩니다. 국내의 소득분배 정책과는 다른 채널로 빈곤층이 국제 NGO와 직접 연결되고 있습니다. 예를 들어 국내 정치에서는 적절하게 해결되지 않는 빈곤층이 국제적 차원에서 재원을 끌어옵니다. 도시의 중산층과 달리 현대에 적응한 빈곤층의 정치가 작동하고 있습니다. 이는 종래의 민주화와는 다른 국면을 가져올 가능성도 있습니다.

고토 나카노 선생님이 "인도네시아가 분열되거나 혼란에 빠지면 동남아시아 전체가 불안정하다는 역사적 경험"이라고 적절하게 말했습니다만,

또 한편으로 인도네시아에는 독립 후의 국제환경에서 자신들이 변하면 동남아시아가 크게 변한다는 자부심이 있습니다. 1945년 8월 17일 독립선언의 정신, 1955년 제1회 아시아·아프리카회의(반둥회의)에서 평화공존의 반둥 정신을 확산시켰다는 의식이 그 전형입니다. 또 반대로 1965년의 9·30사건이나 그로부터 10년 후에 자행된 인도네시아의 동티모르 침공에 따른 국제적 파문도 인도네시아의 무거운 '존재감'을 말해줍니다.

수하르토 체제의 붕괴 전후에는 도시를 중심으로 화교에 대한 극심한 박해와 각지에서 인종 갈등이 폭발했습니다. 그래서 통일국가가 분해되어 러시아형 혹은 유고형의 해체에 직면할 수 있다고 많은 관찰자들이 진단했습니다. 그렇게 되지 않은 데는 외국의 경제원조 등 여러 조건이 작동했겠지만, 무엇보다도 1965년의 9·30사건 이후 50만 명 혹은 100만 명이라고도 알려진 대량학살의 트라우마 때문일 것입니다. 아마도 무언의 역사적 교훈이 작동한 것으로 보입니다. 이 문제에 대해서는 구라사와 아이코倉澤愛子의 9·30사건에 관한 연구가 매우 시사적입니다.

야마무로 조경달 선생님의 논의와 연관됩니다만, 정치적 흐름 속에는 커뮤니테리언communitarian과 리버테리언libertarian의 대립이라는 흐름이 존재합니다. 이는 개인과 사회의 관계성을 논할 때 일종의 기준이 되었습니다만, 거기에서 문제가 되는 것은 민주주의와 경제성장의 관계입니다. 일각에서는 경제성장이 민주화로 연결된다는 논의도 이루어졌습니다만, 언제나 직선적으로 연결되지 않는다는 것이 역사적 사실이라고 할 수 있습니다. 정치란 권력에 의한 희소자원의 분배라고 정의한다면 민주주의에는 두 가지 측면이 있습니다. 요컨대 재정자원의 분배적 민주주의와 그 정치적 결정에 참여하는 참여민주주의입니다. 조경달 선생님은 이러한 관계를 신자유주의에 주목하여 문제 제기를 한 것이라고 이해합니다.

일본의 경우 1980년대와 1990년대에 정치부패가 문제가 되었습니다. 중선거구제로는 더 이상 정책으로 당락이 결정되지 않고 정치 참여가 금권정치로 왜곡된다며 소선거구제로 바뀌었습니다. 일본은 이에 따라 정권 교체가 가능한 참여민주주의를 추구했지만, 양대 정당제라고 말하면서도 정책의 차이가 거의 없는 상황이 되고 말았습니다. 그렇게 되면 유권자는 정책에 따른 선택이 어려워지기 때문에 중의원과 참의원 양원의 선거 때마다 반대 세력을 선출하는 '왜곡된 국회'가 되어버립니다. 일본에서는 단순한 표류를 넘어 참여민주주의의 퇴보라고 볼 수 있는 상황이 생겨나는 것은 아닌지 염려됩니다.

예를 들면 지방자치는 민주주의의 학교라고 불리는데 2011년 4월의 지방선거에서는 시정촌市町村 수장의 거의 50퍼센트가 사실상 무투표 당선이었습니다. 왜 이런 일이 일어났을까요? 잃어버린 20년이라 불리는 지금, 취직도 어렵고 노동조합에서는 비정규직에 대해 발언할 수 없습니다. 정치적 발언의 통로도 없어졌고 분배에도 관여할 수 없습니다. 이 때문에 정치 참여의식이 떨어지고 또 한편으로 분배해야 할 자원이 없어진 정치가는 미래의 새로운 사회상을 제시하지 못하고 있습니다.

전후는 커지는 경제적 파이를 분배함으로써 정치 통합을 실현해왔는데 지금은 이를 대신하여 국민통합을 새롭게 도모할 필요가 대두되었습니다. 그래서 일어난 것이 히노마루日の丸와 기미가요의 법제화이고, 향토애가 애국심의 함양으로 이어진다는 교육기본법의 개정이었습니다. 더욱이 북한 문제와 영토 문제 등 동아시아에서의 군사적 위협을 강조함으로써 방위청이 방위성으로 승격하는 등 국가 통제에 대한 구심력이 커지기 쉬운 정황입니다.

기바타 경제성장과 민주화 흐름의 관계는 중요합니다. 경제성장은 확실히 중요하고 이를 통해 중산층이 두터워지는 것이 민주화를 향한 움직임을 지탱한다고 말합니다. 그러나 동시에 중산층 이외의 빈곤층도 새로운 통로를 통해 민주화에 관여합니다. 그것은 지금 중동에서 일어나는 현상을 어떻게 바라볼 것인지의 문제와도 연관되고, 인도를 어떻게 바라볼 것인가라는 문제와도 연결됩니다. 인도는 상대적으로 빈곤층이 많은데 그들의 정치 참여를 아시아 속의 하나의 사례로서 어떻게 생각할 것인가 하는 것이죠. 인도에서는 그런대로 선거가 실시되어 중앙 차원에서의 정권 교체도 이루어지고 있으니까요.

와다 일본의 상황은 매우 특수합니다. 55년 체제가 냉전구도에서 계속되면서 비군사적인 경제성장, 국민의 중산층화와 정치적 자유를 보장해왔습니다. 정권은 소련 공산당의 지배와 거의 다르지 않은 보수당의 장기 일당독재였습니다. 당시 만년 야당이던 사회당은 상당히 강력해서 헌법 개정을 저지해왔고, 대학·출판계·신문·텔레비전 등에서도 좌파가 상당한 힘을 발휘했습니다. 따라서 역사인식의 합의는 아닙니다만, 정치적 자유는 보장되었고 사회적 폐색감은 없었습니다. 그런데 베트남전쟁 이후 1980년대에 변화가 시작되어 좌파적인 노동조합이 해체되었습니다. 소련이 붕괴된 이후에는 사회당이 몰락하고 학생운동도 사라졌습니다. 대학이 보수화되자 미디어와 출판계도 보수화되고 말았습니다. 그런데 경제성장과 민주화의 관계에서 말하면 중국의 경우 도시 중산층 가운데 부유층이 두터워졌습니다만, 그들이 총체적으로 민주화를 바라지 않는 역설적인 움직임도 보입니다.

가와시마 저는 기본적으로 기바타 선생님의 의견에 동의합니다. 장기적으로 살펴보면 경제성장은 영향력을 발휘할 것입니다. 다만 중국의 경우 단기적으로는 어려울 것입니다. 왜냐하면 중국의 중산층과 부유층의 대다수에게 당과 국가와의 관계성은 하나의 자원이 되어 있고, 민주화를 향하는 것은 자신들의 자원을 상실하는 것이 되기 때문입니다. 또 민주화하지 않는 편이 국력을 지킬 수 있다는 사고방식도 존재합니다. 민주화에는 비용이 들기 때문이지요. 세계화에는 민주화되지 않는 편이 적합하고 효율적이라는 사고가 중산층에 확산되고 있는 것이 사실입니다.

나카노 동남아시아의 개발체제는 일반적으로 수하르토 체제에서 끝났다고 평가합니다. 성장 관리에 실패해서 개발을 이끌어갈 수 없으니 더 이상 개발체제가 아닌 것이지요. 이와 비슷하게 중국 공산당이 성장 관리에 실패할 경우 지배의 정통성이 동요될 가능성이 있는지의 문제도 중요합니다.

야마무로 아시아에서는 경제성장이 먼저인가 민주화가 먼저인가라는 개발독재의 문제가 일관되게 존재합니다만, 상이한 또 하나의 흐름에도 주목할 필요가 있습니다. 방글라데시의 '촌gram'이라는 단어에서 유래하는 그라민은행은 각 개인들이 서로를 보장하면서 분배를 확대하고 있습니다. 요컨대 민주주의의 문제를 다른 국면에서 말한다면 당파나 운동이 아니라 개인의 생활권을 서로 의지하면서 정치적 자율성을 획득한다는 가능성에 대해서도 주목할 필요가 있습니다.

또 하나 논의해야 할 것은 규제 완화와 민주화의 관계입니다. 일본의 신자유주의 주장 가운데 가장 중요한 포인트는 규제 완화에 의한 경쟁의 자유화입니다만, 규제 완화를 민주주의의 상징으로 볼 것인지 아니면 어디까지나 미국의 압력으로 간주할 것인지 하는 것입니다. 호송선단 방식으로 결정해온 것이 기업과 개인이 자유롭게 결정할 수 있게 되었다는 점에서 민주화라고 말할 수 있는 것일까요? 또 중앙정부와 지방의 관계로 보자면 지방행정에 대한 번잡한 규제를 완화하는 것은 지방정치의 민주화를 위해 매우 절실한 과제가 되었습니다. 민주화와 신자유주의의 관계를 논할 때 양자를 어떻게 해석하면 좋을지요?

조경달 민주화는 자유와도 평등과도 항상 연결되는 것은 아닙니다. 신자유주의를 추진하면 추진할수록 실제로는 중산층이 엷어지고 실업자가 늘어납니다. 이러한 문제를 한국의 입장에서 생각해보면 1980년대에는 개발독재로 중산층이 늘어나고 성숙한 중산층에 의해 민주화가 달성되었습니다. 그런데 1990년대 끝 무렵에 신자유주의로 방향을 돌리자 중산층이 줄어들게 되었습니다. 외환위기로 인해 김대중 대통령은 IMF체제에서 규제 완화를 추진할 수밖에 없었습니다. 민주주의의 신봉자 김대중은 민주화에 일생을 바쳤습니다만, 신자유주의를 추진한 것이 혹시 민주주의를 자기부정하는 결과를 초래한 것은 아닌지, 역설과 아이러니의 가능성도 존재합니다.

3. 전후처리와 역사인식 문제

기조 보고

전후처리와 역사인식의 과제는 동전의 양면이고 닭과 달걀의 관계에 비유할 수 있다. 이번 토론에서 설정된 4개의 과제 가운데 나머지 세 과제는 동아시아 전체를 대상으로 하는 것이지만, 이 과제는 무엇보다도 일본의 입장과 주체성을 정면으로 문제시한다. 이러한 의미에서 주변 동아시아 구성원들이 가장 관심을 보이는 과제라고 해도 과언이 아닐 것이다. 또한 이는 다음 주제인 '동아시아 세계의 행방'의 논의와도 깊이 관련될 것이다.

논의는 먼저 현시점에서 전후처리 문제의 상황을 개관한 다음, 그런 '특수한 일본적 상황'의 바탕에 있는 일본의 역사인식 그리고 '타자'로서의 동아시아와의 관계에서 문제를 도출할 것이다.

전후처리 문제는 두 지역으로 나누어 바라볼 수 있다. 하나는 협의의 동아시아와의 관계다. 이 책 1장부터 6장까지 다양한 관점과 각도에서 논의한 총체로서의 근대 일본의 가해성을 전후 일본이 법적·정치경제적으로 어떻게 '처리'할 것인가를 둘러싼 논의다. 또 하나는 6장에서 다룬 아시아태평양전쟁과 '대동아공영권' 시기 동남아시아와의 관계, 즉 남진의 귀결에 대한 총괄이다. 물론 여기에는 구舊남양군도도 시야에 넣어야 할 것이다.

전후 70년, 인간에 비유하면 이미 고령기에 접어든 지금, 과거사를 다시 회고해보면 동아시아 세계에서 1000만 명이 넘는 사상자를 낳은 아시아태평양전쟁과 그 전 단계로서의 식민지 지배에 대한 전후처리 과정에서 현재의 '미일동맹'이라는 원그림이 명료하게 다가오는 것을 통감한다. 물론 오키나와의 '전후처리' 방식도 이와 유사하다. 당초 국제법에 의거하여 국가가 국가에게 실행하는 징벌적인 배상에 대해, 샌프란시스코평화조약 직전의 미영개정안(1950년 6월) 제14조에서 일본의 '지불능력'의 결여를 이유로 연합국 측이 대일 배상청구권의 포기를 결정한 것은 이후 구상국과의 개별 절충에서도 일본에게 '훌륭한 구실'이 되었다. 전후처리의 쟁점 중 하나였던 한일기본조약에서조차도 '한일청구권·경제협력협정'을 끼워넣어 청구권 포기가 확약되었다. 또 동남아시아에서는 미얀마, 필리핀, 인도네시아 등과 배상협정이 체결되었지만, 그것은 일본이 '이제 전후가 아니다'라고 선언한 1950년대 후반의 시기로 일본의 경제와 국민생활에 배상이 부담을 주지 않는 상황이었다. 오히려 그것은 결과적으로 일본 경제가 동남아시아로 진출하기 위한 마중물이 되었다. 이러한 의미에서 요시다 시게루가 일본어로 배상을 발음한 '바이쇼賠償'란 일본의 입장에서 보면 장사라는 뜻의 '쇼바이商賣'라고 보는 것이 그에게는 한편으로 진정한 의미였을지도 모르겠다.

일본 정부의 구상국에 대한 강력한 무기가 된 대일평화조약 제14조는 냉전기에 고정화되어 역사의 아이러니로 작용했다. 한일청구권·경제협력협정 제3조는 양국 사이만이 아니라 그 국민 간의 재산, 권리 그리고 청구권이 최종적으로 해결되었다고 명기했음에도 불구하고, 냉전체제의 붕괴·변화와 함께 배상과는 다른 보상이라는 법 개념, 요컨대 국가가 전쟁이나 박해에 의한 손해를 본 피해자에게 집단적 혹은 개인적으로 지불하는 보상이라는 개념이 동아시아의 피해자만이 아니라, 일본의 전쟁 피해 관계자로부터도 본격적으로 제기되었다. 이 문제는 특히 1990년대에 쟁점이 된 '위안부 문제'를 둘러싸고 전에 없던 관심을 모았다. 일본 정부는 독일을 비롯하여 국제사회에서도 널리 논의된 이 보상 문제에 대해 피해자의 개인청구권이라는 것은 존재하지 않으며, 대일평화조약과 이에 근거한 각국과의 조약 등에 의해 청구권 포기가 최종적으로 합의되었다고 주장했다.

그러나 피해자 측은 개인은 국제법상 주체로 인정되는 특별한 법 영역에 속하고, 그러한 개인의 손해배상청구권은 국가 간 조약 등에 의해 소멸되는 것이 아니라며 지금까지도 대립하고 있다. 그와 관련하여 최근 중국인 강제연행자의 개별 기업에 대한 보상청구재판에서 지역 차원에서 원고 승소 판결을 내린 것은 앞으로 주목해야 할 흐름이다. 동시에 시베리아 억류자를 비롯하여 가혹한 체험을 한 전쟁 피해자와 그 가족에 의한 보상청구재판이 진행되고 있지만, 2011년 1월 18일 오사카고등재판소는 "국민은 전쟁으로 받은 희생도 마찬가지로 받아들여 참아내야 한다"라는 공허하고 상투적인 문구가 담긴 판결을 내려 여전히 장벽이 높다는 점도 명심해야 한다.

동아시아의 역사인식 문제는 크게 세 가지 국면으로 나눌 수 있다. 첫째, 일본과 동아시아 국가들 사이, 둘째, 동아시아 국가들 사이, 셋째, 일본 국내다. 여기에서는 첫 번째에 대해 언급하겠다. 일본의 식민 지배에서 가장 쓰라린 집단적 체험을 한 한국과의 국교정상화 교섭이 한창 진행되던 시기에서조차 정부대표 구보타 간이치로久保田貫一郎가 "일본은 조선에서 좋은 일도 했다. 재정적으로는 부담이었다"라고 한 발언이 상징하듯이 일본 관민 사이에서 이따금 나오는, 한국 측에서 바라보면 '망언'

인 이러한 발언은 동아시아와의 관계에서 '목구멍에 걸린 가시'와 다름없었다. 이러한 일본인의 역사인식의 존재 방식과 불가분의 관계인 역사교과서 서술을 둘러싸고 1982년과 2007년 두 번에 걸쳐 발생한 '교과서 문제'가 심각한 외교 문제로 비화한 것은 기억에 새롭다. 이러한 문제는 오키나와에서도 마찬가지다. 다만 1980년대 이후 각종 여론조사 결과를 보면 일본인 사이에서는 협의의 동아시아에 대해서는 가해자 의식이 어느 정도 정착함과 동시에 예를 들면 역사인식 문제에서 기인하는 분쟁의 확대를 방지하려는 민간을 중심으로 한 다종다양한 '세이프티 가드'가 최근 모색되고 있다.

이에 대해 1990년대 중반 이후 '자유주의사관'을 내건 '새 역사교과서를 만드는 모임'을 비롯해 이른바 역사수정주의파에 속하는 집단과 지식인은, 대동아전쟁은 동남아시아 민족주의를 자극했고 독립을 향한 중요한 충격체가 되었기 때문에 일본에 감사하고 있다는 역사 해석을 교과서를 비롯한 다양한 매체와 채널을 통해 재생산하고 있다. 당시 필리핀과 싱가포르 같은 참담한 전시체험을 겪은 국가들은 오로지 동남아시아의 최대 대국 인도네시아를 해방전쟁사관의 적용 모델로 삼았던 것이 특징적이다. 역사수정주의파의 기본적인 모티프는 '국가를 사랑하는 마음'과 '일본에 대한 자긍심의 회복'을 바탕으로 한 역사관의 강제적 부식이라고 간략히 말할 수 있다. 이러한 협량한 애국심과 일체화된 '해방사관'은 그것이 정확하게 각국 언어로 번역 소개될 경우, 인도네시아를 포함한 동남아시아 대부분의 사람들에게는 도저히 받아들일 수 없는 일본중심주의 사관으로 이해될 위험성이 높다. 다른 말로 하면 '해방전쟁'사관은 동남아시아에 반일감정의 점화제가 될 수밖에 없다. 예전의 영향력은 사라졌지만 풀뿌리 오리엔탈리즘으로 유지되고 지금도 여전히 사회적 기반을 지닌 이러한 사관에 학문적·사회적으로 어떻게 대응할 것인가는 단순히 일본 국내의 문제에 머물지 않고 일본이 새로운 시대를 맞아 동아시아 전체와의 관계를 구축하는 데 피해갈 수 없는 과제다.

- 고토 겐이치

고토 전후 반세기의 절목의 해였던 1995년에 요미우리신문과 한국일보가 공동 의뢰하여 미국 갤럽사에서 '아시아 국가 여론조사'를 실시했습니다. 동남아시아를 살펴보면 설문 ③(당신은 2차 세계대전 중에 일본이 자국과 다른 아시아 여러 나라에서 벌인 행위가 현재 자국과 일본의 관계 발전을 방해하고 있다고 생각하는가)에 대해서는 그렇게 생각하지 않는다는 응답이 압도적으로 많았습니다. 또 설문 ⑥(당신은 일본이 장래 군사대국이 될 위험이 있다고 생각하는가, 그렇지 않은가 아니면 이미 군사대국이라고 생각하는가)에 대해서도 걱정하는 목소리가 많지 않았습니다.

한편 동북아시아, 협의의 동아시아를 살펴보면 중국과 한국에서는 설문 ③과 ⑥에 대해 동의한다는 응답이 매우 높습니다. 이러한 측면을 고려하여, 현대사에서의 역사인식 문제를 다룰 때는 동북아시아와 동남아시아로 나누어 고찰하는 것이 어떤가라는 문제를 제기하고 싶습니다.

야마무로 전후처리와 역사인식의 관련성을 어떻게 생각할 것인가라는 문제에 대해 조금 보충 설명하겠습니다. 냉전 종결을 통해 사회적 구속도 어느 정도 완화되었고, 지금까지 봉쇄되어 있었던 사람들의 피해체험에 대한 발언도 나오기 시작했습니다. 김학순 할머니로부터 시작된 자신의 체험에 대한 다양한 증언이 봇물처럼 터지면서 기억과 망각에 대한 고찰이 시작된 것은 1990년대였습니다. 국제적으로도 그러한 흐름 속에서 2000년에 '일본군 성노예제를 심판하는 여성국제전범법정'이 열렸고, 2001년에는 더반회의가 개최되어 식민지주의와 인종주의 그리고 성차별 역사에 대한 재검토가 본격화되었습니다. 2006년부터는 독일과 프랑스의 공동 교과서 간행이 시작되었고, 2002년부터는 한일 및 중일 사이에서도 정부 간 합의에 의거한 공동 역사연구가 이루어졌습니다. 민간과 연구자 차원에서도 한일·한중일 사이에 국제공동 교과서와 공통 교재 작성 및 간행이 진행되는 과정에서, 역사인식의 차이가 생긴 배경에는 역사교육과 역사교과서에 대한 인식의 차이가 존재해왔다는 것이 명확해졌습니다.

또 역사연구에 한정하여 말하면 소련의 붕괴에 따라 마르크스주의의 법칙사관 등을 비롯하여 '거시사의 종언'이 언급되었고, 역사학에서도 '언론적 전회轉回'가 주창되어 역사history는 이야기story에 불과하다는 담론을 통해 역사 기록 그 자체가 문제가 되었습니다. 역사의 대상에 관해서도 일국사관을 극복하려는 시도로 제국이라는 초역국가超域國家 연구와 세계사 등을 제창하기에 이르렀습니다.

한편 전후처리에 관해 일본에서는 국가 간 배상으로 개인의 청구권은 소멸되었다는 입장이었습니다만, 냉전 이후에는 국경을 넘어 피해를 입은 개인이 일본 정부에 보상과 사죄를 요구하는 사안이 속출했습니다. 그중에서도 전쟁과 불법행위를 역사적으로 검증하면서 피해자의 명예와 권익을 회복한다는 의미에서 불가분의 관계인 전후처리와 역사인식의 문제가 일본에서는 괴리되어 자주적으로 처리하지 못했다는 인식을 하기에 이르렀습니다.

그렇다면 지금 고려해야 할 일본의 책임이란 무엇일까요? 먼저 식민

지배와 전쟁 중 저지른 불법행위에 관한 책임이란 무엇이고, 이 문제를 패전 이후 어떻게 처리해왔는가 또는 하지 않았는가라는 문제가 있습니다. 예를 들면 잔류 문제, 미지불임금과 군사적금 혹은 군표의 지불 문제, 더욱이 조선인과 타이완인의 B급·C급 전범의 처우와 야스쿠니 신사 합사 문제 등이 있습니다. 1990년대 이후 제기된 문제는 그러한 전후처리에 태만한 것에 대한 부작위 책임입니다. 또 화학무기금지조약에 의해 처리 책무를 지고 있는 유기화학무기 문제의 경우, 일본 정부의 기관지가 밝힌 바에 따르면 중국 지린성 할바령哈尔巴岭에서만도 현재 30만에서 40만 발이 매설되어 있는 것으로 추정됩니다만, 그 실태가 불분명한 곳이 적지 않습니다.

또 개인 보상에 관해서는 일본 국내에서도 군인과 일반인을 차별화했습니다. 군인과 유족에게는 보상을 실시했지만, 일반인에게는 국민으로서 참아내야 할 사태로 처리하여 보상금을 지불하지 않았습니다. 더욱이 국적조항에 따라 일본 국민이 아니면 보상하지 않는다는 원칙을 세웠습니다. 2010년 6월에는 시베리아 억류자에게 위로금을 지불했습니다만, 여기에서도 국적조항에 의해 일본인이 아닌 억류자는 배제되었습니다. 또 소송에서는 원고의 주장이 일부 인정되거나 합의가 이루어졌습니다만, 많은 경우 민법상의 시효와 20년의 공소시효를 이유로 소송을 기각했고, 메이지헌법부터 이어진 국가무답책國家無答策이라는 법리를 내세워 보상 문제에 대처해왔습니다. 이러한 법의 장벽이 새로운 피해감정과 일본에 대한 불신을 증폭시키고 있습니다. 또 전후처리를 위한 시도로서 한국에서는 친일민족행위와 강제동원 피해자 등의 진상규명이 이루어지고 있습니다만, 당사자인 일본에서는 마치 제3자인 것처럼 무관심한 태도를 보이고 있습니다.

마지막으로 역사인식 문제와 관련됩니다만, 중국에서는 1990년대 이후 애국주의 교육이 활발히 이루어진 결과 그것이 반일을 선동하고 있다는 지적이 있습니다. 덩샤오핑이 천안문 사건 이후 그동안 10년간의 교육이 잘못되었다고 발언하면서 일본의 지도요령에 해당하는 '교학대강敎學大綱'이 제시되었습니다.

그러나 1990년대 이후 역사교육의 실태를 살펴보면 두 가지 특징이 있습니다. 하나는 타이완 독립 문제도 결부되어 기존의 교육에서는 일관되게 중국 공산당의 항일전쟁 승리라는 식이었습니다만, 국민당과 국민정부의 역할도 평가하고 있습니다. 또 하나는 중국 인민의 항일전쟁은 세계적인 반파쇼전쟁에 공헌했다는 세계사적 인식이 강조되었습니다. 장쩌민 이후 반일교육이 강화되었다며 일본에서는 이에 대항하는 역사교육의 필요성을 주장하는 움직임도 있습니다만, 중국에서도 동아시아와 세계사적 견지에서의 역사인식이 제기되고 있고 한국에서도 고등학교 역사교과서로 '동아시아사'가 채택되는 등의 변화가 나타나고 있습니다.

조경달 한국에서는 2004년 3월 일본의 식민 지배의 협력자를 밝혀내려는 '일제강점하 친일반민족행위진상규명에 관한 특별법'이 가결되었습니다. 이를 계기로 한국 사회는 둘로 나뉘어 민주화운동을 추진해온 사람들은 노무현 대통령을 비롯해 찬성을 표명했으나 뉴라이트라 불리는 세력은 반대했습니다. 뉴라이트란 '식민지 근대화론'을 따르면서 민족주의를 상대화하고 자본주의 근대화와 국민국가화를 인류문명의 도달점이라고 생각하는 정치세력입니다. 조선 왕조가 근대화를 이룰 수 없었던 것은 엄연한 사실이며, 일본에 의한 식민지화를 통해 자본주의 근대화가 어느 정도 이루어졌다는 것을 인정하고, 그 유산을 적극적으로 계승하자는 사고입니다. 그들은 이명박 정권이 그랬던 것처럼 다민족국가화를 어쩔 수 없는 것으로 바라보면서 국가의 지상성至上性을 강조합니다.

해방 직후인 1948년 8월 반민족행위특별조사위원회가 구성되어 친일파를 처벌하자는 움직임이 있었습니다. 그러나 초대 대통령인 이승만 자신이 골수 반일주의자였음에도 불구하고 정권 운영을 담당할 전문기술인과 신국가의 지도층이 되어야 할 문화인 등이 거의 친일파였던 사정 때문에 이러한 움직임을 방해했습니다. 그 결과 친일파 관련자들은 면죄부를 받고 말았습니다. 문제는 그 후 친일파가 민족주의자의 얼굴을 하고 민중을 탄압했다는 것입니다. 박정희도 친일파였습니다. 그러나 자본주의 근대화를 지상과제로 삼는 뉴라이트는, 친일파는 한국의 근대화를 위해 어쩔 수 없이 친일행위를 한 것에 불과하다는 입장으로 과거 친일파에 대한 역사적 책임 추궁을 비판하고 있습니다.

민주화의 진전에 따라 친일파에 대한 엄격한 인식이 생기고 과거 청산에 이목이 집중되기 시작했습니다. 장기간에 걸쳐 민주화를 저지하고 기득권을 방패로 삼아온 세력이 다름 아닌 과거의 친일파와 연결된다는 사실을 알게 된 것입니다. 일본은 도쿄재판이 열렸지만 일본인 스스로의 힘으로 전범을 처벌하지 못하고 과거청산이 불충분하게 이루어질 수밖에 없었습니다. 한국도 그랬습니다. 때마침 종군위안부와 강제연행자에 대한 배상 같은 식민지 책임 문제가 분출한 것에 호응하면서 한국 내에서도 과거청산의 움직임이 나온 것은 자연스러운 흐름이었다고 볼 수 있습니다.

그러나 뉴라이트는 이러한 움직임을 외면하고 있습니다. 이러한 구도는 '새 역사교과서를 만드는 모임'이 결성되어 역사교과서 문제로 우경화가 심각한 일본의 상황과 비슷합니다. 한국의 뉴라이트도 독자적으로 교과서를 집필하고 있습니다.

와다 한국에서는 눈앞에서 혁명을 일궈냈다는 것이 중요합니다. 그런 경험이 있었기에 가능한 움직임입니다. 1990년대 전후에는 위안부 문제가 강하게 제기되었고, 2000년에 들어오자 한국 내부의 문제도 거론하게 되었습니다. 그 결과 2007년부터 이듬해에 걸쳐 '국외강제동원희생자등지원법'이 제정되었습니다. 한일조약으로 받은 자금을 희생자들에게 지불하지 않은 것에 대한 도의적 책임이 있다며, 한국 정부가 사망한 강제동원 노동자의 유족에게 위로금을, 귀국한 생존자에게는 의료지원금을 지불한다는 것입니다.

1990년대에는 새로운 국제법의 원칙에 따라 일본에 보상을 요구하는 소송이 여러 차례 제기되었습니다만, 일본의 재판소는 모든 소송을 기각하여 국제법으로는 일본으로부터 아무 성과도 획득할 수 없었습니다. 그동안 많은 피해 당사자가 세상을 떠났습니다. 이러한 상황에서 법적 책임을 인정하지 않지만 도의적 책임을 받아들여 위안부 피해자에 대해 총리가 사죄하고 일본 정부가 국민과 정부로부터의 '보상금'을 전달하는 아시아여성기금을 만들었습니다. 이에 대해 반발과 비판이 쏟아졌습니다만, 일정한 틀 안에서 일본 정부가 피해자에 대한 도의적 책임을 지려는 시도였고, 일부 피해자들은 이를 받아들인 것도 사실입니다. 이러한 움직임의 전제에는 1995년 8월 15일의 무라야마 총리 담화가 있었습니다. 담화의 요지는 식민 지배와 침략으로 인해 아시아 여러 나라 사람들에게 다대한 손해와 고통을 주었던 역사의 사실을 겸허하게 받아들여 통절한 반성과 마음으로부터의 사죄를 표명한 것으로, 일본 국가의 입장을 정식으로 표명한 것이었습니다.

야마무로 보상을 둘러싼 많은 재판에서는 최종적인 처리를 입법조치에 맡기고 있습니다. 사법 판단으로는 대응할 수 없다 하더라도 입법이 이루어지면 대응할 수 있는 길이 열립니다만, 많은 경우 실현되지 않았습니다. 21세기에 들어와 국제형사재판소 등이 설치되어 개인적으로 전쟁범죄와 폭력에 대해 소추할 수 있게 되었습니다. 국제형사재판은 미국의 반대도 있어 앞으로 어떻게 진전될지 불투명합니다만 하나의 방향을 제시했다는 점에서 중요합니다.

일본에서는 전후배상의 기본 방침으로 개인에 대한 배상이 아니라 경제협력을 통해 문제를 해결한다는 방식이 채택되었습니다. 조일평양선언에서도 기본적으로 이러한 방침을 채택했고, 북한도 식민 지배에 대한 배상 대신에 경제협력을 요구하고 있습니다. 그렇다면 고토 선생님이 지적하신 바와 같은 사태가 지금 단계에서는 어떻게 진행될지 불투명합니다만, 북한과의 관계에서도 재연될 가능성이 있습니다.

와다 저는 조금 의견이 다릅니다. 조일평양선언에서는 무라야마 담화를 받아들여 식민 지배가 가져온 손해와 고통에 대해 반성하고 사죄한다는 문구가 들어가 있습니다. 이를 전제로 국교수립 후에 경제 협력을 추진한다고 했기 때문에 한일조약 당시의 반성과 사죄가 없는 경제 협력과는 다릅니다. 반성과 사죄를 전제로 경제 협력을 실시한다는 방침을 외무대신도 반복해서 확인하고 있습니다.

고토 보상과 사법이 연관된다는 것은 역사적으로 거슬러 올라가보면 1992년 '전후보상을 생각하는 변호사 연락협의회'가 결성되던 무렵부터 표면화되었습니다. 같은 해 이시카와 다다오石川忠雄 선생을 중심으로 '21

세기 아시아·태평양과 일본을 생각하는 간담회'가 열렸습니다. 그 최종 보고서를 살펴보면 "지금까지 일본이 처리해온 것과의 법적인 정합성을 전제로 하면서 아시아·태평양 지역 사람들이 겪은 마음의 아픔을 이해하고 대응해야 한다"라는 문구가 나옵니다.

사법과 관련해서 또 하나 말씀드리면 역사인식 문제가 사법의 영역에서도 등장했습니다. 그 전형적인 모습은 이에나가 사부로家永三郎의 역사교과서 재판이고, 오키나와 집단자결 소송이었습니다. 수정주의자는 그동안 '정설'로 널리 수용된 견해를 일부러 사법의 장으로 끌어들인 다음 다른 의견을 제시하면서 전체적인 축을 오른쪽으로 이동시키려 합니다. 자유주의사관연구회와 '새 역사교과서를 만드는 모임'의 기관지를 살펴보더라도 그러한 의도가 명백합니다. 1996년 이후 사법의 영역이 그러한 우파 언론을 밑에서부터 지탱하는 장으로 악용되는 경향이 있습니다.

가와시마 저는 2007년 4월 27일 이후 상황이 크게 변했다는 인식을 갖고 있습니다. 1972년의 중일공동성명에서 개인의 국가에 대한 배상권은 모두 방기되었다는 판단을 최고재판소가 2007년 4월에 내린 것입니다. 최근 한일기본조약도 동일하다는 판결이 고등재판소에서 내려졌습니다. 그렇게 되면 개인 배상은 거의 불가능해집니다. 사법 영역을 중심으로 전개된 전쟁 책임을 묻는 운동이 한계에 직면한 것입니다. 앞으로는 민간에서 해결할 것인가 혹은 입법 조치로 갈 것인가, 정치운동으로 끌고 갈 것인가 혹은 외교를 통해 결론을 내릴 것인가라는 길밖에 남지 않았습니다.

최고재판소 판결 이전의 고등재판소 판결과 중일 역사공동연구의 결정이 거의 한 달 사이에 이루어졌다는 점에도 주의할 필요가 있습니다.

사법 영역에서의 '해결'은 어렵다는 판단이 고등재판소에서 내려진 단계에서 당시 마치무라 노부타카町村信孝 외무상은 중국에 건너가서 역사공동연구를 조정하기 시작했습니다. 이전에는 국가무답책의 법리와 공소시효의 문제를 해결하면 되는 양상이어서 개인이 민간 기업을 상대로 소송할 경우 승소하기도 했습니다. 그러나 앞으로는 이것도 어려워질 가능성이 높습니다. 사법부가 제기능을 하지 못하게 되었을 때, 역사가는 이 문제를 어떻게 생각할 것이고 무엇을 할 수 있을까, 이것이 큰 과제입니다.

한편 1990년대 이후의 역사인식 문제 혹은 영토 문제가 다시 불붙은 배경에는 몇 가지 사실이 존재합니다. 지금까지 한 논의와도 관련됩니다만, 첫째, 냉전의 붕괴, 둘째, 아시아의 민주화에 따른 각국의 개발독재에 대한 도전의 논리 속에서 자신들의 손으로 역사를 되돌리는 움직임입니다. 개발독재 시기에 이루어진 배상에 대한 문제 제기와 공적인 역사에 대한 재인식이 이루어진 것입니다. 셋째, 지역 통합으로 관계가 긴밀해짐에 따라 서로에 대한 이해가 깊어지고, 지역 통합을 위해서는 역사 문제를 해결해야만 한다는 기운이 아시아에서도 높아지고 있습니다. 넷째, 파워시프트(힘의 이동)에 의한 일본의 상대적인 지위 저하와 중국의 흥륭 속에서 복합적으로 문제가 표출되고 있습니다. 최근에는 해결 불가능한 감정 문제까지 역사인식 문제와 결부되고 말았습니다.

나카노 고토 선생님이 지적하신 일본에 대한 역사인식 문제 가운데 동북아시아와 동남아시아의 차이에 대해서 구체적인 역사 갈등의 정치 과정을 살펴보면, 동북아시아에서는 결국 갈등의 시작이 일본에 있었다는 것을 확인할 필요가 있습니다. 1985년부터 1995년까지는 각료의 망언 문제로, 21세기에 들어와서는 고이즈미의 야스쿠니 신사 참배라는 형태로 갈등을 반복적으로 야기한 것은 일본입니다. 그 배후에 일본의 국내 요인, 특히 전몰자 위령의 문제를 살펴보아야 합니다. 동남아시아는 전체적으로 과거를 봉인하는 '망각의 공동체'라고도 부를 수 있는 측면이 있습니다. 봉인된 과거의 하나가 일제점령기입니다.

기바타 저는 고토 선생님이 말씀하신 1995년의 여론조사 이후 아시아의 일본 인식이 어떻게 변했는지 걱정됩니다. 그리고 사법에 대해서입니다만, 유럽에서도 역사인식 문제에 사법부가 관여하는 경우가 있습니다. 그러나 일본의 경우 우려되는 것은, 오키나와 집단자결 소송 재판에서 재판에 회부되었다는 것만으로 교과서 개정이 이루어진 것입니다. 재판에서는 피고 측이 승소했지만, 교과서 기술은 그 이후에도 바뀌지 않았습니다. 사법 영역이 명확하게 정치적으로 이용되고 있습니다. 지금까지 역사인식 문제의 발생을 둘러싸고 국제적·국내적 요인 등에 대해 논의했습니다만, 역사인식을 둘러싼 담론에는 어떠한 변화가 있었습니까?

조경달 앞에서 말씀드린 '식민지 근대화론'은 새로운 담론으로 주목해야 합니다. '새 역사교과서를 만드는 모임'의 운동은 아직까지도 종식되지 않았습니다. 그들의 제국일본관은 식민지를 근대화했고 오히려 은혜를 베풀었다는 것이고, 한국 뉴라이트의 역사관과 대응하는 내용을 가지고 있습니다. 다만 '새 역사교과서를 만드는 모임'은 전통적인 우익과 매우 유사하지만, 뉴라이트는 그렇지 않습니다. 그 배경에는 자본주의 근대화를 지상의 가치로 삼는 사고가 있습니다.

그리고 이러한 사고를 비판하는 새로운 식민지 인식이 '식민지 근대성론'입니다. 이는 민족주의를 상대화할 뿐 아니라, 근대도 비판한다는 측면에서 '식민지 근대화론'과는 정반대로 보입니다. 그러나 근대가 식민지 시기에 민중세계의 구석구석까지 침투했다는 것을 인정한 점에서 사이가 안 좋은 쌍생아처럼 보입니다. 친일파에 대해서도 획일적으로 비판할 수만은 없다는 입장이고, 그들에게도 나름의 저항과 변혁의 논리가 있었다며 옹호합니다. 이러한 사고는 최근 역사학계에서 날카롭게 문제시되는 '식민지 책임론'과는 방향이 완전히 다르다고 판단합니다.

요컨대 현재 한국에서는 여전히 식민지 책임을 추궁하려는 민족주의적인 역사인식이 존재하는 한편, 새로운 역사인식으로는 식민지 책임을 묻지 않고 근대를 지상화하고 강한 국가를 만들자는 '식민지 근대화론', 더욱이 근대 비판의 입장에서 논리적으로는 누구에게도 식민지의 책임을 지울 수 없다는 '식민지 근대성론'이 있습니다. '식민지 근대성론'을 주장하는 사람들은 이러한 평가를 부당하게 느낄지 모르겠습니다. 왜냐하면 그들은 본래부터 포스트콜로니얼postcolonial한 문제의식에서 식민지 근대를 비판하는 것을 주요 과제로 삼았기 때문입니다. 아무튼 한국의 역사인식이 다양하게 엇갈려 교통정리가 안 된 것처럼 보입니다.

와다 저는 역사화해라는 것을 널리 생각하는 것이 중요하다고 판단합니다. 동아시아에서는 청일전쟁부터 패전까지 일본의 전쟁이 50년 동안 계속되었습니다. 이후는 일본을 빼고 '아시아 전쟁의 시대'가 30년 동안 이어지다가 1975년에 끝났습니다. 아시아에서 여러 전쟁이 지속되는 동안 아시아 국가들은 일본의 전쟁 책임을 물을 여유가 없었습니다. 따라서 일본의 전쟁 책임을 묻고 피해자에 대한 사죄와 보상을 요구하는 것은 '아시아 전쟁의 시대'의 전후처리, 전후보상의 문제와도 관련됩니다. 베트남전쟁에 대한 미국의 책임, 고엽제 같은 전쟁범죄에 대한 보상, 타이완의

2·28사건, 한국의 4·3사건 등의 문제가 있습니다. 이러한 문제를 자신들의 문제로 제기하여 손해와 고통을 치유할 길을 찾는 것이 일본의 전쟁 책임 추궁과 함께 이루어져야 합니다. 전쟁과 폭력의 시대에서 완전히 벗어나기 위해서는 모든 침략·억압·학살을 문제 삼아 화해를 실현해나갈 필요가 있습니다. 미국 의회는 하와이 합병의 계기가 된 하와이 왕국 전복에 대해서 100년 후인 1993년에 사죄했습니다만, 베트남전쟁에 대해서는 36년이 지나도록 아직까지 사죄하지 않고 있습니다. 더불어 네덜란드에서 독립한 인도네시아가 동티모르를 합병한 문제도 특별히 주목해야 할 사안입니다.

야마무로 역사인식을 둘러싼 담론의 변화에 관해서 말하면, 보편사에 대한 회의가 생기면서 역사의 단편화가 일어나 구술 혹은 개인의 역사에 관심을 갖기 시작했습니다. 이는 한편으로는 하나의 사례를 가지고 전체를 말하는 일반화 오류의 위험성이 있습니다. 한편 지금까지 주로 문서 사료를 다루어온 연유로 역사가가 역사를 만들어왔다며 구술사를 활용한 역사 서술이 중시되고 있습니다. 그러나 '말하는' 역사에는 스스로를 정당화하는 작위성이 무의식에 잠재되는 경우도 있고, 기억 속 과거를 회상하는 과정에서 사실이 왜곡될 수도 있습니다. 물론 구술사에는 문서에 기록되지 않는 것도 있습니다.

구술사가 부상한 배경에는 냉전이 끝나고 어느 정도 경제발전을 이루어 과거를 상대화함으로써 스스로의 역사를 돌아볼 시간이 경과되었다는 요인도 있습니다. 또 싱가포르에서는 다민족사회가 공생하기 위한 조건을 갖추기 위해 일반인들이 자신의 이야기를 영상이나 음성으로 기록하고 보존하는 작업이 이어지고 있습니다. 자신들의 생활사를 회상하는 개별사를 전체 역사의 일부로 편입하면서 체험하지 못한 세대에게 역사를 계승시키는 문제는 동아시아 전체의 과제입니다.

이와 더불어 역사로의 화해, 역사와의 화해는 어떻게 가능한가라는 어려운 문제가 있습니다. 독일과 프랑스의 공동 교과서 편찬의 선례와 미국이 일본계 이민자들의 강제수용에 대해 실시한 보상 등 다양한 역사 화해의 방식도 참고해야 합니다.

기바타 영국의 전쟁포로 화해 문제 등은 논쟁이 분분합니다. 당사자 간의 입장 차이도 있고, 세대 교체가 인식에 미치는 영향도 있습니다. 요즘 인도네시아 유학생과 이야기해보면 그들은 1974년 다나카 총리가 인도네시아를 방문했을 때 반일폭동이 일어났던 일을 전혀 모르고 있었습니다. 세대에 의해 계승되는 기억과 감정이 있고, 변화되거나 사라져가는 문제도 당연히 존재합니다.

나카노 기억의 제도화 여부는 유럽과 크게 다르다고 생각합니다. 동남아시아도 일본과의 사이에서 일정 지역에 한정된 이벤트성의 화해라면 1950년대부터 수차례에 걸쳐 화해가 이루어졌습니다. 그러나 기억도 화해도 제도화되지 않았기 때문에 세대 간의 계승은 이루어지지 않고 있습니다. 잊어버린다는 것이 위험한 이유는 어떠한 기억이 부활할지 모르기 때문입니다. 이에 반해 동북아시아는 갈등이 제도화되어 있습니다. 이는 문제의 소재를 명확히 밝힘으로써 오히려 건전한 것일지도 모르겠습니다.

가와시마 역사화해를 둘러싸고 타이완과 한국에서는 역사를 되찾자는 움직임이 있었습니다만, 중국에서는 역사를 둘러싼 언론이 자유롭지 못하여 그러한 움직임이 뚜렷하지 못합니다. 고스게 노부코小菅信子는 화해는 민주주의 국가 사이가 아니면 어렵다고 말한 적이 있습니다(《歷史和解》, 中公新書, 2005). 한국과 일본, 타이완과 일본 사이에서는 화해가 이루어질 수 있지만, 중국과 일본, 북한과 일본 사이에선 정말로 문제가 될 가능성이 큽니다.

조경달 풍족하게 살게 되면 역사를 되돌아볼 여유가 생깁니다. 1990년대 이후 그러한 경향이 표출되는 것은 아닌지요? 아직까지도 드러낼 수 없는 생활을 영위하고 있는 사람들이 사는 곳에서는 지금도 고발이 일어나고 있습니다. 역사인식이 복수화하면서 역사의 망각·수정·개찬이 일어나고 있습니다. '식민지 근대화론'과 '식민지 근대성론'을 둘러싸고 서로 적대시하는 부분이 사실은 서로 연계되어 있다는 얄궂은 회로가 형성되어버린 것입니다.

야마무로 역사연구에는 자국 역사의 정당성을 강조하는 지향성이 있지만, 또 한편으로는 자기반성을 위한 비판적 입장을 취하기도 합니다. 이 두 가지 입장의 대립이 점차 커지는 측면도 있습니다. 특히 정권 위기와 국가 쇠퇴기에 이러한 움직임이 표면화되기 때문에 앞으로 동아시아에서는 긴박한 사태가 일어날 가능성도 있습니다. 특히 북한의 경우에는 3대 왕조의 계승을 어떻게 정통화할 것인가와 같은 문제가 존재하므로 항일전쟁의 역사가 이용될 가능성도 적지 않습니다. 역사의 계승 책임이라고 말합니다만, 무엇을 사실로 규정하고 어떻게 전달해갈 것인가?

동아시아에서도 공동 교재와 교과서 집필에서 이미 일부에서는 성과를 발표하고 있습니다. 그러나 정권의 정통성과 변명을 위해 존재했던 역사를, 스스로의 비판을 통해 국경을 넘어 토론할 수 있는 역사연구로 어떻게 바꿔나갈지도 앞으로 중요한 과제입니다.

4. 동아시아 세계의 행방

기조 보고

동아시아 세계의 행방을 생각할 때, 도대체 여기에서 말하는 동아시아 세계란 어느 지역을 가리키는지를 먼저 따져봐야 한다. 근현대 동아시아를 살펴보더라도 그것이 나타내는 범위는 결코 고정되어 있지 않다. 하물며 앞으로의 행방을 고민해야 할 동아시아는 다양한 과제에 따라 여러 모습으로 구축될 것이다. 지역을 말하면서 그 지역을 항상 열린 것으로 생각하는 자세가 무엇보다도 요구된다고 해도 좋을 것이다. 이는 비단 동아시아뿐만이 아니라, 지구상의 어느 지역에도 적용될 것이다.

이러한 전제를 바탕으로 장래를 이야기하기 위해서는 역시 명시적인 지역의 이미지를 상정할 필요도 있을 것이다. 구체적으로는 동아시아의 지역 통합이라는 것이 문제가 된다. 1990년대까지는 사상누각처럼 간주되던 동아시아 공동체 구상은 21세기에 접어들어 현실적인 국제정치 무대에서 크게 부상했고, 현재는 약간 발목이 잡힌 상태이지만 앞으로의 중심적인 과제다. 지금까지의 경위를 살펴보더라도 그동안 착실하게 지역 협력의 내실을 거두어온 아세안을 중심으로 통합의 형태가 모색되겠지만, 아세안+3(한국, 중국, 일본)+2(오스트레일리아, 뉴질랜드)+1(인도)+? 등으로 영역이 어떻게 설정될지가 커다란 논점이 될 것이다. 최근 오스트레일리아가 '아시아태평양 공동체' 구상을 제시하고 있는데, 여기에서는 미국의 위치가 당연히 중요하다.

동아시아의 지역 통합이 실현될 경우, 경제적 측면에서의 통합과 더불어 정치적·문화적으로 어떠한 통합이 고려되는지가 문제다. 유럽 통합에서는 어떻게든 유럽의 정체성이 이른 시기부터 논의되었지만, 동아시아의 정체성은 언제부터 거론될지 예측하기 어렵다.

어떤 범위의 동아시아를 설정하더라도 거기에서 가장 큰 힘을 행사할 국가는 분명 중국일 것이다. 경제발전의 속도가 현재처럼 계속되지 않을 경우에도 중국은 인구와 경제력에서 다른 국가를 압도하는 존재다. 생각해보면 중국이 대국, 경제강국이라고 말할 수 없는 국가로 존재했던 적은 19~20세기뿐이다. 세계사의 흐름에서 본다면 중국이 본래의 모습으로 복귀했다고도 말할 수 있다. 그러나 역사는 그 모습 그대로 반복되지 않는다. 중국의 번영에 동반하여 그동안 이를 지탱해온 과거의 중화사상이 존재할 가능성이 앞으로는 없다. 그럼에도 불구하고 그러한 자세를 현재의 중국이 계속해서 엿보는 태도는 우려해야 할 사안이다. 중국 정치의 민주화라는 긴요한 과제는 이러한 부분과 결부되어 있다. 또 중국이라는 국가의 틀이 앞으로 어떻게 전개될지도 문제다. 유럽에서는 지역 통합이 진전되는 과정에서 국민국가의 틀이 여전히 뿌리 깊게 남아 있었지만, 상당히 오래전부터 '지역의 유럽'이라고 부를 수 있는 구조가 만들어졌다. 동아시아에서 지역 통합이 진행되는 과정에서 중국이 진정한 주역이 되고자 한다면 신장, 티베트 같은 지역의 존재 방식과 나아가 타이완의 위치도 문제가 될 가능성이 있다.

동아시아의 행방에 있어서 북한은 장기간 교란요소로 작용할 것이다. 그러나 북한 내부의 변혁 요인과 북한을 둘러싼 환경의 폭넓은 변화가 더불어 작동하면서 민주적인 평화애호국가로 탈바꿈하는 것이 안정적인 동아시아의 장래를 만들기 위해 꼭 필요하다.

동아시아의 행방을 논할 경우 일본의 역할을 어떻게 규정할 것인지도 커다란 문제다. 일본에서는 20세기 후반 자국이 경제강국으로서 세계 대국이라는 의식이 상당히 널리 퍼졌지만, 무엇보다도 먼저 그러한 대국의식에서 벗어나 창조적인 미들 파워middle power로서의 역할을 모색할 필요가 있다. 동아시아의 지역 통합이 단순한 경제적·기능적 통합으로 끝나지 않기 위해서는 평화의 장으로서의 동아시아를 구축해야 하고, 이를 위해 일본이 담당해야 할 역할도 크다. 2차 세계대전 이후 일본이 만든 평화국가로서의 정체성을 어떻게 동아시아와 나아가 세계를 향해 투사할 수 있을지 귀추가 주목된다.

2011년 봄 동일본 대지진과 이후의 사태는 자연을 상대하는 인간의 교만이 얼마나 참담한 결과를 초래하는지를 너무나도 잘 알려주었다. 그동안 국가와 지역 등 인간이 결정한 틀은 모두 자연 앞에서는 무기력한 것에 불과하다. 세계화의 진행이 불가피한 과정이라고 예상한다면, 이를 인간 존재의 진정한 의미에서의 글로벌한 공생으로 만들어가기 위해서는 국가와 지역의 의미를 다시 자문하면서 향후 방향을 고려할 필요가 있다. 동아시아라는 단면은 그러한 의미에서 어디까지나 하나의 단서다.

- 기바타 요이치

기바타 동아시아 공동체에 대한 현실적 문제로서 동아시아의 범위를 어디로 정할 것인가 하는 문제가 있습니다만, 유럽연합EU의 전신인 유럽경제공동체EEC가 결성된 당시보다 이 지역의 경제적 유대는 매우 긴밀합니다. 또 유럽의 통합을 가능하게 한 요건이 아시아에는 존재하지 않는다고 말합니다만, 저는 그렇게 생각하지 않습니다. 유럽에서도 다양성과 발전의 정도 차이는 있습니다. 중요한 것은 정치적인 리더십이라고 생각합니다. 더욱이 통합을 어떻게 하든 중국이 열쇠를 쥐고 있기 때문에, 중국이 어떠한 태도를 취하는지가 중요합니다. 또 한 가지 주의할 점으로, 유럽에서는 국가보다 낮은 차원에서 지역 협력의 틀도 새롭게 만들어지고 있습니다. 동아시아에서도 커다란 통합과 국가, 그리고 그보다 협소한 지역과 같은 틀의 관계를 어떻게 고려할지가 중요할 것입니다.

나카노 아세안에 대해서는 낙관론과 비관론이 모두 제기되고 있습니다만, 과연 이것이 어떻게 진행될 것인지가 중요합니다. 원래 아세안은 국민국가의 존재 방식에는 내정불간섭의 원칙 아래 손을 내밀지 않으면서 서로 돕자는 것으로 어느 정도 성공했습니다. 그러나 아세안 10개국에 사회주의 국가가 들어오면서 2003년에 나온 아세안 커뮤니티라는 발상은 시민사회의 이상理想을 심화시키는 것입니다. 앞으로 아세안 커뮤니티가 순조롭게 진행될지의 여부는 테러와의 전쟁 이후의 상황에 달려 있습니다.

국민국가 만들기가 성숙되어 내셔널한 통합이 강해지고 국민 여론이 더욱 강하게 작용하는 것도 커다란 변화입니다. 예를 들면 태국에서는 역사 영화나 왕조시대의 역사 분쟁을 소재로 한 영화가 많이 제작되어 인기를 끌었습니다만, 그 과정에서 주변 국가와 적대할 수밖에 없는 내셔널리즘이 분출되었습니다. 1997년 아시아 외환위기 이후 인도네시아는 안정을 되찾았지만, 그때까지 아세안의 우등생이던 태국이 정치적으로 동요하면서 주변 국가와 마찰을 빚었습니다. 태국-캄보디아 분쟁만이 아니라, 타국과도 분쟁 요인을 안고 있습니다. 이는 네이션이 강력하게 형성된 이후에 일어나는 분쟁이라고 볼 수 있고 국내 정치 상황과도 관련됩니다.

1960년대 이후 미국과의 무역이 허브가 되어 동아시아의 분업이 성립되었습니다. 미국과 아시아의 무역은 1970년대 급격히 늘어났다가 이후는 최고치를 갱신하지 못하고 정체되고 있습니다. 주요 대미수출국이 일본에서 동남아시아와 중국으로 옮겨감에 따라 동아시아 내에서의 긴밀성이 견고해진 것입니다. 동아시아와 미국의 경제적 결합이 더욱 강해지고, 다른 한편으로 '중국 위협론'이 동아시아 내부에서 높아지고 있습니다.

동일본 대지진 이후 세계 언론들은 일본인의 태도를 극찬했습니다. 이는 일종의 '재해 유토피아'입니다. 9·11 이후의 뉴욕과 한신 대지진 이후에도 비슷한 보도가 있었다는 사실에 주목해야 합니다만, 아무튼 지진 이후의 일본에 대해 국제사회가 표명한 호의와 동정은 전후 일본의 평화주의를 전제로 한 것으로, 그 자체는 일본판 '평화의 배당配當'이었음을 적극적으로 받아들여도 좋을 것입니다.

지진이 일어난 뒤 일본에 거주하던 중국인과 한국인이 일시적으로 대거 귀국했을 때, 우리는 그들의 커다란 부재를 거리와 관광지에서 실감했습니다. 이러한 상황은 과연 몇 년 만이었을까요? 동남아시아는 지역 통합이 잘 이루어지고 있다고 말합니다만, 수평적인 인간의 이동은 아직 멀었습니다. 이에 반해 지진 이후 중국인과 한국인의 부재의 크기는 거꾸로 동북아시아의 인적인 연결이 얼마나 긴밀한지를 시각적으로 보여준 것입니다.

조경달 동아시아 공동체가 유럽연합과 같은 방향으로 나아가면 좋겠습니다만, 아시아의 다원성 문제가 있습니다. 아시아에서는 여러 종교가 모자이크를 이루고 있어 기독교와 같은 것이 없습니다.

세계화가 진전될수록 국민국가의 힘이 강력해지는 것은 동아시아에서도 예외가 아닙니다. 일본도 국경 분쟁을 겪고 있습니다만, 앞으로 어떻게 해결될 것인지는 역사인식 문제와도 밀접한 관계가 있습니다. 역사인식 문제를 넘어서지 못하면 통합도 이루어지지 않을 것입니다.

이 과정에서 중국이라는 요인이 매우 큽니다. 신해혁명 무렵에는 연성連省자치 구상이 있었습니다만, 이후의 중국은 그렇게 되지 못하고 쑨원의 방향에서 대국민국가를 만들고 말았습니다. 연성자치 지향을 지금의 중국에서 찾아볼 수 있을까요? 이는 바로 중국 내부의 소수민족을 어떻게 처리할 것인가라는 문제입니다. 티베트족, 위구르족, 몽골족, 조선족 등에 대한 억압이 여전히 강하고 불안요소가 늘어나고 있습니다.

와다 지역주의적인 구상으로서 아세안은 이른 단계에서 시작되었습니다만, 동북아시아에서는 환일본해 경제 협력이 고안되어 1996년에는 동북아시아 지역자치제연합이 설립되기에 이르렀습니다. 한국·중국·러시아·일본·몽골의 자치제가 여기에 참가했습니다. 한편 2001년 아세안+3에서부터 동아시아 공동체라는 구상이 나왔습니다. 이어서 2002년에는 노무현 대통령이 취임 연설에서 동북아시아 공동체를 지향하겠다는 구상을 다소 당돌하게 내세웠습니다. 그 단계에서 아세안 공동체·동아시아 공동체·동북아시아 공동체라는 세 가지 구상이 존재한 것입니다.

2000년대 초반 수년 동안 중국이 동아시아 공동체 구상에 매우 열심이었고, 일본도 뒤처질 수 없다는 반응을 보였습니다. 당시 외무성의 다나카 히토시田中均는 이러한 공동체 구상은 중국과 친밀한 형태라는 점에서 의미가 있고 또한 일본의 편협한 내셔널리즘을 억제할 수 있다고 판단하여 추진했습니다만, 미국은 자국을 포함하지 않는 동아시아 공동체를 반대한다는 입장이었습니다. 이를 반영하여 부상한 것이 안보 중심의 동북아시아 지역 협력인데, 이 경우라면 미국을 제외하고는 불가능할 것으로 판단했습니다. 그래서 2003년에 생겨난 '6자 협의'가 2005년에는 6개국 안보협력기구의 전망을 포함한 공동성명을 발표하기에 이르렀습니다. 동아시아 공동체는 아세안+3으로 만든다는 중국과 여기에 인도, 오스트레일리아, 뉴질랜드까지 포함하자는 일본의 주장이 대립하여 흘러오고 말았습니다만, 2009년 하토야마 총리가 동아시아 공동체를 다시 주창하기에 이르렀습니다. 그러자 오바마 미국 대통령은 도쿄를 방문해서 미국을 제외할 경우 인정할 수 없다고 선언하는 사태가 벌어졌습니다. 결국 간 나오토管直人 총리는 동아시아 공동체를 버리고 TPP(환태평양파트너십협정)에 참가할 것을 주장하게 되었습니다. 혼란스러운 상황의 연속입니다.

저는 세 가지 구상 가운데 어떤 것을 실행해도 좋다고 판단합니다. 세 가지를 중층적으로 겹쳐보는 것입니다. 동일본 대지진 이후 동북아시아 지역 협력이 더욱 중요시되고 있습니다만, 동북아시아, 동아시아, 환태평양 지역이라는 세 가지 구상을 중첩시킴으로써 대립을 뛰어넘을 필요가 있습니다.

야마무로 동아시아 공동체 구상은 한국이 중국과 일본 간의 헤게모니 경쟁에 쐐기를 박기 위해 아세안을 리드하려는 측면도 있었을 것입니다. 일본의 경우 왜 고이즈미 총리가 공동체를 말하기 시작했는가를 따져보면 중국이 아세안 등과 연이어 FTA(자유무역협정)를 체결할 것이라는 예측이 나오면서 이에 대항하기 위함이었습니다. 요컨대 중국과 일본 사이의 전면적인 헤게모니 경쟁이라는 흐름이 존재하고, 또 한편에서는 이에 포섭되지 않기 위한 모색이 이루어졌다는 점도 부정할 수 없습니다.

그러한 패권주의 경쟁을 막기 위해서는 아세안적인 것, 누구도 헤게모니를 쥐지 않는 조직 원리에 포섭되는 것이 바람직합니다. 지금까지 국제기구는 아무래도 주권국가 사이의 연합으로 이루어졌습니다만, 중국과 타이완 혹은 북한 등도 포섭할 가능성이 있는 커뮤니티로서 동아시아 특유의 조건에 맞추어 구상할 필요가 있습니다.

동시에 이는 정체성의 문제와도 결부됩니다. 유럽연합 결성에 관여했던 장 모네Jean Monnet는 만약 다시 유럽공동체와 같은 공동체를 만들 수 있다면 문화적 정체성으로부터 출발하겠다는 말을 남겼습니다. 유럽공동체는 철강·석탄에 관한 경제공동체로 시작되었습니다만, 저는 국가 간의 결합인 공동체가 아니라, 거기에 살고 있는 사람들의 결합이라는 공동체가 되어야 의미가 있다고 생각합니다. 동아시아에 대한 귀속감과 동질감을 가진 공동체야말로 모두에게 필요한 것이고, 단순히 정부 간의 자유무역 협정의 결합만으로는 그다지 의미가 없을 것입니다.

이 책에서는 '글로벌global-리저널regional-내셔널national-로컬local'이라는 4개의 연쇄적인 공간층을 중시하고 있습니다만, 이 문제도 바로 여기에 귀결됩니다. 글로벌 안에서 동아시아라는 리저널이 단순한 내셔널의 결합이 아니라, 로컬의 결합으로서 어떻게 존재할 수 있을까? 글로컬리제이션glocalization으로서의 동아시아 세계를 어떻게 구상할 것인가? 일본에서는 지방분권과 지역주의가 주장되고 있습니다만, 6개국(한국, 중국, 일본, 러시아, 몽골, 북한) 39개의 자치체로 구성되는 '동북아시아 지역자치단체연합' 등에서는 로컬 자치단체가 외교를 보완하여 담당하자는 움직임도 있습니다.

이러한 시점에서는 동아시아 공동체 형성의 선례인 유럽연합 안에서도 유로-리전euro-region이 중요할 것입니다. 국경지대에 있는 지방자치단체의 결합체로 만들어진 유로-리전은 약 60개 정도 있고, 분쟁의 최전선이었던 국경이 역으로 유대紐帶가 되어 유럽연합이 만들어졌습니다. 동아시아에서도 로컬한 생활세계의 결합체로서의 공동체라는 구상을 명확히 제시하면서 자치단체가 앞장서게 될 가능성도 있겠습니다.

한편 리저널한 동아시아 국제질서 형성에 있어서 일본의 전후국가의 유산을 어떻게 생각할 수 있을까요? 중요한 계기가 된 것은 TAC(동남아시아우호협력조약)입니다. 여기에서 강조된 것은 국제적인 분쟁을 무력을 통해 해결하지 않고 군사적 개입도 하지 않는다는 것으로, 말하자면 일본 헌법 제9조와 동일한 발상에 근거하고 있습니다. 이에 더하여 방콕조약(동남아시아비핵병기지대조약)을 동북아시아로 확장하는 것도 하나의 가능성이 될 것으로 판단합니다. 이러한 기존의 시스템에 접합하는 형태로 일본의 외교를 고려하는 방향도 가능합니다. 또 한편에서 일본은 태국의 외환위기 이후 AMF(아시아통화기금)를 만들려다 실패했습니다만, 미국의 개입을 당연히 무시할 수 없겠지만 동시에 아시아 국가가 거의 참여하지 않는 미국 주도의 TPP와 같은 방향으로 과연 동아시아와의 신뢰를 쌓을 수 있을지 의문입니다.

향후 가장 문제가 되는 것은 중국이 동아시아에서 유일하게 항공모함을 만들어 대륙국가에서 해양국가로 도약함으로써, 동중국해와 남중국해에서 군사적 긴장이 높아질 가능성이 있다는 점입니다. 중국은 경제력에 걸맞은 군사력의 보유를 정당화하고 있습니다만, 해양자원을 둘러싼 군사 충돌을 어떻게 피할 것인가는 앞으로 더욱 중요한 문제가 될 것입니다. 중국의 자기억제를 바랄 수 없다면 유럽연합이나 러시아, 미국 등도 가맹하는 동남아시아우호협력조약의 기능을 높일 필요가 있습니다.

마지막으로 환경 문제에 대해 언급하고 싶습니다. 환경외교에서 공해 선진국이었던 일본은 일종의 존재감을 발휘해야 하고 지금까지도 공헌하고 있습니다. '아시아 환경협력도시 네트워크'를 주도하고 있는 기타큐슈시北九州市에서는 아시아의 환경 인재 육성 거점을 추구하면서 재단법인 KITA가, 욧카이치시四日市市에서는 '국제환경기술이전센터'가 연수생을 받아들여 아시아에서의 자원순환형 사회 형성을 위한 기술이전을 도모하고 있습니다. 니가타시新潟市에 있는 '산성비연구센터'는 동아시아 산성비 모니터링 네트워크EANET의 중추적인 기능을 담당하고 있고, 그 밖에도 많은 자치단체가 환경외교의 주체가 되고 있습니다. 주권외교에서 민간외교로의 전환이라는 흐름 속에서 생활환경이 같은 아시아에 대한 귀속감을 만들어내는 것이 바람직합니다.

가와시마 지역 협력으로 나아갈 것인가 아니면 지역 통합으로 나아갈 것인가, 그 차이가 중요합니다. FTA이건 환경 문제이건 다양한 차원에서 리저널 거버넌스regional governance의 수준을 끌어올릴 수 있습니다. 이러한 현상은 아시아 외환위기에서도 드러났습니다만, 협력을 거듭해나감에 따라 그러한 반복이 결과적으로 운명공동체를 만들어낸다는 논의와 처음부터 일종의 귀속감을 키워나간다는 논의는 매우 다릅니다. 일본이 어느 쪽을 지향하는가는 사실 명확하지 않은 부분이 있습니다. 하토야마 총리가 APEC 회의에서 동아시아 공동체 이야기를 꺼냈습니다만, 거기에서는 유럽형 정체성을 동반한 통합을 추구한다는 주장이었습니다. 이는 역대 총리 가운데 처음으로 정체성의 통합까지 포함한 방향을 시사하는 것이었습니다.

그러나 동아시아에는 안전보장 문제가 남아 있습니다. 나토의 확대와 유럽연합의 확대는 세트로 이루어졌습니다. 아직도 38도선과 타이완 해협이 존재하는 동아시아에서 무엇이 가능할 것인지가 문제입니다.

더불어 TPP의 이야기는 내정불간섭의 원칙 아래 경제를 중심으로 결집해온 아세안을 동요시킬 가능성도 있습니다. 지역 통합에 의한 경제공동체로 나아갈 것인지 아니면 한 발 깊숙이 들어가는 TPP로 나아갈 것인가에 따라 논의가 달라질 수밖에 없습니다. 유럽연합이 포르투갈과 그리스를 포함하여 통화의 어려움을 겪고 있기 때문에 지역 통합에 대한 인센티브는 최근에 급속히 저하되는 것처럼 보입니다. 이러한 부분을 어떻게 받아들일지가 문제입니다.

이러한 이유로 중국은 애당초 지역 통합에 참여할 의사가 없는 것처럼 보입니다. 1995년 베트남의 아세안 가맹에 따라 중국은 아세안 공간과 국경을 마주하게 되었고 이것이 하나의 전환점이 되었습니다. 중국은 그 이전부터 중앙아시아 쪽과 대화를 시작했고, 천안문 사건 직후에 싱가포르와 한국과의 국교정상화를 포함해 주변국과의 외교도 추진해왔습니다. 지역 외교를 전개하는 과정에서 중국은 중앙아시아, 아세안과 경제 중심의 외교를 추진함으로써 주변국과의 국경 분쟁을 해결하여 이른바 좋은 국제환경을 만들고자 노력했습니다. 그리고 국경을 넘어 상대방 국가와 긴밀한 관계를 형성하여 변경 지역의 경제발전을 추진했습니다. 아세안과 교섭하는 것은 광시廣西와 윈난이라는 지역의 문제이고, 중앙아시아와는 신장 혹은 서부 대개발과 교섭하는 방식으로 중국의 지역 외교는 주변부에 대한 국내 정책의 전개와 한 세트를 이루고 있습니다.

왜 중국은 주변 국가와의 관계 형성에는 적극적이면서 지역 통합에는 소극적일까요? 사실 아세안은 중국에게는 인접지역의 하나에 불과합니다. 중앙아시아와 서남아시아 그리고 북아시아와도 인접한 중국이 특별히 아세안하고만 지역 통합을 모색할 리가 없다는 것입니다. 주변외교는 어디까지나 경제발전의 문제와 지정학적인 문제가 결부되어 모색되는 정책이라고 봐도 무방할 것입니다. 여기에 설령 아세안과 사이좋게 FTA를 체결한다 하더라도 그것은 중국에게 단순한 '어느 지역'에서의 경제 협력에 불과할 뿐 남중국해로 진출하지 않겠다는 보증이 될 수는 없습니다. 안전보장을 동반하는 통합이 아니기 때문입니다. 중국은 동아시아의 내정불간섭형 지역 협력을 크게 환영할 것입니다. 만약 아세안이 미얀마 문제를 포함해 내정에 깊이 간섭하는 상황이 생기면 중국은 한발 물러설지도 모르겠습니다.

조경달 국제관계를 고려할 때, 정부 간 레벨의 문제가 당연히 중요합니다만 민중의 움직임에도 주목할 필요가 있습니다. 예전에 역사학자 에구치 보쿠로江口朴郞는 국제관계라는 것은 민족운동과 민중운동에 의해 규정되어 만들어진다고 말했습니다. 그렇게 생각하면 저 광대한 중국 내에서 어떤 민족운동과 민중운동이 전개될 것인가는 관심을 끌기에 충분합니다. 그리고 이에 대해 베이징 정부가 어떻게 대응할 것인가? 지금은 힘으로 억누르고 있습니다만, 베이징 정부는 과연 지배 헤게모니를 계속 유지할 수 있을까요? 중국이 내부 해체될 가능성은 없을까요?

가와시마 분명 중국은 민중운동에 의해 외교방식을 변화시켜왔습니다. 사람의 이동이 정부의 상상 이상으로 이루어졌고 납치·유괴의 피해도 적지 않습니다. 정부는 정말로 국민을 지키고 보호하기 위한 외교를 전개할 필요에 직면하고 있습니다.

그렇다고 중국 스스로가 분할될까요? 권력층에서 다원화가 생기고, 공산당의 지도력도 점차 떨어지고 있습니다. 그와 더불어 베이징대학을 나오더라도 취직이 어려울 정도로 성공의 에스컬레이터가 멈추었고 부의 분배도 이루어지지 않고 있습니다. 현재 관직 인플레이션으로 마치 역대 왕조 말기처럼 공산당원 자격의 남발과 함께 농민 봉기도 일어나고 있습니다. 그러나 이러한 불만과 봉기가 횡적으로 연결될지의 여부가 중요합니다. 사실 농민 봉기가 일어나고 있습니다만, 모든 봉기가 공산당을 반대하는 것도 아닙니다. 다만 이제는 미디어를 통해 횡적으로 연결되는 운동이 시작되고 있습니다. 상하이와 광둥에서는 택시 운전사들의 운동이 동시에 시작되고 있습니다. 신장 위구르 등의 소수민족 운동도 그렇습니다. 그럼에도 불구하고 공산당의 대안을 그 누구도 상상할 수 없는 상황입니다. 이렇게 되면 좋겠다는 구체적인 모습이 혼미한 상태입니다.

야마무로 중국의 주변외교는 중앙아시아와 아프리카, 남미까지 포함합니다. 당연히 거기에는 자원 획득이라는 목적이 있고, 주변국과 우호적인 관계를 유지할 수 없다면 지금의 경제성장도 이루어질 수 없다는 제약이 있습니다. 더욱이 타이완 문제에 대한 대책까지 고려할 경우 공동체를 만들려는 인식이 전혀 없다고 말해도 되겠습니까?

가와시마 적어도 정체성까지 포함하는 공동체를 만들려는 생각은 없다고 판단합니다.

야마무로 대중화권이라는 의미의 그레이트 차이나great China를 만들겠다는 의식 혹은 의도와 상관없이 점점 그렇게 되어가는 추세에 대해서는 어떻게 바라보면 좋을까요?

가와시마 기능주의적으로 국익에 도움이 되는 범위에서 추진해나간다는 모습은 있습니다. 국제사회가 기대하는 것은 잘 해나갑니다. 그래서 언뜻 보기에 국제협조파로 보입니다만, 국익만은 절대적으로 중시합니다. 그들은 무력을 행사하는 것에 나름대로 신중합니다만, 최근에는 책봉-조공관계가 좋았다는 등의 발언도 나옵니다. 왜냐하면 패권주의를 고집하지 않아도 모두가 중국을 존경했기 때문입니다. 또 주변 지역에 대한 미국의 영향력을 배제하고 싶다는 생각도 있습니다.

최근 '겸손'과 '겸허'라는 말이 중국의 외교가에서 유행하고 있습니다. 동남아시아 세계가 자진해서 접근해오는 것이 바람직하다는 것입니다. 덩샤오핑이 강조한 '도광양회韜光養晦', 요컨대 힘을 감추고 드러내지 말라는 원칙을 지키면서도 그 '힘'에 걸맞은 존재가 되기 위해 어떻게 할 것인가라는 의식에서 이러한 논의가 나오는 것입니다. 최근 대중화권의 논의는 중국, 타이완, 홍콩만이 아니라 더욱 확산되어 다른 형태를 취하고 있습니다.

와다 중국과 함께 어떻게 살아나갈 것인가라는 문제를 빼고서 지역 통합은 있을 수 없습니다. 6자 협의는 동북아시아의 안보공동체를 만들기 위한 좋은 등산로입니다. 여기에서부터 발전시켜나가는 것이 최상일 것입니다. 지역주의는 중국이 바라는 것보다도 중국 이외의 주변국이 바라는 것입니다. 중국은 항공모함과 원자력 잠수함을 어쩔 수 없이 구비할 것입니다. 그러나 남중국해와 동중국해에서 확장주의적으로 나오면 곤란합니다. 중국이 해양 분쟁도 잘 해결하기를 바랍니다. 동북아시아이건 동아시아이건 정체성을 정립하는 일은 어렵습니다. 저는 일본의 전쟁 50년, 아시아의 전쟁 30년이라는 말이 상징하듯이 이렇게 전쟁만 해온 지역이기 때문에 지역을 일으켜 세울 수 있는 정체성은 '화해를 위한 열정'이 아닐까 합니다. 그렇게 된다면 과거 아시아주의와 같은 문화 통합적인 발상이 다시 활기를 띠지 않을까요?

기바타 유럽에서도 유럽 정체성에 관한 다양한 논의가 있습니다만, 상황에 맞지 않는 무리한 부분이 많습니다. 문제는 그렇게 무리해서라도 아시아의 정체성을 강조해야 하는 인센티브가 있는지의 여부일 것입니다.

고토 최근 동아시아 공동체론 중에는 아세안이 '우등생' 혹은 모델로 거론됩니다만, 내실을 들여다보면 결코 그렇다고 볼 수 없습니다. 현재 뜨거운 대립을 드러내고 있습니다만, 태국과 캄보디아에서는 프레아 비헤아르 사원 유적을 포함한 국경 '미확인' 지역에서 심각한 국경 분쟁으로까지 발전하고 있습니다. 또 기본적으로 같은 언어와 문화권을 가진 말레이시아와 인도네시아 사이에도 열 곳 이상의 분쟁 지역이 있고, 사람의 이동과 어업권 등을 둘러싼 갈등도 있습니다. 정부가 이를 의도적으로 억제하고 언론에도 거의 보도되지 않기 때문에 일본에서는 잘 알려지지 않고 있지만, 아세안의 강한 연대에 금이 가지 않기를 바랍니다.

동아시아 공동체로서의 통합을 둘러싸고 저는 현대사 연구자로서 좀 더 역사적 요인을 중시하면서 신중하게 접근해야 한다고 생각합니다. 이 부분에 대해서는 와세다대학의 CEO 연구 프로젝트(《東アジア共同體の構築》, 岩波書店, 2007)에서도 상세히 언급했습니다만, 단적으로 말씀드리면

'역사 문제의 초극超克'이라는 것입니다.

또 전후 일본 정치에서의 아시아주의에 대해서는 나카소네 전 총리를 좀 더 상세히 연구할 필요가 있습니다. 그를 포함한 아시아주의적 성향의 계보에 대해서는 마쓰우라 마사타카松浦正孝의 연구(《〈大東亞戰爭〉はなぜ起きたのか-汎アジア主義の政治經濟史》, 名古屋大學出版會, 2010)가 자세합니다. 생각건대 나카소네는 전시 중에는 해군 통치하의 인도네시아 술라웨시에서 '위안소' 설립에 관여했습니다. 1955년에는 원자폭탄을 포함한 원자력의 '평화적 이용'을 제창한 정치가이면서 총리로서 A급 전범 합사 이후 최초로 야스쿠니 신사를 참배한 매우 '이색적'인 존재라고 말할 수 있습니다.

와다 나카소네는 현재 동아시아 공동체를 추진하기 위해 관민 협력으로 만든 동아시아공동체협의회 회장입니다. 그러나 그가 중요시하는 것은 일본의 헌법 개정, 미일 안보체제의 강화, 동아시아 경제협력기구의 설립입니다. 동아시아 공동체에 전혀 들어갈 것 같지 않습니다.

나카노 이 책에서는 동아시아 근현대사를 일관되게 밖으로부터의 보편주의와 안으로부터의 개별주의의 관계라는 관점에서 언급했다고 봅니다. 제10장에서 '화해와 협력의 미래로'라고 말할 때, 밖으로부터의 보편성과 함께 안으로부터의 보편성이 무엇인지에 대한 문제가 제기됩니다.

야마무로 구미의 보편성으로부터의 자립·탈피라는 방향과 관련하여 5장에서는 아시아 고유의 국제연맹론과 동아협동체론에 대해 언급했습니다만, 거기에서 중요시된 것은 다른 내셔널리즘과의 화해이고, 그것은 일본의 사회 개혁 없이는 이루어질 수 없다는 논점이었습니다. 구미에서 들어온 보편을 수용하면서 다른 지역세계에 파급할 수 있는 진정한 보편성과 지역적인 고유성이란 무엇일까를 고민하지 않는다면 '근대의 초극'론이 제시한 희비극을 반복할 수밖에 없습니다.

조경달 보편주의와 토착주의의 문제와 관련하여 말하면 아시아에서 발신하는 보편주의를 어딘가에서 시작하지 않으면 안 됩니다. 일본의 아시아주의는 메이지 이후 아시아의 원리와는 관계가 없습니다. 오카쿠라 덴신岡倉天心은 유럽에 대한 저항에 있어서 '아시아는 하나'라고 말했습니다만, 중일전쟁 시기의 동아협동체론은 일회성의 유행처럼 수년 만에 끝나고 말았고 일본의 패권을 위한 대동아공영권 시대가 열리고 말았습니다.

기바타 유럽 통합의 경우도 보편주의를 내세운 측면과 동시에 개별적인 이해가 강하게 작용했다는 것을 다시 한 번 지적할 필요가 있습니다.

조경달 그렇다고 경제적 이해관계만으로 결합하는 것은 아닐 것입니다.

기바타 지역 협력과 지역 통합이 다르다는 것은 말 그대로입니다만, 양자택일이 아니라 지역 협력의 이전 단계로 무언가가 있을지도 모르겠습니다.

와다 동아시아, 동북아시아는 그동안 장기간에 걸쳐 전쟁을 겪었다는 것을 기둥으로 삼아 지역주의로 나아가야 한다고 생각해왔습니다. 그러나 역시 3·11 동일본 대지진 이후에는 자연재해와 원자력 문제로부터 지역주의를 새롭게 바라보아야 합니다. 특히 이 지역은 자연재해가 많습니다. 중국 탕산에서 지진이 발생했고, 인도네시아 수마트라의 지진도 기억에 새롭습니다. 더욱이 쓰촨에서도 다시 대지진이 일어났고, 그 뒤 동일본 대지진이 현실로 다가왔습니다.

야마무로 인도의 반다나 시바Vandana Shiva는 인류가 '자연에 대한 전쟁'을 자행했고, 원자력은 자연과 그 안에서 살아가는 모든 생명에 대한 폭력이라고 말합니다. 그러면서 인간의 권리와 자연의 권리를 함께 살리는 민주주의 방식으로서 '지구 민주주의earth democracy'의 실현을 호소하고 있습니다. 이러한 논의는 아시아에서 발신하는 보편주의에 대한 하나의 가능성이라고 말할 수 있습니다. 그가 주장하는 논지의 옳고 그름은 나중에 검증하더라도 동아시아가 자연재해와 사스 같은 신형 전염병의 대유행 앞에서 운명공동체로 존재하는 한, 재해와 재앙을 어떻게 피하고 줄일 것인지는 사활이 걸린 문제이기 때문에 '동아시아 재해를 줄이기 위한 공동체'를 추구해야 할 것입니다.

이와나미강좌《동아시아 근현대통사》(전10권+별권) 기획을 둘러싸고 바바 기미히코馬場公彦의 제안으로 검토가 시작된 것은 2008년 5월이었다. 다섯 번에 걸친 기획 회의를 거친 다음, 2009년 1월 이 책의 공저자 7명(와다 하루키, 고토 겐이치, 기바타 요이치, 야마무로 신이치, 조경달, 나카노 사토시 가와시마 신)의 편집위원회가 구성되었다. 그해 여름까지 일곱 번의 편집회의를 거쳐 각권 각장의 담당자에게 집필을 의뢰했고, 1년 후인 2010년 10월부터 출간되기 시작해서 2011년 9월 별권《아시아 연구의 내력과 전망(アジア研究の来歴と展望)》을 출간함으로써 전 11권이 완결되었다. 이런 종류의 대규모 기획으로서는 비교적 단기일 내에 집중하여 기획·출간되었다고 할 수 있다.

대체로 모든 역사서와 역사 서술은 그것이 대상으로 삼는 시대 이상으로 그것이 말해지는 시대의 거울이 된다. 특히 불과 몇 년 사이에 집중적으로 편찬된 이 강좌의 경우, 동아시아·세계의 정세와 편찬위원·각권 집필자들의 역사인식과 현상인식을 선명하게 반영하는 결과가 될 것이고, 또한 그러한 배경과 특징을 지닌 역사 서술의 시도로서 앞으로 비판과 검토의 대상이 될 것이다.

그중에서도 1990년 이후를 다룬 제10권《화해와 협력의 미래로: 1990년대 이후》에 수록된 '공동 토론'(이 책 10장)은 2011년 5월 12일 편집위원 7명이 이와나미 서점 본사 회의실에 모여 논의한 내용을 정리한 것이다. 여기에는 2개월 전에 발생한 동일본 대지진과 후쿠시마 원전사고의 충격이 여전히 일본 사회를 뒤덮던 시기였기에 편집위원의 문제의식과 관심이 그대로 반영되어 있다. 그리고 2014년 여름 편집위원을 대표하여 와다 하루키 선생이 집필한 이 책의 머리말에는 이 강좌가 완결된 후 3년이 지난 시점에서 새로운 현상을 '동아시아의 위기'로 규정할 수밖에 없는 상황을 그대로 반영했다.

2014년 현재 시점에서 이 책을 접한 독자는 10장의 제목 '화해와 협력의 미래로'라는 문구가 너무 낙관적이라거나 '동아시아의 위기'를 말하면서 색이 퇴색되었다고 느낄지도 모르겠다. 그러나 그것은 색이 퇴색하기에는 너무나도 새로운 과제다. 되돌아보면 근현대사를 뒤덮은 여러 전쟁과 폭력의 시대에서 이제 겨우 벗어난 동아시아에게 '화해와 협력'은 오로지 경제적인 측면에서 급속히 강화된 동북아시아·동남아시아의 역내 관계에 대응할 수 있는 지역 협력의 방향이 모색되기 시작한 1990년대에 처음으로 현실적인 과제로 제기된 것이다. 그리고 그것은 머리말에서 언급했듯이 일본에서 바라본 좁은 의미에서의 전쟁과 식민 지배의 시대만이 아니라, 아시아 근현대의 여러 전쟁이 초래한 파괴와 가해·피해를 둘러싼 진실, 기억이 복잡하게 뒤엉킨 모든 문제를 대상으로 평화적인 지역 협력 구도를 만드는 역사적인 기회가 되지 않으면 안 된다. 그런데 냉전 종식에서 지금에 이르는 4반세기에 걸쳐 전개된 동아시아 국가들 간의 관계는 '화해와 협력'의 씨앗이 뿌리내리기는커녕, 현실적으로는 순풍보다 역풍을 맞고 더욱이 난기류에 봉착하는 경우가 많았다.

이 강좌의 기획도 '화해와 협력의 미래'에 대한 낙관이 아니라, 오히려 그러한 미래가 봉쇄되는 것에 대한 염려와 위기의식에서 출발했다. 1990년대 이후 분열과 통합 사이에서 삐걱거리는 아시아에서의 역사인식 문제는 아카데미즘만이 아니라 아시아 여러 국가의 정치와 여론이 개입된 국가 간의 대립과 배타적 내셔널리즘을 자극하는 불씨가 되었다. 이 강좌는 이러한 현상에 대해 협소한 자국사를 넘어서 역사적인 자료와 실증을 동반한 통사적 총서를 편찬함으로써 하나의 아카데믹 스탠더드를 확립하는 것이 동아시아의 현상에 기여할 수 있다는 의도와 바람에서 기획되었다.

이처럼 출발 당시부터 우리가 염려했던 동아시아 국가 간에 확대되는 배타적 내셔널리즘은 강좌 출간이 완결되기까지 3년여 사이에 우려스러울 정도로 강화되었고, 나아가 강좌 완결로부터 이 책이 간행되기까지 3년 사이에 상황은 나락으로 떨어졌다고 할 수 있을 정도로 급속히 악화되었다. 기획 당초부터 예상했던 것은 예컨대 GDP에서 중국이 일본을 제치고 세계 2위의 경제대국으로 부상하는 것이 양국의 국민 심리에 미칠 영향이었는데, 실제로 더 직접적인 충격을 주는 사건이 연달아 일어났다. 특히 중국 지도체제의 세대 교체, 일본 민주당 정권의 오키나와현 후텐마普天間 미군기지 이전을 둘러싼 갈지자 행보 등을 전후하여, 동중국해의 센카쿠열도(중국명 댜오위다오) 영유 문제로 긴장이 높아지던 중 2012년 4월 중국에서 대규모 반일폭동이 일어났다. 한편 중국이 군사력을 바탕으로 해양 진출의 움직임을 보이면서 동남아시아, 특히 베트남·필리핀과의 관계가 악화되어 동중국해·남중국해에서의 영토와 영해 문제는 갈등의 수준을 넘어 군사 충돌의 우려까지 내포한 사태로 진전되었다.

또 '종군위안부' 문제 해결의 방침과 독도 문제를 둘러싼 한일관계가 악화되는 과정에서 아베 신조 총리의 야스쿠니 신사 참배(2013년 12월), 더욱이 집단적 자위권 행사를 용인하기 위한 헌법 해석 수정의 각의 결정(2014년 7월) 등을 계기로 역사인식과 안전보장정책 전환을 둘러싼 대일 비판으로 연대를 강화한 한국·중국과 일본의 대립이 눈에 띄게 커졌다. 여기에서 단순히 정부 간 외교 마찰 이상으로 우려스러운 점은 일본 사회에서 예전에 볼 수 없던 규모로 한국과 중국에 대한 혐오 발언이 출판·언론계에 유행하면서 인터넷과 미디어를 통해 대중적으로 소비되고, 헤이트 스피치hate speach와 같이 거리 행동으로 진출하는 사태로까지 발전하고 있는 것이다. 더욱이 이러한 상황이 1990년대 이후 동아시아를 활기차게 했던 인적 교류·물류·자본의 흐름에 무시할 수 없는 영향을 미치기 시작했다는 것이다.

나는 이 책의 간행에 앞서 재외연구를 위해 워싱턴에 1년 동안 체제할 수 있는 기회를 얻었다. 동아시아의 역사인식 문제가 영토·안보 문제와 결부된 일본과 한국 및 중국과의 대립의 초점으로 미국의 수도에서 관심을 모은 것은 상상 이상이었다. 원래 동아시아는 하이테크·전자기기의 생산·유통만 보더라도 대체 불가능할 정도로 미국과 경제적 연관성이 깊기 때문에 미국은 이 지역에서 자국의 영향력을 계속 발휘할 수 있기를 바란다. 그래서 권역 내부 국가 간의 대립은 이를 관리·통제 가능한 범위에서는 오히려 미국의 군사적·정치적 존재감을 유지하는 좋은 이유를 제공하지만, 만약 통제가 불가능하면 미국이 의존하는 동아시아의 안정과 번영이 파괴될 위험이 있다. 따라서 각국의 국민 감정을 자극하여 내셔널리즘의 폭발로 이어질 수밖에 없는 역사인식 문제를 미국은 귀찮다는 듯이 방관하고 있는 실정이다.

또 이러한 현상에는 동아시아라는 지역에 대해 미래 비전을 제시하는 힘으로서의 역할을 다할 수 없는 미국의 현재 모습도 드러나 있다. 세계 정치와 경제의 다극화(냉전 후반기부터 여러 번 지적되었지만 냉전 종식 이후 유일한 초강대국인 미국의 존재와 테러와의 전쟁 등을 통해 강화된 미국의 독단적 행동주의의 시대에는 희미해진 느낌이 든다)라는 세계상이 드디어 현실로 다가오는 현상도 여기에 반영되어 있다. 미국은 동아시아에서 군사적·정치적 존재감의 유지를 절대 목표로 삼으면서 또 한편으로는 결국 동아시아 국가들이 스스로 지역의 문제를 해결하는 능력에 의존할 수밖에 없는 것이다.

21세기 초반 역사인식 문제는 분명 동아시아에서 대립의 불씨이자 지속적인 쟁점일 것이다. 그러나 또한 중요한 것은 동아시아 국가들이 현재와 미래를 향한 평화 의지를 어느 정도 강하게 품을지 혹은 공유할 수 있을지의 문제라는 점을 잊어서는 안 된다. 그러한 의미에서 동아시아의 과거를 둘러싸고 (많은 경우는 소속된 국가를 등에 업고) 날카롭고 예민하게 서로를 비난하는 각국의 위정자들과 미디어·언론인들의 모습을 보면, '언어의 전쟁'이 '진짜 전쟁'으로 쉽게 전화되었던 과거의 교훈을 잊은 것은 아닌가라는 두려움을 품을 수밖에 없다. 민족 대립과 과거 전쟁의 기억이 새로운 전쟁의 비극을 반복하여 만들어낸 유럽과 중동의 역사를 염두에 두지 않을 수 없는 것이다.

한편 동아시아는 여러 전쟁의 시대를 거치면서 얻어낸 평화와 경제의 번영을 무너뜨릴 수 있는 사태에 아직 이르지 않았다는 점에서 희망적이라고도 말할 수 있다. 동아시아 세계에서 지역 협력의 분위기가 고조되는 데 적극적인 역할을 수행해온 동남아시아의 행보에도 두려움과 희망이 교차된다. 베트남·필리핀과 중국의 긴장이 고조되고, 태국이 출구가 보이지 않는 정치적 혼란을 겪고 있지만, 또 한편으로 인도네시아에서는 공정한 선거를 통한 정권 교체의 기대감이 높아지고 있다. 현재 우크라이나 내전과 중동의 혼란과 유혈의 확대에 초점이 옮겨가고 있는 듯한 2014년 여름의 국제정치를 조망할 때, 동아시아는 정말로 두려움과 희망의 두 가지 모습을 떠안고 있음을 실감한다.

이 책의 모태가 된 이와나미 강좌《동아시아 근현대통사》기획은 이와나미 서점 편집국 바바 기미히코 부장의 아이디어와 강력한 리더십 덕분에 실현될 수 있었다. 그리고 이러한 대규모 기획을 차질 없이 진행할 수 있었던 데는 편집국에 근무하는 재일조선인 3세 민영기(일본명 中山永基)와 이시카와 노리코石川憲子 선생의 노고가 컸다. 이들은 책의 편집에도 많은 수고를 아끼지 않았다. 이 자리를 빌려 다시 한 번 감사의 마음을 전한다.

저자들을 대표하여 나카노 사토시

참고문헌

1장

飯島涉·久保享·村田雄二郎編, 2009,《シリーズ20世紀中國史1 中華世界と近代》, 東京大學出版會.

池端雪浦編, 1999,《東南アジア史II 島嶼部》, 山川出版社.

岡本隆司, 1999,《近代中國と海關》, 名古屋大學出版會.

岡本隆司, 2007,《馬建忠の中國近代》, 京都大學學術出版會.

岡本隆司, 2008a,〈琉球朝貢貿易の變容(19世紀中葉)〉, 歷史學研究會編,《世界史史料9 帝國主義と各地の抵抗II》, 岩波書店.

岡本隆司, 2008b,《世界のなかの日清韓關係史—交隣と屬國, 自主と獨立》, 講談社.

岡本隆司·川道真編, 2009,《中國近代外交の胎動》, 東京大學出版會.

川島真, 2004,《中國近代外交の形成》, 名古屋大學出版會.

川島真·服部龍二編, 2007,《東アジア國際政治史》, 名古屋大學出版會.

岸本美緒, 1998a,《東アジアの〈近世〉》, 世界史リブレット一三, 山川出版社.

岸本美緒, 1998b,〈中華帝國の繁榮〉, 尾形勇·岸本美緒編著,《中國史》, 山川出版社.

小松久男編, 2000,《中央ユーラシア史》, 山川出版社.

齋藤修, 2008,《比較經濟發展論—歷史的アプローチ》, 岩波書店.

齋藤照子, 2008,《東南アジアの農村社會》, 世界史リブレット八四, 山川出版社.

佐藤公彦, 2010,《清末のキリスト教と國際關係—太平天國から義和團·露清戰爭, 國民革命へ》, 汲古書院.

信夫清三郎, 1968,《ラッフルズ傳—イギリス近代的植民政策の形成と東洋社會》, 東洋文庫, 平凡社.

杉原薫, 1996,《アジア間貿易の形成と構造》, ミネルヴァ書房.

杉原薫, 2004,〈東アジアにおける勤勉革命經路の成立〉,《大阪大學經濟學》54-3.

濱下武志, 1990,《近代中國の國際的契機—朝貢貿易システムと近代アジア》, 東京大學出版會.

早瀨晋三, 2003,《海域イスラーム社會の歷史—ミンダナオ·エスノヒストリー》, 岩波書店.

早瀨晋三, 2009,《未完のフィリピン革命と植民地化》, 世界史リブレット一二三, 山川出版社.

速水融, 2003,《近世日本の經濟社會》, 麗澤大學出版會.

坂野正高, 1973,《近代中國政治外交史—ヴァスコ·ダ·ガマから五四運動まで》, 東京大學出版會.

フランク A. G., 2000,《リオリエント—アジア時代のグローバル·エコノミー》, 山下範久譯, 藤原書店.

水島司, 2010,《グローバル·ヒストリー入門》, 世界史リブレット一二七, 山川出版社.

村上衛, 2004,〈19世紀中葉, 華南沿海秩序の再編—イギリス海軍と閩粵海盜〉,《東洋史研究》63-3.

村上衛, 2009,〈沿海社會と經濟秩序の變容〉, 飯島·久保·村田編,《シリーズ20世紀中國史1》, 東京大學出版會.

吉澤誠一郎, 2010,《清朝と近代世界 19世紀》, 岩波新書.

歷史學研究會編, 2008,《世界史史料9》, 岩波書店.

Huang, Philip C. C., 1990, *The Peasant Family and Rural Development in the Yangzi Delta, 1350~1988*, Stanford, Calif.: Stanford University Press.

Lin, Man-houng, 2006, *China Upside Down: Currency Society, and Ideologies, 1808~1856*, Cambridge, Mass. and London: Harvard University Asia Center.

Pomeranz, Kenneth L., 2000, *The Great Divergence: China, Europe, and the Making of the Modern World Economy*, Princeton University Press.

Reid, Anthony, 1988, *Southeast Asia in the Age of Commerce, 1450~1680, Vol. I: The Lands below the Winds*, New Haven: Yale University Press.

Reid, Anthony, 1993, *Southeast Asia in the Age of Commerce, 1450~1680, Vol. II: Expansion and Crisis*, New Haven: Yale University Press.

2장

阿倍洋, 1974, 〈舊韓末の日本留學—資料的考察(Ⅰ)(Ⅱ)(Ⅲ)〉, 《韓》 29-31.

海野福壽, 2000, 《韓國併合史の研究》, 岩波書店.

外務省編, 1966, 《小村外交史》, 復刻, 原書房.

金文子, 2009, 《朝鮮王妃殺害と日本人》, 高文研.

櫻井由躬雄, 1999, 〈植民地化のベトナム〉, 石井米雄·桜井由躬雄編, 《東南アジア史Ⅰ 大陸部》, 山川出版社.

佐藤公彦, 1999, 《義和團の起源とその運動—中國民衆ナショナリズムの誕生》, 研文出版.

サヤマナン, ロン, 1977, 《タイの歷史》, 二村龍男譯, 近藤出版社.

シュラトフ, ヤロスラブ, 2007, 〈朝鮮問題をめぐる日露關係 1905~1907〉, 《スラヴ研究》 54.

シュラトフ, ヤロスラブ, 2010, 〈日露戰争後のロシアの日本觀〉, 《ロシア史研究》 86.

崔文衡, 2004, 《日露戰争の世界史》, 朴菖熙譯, 藤原書店.

千葉功, 2008, 《舊外交の形成—日本外交 1900~1919》, 勁草書房.

月脚達彦, 2009, 《朝鮮開化思想とナショナリズム—近代朝鮮の形成》, 東京大學出版會.

角田順, 1967, 《滿洲問題と國防方針—明治後期における國防環境の變動》, 原書房.

村嶋英治, 1999, 〈タイ近代國家の形成〉, 石井米雄·櫻井由躬雄編 《東南アジア史Ⅰ》, 山川出版社.

森山茂德, 1987, 《近代日韓關係史研究—朝鮮植民地化と國際關係》, 東京大學出版會.

矢吹晋編, 2002, 《ポーツマスから消された男—朝河貫一の日露戰争論》, 東信堂.

吉村道男, 1968, 《日本とロシア—日露戰後からロシア革命まで》, 原書房.

露國海軍軍令部編纂, 1915, 《千九百四, 五年露日海戰史》 第1卷 上下, 二~四, 六, 七卷, 海軍軍令部(復刻, 上下, 芙蓉書房, 2004).

和田春樹, 1973, 《ニコライ·ラッセル—國境を越えるナロードニキ》 上下, 中央公論社.

和田春樹, 2009~2010, 《日露戰争 起源と開戰》 上下, 岩波書店.

和田春樹·和田あき子, 1970, 《血の日曜日—ロシア革命の發端》, 中央公論社.

Politika kapitalisticheskikh derzhav i natsional' no-osvoboditel' noe dvizhenie v Iugo-Vostochnoi

Azii(1871~1917), Dokumenty i materialy, Vol. II, Moscow, 1967.

Esthus, Raymond A., 1966, *Theodore Roosevelt and Japan*, University of Washington Press.

Esthus, Raymond A., 1988, *Double Eagle and Rising Sun: The Russians and Japanese at Portsmouth in 1905*, Duke University Press.

Gooch, G. P. and Temperley, Harold. ed., 1927, *British Documents on the Origins of the War 1898~1914, Vol. II*, London.

Lensen, George A., 1967, *The Russo-Chinese War*, Tallahassee.

Lensen, George A., 1982, *Balance of Intrigue: International Rivalry in Korea and Manchuria 1884~99*, 2 vols, Tallahassee.

Malozemoff, Andrew, 1958, *Russian Far Eastern Policy, 1881~1904: With Special Emphasis on the Causes of the Russo-Japanese War,* Berkeley, Reprint New York, 1977.

Nish, Ian, 1985, *The Origins of the Russo-Japanese War*, London.

Pak, Bella B., 1998, 2004, *Rossiiskaia diplomatiia i Koreia, Vol. I, 1860~1888,* Moscow; *Vol. II, 1888~1897*, Moscow.

Pak, Boris D., 2004, *Rossiia i Koreia*, Second edition, Moscow.

Pak Chon Khio, 1997, *Russko-iaponskaia voina 1904~1905* g.g. i Koreia, Moscow.

Romanov. B., 1928, *Rossiia v Man'chzhurii(1892~1906)*, Leningrad(《滿洲に於ける露國の利權外交史》, 山下義雄譯, 鴨右堂書店, 1934; 復刻, 原書房, 1973).

Shulatov, Ia. A., 2008, *Na puti k sotrudnichestvu: Rossiisko-iaponskie otnosheniia v 1905~1914* g.g. Khabarovsk-Moscow.

Simanskii, P., 1910, *Sobytiia na Dal'nem Vostoke, predshestvovashie Russko-Iaponskoi voine (1891~1903* g.g.*) Vol. I-III*, Sankt-Peterburg.

Treat, Payson J., 1938, *Diplomatic Relations between the United States and Japan, Vol. 3, 1895~1905*, Stanford University Press.

3장

安藤良雄編, 1979,《近代日本經濟史要覽》第2版, 東京大學出版會.

石橋湛山, 1984,《石橋湛山評論集》, 松彦尊兊編, 岩波文庫.

板垣雄三, 1970,〈從属地域における諸矛盾と社會的變化〉,《岩波講座世界歷史24 現代1—第一次世界大戰》, 岩波書店.

伊東昭雄外, 1974,《中國人の日本人觀100年史》, 自由國民社.

外務省, 1965,《日本外交年表竝主要文書》上, 原書房.

鹿野政直, 1975,〈大正デモクラシーの思想と文化〉,《岩波講座日本歷史18 近代5》, 岩波書店.

川田稔, 1998,《原敬と山県有朋》, 中央公論社.

ガンジー, 1967,〈自叙傳〉,《世界の名著63 ガンジー ネルー》, 蠟山芳郎譯, 中央公論社.

ガンディー, 2001,《非暴力の精神と對話》, 森本達雄譯, 第三文明社.

金鎮鳳, 2000,《3·1運動史研究》, 國學資料院, 서울.

小島晋治, 1980,〈3·1運動と五四運動〉,《朝鮮史研究會論文集》17.

吳密察, 1994,〈臺灣史の成立とその課題〉, 溝口雄三外編,《アジアから考える3 周縁からの歷史》, 東京大學出版會.

里井彦七郎, 1972,《近代中國における民衆運動とその思想》, 東京大學出版會.

櫻井由躬雄, 1999,〈植民地下のベトナム〉, 石井米雄·櫻井由躬雄編,《東南アジア史Ⅰ 大陸部》, 山川出版社.

櫻井良樹, 2009,《辛亥革命と日本政治の變動》, 岩波書店.

白石昌也, 2002,〈20世紀前半期ベトナムの民族運動〉,《岩波講座東南アジア史7 植民地抵抗運動とナショナリズムの展開》, 岩波書店.

新免康, 1994,〈《邊境》の民と中國—東トルキスタンから考える〉, 溝口雄三外編,《アジアから考える3》, 東京大學出版會.

田中比呂志, 1995,〈清末民初における地方政治構造とその變化—江蘇省宝山縣における地方エリートの活動〉,《史學雜誌》104-3.

田中比呂志, 1999,〈清末民初における立憲制と地方エリート—張謇における立憲と地方自治の思想〉,《史學雜誌》108-1.

趙景達, 1996,〈金玉均から申采浩へ—朝鮮における國家主義の形成と轉回〉, 歷史學研究會編,《講座世界史7〈近代〉を人はどう考えてきたか》, 東京大學出版會.

趙景達, 2002,《朝鮮民衆運動の展開—士の論理と救濟思想》, 岩波書店.

趙景達, 2005,〈日露戰争と朝鮮〉, 安田浩·趙景達編,《戰争の時代と社會—日露戰争と現代》, 青木書店.

趙景達, 2007,〈日本/朝鮮におけるアジア主義の相克〉,《情況》第3期 第8卷 第2號.

趙景達, 2009,〈朴殷植における國家と民衆—朝鮮的政治思想·政治文化の葛藤〉, 深谷克己編,《東アジアの政治文化と近代》, 有志舍.

趙景達, 2010,〈武斷政治と朝鮮民衆〉,《思想》1029.

內藤雅雄·中村平治編, 2006,《南アジアの歷史》, 有斐閣.

長崎暢子, 1997,〈戰争の世紀と非暴力—マハトーマ·ガンディーとインド民族主義〉,《岩波講座世界歷史25 戰争と平和》, 岩波書店.

中野聰, 2002,〈米國植民地化のフィリピン國民國家形成〉,《岩波講座東南アジア史7》, 岩波書店.

中野聰, 2007,《歷史經驗としてのアメリカ帝國》, 岩波書店.

中野正剛, 1918,《我が觀たる滿鮮》, 政教社.

中見立夫, 1994,〈モンゴルの獨立と國際關係〉, 溝口雄三外編,《アジアから考える3》, 東京大學出版會.

中村平治, 1981,《現代インド政治史研究》, 東京大學出版會.

成田龍一, 2007,《大正デモクラシー》, 岩波新書.

西順蔵編, 1977,《原典中國近代思想史》, 第四冊, 岩波書店.

西原亀三, 1965,《夢の七十余年—西原亀三自傳》, 東洋文庫, 平凡社.

根本敬, 2002,〈ビルマのナショナリズム—中間層ナショナリスト·エリートたちの軌跡〉,《岩波講座東南アジア史7》, 岩波書店.

ネルー, ジャワーハルラール, 1966,《父が子に語る世界歷史5 民主主義の前進》, 大山聰譯, みすず書房.

ネルー, 1967,〈自叙傳〉,《世界の名著63 ガンジー ネルー》, 蠟山芳郎譯, 中央公論新社.

狭間直樹·長崎暢子, 1999,《世界の歴史27 自立へ向かうアジア》, 中央公論新社.
初瀨隆平, 1979,〈宮崎滔天とアジア主義〉,《法政論集》(北九州大學) 7-2.
早瀨晋三·深見純生, 1999,〈近代植民地の展開と日本の占領〉, 池端雪浦編,《東南アジア史II 島嶼部》, 山川出版社.
姬田光義外編, 1982,《中國近現代史(上)》, 東京大學出版會.
平野聰, 2008,〈チベット問題と中國の近現代〉,《現代思想》, 7月臨時增刊號.
ファン·ボイ·チャウ, 1966,《ヴェトナム亡國史他》, 長岡新次郎外編, 東洋文庫, 平凡社.
藤谷浩悅, 2010,〈近代中國の國民統合と亀裂—民國初期の湖南省を中心に〉, 久留島浩·趙景達編,《國民國家の比較史》, 有志舍.
古田元夫, 1995,《ベトナムの世界史》, 東京大學出版會.
朴殷植, 1972,《朝鮮獨立運動の血史1》, 姜德相譯, 東洋文庫, 平凡社.
松尾尊兊, 2001(原著 1974),《大正デモクラシー》, 岩波現代文庫.
松本信廣, 1969,《ベトナム民族小史》, 岩波書店.
溝口雄三外, 2007,《中國思想史》, 東京大學出版會.
村嶋英治, 1999,〈タイ近代國家の形成〉, 石井米雄·櫻井由躬雄編,《東南アジア史Ⅰ》, 山川出版社.
村田雄二郎, 1994,〈王朝·國家·社會—近代中國の場合〉, 溝口雄三外編,《アジアから考える4 社會と國家》, 東京大學出版會.
村田雄二郎, 2009,〈中華民族論の系譜〉,《シリーズ20世紀中國史I 中華世界と近代》, 東京大學出版會.
柳宗悅, 1972,〈朝鮮とその藝術〉,《柳宗悅選集》第4卷, 春秋社.
山本信人, 2002,〈インドネシアのナショナリズム—ムラユ語·出版市場·政治〉,《岩波講座東南アジア史7》, 岩波書店.
横山廣章, 1996a,〈その後の胡適と陳獨秀—〈打倒孔家店〉のゆくえ〉,《講座世界史7》, 東京大學出版會.
横山廣章, 1996b,《孫文と袁世凱》, 岩波書店.
吉野作造, 1970,《中國·朝鮮論》, 松尾尊兊編, 東洋文庫, 平凡社.
レイ·タン·コイ, 1970,《東南アヅア史》, 石澤良昭譯, 白水社.

4장

飯島涉, 2009,《感染症の中國史—公衆衛生と東アジア》, 中公新書.

池端雪穗, 2002, 〈總說〉,《岩波講座東南アジア史7 植民地抵抗運動とナショナリズムの展開》, 岩波書店.

石川禎浩, 2001,《中國共産黨成立史》, 岩波書店.

石川禎浩, 2010,《革命とナショナリズム 1925~1945》, 岩波新書.

上田貴子, 2008, 〈東北アジアにおける中國人移民の變遷一八六〇～一九四五〉, 蘭信三編著,《日本帝國をめぐる人口移動の國際社會學》, 不二出版.

岡奈津子, 1998, 〈ソ連における朝鮮人強制移住—ロシア極東から中央アジアへ〉, 樺山纊一外編,《岩波講座世界歷史24 解放の光と影1930年代~40年代》, 岩波書店.

加藤哲郎, 1991,《コミンテルンの世界像—世界政黨の政治學的硏究》, 青木書店.

加納啓良, 2001, 〈總說〉,《岩波講座東南アジア史6 植民地經濟の繁榮と凋落》, 岩波書店.

川島眞, 2004,《中國近代外交の形成》, 名古屋大學出版會.

川島眞, 2010,《近代國家への摸索 1894~1925》, 岩波新書.

川島眞·服部龍二編, 2007,《東アジア國際政治史》, 名古屋大學出版會.

川島眞·毛里和子, 2009,《グローバル中國への道程 外交150年》, 岩波書店.

栗原浩英, 1998, 〈コミンテルンと東方·植民地〉,《岩波講座世界歷史24 解放の光と影》, 岩波書店.

栗原浩英, 2002, 〈コミンテルンと東南アジア〉,《岩波講座東南アジア史7》, 岩波書店.

後藤乾一·紀旭峰·羅京洙共編, 2008,《亞細亞公論·大東公論解題總目次篇》, 龍溪書舍.

後藤春美, 2000, 〈1920年代中國における日英〈協調〉〉, 木畑洋一, イアン·ニッシュ, 細谷千博, 田中孝彦編,《日英交流史 1600~2000 政治外交I》, 東京大學出版會.

小松久男, 1996,《革命の中央アジア—あるジャディードの肖像》, 東京大學出版會.

齋藤照子, 2001, 〈ビルマにおける米輸出經濟の展開〉,《岩波講座東南アジア史6》, 岩波書店.

櫻井由躬雄·石澤良昭, 1977,《東南アジア現代史III ヴェトナム·カンボジア·ラオス》, 山川出版社.

佐藤元英, 1992,《昭和初期對中國政策の研究—田中內閣の對滿蒙政策》, 原書房.

篠田英朗, 2010, 〈ウッドロー·ウィルソン—介入主義, 國家主義, 國際聯盟〉, 遠藤乾編,《グローバル・がバナンスの歴史と思想》, 有斐閣.

杉山伸也, イアン・ブラウン編著, 1990, 《戰間期東南アジアの經濟摩擦—日本の南進とアジア・区米》, 同文館出版.

高原秀介, 2006, 《ウィルソン外交と日本—理想と現実の間 1913~1921》, 創文社.

田中陽兒・倉持俊一・和田春樹編著, 1997, 《ロシア史3 20世紀》, 山川出版社.

等松春夫, 2007, 〈委任統治〉, 川島眞・服部龍二編, 《東アジア國際政治史》, 名古屋大學出版會.

中野聰, 1997, 《フィリピン獨立問題史—獨立法問題をめぐる米比關係史の研究(1929~46年)》, 龍溪書舍.

中野聰, 2002, 〈米國植民地下のフィリピン國民國家形成〉, 《岩波講座東南アジア史7》, 岩波書店.

根本敬, 2002, 〈ビルマのナショナリズム—中間層ナショナリスト・エリートたちの軌跡〉, 《岩波講座東南アジア史7》, 岩波書店.

服部龍二, 2001, 《東アジア國際環境の變動と日本外交1918~1931》, 有斐閣.

平野健一郎, 1984, 〈1923年の滿洲〉, 平野健一郎編, 《國際關係論のフロンティア2 近代日本とアジア—文化の交流と摩擦》, 東京大學出版會.

古田元夫, 1991, 《ベトナム共産主義者の民族政策史—革命の中のエスニシティ》, 大月書店.

古田元夫, 1995, 《ベトナムの世界史—中華世界から東南アジア世界へ》, 東京大學出版會.

間野英二・中見立夫・堀直・小松久男, 1992, 《〈地域からの世界史6〉内陸アジア》, 朝日新聞社.

水島司, 2001, 〈マラヤ—スズとゴム〉, 《岩波講座東南アジア史6》, 岩波書店.

蓑原俊洋, 2002, 《排日移民法と日米關係》, 岩波書店.

山内昌之, 1986, 《〈新しい世界史②〉 スルタンガリエフの夢—イスラム世界とロシア革命》, 東京大學出版會.

山内昌之, 1995, 《〈中東イスラム世界①〉,イスラムとロシアの後のスルタンガリエフ》, 東京大學出版會.

山本信人, 2002, 〈インドネシアのナショナリズム—ムラユ語・出版市場・政治〉, 《岩波講座東南アジア史7》, 岩波書店.

米谷匡史, 2006, 《アジア/日本》, 岩波書店.

歷史學研究會編, 2006, 《世界史史料10 20世紀の世界I ふたつの世界大戰》, 岩波書店.

Hirobe, Izumi, 2001, *Japanese Pride, American Prejudice: Modifying the Exclusion Clause of the 1924 Immigration Act*, Stanford University Press.

5장

アウイ·ヘッパハ著, 許介鱗編, 1985,《証言霧社事件―臺灣山地人の抗日蜂起》, 草風館.

石橋湛山, 1951,《湛山回想》, 岩波文庫版, 1985.

石浜知行, 1942,《重慶戰時體制論》, 中央公論社.

伊野憲治, 1998,《ビルマ農民大反亂(1930~1932年)―反亂下の農民像》, 信山社.

内田尚孝, 2006,《華北事變の研究》, 汲古書院.

内蒙古アパカ會·岡村秀太郎編, 1990,《特務機關》, 國書刊行會.

大形孝平編, 1982,《日中戰争とインド醫療使節團》, 三省堂.

大塚令三編, 1942,《支那の新生活運動》, 敏傍書房.

岡村春彦, 2009,《自由人 佐野碩の生涯》, 岩波書店.

籠谷直人, 1999,〈1930年代の華僑通商網と日本〉,《岩波講座世界歴史19 移動と移民―地域を結ぶダイナミズム》, 岩波書店.

鹿地亘資料調査刊行會, 1994,《日本人民反戰同盟資料》4, 不二出版.

加藤哲郎, 1991,《コミンテルンの世界像―世界政黨の政治學的研究》, 青木書店.

加藤哲郎, 1994,《モスクワで粛清された日本人》, 青木書店.

加納啓良, 1995,〈國際貿易から見た20世紀の東南アジア植民地經濟〉,《歴史評論》539.

河かおる, 2001,〈總力戰下の朝鮮女性〉,《歴史評論》612.

菊池貴晴, 1987,《中國第三勢力史論―中國革命における第三勢力の總合的研究》, 汲古書院.

木畑洋一, 2001,〈イギリス帝國の變容と東アジア〉, 秋田茂·籠谷直人編,《1930年代のアジア國際秩序》, 渓水社.

協調會農村課編, 1934,《農村生活改善の話》, 協調會.

黄自進, 2011,《蔣介石と日本―友と敵のはざまで》, 武田ランダムハウスジャペン.

櫻井由躬雄·石澤良昭, 1977,《東南アジア現代史III ヴェトナム·カンボジア·ラオス》, 山川出版社.

清水元, 2001,〈東南アジアと日本〉,《岩波講座東南アジア史6 植民地經濟の繁榮と凋落》, 岩波書店.

鍾家新, 1998,《日本型福祉國家の形成と〈15年戰爭〉》, ミネルヴァ書房.

白木澤旭兒, 1999,《大恐慌期日本の通商問題》, 御茶の水書房.

杉本五郎, 1938,《大義》, 平凡社. 복자(伏字) 인용은 皇國史觀研究會, 復刊版, 2007에 의거.

宋恩榮編著, 2000,《晏陽初—その平民教育と郷村建設理論》, 鎌田文彦譯, 農山漁村文化協會.

殷瑞聡, 2006,《蔣介石と新生活運動》, 慶應義塾大學出版會.

朝鮮總督府, 1937,《朝鮮施政に關する論告, 訓示並に演說集—自昭和2年4月至昭12年3月》.

永井和, 2007,《日中戰爭から世界戰爭へ》, 思文閣出版.

根本敬, 2010,《抵抗と協力のはざま—近代ビルマ史のなかのイギリスと日本》, 岩波書店.

秦郁彦, 1996,《盧溝橋事件の研究》, 東京大學出版會.

藤野豊, 2003,《厚生省の誕生》, かもがわ出版.

松岡洋右, 1933,《青年よ起て—世界變局と大和民族の使命》, 日本思想研究會印刷所.

松本武祝, 1998,《植民地權力と朝鮮農民》, 社會評論社.

宮崎正義, 1938,《東亞聯盟論》, 改造社.

山本信人, 2002,〈インドネシアのナショナリズム〉,《岩波講座東南アジア史7 植民地抵抗運動とナショナリズムの展開》, 岩波書店.

山室信一, 2001,《思想課題としてのアジア—基軸·連鎖·投企》, 岩波書店.

山室信一, 2004,《増補版·キメラ—滿洲國の肖像》, 中公新書.

遊鑑明, 2005,〈受益者か, それとも被害者か〉, 大澤肇譯, 早川紀代編,《植民地と戰爭責任》, 吉川弘文館.

劉晶輝, 2005,〈《滿洲國》における婦人團體〉, 鈴木晶子譯, 早川紀代編,《植民地と戰爭責任》, 吉川弘文館.

梁漱溟著, アジア問題研究會編, 2000,《郷村建設理論》, 池田篤紀·長谷部茂譯, 農山漁村文化協會.

若林正丈, 2001,《臺灣抗日運動史研究·增補版》, 研文出版.

和田春樹, 1992,《金日成と満州抗日戰爭》, 平凡社.

黃自進編, 2004,《蔣中正先生對日言論選集》, 財團法人中正文教基金會·臺北.

中央硏究院近代史硏究所編, 1988,《國民政府與韓國獨立運動史料》, 中央硏究院近代史硏究所·臺北.

6장

朝日新聞社, 1944,《南方の據點·臺灣—寫眞報道》, 朝日新聞社.

朝日新聞社法定記者團, 1962,《東京裁判》下卷, 東京裁判刊行會.

井上靖, 2009,〈井上靖中國行軍日記〉,《新潮》, 12月號.

今村冬三, 1989,《幻影解〈大東亞戰爭〉—戰爭に向き合わされた詩人たち》, 葦書房.

遠藤正敬, 2010,《近代日本の植民地統治における國籍と戶籍》, 明石書店.

大村益夫, 1965,〈朝鮮の初期プロレタリア文學〉,《社會科學討究》, 11-3.

笠原十九司, 2004,〈第2次世界大戰と東アジア〉, 歷史教育者協議會編,《東アジア世界と日本·朝鮮·中國關係史》, 青木書店.

河原宏, 1995,《日本人の〈戰爭〉—古典と死生の間で》, 築地書館(新裝版, ユビキタ·スタジオ, 2008).

紀旭峰, 2012,《大正期臺灣人の〈日本留學〉硏究》, 龍溪書舍.

北河賢三, 2003,《戰爭と知識人》, 山川出版社.

北村毅, 2009,《死者たちの戰後誌—沖縄戰跡をめぐる人びとの記憶》, 御茶の水書房.

《近代日本綜合年表 第4版—1853~2000》, 岩波書店, 2001.

後藤乾一, 1986,《昭和期日本とインドネシア—1930年代〈南進〉の論理·〈日本觀〉の系譜》, 勁草書房.

後藤乾一, 1995,《近代日本と東南アジア—南進の〈衝擊〉と〈遺産〉》, 岩波書店.

後藤乾一, 1998,〈東條首相と〈南方共榮圈〉, ピーター·ドウス, 小林英夫編,《帝國という幻想—〈大東亞共榮圈〉の思想と現實》, 青木書店.

後藤乾一, 1999,《〈東〉ティモール國際關係史—1900~1945》, みすず書房.

後藤乾一, 2005,《國際主義の系譜—大島正德と日本の近代》, 早稻田大學出版部.

蔡焜燦, 2000,《臺灣人と日本精神—日本人よ胸をはりなさい》, 日本敎文社.

載國煇, 1979,《臺灣と臺灣人—アイデンティティを求めて》, 研文出版.

《昭和萬葉集》4, 講談社, 1979.

臺灣總督府編, 1935,《臺灣と南支·南洋》.

高鳥正編, 1942,《大東亞戰爭に直面して—東條英機首相演說集》, 改造社.

高橋伸夫, 2009,〈中華民國期〉, 國分良成編著,《現代東アジア—朝鮮半島·中國·臺灣·モンゴル》, 慶應義塾大學出版會.

高見順, 2005,《敗戰日記》, 中公文庫.

田嶋信雄, 2009,〈日中戰爭·第2次世界大戰と日獨中ソ關係〉,《外交史料館報》23.

土井章監修, 1978,《昭和社會經濟史料集成》2, 巖南堂書店.

戶ノ下達也, 2010,《〈國民歌〉を唱和した時代—昭和の大衆歌謠》, 吉川弘文館.

長尾龍一, 2010,〈天皇機關說事件—宗教と政治による學問抑壓〉, 筒井淸忠編,《解明·昭和史—東京裁判までの道》, 朝日新聞出版.

長田彰文, 2009,〈朝鮮王朝末期および日本統治期の朝鮮〉, 國分良成編著,《現代東アジア—朝鮮半島·中國·臺灣·モンゴル》, 慶應義塾大學出版會.

成田龍一, 2010,《〈戰爭經驗〉の戰後史—語られた體驗/證言/記憶》, 岩波書店.

日本國際政治學會編, 1962~1963,《太平洋戰爭への道—開戰外交史》全7卷+別卷, 朝日新聞社.

根本敬, 2010,《抵抗と協力のはざま—近代ビルマ史のなかのイギリスと日本》, 岩波書店.

波多野澄雄, 1996,《太平洋戰爭とアジア外交》, 東京大學出版會.

馬場忠光, 2008,《ひとみに映った幾星霜》, 私家版.

藤井忠俊, 2009,《在鄕軍人會—良兵良民から赤紙·玉碎へ》, 岩波書店.

防衛廳防衛研究所戰史部編著, 1985,《史料集·南方の軍政》, 朝雲新聞社.

ホセ·リカルド·T, 1995,〈日本のフィリピン占領の遺産〉, 萩原宜之·後藤乾一編,《東南アジア史のなかの近代日本》, みすず書房.

水野直樹, 2008,《創氏改名—日本の朝鮮支配の中で》, 岩波新書.

山田昭次, 1994,〈民族的差別と蔑視〉, 淺田喬二編,《〈帝國〉日本とアジア》, 吉川弘文館.

大和市編, 2002,《大和市史3 通史編近現代》.

吉田裕·森茂樹, 2007,《アジア·太平洋戰爭》, 吉川弘文館.

7장

ウェスタッド·オッド·アルネ, 2010,《グローバル冷戰史—第3世界への介入と現代世界の形成》, 佐々木雄太監譯, 名古屋大學出版會.

岡倉古志郎編, 1986,《バンドン會議と50年代のアジア》, 大東文化大學東洋研究所.

加藤聖文, 2009,《〈大日本帝國〉崩壞—東アジアの1945年》, 中央公論新社.

川島真·貴志俊彦編, 2008,《資料で讀む世界の8月15日》, 山川出版社.

川島真·淸水麗·松田康博·楊永明, 2009,《日臺關係史—1945~2008》, 東京大學出版會.

川島真·服部龍二編, 2007, 《東アジア國際政治史》, 名古屋大學出版會.

姜萬吉編, 2005,《朝鮮民族解放運動の歷史—平和的統一への模索》, 法政大學出版局.

木畑洋一, 1995,〈ヨーロッパから見たアジア太平洋戰爭〉, 中村政則外編,《戰後日本占領と戰後改革1 世界史のなかの1945年》, 岩波書店.

木畑洋一, 1996,《帝國のたそがれ—冷戰下のイギリスとアジア》, 東京大學出版會.

木畑洋一, 2003,〈〈西洋文明〉への挑戰? 日本軍による英軍捕虜虐待の歷史的背景〉, 木畑洋一外編,《戰爭の記憶と捕虜問題》, 東京大學出版會.

木畑洋一, 2011,〈アジアにおけるイギリス帝國の終焉〉,《岩波講座東アジア近現代通史8 ベトナム戰爭の時代 1960~1975年》, 岩波書店.

ギャディス·ジョン·ルーイス, 2002,《ロング·ピース—冷戰史の證言〈核·緊張·平和〉》, 五味俊樹外譯, 蘆書房.

栗原俊雄, 2009,《シベリア抑留—未完の悲劇》, 岩波書店.

後藤乾一外編, 2002,《岩波講座東南アジア史8 國民國家形成の時代》, 岩波書店.

後藤乾一, 2011,〈インドネシアの獨立〉,《岩波講座東アジア近現代通史7 アジア諸戰爭の時代 1945~1960年》, 岩波書店.

下斗米伸夫, 2004,《アジア冷戰史》, 中央公論新社.

朱建榮, 2001,《毛澤東のベトナム戰爭—中國外交の大轉換と文化大革命の起源》, 東京大學出版會.

鈴木陽一, 2011,〈マラヤ非常事態〉,《岩波講座東アジア近現代通史7》, 岩波書店.

谷垣真理子, 2007,〈香港の中國回歸〉, 木畑洋一編,《イギリス帝國と20世紀5 現代世界とイギリス帝國》, ミネルヴァ書房.

ダワー・ジョン, 2001,《敗北を抱きしめて—第2次大戰後の日本人》上, 三浦陽一・高杉忠明譯, 岩波書店.

都丸潤子, 2011,〈バンドン會議〉,《岩波講座東アジア近現代通史7》, 岩波書店.

中野聡, 1997,《フィリピン獨立問題史—獨立法問題をめぐる米比關係史の研究(1929~46年)》, 龍溪書舍.

成田龍一, 2006,〈〈引揚げ〉と〈抑留〉〉,《岩波講座アジア・太平洋戰爭4 帝國の戰爭經驗》, 岩波書店.

原彬久編, 2003,《岸信介證言錄》, 毎日新聞社.

原不二夫, 1991, 〈マレーシアの残留日本兵〉, 《アジア研究》, 38-1.

古川万太郎, 1984,《凍てつく大地の歌—人民解放軍日本人兵士たち》, 三省堂.

古田元夫, 1996,《ホー・チ・ミン—民族解放とドイモイ》, 岩波書店.

宮城大藏, 2001,《バンドン會議と日本のアジア復歸—アメリカとアジアの狹間で》, 草思社.

矢野暢, 1986,《冷戰と東南アジア》, 中央公論社.

山影進, 1980,〈東南アジア聯合成立過程の分析〉,《東南アジア研究》18-1.

吉田修, 1988,〈〈非同盟〉と〈アジア〉〉,《法政論集》(名古屋大學) 121.

若林正丈, 2001,《臺灣—變容し躊躇するアイデンティティ》, 筑摩書房.

和田春樹, 2002,《朝鮮戰爭全史》, 岩波書店.

渡辺昭夫・宮里政玄編, 1986,《サンフランシスコ講和》, 東京大學出版會.

Ampiah, Kweku 2007, *The Political and Moral Imperatives of the Bandung Conference of 1955:*

The Reactions of the US, UK and Japan, Folkestone, Kent.

Bayly, Christopher & Harper, Tim, 2007, *Forgotten Wars: Freedom and Revolution in Southeast Asia*, Cambridge, MA.

Charrier, Philip, 2001, "ASEAN's inhertitance: the regionalization of Southeast Asia, 1941~61", *The Pacific Review*, 14-3.

Djiwandono, J. Soedjati, 1996, *Konfrontasi Revisited: Indonesia's Foreign Policy under Soekarno*, Jakarta.

Goscha, Christopher E. & Ostermann, Christian F. eds., 2009, *Connecting Histories: Decolonization and the Cold War in Southeast Asia, 1945~1962*, Washington, DC.

Gouda, Frances with Zaalberg, Thijs Brocades, 2002, *American Visions of the Netherlands East Indies/Indonesia: US Foreign Policy and Indonesian Nationalism 1920~1949*, Amsterdam.

McIntyre, W. David, 1998, *British Decolonization, 1946~1997: When, Why and How did the British Empire Fall?*, Basingstoke.

Oakman, Daniel, 2004, *Facing Asia: A History of the Colombo Plan*, Canberra.

Ryan, David & Pungong, Victor eds., 2000, *The United States and Decolonization: Power and Freedom*, Basingstoke.

Tan, See Seng and Acharya, Amitav eds., 2008, *Bandung Revisited: The Legacy of the 1955 Asian—African Conference for International Order*, Singapore.

Tarling, Nicholas, 2006, *Regionalism in Southeast Asia: To Foster the Political Will*, London and New York.

8장

青山瑠妙, 2011, 〈ニクソンと田中, ふたつの訪中〉,《岩波講座東アジア近現代通史8 ベトナム戰爭の時代 1960~1975年》, 岩波書店.

アメリカ學會譯編, 1981,《原典アメリカ史6 現代アメリカと世界I》, 岩波書店.

アメリカ學會譯編, 1982,《原典アメリカ史7 現代アメリカと世界II》, 岩波書店.
新井敬夫, 1997,〈マレーシアの開發計劃にみる對外經濟關係〉,《亞細亞大學國際關係紀要》7(1).
アンダーソン・ベネディクト, 1997,《想像の共同體―ナショナリズムの起源と流行》, 石さや·白石隆譯, NTT出版.
李鍾奭, 2011,〈北朝鮮の社會主義〉,《岩波講座東アジア近現代通史8》, 岩波書店.
伊藤裕子, 2011,〈フィリピンの基地ナショナリズムと戒嚴令體制〉,《岩波講座東アジア近現代通史8》, 岩波書店.
遠藤聡, 2005,《ベトナム戦争を考える―戦争と平和の關係》, 明石書店.
河村雅美, 2004,〈サリット時代(1958~1963)のメディアにみられるタイの開發イメージ―開發の精神とその解釋をめぐって〉,《東南アジア歷史と文化》33.
河村雅美, 2010,〈高度成長と東南アジア―〈開發〉という冷戰·〈ベトナム戰爭〉という熱戰のなかで〉, 大門正克外編,《高度成長の時代2 過熱と搖らぎ》, 大月書店.
木之內秀彥, 2002,〈冷戰體制と東南アジア〉,《岩波講座東南アジア史8 國民國家の時代》, 岩波書店.
木畑洋一, 2011,〈アジアにおけるイギリス帝國の終焉〉,《岩波講座東アジア近現代通史8》, 岩波書店.
木宮正史, 2011,〈朴正熙政權と韓國現代史〉,《岩波講座東アジア近現代通史8》, 岩波書店.
牛軍, 2011,〈中ソ對立〉,《岩波講座東アジア近現代通史8》, 岩波書店.
倉沢愛子, 2011,〈インドネシア9·30事件と社會暴力〉,《岩波講座東アジア近現代通史8》, 岩波書店.
國分良成, 2011,〈中國の社會主義と文化大革命〉,《岩波講座東アジア近現代通史8》, 岩波書店.
佐藤考一, 2011,〈ASEANの出發〉,《岩波講座東アジア近現代通史8》, 岩波書店.
朱建榮, 2001,《毛澤東のベトナム戰爭―中國外交の大轉換と文化大革命の起源》, 東京大學出版會.
末廣昭, 2011,〈開發體制論〉,《岩波講座東アジア近現代通史8》, 岩波書店.
高橋武智, 2007,《私たちは, 脫走アメリカ兵を越境させた……―ベ平連/ジャテック, 最後の密出國作戰の回想》, 作品社.

田島俊雄, 1998, 〈中國·臺灣二つの開發體制〉, 東京大學社會科學研究所編, 《20世紀システム4 開發主義》, 東京大學出版會.

谷川榮彦, 1984, 《ベトナム戰爭の起源》, 勁草書房.

田村慶子, 2000, 《シンガポールの國家建設―ナショナリズム, エスニシティ, ゼェンダー》, 明石書店.

寺地功次, 2010, 〈ラオス中立化とアメリカ外交〉, 《共立國際研究》 27.

戸邊秀明, 2011, 〈日本の高度成長と沖縄返還〉, 《岩波講座東アジア近現代通史8》, 岩波書店.

友田錫, 1986, 《裏切られたベトナム革命―チュン·ニュー·タンの證言》, 中公文庫.

中野聡, 2003, 〈アジア的リーダー論―世紀転換期のリーダー交代劇が意味するもの〉, 青木保外編, 《アジア新世紀7 パワー》, 岩波書店.

中野聡, 2011, 〈ランズデールとマグサイサイ〉, 《岩波講座東アジア近現代通史7 アジア諸戰爭の時代 1945~1960年》, 岩波書店.

中本悟, 2004, 〈アメリカとアジア太平洋地域との貿易·投資關係の新展開〉, 遠藤泰生·油井大三郎編, 《變貌するアメリカ太平洋世界I 太平洋世界の中のアメリカ―對立から共生へ》, 彩流社.

ハリバースタム·デイビッド, 1976, 《ベスト&ブライテスト(全3卷)》, 淺野輔譯, サイマル出版會.

平野千果子, 2010, 〈フランスとインドシナ―忘れられた植民地戰爭〉, 《岩波講座東アジア近現代通史7》, 岩波書店.

藤川隆男, 2011, 〈オーストラリアのアジアへの接近〉, 《岩波講座東アジア近現代通史8》, 岩波書店.

古田元夫, 1991, 《歷史としてのベトナム戰爭》, 大月書店.

古田元夫, 1995, 《ベトナムの世界史―中華世界から東南アジア世界へ》, 東京大學出版會.

古田元夫, 1996, 《ベトナムの現在》, 講談社現代新書.

古田元夫, 2011, 〈ドイモイ路線の起源と展開〉, 《岩波講座東アジア近現代通史9 經濟發展と民主革命 1975~1990年》, 岩波書店.

松岡完, 1999, 《ケネディの戰爭―冷戰·ベトナム·東南アジア》, 朝日新聞社.

道場親信, 2011, 〈ポスト·ベトナム期におけるアジア連帯運動―〈内なるアジア〉と〈アジアの中の日本〉の間で〉, 《岩波講座東アジア近現代通史8》, 岩波書店.

毛里和子·毛里興三郎譯, 2001, 《ニクソン訪中機密會談錄》, 名古屋大學出版會.

安田常雄, 2011, 〈アメリカニゼーション〉,《岩波講座東アジア近現代通史8》, 岩波書店.

安丸良夫, 1999,《日本の近代化と民衆思想》, 平凡社ライブラリー.

吉澤文壽, 2011, 〈日韓基本條約〉,《岩波講座東アジア近現代通史8》, 岩波書店.

読売新聞, 1975, 〈不安と混亂, 降伏のサイゴン〉, 〈"地獄絵"第7艦隊 避難へりが激突〉,《読売新聞》, 4月30日夕刊.

Blackburn, Robert M., 1994, *Mercenaries and Lyndon Johnson's "More Flags": The Hiring of Koreans, Filipino and Thai Soldiers in the Vietnam War*, NC: McFarland.

Bundy, McGeorge, 1961, "National Security Action Memorandum 111: First Phase of Viet-Nam Program," November 22, John F. Kennedy Presidential Library and Museum, Boston, Massachusetts.

Currey, Cecil B., 1988, *Edward Lansdale: The Unquiet Amrircan*, Boston: Houghton Mifflin.

Eisenhower, Dwight D., 1960, *Public Papers of the Presidents, Dwight D. Eisenhower*, 1954, Washington: USGPO.

Gallup, George H., 1972, *The Gallup Poll: Public Opinion, 1935~1971, Vol. 3,* New York: Random House.

Johnson, Lyndon B., 1965, "The President's News Conference, July 28, 1965," John T. Woolley and Gerhard Peters, The American Presidency Project [online], Santa Barbara, CA., http://www.presidency.ucsb.edu/ws/?pid=27116

Library of America, 1998, *Reporting Vietnam, Part One: American Journalism, 1959~1969*, New York: Library of America.

Linder, Staffan Burenstam, 1986, *The Pacific Century: Economic and Political Consequences of Asian-Pacific Dynamism*, CA: Stanford University Press.

Nixon, Richard, 1967, "Asia after Viet-Nam," *Foreign Affairs, Vol. 46, No. 1* (October): 111-125.

NPS(National Park Service), 2010, "2010 Wall Interventions," http://www.nps.gov/vive/2010-wall-interventions.htm

PBS, 1999, *American Experience: Nixon's China Game* (Enhanced Transcript), http://www.

pbs.org/wgbh/amex/china/film more/transcript/transcript1.htm

The Pentagon Papers: Gravel Edition, 1971, Boston: Beacon Press.

Tucker, Spencer C. ed., 1998, *Encyclopedia of the Vietnam War: A political, social, and military history,* 3 vols, Santa Barbara, California: ABC-CLIO, Inc.

9장

五十嵐武士, 2010,《グローバル化とアメリカの覇權》, 岩波書店.

池端雪浦編, 1999,《東南アジア史II 島嶼部》, 山川出版社.

石井明外編, 2003,《記錄と考證 日中國交正常化·日中平和友好條約締結交涉》, 岩波書店.

石井米雄外編, 1999,《東南アジア史I 大陸部》, 山川出版社.

李鍾元, 2003,〈朝鮮半島脫冷戰への道 第2回〉,《世界》2003年11月號.

オッド·アルネ·ウェスタッド, 2010,《グローバル冷戰史—第3世界への介入と現代世界の形成》, 佐々木雄太監譯, 名古屋大學出版會.

宇佐美滋, 1996,《米中國交樹立交涉の研究》, 國際書院.

奧山俊宏, 2011,〈ロッキード事件 第4回〉,《世界》2011年4月號.

小倉貞男, 1992,《ドキュメント ヴェトナム戰爭全史》, 岩波書店(2005年, 岩波現代文庫).

ジョン·ルイス·ガディス, 2007,《冷戰—その歷史と問題点》, 河合秀和·鈴木健人譯, 彩流社.

金成浩, 2002,《アフガン戰爭の眞實—米ソ冷戰下の小國の悲劇》, 日本放送出版協會.

ルイス·サイモンズ, 1989,《アキノ大統領誕生—フィリピン革命はこうして成功した》, 鈴木康雄譯, 筑摩書房.

佐藤晋, 2011,〈日本の地域構想とアジア外交〉,《岩波講座東アジア近現代通史9 經濟發展と民主革命 1975~1990年》, 岩波書店.

末廣昭, 1993,《タイ—開發と民主主義》, 岩波書店.

徐承元, 2004,《日本の經濟外交と中國》, 慶應義塾大學出版會.

坪井善明, 1994,《ヴェトナム—〈豊かさ〉への夜明け》, 岩波新書.

朴根好, 1993,《韓國の經濟發展とベトナム戰爭》, 御茶の水書房.

藤原歸一, 1988,〈フィリピンにおける〈民主主義〉の制度と運動〉,《社會科學研究》40-1.

増田弘編, 2006,《ニクソン訪中と冷戰構造の變容—米中接近の衝撃と周邊諸國》, 慶應義塾大學出版會.

村田晃嗣, 1998,《大統領の挫折—カーター政權の在韓米軍撤退政策》, 有斐閣.

毛里和子, 2004,《新版 現代中國政治》, 名古屋大學出版會.

山影進, 1997,《ASEANパワー—アジア太平洋の中核へ》, 東京大學出版會.

李雄賢, 2002,《ソ連のアフガン戰爭—出兵の政策決定過程》, 信山社.

若林正丈, 1997,《蔣經國と李登輝》, 岩波書店.

和田春樹, 1987,《私の見たペレストロイカ—ゴルバチョフ時代のモスクワ》, 岩波書店.

和田春樹, 1998,《北朝鮮—遊擊隊國家の現在》, 岩波書店.

和田春樹, 1999,《北方領土問題—歷史と未來》, 朝日新聞社.

Bogaturov, A. D., 1997, *Velikie derzhavy na Tikhom okeane*, Moscow.

Kapitsa, M. C., 1996, *Na raznykh paralleliakh: Zapiski diplomata*, Moscow.

Schweizer, Peter, 1994, *Victory: the Reagan Administration's Secret Strategy that hastened the collapse of the Soviet Union*, The Atlantic Monthly Review.

연표

1782 시암(태국)에서 챠크리 왕조(반코리 왕조) 성립.

1793 영국 사절 매카트니가 열하(러허)에서 건륭제를 알현. 무역 확대를 요구.

1796 백련교도의 난 시작.

1799 청의 최고 번영기를 이룬 건륭제(재위 1735~1795) 사망. 네덜란드 동인도 회사 해산.

1801 조선에서 천주교 탄압(신유박해).

1802 응우옌푹아인이 베트남을 통일하여 응우옌 왕조를 창시.

1804 러시아 사절 니콜라이 레자이프가 나가사키에서 표류민을 송환하고 일본에 통상 요구.

1810 프랑스가 네덜란드를 병합. 영국이 네덜란드령 동인도를 병합.

1816 영국 사절 앰허스트가 청을 방문. 삼궤구고두三跪九叩頭의 의례를 거부. 버마군이 인도 아삼 지역에 원정.

1819 러플즈Raffles가 싱가포르를 건설.

1820 베트남에서 명명제明命帝 즉위.

1821 멕시코 독립. 은 생산 감소.

1824 1차 버마전쟁. 영국의 말라카 영유, 네덜란드의 동인도 영유 확정.

1825 에도 막부, 이국선 격퇴령을 내림. 자바전쟁(~1831).

1826 영국 해협식민지 형성.

1828 시볼트 사건.

1830 네덜란드령 동인도에서 강제재배제도의 구상이 제기됨.

1832 류큐에서 한발. 소철 재배로 위기를 극복하고자 함.

1833 영국 동인도회사의 중국에 대한 무역독점권 폐지.

1836 쉬나이지許乃濟, 아편 해금을 상소. 영국 영사 엘리엇, 광저우 착임.

1838 황줴쯔黃爵滋, 아편 엄금을 상소. 1차 아프가니스탄전쟁(~1842). 린저쉬林則徐, 흠차대신에 임명됨.

1839 린저쉬, 아편 소각. 영국, 중국 출병을 결정. 조선에서 천주교 금지.

1840 아편전쟁.

1842 일본에는 이국선 격퇴령 철회, 신수급여령薪水級與令 반포. 중국과 영국, 난징조약.

1843 웨이위안,《해국도지》완성.

1844 중·미 왕샤조약望厦條約. 중국·프랑스 황푸조약黃埔條約.

1845 1차 시크 전쟁. 카슈가르에서 무슬림의 반란.

1846 미국 동인도함대사령관 비들James Biddle, 우라가浦賀 내항하여 통상을 요구함.

1847 조선에서 안동 김씨의 세도정치가 강화됨.

1848 19세기 중반 세계적으로 노예제도 폐지 경향. 중국인 노동자에 대한 수요 증가. 말라야에서 주석 광맥이 발견됨. 중국인 노동자의 이민.

1851 홍시우취엔洪秀全, 광시성 진티옌촌金田村에서 거병(태평천국).

1852 2차 버마 전쟁, 영국군 랑군 점령.

1853 태평천국, 난징 점령. 진압을 위해 쩡궈판曾國藩의 상용湘勇 등이 조직됨. 미국의 페리, 우라가에 내항.

1854 미일화친조약(1855년까지 영국, 러시아, 프랑스, 네덜란드도 체결). 미국·류큐 화친조약 체결.

1855 시암·영국 수호통상조약(일명 바우링구조약) 체결(이듬해 프랑스와 미국도 조약 체결).

1856 청과 영국·프랑스 사이에 애로우 전쟁(2차 아편전쟁) 발발. 윈난에서 이슬람 봉기. 영국·이란 전쟁.

1857 인도 대반란. 인도 병사들이 델리 점령.

1858 중러·중미·중영·중불 톈진조약 체결. 중러 아이훈조약에서 청은 우수리강 동부를 사실상 할양. 일미·일란·일러·일영·일불 수호통상조약 체결. 일본에서 안세이 대옥. 인도통치법에 따라 영국 동인도회사의 인도 통치 종결. 영국 정부의 인도 직접지배 개시. 무굴 왕조 멸망.

1859 수에즈 운하 공사 개시.

1860 영불 연합국, 베이징 점령. 원명원圓明園 파괴. 애로우전쟁 종결. 베이징조약 체결. 조선에서 최제우가 동학을 창시. 자바에서 강제재배제도가 점차

축소되고 플랜테이션으로 전환. 중국인 노동자 유입.

1861 베이징에 총리각국사무아문 설치. 청에서 서태후가 실권을 장악하고, 동치제 옹립. 러시아 해군 쓰시마 점령. 미국 남북전쟁의 영향 등으로 인도에서 면화 재배가 성행함.

1862 산시陝西·간쑤 등에서 무슬림 봉기. 일본에서 나마무기 사건 발생, 이듬해 보복으로 사쓰마·영국 전쟁 발생. 프랑스, 코친차이나 일부 영유.

1863 조선에서 고종 즉위(재위 1863~1907).

1864 홍시우취엔 사망, 청이 난징 점령. 태평천국 소멸. 영국, 프랑스, 미국, 네덜란드 함대가 시모노세키 공격.

1865 동투르키스탄, 카슈가르에서 야쿠브 베그가 독립정권 수립. 한반도에 민요 '아리랑'이 불려지기 시작. 인도에서는 콜카타-런던 사이에 전신 개통.

1866 조선에서 천주교 탄압(병인사옥). 미국의 제너럴셔먼호가 평양 공격(제너럴셔먼호 사건). 프랑스 함대가 강화도 공격(병인양요).

1867 도쿠가와 요시노부德川慶喜가 천황에게 막부의 통치권을 반환(대정봉환大政奉還). 왕정복고 대호령. 베트남, 코친차이나 총독, 서부 3성을 프랑스령에 병합.

1868 메이지유신. 청·미 벌링게임조약. 시암에서 쭐라롱껀 왕(라마 5세) 즉위.

1870 콜카타-봄베이 사이에 철도 개통.

1871 홍콩-상하이 사이에 해저케이블 개통. 러시아, 이리 지방을 점령. 청일수호조규 체결. 타이완 남부의 파이완족이 미야코지마宮古島의 표류민을 살해. 조선 신미양요.

1872 상하이에서 《신보申報》 간행. 요코하마에서 마리아·루스호 사건 발생. 요코하마-신바시 사이에 철도 개통.

1873 시암에서 차크리 개혁. 수마트라에서 아체 전쟁 시작. 조선에서 홍선대원군 정권이 무너지고 민씨 정권 성립.

1875 일본 함선이 강화도를 공격(강화도 사건). 치시마千島(쿠릴열도)·가라후토樺太(사할린) 교환 협정. 영국인 마가리Augustus Raymond Margary가 윈난에서 살해됨.

1876 조일수호조규 체결. 러시아가 코칸트 한국汗國을 병합.

1877 일본에서 세이난 전쟁. 빅토리아 여왕이 황제에 즉위. 인도제국 성립. 캄

보디아의 노로돔 왕에 의해 행정개혁. 국가의 근대화 등에 관한 왕령 발포.

1879 류큐번을 폐지하고 오키나와현 설치. 중국과 러시아 사이에 이리조약(리바디아조약) 체결.

1880 주일 청공사관의 황쭌셴黃遵憲이 《조선책략》을 조선 사신 김홍집에게 전해줌. 루손-스페인 간 해저전신 개설.

1881 청과 러시아 사이에 2차 이리조약(페테르부르크조약). 일본 천황, 국회 개설의 칙유.

1882 조미·조영수호통상조약 체결. 조선에서 임오군란 발생. 조청상민수륙무역장정 조인. 베트남의 국경지대에서 청군과 프랑스군 충돌. 자바에서 인두세 도입.

1883 베트남, 청에 출병 요청. 베트남에서 청군과 프랑스군이 충돌. 도쿄에서 로쿠메이칸鹿鳴館 개관. 콜카타에서 인도국민협의회 개최.

1884 조선에서 갑신정변. 베트남에서 청·프랑스군 재충돌. 독일, 북동 뉴기니를 병합.

1885 영국군, 거문도 점령. 청일 톈진조약. 주차조선총리교섭통상사의로서 위안스카이가 서울에 도착. 후쿠자와 유키치, 《탈아론》 발표. 일본에서 마쓰가타 디플레이션 악화. 청에서는 신장과 타이완 에 성제省制를 시행. 3차 버마전쟁, 꼰바웅 왕조 멸망. 제1회 인도국민회의 개최.

1886 영국, 상버마 점령.

1887 프랑스령 인도차이나연방 성립.

1888 탕산-톈진 간 철도 개통.

1889 대일본제국헌법 발포. 조선에서 방곡령(곡물 수출 금지령).

1892 호세 리살, 필리핀연맹 결성.

1893 라오스, 프랑스의 보호국이 됨.

1894 동학농민전쟁. 청군과 일본군이 조선에 파병. 청일전쟁. 필리핀에서 독립운동.

1895 4·17 시모노세키조약 조인. 4·23 러시아·독일·프랑스 3국, 랴오둥반도 반환을 일본에 요구(삼국간섭). 5·13 시모노세키조약과 랴오둥 반환 조서 발표. 10·8 미우라 공사가 지휘하는 일당이 명성황후 살해.

1896 1·15 영국·프랑스, 시암에 관한 선언. 2·11 고종, 황태자와 러시아 공사관에 피난(아관파천). 5·14 고무라·베베르 각서 조인. 6·3 러청 비밀동맹조약 조인. 6·9 야마가타·로바노프협정 조인. 9·8 러청, 동청철도협정 조인.

1897 11·14 독일, 자오저우만膠州灣 점령. 12·15 러시아 함대, 뤼순 입항.

1898 3·6 독일, 자오저우만 조차. 3·12 대한제국 정부, 러시아의 재정고문, 군사교관 해임. 3·27 러시아, 뤼순·다롄 조차. 4·18 미국·스페인 전쟁 개시. 4·25 니시·로젠의정서 조인. 6·11 광서제, 변법유신의 상유. 6·12 필리핀 독립선언. 7·7 미국, 하와이 병합 결정. 9·21 무술정변. 12·10 미국·스페인전쟁 강화조약 조인.

1899 2·4 미군과 필리핀 독립군, 전투 개시. 5·18 제1회 헤이그 만국평화회의 개회. 9·6 존 헤이 미 국무장관, 청의 문호개방을 요구하는 통첩.

1900 6·10 연합군, 베이징으로 진격. 6·21 청조, 의화단 지지의 선전 상유. 7·14 연합군, 톈진 점령. 7·17 러시아군, 아무르강에서 중국인 학살. 8·14 연합군, 베이징 점령. 8·25 고종 특사 조병식, 대한제국 중립국안을 가지고 일본에 도착. 10·2 러시아군, 펑톈 점령, 전 만주가 러시아군의 제압하에 들어감. 11·9 러청 비밀협정 조인.

1901 3·2 미국 의회, 쿠바 보호국화 가결. 6·2 가쓰라 내각 출범. 8·8 가쓰라 총리, 영일동맹 교섭을 지시. 9·7 의화단 사건 최종의정서 조인. 11·25 이토 히로부미, 상트페테르부르크 도착.

1902 1·30 영일동맹조약 조인. 4·8 러시아와 청, 만주 철수협정 조인. 7·1 미국 대통령, 필리핀 평정 선언. 12월 말 베조브라조프 극동 파견.

1903 5·20 러시아 정부, 극동 문제에 협의회, 베조브라조프파의 승리. 6·10 쿠로파트킨, 일본 방문. 6·23 일본, 대러정책으로 어전회의. 7·1~11 러시아, 뤼순 회의. 8·12 러시아, 극동태수제 설치령, 일본 측, 1차 러일 교섭 제안. 8·15 고종, 러·일 양국에 대한제국의 중립국 승인 요청. 10·3 러시아 측, 1차 회답. 10·12 극동위원회 설치령. 12·21 일본 측, 3차 제안.

1904 1·6 러시아, 3차 제안. 1·10 베조브라조프의 러일동맹 의견서. 1·12 일본, 어전회의에서 러시아에 대한 최종 회답 결정. 1·21 조선, 전시중립 선언. 1·28 러시아, 대일회답으로 대신협의회. 2·4 일본, 어전회의에서 국

교 단절 결정. 2·6 연합함대 출항. 진해만 점령. 일본, 국교 단절 통고. 2·8 일본군 인천 상륙. 연합함대, 뤼순 함대 공격. 2·9 러시아, 대일 선전포고. 2·10 일본, 대러 선전포고. 2·23 한일의정서 조인. 4·8 영불협상 체결. 5·1 일본군, 압록강을 넘어 주롄청九連城 점령. 8·22 '한국의 재정 및 외교고문에 관한 한일협정'(1차 한일협약) 조인. 9·4 일본군, 랴오양遼陽 점령.

1905 1·1 뤼순 함락. 1·22 러시아 '피의 일요일' 사건. 3·10 펑톈 함락. 5·27~28 쓰시마 해전에서 일본 승리. 7·29 가쓰라·태프트 각서. 8·12 제2회 영일동맹협약 조인. 8·20 쑨원 등, 중국혁명동맹회 결성. 9·5 포츠담 강화조약 조인. 10·30 러시아 10월 조서. 11·17 을사늑약(2차 한일협약) 조인. 일본의 한국 보호국화.

1906 11·26 남만주철도주식회사 설립.

1907 6·10 일불협약 조인. 6·15 헤이그 만국평화회의 개최. 7·19 고종 강제 퇴위. 7·24 정미조약(3차 한일협약) 조인. 7·30 러일협약 조인. 8·1 대한제국 군대 해산식. 8·31 영러협상 조인.

1909 7·6 일본 정부 각의, 한국병합 결정. 10·26 안중근, 이토 히로부미 저격.

1910 5·30 데라우치 마사타케, 한국통감에 임명됨. 6·1 고토쿠 슈스이 체포(대역사건). 7·4 러일 2차 협약 조인. 8·22 한국병합조약 조인. 8·29 일본, '한국병합조서', '병합조약' 공표. 11·4 청, 1913년에 국회 개설 선포.

1911 2·29 태국에서 민주화를 요구한 장교들이 반란을 일으킴. 4·27 중국동맹회, 광저우에서 봉기 실패(황화강黃花崗 사건). 5·9 청, 철도국유령 공포. 6·17 청에서 쓰촨보로동지회四川保路同志會가 결성. 10·10 우창에서 신군新軍 봉기, 신해혁명 개시. 12·1 몽골, 독립선언 발표. 12·12 영국 왕 조지 5세가 벵골 분할의 철회와 델리 천도를 발표.

1912 1·1 쑨원, 난징에서 임시대총통에 취임. 중화민국 선언. 2·12 청 황제 푸이 즉위. 2월 유신회維新會가 광저우에서 베트남 광복회光復會로 재편됨. 3·10 위안스카이, 베이징에서 임시대총통에 취임. 3·11 중화민국 임시약법 공포. 4·1 동서 벵골 재통합. 6·25 조선의 윤치호 등, 데라우치 마사타케 총독 암살 미수사건으로 기소. 6·25 중국동맹회 등이 국민당을 결성. 9·10 인도네시아에서 이슬람상업동맹이 이슬람동맹으로 개칭. 12·19 일본에서 제1회 헌정옹호대회 실시. 12·25 인도네시아에서 급진적 민족정당

동인도당이 결성됨.

1913 1·10 몽골과 티베트가 독립을 확인하고 상호원조협정을 체결함. 2·11 가쓰라 내각 총사퇴(다이쇼 정변). 3·20 중국에서 쑹자오런 암살. 7·12 중국에서 제2의 혁명 시작. 8월 인도네시아에서 동인도당의 정당활동이 금지됨. 10월 위안스카이, 정식 대통령 취임. 10·6 필리핀에서 해리슨 총독이 취임하고 자치화 정책을 추진. 11·5 외몽골 자치를 러시아와 중국이 승인함.

1914 5·1 중화민국 임시약법 공포. 5·9 인도네시아에서 네덜란드의 사회민주노동당원 스네플리트Sneevliet가 동인도사회민주동맹을 결성. 7·3 심라 회의에서 영국령 인도와 티베트 사이의 국경선을 획정. 8·23 일본, 독일에 선전포고. 11·7 일본군, 칭타오의 독일군 요새 점령.

1915 1·5 간디, 남아프리카공화국에서 봄베이에 도착. 1·18 일본, 중국에 21개조 요구 제출. 5·7 일본, 중국에 21개조 요구 최후 통첩. 9·15 천두슈, 상하이에서《청년잡지》(후에《신청년》) 창간. 12·25 윈난에서 차이어 등이 제정帝政 반대의 호국군을 조직. 제3혁명 개시.

1916 1월 요시노 사쿠조,《중앙공론》에서 민본주의 제창. 3·22 위안스카이, 제정을 단념함. 4·23 틸라크Bal Gangadhar Tilak, 인도자치연맹 결성. 6·17 반둥에서 이슬람동맹 제1회 전국대회. 10·16 필리핀에서 존스법에 기초한 상하 양원의회 발족. 12·26~31 인도에서 국민회의파 제31회 대회와 무슬림연맹 제9회 대회 개최. 러크나우협정 성립.

1917 1·20 니혼코교日本興業·조선·타이완 세 은행, 중국에 차관 공여(1차 니시하라 차관). 4·15 간디, 비하르 주 참파란의 람藍 소작 노동쟁의를 지도. 8·30 타이응우옌성의 베트남 병사 반란. 9·10 쑨원, 광저우에서 군정부 수립. 10·10 조선에서 비밀결사 광복단원, 각지에서 체포됨. 10·20 이슬람동맹 제2회 전국대회에서 '인도네시아 독립투쟁' 결의. 11·2 일본과 미국, 이시이·랜싱협정 체결.

1918 2·22 간디, 아마다바드 섬유공장의 노동자 파업 주도. 3·22 간디, 구자라트 주 케다 지역의 불입운동을 지도. 4·5 영일 육전대, 블라디보스토크에 상륙. 5·15 루쉰,《광인일기》를《신청년》에 발표. 6월 대독 참전을 위해 1300명의 타이완 장병이 유럽으로 출발. 6·26 이동휘가 하바롭스크에서

한인사회당을 결성(이듬해 4월 고려공산당으로 개칭). 7·8 인도에서 몬터규·첼름스퍼드 개혁안이 발표됨. 8월 여운형·김구 등 상하이에서 신한청년당 결성. 8·2 일본, 시베리아 출병 선언. 8·24 중국, 시베리아 출병 선언. 11·13 중광단원, 대한독립선언서 채택(무오독립선언).

1919 1·21 고종 사망. 독살설 유포됨. 1·24 독립청원을 위해 필리핀 1차 의회 사절단이 미국에 도착. 2·1 상하이의 신한청년당, 독립운동을 위해 각국에 사절단을 파견하기로 결정. 2·8 재일조선인 유학생, 독립선언서 발표. 3·1 서울 파고다공원에서 독립선언서 발표. 3·1운동이 시작됨. 4·6 간디, 1차 사티아그라하 운동(비폭력운동) 시작. 4·11 상하이 프랑스 조계에서 대한민국 임시정부 수립. 4·15 일본군, 수원 제암리에서 조선인들을 감금하고 총살·방화. 5·4 베이징 학생, 산둥 반환 등을 요구하는 시위운동. 5·4운동 시작. 상하이에서도 동맹파업. 6·28 중국, 베르사유강화조약 조인을 거부. 7·18 서울 남산에 조선신궁 건립. 9·2 조선의 강우규, 사이토 마코토 총독을 습격했으나 미수에 그침. 12·23 인도통치법(몬터규·첼름스퍼드 개혁) 실시.

1920 2·19 중화민국 정부, 외몽골의 자치 취소식전取消式典. 3·12 니콜라옙스크 사건. 5·23 인도네시아의 동인도회사민주동맹이 동인도공산주의자협의회로 개칭. 7·14 중국에서 지완直皖전쟁(즈리파와 안후이파 간의 전쟁). 7·28 코민테른, 제2회 대회에서, '민족·식민지 문제에 대한 테제'를 결의. 9·27 소비에트·러시아의 2차 카라한 선언. 11·15 제1회 국제연맹 총회. 일본, 중국, 시암 등이 원가맹국으로 참가. 12·15 미국·시암조약 체결. 시암이 관세자주권 회복.

1921 1·30 타이완 의회 설립 청원 제출. 5·20 중독조약. 양국이 강화하고, 독일의 재중국 특권이 철폐됨. 6·22 코민테른 제3회 대회. 7·11 몽골인민정부 수립. 7·23 상하이에서 중국 공산당 창립대회. 10·17 타이완문화협회 설립. 11·12 워싱턴회의 개최. 12·13 미국, 영국, 프랑스, 일본의 4개국 조약. 영일동맹 종료.

1922 2·6 워싱턴회의에 참석한 나라에서 9개국 조약 조인. 2·11 태평양위임통치제도에 관한 미일조약. 4·28 1차 펑즈奉直전쟁(펑톈파와 즈리파 간의 전쟁). 6·24 일본, 시베리아에서 철수 선언(북사할린은 제외). 7·5 프랑스

령 인도차이나 총독, 관세 최고세율 인상. 11·21 버마 제1회 입법평의회 선거에서 인민당이 제1당이 됨. 12·13 러시아, 우크라이나, 벨라루스, 자캅카스가 소비에트연방의 결성을 선언.

1923 1·2 인도통치법이 버마에도 적용됨. 버마는 자치주가 됨. 영국, 인도에서 양두제 적용. 1·23 상하이에서 라디오방송 개시. 5·6 중국에서 린청臨城 사건. 7·1 조선에서 호적령 시행. 9·1 간토關東 대지진. 10·5 뇌물선거로 차오쿤曹錕이 대통령 취임. 12·21 네팔이 영국에서 독립.

1924 1·20 광저우에서 국민당 제1회 전국대회. 5·26 미국에서 '배일이민법' 제정. 5·31 중소협정 체결. 6·19 광저우에서 멜랑Merlin 프랑스령 인도차이나 총독의 암살 미수사건. 11·26 몽골인민공화국 수립. 11·28 쑨원, 고베에서 '대아시아주의' 강연.

1925 1·20 일소기본조약. 3·12 쑨원, 베이징에서 사망. 3·19 일본에서 치안유지법 제정. 3·29 일본에서 남성 보통선거법 도입. 5·30 상하이에서 조계 경찰이 시위를 탄압하고 5·30운동이 시작됨. 6월 호찌민, 광저우에서 베트남청년혁명동지회 결성. 7·1 광저우에서 국민정부 성립. 태평양문제조사회IPR 창립대회(호놀룰루). 7·12 도쿄방송국JOAK 본방송 개시. 10·26 베이징에서 관세특별회의.

1926 3·20 중산함中山艦 사건. 7·1 광저우 국민정부, 북벌 개시. 9·13 외무성이 남양무역회의를 주재. 10·20 베트남에서 입헌당이 정치활동 개시. 12·25 다이쇼 천황 사망. 쇼와로 개원.

1927 3·14 일본에서 금융 공황 시작됨. 3·24 난징 사건. 4·12 상하이에서 장제스에 의해 쿠데타. 5·28 1차 산둥 출병. 7·4 수카르노, 인도네시아국민동맹 설립. 12·25 베트남국민당 결성.

1928 5·3 2차 산둥 출병(지난濟南 사건). 5·27 인도네시아국민동맹, 인도네시아국민당으로 개칭. 6·8 국민정부의 북벌군이 베이징 입성. 장쭤린, 베이징에서 펑톈으로 도주, 관동군에게 폭살됨(6·4). 7·25 미중 관세조약 조인. 중국 관세자주권 회복. 10·1 소련, 1차 5개년 계획 개시. 10·27 제2회 인도네시아청년회의. '청년의 맹세' 채택.

1929 10·24 미국 월스트리트에서 주가 대폭락. 세계공황 시작.

1930 1·11 일본, 금 수출 해제. 1·21 런던 해군군축회의 개최. 2·3 베트남 공

산당 결성. 3·12 간디, '소금 행진' 시작. 4·22 런던 해군군축조약 조인. 4·25 통수권 간범干犯 문제 발생. 5·11 중국, 중원대전中原大戰의 개시. 5·30 중국의 간도에서 조선인 무장봉기. 10·27 타이완·넝까오군能高(지금의 난터우현南投縣 우서霧社)에서 항일봉기(12·26 종식). 12·16 중국 공산당군에 대한 1차 포위공격전. 12·22 버마에서 농민 대반란(1932년 3월에 종식).

1931 3·5 간디·어윈 협정. 불복종운동의 중지. 9·18 류탸오후 사건, 만주사변 발발. 9·21 영국, 금본위제 폐지. 11·7 중화소비에트공화국 임시중앙정부(루이진瑞金) 수립. 12·13 일본, 금 수출 재금지.

1932 1월 간디, 불복종운동 재개. 1·7 스팀슨 미국 국무장관, 만주사변에 관해 부전조약 위반을 불승인한다고 성명. 1·28 상하이에서 해군육전대, 중국군과 교전 개시. 5월에 정전(1차 상하이 사변). 3·1 만주국, 푸이를 집정으로 삼아 건국 선언. 4·26 루이진의 중화소비에트 정부, 대일 선전포고. 5·15사건. 6·24 시암인민당, 절대왕정에 반대하는 쿠데타 발발. 7·21 캐나다 오타와에서 영국제국경제회의 개최. 9·15 일본, 만주국 승인. 10·1 국제연맹, 립튼 보고서를 일본 정부에 통고. 12·10 시암 항구헌법 제정. 12·12 중소 국교회복.

1933 1·30 나치, 정권 장악. 2·23 관동군, 중국의 러허성 침공 개시. 2·24 국제연맹, 만주국 불승인 등을 가결. 3·4 프랭클린 루스벨트, 미국 대통령에 취임. 3·27 일본, 국제연맹 탈퇴 통고. 5·31 탕구 정전협정 체결. 6·12 런던에서 세계경제회의 개최. 10·14 독일, 군축회의·국제연맹 탈퇴 통보.

1934 2·19 장제스, 신생활운동 제창. 3·23 미국, 타이딩스-맥더피법Tydings-McDuffie Act 제정. 필리핀에 10년 후 독립 부여 약속. 7·15 중화소비에트 정부, '북상항일선언' 발표. 9·18 소련, 국제연맹 가입. 10월 중공군 주력, 루이진을 탈출하여 장정 개시. 12·3 일본, 워싱턴 해군군축조약 파기 결정.

1935 2·18 귀족원에서 '천황기관설' 비판. 3·16 독일, 재군비 선언. 3·25 지둥방공자치위원회(이후 11월 정부) 성립. 5·30 영국 정부 '버마 통치법' 공포. 6·10 우메즈梅津·허잉친河應欽 협정 체결. 6·27 도이하라土肥原·진더취안秦德純 협정 체결. 7·25 제7회 코민테른 대회 개최, 인민전선 테제 채택. 8·1 중국 공산당, 코민테른 신방침에 의거하여 '항일구국을 위해 전 동

포에게 고하는 글'(8·1항일구국선언) 공표. 8·2 영국 왕, 인도통치법 재가(1937년 4월 1일 시행). 10·3 이탈리아, 에티오피아 침공. 11·3 중국, 화폐개혁 실시. 11·15 필리핀, 코먼웰스(영연방) 정부 성립. 11·25 일본, 지둥冀東방공자치위원회 설립. 12·9 베이징 등에서 학생들 반일 시위. 12·11 중국, 쑹저위안宋哲元을 위원장으로 삼아 기찰冀察정무위원회 설치.

1936 1·15 일본, 런던 해군군축회의 탈퇴. 2·26사건 발생. 3·7 독일, 라인란트 진주. 3·12 몽골인민공화국과 소련, 상호원조의정서 체결. 5·5 만주에서 조선의 조국광복회 결성. 5·13 몽골의 덕왕, 내몽골자치정부 수립. 6·1 중국에서 전국 각계 구국연합회, 국민정부에 연공항일 요구. 6·3 타이완척식주식회사법 공포. 8월 관동군방역부 편성(1941년, 731부대로 개편). 8·7 '국책 기준國策ノ基準' 책정(5상회의). 11·25 일독방공협정 조인. 12·12 시안 사건(~12·26).

1937 4·1 버마에서 통치법 시행, 영국 직할령이 됨. 7·7 루거우차오 사건(중일전쟁 발발). 8·2 도쿄에서 제7회 세계교육회의 개최(~7일). 8·13 상하이에서 일중 교전(2차 상하이 사변). 8·15 일본 정부, 난징 정부에 대한 '단고응징斷固膺懲' 성명. 8·21 국민당, 소련과 중소불가침조약 체결. 8·24 국민정신총동원실시요강. 8·25 중국 공산당 '항일구국 10대 강령' 발표. 9·23 2차 국공합작 성립. 10·1 조선에서 '황국신민의 서사' 배부. 11·20 국민정부, 충칭으로 이전 선포. 11·22 관동군, 내몽골에 몽장蒙疆연합위원회 결성. 12·13 일본군, 난징 점령, 난징 학살사건. 12·14 북지나방면군, 베이핑(베이징)에서 중화민국 임시정부 수립.

1938 1·16 일본, 국민정부를 상대하지 않겠다고 성명(1차 고노에 성명). 2·26 조선에서 '조선인 육군특별지원병령' 공포. 3·4 개정 조선교육령 공포. 3·28 중화민국 유신정부, 난징에 성립. 4·1 일본, 국가총동원법 공포. 7·6 중국에서 국민참정회 1차 대회 개최. 7·11 장구펑 사건. 7·29 장구펑張鼓峰에서 일소 양군 교전. 10·27 일본군, 우한 점령. 11월 장제스 지원(원장援蔣) 버마 루트 완성. 11·3 일본, 동아신질서 건설 표명(2차 고노에 성명). 12·16 흥아원興亞院 설치. 12·22 일본, 일중 국교조정의 3대 원칙 제시(3차 고노에 성명).

1939 2·10 일본군, 하이난 상륙. 3·11 중국, '국민정신총동원강령' 공포. 5·3

일본군, 충칭 무차별 폭격. 5·12 노몬한 사건(9·17 모스크바에서 정전협정). 6·24 시암, 국호를 태국으로 개칭. 7·8 국민징용령 공포. 7·26 미국, 일미 통상항해조약 파기 통고. 8·23 독소불가침조약 체결. 9·1 독일군, 폴란드 침공. 2차 세계대전 시작. 9·1 몽골연합자치정부 수립(주석 덕왕). 12·26 조선총독부, '조선인의 씨명에 관한 건' 공포('창씨개명', 1940년 2월 11일 시행).

1940 2·11 조선에서 '창씨개명' 시행. 5·13 네덜란드, 런던에 망명정부 수립. 7·27 대본영정부연락회의 '세계정세의 추이에 따른 시국처리요강' 결정. 9·13 일본과 네덜란드령 인도와의 경제협상개최(1941년 6월 '결렬'). 9·23 일본군, 북부 프랑스령 인도차이나 진주. 9·27 일본과 독일, 삼국동맹 조인. 11·30 일화日華기본조약 조인.

1941 1·7 '환난사변皖南事變'(중국 국민당의 반공정책). 4·13 일소중립조약 조인. 4·16 미일교섭 개시. 5·19 베트남독립동맹회Viet Minh 결성. 6·20 타이완 '육군특별지원병제' 각의 결정. 6·22 독소전 개시. 6·24 '남방정책에서의 타이완의 지위에 관한 건' 각의 결정. 7·25 미국, 재미 일본 자산 동결. 7·28 일본군, 남부 프랑스령 인도차이나 진주. 8·1 미국, 대일 단유斷油. 8·14 대서양헌장 발표. 11·20 '남방점령지행정실시요령' 결정. 12·8 일본, 미국과 영국에 선전포고. 12·21 일본·태국 군사동맹조약 조인.

1942 2·15 일본군, 싱가포르 점령. 3·9 네덜란드령 인도군 항복. 4·3 정풍운동 개시. 6·5 일본군, 미드웨이 해전에서 패퇴. 11·1 대동아성 발족.

1943 1·9 일화공동선언. 1·11 미영, 중국과 치외법권 철폐조약 조인. 2·1 일본군, 과달카날 철수 개시. 3·2 조선에서 징병제 시행. 5·5, 6·30 도조 히데키 총리, 두 차례 남방 시찰. 5·31 '대동아정략지도대강大東亞政略指導大綱' 제정. 8·1 버마 '독립'. 9·8 이탈리아 항복. 10·3 자바 향토방위의용군 창설. 10·14 필리핀 '독립'. 10·30 왕징웨이 정권과 일화동맹조약 조인. 11·5 대동아회의 개최. 11·22 루스벨트·처칠·장제스, 카이로 회담.

1944 3·8 임팔 작전 개시(7·4 중지). 7·7 미군, 사이판 함락. 7·18 도조 내각 총사퇴. 8·23 조선에서 '여자정신대근무령' 공포. 9·7 고이소 구니아키小磯國昭 총리 성명. 10·20 미국 레이테섬 상륙, 필리핀 '코먼웰스 정부' 복귀 선언. 10·24 레이테만 해전. 11·24 마리아나 기지의 B29에 의한 첫 도쿄

공습.

1945 2·4 루스벨트·처칠·스탈린, 얄타 회담 개시. 3·3 미국, 마닐라 재점령. 3·9 도쿄 대공습(~3·10). 3·27 버마 항일무장봉기. 4·1 미군, 오키나와 본섬 상륙. 4·23 마오쩌둥, '연합정부론' 발표. 5·7 독일 항복. 6·23 일본군, 오키나와에서 조직적 저항 종료. 6·30 하나오카花岡 사건 발생. 7·26 포츠담 선언(28일, 일본 '묵살'). 8·6 미군, 히로시마에 원자폭탄 투하. 8·8 소련, 대일 선전포고, 대일 참전. 8·9 미군, 나가사키에 원자폭탄 투하. 8·13 베트남에서 일제봉기 결정. 8·14 중소우호동맹조약 체결. 8·15 천황의 전쟁 종결 조서 방송. 8·17 인도네시아 독립선언 발포. 9·2 일본, 항복문서 조인. 9·2 베트남민주공화국 독립선언. 10·10 중국에서 쌍십협정 체결. 10·24 국제연합UN 설립. 12·27 모스크바 삼상회의, 한국에 대한 신탁통치안 공표.

1946 5·5 영국 내각사절단과 인도 측, 독립을 위한 심라회담 개시. 6·26 중국의 내전 확대 개시. 7·4 필리핀공화국 독립. 12·19 1차 인도차이나전쟁 개시.

1947 2·28 타이완에서 국민정부 반대 폭동. 3·12 트루먼 독트린 공표. 3·23 뉴델리에서 아시아관계회의 개시. 7·19 버마에서 아웅산 피살. 8·15 인도와 파키스탄의 분리 독립.

1948 1·4 버마 독립. 2·4 실론(스리랑카) 독립. 2·19 콜카타에서 동남아시아 청년회의 개시. 2·28 인도 공산당 제2회 대회 개시. 3·28 버마 공산당 무장봉기. 4·3 제주도에서 단독선거에 반대하는 봉기. 6·18 말라야 전토에서 '비상사태' 개시. 8·15 대한민국 수립. 9·9 조선민주주의인민공화국 수립. 9·18 인도네시아 마디운에서 공산당 봉기.

1949 1·20 뉴델리에서 인도네시아공화국을 옹호하는 아시아국가회의 개시. 4·4 북대서양조약 조인(8·24 북대서양조약기구 발족). 10·1 중화인민공화국 수립. 12·8 중국 국민정부, 타이베이로 천도 결정. 12·27 네덜란드, 인도네시아연방공화국에 주권 이양.

1950 1·9 콜롬보에서 영국연방외무장관회의 개시, 콜롬보 플랜 제기. 2·14 중소우호동맹 상호원조조약 조인. 3·29 필리핀에서 항일인민군(후크발라하프)의 일제봉기. 6·25 한국전쟁 발발. 10·19 중국군, 한국전쟁에 참전.

1951 5·2 이란에서 석유국유화법 발효. 7·10 한국전쟁 휴전회담 개시. 9·4 샌프란시스코에서 대일 강화회의 개시.

1952 4·28 대일강화조약 발효, 일본의 독립. 타이완과의 강화조약 조인. 6·9 인도와의 강화조약 조인.

1953 3·5 스탈린 사망. 7·27 한국전쟁 휴전협정 조인.

1954 3·1 일본 어선, 미국의 비키니 수소폭탄 실험으로 피폭. 3·13 베트남 디엔비엔푸 전투 개시. 4·26 한국전쟁·인도네시아전쟁에 관한 제네바 회의 개시. 4·28 콜롬보에서 동남아시아 5개국 정상회담 개시. 6·28 저우언라이와 네루, 평화 5대 원칙 확인. 7·21 제네바 회의 종료. 9·6 마닐라 회의 개시, SEATO(동남아시아조약기구) 설립 결정. 11·5 일본과 버마의 강화조약, 배상협정 조인.

1955 4·18 제1회 아시아·아프리카회의(반둥회의) 개시. 7·9 러셀·아인슈타인 선언. 7·18 제네바 정상회담 개시.

1956 2·14 소련 공산당 제20회 대회 개시, 스탈린을 비판. 5·9 일본과 필리핀의 배상협정 조인. 10·19 일소 국교회복 공동선언. 10·29 수에즈 전쟁 개시. 12·18 일본, 유엔 가입 결정.

1957 5·20 일본의 기시 노부스케 총리 동남아시아 역방 개시. 아시아개발기금 구상 제시. 8·31 말라야연방 독립.

1958 1·20 일본과 인도네시아의 배상협정 조인. 2·15 수마트라에서 반정부파가 '인도네시아공화국 혁명정부' 수립 선언. 8·17 중국 공산당 정치국 확대회의, 인민공사 설립 결정.

1959 3·12 티베트 독립선언, 중국 반대 폭동. 3·23 중국군, 티베트 라싸 점령. 6·3 싱가포르 자치권 획득.

1960 1·1 카메룬 독립(아프리카의 해). 1·19 신新미일안전보장조약 조인. 4·16 중국의 《홍기紅旗》, 소련 비판 논문 게재, 중소논쟁 본격화. 4·19 서울에서 4·19혁명. 5·1 소련 영공에서 미국 U2 정찰기 격추. 5·24 칠레 해일이 일본에 도착. 6·15 안보조약 반대 행동으로 여학생 사망. 6·23 신미일안전보장조약 발효. 6·24 부쿠레슈티 회의에서 중소논쟁. 7·16 소련, 중국 원조 중단. 7·19 이케다 하야토 내각 출범. 8·17 인도네시아, 네덜란드와 단교(서이리안 문제). 9·14 OPEC(석유수출국기구) 결성. 11·8 미국 대통령

선거에서 케네디 당선. 12·20 남베트남해방민족전선 결성.

1961 4·12 소련, 세계 최초의 유인 우주비행. 5·16 한국 군사쿠데타. 6·3 미소, 빈에서 정상회담. 8·1 ASA(동남아시아연합) 발족. 8·13 '베를린 장벽' 건조 개시. 12·11 미국, 남베트남 군사원조 증강 발표.

1962 1·7 인도네시아, 서이리안 영유 선언. 3·2 버마에서 군사쿠데타로 네윈이 정권 장악. 10·20 중국과 인도 국경지대에서 군사 충돌. 10·22 쿠바 위기(~10·28). 11·9 중일종합무역각서 조인. 11·22 중국과 인도 정전.

1963 5·1 인도네시아, 서이리안 시정권施政權 획득. 5·18 수카르노 종신 대통령. 6·11 남베트남에서 불교 탄압에 항의하여 고승이 분신자살. 9·16 말레이시아 수립, 인도네시아·필리핀 양국과 단교. 11·1 남베트남 쿠데타. 다음 날 응오딘지엠 피살. 11·22 케네디 미국 대통령 암살.

1964 1·27 중국과 프랑스 국교수립. 1·30 남베트남 쿠데타로 응우옌칸 장군이 실권 장악. 5·18 필리핀·말레이시아 국교정상화. 5·27 인도 네루 총리 사망. 7·21 싱가포르에서 인종폭동. 8·7 미국 의회 통킹만 결의. 10·10 도쿄올림픽 개회. 10·15 흐루쇼프 실각. 10·16 중국, 원자폭탄 실험 성공. 11·3 미국 대통령 선거에서 존슨 당선. 11·9 사토 에이사쿠佐藤榮作 내각 발족.

1965 1·7 인도네시아, 유엔 탈퇴. 2·7 미국, 베트남 폭격 개시. 2·24 남베트남 쿠데타로 응우옌칸 실각, 망명. 4·24 '베트남에 평화를! 시민연합' 첫 집회. 6·12 이에나가 교과서 소송 시작. 6·22 한일기본조약 조인. 7·2 한국, 베트남 파병 결정. 8·9 싱가포르 분리 독립. 9·6 2차 인도-파키스탄 전쟁(카슈미르 분쟁). 9·30 인도네시아 9·30사건. 11·9 필리핀 선거에서 마르코스 대통령 당선. 11·10 야요원위안姚文元, 《해서파관海瑞罷官》을 비판하는 글 발표.

1966 3·11 수카르노 대통령, 수하르토에게 권력 이양. 5·4 중국 공산당 중앙정치국 확대회의. 5·16 문화대혁명 발단이 되는 통지문. 문화대혁명 발동. 8·1 중국 공산당 제8기 11중전회, '프롤레타리아 문화대혁명에 대한 결정' 채택. 8·11 인도네시아·말레이시아 국교정상화. 9·14 필리핀, 민생생활부대 베트남 파견. 9·28 인도네시아, 유엔 복귀. 10·24 마닐라에서 베트남 전쟁 참전국 정상회의.

1967 6·12 니가타 미나마타병水俣病 1차 소송 제기, 4대 공해재판 개시. 6·17 중국, 첫 수소폭탄 실험. 7·20 우한武漢 사건. 8·8 아세안(동남아시아국가연합) 발족. 9·3 남베트남 선거, 응우옌반티우 대통령 당선. 10·9 인도네시아·중국 국교 중단.

1968 1·16 영국 처칠 총리, '수에즈 이동以東'으로부터의 군사력 철수 표명. 1·21 북한 무장 게릴라 남파. 1·23 북한, 미국 푸에블로호 나포. 1·30 '테트' 공격 개시. 2·21 김희로金嬉老 사건. 2·27 미국 텔레비전에서 월터 크롱카이트가 교섭을 통한 베트남전쟁의 해결을 요구. 3·16 밀라이 학살사건. 3·31 존슨 미국 대통령, 재선 불출마 선언. 10·13 중국 공산당 제8기 12중전회, 류사오치劉少奇의 당적 박탈. 10·21 신주쿠新宿 국제반전데이 소란사건. 10·31 존슨, 베트남 폭격 중단 선언. 11·5 미국 대통령 선거에서 공화당 후보 닉슨 당선. 11·19 청어 문제로 필리핀과 말레이시아 단교.

1969 1·25 파리평화회의 시작. 3·2 중소 국경 전바오섬(러시아명 다만스키섬)에서 군사 충돌. 4·1 중국 공산당 9전대회 개시. 린뱌오林彪를 마오쩌둥의 후계자로 지명. 5·13 말레이시아 인종폭동. 라만 총리 실각. 6·10 일본의 GNP가 자유세계 제2위가 되었다고 경제기획청이 발표. 9·3 호찌민 사망. 9·11 소련 코시긴 총리 방중, 중소분쟁 수습 도모. 11·11 필리핀 선거에서 마르코스 대통령 재선. 11·12 류사오치 사망. 12·15 필리핀과 말레이시아, 아세안 외무장관회의 전날 교섭에서 청어 문제 수습.

1970 2·11 일본, 인공위성 발사 성공. 3·14 오사카에서 만국박람회 개최. 3·18 캄보디아, 쿠데타로 왕정제 폐지. 크메르공화국 수립. 3·31 적군파 요도호 납치사건. 4·24 중국, 인공위성 발사 성공. 4·30 미국과 남베트남, 캄보디아 침공. 6·22 미일안보조약 자동연장 발표. 9·22 말레이시아 총리 라자크 취임, 신경제(부미푸트라) 정책 채택. 11·25 미시마 유키오三島由起夫 사건. 12·20 오키나와 고자시에서 반미 소동.

1971 3·26 방글라데시 독립선언(3차 인도-파키스탄 전쟁). 3·28 나고야에서 제31회 세계탁구선수권대회 개최(미중 핑퐁외교). 7·15 닉슨 방중 계획 발표. 8·15 미국, 금-달러 교환 정지(닉슨 쇼크). 9·13 린뱌오, 쿠데타 미수사건으로 사망. 9·29 니가타 미나마타병 1차 소송 판결(원고 승소). 10·25 중국, 유엔 복귀. 11·17 태국 타놈 정권 쿠데타로 헌법 정지. 12·18 스미

스소니언협정(달러 인하, 1달러=308엔). 12·26 미국, 1968년 이후 최대 규모의 베트남 폭격 개시.

1972 2·21 닉슨 방중. 2·28 연합적군 아사마산장淺間山莊 사건 종결. 3·30 북베트남, 테트 공세 이후 최대 규모의 공격. 4·27 파리 평화회의 재개. 5·15 오키나와 시정권 반환. 5·30 일본 적군 텔아비브 공항 난사사건. 7·7 다나카 가쿠에이 내각 출범. 9·21 필리핀, 마르코스 계엄령 실시. 9·29 중일공동성명으로 국교정상화. 10·17 한국, 비상계엄령(10월 유신). 12·2 오스트레일리아 총선거에서 노동당 승리(백호주의 폐지). 12·18 미국, 하노이·하이퐁 폭격.

1973 1·27 파리 평화협정 조인. 2·14 엔화, 변동환율제로 이행(1달러=277엔). 3·10 덩샤오핑, 부총리로 부활. 3·29 미군, 베트남에서 완전 철수. 8·8 김대중 납치사건. 9·21 일본·베트남 국교수립. 10·6 4차 중동전쟁 개시. 10·14 태국 학생혁명(타놈 정권 붕괴). 10·17 OPEC, 석유가격 인상(1차 오일쇼크).

1974 1·7 다나카 총리, 동남아시아 순방 개시(동남아시아 반일폭동). 1·24 비림비공批林批孔 운동 개시. 1·31 일본 적군, PFLP 싱가포르 사건. 2·6 일본 적군, 쿠웨이트 일본대사관 점거사건. 4·3 한국, 민청학련 사건. 8·9 닉슨 대통령 사임. 8·15 문세광 사건. 8·30 미쓰비시중공업 폭파사건. 12·9 미키 다케오三木武夫 내각 출범.

1975 1·8 덩샤오핑, 부주석 취임. 1·13 저우언라이, '4대 현대화'로 탈脫 문화대혁명 노선 제창. 3·4 북베트남, 총공격 개시. 4·5 장제스 사망. 4·9 한국 정부, 인민혁명당(인혁당) 관계자 8명 사형 집행. 4·17 크메르 루주가 캄보디아를 제압. 4·28 장징궈, 국민당 중앙위원회 주석으로 추대. 4·30 남베트남 정부의 무조건 항복으로 베트남전쟁 종결. 8·4 일본 적군 쿠알라룸푸르 사건. 9·16 파푸아뉴기니 독립. 9·24 SEATO 제20회 각료회의 이사회, 단계적 해체 결정. 9·28 동티모르인민민주주의공화국 독립. 11·28 동티모르민주공화국 독립선언. 12·2 라오스 왕정제 폐지, 라오스인민민주공화국 수립.

1976 1·8 저우언라이 사망. 2·23~24 발리에서 제1회 아세안 정상회의, 동남아시아우호협력조약 조인. 3·1 한국, 민주구국선언 발표, 관계자 체포. 4·5

1차 천안문 사건. 7·2 남북베트남 통일, 베트남 사회주의공화국 수립. 7·12 필리핀·베트남 국교수립. 7·27 다나카 전 총리, 록히드 사건으로 체포 기소. 7·28 중국 탕산 대지진. 8·6 태국·베트남 국교수립. 9·9 마오쩌둥 사망. 10·6 태국군, 타마사드대학의 학생과 시민 들을 공격, '피의 수요일' 쿠데타. 중국 4인방 체포.

1977 3·7 카터 미국 대통령, 주한 미지상군 철수 방침 발표. 5·3 미국과 베트남 정상화 교섭 개시. 7·16 덩샤오핑 복귀. 8·18 후쿠다 총리, 마닐라에서 아시아 독트린 발표. 12·31 캄보디아의 크메르 루주 정권, 베트남과 단교. 미국과 베트남, 정상화 교섭, 3회째도 결렬.

1978 2월 미국, 베트남 유엔대사의 철수 요구. 3·21 장징궈, 총통에 당선. 6·27 베트남, 코메콘 가입. 8·21 중일평화우호조약 조인. 11·3 소련·베트남 우호협력조약 조인. 11·20 소련·에티오피아 우호협력조약 조인. 12·5 소련·아프가니스탄 우호친선협력조약 조인. 12·16 미중 국교수립. 12·18 중국 공산당 3중전회, 개혁개방 노선 채택.

1979 1·7 베트남군, 프놈펜 점령(캄보디아전쟁 개시). 1·10 캄보디아인민공화국 수립(헹삼린 정권) 1·16 이란의 샤, 국외 탈출(이란혁명). 1·28 덩샤오핑, 미국 방문. 2·7 중국, 베트남 공격(중월전쟁 개시). 7·17 니카라과, 산디니스타 민족해방전선의 권력 장악. 9·16 아프가니스탄, 아민이 정권 장악. 10·26 박정희 대통령, 중앙정보부장에게 사살당함. 12·27 소련군 특수부대, 아민 살해(아프가니스탄전쟁 개시).

1980 5·16 중국, 선전深川 등 4개 도시의 경제특구 개설 결정. 5·17 한국, 전두환의 쿠데타, 김대중 등 체포. 5·18 광주에서 학생·시민들의 저항. 9·14 중국, 농업청부제 승인, 인민공사 해체.

1981 1·20 미국 레이건 대통령 취임. 1·23 김대중 사형선고, 대법원에서 확정, 무기로 감형.

1982 7월 한국·중국의 일본 역사교과서 왜곡 비판. 8·27 역사교과서 문제에 관한 미야자와 관방장관 담화.

1983 1·11 나카소네 야스히로 총리, 한국 방문, 40억 달러 원조 약속. 3·8 레이건 대통령, '악의 제국' 연설(신냉전선언). 5·26 니가타 주에쓰中越 지진. 8·21 아키노 전 상원의원, 마닐라 공항에서 피살당함. 9·1 대한항공기, 소

련 전투기에 격추당함. 9·21 마닐라에서 아키노 피살에 대한 30만 명의 항의시위, 경찰과 충돌. 10·9 버마 랑군에서 한국 대통령 일행에 대한 테러사건.

1984 2·20 리덩후이, 부총통으로 선출. 9·6 전두환 대통령 환영 궁중만찬회에서 천황의 '유감' 표명. 10·31 인도 총리 인디라 간디, 시크교도 호위병에 피살.

1985 2·7 김대중, 미국에서 귀국 도중 나리타 공항 도착, 다음 날 서울로 입국. 2월 아키노 암살사건 재판 개시. 3·11 고르바초프, 소련 공산당 서기장 취임. 8·15 나카소네 총리, 야스쿠니 신사 공식 참배. 9·15 중국, 바오산 제철소 제1호 고로 화입식.

1986 2·7 필리핀 대통령 선거, 마르코스와 코라손 아키노 양자 모두 승리 선언. 2·22 필리핀 군부, 마르코스에 반란. 2·25 마르코스 부부, 마닐라 탈출(피플파워 혁명). 4·26 체르노빌 원자력발전소 사고. 6·16 소련 공산당, 페레스트로이카 노선 채택. 7·28 고르바초프, 블라디보스토크 연설. 9·8 후지오 마사유키藤尾正行 문부대신, 한국병합에 대한 발언으로 파면. 11·25 고르바초프와 라지브 간디, '핵병기와 폭력이 없는 세계의 제諸 원칙에 관한 델리 선언'. 12·15 베트남 공산당대회 개최, 응우옌반린 지도부 성립, 도이모이(개혁) 정책 채택.

1987 1·14 서울대생 박종철, 고문으로 사망. 5·27 한국에서 민주헌법쟁취국민운동본부 설립. 6·26 한국 전국에서 100만 명 시위. 6·29 노태우, 민주화 선언. 9·18 버마 쿠데타 발생. 11·29 대한항공기 폭파 테러. 12·8 미소 정상, INF(중거리핵전력) 전체폐기조약 조인.

1988 1·13 장징궈 사망. 5·15 소련, 아프가니스탄 철수 개시. 6·1 레이건과 고르바초프, 모스크바 공동성명. 7·7 리덩후이, 타이완 총통으로 선출. 노태우 대통령, 남북 교류와 사회주의 국가와의 관계 개선 방침 선언. 9·17 서울올림픽 개회.

1989 1·7 쇼와 천황 사망. 2·15 소련, 아프가니스탄 철수 완료. 5·15 고르바초프, 중국 방문. 6·4 2차 천안문 사건. 9·26 베트남군, 캄보디아에서 철수 완료. 11·6 캔버라에서 APEC 각료회의 개최.

1990 9·2 소련 외무장관 셰바르드나제, 북한을 방문하여 한국과의 국교수립

방침 통고. 9·27 가네마루 신金丸信·다나베 마코토田邊誠 북한 방문단, 조선노동당과 3당 공동성명 발표.

1991 1·17 다국적군이 이라크 폭격, 걸프전쟁 개시. 1·30 북일 국교정상화 교섭 개시. 2·23 태국 군부쿠데타. 2·28 부시 대통령, 걸프전쟁 승리 연설. 4·16 고르바초프 일본 방문. 5·1 타이완, 동원감란시기임시조관動員勘亂時期臨時條款 폐지, 헌정 회복. 5·3 가이후 도시키 총리, 싱가포르에서 전쟁에 대한 반성 표명. 8·14 김학순 할머니, '위안부'로서 처음으로 실명 고발. 8·18 소련에서 반反고르바초프 쿠데타. 8·27 미국과 필리핀, 우호협력방위조약 조인. 8·28 쿠데타 실패, 소련 공산당 비합법화. 9·11 필리핀 상원, 우호협력방위조약 비준 거부, 필리핀 주둔 미군기지 반환. 9·17 남북한 동시 유엔 가입. 9·30 한국·소련 국교수립. 10·14 미얀마의 아웅산 수치, 노벨평화상 수상. 11월 APEC에 중국, 타이완, 홍콩 가맹. 11·5 중국과 베트남 관계 정상화 선언. 11·12 인도네시아 통치하의 동티모르에서 산타크루즈 학살사건. 12·8 러시아·우크라이나·벨라루스, 독립국가공동체 선언. 12·21 알마티 선언. 12·24 김정일, 북조선인민군 최고사령관으로 취임. 12·25 고르바초프 소련 대통령 사임, 소련 해체.

1992 1월 아세안 자유무역지대 계획 채택. 1·17 미야자와 기이치 총리, 노태우 대통령에게 위안부 문제에 대한 사죄 표명. 2·21 덩샤오핑, 남방시찰에서 '남순강화南巡講話' 발표. 2·25 중국, 영해법 제정. 센카쿠열도 영유를 명기. 4·7 보스니아·헤르체고비나 내전 돌입. 6·15 국제평화협력법(PKO협력법) 제정. 7·6 가토 고이치加藤紘一 관방장관, 일본 정부의 위안부 관여 인정. 8·24 한국·중국 국교수립. 9·30 미군, 수빅 해군기지를 필리핀에 반환, 필리핀 주둔 미군기지 철수. 10·23 천황 중국 방문, "중국 국민에게 다대한 고난을 주었다"고 표명. 10·26 중국과 타이완의 관계자가 홍콩에서 회담. '하나의 중국'에 대한 합의. 구이공식九二共識(하나의 중국을 인정하되 중국과 타이완이 각자의 명칭을 사용).

1993 2·25 한국, 김영삼 대통령 취임. 3·12 북한, NPT(핵확산금지조약) 탈퇴 결정. 3·27 장쩌민 중국 공산당 총서기, 국가주석 취임. 5·23 UNTAC 감시 아래 캄보디아 총선거 실시, 시아누크 대통령 취임(내전 종결). 8·4 위안부 문제에 대한 2차 조사결과 발표. 고노 요헤이河野洋平 관방장관의 담화, '사

죄와 반성' 발표. 8·9 호소카와 모리히로細川護熙, 비非자민당 연립내각 수립(55년 체제의 붕괴). 8·23 호소카와 총리, 소신표명 연설에서 일본의 침략행위를 사죄. 11·17 국제유고전범법정ICTY, 헤이그에서 개정.

1994 1·1 NAFTA(북미자유무역협정) 발족. 6·13 북한, IAEA(국제원자력기구) 탈퇴 표명. 6·15 카터 전 미국 대통령, 북한 방문. 위기 회피에 합의. 6·30 무라야마 도미이치村山富市, 연립내각 수립. 7·8 김일성 국가주석 사망. 7·25 제1회 아세안 지역포럼 개최.

1995 1·1 WTO(세계무역기구) 발족. 1·17 한신阪神·아와지淡路 대지진, 1·30 미국 스미스소니언 박물관, '원폭전' 중단 결정. 2·28 미국, 《동아시아 태평양을 향한 미국의 전략》 발표(나이Nye 보고서), 미국의 일본에서의 강력한 지위 유지를 제창. 3·9 KEDO(한반도에너지개발기구) 발족. 3·20 옴진리교, 지하철 독가스사건. 6·7 리덩후이 총통, 미국 코넬대학에서 강연. 7·11 미국, 베트남과의 국교정상화 발표. 7·19 '여성을 위한 아시아평화국민기금' 발족. 7·28 베트남, 아세안 가맹. 8·15 패전 50주년에 즈음한 무라야마 총리 담화. 8·17 중국, 지하 핵실험. 9·4 오키나와, 미군에 의한 소녀 폭행사건. 오타 마사히데大田昌秀 지사, 미군부지의 강제사용 수속을 위한 대리서명 거부.

1996 3·1 ASEM(아시아유럽정상회의) 발족. 3·23 타이완에서 첫 민선 총통 선거, 리덩후이 선출. 타이완 해협 위기. 4·12 미국과 일본, 후텐마普天間 기지 반환 발표. 4·17 하시모토·클린턴 회담, 미일안전보장 공동선언에 서명. 4·25 상하이 파이브Shanghai Five 결성. 9월 탈레반, 카불 점령. 아프가니스탄에 탈레반 정권 수립. 10·11 동티모르의 카를로스 벨루 주교와 주제 라무스오르타에게 노벨평화상 수여. 12·2 오키나와에 관한 특별행동위원회SACO 최종 보고, 오키나와 주둔 미군기지의 축소·통합계획 정리. '새 역사교과서를 만드는 모임' 발족.

1997 2·12 북한의 고위관료 황장엽 중국 망명. 2·19 덩샤오핑 사망. 7월 아시아 외환위기. 7·1 홍콩, 중국 반환. 7·23 라오스와 미얀마, 아세안 가맹. 9·23 신가이드라인에 미국과 일본 합의. 10·8 김정일, 북한 당총서기 취임. 12월 아세안+3(한중일) 정상회의 개최.

1998 2·7 나가노올림픽 개최. 2·25 한국, 김대중 대통령 취임. 4·3 국제형사재

판소ICC 설립에 유엔준비위원회가 조약 초안 채택. 5·21 인도네시아, 수하르토 대통령 사임. 5·26 일본 천황 영국 방문, 전 포로·억류자 등의 항의시위. 6·25 클린턴 중국 방문, '세 가지 노NO' 발표. 8·31 북한, 대포동 1호 발사. 10·8 김대중 대통령 일본 방문, 한일공동선언 발표. 11·25 장쩌민 국가주석 일본 방문, 중일공동선언 발표.

1999 3·24 코소보 분쟁, 나토군 유고 공습. 4·25 파룬궁法輪功 중남해 포위. 4·30 캄보디아, 아세안 가맹. 5·24 가이드라인 관련 3법(주변사태법 등) 제정. 7·30 구舊일본군 유기화학(독가스) 병기처리 문제로 중국 국내폐기동의문서 조인. 8·9 일본에서 국기·국가법 제정. 9·15 유엔 안보리, 동티모르에서 다국적군 창설 결의안 채택. 10·25 안보리, 유엔 동티모르 잠정행정기구UNTAET 설립 의결. 12·20 마카오, 중국 반환.

2000 3·18 타이완 총통 선거, 천수이볜(민진당) 당선. 5·23 일본 천황 네덜란드 방문, 냉담한 반응. 6·13~15 평양에서 첫 남북 정상회담 개최, 공동성명 발표. 11·29 하나오카花岡 사건 소송에서 가시마鹿島가 5억 엔의 기금 설립으로 화해 성립. 12·7 국제민간법정 '일본군 성노예 전범 여성국제법정'의 개정, 쇼와 천황 등을 피고인으로 소추(2001년 12월 4일 네덜란드 헤이그에서 '판결').

2001 1·20 필리핀, 에스트라다 정권 붕괴, 아로요 대통령 취임. 1·30 NHK의 ETV 2001 시리즈 〈전쟁을 어떻게 심판할 것인가〉 제2회 '전시 성폭력을 말하다' 방영, 프로그램 개편 문제 발생. 8·13 고이즈미 준이치로 총리, 야스쿠니 신사 공식 참배. 9·11 미국에서 동시다발 테러 발생. 10·8 영미군, 테러에 대한 보복으로 아프가니스탄 공습 개시. 10·29 테러대책특별조치법 제정. 11·9 해상자위대 호위선이 미군을 지원하기 위해 인도양으로 출항. 11·30 인터넷 자료관 '아시아역사자료센터' 창설. 12·11 중국, WTO 가입.

2002 1·1 유럽 단일통화 유로의 유통 개시. 1·13 일본과 싱가포르, FTA에 서명. 5·17 탈북자 일가, 선양瀋陽 총영사관 집단망명사건. 5·20 동티모르 독립. 5·30 한일월드컵 공동개최. 9·17 고이즈미 총리, 북한을 방문하여 정상회의. 김정일 총서기가 일본인 납치 문제를 인정하고 사죄. 고이즈미 총리는 식민 지배를 사죄. 조속히 국교정상화 실현에 노력한다는 조일평

양선언. 10·12 발리에서 폭탄 테러 발생. 11·15 후진타오, 중국 공산당 총서기로 선출.

2003 3월 사스 유행. 3·15 후진타오, 국가주석에 선출. 3·20 이라크전쟁 개시. 6·6 일본, 유사 관련 3법 제정. 7월 홍콩에서 50만 명 시위. 8·27 베이징에서 제1회 6자회담. 10월 아세안 공동체 구축에 합의. 12·26 육상자위대를 이라크 남부 사마와에 파견 결정.

2004 1월 베트남, 태국 등에서 조류 인플루엔자 발생. 3·2 한국 국회에서 '일제강점하 친일반민족행위진상규명에 관한 특별법' 통과. 5월 일본의 상하이 총영사관 직원 자살사건. 12·26 수마트라 해안 지진, 인도양 주변에서 해일 피해 발생.

2005 1·20 고이즈미 총리, 소신 연설에서 '동아시아 공동체' 구축을 추구한다고 표명. 2·16 교토의정서 발효. 3월 시마네현이 '다케시마의 날' 조례 제정, 한국 정부의 반발. 3·14 중국, 반국가분열법 시행. 4월 중국 각지에서 대규모 반일시위. 5월 한중일 공동편집《미래를 여는 동아시아 근현대사》출간. 6·27 일본 천황, 사이판 방문. 7·21 중국 위안화의 환율제도가 통화 바스켓 제도로 이행. 9·19 6자회담 제4회 회합 공동성명. 10월 중국, 유인우주선 발사 성공. 12·12 아세안 헌장 기초에 합의. 12·13 아세안+3 정상회의. 12·14 제1회 동아시아 서미트(아세안+6) 개최.

2006 1·5 SAFTA(남아시아자유무역권) 발효. 2월 무하마드 풍자화를 둘러싼 무슬림 사회의 항의운동. 4·6 네팔에서 민주화운동의 결과, 국왕의 직접통치 종식. 7월 뭄바이에서 열차 폭파사건. 7·5 북한 미사일 발사 실험. 일본, 만경봉호의 입항 금지 등 제재 결정. 9·19 태국에서 군부쿠데타. 10·8 아베 신조 총리, 중국 방문. 중일관계 회복. 10·9 북한 핵실험. 10·13 그라민은행 창설자 무함마드 유누스 노벨평화상 수상. 10·14 유엔 안보리 제재 결의. 11·1 베이징에서 중국아프리카협회포럼 개최. 12·15 일본, 교육기본법 개정. 12·30 사담 후세인 사형 집행.

2007 1·9 일본, 방위청을 방위성으로 승격. 2·8 6자회담 재개. 4월 한미 FTA 합의. 5·18 일본, 국민투표법 공포. 6·26 미국 하원 외교위원회, 위안부 문제 결의. 9월 미얀마, 승려들의 반정부운동. 9·12 수마트라 해안 지진.

2008 1월 중국 '독만두' 사건 발생. 일본의 중국 감정 악화. 2·25 한국, 이명박

대통령 취임. 3·14 티베트 라싸에서 민중폭동. 5·12 중국 쓰촨 대지진. 5·28 네팔 왕정제 폐지. 8·8 베이징올림픽 개회. 9·15 미국 투자회사 리먼 브라더스 파산. 10·12 미국, 북한에 대한 테러지원국 지정 해제. 10·30 한국, 국외강제동원희생자 등 지원법 최종 제정. 11·3 중국과 타이완, 3통(통우, 통상, 통항)에 대한 결정에 서명. 12·15 아세안 헌장 발효.

2009 4·5 북한, 인공위성 발사 발표. 5·18 스리랑카 내전, 정부군의 승리로 종결. 5·25 북한 핵실험. 7·5 신장 위구르 자치구에서 민중폭동. 9·21 중일 정상회담에서 하토야마 유키오 총리가 '동아시아 공동체' 창설을 제안.

2010 3·26 서해에서 한국 초계함 '천안함' 침몰사건, 46명 사망. 4월 태국에서 탁신 지지자들 시위. 5월 상하이 만국박람회 개최(~10월). 6·16 시베리아 강제억류자 특별급부금 지급 결정. 8·10 간 나오토 총리, 한국병합 100년에 조응한 총리 담화. 9·7 센카쿠열도 부근에서 중국 어선과 일본 순시선 충돌, 선장 체포. 10월 센카쿠열도 영유권을 둘러싸고 중국과 일본에서 시위. 10·8 '08헌장'의 기초자로 복역 중이던 류샤오보를 노벨평화상 수상자로 선정. 11월 요코하마에서 APEC 정상회의 개최. 11·1 러시아 메드베데프 대통령, 구나시리國後섬 방문, 일본 정부의 항의. 11·13 미얀마에서 20년 만에 총선거 실시. 아웅산 수치의 가택연금 해제. 11·23 북한, 연평도 무력 공격.

2011 1월 중국이 GDP에서 일본을 제치고 세계 제2위 경제대국으로 부상. 2월 재스민 혁명. 이집트 카이로에서 100만 명 행진. 2·4 태국과 캄보디아 국경지대에서 군사 충돌. 3·11 동일본 대지진. 거대 해일 발생. 후쿠시마 원전 사고. 4·4 한국 정부, 일본 검정교과서의 다케시마 기술에 대한 대응책 정리. 8·30 한국 헌법재판소, 종군위안부와 원자폭탄 피해자의 청구권에 대해 한국 정부의 부작위를 위헌이라고 결정. 12·17 북한의 김정일 국방위원장 사망.

옮긴이의 글

이 책의 모태가 된 《이와나미 강좌 동아시아 근현대통사》는 이와나미서점이 2008년에 기획하고 7명의 역사학자가 각 1~2권씩 집필하여 총 10권으로 출간한 시리즈다. 그 각권의 통사 부분을 두 권으로 요약 정리하여 2014년에 나온 것이 이 《동아시아 근현대통사》다.

《이와나미 강좌 동아시아 근현대통사》 시리즈의 기획 의도는 동아시아에서 전쟁과 폭력의 시대를 넘어 '화해와 협력의 미래'를 어떻게 구축해나갈 것인가라는 문제의식 아래, 협소한 자국사를 넘어 역사적인 자료와 실증을 동반한 통사적 총서를 편찬함으로써 동아시아의 현상을 변화시키는 데 기여하고자 한 것이다. 이 시리즈의 가장 큰 장점은 19세기 이후 다양하고 복잡하게 전개되어왔던 동아시아 각국의 근현대사를 서로 관련시켜 총체적으로 파악해보려고 시도했다는 데 있다. 동아시아 각국의 역사를 전문적으로 연구한 학자들이 지역사를 서술하면서도 동아시아라는 큰 틀 속에서 상호 연관성을 강조하고, 나아가 미래를 향한 지역통합 가능성에도 주목하고 있는 것이다.

그러나 이 책의 한국어 번역서가 출간되는 2017년 말 현재, 동아시아는 저자들의 바람과는 달리 국가 간 경제적 갈등과 대립이 격화되고 군사적인 긴장도 높아가고 있다. 일본의 양심적인 연구자들의 노력에도 불구하고, 일본의 아베 정권은 평화헌법을 개정하여 일본을 전쟁이 가능한 국가로 만들려는 의도를 노골적으로 표출하고 있다. 또한 미국은 동아시아에서 패권을 유지하기 위해 경제적·군사적 압박을 강화하고 있다. 이에 맞서 중국 역시 자국의 영향력을 확대하는 데 전력을 기울이고 있는 실정이다. 그 결과 한반도를 중심으로 한 동아시아 정세는 불안정한 상태가 지속되면서 전쟁의 위험성도 고조되고 있다.

이러한 현상의 근간에는 20세기 말 미소 냉전체제의 해체 이후 동아시아의 새로운 질서 구축을 모색하는 과도기 상황 속에서 굴기崛起한 중국과 그에 대한 미국의 정책이 내재되어 있다. 따라서 '평화와 공존'을 위한 동아시아의 새로운 질서 구축은 아직도 냉전체제하에 있는 한반도의 정세에 대해 미국과 중국이 어떠한 정책으로 대응하는가에 달려 있다. 즉 남북통일 문제를 포함해, 한반도를 둘러싼 국제정세 변화가 동아시아 미래의 핵심인 것이다.

한반도의 평화체제 구축은 한반도만의 문제가 아니라 동아시아 전체 문제와도 밀접하게 관련되어 있다. 따라서 역사인식의 지평을 미·중·일·러 등 한반도 주변 4대국뿐만 아니라 몽골과 중앙아시아로 이어지는 육상루트 지역과, 아세안 10개국 및 인도, 중앙아시아로 연결되는 해상루트 지역으로까지 확대해야 한다.

이와 관련해 이 책이 가지는 한계는 명백하다. 동아시아의 미래를 논하면서도, 일본 중심적이고 한반도 평화체제 구축의 중요성에 대한 인식이 결여되어 있기 때문이다. 이는 물론 이 책이 애초 일본인 독자들을 위해 만들어진 탓이다. 그럼에도 이 책은 동아시아 사람들이 갈등과 대립을 극복하고 화해와 공존의 미래를 모색해나가는 데 좋은 실마리를 던져줄 것으로 기대된다.

이 책을 번역하는 과정에서 많은 분들의 도움을 받았다. 1~5장은 한

철호와 심재욱 선생이 담당했지만, 최보영 선생과 조건 선생이 일부를 초역했을 뿐 아니라 교정에도 정성을 쏟아주었다. 6~10장은 이규태 선생과 이규수 선생이 번역을 맡아주었다. 비록 최보영, 조건, 이규수 세 분이 번역자 명단에 함께 오르진 못했지만, 그분들의 헌신 덕분에 번역을 잘 마무리할 수 있었다. 이 자리를 빌려 감사드린다. 한국 독자들이 잘 이해할 수 있도록 매끄럽게 번역하고 번역의 일관성과 통일성을 유지하기 위해 노력했지만 부족한 부분이 적지 않을 것 같다. 부디 독자들의 너그러운 이해와 날카로운 질정을 바란다. 끝으로 이 번역서가 나오기까지 교정과 편집에 수고한 출판사 편집부에도 감사의 마음을 전한다.

번역자들을 대표하여 한철호

집필진 소개

와다 하루키 和田春樹
1938년생. 도쿄대학東京大學 명예교수. 러시아 근현대사, 한국 현대사 전공.

고토 겐이치 後藤乾一
1943년생. 와세다대학早稻田大學 명예교수. 동남아시아 근현대사, 일본—아시아 관계사 전공.

기바타 요이치 木畑洋一
1946년생. 세이조대학成城大學 법학부 교수. 영국 현대사, 국제관계사 전공.

야마무로 신이치 山室信一
1951년생, 교토대학京都大學 인문과학연구과 교수. 일본 근대정치사, 법정사상연쇄사 전공.

조경달 趙景達
1954년생. 치바대학千葉大學 문학부 교수. 한국 근대사, 근대 한일관계사(비교사상) 전공.

나카노 사토시 中野聰
1959년생. 히토쓰바시대학一橋大學 대학원 사회학연구과 교수. 국제관계사(미국-필리핀 관계사) 전공.

가와시마 신 川島眞
1968년생. 도쿄대학東京大學 대학원 종합문화연구과 준교수. 동아시아 국제관계사, 중국 근현대사 전공.

동아시아 근현대통사

화해와 협력을 위한 역사인식

1판 1쇄 2017년 12월 8일

지은이 | 와다 하루키, 고토 겐이치, 기바타 요이치, 야마무로 신이치
조경달, 나카노 사토시, 가와시마 신
옮긴이 | 한철호, 이규태, 심재욱

펴낸곳 | (주)도서출판 **책과함께**
주소 (04022) 서울시 마포구 동교로 70 소와소빌딩 2층
전화 (02) 335-1982
팩스 (02) 335-1316
전자우편 prpub@hanmail.net
블로그 blog.naver.com/prpub
등록 2003년 4월 3일 제25100-2003-392호

ISBN 979-11-86293-96-6 03910

이 도서의 국립중앙도서관 출판시도서목록(CIP)은
서지정보유통지원시스템 홈페이지(http://seoji.nl.go.kr)와
국가자료공동목록시스템(http://www.nl.go.kr/kolisnet)에서 이용하실 수 있습니다.
(CIP제어번호 : CIP2017030430)